# DIE MACHT DER REDE

Das Buch

Das geniale Volk der Griechen hat die Kunst der Rhetorik erfunden. Die Römer haben sie perfektioniert, und die Neuzeit hat fast nur noch ein paar neue Modewörter für längst bekannte Techniken erfunden. Wilfried Stroh erzählt die Geschichte der Redekunst in ihrer Hochzeit, der Antike. Er berichtet von berühmten Rednern wie Gorgias oder Lysias und besonders von Cicero, an dem sich alle späteren messen mussten. Er beschreibt den Streit zwischen Isokrates und Platon, den Vertretern des rhetorischen und philosophischen Bildungsideals, und erzählt von Demosthenes, der trotz einer Sprechbehinderung Athens größter Redner wurde. Aus den Biographien dieser Männer und der Interpretation ihrer Reden entsteht ein faszinierendes Bild der antiken Lebenswelt. Nach der Lektüre dieses wunderbaren Buches wissen wir viel mehr über die alten Griechen und Römer – und wir sind mit Sicherheit bessere Redner geworden.

Der Autor

Professor Dr. Wilfried Stroh, geboren 1939, war bis 2005 ordentlicher Professor für Klassische Philologie in München. Seine Schwerpunkte im Bereich der antiken Literatur sind Rhetorik und Erotik. Besonders engagiert sich Wilfried Stroh für Latein als gesprochene und gesungene Sprache; er organisierte zahlreiche Theateraufführungen, Konzerte und sogar Talkshows in lateinischer Sprache. Sein Buch *Latein ist tot, es lebe Latein!* (2007) wurde ein Bestseller.

Von Wilfried Stroh ist in unserem Hause bislang erschienen:

*Latein ist tot, es lebe Latein!*

WILFRIED STROH

# DIE MACHT DER REDE

EINE KLEINE GESCHICHTE
DER RHETORIK IM
ALTEN GRIECHENLAND
UND ROM

List Taschenbuch

Besuchen Sie uns im Internet:
www.list-taschenbuch.de

Ungekürzte Ausgabe im List Taschenbuch
List ist ein Verlag der Ullstein Buchverlage GmbH, Berlin
1. Auflage März 2011
© Ullstein Buchverlage GmbH, Berlin 2009/Ullstein Verlag
Konzeption: semper smile Werbeagentur GmbH, München
Umschlaggestaltung: bürosüd° GmbH, München
(unter Verwendung einer Vorlage von Sabine Wimmer, Berlin)
Titelabbildung: Illustration Showing Publius Licinius/Engraving of
Mathematician John Wallis (Ausschnitte), © Bettmann/CORBIS
Satz: LVD GmbH, Berlin
Gesetzt aus der Aldus
Papier: Lux Cream von Stora Enso, Finnland
Druck und Bindearbeiten: CPI – Clausen & Bosse, Leck
Printed in Germany
ISBN 978-3-548-61011-5

# INHALT

*Prooemium* – *Gratiarum Actio* . . . . . . . . . . . . . . . . 7

*Peitho* – Die rhetorische Kultur der Antike . . . . . . . . . . 9

*Mythoi* – Die Reden bei Homer und Hesiod . . . . . . . . 25

*Eikos* – Hermes und die sizilischen Anfänge der Rhetorik . . 41

*Schemata* – Der rhetorische Hexenmeister Gorgias . . . . . . 53

*Paideia* – Die Sophisten als Pädagogen Griechenlands . . . . . 70

*Agon* – Redner und Ghostwriter im demokratischen Athen . . 86

*Ethos* – Lysias und seine Biedermänner . . . . . . . . . . . . 107

*Philosophia* – Die humanistische Rhetorikschule
   des Isokrates . . . . . . . . . . . . . . . . . . . . . . . 126

*Dialektike* – Platons Kritik der Rhetorik . . . . . . . . . . . 144

*Pisteis* – Aristoteles durchdenkt die Rhetorik . . . . . . . . . 164

*Askesis* – Demosthenes und der Triumph des Willens . . . . 187

*Kairos* – Demosthenes findet das rechte Wort
   zur rechten Zeit . . . . . . . . . . . . . . . . . . . . . . 204

*Stephanos* – Dem Redner flechten Mit- und
   Nachwelt Kränze . . . . . . . . . . . . . . . . . . . . . 223

*Hellenismos* – Die Welt deklamiert griechisch . . . . . . . .  244

*Eloquentia* – Auch Rom studiert Rhetorik . . . . . . . . .  266

*Homo Platonicus* – Der junge Cicero . . . . . . . . . . .  289

*Senatus populusque* – Ciceros politische Rednerkarriere . . .  310

*Omnium patronus* – Aus den Tagebüchern eines
    Strafverteidigers . . . . . . . . . . . . . . . . . . . . . .  333

*Orator perfectus* – Cicero sucht die platonische Idee
    des Redners . . . . . . . . . . . . . . . . . . . . . . . .  357

*Philippicae* – Cicero gegen den Feind der Freiheit . . . . . .  384

*Corrupta eloquentia* – Endet die Redekunst mit Cicero? . . .  401

*Institutio oratoria* – Ein Spanier lehrt die Römer reden . . . .  427

*Deutera sophistike* – Nachsommer der klassischen
    Redekunst . . . . . . . . . . . . . . . . . . . . . . . . .  450

*Pneuma* – Gottes Geist und die Rhetorik . . . . . . . . . .  477

*Epilogos* – Rhetorische Bildung, einst und heute . . . . . .  510


*Catalogus librorum* – Literaturhinweise . . . . . . . . . . .  521

*Notulae* – Anmerkungen . . . . . . . . . . . . . . . . . .  569

*Index* – Register . . . . . . . . . . . . . . . . . . . . . . .  592

## PROOEMIUM – GRATIARUM ACTIO

Der große Redner gehöre ja nun nicht mehr zu den Idolen der Gegenwart, so begann noch vor einigen Jahren ein Kommentar zu Cicero. Der heutige Zeitungsleser wird anders urteilen. Nie wurde die Macht der Rede deutlicher als in der Gegenwart, wo ein junger, dunkelhäutiger Jurist der mächtigste Mann Amerikas werden konnte, nicht durch *Black Power*, sondern weil sein Geist dank glanzvoller Redekunst die Menschen bezauberte – Menschen die es satt hatten, von infantiler Schlitzohrigkeit regiert zu werden. Wann war Rhetorik mehr gefragt als heute?

Meine eigene Freude an Rhetorik wurde erweckt durch die Sonntagspredigten meines Vaters, des Pfarrers Hans Stroh. Dann bewegten mich als Gymnasiast die im Rundfunk übertragenen Bundestagsdebatten um den NATO-Beitritt und, einige Zeit später, die Deutschlandauftritte Charles de Gaulles. Den Weg zu Cicero zeigte mein Lehrer Ernst Zinn; das Handwerk der Redeinterpretation lernte ich im rechtshistorischen Seminar von Kurt Latte. Bei den Tübinger Meistern Walter Jens und Wolfgang Schadewaldt erlebte ich lebendigste Redekunst auf dem akademischen Katheder.

So galt schon meine Doktordissertation einem Stück Rhetorik: der Liebeswerbung in der römischen Elegie. Angeregt durch meinen Mentor Michael von Albrecht widmete ich mich dann Demosthenes und der advokatischen Kunst in Ciceros Reden – ein kaum auszuschöpfendes Thema: »Wem Cicero gefällt, der darf wissen, dass er Fortschritte gemacht hat«, sagt der Rhetoriklehrer Quintilian, zu Recht. Aber auch Cicero hat sein Bestes den Griechen verdankt. Und vor allem davon, vom Überzeitlichen, noch heute Gültigen soll hier die Rede sein.

Den entscheidenden Impuls, diese kleine Geschichte der antiken

Rhetorik, eine Summe vieler Studien, niederzuschreiben, gab Julika Jänicke. Mit freundlichen Hinweisen unterstützten mich Martin Baumgartner, Thorsten Burkard, Marita Goth, Johannes Saltzwedel, Verena Schulz, Kassian Stroh, Anne Wolff von der Sohle. Ihnen sage ich herzlich Dank, noch mehr den früheren Diskussionspartnern: Alfons Weische und Michael Winterbottom. Niemand aber verdient größeren Dank als Katharina Kagerer, die jedes Kapitel dieses Buches sorgfältig gelesen und kritisiert hat.

Doch gewidmet sei es *Edittae dulce loquenti*.

# *PEITHO* – DIE RHETORISCHE KULTUR DER ANTIKE

*O flexanima atque omnium regina rerum oratio!*
*O Rede, die du Herzen lenkst, die Welt regierst!*\*

So schwärmte der römische Tragödiendichter Pacuvius[1] von der Macht der Rede *(oratio)*. Ihm hat es Cicero, Roms größter Redner, mit Begeisterung nachgesprochen. Der Gedanke aber stammte schon von einem der berühmtesten Redner Griechenlands, dem ersten, von dem uns vollständige Werke erhalten sind, dem Sizilianer Gorgias (5. Jh. v. Chr.). In seinem *Lob der Helena (Helenēs enkōmion)*, in dem es galt, diese skandalträchtige, als Ehebrecherin und Kriegstreiberin bekannte Schöne reinzuwaschen, ja zu verherrlichen, sagte er:[2]

> Die Rede *(logos)* ist eine große Herrscherin,
>    die mit kleinstem und unscheinbarstem Körper die göttlichsten
>                                                    Werke vollbringt:
> Sie kann Furcht beenden und Trauer nehmen,
>    sie kann Freude erwecken und Mitleid groß machen.\*\* […]
> Ebenso verhält sich die Kraft der Rede zur Ordnung der Seele
>    wie die Verordnung der Medikamente zur Natur des Körpers.
>    Denn wie die einen Medikamente die einen Säfte,

---

\* Alle deutschen Übersetzungen stammen, wenn nicht anders vermerkt, vom Verfasser. Verse sind, wo möglich, durch Verse wiedergegeben.
\*\* Die Antike kannte keine logische Syntax und entsprechende Interpunktion in unserem Sinn. Man gliederte die Redeperioden Kola *(membra,* »Glieder«), die oft der natürlichen Atemeinheit entsprachen (s. Anm. zu S. 57). So ist es sinnvoll, zumal bei rhetorisch stilisierten Texten, sie nach einer Gliederung in Kola zu schreiben. Nur Texte anspruchslosester Fachprosa sind in diesem Buch ohne eine solche Gliederung wiedergegeben.

> die andern andere aus dem Körper treiben,
> und die einen der Krankheit, die andern dem Leben ein Ende machen,
> so ist es auch bei den Reden:
> Die einen betrüben, die andern erfreuen,
> die einen entsetzen, die andern versetzen die Hörer in Mut,
> und manche vergiften und verhexen mit böser Überredung die Seele.

Natürlich soll dies zunächst alles der Entschuldigung seiner schönen Mandantin dienen: Sie habe sich, so Gorgias, der betörenden Rede ihres Verführers Paris unmöglich widersetzen können. Zugleich jedoch will er seine Hörer und auch uns auf seine eigene Kunst aufmerksam machen: Er selbst hält sich ja für einen Hexenmeister, der quasi als Apotheker der Seelenküche seine Hörer von der Unschuld selbst einer Helena überzeugen kann. Und er hat allen Anlass, seine Kunst so herauszustreichen, schließlich erteilt er Redeunterricht und kassiert dafür üppige Honorare.

Wir nennen die Kunst des Gorgias mit ihrem griechischen Namen »Rhetorik« *(rhētorikē)*, denn es war das geniale Volk der Griechen, das diese wohl nicht gerade hervorgebracht, aber doch in einzigartiger Weise kultiviert und vor allem systematisch erforscht hat. Wo immer man sonst auf literarischem Feld die Schöpferkraft der Griechen rühmt, müssen sie ihren Entdeckerruhm in der Regel mit anderen teilen. Sie haben Tragödie und Komödie erfunden – aber auch etwa in Indien und China sind Formen des künstlerischen Theaters entwickelt worden. Sie haben mit den Epen Homers bewunderte Muster der Erzählkunst geschaffen – aber längst vor Homer entstand das sumerische Gilgamesch-Epos. Man nennt sie die Erfinder der Philosophie – aber wer würde nicht einen Konfuzius neben Sokrates gelten lassen?

In der Rhetorik dagegen scheinen die Griechen einzig. Sie haben sie so systematisch erfasst und gegliedert, dass ihre rhetorische Theorie, zumal sie auch von den Römern aufgenommen und gefördert wurde, über die Antike hinaus bis heute keine wirklich bedeutenden Fortschritte gemacht hat. Man betrachte das verdienstvolle *Historische Wörterbuch der Rhetorik*, das die Mitarbeiter des Seminars für allgemeine Rhetorik an der Universität Tübingen seit 17 Jahren in mittlerweile acht dicken Bänden (von *Abnuentia* bis *Stilisticum*) herausgebracht haben: Es enthält kaum mehr als stattliche Fußnoten zu Aristoteles, Cicero und Quintilian.* Dort erfährt man unter anderem, dass nicht nur Politik und Recht unter der Herrschaft der Rhetorik standen: Im Lauf der europäischen Geschichte hat sich die Rhetorik zudem der Poesie, ja zeitweise sogar der Musik und der bildenden Künste bemächtigt. Sie ist in der Tat, wenn auch in etwas anderem Sinn, als Pacuvius meinte, »Weltherrscherin« *(regina rerum)* geworden.

## DIE ANKLÄGER UND VERTEIDIGER DER RHETORIK

Dabei hat das Wort »Rhetorik« heute, zumal in Deutschland, meist keinen sehr guten Klang, jedenfalls nicht in der Umgangssprache. Gern sagt man von einem Politiker, das meiste, was er rede, sei »Rhetorik«, »bloße Rhetorik« oder, wenn man die »Rhetorik« abziehe, bleibe nicht viel übrig oder am Ende gar etwas ganz anderes. »Rhetorik« riecht nach Populismus, wenn nicht nach Demagogie. Es konnte ja nicht ohne Folgen bleiben, dass gerade in Deutschland einer der begabtesten und fatalsten Volksverhetzer aller Zeiten sein »Drittes Reich« auf die Rede und nur auf die Rede gründen wollte.** Doch das Misstrauen gegen die Rhetorik hat tiefere Gründe und ältere Autoritäten.

Ich nenne von diesen nur die drei prominentesten. Kein Geringerer als Platon, der bis heute einflussreichste Philosoph der Antike, hat in seinem Dialog *Gorgias* durch den Mund des Sokrates den Titel-

---

* Gerade die besonders interessanten Artikel unter »Rhetorik, außereuropäische« in Bd. 8 zeigen, dass »Rhetorik im Sinne einer spezifischen Kunstlehre« auf die von den Griechen herkommenden europäischen Kulturen beschränkt ist (so Thomas Zinsmaier, zitiert nach Ueding, *Rhetorik* [S. 522], 221).
** Adolf Hitler, *Mein Kampf* (zuerst 1925/1927), München ⁴1930, bes. II 6 (518 ff.) »Der Kampf der ersten Zeit – Die Bedeutung der Rede«, vgl. auch I 6 (193 ff.) »Kriegspropaganda«. Diese lehrreichen Kapitel sollten ohne Scheu wieder (mit Kommentar) herausgegeben werden: Anders als sonst in diesem Buch hat sich hier echte Erfahrung niedergeschlagen.

helden Gorgias, einen Gründervater der Rhetorik, in Widersprüche verstrickt und seine Kunst als bloße Schönfärberei abqualifiziert (S. 150 ff.). Platons vor allem moralische Kritik der Rhetorik, der es nicht um das wirklich Gute zu tun sei, wurde von vielen aufgenommen, vor allem von dem deutschen Philosophen Immanuel Kant, der ihr aber eine etwas andere Wendung gab: Er sah in der Rhetorik eine »hinterlistige Kunst«, durch die sich der Redner eines anderen Menschen als eines Mittels bediene, statt ihn, wie Kant es forderte, immer als Zweck zu respektieren.[3]

In wieder andere Richtung ging die noch berühmtere Kritik Johann Wolfgang Goethes. In der Wagnerszene seines *Faust* hat er zur Herabsetzung der Rhetorik Verse formuliert, die klassisch geblieben sind:

Such Er den redlichen Gewinn!
Sei Er kein schellenlauter Tor!
Es trägt Verstand und rechter Sinn
Mit wenig Kunst sich selber vor;
Und wenn's euch Ernst ist, was zu sagen,
Ists nötig, Worten nachzujagen?
Ja eure Reden, die so blinkend sind,
In denen ihr der Menschheit Schnitzel kräuselt,*
Sind unerquicklich, wie der Nebelwind,
Der herbstlich durch die dürren Blätter säuselt!

---

* Selbst Goethephilologen dürften mit dem Verständnis dieses Verses Schwierigkeiten haben. Einer Vorlesung von Ernst Zinn (Tübingen 1962) verdanke ich den wichtigen Hinweis, dass Goethes Bildersprache hier auf die der antiken rhetorischen Stilistik zurückgreift: Das künstliche Aufputzen der Rede wird gern mit dem Formen der Haare durch die heiße Brennschere *(calamistrum)* verglichen (Cicero, *Brutus* 262 u. ö.). Um diese richtig zu temperieren, benötigte man Papierschnitzel, die vor Berühren der Haare probehalber gekräuselt wurden (jedem Opernfreund aus Strauss' *Rosenkavalier*, 1. Akt, bekannt). Was aber sind die Schnitzel der Menschheit? Man darf bei »Menschheit« nicht an den heutigen Gebrauch der Vokabel *(genus humanum)* denken. Nach älterem Sprachgebrauch ist gemeint *humanitas*, das »Menschsein« bzw. die »Menschlichkeit« (viel bei Grimm, *Deutsches Wörterbuch*, »Menschheit«, 1b), denn seit Cicero und der Renaissance ist die Rhetorik Kernfach der sog. *studia humanitatis* (»Humanitätsstudien«), engl. *humanities*. Dementsprechend hatte etwa Goethes Freund Herder die Pflege der Redekunst als Weg zur »Humanität« gepriesen.

Neben die moralische Kritik tritt hier eine mehr ästhetische: Rhetorische Rede könne wegen ihrer Künstlichkeit, wegen des Gesuchten ihrer Stilmittel den Menschen nicht wahrhaft ergreifen: »Wenn ihrs nicht fühlt, ihr werdets nicht erjagen«, hieß es kurz vor der zitierten Stelle. Freilich, ausgerechnet diese Sentenz stand schon beim alten Rhetoriker Quintilian: *Pectus est enim quod disertos facit* (»Es ist das Gefühl, das beredt macht«).[4] Die Kritik an einer einseitigen Rhetorik gehört offenbar ein Stück weit zur Rhetorik selbst.

Mittlerweile ist es freilich so, dass auch in Deutschland die Abwertung der Rhetorik längst mehr der Umgangssprache als der Wissenschaft angehört. Seit nunmehr knapp fünfzig Jahren sind nämlich im Bereich nicht nur der Literaturgeschichte, sondern auch der Jurisprudenz, ja sogar der Theologie Sache und Name der Rhetorik zu neuen Ehren, zumindest Kathederehren gekommen. Ich greife nur einiges Wichtige heraus.

Der berühmte Romanist Ernst Robert Curtius hatte in einem Kapitel seines klassischen Werkes *Europäische Literatur und lateinisches Mittelalter* (1948 u. ö.)[5] auf die ungeheure Bedeutung der Rhetorik für die Geistesgeschichte hingewiesen – freilich nur ihre historische Bedeutung: »Alles das ist heute Makulatur«, schrieb er damals halb verdrossen. Inspiriert von ihm wagte aber ein jüngerer, gewitzter Kollege, Heinrich Lausberg, 1960 ein großes und nützliches *Handbuch der literarischen Rhetorik* zu veröffentlichen, bei dem vor allem der Untertitel provozierend wirken musste: *Eine Grundlegung der Literaturwissenschaft* – wer hätte das gedacht! War Rhetorik nicht etwas hoffnungslos *ad acta* Gelegtes? Lausberg hielt dagegen und überzeugte viele (trotz mancher Schrulligkeiten seines *Opus maximum*).

Wenig später schloss sich ihm der Altphilologe, Literaturkritiker, Romancier und Polyhistor Walter Jens an. Um diesen emsig beredten, damals gerade erst vierzigjährigen Mann an der Universität Tübingen zu halten, schuf man, wohl nicht ganz ohne Maliziosität, 1963 einen Lehrstuhl für »allgemeine Rhetorik«, der dem vielfach Tätigen sämtliche Freiheiten verschaffen sollte. Aber zur allgemeinen, wohl auch seiner eigenen Überraschung nahm er diese ihm übertragene Aufgabe völlig ernst, hielt einschlägige Vorlesungen und Seminare, begründete ein Seminar für Allgemeine Rhetorik, das bis heute vielleicht weltweit einzig ist, und schrieb neben seiner quirligen Aktivität als Fernsehkritiker und Festredner bei Gewerkschaften und Fußballverbänden[*] grundlegende Publikationen wie den klassischen Artikel »Rhetorik« (1971) im *Reallexikon der deutschen Literaturgeschichte*[**]. Hierin las er seinen deutschen Landsleuten wegen ihrer herkömmlichen Rhetorikverachtung die Leviten: Der deutsche Bourgeois, durch keine Revolution politisch wirklich zur Geltung gekommen, habe sich, aus der Not eine Tugend machend, »im reinen Reich der Kunst für mangelnden politischen Einfluss schadlos«[6] gehalten, statt, wie es die Rhetorik geboten hätte, Geist und Realität, Literatur und Politik zu vereinen. Rosa Luxemburg statt Joseph von Eichendorff? Das eröffnete immerhin Perspektiven. Noch das erwähnte *Historische Wörterbuch der Rhetorik*, herausgegeben von Jens' rührigem Schüler und Nachfolger Gert Ueding, lebt vom Impetus des ersten deutschen Rhetorikprofessors, der vor allem auch mit seinem Bekenntnis zum Sozialismus und seiner Blockade des Mutlanger Atomwaffendepots (1984) Politik und Geist spektakulär vereinte.

Inzwischen hatten sich sogar auch Philosophen dem neuen Rhetoriktrend geöffnet. Der bis dahin fast nur Spezialisten als Philosophiehistoriker bekannte Hans-Georg Gadamer gelangte schlagartig zu Weltruhm, als er in seinem Buch *Wahrheit und Methode*, das im selben Jahr (1960) wie Lausbergs Handbuch erschien, eine Lanze unter an-

---

[*] Trotz großem Erfolg war Walter Jens, den ich stolz unter meinen Lehrern (1959–1964) nenne, wohl kein völlig guter Redner. Er hing meist am Manuskript, aus dem er seine fein ziselierten, meist antithetisch strukturierten Perioden wörtlich vorlas. Bezeichnend für seine Grenzen als Kritiker war, dass er die Verführungskunst eines Hitler oder Goebbels nicht erfassen konnte, sondern in den Hetzreden dieser Demagogen nur stilistische »Fehler« aufspürte (Helmut Heiber [Hg.], *Goebbels-Reden*, Bd. 1, Düsseldorf 1971, XIXf.). Immer wieder entwaffnete aber der Humor, mit dem er sich eigene gelegentliche Schaumschlägerei ironisierte. Und hinreißend konnte er sein, wenn er einmal zur Improvisation gezwungen wurde. – Eine (trotz eingetretener Verfeindung) einfühlsame Würdigung von Jens' Gesamtpersönlichkeit versucht Marcel Reich-Ranicki, *Mein Leben*, München (1999) 2000, 418–426; dazu kommt jetzt von seiner Frau Inge Jens: *Unvollständige Erinnerungen*, Reinbek 2009.

[**] Man lese die zweite Auflage (Bd. 3, $^2$1971, 432–456); der Ersatzartikel in der dritten ist nur ein matter Abglanz.

derem für die Rhetorik brach: Es gelte, eine »humanistische Tradition« aufzugreifen, um gegen den »Beweis- und Gewissheitsanspruch der Wissenschaft« im Zeichen der Beredsamkeit das im rhetorischen Sinn Wahrscheinliche und »das der gemeinen Vernunft Einleuchtende« zur Geltung zu bringen[7] – eine neue Grundlegung der Geisteswissenschaften auf der Basis der Rhetorik.

Dagegen hätte sich manches sagen lassen. Aber dann übernahm sogar der »berühmteste deutsche Intellektuelle der Nachkriegszeit«[8], Jürgen Habermas, diesen Rhetorikbegriff und brachte ihn mit der von ihm selbst postulierten »herrschaftsfreien Kommunikation« in Einklang: Rhetorik gelte ja »herkömmlicherweise als die Kunst, einen Konsens in Fragen herbeizuführen, die nicht mit zwingender Beweisführung entschieden werden können«.[9] Walter Jens setzte schwungvoll nach und gab dem Gedanken eine noch verführerischere Wendung: Sache einer aus »ihrem Dornröschenschlaf« zu erweckenden Rhetorik sei es, »aufzuklären und mit Hilfe der situationsbezogenen Agitation die Humanität zu befördern«[10] (Lenin und Albert Schweitzer in Personalunion).

Jedenfalls musste sich, auf solche renommierten Autoritäten gestützt, bald niemand mehr des Etiketts »Rhetorik« schämen; die Bücher und Taschenbücher mit entsprechenden Einführungen waren schon in den 70er Jahren zahlreich. Darunter gibt es natürlich immer wieder auch seriöse Schriften, in denen, wie gelegentlich schon im Altertum, die Rhetorik gegen ihre Kritiker rehabilitiert wird. Ich denke zuletzt an das historisch fundierte, auf Distanz zu Habermas bedachte Buch *Saving persuasion*\* (2006) von Bryan Garsten, Politologieprofessor an der Yale-Universität. Ein realitätsnaher Gelehrter: Im Frühjahr 2008 begleitete er das Kandidatenduell von Hillary Clinton und Barack Obama mit rhetorischen Kommentaren.[11]

---

\* Untertitel: *A defense of rhetoric and judgment*, Harvard UP. Die Kombattanten sind Hobbes, Rousseau und Kant, die Autoritäten Aristoteles und Cicero.

## WOZU EIN BUCH ÜBER ANTIKE RHETORIK?

In diesem Buch soll es nun aber nicht darum gehen, die Rhetorik erneut gegen ihre Verächter in Schutz zu nehmen oder ihr gar wie der frivolen Helena ein sophistisches Loblied zu singen. Vielmehr soll am Beispiel der Griechen und Römer gezeigt werden, was die Redekunst in ihren besten Zeiten Großes geleistet hat, wie sie begrifflich erfasst und lehrbar gemacht wurde und welche Bedeutung sie vor allem in der allgemeinen Bildung hatte. Denn dass hier bei uns, in Deutschland und sogar in England und Amerika, wo die Schulung im *public speaking* eine ältere Tradition hat, die Dinge im Argen liegen, muss jedem klar sein, der, ohne sich vom Modewort »Rhetorik« blenden zu lassen, auch nur ein wenig darüber nachgedacht hat.

Wenige Beobachtungen sollen genügen. Wer hat nicht die deutschen Parlamentsabgeordneten vor Augen, die zaghaft Manuskripte verlesen, die ihrem Publikum zum Teil schon gedruckt vorliegen? Für das Abhalten wissenschaftlicher Vorträge hat sich der schreckliche, aber leider treffende Ausdruck *to read a paper* eingebürgert. Dementsprechend ist auch die Sprache der schreibenden Geisteswissenschaftler seit langem meist von wahrhaft papierener Gespreiztheit und Langweiligkeit.\*

Wo aber einmal wirklich geredet wird, sorgt zumindest ein Mikrophon dafür, dass überflüssiger Kontakt zu den Hörern unterbunden wird. Bei Konferenzen nur weniger Personen verteilt man sich so weitläufig im Raum, dass die Verstärkung erst nötig wird. Sogar die

---

\* Gerade Rhetoriker sind davon nicht ausgenommen. In der Vorrede zu seiner lobenswerten Sonderpublikation des »Rhetorik«-Artikels im *Handwörterbuch* (S. 522) VI rügt Gert Ueding, sich selbst ausnehmend, an »allen modernen Erbschaften der Rhetorik« [gemeint sind die zuvor genannten Perelman, Habermas, Heidegger, Gadamer u. a.], »daß sie einzelne Tendenzen der klassischen Rhetorik zwar weitergeführt, ihr philosophisches Potential aber nicht ausgeschöpft haben« – und das wäre? –, »das gerade in der umfassenden Perspektive liegt, in der sie die Schwierigkeiten mit der Wirklichkeit thematisiert und mit den menschlichen Praxisverhältnissen vermittelt«. Wie verständlich und vernünftig schrieben dagegen Aristoteles und Cicero über Philosophie und Rhetorik!

predigenden Pfarrer sind seit den 60er Jahren aus ihren akustisch perfekten, jahrhundertelang bewährten Kanzeln gestiegen: Angeblich sollen sie nunmehr gut demokratisch ihre Gemeinde nicht mehr »abkanzeln«; in Wahrheit ist ihnen aber wohler, wenn sie sich am Ende des Kirchenschiffs, verschanzt hinter Stehpult, Manuskript und Mikrophon, vor dem Anspruch ihrer Schäflein auf ein echtes Hirtenwort in Sicherheit gebracht haben.

Johannes Paul II., sonst bekanntlich ein Papst zum Anfassen, hat hier einmal ein besonders schlechtes Beispiel gegeben. Im Juli 2001 ging durch die Weltpresse ein Bild, auf dem sich Seine Heiligkeit vom damaligen amerikanischen Präsidenten George W. Bush ein mitgebrachtes Manuskript vorlesen ließ: Beide saßen nur knapp drei Meter voneinander entfernt, waren aber – der Vatikan ist technisch *up to date* – durch Mikrophon und Lautsprecher verbunden. Fehlte nur noch, dass der Papst mitgelesen hätte; er stützte jedoch sein Haupt tief in die Hand, vielleicht darüber nachsinnend, mit welch ärmlichem Equipment der Mann, dessen Stellvertreter er war, bei seiner Bergpredigt hatte auskommen müssen ...

Heute regieren meist Papier und Druckerschwärze. Die griechisch-römische Antike dagegen, auch wenn sie uns das Alphabet geschenkt oder vermittelt hat, war eine zutiefst mündliche Kultur, auf die wiederum ein Wort Goethes passt, nämlich dass »das Wort so wichtig dort war, / weil es ein gesprochen Wort war«.[12] Auch Literaturwerke, also poetische, historische oder philosophische Schriften, waren in der Regel dazu bestimmt, mündlich vorgetragen zu werden; sogar die private Lektüre eines Buches fand mit lauter bzw. halblauter Stimme statt (erst im 4. Jahrhundert, mit dem Kirchenvater Ambrosius, begann unsere Praxis des stummen Lesens).* Im öffentlichen Leben, das keine Zeitungen, allenfalls gelegentliche Flugschriften

---

* Die Gewohnheit des lauten Lesens zeigt am schönsten die Erzählung von Akontios (bei Ovid, *Epistulae heroidum* 20/21): Dieser warf seiner Angebeteten Kydippe einen Apfel zu Füßen, mit der Inschrift: »Bei der Artemis, ich werde den Akontios heiraten«. Das las die junge Dame, laut – und war gebunden. So oft sie auch Anstalten machte, sich mit einem anderen zu verloben, sorgte Göttin Artemis dafür, dass sie schwer erkrankte. Bei lautlosem Lesen wäre Akontios nicht ans Ziel gelangt.

kannte, kam vollends fast alles darauf an, sich als mündlicher Redner zu bewähren. Nicht nur in der attischen Demokratie, wo sich das ja von selbst versteht, sondern auch im aristokratischen Senatsregime der römischen Republik dominierte der redefähige Politiker, dem nie oder in seltensten Ausnahmefällen der Gebrauch eines Manuskripts oder Spickzettels gestattet wurde (so ist es immerhin auch heute noch im amerikanischen Wahlkampf, wofern nicht der Teleprompter zu Hilfe kommt). Nicht einmal die allmächtig scheinenden römischen Kaiser konnten sich rhetorische Unbedarftheit leisten.

So bezeichnet das Ende des Rhetorikunterrichts in den Wirren der Völkerwanderung, wenigstens für das lateinische Westreich, geradezu den Untergang der Antike. Und jede Renaissance antiker Bildung, bei Karl dem Großen wie in der Zeit des sogenannten Humanismus, andeutungsweise sogar in der Goethezeit, war verbunden mit einer neuen Aneignung antiker Redekunst und Rhetorik, mit neuer Begeisterung für Demosthenes, Cicero und Quintilian. Vor allem diese größten Meister des Wortes* und die Urheber der dazugehörigen Redetheorie dem heutigen Leser nahezubringen ist das Ziel dieses Buches. Dass man von ihnen auch für die eigene Redepraxis viel lernen kann, weiß jeder, der sich damit befasst hat.

## WAS IST RHETORIK?

Bevor wir aber in die Geschichte eintreten, müssen einige Begriffe geklärt werden. Rhetorik, griech. *rhētorikē*, ist die Kunst des Redners, griech. *rhētōr*, also die »Redekunst«. Die Endung *-ikē* weist darauf hin, dass es sich dabei um eine lehr- und lernbare Kunst *(technē)* handelt

---

* Im fast völligen Absehen von der Redepraxis zugunsten der Theorie sehe ich einen Hauptmangel des sonst so wertvollen *Historischen Wörterbuchs der Rhetorik* (S. 10). In der durch Indices erschlossenen Sonderpublikation des Artikels »Rhetorik« (S. 522) fehlt beispielsweise der Name des größten deutschen Redners, Bismarck, außerdem (alphabetisch) Brandt, Burke, Churchill, Gladstone, Goebbels, Hitler, Kennedy, Lassalle, Lenin ... Demosthenes und Isaios sind nur genannt, weil sie bei Theoretikern erwähnt werden. Umso gedrängter erscheinen die Namen von Denkern wie Blumenberg, Derrida, Kopperschmidt (Letzterer 22 Mal).

(obwohl das auch bestritten wurde); der volle Ausdruck wäre *rhētorikē technē*. Wenn wir heute in allen europäischen Sprachen das Wort »Rhetorik« benutzen, verdanken wir dies den Römern, die – wie stets als gelehrige Schüler der griechischen Kultur – *rhetorica* bzw. *ars rhetorica* spätestens zu Beginn des ersten vorchristlichen Jahrhunderts als Fremdwort übernommen haben. Daneben haben sie aber auch ein eigenes Bedeutungslehnwort gebildet: *ars oratoria*, abgeleitet von *orator*, der Redner – *orare* hieß ursprünglich so viel wie »reden« (was zumindest volksetymologisch mit *os*, dem »Mund«, verbunden wurde).

Dabei gilt es eine kleine, kulturgeschichtlich interessante Bedeutungsverschiebung zu beachten. Während *rhētōr* bei den Griechen in der Regel der praktizierende Redner war, bezeichnen die Römer mit dem Fremdwort *rhetor* ausschließlich den Redelehrer (der nie *orator* heißen kann). Warum? Für die mündliche Rede hatten die Römer eine eigene, angeblich bis auf den Urvater Romulus (S. 266) zurückreichende Tradition.* Mit griechischem Redeunterricht kamen die Römer dagegen erst so richtig im 2. Jahrhundert v. Chr. als etwas Exotischem in Berührung; so blieb an dem importierten Redelehrer, Redetheoretiker das Fremdwort haften.**

Man hält sich heute am besten an den traditionellen lateinischen Sprachgebrauch (wir betonen ja auch lat. *Górgias* statt griech. *Gorgías* usw.). Somit hat man unter einem Rhetor (bzw. Rhetoriker) immer einen Theoretiker oder Lehrer der Rede zu verstehen, nicht den praktizierenden Redner. Ebenso sollte man eigentlich mit Rhetorik – hier formulieren Griechen und Römer identisch – immer nur die Redetheorie bezeichnen. Wenn man ganz korrekt sein wollte, wäre es also falsch, von der »grandiosen Rhetorik Bismarcks« zu sprechen – denn kein Römer oder Grieche hätte verstanden, was etwa *illustris rhetorica Bismarcii* (bzw. die griechische Entsprechung) bedeuten solle. Im deut-

---

\* Wie *orator* sind auch die Wörter für beredt (*eloquens*, schwächer: *facundus, disertus*) und Beredsamkeit (*eloquentia, facundia*) echt lateinisch. Das entsprechende griech. Wort *deinos (legein)* bzw. *deinotēs* wurde nie übernommen.
\*\* Ebenso ist *phōnaskos* (»Stimmübender«) bei den Griechen der ausübende Sänger (ungenau sind hier die Lexika); bei den Römern ist dagegen *phonascus* meist der lehrende Stimmbildner.

schen Sprachgebrauch hat es sich jedoch seit langem fest eingebürgert, als Rhetorik (bzw. Redekunst) sowohl die theoretisch gelehrte als auch die praktisch geübte Kunst zu bezeichnen – und da dieses Buch nun einmal mit *Geschichte der Rhetorik* betitelt ist, wollen wir es dabei belassen. *Usus tyrannus* – der Sprachgebrauch hat immer recht, das lehren auch die Rhetoren.

Nun, das sind Äußerlichkeiten der Terminologie. Entscheidend ist es dagegen zu wissen, was man in der Antike unter Rhetorik verstanden hat. Nicht etwa die Kunst, Worte verbal zu verschönern – oder gar im Sinne von Jürgen Habermas, Konsens zu erzielen\* –, sondern: Menschen zu einem bestimmten Handeln bzw. zu bestimmten Ansichten zu überreden. Von ihren ersten Anfängen im 5. Jahrhundert v. Chr. definiert sich die Rhetorik, späteren Zeugnissen (S. 148) zufolge, als *dēmiurgos peithus*, »Meisterin der Überredung« (lat., wie Quintilian übersetzt, *opifex persuadendi*[13]).

Wirklich Überredung, nicht Überzeugung? So haben wir doch schon in der Schule zu unterscheiden gelernt – und wie gern bedienen wir uns dieses Begriffspaars\*\* vor allem zu polemischen Zwecken! (»Überreden« tut nämlich immer der andere.) In der Antike aber hat man diesen Unterschied (wonach beim Überreden das Geschick des Redners, beim Überzeugen seine Argumente den Ausschlag geben\*\*\*)

---

\*   Dieser Vorstellung folgt weithin in seinen Grundsatzartikeln das sonst so nützliche *Historische Wörterbuch der Rhetorik*. Ihr Herausgeber Gert Ueding gibt zwar »Persuasion« als Ziel der Rhetorik nicht auf, definiert sie aber als »Entfaltung des im Publikum Angelegten« und »Beweis für die prinzipielle Übereinstimmung der rednerischen Meinungen und Überzeugungen mit denjenigen des Publikums« – was angeblich sogar bei Aristoteles stehen soll (*Rhetorik* [S. 522], 6). Dessen drei Möglichkeiten des Überredens bzw. Glaubhaftmachens: Logos, Ethos und Pathos werden zu »Dimensionen, in deren Lichte die [strittige] Frage geprüft, bewertet und entschieden wird« (a. a. O., 7) – wie im akademischen Seminar.

\*\*  Im Deutschen scheint es zurückzugehen auf Friedrich Andreas Hallbauers *Anleitung zur politischen Beredsamkeit* (1736), doch stellte schon François Fénélon in seinen einflussreichen *Dialogues sur l'éloquence* (1685) der »conviction de la philosophie« die »persuasion de l'éloquence« gegenüber. Hinter dem deutschen Begriffspaar steckt die aristotelische Unterscheidung von unkünstlichen Beweisen (durch »Zeugen«) und künstlichen Beweisen (durch bloße »Rede«), s. S. 173.

\*\*\* Der Sache nach zeigt allerdings Platon einmal eine solche Differenzierung.

für weniger wichtig gehalten, als dass er sich im allgemeinen Sprachgebrauch niedergeschlagen hätte. Genug, wenn es dem Redner gelang, das Publikum in seinem Sinn umzustimmen und zu entsprechendem Handeln zu veranlassen: etwa ein Gesetz zu verabschieden oder einen Angeklagten freizusprechen – man sprach allemal von *peithein* bzw. lat. *persuadere*. Und da es ebenso etwa die in Amerika praktizierte, empirische Persuasionsforschung hält, die wertneutral eben diesen Begriff *persuasion* für die durch Rede bewirkte Meinungsänderung gebraucht,* wollen auch wir in diesem Buch auf eine Unterscheidung verzichten, die wissenschaftlich ohnehin kaum haltbar ist. Vielmehr sei ungeniert von Überreden und ohne viel Unterschied von Überzeugen gesprochen.

Wonach bemisst sich also der Wert einer Rede? Arthur Schopenhauer hat dazu, ganz im antiken Sinn, das Wichtigste gesagt: Das »Meisterstück« der »Beredsamkeit« als der »Fähigkeit, unsere Ansicht einer Sache [...] auch in Andern zu erregen, [...] wird um so größer seyn, je mehr der Gang ihrer Gedanken vorher von dem unserigen abwich.«[14] So galten als besonders bewundernswert jene Reden Ciceros, in denen er als Consul das Volk von höchst unpopulären Maßnahmen, etwa der Reservierung von Theaterplätzen für die Geldaristokratie, erfolgreich überzeugte (S. 322).[15] Ein noch berühmteres Beispiel: In der wohl bekanntesten Rede der Weltliteratur, der Leichenrede Marc Antons in Shakespeares *Julius Caesar*,[16] gelingt es dem Redner, eine den Caesarmördern zunächst wohlgesinnte Volksmenge allmählich zu flammender Rachewut gegen diese aufzuhetzen. Oder aktueller: Auf einem Sonderparteitag der Grünen im Mai 1999 wurde der damalige Außenminister Joschka Fischer, der für den Kosovoein-

---

Im *Gorgias* (454 E) sagt Sokrates: »Sollen wir also zwei Arten der *peithō* ansetzen, eine, die Glauben *(pistis)* beibringt ohne Wissen, die andere, die Kenntnis *(epistēmē)* beibringt?«

* Diese empirische Forschungsrichtung wurde in Deutschland vorgestellt von Nathan Maccoby, »Die neue ›wissenschaftliche‹ Rhetorik«, in: Wilbur Schramm (Hg.), *Grundfragen der Kommunikationsforschung*, München ³1970, 55–70. Ihre Ergebnisse waren allerdings nicht unumstritten (vgl. Klaus Ross, »Die Entdeckung der Rhetorik für die Sozialpsychologie«, in: Heinrich F. Plett [Hg.], *Die Aktualität der Rhetorik*, München 1996, 139–149, dort S. 140 A. 4 zu »Persuasion«).

satz der Bundeswehr eintrat, mit wütenden Schmährufen als »Kriegstreiber« empfangen: Er konterte, sprach – und einige Zeit später hatte er seine Parteigenossen so von seiner Haltung überzeugt, dass sie sogar einen Beschluss vom Vortag revidierten.[17] *O flexanima oratio!* Zu Recht haben die Tübinger Rhetoriker dieses Kunststück zur »Rede des Jahres 1999« gekürt.

In der Überredung bzw. Überzeugung, griech. *peithō*, lat. (meist) *persuasio*, liegt also das eigentliche Ziel der Redekunst. Und weil überall im heidnischen Altertum Götter am Werk sind, wurde diese *Peitho* sogar als Gottheit verehrt, mit eigenen Heiligtümern und Priestern. Ursprünglich war sie Göttin der Liebe und der Ehe – denn wo kommt es so auf das Beschwatzen an wie dort? –, dann gliederte sie sich ein in das Gefolge der Liebesgöttin Aphrodite, als deren »sinnbetörende«, mit »holden Wimpern« bezaubernde Tochter oder Dienerin.[18] Später, im 5. Jahrhundert v. Chr., wurde sie von den Rednern, bald auch von den Dichtern, für den gesamten Bereich des Überredens in Anspruch genommen. (Der andere gelegentlich für die Rede zuständige Gott, Hermes [S. 52], ist weniger auf diese Funktion festgelegt.) So huldigt ihr der Tragiker Euripides als jener, »die wie niemand sonst der Menschen Herrin ist«, und widersetzt sich einmal sogar ihrem traditionellen Kult:

> Peitho kennt keinen Tempel als allein das Wort,
> und ihr Altar ist nur gebaut im Menschensinn.[19]

Berühmt wurde aber vor allem eine Formulierung des Komikers Eupolis. Dieser sagte von dem großen, als Redner unwiderstehlichen athenischen Staatsmann Perikles:

> Auf seinem Munde hat Peitho den festen Sitz:
> Denn so betört er – doch in seiner Hörer Herz
> lässt keiner auch den Stachel so wie er zurück.[20]

Der Zusatz ist wichtig: Perikles ist kein Schönredner, der nur mit süßen Worten schmeicheln will. Seine Rede hinterlässt wie der Stich der Honigbiene einen schmerzhaften Stachel, der noch nach der Rede zum gewünschten Tun anspornt. Eben das bewirkt Göttin Peitho, Gefährtin der bittersüßen Aphrodite. Mit ihrem lateinischen Namen *Suada*[21] – darin die Wurzel *suavis*, »süß« – hat diese Schutzpatronin der Rhetorik sogar Eingang in die deutsche Sprache gefunden, allerdings eher ein wenig abwertend: Wenn wir von der »großen Suada« eines Redners sprechen, heißt das in der Regel, dass er bei allem verbalen Imponiergepränge gerade keinen Stachel im Gemüt zurückgelassen habe …

Die Definition der Rhetorik als »Meisterin der Peitho« blieb freilich auch im Altertum nicht ganz unbestritten. Nachdem Platon sie *nolens volens* anerkannt, ja nicht einmal der kritische Aristoteles sie ernstlich bestritten hat (S. 169 f.), meinten die Stoiker im 3. Jahrhundert v. Chr., eine allgemeinere Definition geben zu sollen: Rhetorik sei die »Wissenschaft vom guten Reden« (*epistēmē tu eu legein*, lat. *bene dicendi scientia*).[22] Was wollten sie damit sagen? Wahrscheinlich nur dies, dass der Redner »feste, wahrheitsgemäße Begriffe« haben müsse von dem, was er sagt, so dass »nur der Weise [der stoische Weise, versteht sich] ein echter Redner sein könne.«[23] Dies erklärt jedenfalls ein späterer griechischer Philosoph, Sextus Empiricus. Etwas anders hat es Roms größter Rhetoriker, Quintilian, aufgefasst – und schlug sich dabei mit Vehemenz auf die Seite der Stoiker. Da er der Ansicht war, dass überhaupt nur der sittlich gute Mensch ein Redner sein könne (S. 433), meinte er, die Stoiker hätten hier an die moralische Qualität der Rede gedacht, an »gutes Reden« im Sinne des Einsetzens für das Wahre und Gute. Das hat ihm viele Freunde verschafft bei edel gesinnten Theoretikern wie Gadamer, Habermas und Walter Jens;* in seiner eigenen Rhetorik hatte er aber weniger Erfolg damit. Bei allen Bekenntnissen zur Moralität in den Einleitungs- und Schlusskapiteln, ist sie, was

---

* Jens versteht die stoische Definition, der er sich als »der (!) antiken« anschließt, »im Sinne einer von Moralität zeugenden, ästhetisch anspruchsvollen, situationsbezogenen und auf Wirkung bedachten Äußerung, die allgemeines Interesse beanspruchen kann« (*Reallexikon der deutschen Literaturgeschichte*, Bd. 3, ²1971, 432, § 1). Erst später (§ 2) wird eingestanden, dass »Ziel der Rhetorik« die »Psychagogie« sei. Vgl. Fußnote zu S. 20 (zu Gert Ueding).

ihren sachlichen Kernteil angeht, ebenso auf den Überredungserfolg ausgerichtet wie die eines Gorgias.

Im Wesentlichen hat sich also die alte Definition der Rhetorik als Überredungskunst durchgesetzt. Es ist wichtig, sich das klarzumachen, gerade weil der Begriff, den wir heute damit verbinden, ein teilweise anderer ist: Bloße Schönrednerei hat, jedenfalls der Definition nach, im Altertum nie als »rhetorisch« gegolten. Überredet aber wird seit Homer. So sei mit diesem begonnen.

## *MYTHOI* – DIE REDEN
## BEI HOMER UND HESIOD

> Singe mir, Göttin, den Zorn des Peleussohnes Achilleus,
> den verderblichen, der viel Schmerzen schuf den Achäern,
> der viel kraftvolle Seelen der Helden hinunter zum Hades
> sandte, sie selber jedoch als Beute den Hunden bescherte
> und den Vögeln zum Schmaus – so ward Zeus' Wille vollendet –
> seit dem, dass sich im Zanke zuerst die Helden entzweien,
> Atreus' Sohn, der Gebieter des Volks, und der edle Achilleus.[1]

So beginnt das wahrscheinlich älteste Gedicht Europas, Homers *Ilias*. Und, man staune, es beginnt nach den Regeln, welche die Rhetorik für den Beginn der Rede, das sogenannte Prooemium, aufgestellt hat; schon Quintilian, der größte Rhetoriker der Römer, hat dies beobachtet.[2] Auf drei Dinge muss ja der Redner am Anfang achten (wichtig noch heute für jeden, der zu reden hat!):[3] Er muss 1. das Wohlwollen seiner Zuhörer gewinnen (*benevolos reddere* – man kennt die sprichwörtliche *captatio benevolentiae*,[4] das »Haschen« nach dem Wohlwollen bzw. der Sympathie), er muss 2. ihre Aufmerksamkeit erregen (*attentos reddere*) und er muss 3. sie aufnahmefähig machen (*dociles reddere*).

Das alles leistet Homer, sagt Quintilian, in vorbildlicher Weise. Er macht (1) die Hörer wohlwollend, indem er die »Göttin«, das heißt die Muse, anruft – wodurch er sich selbst ihr bescheiden unterordnet und zugleich ihre Autorität für die Wahrheit seiner Erzählung in Anspruch nimmt;* er macht (2) die Hörer aufmerksam, indem er die Größe des

---

\* Die Muse ist nach der Auffassung des antiken Dichters vor allem die Stofflieferantin, weniger die (etwa gar durch Musenkuss) inspirierende Kraft. Nach der Vorstellung, die Homer vermittelt (man vergleiche besonders *Ilias* 2, 484 ff.), sind die Musen überall in der Welt als Augenzeuginnen zur Stelle, so dass die Wahrheit des vom Dichter Gesagten verbürgt ist.

Gegenstands (mit so vielen, vielen Toten und Schmerzen) herausstreicht; und er bereitet sie (3) inhaltlich vor, indem er mit dem ersten Vers ankündigt, dass er den Zorn des Achill (also nicht etwa den ganzen Trojanischen Krieg oder Achills Leben) behandeln werde, und bald darauf nachträgt, dass dieser aus dem Streit mit Agamemnon, Atreus' Sohn, entstanden sei. Kein Redner konnte es kunstgemäßer machen.

Und nicht viel anders ist es im Prooemium zur *Odyssee*, Homers zweitem Werk:[5] Auch dort wird die zuständige Muse angerufen (1), die Irrfahrten und Leiden des Odysseus werden als Thema festgelegt (3), und durch die Behauptung, dass der Held des Epos »vieler Menschen Städte und Sinnesart« kennengelernt habe, erregt Homer Neugier und Interesse seiner Hörer bzw. Leser (2).*

War Homer also ein Rhetorenzögling? Quintilian hat gerade das nicht behauptet. Erst im 5. Jahrhundert v. Chr., also zwei bis drei Jahrhunderte nach der *Ilias*, die man vor 700 v. Chr. ansetzt, ist ja eine explizite rhetorische Theorie mit entsprechenden Handbüchern entstanden (S. 43). So sagt denn Quintilian, Homer habe in seinen Epen die »Regel für die Prooemien nicht befolgt, sondern begründet« *(legem prohoemiorum non dico servavit, sed constituit)!* Wobei er es aber wohl in der Schwebe lassen will, ob tatsächlich die späteren Rhetoriker von Homer gelernt haben oder ob hier eine bloße Konvergenz von Homers rednerischem Instinkt und der später entstandenen Rhetorenregel vorliegt. Es wird gut sein, Quintilian hierin zu folgen. Aber man darf doch vielleicht überlegen, ob nicht Homer bei dem poetischen Unterricht, den er als zunftmäßiger Rhapsode, das heißt Rezitator, und epischer Dichter gehabt haben muss, mit einer entsprechenden Vorschrift zur zweckmäßigen Gestaltung von Prooemien bekannt gemacht wurde. Doch darüber können wir leider nur spekulieren.

---

* Es ist heute zu Recht fast unbestritten, dass Homer seine Epen geschrieben oder diktiert hat. Aber in erster Linie waren sie zum mündlichen Vortrag bestimmt, als Textbücher für Rhapsoden (epische Vortragskünstler), die wohl vor allem bei mehrtägigen (panhellenischen?) Festen damit aufgetreten sind.

## DREI REDNER IM KAMPF UM DIE SEELE ACHILLS

Keine Frage dagegen ist, dass Homers Epen eine Fülle von Reden (meist *mythoi*) enthalten, die zum Meisterlichsten gehören, was die Weltliteratur hervorgebracht hat. Mehr als die Hälfte des überlieferten Textes besteht aus direkter Rede. Wir beschränken uns im Folgenden auf die *Ilias*, die noch rhetorischer ausgestaltet ist als die *Odyssee*. Sogleich das Rededuell im ersten Buch, wo aus dem Streit um eine im Krieg erbeutete Sklavin, Briseis, ein tödlicher Zwist zwischen dem mächtigsten Griechen, Agamemnon, und dem tapfersten, Achill, erwächst, ist von einer zwingenden Kraft der dramatischen Eskalation, wie sie unter den Tragikern vielleicht erst Friedrich Schiller wieder erreicht hat.* Aber um »Rhetorik« im Sinne der klassischen Definition (S. 20) handelt es sich bei dieser verbalen Machtprobe gerade nicht: Empörtes Auftrumpfen ist keine Überredung *(peithō)*. Hätte Achill mit seiner Rede vor allem die geliebte Briseis behalten wollen, hätte er völlig anders sprechen müssen; ebenso Agamemnon, wäre es seine Absicht gewesen, Achill zu einem Verzicht zu bewegen. So sind denn viele Reden Homers poetisch großartig, aber im schulmäßigen Sinn doch nicht »rhetorisch«.

Es gibt bei ihm jedoch auch echte Reden der Überredung, und es lohnt sich, einige von ihnen kurz zu betrachten – da sie auch in der späteren antiken Redenliteratur kaum überboten werden. Im 9. Buch der *Ilias* kommen drei Gesandte zu Achill, die ihn, der sich beleidigt vom Kampf zurückgezogen hat, im Auftrag Agamemnons dazu bewegen sollen, den von den Trojanern bedrängten Griechen beizustehen. Drei prominente Helden hat man für diese Gesandtschaft auserkoren:

---

* Ich denke an den ähnlich strukturierten Dialog der beiden Königinnen im 3. Akt von *Maria Stuart*. In der Antike wurde Homers eskalierendes Rededuell nachgeahmt von Seneca im 2. Akt der Tragödie *Troas* (meist genannt *Troades*): Dort siegt in einem ähnlichen Streit Achills Sohn Pyrrhus über Agamemnon, indem er diesem schließlich sogar mit Gewalt droht. An Früherem ist vergleichbar das in eine Stichomythie (Wortwechsel Vers für Vers) mündende Rededuell von Oidipus und Teiresias in Sophokles' *König Ödipus*.

den Meisterredner Odysseus, den alten Erzieher Achills, Phoinix, und schließlich einen bewährten Haudegen, Aias. Sollte man nicht Odysseus als Letzten sprechen lassen (wie Cicero, wenn mehrere Redner in einer Sache auftraten, immer die Schlussrede hatte)? Nein, Odysseus hofft offenbar, schon mit seiner Anfangsrede[6] das Ziel erreichen zu können, und so kommt er Phoinix, der eigentlich das Wort ergreifen sollte, zuvor. Er beginnt, Achill höflich zuprostend, mit einem Dank für die soeben genossene Mahlzeit – eine naheliegende *captatio benevolentiae* – und leitet dann geschickt *e contrario* (vom Gegenteil her argumentierend) zur Not der Griechen über: Hektor und die Trojaner bedrohen bereits deren Schiffe, nur Achill könne jetzt noch Rettung bringen. Dessen Pochen auf die Berechtigung seines Zorns kommt Odysseus zuvor, indem er ihn zunächst daran erinnert, wie ihn vor allem sein Vater Peleus immer vor »großherzigem Zorn« gewarnt und zur Sanftmut ermahnt habe. Dann breitet er in Fülle die üppigen Versöhnungsgeschenke aus, die Agamemnon dem gekränkten Achill zur Wiederherstellung seiner Ehre anbietet – nicht etwa nur Briseis, die jener im Übrigen noch nicht angerührt habe (Ehrenwort!), sondern Gold, Geräte und Pferde, sieben allerliebste Lesbierinnen und nach Kriegsende obendrein als Gemahlin eine der eigenen Töchter, nach freier Wahl. Der Schluss der Rede bringt (wie später von der Rhetorik vorgeschrieben) den emotionalen Appell, erst an das Mitleid: Er solle sich doch wenigstens seiner Mitbürger erbarmen – dann an den Ehrgeiz: Nun sei die Chance, Hektor zu töten, dem er, Achill, als Einziger gewachsen sei.

Hat Odysseus etwas falsch gemacht? Hat er nicht in geschickter Ordnung alle Gründe genannt, die Achill von seiner sturen Verweigerung abbringen könnten? Achill empfindet anders. Mit der Bitte, freimütig reden zu dürfen – später Topos der *parrhēsia (licentia)* genannt –, stößt er ihn zurück:[7]

> D e r Mann ist mir verhasst so sehr wie die Pforten des Hades,
> der im Herzen ein anderes birgt, ein anderes ausspricht.

Natürlich hat Odysseus nicht gelogen, ja nicht einmal völlig geheuchelt. Aber Achill spürt, dass hinter der wohlgesetzten Rede keine wirkliche Sympathie steht, kein Mitgefühl mit dem Schmerz über die erlittene Beleidigung, dass alles wohlkalkuliert war, um Agamemnons Auftrag optimal zu erfüllen. So entgegnet er der gespielten Leidenschaft des Redners mit dem Pathos des zutiefst Gekränkten, der nun gleich den ganzen Trojanischen Krieg samt Kriegsursache Helena in Frage stellt:

> … wozu solln wir Argiver die Troer bekriegen?
> Wozu führte denn Atreus' Sohn hierher seine Heerschar?
> Ist's nicht um Helena nur, die Frau mit den lieblichen Locken?
> Lieben denn nur die Atriden allein unter sämtlichen Menschen
> ihre Gemahlin? Ein jeglicher Mann, der gut und vernünftig,
> liebt seine eigene Frau und hegt sie, wie ich auch jene
> liebte von Herzen – und war sie auch nur mit dem Speer mir erbeutet.

Er lässt sich von Odysseus die erlittene Kränkung nicht wegreden, auch nicht durch nachträgliche Geschenke. Statt nachzugeben, verstärkt er seine Verweigerung noch, indem er ankündigt, schon am nächsten Tag mit den Soldaten seines Volkes gänzlich nach Hause abreisen zu wollen. – Die drei Gesandten sind erstaunt, »denn gar gewaltig hatte er gesprochen«. Wir stimmen völlig zu.

Nun versucht Phoinix sein Glück. Er hat den Vorteil, Achills alter Freund und Lehrer zu sein, und den nützt er aus. Seine Rede[8] ist ganz auf das gebaut, was die spätere Rhetorik *ēthos* nennt, das heißt die sanfteren, rührenden Emotionen, mit denen der Redner vor allem sich selbst sympathisch macht (S. 117). Anknüpfend an Achills Ankündigung der Abreise ruft er klagend aus, dann wolle er auch selbst ohne seinen Zögling Achill nicht bleiben! Sei er diesem doch einst als begleitender Erzieher von Vater Peleus in den Krieg mitgegeben worden, um ihn zwei Dinge zu lehren (hier lesen wir das älteste pädagogische Curriculum des Abendlands): »ein Redner von Worten *(mythoi)* zu sein und ein Täter von Taten«[9] – es gab also, lernen wir nebenbei, schon in ältester Zeit eine Art rhetorische Erziehung. Dann erzählt Phoinix recht umständlich – doch die Geschwätzigkeit passt ebenso zu seinem Alter wie zur Redeabsicht – die eigene, bittere Lebensgeschichte und wie er Ruhe gefunden habe in Pthia bei Peleus und dessen Söhnchen Achill, seinem kleinen Liebling:

> … denn mit keinem der anderen jemals
> wolltest zum Mahle du gehn oder schmausen im Königspalaste:
> Immer zuvor musst ich auf meine Knie dich setzen,
> schnitt dir auch vor vom Braten zur Speise und hielt dir den Wein hin.
> Öfter besabbertest du an der Brust mir vorne den Hausrock,
> wie das die leidigen Kinder so tun, aussprudelnd den Weinschluck.

Muss das nicht zu Herzen gehen? Jetzt erst, nach 62 nur zur Rührung bestimmten Versen, wagt es der Alte, behutsam zur Sache zu kommen:

> Aber, Achilleus, bezähm deinen Zorn, den gewaltigen: Grausam
> darf das Herz dir nicht sein. Auch Götter sind ja versöhnlich
> und sind größer an Tugend als wir und an Ehre und Kräften.

Und noch einmal holt er aus, indem er eine lange Geschichte von Meleagros erzählt, der auch wegen eines erlittenen Unrechts seinen Mitbürgern grollte, sich aber dann, als diese in Kriegsbedrängnis waren, zur Hilfe bereden ließ – und dies sogar ohne Geschenke! Achilleus ist fühlbar beeindruckt. Er macht zwar auch Phoinix Vorhaltungen, weil dieser die Sache seines Feindes vertrete, lädt ihn aber ein, über Nacht bei ihm zu bleiben. Am nächsten Morgen werde man dann »überlegen, ob wir abfahren oder bleiben sollen«. Überlegen! Das war immerhin ein Teilerfolg.

Aber das meiste erreicht ausgerechnet der tumbe Aias.[10] Er scheint zunächst mit Achill gar nicht mehr reden zu wollen, sondern fordert Odysseus zum Weggehen auf: Hoffnungslos, dieser Sturkopf! Selbst beim Totschlag eines Bruders oder Kindes lasse sich sonst einer ein Sühnegeld bezahlen und sei versöhnt. Und hier dieses Getue wegen eines Mädels! Erst in den letzten Sätzen seines Unmutsausbruchs redet er Achill überhaupt an und bittet ihn mit fast barschen Worten, sich doch um seiner alten Kameraden willen zu versöhnen. Das verspricht Achill freilich nicht – zu tief ist die Verstimmung –, doch die offenen, wenn auch ruppigen Worte des Kriegskameraden haben ihn stärker gerührt als sogar die seines geliebten Pädagogen: »Das hast du mir alles, meine ich, ganz nach dem Herzen geredet«, man denke! Von Abreise ist nun keine Rede mehr: Achill erklärt sich bereit, in den Krieg dann wieder einzugreifen, wenn Hektor die Schiffe seiner Myrmidonen bedrohe. Mehr war vorerst nicht zu erreichen.

Welche Feinheit, welche unerwartete Raffinesse beim alten Homer! Der grobe Ausbruch ehrlichen Ärgers bei Aias vermag mehr als der durchaus wirkungsvolle Einsatz von Rührmitteln bei Phoinix, ganz zu schweigen vom routinierten Rednergeschick des Odysseus. Und dennoch bleibt die Wut eines Achill letztlich gegen jede Redekunst immun. Homer, den man in der Antike oft als »Erfinder der Rhetorik« in Anspruch genommen hat,[11] kannte auch deren Grenzen.

Auf jeden Fall muss er viel über sie nachgedacht haben. Wie er im 9. Buch der *Ilias* indirekt drei verschiedene Rednertypen vergleichend charakterisiert, so hat er an anderer Stelle direkt ein kontrastives Bild zweier unterschiedlicher Charaktere gegeben:[12] Menelaos, der dank seiner imposanten Schultern alle überragt, dabei aber mit heller, geläufiger Stimme nur Weniges, Treffendes vorbringt; wogegen Odysseus, bevor er redet, im äußeren Auftreten fast tölpelhaft wirkt, dann jedoch, wenn er seine Worte mit gewaltigem Brustton wie einen Schneesturm über die Hörer brausen lässt, jeden Redner der Welt in den Schatten stellt. Die späteren Rhetoriker haben sich für diese Äußerung sehr interessiert und dazu eine weitere herangezogen, in der es vom alten Nestor heißt: »Von seiner Zunge floss die Stimme süßer als Honig«.[13] Dann aber ging auch Quintilian einmal zu weit, als er meinte, Homer habe in diesen drei Rednern die rednerischen Stilhöhen (*genera dicendi*, s. S. 378) der späteren Theorie darstellen wollen:[14] Menelaos verkörpere den »niederen«, schlichten Stil, Nestor den Wohlklang des »mittleren« Stils, schließlich sei in Odysseus die unwiderstehliche Wucht des »hohen« Stils dargestellt. Hier ist Homer selbst feiner als diese schematisch vergröbernde rhetorische Interpretation.

## AGAMEMNON UND SHAKESPEARES
## MARC ANTON

Die für die »Prähistorie« der Rhetorik interessanteste Partie liest man im zweiten Buch, wo Homer seinem Hörer bzw. Leser erstaunlich viel an rhetorischem Urteilsvermögen abverlangt. Verführt durch einen trügerischen Traum des Göttervaters Zeus will dort Agamemnon einen Großangriff auf Troja wagen. Und so gilt es, die Griechen dafür mobil zu machen. Man würde nun also eine Kriegsrede (genauer: Kampfparänese) des obersten Feldherrn erwarten. Und dieser spricht auch in der Tat zu den griechischen Soldaten, aber völlig anders, als man erwarten könnte:[15] Er fordert sie auf, nicht Troja zu erstürmen, sondern mit den Schiffen nach Hause zu fahren, da der Krieg verloren sei: Zeus habe ihn verblendet (tragische Ironie!), als er ihm versprochen habe, er werde einmal der Eroberer Trojas sein. »Vergebliche Hoffnung: Kehren wir zurück in die Heimat!«

Wie ist das zu verstehen? Agamemnon gibt im vorausgehenden Kriegsrat der Ältesten eine knappe Erklärung für seine Taktik:[16] Seine Rede mit der Aufforderung zur Flucht sei nur eine listige »Versuchung« (*diapeira* – so ist das Buch in der Überlieferung überschrieben). Und das ist sie auch. Agamemnon bringt nämlich alle seine scheinbaren Argumente für die Abreise so vor, dass sie in Wirklichkeit Argumente für die Wiederaufnahme des Kampfes und den Sturm auf Troja sind: dass Zeus ihn mit seinem festen Versprechen getäuscht habe (kann denn Zeus so lügen?); dass er ihn mit Schmach und Schande nach Hause schicke, da nunmehr alle Toten aus neun Kriegsjahren umsonst waren (darf das denn sein?), er, der Allmächtige, der doch schon so viele Städte zerstört habe und zerstören werde (also doch auch Troja!). Dann gibt er sein vorgebliches Redeziel fast ganz auf und legt ausführlich dar, wie schmählich die Heimkehr sei, da die Belagerer ja den Belagerten zahlenmäßig weit überlegen seien … Dennoch: »Wir reisen ab!«

Keine Frage: Agamemnon will schon durch diese Trugrede erreichen, dass die griechischen Soldaten nicht nur bleiben, sondern sich moralisch zum Sturm auf Troja rüsten. Aber der allzu raffinierte Plan misslingt. Mit lautem Geschrei stürmen die Griechen zu den Schiffen, um sie für die Heimfahrt klarzumachen. Und der Krieg um Troja könnte zu Ende sein, würde nicht Göttin Athene ihren Liebling Odysseus in Aktion setzen: Der rettet noch einmal die Lage – wo es Not tut, mit Stockhieben – und macht den Griechen klar, wie töricht es wäre, gerade jetzt die Flinte bzw. Lanze ins Korn zu werfen. Der Krieg geht weiter.

Es scheint den modernen Homererklärern entgangen zu sein, dass es sich bei dieser sonderbaren Rede des Agamemnon, die man üblicherweise vereinfachend »Trugrede« nennt, um einen Redetyp handelt, der im späteren rhetorischen Unterricht beschrieben und intensiv geübt wurde: Man spricht hier von einer »figurierten Rede« *(oratio figurata, logos eschēmatismenos)*.\* Hier sagt der Redner nicht nur etwas anderes, als er für wahr hält – das wäre die gewöhnliche Trugrede –, sondern er verbirgt sogar seine wirkliche Redeabsicht, um sein Ziel gerade dadurch sicherer zu erreichen, dass er ein anderes vortäuscht.

Wiederum (vgl. S. 21) kann uns die berühmteste persuasive Rede der Weltliteratur, Marc Antons Leichenrede im 3. Akt von Shakespeares *Julius Caesar*, dieses Verfahren illustrieren. Antonius möchte dort die Römer gegen Brutus und die Caesarmörder aufhetzen. Doch Brutus ist viel zu angesehen, als dass das unmittelbar möglich wäre. So stimmt Antonius scheinbar der allgemeinen Meinung zu – »Brutus ist ein ehrenwerter Mann«\*\* –, er behauptet, Caesar gerade nicht loben zu wollen, und führt alles an, was man gegen den Toten vorbringt, frei-

---

\* Grundsätzlich richtig eingeordnet ist die Rede in der Schrift des Ps.-Dionysios von Halikarnass, *Über die figurierten Reden* 2,5 (*Opuscula* II, 327 ff. Usener/Radermacher). Vgl. dazu jetzt Russell (S. 525).

\*\* Dieser Satz (vgl. auch S. 387) und mit ihm die ganze Rede Marc Antons wird in den literaturwissenschaftlichen Lexika und Handbüchern als Musterbeispiel der »Ironie« geführt. Dies ist völlig verkehrt. »Ironie« setzt seit den ältesten Definitionen und auch nach heutigem Sprachgebrauch voraus, dass der Rezipient den Widerspruch zwischen Gesagtem und Gemeintem erkennt, das heißt, sie bedarf notwendigerweise der »Ironiesignale« (evidente Unwahrheit, sprachliche Übertreibung, Augenzwinkern oder dgl.) Diese sind aber gerade hier nicht gegeben, da Marc Anton seine Hörer ja im Glauben lassen will, er selbst schätze Brutus, und darauf hofft, sie kämen von sich aus darauf, dass Brutus durchaus nicht ehrenwert sei. Dies ist genau die *oratio figurata* der antiken Rhetorik – ein Begriff, der der heutigen Literaturwissenschaft leider seit mindestens 200 Jahren verlorengegangen ist.

lich so, dass diese Vorwürfe immer fadenscheiniger, Caesars Tugenden dagegen immer glänzender wirken, bis er die Menge so weit hat, dass sie ihn bittet, Caesars Testament zu verlesen, um schließlich in wilde Wut über die Schlächter ihres Wohltäters zu geraten ... Shakespeare, sicher ein Zögling des damaligen Rhetorikunterrichts,[*] konnte sich die einzelnen Tricks dieser genialen Rede bei Quintilian[17] holen. Homer hatte diese Möglichkeit natürlich nicht. Aber so gut wie evident ist doch, dass er nicht der Erste gewesen sein kann, der eine solche »figurierte« Rede erfunden hat. Niemand, der dergleichen literarisch zum ersten Mal erprobt, würde eine solche Rede sogleich scheitern lassen – wie ja auch Shakespeare seinen Antonius Erfolg haben lässt. Ganz offenbar variiert Homer einen Redentyp, der doch auch seinen Hörern schon vertraut sein dürfte. Wieder stochern wir im Ungewissen, aber wieder darf die Frage riskiert sein: Gab es im Rahmen der Rhapsodenausbildung längst vor »Erfindung« der Rhetorik vielleicht schon eine rednerische Erziehung, in der solche häufigen Redentypen (wie auch Kriegsrede, Besänftigungsrede usw.) unterschieden und eingeübt wurden?

## DIE MEISTERREDE DES GREISEN PRIAMOS

Die *Ilias* endet mit einem Triumph der Redekunst, wie er in der Weltliteratur selten sein dürfte, und dessen Held heißt Priamos. Vergegenwärtigen wir uns die Situation. Nachdem Hektor Achills Freund Patroklos getötet hat, schlägt dessen Zorn um. Er richtet sich nicht mehr auf Agamemnon – das Arrangement mit dem alten Feind ist jetzt nur noch Formsache –, sondern auf den Mörder des Freundes. Diese Rachewut endet auch nicht, als Achill nach langem Kampf Hektor selbst zur Strecke gebracht hat: In wütendem Triumph schleift er ihn, an den Wagen gebunden, im Staub um die Stadt; und selbst nach dieser Genugtuung weigert er sich, den Leichnam zur Bestat-

---

[*] Nach neueren Forschungen (Richard Wilson u.a.) wäre er Jesuitenzögling gewesen, hätte also die beste rhetorische Ausbildung genossen.

tung herauszugeben. Aber für die Antike gehörte das Begräbnis zu den unveräußerlichen Menschenrechten, und so macht sich Hektors Vater, der alte Priamos, daran, Achill die Leiche seines Sohnes abzubitten – ein lebensgefährliches Unterfangen. Mit einer Alfred Hitchcocks würdigen Spannung schildert Homer, wie sich der alte Mann des Nachts, ohne ergriffen zu werden, durch das Lager der Myrmidonen schleicht – Gott Hermes hilft mit –, um in Achills Zelt zu gelangen.

Dann beginnt er seine Rede, indem er unversehens Achills Knie fasst und – Homer vergisst für einen Moment die epische Objektivität – »die männermordenden Hände küsst, die ihm so viele Söhne erschlagen hatten«.[18] Achill und die anwesenden Freunde sind sprachlos. Mit feinem Instinkt erspürt Priamos die Stelle, an der er Achill rühren kann: seinen geliebten Vater Peleus, von dem ja auch Phoinix schon gesprochen hatte:[19]

> Denk deines eigenen Vaters, du göttergleicher Achilleus,
> der so alt ist wie ich, auf der elenden Schwelle des Alters.
> Jenen bedrängen gewiss die ringsum wohnenden Nachbarn
> schmerzlich, und keiner ist da, ihm Leid und Verderben zu wehren.
> Dennoch, hört er von dir, und dass du am Leben, so freut sich
> fröhlich sein Herz, denn er hofft ja doch Tage um Tage, dass einst ihm
> kehre sein Sohn aus Troja zurück, ihn wiederzusehen.

Auf diesem Umweg hofft er, nun auch Achill, den Verhärteten, von dem es zuvor geheißen hatte, dass er wie ein hungriger Löwe ohne Erbarmen und Scham sei,[20] zum Mitleid für ihn selbst, den »Allerunglücklichsten«, zu rühren: Fünfzig Söhne habe er einmal gehabt, von seiner Frau und einigen Nebenfrauen, und die meisten davon seien gefallen. Das leitet behutsam über zum eigentlichen Anliegen:

> Doch der wie keiner mir war und die Stadt und die Männer
>                              beschützte,
> den hast du neulich im Kampf für die Heimat der Väter getötet,
> Hektor. Für ihn komm ich her, komm hier zu achäischen Schiffen,
> ihn zu erbitten von dir – und bring dir unendliches Lösgeld.

Dann fasst er in einem großartigen Schlussappell alles Gesagte und zu Sagende zusammen, wobei nun auch, wie oft in guten Reden, das Religiöse nicht fehlt:

> Doch du scheue die Götter, Achill, und erbarme dich meiner,
> denk deines Vaters dabei! Verdien ich ja mehr noch Erbarmen …

Man erwartet, dass zur Erregung des Mitleids nun noch einmal auf den Tod Hektors und anderer abgehoben werde, doch der seelenkundige Homer weiß dem Gegenstand eine noch ergreifendere Wendung zu geben. Das Paradox, das vorher nur der Dichter angedeutet hatte, lässt er nun Priamos selbst klar aussprechen:

> Denn ich ertrug's, was keiner ertrug von den sterblichen Menschen:
> legte den Mund an die Hände des Manns, der den Sohn mir erschlagen.

Nicht nur Achill, der nun vor allem im Gedenken an seinen Vater in Tränen ausbricht, auch der Rhetoriker Quintilian ist zu Recht überwältigt: »Welcher Redeschluss wird sich jemals vergleichen lassen mit jenen Bitten, die Priamos an Achill richtet?«[21] Zugleich mit der Redekunst (und eigentlich untrennbar damit verbunden) ist es auch der tiefe humane Gehalt, der uns an dieser kurzen, unübertrefflichen Rede rührt. Es ist ja das gemeinsame Menschsein, an das Priamos appelliert, ein Menschsein, durch das letztlich auch Todfeinde miteinander verbunden und zu gegenseitiger Achtung angehalten sind. Siebenhundert Jahre später wird Roms größter Redner, Cicero, dieses Menschsein mitsamt der daraus resultierenden Haltung in seinen Reden »Humanität« *(humanitas)* nennen und diese zu einem Grundwort der europäischen Moral machen.

## DIE RHETORISCHEN MUSEN DES HESIOD

Neben Homer, dessen Person so wenig fassbar ist, dass unlängst ein kühner Hobbyphilologe in diesem Vater des Abendlandes einen Eunuchen aus der assyrischen Bürokratie vermuten wollte,[22] tritt ein zweiter Epiker, der sich in seinen Werken mit autobiographischer Deutlichkeit vorstellt: Hesiod aus Askra in Böotien, von Hause aus Bauer bzw. Hirte, der aber von den Musen persönlich zum Dichter berufen wurde. Er verdient nicht weniger als Homer einen Platz in der Prähistorie der Rhetorik. Denn sein eines Werk, die *Erga kai hēmerai* (»Werke und Tage«) hat insgesamt rhetorisch überredenden Charakter: Hesiod versucht darin, seinen Bruder Perses, der ihn bei einem Prozess übervorteilt hat, auf den Pfad von Recht, Tugend und Arbeit zurückzuführen. In seinem anderen Werk, dem spekulativen Gedicht von der »Entstehung der Götter« *(Theogonia)*, macht er seine Berufsgottheiten, die auch schon aus Homer bekannten Musen (die bald im Singular, bald im Plural auftreten können), geradezu zu Rhetoriklehrerinnen.

Das gilt in mehrfacher Hinsicht. Zum einen sind die Musen Göttinnen nicht nur der Dichter bzw. Sänger, sondern auch der Politiker, für deren Beredsamkeit sie sorgen:[23]

> Welchem der göttlichen Herrscher die Töchter des Zeus, des erhabnen,
> Ehre verleihn, schon bei der Geburt mit dem Blick ihn begrüßend,
> diesem benetzen sie dann mit süßem Geträufel die Zunge –
> und so rinnen die Worte ihm lieblich vom Munde. Und alle
> schauen im Volke ihn an, wenn er mit dem treffenden Rechtsspruch
> Urteil fällt im Gericht; denn, gar nicht strauchelnd, besänftigt
> schnell er gewaltigen Streit, durch die Rede geschickt ihn beendend.

Das bezieht sich auf das Gerichtswesen. Dabei ist es aber nicht der (von der späteren Rhetorik ins Auge gefasste) Advokat, den die Musen mit süßer Rede begnaden, sondern der Richter bzw. der richtende König. Offenbar fungiert er in dem vorausgesetzten archaischen Rechtssystem, das wir andeutungsweise auch aus der *Ilias* kennen, als Schiedsmann, auf dessen Spruch sich die streitenden Parteien einigen müssen, der diese also zu besänftigen, zu überreden hat. So ist er, wie der Sänger, auf rhetorische Musen angewiesen – eine kühne Improvisation Hesiods; sie hat sich aber offenbar nicht durchgesetzt. Die Politiker und die Musen stehen bis heute, wie man weiß, meist in gespanntem Verhältnis.

Erfolgreicher war Hesiod mit einem anderen Konzept. Die seelenlenkende, Emotionen weckende und vertreibende Kraft, die Gorgias später der rhetorischen Rede *(logos)* zuschreiben wird (S. 9), wird nun auch von ihm als eine Gabe der Muse beschrieben, allerdings nur in einer bestimmten Hinsicht: Die Musen können trösten, Kummer verjagen.[23a]

> Trägt auch einer ein neueres Leid im bekümmerten Herzen,
> und er dörrt sich das Herz voll Traurigkeit – wenn da der Musen
> Diener, der Sänger, die Kunde der vorvergangenen Menschen
> oder die seligen Götter besingt, die Olymposbewohner:
> Rasch vergisst er sein Leid alsdann, und nicht mehr der Sorgen
> denkt er. Es lenken geschwind ihn hinweg der Göttinnen Gaben.

Über Ovid, Petrarca und Goethe – um nur wenige zu nennen – ist diese Tröstung durch die Poesie bis in die Gegenwart hinein ein fester Begriff in der europäischen Dichtung geworden. Homer, wenn er denn früher war als Hesiod, kannte sie noch nicht. Auch die Redekunst der Politiker war ja bei ihm ein allgemeines Göttergeschenk,* noch keine spezielle Musengabe.

Aber das Beste steht noch aus. Um überzeugend zu wirken, muss der Redner, ob er die Wahrheit sagt oder nicht, vor allem wahrscheinlich sein: Dem *eikos, verisimile*, der Plausibilität, gilt stets sein Bemühen (S. 42). Und so halten es bei Hesiod nun auch die Musen, die ihm seine Gedichte »inspirieren« *(empnein*, wörtl. einblasen). Als sie ihm, dem Schafhirten, auf dem Berg Helikon (der erst dadurch zum späteren Dichterberg, schließlich sogar zum Blasinstrument wird) begegnen,

---

* *Odyssee* 8, 169–173: (Odysseus:) Mancher Mensch sei unansehnlich im Äußern, »aber der Gott kränzt seine Worte mit Wohlgestalt …«.

um ihn zum Dichter zu berufen, verraten sie ihm sogleich als Inbegriff ihrer Fähigkeiten:[23b]

> Lügen *(pseudea)* verstehen wir viele zu sagen, gar ähnlich
> >  der Wahrheit *(etyma)*;
> aber wir können auch Wahrheit *(alēthea)* verkünden,
> > sofern wir es wollen.

Weil Hesiod weithin als Vater der Lehrdichtung gilt, hat man sich in der Philologie seit zweihundert Jahren darauf geeinigt, dass er hier durch den Mund seiner Musen einen speziellen Wahrheitsanspruch erhebe, in polemischer Absetzung gegen Homer oder auch andere »lügende« Dichter. Als könne Hesiod die zum Teil phantastischen Mythen, die er in seiner *Theogonie* erzählt, alle für »wahr« gehalten haben. Nein, seine Musen meinen das, was sie sagen. Außer der Fähigkeit zur wahrheitsgemäßen Berichterstattung, die Homer seinen Musen zuschrieb, haben sie auch die Fähigkeit zur Fiktion, einer Fiktion freilich, die die Gesetze der Wahrscheinlichkeit beachtet, alles so aussehen lässt, als wäre es wirklich wahr.

Auch in seinen kühnsten, unglaublichsten Erzählungen hat Hesiod sich um eine gewisse Plausibilität bemüht – besonders auch dadurch, dass er alles Handeln und Geschehen sorgfältig motiviert. Hier besteht ein großer Unterschied zu orientalischen Epen, die seinem Werk viel Stoff geliefert haben dürften (und die man zu Recht vergleicht).

Nur ein Beispiel: Kronos soll seinen Vater Uranos (den Himmel) eigenhändig entmannt haben. Wie gräulich und unfassbar! Aber Uranos, sagt Hesiod, hatte zuvor Unrecht getan, indem er, wohl aus Eifersucht auf den eigenen Nachwuchs, den er mit Gaia (der Erde) gezeugt hatte, diese seine Kinder nicht ans Licht kommen ließ: Er versteckte sie im Leib der Mutter Erde – und hatte auch noch Freude an den Schmerzen der Bedrängten und an der Wut der Kinder, die ihrem Vater von Hause aus feind sein mussten. Da ersann sie eine schreckliche List, indem sie – für Gaia nicht schwierig – Stahl wachsen ließ und daraus eine Sichel fertigte. Dann hielt sie eine (höchst persuasive) Rede an ihre Kinder:[23c]

»Kinder von mir und dem schrecklichen Vater, ich bitte, gehorcht mir:
Lasset uns rächen an ihm, der uns so jämmerlich weh tat,
eurem Vater. Denn er war der Erste, der Böses geplant hat.«

Rache ist in der gesamten heidnischen Antike unproblematisch. Dennoch packt die Kinder (die noch gar nicht wissen, wie furchtbar die Vergeltung geplant ist) begreifliche Furcht; keines wagt zu reden, bis auf Kronos, den jüngsten Sohn, von dem Hesiod schon an früherer Stelle gesagt hatte, dass er von allen der »schrecklichste war und den strotzenden Vater hasste.«[24] (Schade, dass Sigmund Freud das entgangen ist.) Er verspricht die Tat, lässt sich von der Mutter in einen Hinterhalt weisen, wo er mit der scharfen Waffe auf den Vater wartet, der wie jede Nacht kommt, um die vermeintlich liebende Gattin zu umarmen …

Diese Erzählung enthält zugegebenermaßen viel Unvorstellbares, was daraus resultiert, dass Uranos wie Gaia zugleich als kosmische Urmächte und als personale Götter gedacht werden. Im Übrigen aber spürt man, hier wie sonst, Hesiods Bemühen, für alle Aktionen eine sorgfältige Begründung zu geben und dadurch auch diese Ereignisse »dem Wahren ähnlich zu machen«. So haben es ihn seine Musen gelehrt. Waren sie bei Homer zumindest angeblich als gute Historikerinnen darauf bedacht, die Dinge darzustellen, »wie es eigentlich gewesen« – auch wenn Homer *de facto* frei erfinden mag –, sind sie nun bei Hesiod Rhetoriklehrerinnen, die den Dichter wie den König mit einschmeichelnder Rede beglücken, Kummer spielend verscheuchen und auch der Lüge den Schein der Wahrheit geben können. Niemand vor den ersten Rhetorikern des 5. Jahrhunderts v. Chr. hat so tief wie Hesiod über die Theorie der Rede nachgedacht.

Niemand hat übrigens auch, wie man schon im Altertum feststellte, auf den Wohllaut der Sprache so viel Sorgfalt verwendet – auch darin ein Vorläufer künftiger Klangzauberer unter den Rednern. Man lasse sich nur, falls man ein wenig griechische Verse lesen gelernt hat, seinen Katalog der neun Musennamen oder den der Okeanostöchter[25] auf der Zunge zergehen: Schwerlich ist es ein Zufall, dass Hesiod den Reigen dieser 42 wohlklingenden Göttinnen gerade von *Peitho* anführen lässt.

# *EIKOS* – HERMES UND DIE SIZILISCHEN ANFÄNGE DER RHETORIK

Es war die Nymphe Maia, die, von Zeus selbst geschwängert, das Wunderkind unter den Göttern zur Welt brachte – den Gott Hermes, der später (als *logios*, der »Redekundige«) der bekannte Götterbote werden sollte. Um die Morgenröte geboren, erfand er schon zu Mittag die Gitarre, die er aus dem Rücken einer getöteten Schildkröte und sieben Darmsaiten bastelte; am Abend aber stahl er die Rinder seines Stiefbruders Apollon, wobei er deren und seine eigenen Spuren geschickt verwischte.

Dennoch kam ihm Apollon auf die Schliche und stellte ihn in dessen eigener Wohnhöhle zur Rede – wobei sich aber das Söhnchen der Maia zum Zeichen der Unschuld in seine Windeln hüllte und in seiner als Wiege fungierenden Hängematte schaukelte. Während nun Apoll den kindlichen Verbrecher mit schaurigen Drohungen zur Herausgabe der Diebesbeute zu bringen sucht, leugnet dieser alles mit Worten, die ebenso fein ersonnen sind wie sein Vergehen selbst:[1]

> Letos Sohn, ja was höre ich da? Wie so sonderbar sprichst du?
> Wieso kommst du hierher, deine ländlichen Rinder zu suchen?
> Hab' sie doch weder gesehn noch gehört noch von andern erfahren.
> Auch sonst nenn' ich dir keinen, die Prämie dafür zu ergattern.
> Gleich ich doch nicht einem Hünen von Mann, der sich Rinder
>                                               davontreibt;
> passt ja auch gar nicht zu mir, dem doch anderes eher im Sinn liegt:
> Schlafen, das liegt mir im Sinn und die Milch meiner eigenen Mutter,
> Windeln, die mir um die Schultern man wickelt, und wärmende Bäder.
> Möge nur keiner erfahrn von dem hier entstandenen Zwiste!
> Denn gar große Verwunderung gäb's bei den ewigen Göttern –
> sollte ein eben geborenes Kind durch die Türe passieren

mit den ländlichen Rindern. Du redest, was keinerlei Sinn hat.
Gestern geboren sind zart meine Füße, und rau ist die Erde ...

Und darauf, sagt er, sei er auch bereit, einen Eid zu schwören. Apollon ist verblüfft: Diesem Redeschwall aus zartem Munde ist er nicht mehr gewachsen, und so muss die Sache wohl vor Gericht kommen ... Wir brechen hier vorläufig ab (Fortsetzung folgt).

Diese köstliche Geschichte stammt aus einem Hymnus auf Gott Hermes, der unter dem Namen Homers überliefert ist, mit Sicherheit aber nicht von ihm stammt; er dürfte, sagt man, erst im 6. oder 5. Jahrhundert v. Chr. verfasst worden sein. Interessant ist er darum, weil mit ihm offenbar nicht nur die erste Verteidigungsrede der europäischen Literatur vorliegt – Homer kennt keine gerichtsartigen Auseinandersetzungen[*] –, sondern weil im Zusammenhang damit hier zum ersten Mal ein Beweisverfahren erscheint, das von nun an in der Geschichte der Rhetorik eine bedeutsame Rolle spielen wird: die Argumentation mit dem *eikos*, dem »Passenden« oder »Wahrscheinlichen« *(veri simile, probabile)*. Hermes verteidigt sich ja gegen den Vorwurf des Rinderdiebstahls vor allem damit, dass dies nicht zu seinem Charakter als Säugling »passe«,[**] und wäre er kein Wunderkind, hätte er auch recht. (Er unterschlägt natürlich, dass sich auch seine Redekunst nicht mit seinem Säuglingsalter verträgt; auf diesem Widerspruch zwischen stupender Eloquenz und angemaßter Kleinkindrolle beruht ja die Komik der Geschichte.) Eine solche Art der Beweisführung ist uns aus Homer und älterer Dichtung nicht bekannt.

---

[*] Wenn sich am Anfang der *Odyssee* Zeus gegen den Vorwurf verwahrt, das Leid der Menschen käme von den Göttern – Problem der Theodizee –, und dagegen auf den an seinem Unglück selbst schuldigen Aigisthos verweist, so liegt hier kein aktueller Vorwurf vor, dem Zeus begegnen müsste. Vielmehr greift Zeus von sich aus die aktuelle Ermordung des Aigisthos auf, um anhand dieses Beispiels einen allgemeinen Vorwurf gegen die Götter zu widerlegen.

[**] Das Wort *eoika* (V. 265) ist stammverwandt mit *eikos*.

## ES BEGANN IM AMERIKA DER GRIECHEN

Die antike Überlieferung verbindet dieses Beweisverfahren mit den Anfängen der kunstmäßigen Rhetorik überhaupt. Man verlegt sie nach Sizilien, das ja, auch wenn man dort heute italienisch spricht, eine seit langem von Griechen besiedelte Insel war – jeder Tourist sieht das noch an den Tempeln. Sizilien war äußerst reich und fruchtbar – das ahnt man nach dem Raubbau der Neuzeit nicht mehr – und hatte demgemäß einen auch von Griechen beneideten üppigen Lebensstandard und ein blühendes kulturelles Leben: ein Land fast unbegrenzter Möglichkeiten.

Dort soll, nach den Forschungen des ein Jahrhundert später lebenden Aristoteles,* die wir vor allem aus römischen Quellen kennen[2] (nach unklaren Vorstufen beim Philosophendichter und Politiker Empedokles), die eigentliche Rhetorik entstanden sein, und zwar zu einem genau bestimmbaren Datum: »Als in Sizilien die Tyrannen gestürzt waren« – das geschah im Jahr 467/466 v. Chr. und bedeutete den Übergang zur Demokratie – »und als nach langem Zeitraum privates Eigentum wieder gerichtlich eingeklagt wurde, da hätten, weil dieses Volk scharfsinnig und von Natur zu Kontroversen geneigt sei, zuerst Korax und Tisias eine Redekunst mit einzelnen Vorschriften *(artem et praecepta)* verfasst. Denn vorher habe niemand die Gewohnheit gehabt, methodisch *(via et arte)* zu sprechen; sie hätten aber immerhin doch mit Sorgfalt und Deutlichkeit gesprochen.«[3]**

---

\* Neben seiner berühmten, uns erhaltenen *Rhetorik* (S. 165) – und wahrscheinlich als empirisches Fundament für diese – verfasste Aristoteles eine (uns leider verlorene) *Synagogē technōn* (»Compendium der Rhetoriken«), in der er, beginnend mit Tisias, alle früheren rhetorischen Vorschriften zusammenfasste und ihren jeweiligen Urhebern zuwies: Dank der Kunst seiner Darstellung soll man danach keine Lust mehr gehabt haben, die älteren Schriften noch selbst einzusehen (Cicero, *De inventione* 2,6 f.). Dies klingt überzeugend. Wer mag heute noch die Jesusbiographien des 18. und 19. Jahrhunderts lesen, wenn er Albert Schweitzers luzide *Geschichte der Leben-Jesu-Forschung* zur Verfügung hat?
\*\* Schiappa, der, wie andere, die sizilischen Ursprünge der Rhetorik leugnen möchte, meint, diese Nachricht beruhe auf einer Fiktion entweder von Aristoteles oder Cicero (*The beginnings* [S. 526], 41), da beide von dem Interesse geleitet seien, den Zusammen-

Wenn bei den Griechen von einer Kunst die Rede ist, gehört dazu meist auch ein göttlicher oder menschlicher Erfinder: Hermes hat, wie wir soeben erfahren haben, die Gitarre erfunden, Daidalos die Säge, Thespis mit seinem Karren die Tragödie. Bei der Rhetorik existieren zwei Erfinder, Korax und Tisias (bzw. Teisias), von denen, nach anderen Berichten, Korax der Lehrer, Tisias der Schüler war. Da Aristoteles später nur von dem offenbar jüngeren Tisias eine *Technē* (*Ars*, »Kunst«, also ein rhetorisches Handbuch) las,[4] darf man wohl vermuten, dass dieser sie gewissermaßen im Namen seines Lehrers Korax, der selbst nichts Schriftliches hinterließ, verfasst hat.

So erklärt es sich, dass Aristoteles selbst auch von der »*Technē* des Korax« spricht.[5] Wofür sie bestimmt war, ergibt sich klar aus den Zeugnissen. Die sizilischen Tyrannen hatten ganze Städte zerstört, neu gebaut, dabei auch viele Ausländer eingebürgert. Nun nach ihrer Vertreibung galt es zunächst einmal, in Prozessen die Eigentumsverhältnisse zu klären. Das rhetorische Lehrbuch des Korax bzw. Tisias sollte den streitenden Parteien dabei Hilfestellung leisten.[*] Dabei war es sicherlich nicht dazu bestimmt, über einen Buchhandel vertrieben zu werden; es wird vor allem als Grundlage für mündlichen Unterricht gedient haben.

In dieser *Technē* spielte nun also die Kunst, mit der Wahrscheinlichkeit zu argumentieren, eine entscheidende Rolle: Wem hat wann welches Grundstück gehört? Eine solche Frage ließ sich oft nur aufgrund von Indizien entscheiden, die dies oder das wahrscheinlich *(eikos)* machten. Das klassische Beispiel aber, das wir aus der *Technē* des Korax bzw. Tisias für ein solches *eikos* haben, entstammt einem Strafprozess (ähnlich also der Situation, die im Fall des Hermes gegeben war). Wir sagen es mit den ironischen Worten Platons:[6]

---

hang von Beredsamkeit und geordneten politischen Verhältnissen herauszustellen. Selbst wenn dies beider Absicht wäre, dürfte man damit so eindeutige Zeugnisse nicht wegdisputieren.

[*] Man hat das bestritten, da es auch zur Zeit der Tyrannenherrschaft Privatprozesse gegeben haben müsse. Aber Cicero sagt nicht, dass man jetzt erst prozessiert habe, sondern dass es nun notwendig wurde, Eigentum gerichtlich zu restituieren.

Sage uns Teisias denn auch dieses,
> ob er etwa unter dem Wahrscheinlichen *(eikos)* etwas anderes
>> versteht als das,
was die Masse (sc. der Menschen) für richtig hält. –
Nichts anderes. –
Da hat er also etwas ganz Schlaues und Kunstgemäßes *(technikon)*
> entdeckt, als er schrieb:
Wenn ein schwacher, aber tapferer Mann einen kräftigen, aber feigen Mann
> zusammengeschlagen und ihm seinen Mantel oder sonst etwas
>> geraubt hat
> und er wird deswegen vor Gericht gebracht,
> dann dürfen beide Parteien nicht die Wahrheit sagen.
Vielmehr muss der Feige behaupten,
> der Tapfere habe nicht allein, sondern mit anderen zusammen ihn
>> verprügelt,
> der Tapfere aber muss einerseits nachweisen, dass sie beide allein
>> waren,
> andererseits muss er folgendes Argument verwenden:
Wie hätte ich, so wie ich bin, es wagen können, einen Mann, wie er es
> ist, anzugreifen?

Und so weiter. Vor lauter Wahrscheinlichkeiten hat die Wahrheit keine Chance mehr.*

---

* Die Tatsache, dass es der Rhetorik auf das Wahrscheinliche statt des Wahren ankommt, wie bei Platon ausdrücklich festgestellt wird *(Phaidros* 267 A, 272 D), hat in den letzten Jahrzehnten besonders in Deutschland zu der irrigen Meinung geführt, es gehe bei der Rhetorik um eine Art populäre Weise des Erkennens (bzw. der Konsensfindung), die von der wissenschaftlichen abweiche. Urheber dieser Ansicht ist Hans-Georg Gadamer mit seinem einflussreichen Buch *Wahrheit und Methode* (S. 14). In »Rhetorik, Hermeneutik und Ideologiekritik« (S. 523) verdeutlicht er seine Auffassung von Rhetorik so: Sie sei »von ältester Tradition her der einzige Anwalt eines Wahrheitsanspruches [...], der das Wahrscheinliche, das *eikos* (verisimile), und das der gemeinen Vernunft Einleuchtende gegen den Beweis- und Gewißheitsanspruch der Wissenschaft verteidigt« (S. 63). Anwalt eines »Wahrheitsanspruchs« in diesem Sinne wäre die Rhetorik ja nur dann, wenn die von ihr erstrebte Wahrscheinlichkeit Ersatz für eine der Wissenschaft nicht erreichbare oder von ihr nicht vermittelbare Wahrheit wäre; nur eine solche ließe sich »gegen den Beweis- und Gewißheitsanspruch der Wis-

Weiter berichtet Aristoteles, wie man nach Korax bzw. Tisias in einem anderen Fall diese Argumentation noch toppen kann. Gesetzt nämlich, es war wirklich der Starke, der den Schwachen zusammengeschlagen hat, dann scheint es für den Angeklagten übel auszusehen; denn nun spricht die Wahrscheinlichkeit ja gegen ihn. Er hilft sich aber damit, dass er argumentiert: Es sei doch ganz unwahrscheinlich, dass er, kräftig wie er sei, das getan habe, da er ja hätte sehen müssen, dass die Wahrscheinlichkeit gegen ihn sprechen würde! Eben die Wahrscheinlichkeit macht also die Sache unwahrscheinlich. Für heutige Krimileser mag eine solche Überlegung nicht überraschend sein, denn sie liegt vielen unserer *Whodunnits* zugrunde. Damals aber war der Gedanke neu, und Aristoteles ordnet ihn ein, indem er, als Meister des Klassifizierens, einfache Wahrscheinlichkeiten und solche zweiten Grades unterscheidet. Und er kennt auch einen angeblich von Protagoras geprägten Fachausdruck für das Argumentieren in diesem zweiten Grad: »die schwächere Rede *(logos)* zur stärkeren machen«.

Diese Formulierung ist berühmt bis heute, freilich meist in der etwas verfälschenden Übersetzung: »die schwächere Sache zur stärkeren machen«. So haben zum Teil schon die Römer übersetzt, indem sie *logos* (Rede, Aussage) mit *causa* (Sache) wiedergaben.[*] Daraus entstand dann immer wieder der Vorwurf, die Rhetorik mache sich anheischig, aus Unrecht Recht zu machen. Aber das war offenbar nicht

---

senschaft verteidigen«. Aber die von der Rhetorik angestrebte Wahrscheinlichkeit ist nur ein Mittel, um dem Hörer bestimmte gewünschte Überzeugungen beizubringen. Die Rhetorik ist nicht Anwalt irgendeines Wahrheitsanspruchs, sondern ihres jeweiligen Klienten. So sind höchst problematisch auch Gadamers weitere, damit zusammenhängende Thesen (a. a. O.): (1) dass die »theoretischen Mittel der Auslegungskunst« (Hermeneutik) »weitgehend der Rhetorik entlehnt« seien und (2) dass (erst) durch Rhetorik »Wissenschaft zu einem gesellschaftlichen Faktor des Lebens« werde.

[*] So Cicero, *Brutus* 30: *causa inferior – superior*; Gellius 5,3,7: *causa infirmior – fortior*. Die weiteren Belege bei Zeller, *Philosophie* (S. 529) I⁶ 1415 (mit Diskussion älterer Ansichten). Selbst Kenner wie Kennedy, *Art of persuasion* (S. 522), 31 haben sich hier in die Irre führen lassen (»to make the worse seem the better cause«). Das Richtige ist angedeutet, aber nicht klar ausgeführt, bei Kurt von Fritz, *Paulys Realencyclopädie der class. Altertumswiss.* XXIII 1 (1957), 917 (s. v. »Protagoras«). Er weist darauf hin, dass das Missverständnis schon auf Aristophanes zurückgeht (vgl. *Wolken* 112–115).

gemeint. Vielmehr: »Ich bin kräftig« ist eine Aussage, die, wenn man jemanden verprügelt haben soll, an sich als Argument schwächer ist (als die gegenteilige); wenn man aber auf die mögliche Motivation für die Tat abhebt, wird diese schwächere Aussage zur stärkeren. Man sieht auch leicht, dass sich diese Methode der Argumentumkehrung, wie Aristoteles sie beschreibt, keineswegs nur zugunsten des Unrechts verwenden lässt. Der Kräftige könnte sich ihrer auch bedienen, wenn er den Schwachen n i c h t zusammengeschlagen hätte. In moralischer Hinsicht ist die Rhetorik hier wie stets neutral.

Eine etwas andere Art der Argumentverdrehung, die auch wir in mancherlei Varianten kennen, wird uns in einer beliebten Anekdote berichtet.[7] Korax habe mit seinem Schüler Tisias ein Lehrgeld verabredet, das aber erst fällig werden sollte, wenn Tisias seinen ersten Prozess gewonnen hätte. Als dieser jedoch die Sache in die Länge zog, verklagte ihn Korax vor Gericht, wobei er argumentierte, dass Tisias unter allen Umständen zahlen müsse: wenn er den Prozess verliere, weil er zur Zahlung verurteilt sei; wenn er ihn gewinne, dann eben weil er seinen ersten Prozess gewonnen habe.

Die Umkehrung macht einem geübten Denksportler heute keine Schwierigkeit, und schon Tisias kam darauf: Wenn er gewinne, müsse er als Freigesprochener natürlich nicht zahlen, und wenn er verliere, dann auch nicht, weil er ja noch immer keinen Prozess gewonnen hätte. Die sizilischen Richter aber waren der Gedankenakrobatik beider nicht gewachsen und jagten sie fort mit einem Vers, dessen Kakophonie man in griechischer Sprache genießen muss: *kaku korakos kakon ōon*, »das böse Ei eines bösen Raben«. *Korax* heißt auf Griechisch nämlich der Rabe. Vielleicht sollte man mit einem so krächzenden Namen doch besser kein Redner werden.

## GERICHTSRHETORIK UND VOLKSREDE

Es fällt auf, dass in diesen mehr oder minder seriösen Berichten nur von der Gerichtsrhetorik die Rede ist. Haben sich Korax und Tisias nur damit befasst? Nach einer Überlieferung hat Korax (auch) eine

Theorie der politischen Rede, genauer: der Volksrede, konzipiert, um nach dem Sturz der Tyrannen in eigener Person das demokratisch gewordene Volk zu lenken. Jedoch sind die einschlägigen Nachrichten sehr spät,[8] und sie stehen im Widerspruch zu dem, was uns die besten und frühesten Autoren, Platon, Aristoteles, Isokrates (alle im 4. Jahrhundert v. Chr.), einstimmig bezeugen: dass alle älteren rhetorischen Lehrbücher nur oder fast nur die Gerichtsrede betroffen hätten.[9] Auch im ganzen späteren Altertum ist es dabei geblieben, dass die Theorie der Rede in erster Linie eine Theorie der Gerichtsrede war – völlig anders als in unserer Gegenwart, wo ja in den gängigen Handbüchern die Advokatenrhetorik doch eher eine marginale Rolle spielt.

Das hat manche Ursachen. Vor allem eine historisch-politische: Wirklich große Zeiten der politischen Rede gab es auch im »republikanischen« Altertum nur selten. In Athen gingen sie vom Tod des dominierenden Perikles (429 v. Chr.) bis zum Verlust der politischen Freiheit durch die Schlacht bei Amorgos (322 v. Chr.); im römischen Aristokratenregime gab es brillante, auch demagogische politische Reden eigentlich nur von der Zeit der Gracchen (133 v. Chr.) bis zu dem durch Ciceros Tod (43 v. Chr.) markierten Zusammenbruch der Republik. Dagegen war zu sämtlichen Zeiten das Gerichtswesen intakt, und fanden dort bedeutende, auch rednerisch lohnende Prozesse statt.

Das führt zu einem zweiten Grund: Während es heute relativ selten vorkommt, dass Politiker gerichtlich belangt werden – ich denke da nicht an Leute zweiter Größenordnung wie den Ex-Postchef Zumwinkel, sondern an prominentere Delinquenten wie Erich Honecker (nach der »Wende«) –, und während bei uns politisch bedeutsame Gerichtsentscheidungen wie die des Bundesverfassungsgerichts ohne öffentliche Plädoyers gefällt werden, waren in Griechenland und Rom die von Rednern beherrschten Gerichtsprozesse weithin eine Fortsetzung der Politik mit anderen Mitteln. Die beiden größten und gewichtigsten Reden des als Politiker berühmten Demosthenes sind in Prozessen gehalten worden (S. 213, 226), ebenso die für Ciceros Karriere entscheidenden Reden (etwa *Pro S. Roscio* oder *In Verrem*). Die drei bedeutendsten griechischen Redner, Lysias, Isokrates und Demosthenes, sind als Prozessredner in einem Staat aufgestiegen, den man im monarchistischen Deutschland einst verächtlich als »Advokatenrepublik«[10] bezeichnete; ebenso die drei wichtigsten Redner der ausgehenden römischen Republik, Hortensius, Cicero und Calvus. Hätte es bei den Römern eine Tageszeitung gegeben, so hätten die Gerichtsnachrichten, die sich bei uns nach hinten ins Lokale zurückziehen, regelmäßig Seite eins beherrscht.

Dazu kommt schließlich noch ein Drittes, sehr Einfaches: Regeln für die Gerichtsrhetorik lassen sich viel leichter bis ins Detail ausarbeiten als für die politische Rede. Immer geht es ja etwa im Strafprozess um einen Fall, der entweder hinsichtlich seiner Faktizität – getan oder nicht getan? – oder seiner Beurteilung – Raub oder Diebstahl? Recht oder Unrecht? – zur Debatte steht. Trotz der unendlichen Zahl möglicher Fälle sind hier die Argumentationsmöglichkeiten letztlich beschränkt, und sie lassen sich mit perfekter Systematik klassifizieren (S. 261 ff.). Anders, wenn es gilt, Regeln dafür zu finden, wie man etwa ein Gesetz zu befürworten hat. Hier sind nur die allgemeinsten Gesichtspunkte klar – sittlich? nützlich? notwendig? –, dann aber wird es schwer, zu weiteren Unterteilungen zu kommen.

## DIE TEILE DER REDE, AUCH BEIM GÖTTERSÄUGLING HERMES

Dies gilt ähnlich auch für die Einteilung der Rede. Während so gut wie jede Rede eine Einleitung und einen Abschluss braucht, gilt nur für die Gerichtsrede regelmäßig, dass der Diskussion des Sachverhalts dessen Darstellung in einem gesonderten Redeteil, in der Regel einer Erzählung, vorangehen muss. Auch dies sollen schon Korax und Tisias gelehrt haben, ja diese Lehre von den Redeteilen (*merē tu logu, partes orationis*) war vielleicht ihre wichtigste und wirkungsreichste Regelung. Die Quellenangaben darüber sind nicht einheitlich, indem bald nur von drei, bald von bis zu sieben Redeteilen gesprochen wird.[11] In der späteren Tradition des rhetorischen Unterrichts hat man sich jedenfalls auf vier obligatorische Grundteile der Rede geeinigt, die sicherlich auf diese sizilischen Anfänge zurückgehen: die Einleitung, *prooimion* (bei den Römern *exordium, prooemium*), die den Hörer wohlwollend usw. stimmen soll (s. S. 25); die Erzählung, *diēgēsis (narratio)*, die vor allem klar, kurz und überzeugend zu sein hat; die Argumentation, *pistis (argumentatio)*, die in einen positiv beweisenden und einen negativ widerlegenden Teil zerfallen kann; schließlich den Abschluss, *epilogos (peroratio)*, der zusammenfassen und vor allem die Affekte des Hörers bzw. Richters ansprechen soll.

Nach Zeugnissen vor allem von Platon und Aristoteles[12] ist wahrscheinlich, dass diese Redeteile in den frühen Lehrbüchern nicht nur gelehrt wurden, sondern dass diese Bücher selbst nach diesen Teilen aufgebaut waren: So also wurde zuerst dargetan, was man beim *prooimion* zu beachten habe, dann bei der *diēgēsis* usw. Wie schade, dass wir die Befolgung dieser Regeln nicht an einem lebendigen Objekt der rhetorischen Frühzeit studieren können! – Oder etwa doch? Schalten wir uns noch einmal ein in die Diebstahlsache Hermes.

Wie wir uns erinnern, wurde Apollon von der Zungenfertigkeit seines Stiefbrüderchens matt gesetzt, und nach einigem Hin und Her beschlossen beide, sich ihr Recht beim Richterstuhl des gemeinsamen Vaters Zeus zu holen. Dort versammeln sich denn auch die übrigen Götter als Publikum, so dass der Eindruck einer regelrechten Gerichtsverhandlung entsteht. Zuerst beschreibt Apoll, als Ankläger zur Rede aufgefordert, in einer recht kunstlosen Erzählung den angeblichen Raub des Hermes und die dabei angewendeten Listen, sodann wie dieser sich in seine Wiege gelegt und ihm gegenüber alles abgestritten habe. Keine rechte Einleitung, kein Beweisversuch, kein Abschluss: Ausgerechnet ein wörtliches Zitat aus der Rede des Gegners sind die letzten Worte. Wie anders nun der kleine Hermes:[13]

> Zeus, mein Vater, ich sage dir nichts als die lautere Wahrheit.
> Denn ich kenn keinen Trug und verstehe mich nicht auf das Lügen.

Die treuherzigste Art einer *captatio benevolentiae* – aber wer könnte da bei einem Baby zweifeln? Nun beginnt die Erzählung *(diēgēsis)*, die sich, im Gegensatz zu der des Apoll, strikt an Dinge hält, die Hermes gesehen hat oder gesehen haben kann. Sie soll vor allem Empörung gegen den Gegner hervorrufen:

> Heute, die tapsigen Rinder verfolgend, am frühesten Morgen
> kam er sogleich bei dem Aufgang der Sonne in unsre Behausung,
> brachte dabei keine Götter mit sich als kundige Zeugen.
> Nötigte mich mit gewaltigem Zwange, ich solle gestehen,
> immer und immer mir drohend: er schleudre mich tief in die Hölle –
> denn er selber ja prahlt in so blühender lieblicher Jugend.

Natürlich kann diese *diēgēsis* nicht den Tathergang betreffen, denn den Diebstahl leugnet Hermes, und woher sollte er eine Alternativversion für das Verschwinden der Rinder haben? So benutzt er das plumpe Vorgehen Apolls bei der Ermittlung, um diesen als brutal, voreingenommen und überhaupt als einen auf seine körperlichen Vorzüge eingebildeten Beau erscheinen zu lassen. Für die *pistis*, die eigentliche Argumentation, lässt er sich dann allerdings nichts Neues mehr einfallen, sondern rekapituliert, was er schon in seiner ersten Rede Apoll gegenüber so erfolgreich vorgebracht hat (s. S. 41): dass er als Säugling zu einer solchen Krafttat gar nicht fähig sei.

Schließlich endet er mit einem Appell an die Vaterliebe des Zeus und einem gewaltigen Schwur, erst bei seiner eigenen göttlichen Seligkeit, dann beim Sonnengott Helios (der ja alles sieht) und sämtlichen anwesenden Himmlischen, denen er tiefen Respekt bekundet – wodurch er sich denn auch das Wohlwollen der Corona sichert. (Da der Eid immer als Beweismittel gilt, kann man dies Stück sehr wohl auch zur *pistis* rechnen.) Der letzte Schluss des *epilogos* erregt das Mitgefühl bezüglich der eigenen Hilflosigkeit zugleich mit dem Unmut über den übermächtigen Verleumder:

> Einmal aber bezahl ich ihm noch den »grausamen Diebstahl«,
> ist er auch kräftig und groß – doch du, Zeus, schütze die Schwachen!

Wie es die spätere Theorie vorschreibt – wahrscheinlich aber auch schon Tisias für den »Epilog« gelehrt hat –, ist in diesen letzten Versen alles auf die Affekte (Liebe, Mitleid, Empörung) abgestimmt.

Also eine wohlgeformte, den Regeln der Kunst entsprechende Rede. Man wird es, meine ich, für durchaus wahrscheinlich halten dürfen, dass sie erst nach 466 v. Chr. geschrieben wurde, um die neuen Künste der sizilischen Rhetorik an einem kuriosen Beispiel zu demonstrieren – und vielleicht auch ein wenig zu verspotten. Bei Zeus jedenfalls, dem Allwissenden, verfangen die Tricks des Tisias nicht. Er lacht und befiehlt Hermes, die Rinder herauszurücken; dann werden beide Streithähne befriedigt, indem Hermes das Diebesgut behalten darf, Apoll aber die Gitarre erhält. Von jetzt an ist er der göttliche Kitharöde, Hermes aber wird Gott nicht nur der Redner, sondern auch der Diebe – was doch allerlei zu denken gibt.

# *SCHEMATA* – DER RHETORISCHE HEXENMEISTER GORGIAS

Wie schreibt man eine Abhandlung? Den meisten von uns dürfte das Verfahren vom Schulaufsatz her in Fleisch und Blut übergegangen sein: Erst legt man sich eine Stoffsammlung an, dann macht man eine Gliederung, und zum Schluss wird das Ganze sprachlich ausformuliert. So scheint es vernünftig und natürlich, und so lehrte es denn auch schon die antike Rhetorik, die nach eben diesen drei Teilen* gegliedert war: Am Anfang steht das »Auffinden« des Stoffs *(heuresis, inventio)*, es folgt das »Gliedern« *(taxis, dispositio)*, und schließlich kommt das »Formulieren« *(lexis, elocutio)*, die sprachliche Gestaltung. Bereits Aristoteles hat seine Rhetorik nach diesen drei Punkten angelegt, wobei er allerdings die ihn mehr interessierende *elocutio* vor die *dispositio* stellte; die Späteren haben das zurechtgerückt und dann nur noch als vierten und fünften Hauptteil das »Gedächtnis« *(mnēmē, memoria)* und den »Vortrag« *(hypokrisis, pronuntiatio* bzw. *actio)* hinzugefügt. Während diese letzten beiden Teile für den schieren Schriftsteller keine Rolle spielen, sind die ersten drei auch für ihn unentbehrlich. Die Aufsatzdidaktik des neuzeitlichen Deutschunterrichts hat sie aus der lateinischsprachigen Rhetorik übernommen.**

---

\* Die Teile der Rhetorik dürfen natürlich nicht verwechselt werden mit den Teilen der Rede.

\** Die Einwirkung des lateinischen Rhetorikunterrichts auf den Deutschunterricht im 18. Jahrhundert behandelt eingehend Horst Joachim Frank, *Dichtung, Sprache, Menschenbildung: Geschichte des Deutschunterrichts von den Anfängen bis 1945*, 2 Bde., München (dtv) 1976 (1973), bes. Bd. 1, 87 ff., 200 ff. Vgl. S. 566 f.

## RUHM UND GELD DURCH RHETORIK

Nun, was in den sizilischen Anfängen der Rhetorik für *inventio* und *dispositio*, die man in der Regel gemeinsam behandelte (S. 50), geleistet wurde, haben wir gesehen. Bald erwuchs nun auch dem dritten Gebiet ein Meister: Gorgias aus Leontinoi, die erste fassbare Gestalt in der Geschichte der Rhetorik. Auch er war von Hause aus Sizilianer, aber ein Mann internationalen Zuschnitts – und von einer geradezu übersäkularen Bedeutung: Ganze 105 bis 109 Jahre soll er, nach guter Überlieferung, gelebt haben (wahrscheinlich 484–376 v. Chr.). Man muss sich das vorstellen: In seine Kindheit fiel noch die gegen die Perser geschlagene Schlacht von Salamis (480 v. Chr.), eine Geburtsstunde der griechischen Identität; er erlebte in jungen Jahren den Sturz der sizilischen Tyrannen (467 v. Chr.), dann den Aufstieg Athens zur Großmacht und seinen Niedergang (404 v. Chr.). Als er starb, herrschte in Syrakus längst wieder ein Tyrann, der aus Schillers *Bürgschaft* berühmte Dionysios I.; sein Schüler Isokrates hatte mittlerweile eine Rhetorikschule gegründet, und dessen Konkurrent, Platon, hatte ihn, Gorgias, als Titelheld eines Dialogs zugleich attackiert und unsterblich gemacht – falls es dessen bei seinem Ruhm überhaupt noch bedurfte.

Man kann zumindest den Grad seiner Bekanntheit unter den Zeitgenossen schon aus den Einnahmen ablesen, die er vor allem aus seinem Rhetorikunterricht zog. Sie waren so enorm – pro Lehreinheit soll er 100 Minen verlangt haben –, dass er es sich leisten konnte, bei seinen öffentlichen Auftritten in purpurnen Gewändern zu erscheinen und eine goldene Statue seiner selbst in Delphi aufzustellen. Unter den Männern des Geistes hatte vor ihm wohl nur der ebenfalls gesamtgriechische Lyriker und Festkantatenkomponist Pindar vergleichbare Einkünfte gehabt. Im Übrigen verbrauchte Gorgias sein Geld großzügig – seine Hinterlassenschaft war überraschend gering –, aber offenbar nur zu Investitionszwecken, nicht für Luxus und Schlemmerei. Auf die Frage, wie er denn so alt geworden sei, sagte er: »Weil ich nie etwas um der Lust willen getan habe.« Guten Freunden verriet er noch etwas: »Weil ich nie eine Sache um eines anderen Zwecks willen getan habe«.[1]* Aufgemerkt, Freunde der Makrobiotik!

Im Gegensatz zu den meisten Rhetorikern hatte Gorgias am Gerichtswesen kein sonderliches Interesse. Zwar zeigt er in einer fiktiven, noch erhaltenen Übungsrede, *Palamēdūs apologia* (»Verteidigung des Palamedes«, wegen Landesverrats), wie man auch eine solche Sache mit Bravour und Scharfsinn erfolgreich führen kann; und ebenso ist sein uns schon bekanntes *Lob der Helena* (S. 9) im Wesentlichen eine Verteidigungsrede. Aber, wie man sieht, sind es hier historisch-mythologische** Themen, beide aus dem Trojanischen Krieg, die er geradezu spielerisch behandelt – seine »Helena« nennt er ausdrücklich ein literarisches »Spielwerk« *(paignion)* –; an wirklichen Gerichtsprozessen scheint er als Redner nicht teilgenommen zu haben, auch nicht als Redenschreiber für andere (S. 88): Weder Helena noch Palamedes haben ihm jedenfalls Honorare gezahlt. »What's Hecuba to him or he to Hecuba?«[2]

## SIZILISCHER FIGURENZAUBER IN ATHEN

Sehr wohl war Gorgias dagegen als politischer Redner tätig, vor allem, wenn es darum ging, die politischen Interessen seiner Vaterstadt Leontinoi im griechischen Ausland zu vertreten. Berühmt wurde der Auftritt, den er 427 v. Chr. in Athen hatte: offenbar seine dortige Jungfernrede, obwohl er hoch in den Fünfzigern war. Leontinoi war

---

\* Man vergleiche Richard Wagners berühmte Definition dessen, »was Deutsch sei, nämlich: die Sache die man treibt, um ihrer selbst willen und der Freude an ihr willen treiben« – im Gegensatz zum »Nützlichkeitswesen« (*Deutsche Kunst und deutsche Politik*, XI).

\*\* Geschichte und Mythos verhalten sich in der Antike anders zueinander als heute. Als »mythisch« gilt nur das Unglaubliche, Fabulöse (Kerberos mit drei Köpfen, Niobe in Stein verwandelt), wie es besonders Hesiod (S. 39) und Ovid in den *Metamorphosen* darstellen, nicht dagegen das nur durch Poesie unsicher Überlieferte. So betrachtet man den Trojanischen Krieg mit seinen Akteuren wie Helena und Palamedes durchweg als »historisches« Ereignis. Dass diese Personen trotzdem in modernen »mythologischen« Lexika erscheinen, verwirrt auch Fachleute.

bedroht durch das feindliche Syrakus, und Gorgias sollte unter Berufung auf alte Freundschaft von den Athenern militärische Hilfe erbitten. Sie wurde auch gewährt, aber offenbar nicht nur aus Pietätsgründen: Der Historiker Diodor erzählt, wie Gorgias vor allem durch seinen neuartigen Redestil die Hörer in Bann schlug:[3]

> Unter den Abgesandten war als Gesandtschaftsführer der Redner Gorgias, der sich vor allen seinen Zeitgenossen durch die Gewalt seiner Rede auszeichnete. [...]
> Er brachte die Athener vor Entzücken außer sich durch das Fremdartige seiner Ausdrucksweise, da sie ja von Natur dafür begabt sind und Freude an Sprache haben. Er als Erster gebrauchte nämlich Stilfiguren in hoher Zahl und solche, die besonders kunstvoll waren: *antitheta*, *isokōla*, *parisa* und *homoioteleuta* und einiges andere dieser Art, die damals wegen des Ungewohnten dieser Aufmachung des Beifalls gewürdigt wurden, heute aber etwas Übertriebenes zu haben scheinen und, wenn man sie bis zum Überdruss verwendet, lächerlich wirken.

Wir sehen von dieser Schlusskritik zunächst ab und befassen uns mit den erwähnten »Figuren« (*schēmata*, lat. *figurae*): Sie waren Diodors rhetorisch gebildeten Lesern besser vertraut als uns. Am bekanntesten ist noch heute, was bei ihm obenan steht, die Antithese *(antitheton)*. Sie durchzieht geradezu alles, was Gorgias schriftlich hinterlassen hat. So hieß es am Anfang des *Epitaphios*, der Rede auf die Gefallenen, die er in Athen halten (oder vortragen lassen) durfte (ich übersetze so wörtlich als möglich):[4]

> 1 Was denn fehlte diesen Männern von dem, was Männer haben sollen?
> 2 Was hatten sie von dem, was sie nicht haben sollen?

Natürlich war mit dem ersten Satz der Sache nach schon alles gesagt; denn wenn die Gefallenen zum Beispiel Tapferkeit besaßen, ist klar, dass sie Feigheit nicht besaßen. Aber Gorgias fügt um der symmetri-

schen Antithese willen dem ersten Satzglied (Kolon)* ein zweites
hinzu, das den Gedanken voller und scheinbar reicher macht. Dann
sagt er:

3  O könnte ich sagen, was ich will,
4  o möchte ich wollen, was ich soll,
5  verborgen vor der göttlichen Vergeltung,
6  entronnen der menschlichen Missgunst.

Hier ist die erste Antithese weniger künstlich: Ausgangspunkt ist die
dem Redner naheliegende Befürchtung, er könne seinem Gegenstand
nicht gerecht werden (Z. 3); dem schließt sich die umgekehrte, zunächst etwas dunkle Befürchtung an, er könne wohl auch etwas Falsches sagen wollen (Z. 4): Die ausgezirkelte Antithese schließt hier eine
Klimax (*klimax*, lat. *gradatio*) des Typs A B B C (sagen – wollen – wollen – sollen) mit ein.** Die Furcht vor dem falschen Wollen wird dann
im Folgenden erläutert: Der Redner denkt offenbar daran, dass zu viel
Lob Neid gegen den Gelobten erregt; und diesen Neid fächert er so-

---

*   Die syntaktische Einheit des Satzes spielt in der antiken Grammatik keine große
Rolle. Umso wichtiger ist das Kolon (*kōlon*, lat. *membrum*), das in der Regel als Kontinuum gesprochen wird (vgl. Anm. zu S. 9). Es zerfällt gelegentlich in *kommata* (lat.
*incisa*), Einheiten, an deren Ende man eine kleine fakultative Sprechpause machen
kann. Aus mehreren Kola besteht eine Periode (*periodos* = »Umlauf«, lat. *periodus*,
*ambitus verborum*), deren Name daher kommen dürfte, dass die sich am Anfang hebende
Stimme am Ende wieder zu ihrem Ausgangspunkt zurückkehrt. So sind diese Begriffe
gewissermaßen rhetorisch konzipiert (dem entsprach bei den Römern auch die Interpunktion). Wir dagegen gliedern logisch-syntaktisch nach Haupt- und Nebensätzen; eine Periode ist dann ein besonders kunstvoll mit Hypotaxen (Unterordnungen)
aufgebauter Satz.
**  Die Klimax der antiken Stilistik hat nur wenig mit dem zu tun, was unsere Schulbücher unter »Klimax« verstehen, nämlich eine irgendwie geartete »Steigerung«, z. B.
Cicero, *In Catilinam* 2,1: *abiit, excessit, evasit, erupit* (»Er ging, entwich, raste fort, stürzte
davon«). Im Gegensatz dazu ist die antike Klimax rein formal definiert als eine Anordnung doppelteiliger Glieder, bei denen im ersten Teil des nachfolgenden Glieds immer der zweite Teil des vorausgehenden Glieds aufgenommen wird, also: A B / B C /
C D / … usw. So Cicero, *Pro Quinctio* 40: *si debuisset* (A), *Sexte, petisses* (B), *et petisses* (B)
*statim* (C); *si non statim* (C), *paulo quidem post* (D); *si non paulo* (D) *at aliquanto* (E) (»Hätte
er [dir Geld] geschuldet, Sextus, hättest du es verlangt und zwar hättest du es sofort

fort wieder antithetisch auf in das Verargen der Gottheit (Z. 5), die, wie Herodot sagt, »alles Überragende zu verkürzen liebt«,* und den ordinären Neid der Menschen (Z. 6).

Mindestens zwei der insgesamt drei Antithesen, die wir notiert haben, bilden zugleich jeweils auch ein *isokōlon* (»Gleichheit in Bezug auf die Glieder«); das heißt, die beiden Kola, aus denen die Antithese besteht, sind völlig oder ungefähr gleichartig. (Im zweiten Fall spricht man, wie Diodor, oft auch von *parison*, aber diese beiden Termini werden nicht immer klar geschieden.) Diese Gleichartigkeit kann die Silbenzahl betreffen oder auch etwa die Art der Wörter in der Abfolge: In Z. 1 und 2, die parallel gebaut sind, steht jeweils das identische »Was« *(ti)* am Anfang, der identische Infinitiv (*pareinai*, im Deutschen: »haben sollen«) am Ende. Dann spricht man in der späteren stilistischen Theorie, wie sie noch heute im Griechisch- oder Lateinunterricht gelehrt wird, von einer *anaphora* bzw. Anapher (dasselbe Wort am Anfang des Kolon) und einer *epiphora* bzw. Epipher (identisches Wort am Schluss). Ähnlich parallel gesetzt sind die Partizipien am Anfang von Z. 5 und 6 (*lathōn – phygōn*, »verborgen – entronnen«) und manches andere, was sich anhand der deutschen Übersetzung nicht so leicht zeigen lässt.

Dies führt bereits auf die dritte bzw. vierte Figur, die Diodor nennt, das *homoioteleuton*: Zwei Wörter, vorzugsweise am Ende der Kola, haben dieselbe Endung. So entsprechen sich im Griechischen in Z. 1 *apēn* (»fehlte«) und in Z. 2 *prosēn* (»hatten sie«), in Z. 5 und 6 *lathōn – phygōn* (wie oben). Insgesamt spielt aber gerade diese Figur im zitierten Text eine relativ bescheidene Rolle. So sei für sie noch ein anderer zitiert, aus dem »Lob der Helena«:[5]

verlangt; wenn nicht sofort, ein wenig später; wenn nicht ein wenig, dann doch einige Zeit später«). In der Tat verbindet sich mit dieser Figur der Klimax, wie hier, häufig eine »Steigerung« (etwa *auxēsis*, lat. *incrementum*), aber der Definition nach ist sie nicht gefordert; demgemäß entstammt auch der Begriff der »Antiklimax« erst der Moderne. Der ein wenig irreführende Name Klimax (wörtlich = »Leiter«) erklärt sich m. E. aus der Position der beim Erklettern einer Leiter abwechselnd gesetzten Beine: Erst steht das linke Bein auf A, das rechte auf B; dann das rechte auf B, das linke auf C; dann das linke auf C, das rechte auf D usw.

* Herodot 7,10; diese altgriechische Vorstellung vom Neid der Götter ist uns Deutschen vor allem bekannt aus Schillers »Ring des Polykrates«.

> Wenn sie aber mit Gewalt geraubt wurde
> und wider Gesetz vergewaltigt wurde
> und wider das Recht geschändet wurde,
> dann ist klar, dass der Räuber als Schänder Unrecht beging,
> die Geraubte als Geschändete Unglück empfing.

Hier sind im Griechischen, das sich als flektierende Sprache in diesen Dingen kaum nachbilden lässt, erst drei, dann zwei Kola jeweils durch Homoioteleuta am Kolonende sowie durch weitere Homoioteleuta miteinander verknüpft.

## DER PARALLELISMUS MEMBRORUM

Wie man leicht sieht, hängen diese Figuren miteinander zusammen. Vor allem beruhen sie auf dem Prinzip der Periodizität, einfacher ausgedrückt: der Wiederholung. In der Antithese wie im Isokolon (bzw. Parison) wiederholt sich eine Struktur. Das Kolon: »dass der Räuber als Schänder Unrecht beging« ist strukturgleich dem folgenden »(dass) die Geraubte als Geschändete Unglück empfing«; dem jeweiligen Subjekt folgen eine prädikative Bestimmung und ein verbales Prädikat. Sieht man hier mehr auf den Inhalt, spricht man von Antithese; sieht man auf die Form, von Isokolon. Die gleichlautenden Wortenden, Homoioteleuta, bilden eine andere Form der Wiederholung, ergeben sich aber fast von selbst aus der Strukturparallelität.* Ähnliches gilt für die von uns beobachteten Wiederholungsfiguren der Anapher und Epipher, ebenso für die Klimax. Napoleon, auch in der Stilistik ein genialer Vereinfacher, soll gesagt haben: Es gibt nur eine Redefigur, die Wiederholung.[6]

---

* Das heißt, das Homoioteleuton beruht regelmäßig auf der gleichen Kasusendung, wie sie sich aus der Parallelität ergibt (es ist, mit dem Fachausdruck zu sprechen, zugleich ein Homoioptoton). Dies unterscheidet es fundamental vom neuzeitlichen Reim, dessen Reiz gerade darauf beruht, dass syntaktisch Ungleichartiges, Nichtparalleles in eine überraschende Reimbeziehung gebracht wird: »Ach was muss man oft von bösen / Kindern hören oder lesen, / wie zum Beispiel hier von diesen, / welche

So resultieren sowohl die drei Grundfiguren, die Diodor ausdrücklich als »gorgianisch« nennt, als auch einige weitere aus dem sogenannten *Parallelismus membrorum*, der »Parallelität der Glieder (Kola)« – ein Ausdruck, den der englische Alttestamentler Robert Lowth vor zweieinhalb Jahrhunderten mit großem Erfolg in die Literaturwissenschaft eingeführt hat.[7] Er hatte nämlich entdeckt, dass in der gesamten hebräischen Poesie, wobei man besonders an die biblischen Psalmen denkt, anstelle eines bestimmten Versmaßes gewissermaßen dieser *Parallelismus membrorum* gilt:[8]

> Ach Herr, strafe mich nicht in deinem Zorn
> und züchtige mich nicht in deinem Grimm!
> Herr, sei mir gnädig, denn ich bin schwach;
> heile mich, Herr, denn meine Gebeine sind erschrocken.

Natürlich bot auch schon die ältere griechische Dichtung Vergleichbares, ja noch viel Ausziselierteres. So sagt Homer über die Winde, die das Floß des Odysseus hin- und herschleudern:

> Manchmal warf es der Notos zum Boreas, dass er es trage,
> manchmal ließ es der Euros dem Zephyros, dass er es jage.[9]

Und besonders der Dichterphilosoph Empedokles liebte solche antithetischen Gleichklänge. So, um das Widerspiel von Liebe und Streit auszudrücken:[10]

> Bald, von der Liebe vereint, wächst alles zu Einem zusammen,
> bald, von dem Hasse des Streites entzweit, zersplittert es wieder.

---

Max und Moritz hießen.« Das gilt auch schon für die lateinische Reimdichtung des Mittelalters *(»Dies irae, dies illa / solvet saeclum in favilla / teste David cum Sibylla«)* und für die Anfänge des Reims in der lateinischen Spätantike: So war es ganz abwegig, wenn Eduard Norden (*Antike Kunstprosa* [s. S. 527], 810–908) – und nach ihm hundert andere bis heute – den Reim genetisch aus dem antiken Homoioteleuton herleiten wollte. Aus den Homoioteleuta in der frühbyzantinischen Hymnendichtung (6. Jh.), die Norden nachweisen konnte, ist im griechischen Osten gerade keine Reimpoesie entstanden; im lateinischen Westen, wo Reimpoesie entstand, gab es keine solchen Homoioteleuta in den Hymnen (und auch sonst in der Poesie).

Vielleicht auch aus diesem Grunde glaubte man im Altertum, der Sizilianer Empedokles, den Aristoteles sogar unter die Vorläufer der Rhetorik rechnet, sei Lehrer des Gorgias gewesen.[11] Aber Empedokles selbst hatte hier einen Vorgänger in dem ganz in solchen Antithesen philosophierenden Heraklit. Und unzweifelhaft ist jedenfalls, dass Gorgias von diesen Wiederholungsfiguren einen viel ausgedehnteren und konsequenteren Gebrauch gemacht hat als irgendein griechischer Schriftsteller vor ihm. So galt er als ihr »Erfinder«, wie vor allem Cicero bezeugt, der selbst gelegentlich in gorgianischen Figuren brillierte (wie in der von ihm im *Orator* zitierten Partie über das Naturrecht auf Notwehr):[12]

> *Est enim, iudices, haec non scripta sed nata lex,*
> *quam non didicimus, accepimus, legimus,*
> *verum ex natura ipsa adripuimus, hausimus, expressimus,*
> *ad quam non docti, sed facti,*
> *non instituti, sed imbuti sumus.*

»Denn es ist, ihr Richter, dies Gesetz nicht geschrieben, sondern geboren,
> das wir nicht gelernt, gehört, gelesen,
> sondern das wir aus der Natur selbst empfangen, aufgesogen,
>> ausgebildet haben,
> zu dem wir nicht gelehrt, sondern gemacht sind,
> das man uns nicht beigebracht, sondern das uns durchtränkt hat.«

Leider kann keine deutsche Übersetzung die Pracht dieser aus der lateinischen Verbalflexion stammenden Homoioteleuta wiedergeben.

## SONSTIGE GORGIANISCHE FIGUREN

Im Übrigen resultieren zwar die meisten, aber nicht alle gorgianischen Figuren *(schēmata Gorgieia)*, auch nicht alle Wiederholungsfiguren, aus dem *Parallelismus membrorum*. So liebt Gorgias es auch, dasselbe Wort in verschiedenen Flexionsformen (meist Kasus) nebeneinanderzustellen, wodurch sich das sogenannte Polyptoton ergibt. Etwa über Helena:[13]

Sie aber erweckte gar vielen *(pleistois)* gar viele *(pleistas)* Begierden
                                                                                                       der Liebe,
und sie versammelte dank einem Leibe *(sōmati)* viele Leiber *(sōmata)*
                                                                                                             von Männern,
die in Großem groß *(megalois mega)* gesinnt waren.

Dazu gehört auch die aus dem Gleichklang der Wörter verschiedener Bedeutung entstehende *paronomasia* (»Wortspiel«), die sich im Deutschen fast nie auch nur andeutungsweise wiedergeben lässt.

Eine ganz poetische, das heißt aus der Dichtung stammende Figur ist schließlich das *hyperbaton*, bei dem eng zusammengehörige Wörter, oft Adjektiv und Substantiv, durch einen Einschub auseinandergerissen werden. So sagt Homer am Anfang seiner *Odyssee* ja nicht: »Nenne, mir Muse, den vielgewandten Mann ...«, sondern er stellt so: »Den Mann *(Andra)* nenne mir, Muse, den vielgewandten *(polytropon)* ...«[*] Gorgias überträgt das in die Prosa. In dem oben zitierten Beispiel werden »gar viele Begierden« getrennt durch das dazwischengeschaltete »gar vielen«: »Sie aber erweckte gar viele (Akkusativ) gar vielen (Dativ) Begierden (Akkusativ) der Liebe« (im Deutschen ist das unverständlich). Sogar doppelte Verschränkungen gibt es bei ihm: Statt »die ersten Griechen der ersten Griechen« sagt er »die ersten der ersten *(tus prōtus tōn prōtōn)* Griechen der Griechen *(Hellēnas Hellēnōn)*:[14] a b A B – eine recht sonderbare Künstelei, die der Rede offenbar poetischen Glanz geben soll.

---

[*] Genauso am Anfang der *Ilias*: »Singe mir, Göttin, den Zorn des Peleussohnes Achilleus«. Natürlich stammt diese Figur ursprünglich aus der Versnot, sie wurde aber zunehmend als an sich schön empfunden. Die Römer übernahmen sie vom Anfang ihrer Kunstdichtung an – wenn etwa Livius Andronicus den Homer so übersetzt: *Virum mihi, Camena, insece versutum* (»Den Mann mir, Muse, sage, den gewandten«) –, wobei eine spannungsvolle doppelte Ringkomposition mit der Muse im Zentrum entsteht. Catull und Vergil elaborieren dann im Hexameter kunstvolle Sperrungsfiguren, noch weiter geht Horaz in der Lyrik. Auch deutsche Dichter von der Goethezeit an versuchen, die Figur in ihre Sprache zu übertragen, vielleicht am kühnsten Kleist in der *Penthesilea*, z. B. V. 246–248: »Ein neuer Anfall, heiß, wie Wetterstrahl,/Schmolz, dieser wuterfüllten Mavorstöchter,/Rings der Ätolier wackre Reihen hin ...« Der beste Treffer aber gelang Wilhelm Busch: »Ach! – Die Venus ist perdü – Klickeradoms! – von Medici« *(Die fromme Helene*, Kap. 7).

Poetisch ist Gorgias auch bei der Wortwahl, wo er gelegentlich vor sehr gesuchten Metaphern (bildhaften Ausdrücken) nicht zurückgeschreckt sein soll. Schon im Altertum spottete man darüber, dass er die Geier einmal »lebende Gräber« und den Großkönig »Zeus der Perser« genannt habe (beides findet sich aber nicht in den überlieferten Texten). Überhaupt hatte das Übermaß der »gorgianischen Figuren« bei ihrem »Erfinder« im späteren Altertum eine schlechte Presse; dieser Stil galt als etwas »Geschwollenes« (*oidun*, lat. *tumidum*), »Kindisches« (*meirakiōdes, puerile*), »Frostiges« (*psychron, frigidum*) und »Affektiertes« (*kakozēlon, cacozelum*)[15] – schon Diodor gab das ja zu verstehen. Man muss aber auch sehen, dass solche Urteile aus einer Zeit stammen, wo, vom Ende des ersten vorchristlichen Jahrhunderts an, strenge Kunstkritiker den mäßigen Figurenschmuck der attischen Redner des 4. Jahrhunderts v. Chr. als vorbildlich empfahlen (S. 275). Bis dahin scheint der Ruhm des Gorgias als Sprachkünstler kaum bestritten gewesen zu sein. Welche Begeisterungsstürme noch ein Jahrhundert nach ihm durch Antithesen und Isokola entfacht wurden, bezeugt Isokrates.[16] Und dessen Zeitgenosse Aristoteles, der das Poetische von Gorgias' Stil kritisiert, lässt doch mit ihm die eigentliche griechische Prosasprache beginnen.[17] Ja, der Gorgias besonders feindliche Philologe Eduard Norden, demzufolge dieser »den Stil zum Spielzeug seiner maßlosen Selbstgefälligkeit gemacht und dadurch entwürdigt und entwertet« habe,[18] hat sein fundamentales Werk über *Die antike Kunstprosa* nicht nur mit Gorgias beginnen lassen, sondern dessen Figuren zum Leitfaden einer umfassenden, bis in die neuzeitliche Renaissance reichenden Darstellung des griechischen und lateinischen Prosastils gemacht.

## GORGIAS AUF DER FRIEDENSKUNDGEBUNG

Die gorgianischen Figuren enden auch nicht in der Renaissance. Sie dienen noch heute nicht nur einem intellektuell-ästhetischen Ohrenschmaus, wie besonders in den Reden des Rhetorikprofessors Walter Jens, sie können gelegentlich auch geschliffene Waffen im politischen Kampf sein. Ein Meister war und ist der Vertreter der christlich-pazifistischen Linken in der SPD, Erhard Eppler. Im Jahr 1981, bei der Bonner Friedenskundgebung gegen den NATO-Doppelbeschluss, lieferte seine Ansprache ein Glanzstück in der Kunst des *Parallelismus membrorum*. Hier ein Beispiel für ein Isokolon mit zum Teil gleicher Silbenzahl und Epiphora:[19]

> Wir feiern hierzulande den Mut der Polen,
>> die sich nicht mehr vorschreiben lassen wollen,
>>> wie sie zu leben haben.
>
> Ist es so schlimm,
>> wenn wir uns nicht vorschreiben lassen wollen,
>>> wie wir zu sterben haben?

Man beachte auch die wirkungsvolle rhetorische Frage im zweiten Kolon. Sie erhöht die Emotionalität, schon bei Homer (S. 29), darum wurde sie vom relativ leidenschaftslosen Gorgias gemieden. – Jetzt ein Isokolon mit Anaphora:

> Jeder Stein, der heute geworfen wird,
>> wäre ein Stein gegen die Friedensbewegung.
>
> Jede Bombe, die einen Amerikaner treffen soll,
>> trifft uns alle.

Wirkungsvoll vermeidet Eppler im vierten Kolon die allzu glatte Parallelität: »wäre eine Bombe gegen uns alle« (oder gar »gegen die Friedensbewegung«). Das knappe »trifft uns alle« hat die volle Wucht der Bombe. – Umso gorgianischer ist die folgende Periode aus kurzen Isokola mit Antithesen und Homoioteleuta (unmittelbar vor dem Abschluss der Rede):

> Daher muss dies eine Bewegung sein
>> der Mutigen,     nicht der Ängstlichen,
>> der Diskutierenden,     nicht der Schreienden,
>> der Selbstkritischen,     nicht der Arroganten,
>> der einfallsreich Agierenden,     nicht der stumpf Parierenden,

der Friedlichen, nicht der Gewalttätigen,
der Fröhlichen, nicht der Fanatischen,
der Liebenden, nicht der Hassenden.

Vor allem der rhythmisch reimende Gleichklang der Antithese in Z. 5 müsste Gorgias gefallen haben. Dabei dürfte die Künstlichkeit von Epplers Diktion seinen damaligen Hörern angesichts seiner hinreißenden Leidenschaftlichkeit kaum zu Bewusstsein gekommen sein. Durch sie unterscheidet er sich am meisten von Gorgias, der zwar behauptete, dass die Rede alle Affekte erregen könne (S. 10), dabei selbst aber eigentlich immer ruhig und gefällig blieb.

## DIE EPIDEIKTISCHEN REDEN DES GORGIAS

Werfen wir zum Schluss noch einen Blick auf die beiden vollständigen Reden, die uns von Gorgias erhalten sind: *Lob der Helena* und *Verteidigung des Palamedes*. Wie man sofort sieht, dienen beide Reden keinem praktischen Zweck außer dem, die große Kunst des im Purpur prangenden Redners ins Licht zu setzen. Obschon es sich ja formal um Verteidigungsreden handelt, auch bei Helena (wie schon Isokrates mit leisem Tadel festgestellt hat[20]), sind sie doch ihrem Wesen nach, griechisch gesprochen, *epideixeis* (»Vorzeigereden«), das heißt Reden, mit denen sich der Redner selbst »vorzeigt«, sein Können zur Schau stellt und natürlich, sofern er Rhetoriker ist, um Schüler wirbt (zur späteren Entwicklung des Begriffs s. S. 179). Dabei galt als Gorgias' besonderes Kunststück, auf jede Frage aus dem Publikum antworten und darüber reden zu können.

Zu solchen »epideiktischen« Reden, genannt auch »Prunkreden«, rechneten auch diejenigen, die Gorgias bei großen panhellenischen Festen, wie den Olympischen Spielen, gehalten hat (und die uns verloren sind): Er soll darin vor allem dazu aufgerufen haben, den innergriechischen Streit zu beenden und sich gegen die Perser als den gemeinsamen Feind aller Griechen zu wenden – was jeder gern hörte, aber niemand völlig ernst nahm. (Ein vorwitziger Hörer erinnerte einmal daran, dass Gorgias selbst nicht einmal den innerhäuslichen Streit zwischen seiner Frau und einer Sklavin, die ihm offenbar schöne Augen machte, beenden könne.)

Die erhaltenen Reden jedenfalls bestechen nicht nur durch die Brillanz der Formulierung, sondern auch durch die Virtuosität der Argumentation und, damit verbunden, der Disposition. Die Verteidigung der Helena legt er so an, dass er vier mögliche Gründe dafür anführt, dass sie Paris gefolgt und zur Ehebrecherin geworden sei: 1. Schicksal, 2. Gewalt, 3. Überredung, 4. Liebe. In jedem dieser Fälle, führt er dann aus, sei Helena unschuldig, denn 1. seien alle Menschen gegen das Schicksal machtlos, 2. sei im Fall von Gewalt nicht sie, sondern der Gewalttäter schuldig, 3. sei gegen Überredung durch den *logos* kein Kraut gewachsen (vgl. S. 10), 4. sei Gott Eros, die Liebe, ebenso unwiderstehlich. Wie auch immer, kein Tadel trifft Helena.

Interessant bei dieser »sophistischen« Argumentation ist vor allem, dass sich Gorgias die Sache absichtlich schwermacht, indem er, anders als sonst ein Advokat, gerade nicht die entlastenden Argumente bringt, die sich speziell für den Fall Helena hätten anführen lassen: etwa dass Zeus selbst den Trojanischen Krieg anzetteln wollte; dass Helena dem Ehebrecher Paris schon längst von Aphrodite versprochen war; dass es höchst unvorsichtig von ihrem Mann, Menelaos, war, seine Frau mit dem hübschen Gastfreund allein zu lassen, usw. (wir denken an Jacques Offenbachs Operette *La belle Hélène*, wo noch anderes zur Entlastung der Titelheldin geltend gemacht wird). Wie Heinrich Gomperz, der scharfsinnigste Interpret des Gorgias, festgestellt hat, beweist dieser weniger, dass Helena unschuldig ist, als vielmehr, dass dies für jede Ehebrecherin gilt – ein Schlag ins Gesicht jedes moralisch gesinnten Richters. Aber es war ja auch nicht ernst gemeint, eben nur ein »Spielwerk«, das zeigen sollte, dass der *logos* alles und jedes plausibel machen kann.

Dasselbe beobachten wir im Fall des Palamedes, wo Gorgias für eine an sich »gute« Sache spricht (denn der mythologischen Überlieferung nach galt der Prozess gegen den »Vaterlandsverräter« als vom bösen Odysseus angezettelt). Im Gegensatz zu Helena geht es hier um eine Tatfrage: Hat Palamedes Landesverrat begangen? (Er sollte vom trojanischen König Priamos bestochen worden sein.) Wieder lässt Gorgias all das weg, was sich speziell für Palamedes anführen ließe – beispielsweise die schurkischen Motive des Anklägers –, und argumentiert, als wolle er beweisen, dass Landesverrat überhaupt unmöglich ist. Dabei teilt er so ein, dass er zunächst nach der Möglichkeit der Tat fragt (Gesetzt, er hätte gewollt, hätte er dann gekonnt?), dann nach dem Motiv für die Tat (Gesetzt, er hätte gekonnt, hätte er dann gewollt?).* Dabei spielt er die verschiedenen Möglichkeiten der gegnerischen Argumentation so durch, dass er immer weiter unterteilt. Zum zweiten Punkt: Was könnte Motiv gewesen sein: Herrschaft? Geld? Ehre? Sicherheit? Falls Herrschaft: Über Griechen oder Barbaren? usw. Für jede durch solche insgesamt 22 Unterteilungen (Dihäresen) gewonnene Alternative wird dann die Unmöglichkeit dargetan. Und so wird eine letztlich gute Sache damit verteidigt, dass eine absurde These – Es gibt keinen Landesverrat – erschöpfend und siegreich nachgewiesen wird. Auch das ist ein Spiel, aber doch auch kein völliges *l'art pour l'art*. Gorgias denkt durchaus an seine Schüler: Alle hier angewandten Argumentationsmittel ließen sich in einem ernsthaften Prozess gebrauchen – die weiteren, speziellen Argumente müsste dann natürlich der jeweilige Fall selbst lehren.

## WAR GORGIAS EIN PHILOSOPH?

Es gibt von Gorgias noch eine weitere Rede, und sie ist die sonderbarste: die Schrift »Über das Nichtseiende« oder »Über die Natur«, wie der Titel besagt, ein Werk scheinbar philosophischen, »vorsokratischen« Zuschnitts. Als ein dialektischer Tausendsassa weist Gorgias darin folgende drei abenteuerlichen Thesen nach: 1. Es existiert überhaupt nichts.

---

* Nach der späteren Theorie (S. 262) handelt es sich hier um einen Fall des *status coniecturalis* (während es bei *Helena* um einen *status qualitatis* ging): Die Frage nach dem Können entspricht dem Topos *e facto*, die nach dem Wollen dem Topos *e causa*. Die obligate Frage nach dem Charakter (Topos *e persona*) entfällt, nicht weil sie Gorgias unbekannt wäre, sondern weil er hier in die Details des Mythos einsteigen müsste, was er ja eben nicht will.

2. Falls etwas existieren würde, wäre es nicht erkennbar. 3. Falls es erkennbar wäre, wäre es nicht sagbar. Die Beweisführung für diese Thesen, die ja nicht minder paradox sind als die Leugnung der Möglichkeit von Landesverrat, folgt genau der im *Palamedes* angewandten Methode: Die jeweils angegriffene These wird immer weiter dihäretisch zerlegt und dann widerlegt. Gesetzt, es existierte etwas, was wäre es dann: Ein Seiendes? Oder ein Nichtseiendes? Oder ein Seiendes und zugleich Nichtseiendes? Falls ein Seiendes, wäre es dann ewig? Oder entstanden? Oder ewig und entstanden? Ewig kann es aber nicht sein, denn dann hätte es keinen Anfang und könnte als Unbegrenztes in keinem Raum sein ... usw. Denksportfreunde mögen im Original weiterlesen.

Viele Interpreten sehen bis heute in diesen Darlegungen eine ernsthafte Auseinandersetzung mit dem Problem des Seins bzw. den Versuch einer Widerlegung des berühmten Philosophen Parmenides oder seiner Schüler, die an ein einziges unveränderlich Seiendes und an eine Art Identität von Denken und Sein geglaubt hatten. Dementsprechend hat man auch schon mit einem Modewort des 19. Jahrhunderts vom »Nihilismus« des Gorgias gesprochen oder die Ansicht, dass es kein Sein und demzufolge keine Wahrheit gebe, unter dem Namen »Relativismus« mit dem Streben des Rhetorikers nach dem Wahrscheinlichen verknüpft. Damit wäre dann so etwas wie eine genuin rhetorische Weltanschauung oder Philosophie kreiert – eine für manche neueren Philosophen und Rhetorikfreunde höchst attraktive Vorstellung. Ich meine dagegen, schon die Ähnlichkeit zum *Palamedes* zeigt, dass, trotz der unverkennbaren Bezüge zur Philosophie, Isokrates, der Schüler des Gorgias, recht haben dürfte, wenn er diese Schrift zum Gedankenspiel erklärte: Sie sei, sagte er, das unübertreffliche Meisterstück der Behandlung eines »ungereimten *(atopos)* und widersinnigen *(paradoxos)* Gegenstands«, wodurch Gorgias, wie andere in ähnlichen Schriften, gezeigt habe, dass »es leicht sei, über jede vorgelegte Sache eine lügnerische (unwahre) Rede zu ersinnen«.[21] Also: Gorgias wollte in diesem »Spielwerk« das Sein so wenig leugnen, wie in seiner *Helena* den Ehebruch für unbedenklich erklären. Er war, wie es bei Platon einmal ausdrücklich heißt,[22] seiner Profession nach ein Rhetoriker und nur ein Rhetoriker.

Unter den *technai*, die Gorgias neben seinen großen Musterreden angeblich hinterlassen hat, ist sicherlich keine *technē* im Sinne einer systematischen Darstellung der Rhetorik zu verstehen. Dagegen spricht eine Äußerung des Aristoteles:[23] Beim Unterricht des Gorgias habe der Schüler keine eigentliche *technē* bekommen, sondern nur fertige Reden *(logoi)*, d. h. Versatzstücke aus Reden, zum Auswendiglernen für den jeweiligen Bedarfsfall (man muss hier wohl an *loci communes*, »Gemeinplätze« [S. 285] denken, wie »Lob der Gesetze«, »Verwerflichkeit des Meineids« …). Das sei, sagt der witzige Philosoph, als ob man einem Lehrling, der die Schusterkunst erlernen wolle, nur eine Reihe verschiedener Schuhe verkaufe.

Daran wird richtig sein, dass das Auswendiglernen hier und sonst im Redeunterricht eine große Rolle gespielt hat (noch der junge Cicero memoriert Stücke aus Reden seiner römischen Vorgänger)[24]: Es ist ja eigentlich erst in der Pädagogik unseres Papierzeitalters aus der Übung gekommen. Im Übrigen aber haben wir deutliche Spuren rhetorischer Vorschriften. So soll Gorgias die Wichtigkeit des *kairos*, des »richtigen Augenblicks« bzw. des »richtigen Maßes« für den Redner, gelehrt haben[25] – vor allem sein Schüler Isokrates wird das weiter ausbauen. Aber das Beste ist seine Vorschrift über den Einsatz von Humor, die noch heute jeder Redner beherzigen sollte:[26] Man müsse, lehrt er, dem Ernst des Gegners mit Humor entgegentreten, seinem Humor aber mit Ernst (»Meinen Sie, Witzbold, das sei die Zeit für Scherze …?«). Aber was tut man, wenn der Gegner schon zu lachen anfängt, während man noch redet? Man rede so laut, dass keiner ihn hört. Hätten wir nur alle die Stimmgewalt des Gorgias!

# *PAIDEIA* – DIE SOPHISTEN ALS PÄDAGOGEN GRIECHENLANDS

In den modernen Darstellungen der griechischen Rhetorik oder Philosophie findet man Gorgias unter den sogenannten Sophisten. Wir haben dieses Wort bisher gemieden, denn es ist höchst ungewiss, ob Gorgias selbst sich so genannt hat.* Unbestreitbar aber ist, dass er ihnen geistesverwandt war; und da sämtliche Sophisten – angefangen von dem berühmtesten, Protagoras – Rhetorikunterricht erteilt, ja zum Teil selbst als Redner praktiziert haben, müssen sie hier vorgestellt werden. Ohnehin gehören sie zu den fesselndsten Gestalten der griechischen Geistesgeschichte.

Das Wort »Sophistik« ist heute mehr noch als »Rhetorik« negativ belastet. Unter einem Sophisten verstehen wir jemanden, der böswillig einem andern das Wort im Mund herumdreht, der skrupellos aus Schwarz Weiß und aus Recht Unrecht macht. Das war nicht von Anfang an so. Ein »Sophist« *(sophistēs)* war ursprünglich nicht viel anderes als ein Fachmann (wie auch *sophos*). So nennt Pindar den kundigen Dichter einen *sophistēs*;[1] auch die berühmten Sieben Weisen *(Sophoi)* konnten als »Sieben Sophisten« bezeichnet werden. Die abwertende Verwendung des Worts beginnt im Grunde erst im 4. Jahrhundert v. Chr. mit dem Sophistengegner Platon und dessen Zeitgenossen Isokrates, ohne je ganz durchzudringen. Im 2. Jahrhundert nach Christus wird »Sophist« sogar wieder zu einem richtigen Ehrentitel – vielleicht im Protest gegen Platon.

Bei diesem ist zu beginnen. Als Sophisten bezeichnet Platon vor allem vier Männer, die Ausländer, also Nichtathener sind, in Athen aber gegen Ende des 5. Jahrhunderts v. Chr. für Honorar Unterricht erteilten: Protagoras von Abdera, Prodikos von Keos, Hippias von Elis und

---

* So nennt ihn immerhin Platon, *Größerer Hippias* 282 B 5.

der uns schon bekannte Gorgias. Üblicherweise rechnet man zu den Sophisten aber auch Thrasymachos von Kalchedon – dem Platon wie Protagoras, Hippias und Gorgias einen ganzen Dialog widmet* –, ferner Kritias und Antiphon (beide Athener). Also eine recht bunte Schar.

## WAREN DIE SOPHISTEN PHILOSOPHISCHE SKEPTIKER?

Was verband sie? Eine maßgebliche Philosophiegeschichte erklärt: »Es gab [...] eine Kunst, die alle Sophisten lehrten, nämlich Rhetorik, und einen erkenntnistheoretischen Standpunkt, den sie alle teilten, nämlich einen Skeptizismus, demgemäß Wissen nur relativ zum wahrnehmenden Subjekt sein konnte.«[2] Vor allem wegen des Zweiten, des Skeptizismus, hat man die Sophisten früher oft zu Vorkämpfern einer griechischen Aufklärung gemacht, die – wie unsere Gymnasiasten lernen – die Griechen »vom Mythos zum Logos«** geführt haben soll. Heute betrachten sie die Rhetorikfreunde gern als Vertreter einer Weltanschauung, die, weil sie objektive Erkenntnis für unerreichbar halten, im praktischen Leben Konsens durch Rede herbeizuführen suchen (S. 15). Aber das ist wohl verkehrt.

Wenn wir von dem umstrittenen Gorgias (S. 68) absehen, ist nur für Protagoras, der schon in den 30er Jahren in Athen gelehrt haben muss, ein solcher Skeptizismus bezeugt. Von ihm stammt in der Tat je-

---

\* Nämlich das erste der aus zehn Büchern bestehenden *Politeia* (Staat). Auch aus sprachlichen Gründen nimmt man vielfach an, dass dieses Buch zunächst selbständig verfasst und publiziert wurde.

\*\* Das Schlagwort entstammt einem bekannten Buch des Gräzisten Wilhelm Nestle (S. 528). Die dort entwickelte Vorstellung, dass die griechische Geistesgeschichte überhaupt als Aufklärungsprozess zu deuten sei, dient oft der Rechtfertigung des Griechischunterrichts und liegt manchen deutschen Lehrplänen zugrunde. Dass die älteren Griechen »mythisch (in Bildern) gedacht« hätten, meinte immerhin schon Aristoteles (*Metaphysik* 1000 A 18), jedoch nur in Bezug auf die naturphilosophische Spekulation. Sonst fällt es schwer, etwa bei Homer das vielfach behauptete »mythische Denken« zu finden. Die neuere Forschung ist denn auch skeptisch geworden; vgl. den Sammelband von Richard Buxton (Hg.), *From myth to reason?*, Oxford 1999.

ner Ausspruch, mit dem es an Berühmtheit nur noch der Satz des Pythagoras aufnehmen kann, der sogenannte *Homo-mensura*-Satz: »Der Mensch ist das Maß aller Dinge, der seienden, dass sie sind, der nicht seienden, dass sie nicht sind.«[3] Daher hat man versehentlich Protagoras auch zu einem Vater des »Humanismus« gemacht,[*] gemeint war aber tatsächlich – nach Platons maßgeblicher Interpretation –, dass es kein objektives Sein gebe, sondern dass die Dinge immer so seien, wie sie dem jeweiligen Subjekt (wohl nicht dem Menschen überhaupt) erschienen. Dem entspricht, dass Protagoras auch etwa gesagt haben soll, es gebe über jeden Gegenstand zwei konträre Aussagen[4] (die aber deswegen wohl nicht unbedingt gleich wahr sein müssten), oder dass er über das Dasein der Götter erklärte, er könne dies weder leugnen noch bejahen, da einer Erkenntnis allzu viel im Weg stehe.[5] Ein gefährlicher Satz im frommen Athen! Man hat Protagoras sogar einen Prozess wegen Asebie, das heißt Gottlosigkeit, gemacht und ihn aus Attika verbannt, worauf er prompt – so geht es Gottesleugnern – ertrunken sein soll (411 v. Chr.?). Dennoch: All diese Zeugnisse des Skeptizismus gelten nur für ihn, nicht für die Sophisten überhaupt. Denn wenn manche Sophisten in ihren Argumentationen unter Berufung auf die Natur *(physis)* das bloß Konventionelle *(nomos)* besonders in der Moral in Frage stellten und damit Ärgernis erregten, so zeigt das zwar geistige Selbständigkeit, aber nicht unbedingt Skeptizismus.

## PROTAGORAS ALS PÄDAGOGE

Interessant ist das Lehrangebot, das Protagoras in Platons nach ihm benannten Dialog (der um 432 v. Chr. spielt) vorträgt. Dieser gibt überhaupt das umfassendste Bild von dem, was die Sophistik zu sein beanspruchen kann (denn Originalschriften haben wir von keinem der

---

[*] Diese Kritik trifft nicht den amerikanischen Philosophen Ferdinand C. Schiller, der seine Richtung des Pragmatismus, die er *humanism* nennt, auf dem grundsätzlich korrekt interpretierten *Homo-mensura*-Satz aufbaut (*Studies in humanism,* [2]1912 u. ö.). Sonst aber wird der Satz vielfach im atheistischen oder philanthropischen Sinn missbraucht. Auch als Leitspruch für humanistische Gymnasien ist er ungeeignet.

Sophisten, außer von dem untypischen Gorgias [S. 68]). Hier kommt also der junge Hippokrates schon früh im Morgengrauen zu seinem älteren Freund Sokrates mit der elektrisierenden frohen Botschaft, der große Protagoras sei nach Athen gekommen.

Überzeugt von der einzigartigen Klugheit des Mannes, bittet der Junge Sokrates, sich doch persönlich dafür zu verwenden, dass ihn Protagoras, natürlich gegen Honorar, als Schüler aufnimmt. Bevor man aber nun den Sophisten persönlich aufsucht, befragt Sokrates dessen präsumtiven Adepten, was er sich von dem Unterricht verspricht. Dabei erfahren wir neben anderem, dass man bei Protagoras »für die Bildung« *(paideia)* und nicht, wie etwa bei einem Arzt oder Handwerker, »für die Kunst« *(technē)*, das heißt den Brotberuf, lerne – der Gegensatz entspricht etwa dem von »Bildung« und »Ausbildung«, wie er heute so viel strapaziert wird.* Als man dann Protagoras selbst über seine Lehrtätigkeit befragt, beginnt er seine Selbstvorstellung, indem er sich in eine Ahnenreihe großer »Sophisten« eingliedert. Sie beginnt mit Dichtern wie Homer, Hesiod und Simonides, religiösen Neuerern wie Orpheus und Musaios, dann folgen sogar Sport- und Musiklehrer – alles Leute, die keine für einen Beruf nützlichen Kenntnisse vermittelt haben. Sie hätten aber, meint Protagoras, diese ihre verschiedenen Künste nur als Vorwand gebraucht, um nicht mit ihrem wahren Namen »Sophist« Anstoß zu erregen. Erst er, Protagoras, wage es, sich zu offenbaren: »Ich aber bekenne, dass ich Sophist bin und Menschen erziehe *(paideuein anthrōpus)*.«[6]

Damit fällt nun auch aus dem Munde des Protagoras das für die europäische Kulturgeschichte so wichtige Wort *paideia* (Erziehung, Bildung). Wegen seiner Bedeutung bei den Griechen, die vielfach nur den »Gebildeten« als echten Menschen gelten lassen wollten, hat der berühmte Gräzist Werner Jaeger seine große griechische Geistesge-

---

* Der »Bildung« dient auch der Unterricht beim Elementarlehrer *(grammatistēs)* sowie beim Musik- und Sportlehrer. Da ausdrücklich gesagt wird, dass sich ein solcher Unterricht »für den Privatmann und Freien gehöre«, zeichnet sich schon hier die spätere (S. 512) Zuordnung der von Protagoras ja hauptsächlich gelehrten Rhetorik zu den *artes liberales*, der »Künste für den freien Mann«, ab. Dass die rhetorische Bildung nutzlos wäre, wird allerdings nie behauptet; diese Ansicht wäre ja auch evident falsch.

schichte mit *Paideia* überschrieben und die Behauptung aufgestellt, weil die Griechen die *paideia* entdeckt hätten – wie Protagoras ging dabei auch er bis zu Homer zurück –, müssten sie auch die Erzieher Europas sein und im Gymnasialunterricht ihre führende Stellung behaupten. Zumindest Letzteres haben ihm nicht alle geglaubt. Jedoch ist es vor allem auch Jaeger zu verdanken, dass die früher vielfach belächelten oder gar verdammten Sophisten heute zunehmend als wichtige Pädagogen ernst genommen werden.

Und worin besteht die spezielle Erziehung des Protagoras? Die jungen Leute täglich »besser« zu machen, sagt er; und als Sokrates nachhakt, erläutert er es so: Nicht indem er, wie andere, verschiedene allgemeinbildende »Künste« lehre wie Arithmetik, Geometrie, Astronomie, Musik,* sondern nur das Wichtigste, die »Wohlberatenheit« *(eubulia)*, moderner gesprochen: die praktische Vernunft. Sie betrifft sowohl das Hauswesen – jeder junge Athener wollte ein guter Verwalter von Familie, Gesinde und Grundbesitz werden – als auch vor allem die Politik, das heißt die Fähigkeit, »in den Angelegenheiten der Stadt *(polis)*\*\* in kompetentester Weise zu handeln und zu reden«.

Mit dieser Definition hat Protagoras, absichtlich oder versehentlich, das aufgegriffen bzw. auf seine Gegenwart hin umformuliert, was wir bei Homer (S. 29) als das älteste Curriculum Europas entdeckt haben: »Täter von Taten zu sein und Redner von Worten«. Sein Unterricht erschöpft sich also nicht in Rhetorik, sondern verbindet sie mit praktischer Politik. Protagoras war ja auch hier kein Laie: Er war zum Beispiel im Auftrag des Perikles an der Ausarbeitung einer Verfassung für die süditalienische Musterstadt Thurioi beteiligt und dürfte dort so sensationelle Neuerungen wie die allgemeine Schulpflicht – *paideia* für jeden! – und die staatliche Lehrerbesoldung durchgesetzt haben – demnach der gegebene Schutzpatron all derer, die heute gegen Studiengebühren kämpfen.

---

\* Das sind wie per Zufall die vier mathematischen Künste, das sogenannte *quadrivium*, der späteren *artes liberales* (s. S. 78).
\*\* Schon dem Namen nach betrifft »Politik« – der Begriff wird hier von Platon eingeführt – immer die Sachen der *polis*, nicht etwa Griechenlands, das es so richtig ja erst seit dem 19. Jahrhundert gibt.

## PROTAGORAS ALS RHETORIKER

Aber klar ist, dass auch bei Protagoras die Rhetorik als der gefragteste Lehrgegenstand zentral sein musste. Schon im Vorgespräch mit Hippokrates heißt es von ihm: »Alle sagen, er sei überaus fähig *(sophōtatos)* im Reden.«[7] Und sogleich mit dem ersten größeren Satz, den Platon ihn sprechen lässt,[8] wird er als ein Mann vorgestellt, der sich vor seinen Zuhörern, unter denen auch andere Sophisten sind, in einer kleinen Epideixis (S. 65) als Meister eines wohllautenden Antithesenstils präsentieren will. Wobei er aber, wie wir später erfahren, nicht nur in Weitschweifigkeit, sondern zugleich in besonders prägnanter Kürze *(brachylogia)* ein Könner zu sein glaubt.

An anderer Stelle hören wir von verschiedenen seiner rhetorischen Grundsätze. Er soll zuerst, neben Naturbegabung und Theorie, die Bedeutung der rhetorischen Übung erkannt haben[9] – »Übung macht den Meister« sagen wir noch heute in seinem Sinn. Er soll *communes loci*, »Gemeinplätze«,[*] ausgearbeitet (und seinen Schülern zu lernen gegeben) haben,[10] also etwa das Recht auf Notwehr, die Herrlichkeit des Friedens, die Heiligkeit des Eides ... Er soll vor allem den Fachausdruck »die schwächere Rede zur stärkeren machen« (S. 46) geschaffen und dadurch Anstoß erregt haben. Und er soll, was damit nicht verwechselt werden darf, gelehrt haben, wie man jede Sache zugleich loben und tadeln könne, die Grundlage der später sogenannten *disputatio in utramque partem*, des Diskutierens pro und contra: »Über jede Sache kann man gleichermaßen Für und Wider argumentieren, auch über eben dies, ob sich über jede Sache Für und Wider argumentieren lasse.«[11]

Das berührt sich immerhin mit dem oben erwähnten skeptischen Grundsatz, wonach es über jede Sache zwei kontradiktorische Aussagen gebe. Woraus man sieht, dass Skeptizismus eine für einen Rhetoriker kommode Weltanschauung ist – das wird sich noch an Cicero zeigen (S. 295); es heißt aber noch längst nicht, dass Protagoras wegen

---

[*] Dieses Wort gebrauchen wir stets abwertend, um einen Gedanken als wohlfeil, trivial abzutun. Dies ist aber nicht die ursprüngliche Absicht des Begriffs. Gemeint ist damit ein »gemeinsamer Topos« (dazu S. 176 ff.), da ihn sowohl Anklage als auch Verteidigung, ja im weiteren Sinn alle Redner bei Bedarf gebrauchen können.

seines Agnostizismus, also der Verzweiflung an einer objektiven Wahrheit, Rhetoriker geworden wäre – um so etwa Konsens herbeizuführen.

Erwähnt werden sollte schließlich auch, dass sich Protagoras, wohl im Rahmen seines rhetorischen Unterrichts, auch mit Fragen der Grammatik und Literatur befasst haben soll. Er schuf eine Theorie der Satzarten (modern: Sprechakte), untersuchte Etymologien und trainierte seine Schüler mit philologischen Gedichtinterpretationen. So sagt er bei Platon: »Ich meine [...], dass ein ganz großer Teil der Bildung *(paideia)* darin besteht, dass man in Dichtung beschlagen ist, dass man also bei dem, was die Dichter sagen, versteht, was davon richtig gedichtet ist und was nicht.«[12] Bis zum Ende des Altertums bildet das Studium der Literatur, besonders der Dichter, einen wichtigen Teil der rhetorischen Ausbildung. Und dass gerade diese *grammatikē* (Philologie) in besonderem Maße die »Bildung« ausmache, gilt bis heute als fast selbstverständlich. Nicht umsonst heißen ja die englischen Gymnasien *grammar schools* und nennt sich bei uns die Lobby der Gymnasiallehrer »Philologenverband«.

## ZWEI POLYHISTOREN:
## PRODIKOS UND HIPPIAS

Wie bei Protagoras, so finden wir auch bei den übrigen prominenten Sophisten eine Reihe von Spezialstudien mit der bei allen im Zentrum stehenden Rhetorik vereinigt. Prodikos von Keos, der für seine Schauvorträge bis zu fünfzig Drachmen Eintritt verlangt haben soll, war ein Fachmann für Synonymik, also richtigen Wortgebrauch. So verlangte er, man müsse sorgfältig unterscheiden zwischen »Freude« *(chara)*, »Vergnügen« *(terpsis)*, »Heiterkeit« *(euphrosynē)*[13] – unsere »Wellness« fiele nach ihm wohl unter *hēdonē* (Wollust).[14] Und er lehrte, die Begierde *(epithymia)* werde, wenn sie sich verdopple, zur Liebesleidenschaft *(erōs)*, wenn vervierfacht, zum Wahnsinn *(mania)*.[15] Gerade solche Leidenschaften bzw. wie sie zu erregen und zu steigern seien, behandelte er im rhetorischen Unterricht; sonst vermittelte er besonders

Kunstgriffe, mit denen man am Anfang, aber auch während der Rede die Aufmerksamkeit der Zuhörer fesseln könne.

Unsterblich jedoch wurde er durch seine Erzählung von Herakles am Scheidewege: Wie sonst wohl etwa zwei Sophisten als Lehrer um einen Jüngling warben, so buhlten darin die zwei göttlichen Frauen Tugend *(Aretē)*\* und Schlechtigkeit *(Kakia)* um den hoffnungsvollen jungen Helden, diese ihn mit gefälliger Suada auf die breite Straße der *Dolce Vita* lockend, jene mit herberen Worten den steilen und steinigen Weg zur Unsterblichkeit weisend.[16]

Welche Fabel für einen Pädagogen, der um die Mühsale der *paideia*, besonders der rhetorischen Bildung, weiß! Sogar Jesus scheint die Geschichte zu kennen;[17] in der Neuzeit haben sich viele Maler des Themas angenommen, und kein Geringerer als Mozart hat ihm eine ganze herrliche Oper gewidmet: Der Scipio am Scheidewege in *Il sogno di Scipione* (*Scipios Traum*, 1772) ist der nach Rom versetzte Herakles des Prodikos.\*\*

Als recht drollige Gestalt hat Platon auch den dritten Großen, Hippias von Elis, gemalt. Dieser wusste sich in Athen beliebt zu machen, indem er die ihm huldigende Stadt – wenn wir Platon glauben dürfen – als »Hochburg der Intelligenz« *(prytaneion tēs sophias)* bezeichnete.[18] Immerhin war er für ein solches Urteil kompetent, denn seine Vaterstadt hatte ihn in diplomatischer Mission quer durch Griechenland geschickt, wobei er jeweils vor Ort das privat Angenehme mit dem offiziell Nützlichen zu kombinieren verstand. Das heißt, er veranstaltete neben seinen Reden im Staatsauftrag zum eigenen Benefiz die üblichen Schauvorträge *(epideixeis)* und gab Unterricht.

---

\* Weil das Wort »Tugend« etwas altbacken wirkt, wird *aretē* seit langem mit Vokabeln wie »Tüchtigkeit«, »Trefflichkeit« bzw. einer Neubildung wie »Bestheit« übersetzt. Also hätten die Stoiker behauptet, allein die »Bestheit« reiche aus zum Glück. Ich bleibe *faute de mieux* bei der alten »Tugend«.
\*\* Die Übertragung stammt nicht erst von Mozarts Librettisten Metastasio, sondern von dem kaiserzeitlichen lateinischen Epiker Silius Italicus, der am Anfang von Buch XV seiner *Punica* den älteren Scipio in eine Entscheidungssituation zwischen *Virtus* (Tugend) und *Voluptas* (Wollust) versetzt. Das übernimmt offenbar Metastasio, der, stoisch inspiriert, *Costanza* und *Fortuna* um den jüngeren Scipio streiten lässt und das Ganze mit Ciceros *Somnium Scipionis* verknüpft.

Unter den Sophisten war er das bewunderte, vielleicht auch ein wenig belächelte Universalgenie, indem er nicht nur jene Disziplinen beherrschte, die man später als die »sieben freien Künste« zusammenfasste (also Grammatik, Dialektik und Rhetorik sowie Arithmetik, Geometrie, Astronomie und Musik) – zudem betrieb er auch Geographie, Chronologie und Geschichte, ja sogar, wie es scheint, als Erster auch Philosophiegeschichte.[19] Nicht einmal vor dem sonst als »banausisch« verachteten Handwerk schreckte der Vielwisser *(polymathēs)* zurück: Alles, was er am Leibe trage, ließ er wissen, habe er eigenhändig gefertigt, inklusive Sandalen und Siegelring. Außerdem konnte er nach einmaligem Hören 50 Eigennamen in der richtigen Reihenfolge aufsagen.

Letztere Fertigkeit, eine Vorform der später in der Rhetorik wichtigen Mnemotechnik (S. 383), musste ihm vor allem als Redner zugutekommen, denn natürlich stand auch bei ihm die Redekunst im Mittelpunkt. Als ihn Sokrates in dem *Hippias* betitelten Dialog (Platons) mit seinen dialektischen Künsten hoffnungslos in die Enge getrieben hat, erklärt er solche spitzfindigen Diskussionen kurzerhand für überflüssigen Schnickschnack und zieht sich großtuerisch auf seine rhetorische Kompetenz zurück:[20]

> Vielmehr ist doch dieses schön und äußerst wertvoll,
>   wenn man in der Lage ist, gut und schön eine Rede zu verfertigen
>   und mit ihr vor einem Gericht oder in einer Ratsversammlung
>   oder sonst vor einer mächtigen Gewalt, zu der man gerade zu reden
>                                  hat, zu überzeugen,
> 5  so dass man nicht den geringsten, sondern den größten der Preise
>                                  davonträgt:
>   das eigene Heil und das der eigenen Güter und das der Freunde.

Hier glaubt man förmlich eine um Schüler werbende *Epideixis* des Hippias zu hören: Schon die bloße Länge der Periode mit ihren künstlichen Dopplungen (Z. 5) und Dreiteilungen (Z. 3/4, Z. 6) soll zeigen, wie großartig die studierte Rede eines Hippias von Elis im Verhältnis zu den improvisierten Tüfteleien des Sokrates ist.

Dessen ironische, umwerfend geistreiche Entgegnung möge man selbst nachlesen: Nie hat Platon seinen großen Lehrer mit mehr Wärme und Humor charakterisiert.

## THRASYMACHOS REFORMIERT DEN PERIODENBAU – UND DIE MORAL?

Nur kurz erwähnen wir Theodoros von Byzanz, der die in Sizilien begonnene Theorie der Redeteile so detailliert ausarbeitete, dass sich Platon später über so sonderbare Konstrukte wie die »Hinterdreinwiderlegung« lustig machen konnte.[21] Und kommen damit zu dem letzten prominenten Sophisten aus dem nichtattischen Ausland, Thrasymachos von Kalchedon. Er ist uns als Redner endlich auch aus einem großen Originalfragment, nicht nur aus Imitationen Platons, kenntlich. Dabei handelt es sich um den Anfang einer Rede vor der Volksversammlung (die er als Nichtathener nicht selbst gehalten haben kann). Wenigstens die ersten beiden Sätze seien betrachtet:[22]

> Ich wünschte wohl, ihr Männer von Athen,
> > ich hätte teilgehabt an jener alten Zeit und jenen Zuständen,
> > als es den Jüngeren noch genügte zu schweigen,
> > da die Zustände sie nicht nötigten zu reden
> 5 und die Älteren die Stadt richtig verwalteten.
> Da uns nun aber der Gott in eine solche Zeit versetzt hat,
> > wo wir vom Glück der Stadt nur zu hören,
> > ihr Unglück aber selbst zu sehen bekommen,
> > und das Schlimmste davon nicht etwa Werk der Götter oder
> > > des Zufalls,
> 10 sondern der verantwortlichen Politiker ist,
> > da muss ich reden.

Wie man sieht, entschuldigt sich der Redner dafür, dass er es wage, als junger Mann das Wort zu ergreifen. Er unterläuft den diesbezüglichen Unmut seiner Hörer, indem er zunächst im ersten Teil seiner zweiteiligen Periode (S. 37) vorgibt, selbst wie sie zu empfinden, das heißt, eigentlich schweigen zu wollen (Z. 1–5; der Beginn mit »Lieber wäre mir es, wenn ...« gehört auch später zu den beliebtesten Redeouvertüren). Dann wälzt er, im zweiten Teil der Periode (Z. 6–11), diesen Unmut von sich auf die versagenden Politiker ab. Dabei ist die erste Teilperiode eine fallende, indem sie mit dem Hauptsatz beginnt und dann zu Nebensätzen gewissermaßen absteigt; die zweite ist symmetrisch dazu eine steigende, in der erst die letzten Wörter den aufgesparten und mit Spannung erwarteten Hauptsatz bringen.

Dem Gedanken nach ist das Ganze eigentlich eine einzige Antithese – »Ich wünschte wohl ... Da nun aber ...« –, wie Gorgias sie liebte. Doch im Gegensatz zu diesem, der mit kleinsten Kola bzw. Kommata hantierte, wird hier (auch wenn es sich syntaktisch um zwei Sätze handelt) ein großer Spannungsbogen aufgebaut, der sich erst im letzten, ganz knappen, aber umso effektvolleren Kolon löst: »... da muss ich reden« *(anankē legein)*. Die kleineren eingebauten Antithesen – der Gegensatz von Jüngeren und Älteren, von Glück und Unglück, von Göttern und Politikern – sind gerade nicht in gorgianischer Weise zu gleichklingenden Isokola ausgestaltet. Man spürt, hier spricht ein Schüler des antithesenfreudigen Gorgias, der aber dessen Stil zu etwas Neuem umformt: Aus dem kurzatmigen Staccato des Meisters ist nun ein weitgespanntes, spannungsvolles Legato geworden.

Schon im Altertum bemerkte man, dass hier eine klassische attische Rednersprache geschaffen wurde, ein Stil, wie wir ihn dann vor allem von Cicero kennen. Thrasymachos, heißt es, habe die »heutige Weise der Redekunst eingeführt«,[23] er vor allem habe »abgerundet und mit Fülle gesprochen«; der größte Stilkritiker, Theophrast, fand in seinem »runden« Stil eine »Mitte« zwischen der Überladenheit des Gorgias und der Schlichtheit etwa eines Lysias.[24]

Dazu kam noch etwas, das wir allerdings weniger leicht nachempfinden können. Nach Aristoteles und anderen soll Thrasymachos den Prosarhythmus eingeführt oder perfektioniert haben,[25] also die rhythmische Gestaltung auch der nichtpoetischen Rede, wovon ja gerade die größten Meister der Prosa, von Cicero bis Thomas Mann, so schwärmen. Leider lässt sich das an diesem Fragment nicht recht verifizieren; überhaupt gibt uns der griechische Prosarhythmus Rätsel auf, welche die Wissenschaft noch nicht ganz gelöst hat – anders als etwa im Fall des Römers Cicero. Keinesfalls verwendet nämlich Thrasymachos wie dieser feste Klauseln, also stereotype Rhythmen am Ende der Kola. Zu bemerken ist bei ihm nur, dass er sich bemüht, nie mehr als drei oder vier lange bzw. kurze Silben aufeinanderfolgen zu lassen; ferner, dass er jedem Anklang an ein poetisches Versmaß aus dem Wege geht und den Zusammenstoß von Vokalen im Aus- und Anlaut eines Worts, den sogenannten Hiat, meidet. Immerhin lässt sich beobachten, dass diese Regeln für die spätere gehobene Kunstprosa verbindlich geworden sind.

Berühmt ist Thrasymachos heute jedoch für etwas anderes. Im ersten Buch seiner *Politeia* lässt Platon ihn eine These vortragen, die ihm selbst als Schüler des Sokrates tief zuwider war und die auch uns heute, nach Nietzsche und den sich auf ihn berufenden Herrenmenschen, beklommen macht: die Lehre vom Recht des Stärkeren. Sie tritt beim platonischen Thrasymachos in der Form auf, dass nach seiner Auffassung der gerechte Mensch dem ungerechten überall unterlegen sei; völliges Glück genieße dagegen der die schiere Ungerechtigkeit verkörpernde Tyrann, der seine Mitbürger zum eigenen Vorteil knechte. Das ist in der Tat eine »Umwertung aller Werte«,[*] wie Sokrates feststellt,[26] denn Thrasymachos erklärt dieses Unrechttun nicht nur für vorteilhaft, sondern sogar für schön und sittlich gut. Und Sokrates braucht einige Zeit und Mühe, um ihn zu widerlegen.

War das aber tatsächlich die Lehre des Thrasymachos? Dass solche Gedanken damals umgingen,[27] zeigt uns allerdings Platons *Gorgias*, wo ein gewisser Kallikles vergleichbar radikale Ansichten vertritt; dies zeigt auch der berühmte »Melierdialog« des Historikers Thukydides, in dem

---

[*] So der Untertitel eines von Nietzsche geplanten Werkes mit dem Haupttitel *Der Wille zur Macht* (*Werke,* hg. von Karl Schlechta, Bd. 2, München 1966, 897). Vor allem an Thrasymachos muss der Sokratesfeind Nietzsche gedacht haben, wenn er die Sophisten als die wahren Griechen und »Realisten« pries (dazu Hermann Josef Schmidt, *Nietzsche und Sokrates,* Meisenheim/Gl. 1969, 282–285): »... sie haben den Mut, den alle starken Geister haben, um ihre Unmoralität zu *wissen«* (*Aus dem Nachlass der Achtzigerjahre,* in: *Werke,* Bd. 3, 730, vgl. bes. 757) – eine allzu kühne Verallgemeinerung.

unmoralische Machtpolitik in ähnlicher Weise zynisch gerechtfertigt wird.[28] Aber dass ein Sophist, der doch, um Schüler und Hörer zu finden, einen gewissen Rahmen der gängigen Moral nicht verlassen durfte, solche Gedanken apodiktisch vertreten hätte, fällt schwer zu glauben. Hätte sich nicht außer bei Platon auch sonst eine Spur solcher Äußerungen erhalten müssen? Vielleicht war es also nur im Rahmen einer mündlichen *disputatio in utramque partem* – für und gegen die Gerechtigkeit –, dass Thrasymachos gewissermaßen als *advocatus diaboli*\* solche Gedanken zu äußern wagte.\*\*

## SOKRATES UNTER DEN SOPHISTEN

So treten, wie wir sahen, die Sophisten in Platons Dialogen zum Teil sogar persönlich auf, immer in Auseinandersetzung mit Sokrates, der sich, während er sie oft scheinbar bewundert, in Wirklichkeit bemüht, ihr Scheinwissen zu entlarven bzw. ironisch in Frage zu stellen. Dabei war er äußerlich von ihnen gar nicht sehr verschieden. Auch er sammelte ja junge Männer quasi als Schüler um sich, allerdings nicht um sie rhetorisch zu schulen, sondern um mit ihnen (und anderen Mitbürgern) vor allem Fragen der richtigen Lebensführung zu erörtern. Dabei kam es ihm offenbar weniger darauf an, bestimmte Lehren zu vermitteln, als vielmehr seinen Gesprächspartnern ihr eigenes Unwissen bewusst zu machen. Den sprichwörtlichen Satz »Ich weiß, dass ich nichts weiß«, den man ihm schon im Altertum zuschrieb,[29] hat er allerdings so nie ausgesprochen; vielmehr meinte er, dass er, wenn er etwas nicht wisse, sich dieses Nichtwissens bewusst sei, während dies bei anderen, und wohl gerade den Sophisten, meist nicht der Fall sei.[30]

So nimmt es aber doch wunder, dass im frühesten, kostbarsten

---

\* So nennt man heute umgangssprachlich den, der *for argument's sake* eine Sache vertritt, von der er selbst nicht überzeugt ist. Die Wendung stammt natürlich nicht aus der heidnischen Antike, sondern aus dem katholischen Heiligsprechungsprozess, bei dem sich *pro forma* ein Advokat, offiziell genannt *promotor fidei*, der Heiligsprechung widersetzen muss.

\*\* So dann i. J. 155 v. Chr. der akademische Philosoph Karneades in Rom (S. 280).

Zeugnis, das wir über Sokrates besitzen, dieser als ein rechter Sophist, ja als ein übler und lächerlicher Rhetoriker erscheint: in den *Wolken (Nephelai)* des Komödiendichters Aristophanes, die zuerst 423 v. Chr. aufgeführt wurden (Platons Dialoge sind erst eine Generation später entstanden). Ein gewisser Strepsiades, ein über den Hals verschuldeter Athener, wendet sich in seiner Not an Sokrates – lebende Mitbürger durch den Kakao der komischen Bühne zu ziehen war damals üblich –, um von diesem den »ungerechten Logos«, wie er sagt, zu lernen: Mit einer Argumentationskunst für die schlechte Sache hofft er nämlich, sich vor Gericht seiner Gläubiger entledigen zu können. Leider reicht seine Intelligenz, wie Sokrates feststellen muss, für den hierzu nötigen zweiten Bildungsweg nicht aus, weshalb er seinen Sohn Pheidippides in die Geheimnisse der Redekunst einweihen lässt. Mit fatalem Erfolg: Der rhetorisch geschulte Sprössling verprügelt seinen Vater und rechtfertigt dies unter Zuhilfenahme der soeben bei Sokrates erlernten Technik.

Aristophanes hätte so etwas nicht schreiben können, wenn es damals nicht einer allgemeineren Ansicht über Sokrates entsprochen hätte – die offenbar ins Groteske verzerrt wurde. Danach trieb Sokrates denn auch, in einer Hängematte allem Irdischen entrückt, astronomische Studien. Er versuchte sich, wie mancher Sophist, an grammatischen Haarspaltereien, indem er etwa zwischen »Hähnling« und »Hähnin« distinguierte. Und in dem »Intelligenzzentrum« *(phrontistērion)*, das er mit seinen (natürlich Honorar zahlenden) Schülern bewohnte, glaubte man nicht an die Götter, sondern an die Wolken – die prompt persönlich als singendes Ballett auftraten und windige Lieder intonierten.

Also ein freigeistiger Polyhistor mit bösen Folgen für die Moral. Diese zeigen sich vor allem bei einem von Sokrates veranstalteten Redewettstreit *(Agōn)* zwischen je einem Vertreter des »gerechten« und des »ungerechten Logos« (mit diesen Kontrahenten wird ausdrücklich[31] auf die »stärkere« und die »schwächere Rede« des Protagoras [S. 46] angespielt). Beide stellen sich, wie Tugend und Laster bei Prodikos (S. 77), dem jungen Mann vor, der eine als Vertreter der »alten *paideia*«, wo noch auf Zucht und Ordnung gesehen wurde, der andere als Anwalt einer antiautoritären »modernen Erziehung«, die darin gipfelt, dass man sich bei allen Schandtaten durch geschickte Redekunst herausmogeln kann.[32] Kein Wunder, dass Strepsiades zunächst begeistert ist; kein Wunder aber auch, dass er, betrogener Betrüger, am Schluss in Wut auf Sokrates dessen Intelligenzzentrum samt Insassen abbrennt. (Diese jammern hinterszenisch wie die Hexe bei *Hänsel und Gretel*.) Einen solchen Gewaltakt gegen Zeitgenossen stelle man sich auf der Bühne eines heutigen Staatstheaters vor!*

Natürlich war hier nicht der wahre Sokrates abgebildet, von dem wir mit Sicherheit wissen, dass er nie Honorar nahm und den Himmel den Spatzen überließ. Aristophanes setzte ihn offenbar mit den Sophisten gleich bzw. mit dem Zerrbild einer damals als neumodisch und bedenklich empfundenen Sophistik (wobei dieser Name nur beiläufig fällt[33]). Uns zeigt seine Darstellung vor allem auch, wie die Sophistik, obschon sie in einzelnen Vertretern ein Sammelsurium an Kenntnissen anbot, ihre eigentliche Attraktivität doch in der Rhetorik besaß. Nicht dass die Sophisten die Vernunft an die Stelle der Tradition oder des »Mythos« gesetzt hätten, wie man heute oft liest, trieb junge Leute zu ihnen, sondern die Hoffnung, sich dank ihres Unterrichts mit der Macht der Rede durchsetzen zu können.

Eben das aber konnte und wollte Sokrates nicht von ihnen lernen. Als man ihn im Jahr 399 vor Gericht stellte, und zwar mit fast genau den Vorwürfen, die ihm schon Aristophanes gemacht hatte: dass er erstens die Staatsgötter durch neuartige dämonische Wesen ersetze, zweitens die Jugend verderbe, führte er seine Verteidigung gegen alle Regeln der Kunst. Überliefert ist, dass ihm der beflissene Redner und Redelehrer Lysias vergebens eine fertige Rede zum Auswendiglernen angeboten habe;[34] ob das wahr ist oder nicht, sicher scheint, dass Sokrates im Hohn auf alle Usancen von Rhetorik und Prozesswesen keinen ernstlichen Versuch machte, das Mitleid seiner Richter zu gewinnen, diesen vielmehr mit offenem Freimut und nicht ohne seine

---

* Entfernt vergleichbar immerhin ist Martin Walsers Roman *Tod eines Kritikers* (2002), in dem ein partiell aus jüdischer Familie stammender Literaturkritiker (angeblich) ermordet wird. Der erboste Marcel Reich-Ranicki sah darin geradezu eine antisemitistisch motivierte Anstiftung zum Attentat auf ihn selbst; aber natürlich war sein Name nicht genannt.

übliche Ironie begegnete – Urbild eines unbeugsamen Philosophen, der fast wie ein Märtyrer seine Hinrichtung geradezu mutwillig herbeiführte.

Dafür ist er, und keiner der Sophisten, für alle Zeiten zum Urbild eines Pädagogen geworden, als Vertreter einer *paideia*, die nicht Wissen und Können zum äußeren Lebenserfolg vermittelt, sondern die im Schüler selbst liegenden geistigen Kräfte entbindet, die ihn zu einem glücklichen Leben führen sollen. Wir aber sollten von beiden lernen: von Sokrates und den Sophisten.

# *AGON* – REDNER UND GHOSTWRITER IM DEMOKRATISCHEN ATHEN

Wie kam es, dass die Rhetorik lehrenden Sophisten gerade nach Athen drängten und diese Stadt zur »Hochburg der Intelligenz« (S. 77) oder gar zur »Schule *(paideusis)* für ganz Griechenland«[1] machten? Es war nicht nur die intellektuelle Agilität der Athener, die ihr größter Staatsmann, Perikles, so rühmte: »Wir lieben die Schönheit, ohne zu verschwenden, und lieben die Weisheit, ohne zu verzärteln.«[2] Es war auch nicht allein die Tatsache, dass Athen nach den Perserkriegen (490–479 v. Chr.) für geraume Zeit die militärische und wirtschaftliche Großmacht Griechenlands geworden war. Vor allem bot die Stadt seit den Reformen zuletzt des Ephialtes (462 v. Chr.) dank ihren demokratischen Einrichtungen dem Redner geradezu ideale Möglichkeiten der Entfaltung; jeder Bürger, der sich durchsetzen wollte, war auf Rede angewiesen, im politischen Wettstreit wie im Kampf vor Gericht: *agōn* heißt beides, Wettkampf und Prozess.

Die Sophisten selbst, da sie meist Ausländer waren, durften hier in eigener Sache nicht tätig sein, umso mehr aber ihre in der Regel adligen und vermögenden Schüler. Durch die Kunst der Rede konnten diese den Verlust an Macht, die sie früher einmal kraft Geburt besessen hatten, kompensieren. Im Übrigen sind jedoch, wie schon das Beispiel Siziliens lehrte und jetzt Athen bestätigt, Rhetorik und Demokratie zwei beinahe unzertrennliche Schwestern.

## ORTE ÖFFENTLICHER REDE IN ATHEN

Wie sah das konkret aus in Athen? Entscheidend für alle politischen Beschlüsse war dort die Volksversammlung *(ekklēsia)*, die ursprünglich auf der Agora, später an dem eigens dafür hergerichteten Abhang der

Pnyx stattfand. Hier wurde über alles Wichtige entschieden: über Krieg und Frieden, Staatsverträge, Gesetze, sogar über die zeitweilige Verbannung beargwöhnter Bürger durch das berühmte »Scherbengericht« *(ostrakismos)*. Nicht nur reiche Müßiggänger konnten hier bestimmen und als *rhētores* mitreden. Jedenfalls von 400 v. Chr. an entschädigte ein allgemeines Tagegeld, Vorläufer unserer Abgeordnetendiäten, jeden Bürger für seinen Arbeitsausfall und garantierte so die radikalste Demokratie, die es je gegeben hat (wenn wir davon absehen, dass Frauen, Sklaven und Metöken, das heißt Migranten, ausgeschlossen waren). Nur der Rat *(bulē)*, der aus 500 ausgelosten Bürgern bestand, schränkte durch eine Vorberatung, besonders der Gesetze, die Kompetenzen der Volksversammlung etwas ein.

Aber das alles war noch nichts gegen die Möglichkeiten, die Athen der Gerichtsrede eröffnete. Nur für die Fälle vorsätzlichen Mordes war zeitweise noch der alte, exklusive Areopag zuständig, der aus lebenslang bestellten Mitgliedern bestand. Ansonsten tagten riesige Gerichtshöfe *(dikastēria)* von in der Regel (bei öffentlichen Anklagen) 501 bis zu 2501 Laienrichtern als Abteilungen einer Gesamtgruppe von insgesamt 6000 Geschworenen. Und diesen war ihre Tätigkeit keineswegs lästig, im Gegenteil: Das Richten, für das man ebenfalls Tagegeld erhielt, wurde geradezu zum Lieblingssport, ja zu einer förmlichen Sucht vieler Athener, die an insgesamt mehr als der Hälfte der Tage eines Jahres zu Gericht saßen, natürlich nicht immer alle. Der Dichter Aristophanes hat als stets amüsanter Zeitzeuge ein Jahr vor den *Wolken* (S. 83) auch darüber eine Komödie geschrieben: die *Wespen (Sphēkes)*, ein sprechender Titel. Darin ist einer der gestachelten Bürger so pathologisch gerichtswütig, dass er, als man ihn zur Entwöhnung im Haus einsperrt, zwei Hunde gegeneinander wegen Käsediebstahls prozessieren lässt: Was wäre ein Leben ohne *agōn*!

Diese Laienrichter wurden *ad hoc* für jeweils einen Prozess ausgelost. So konnten sie von dem entsprechenden Fall nicht viel verstehen, sollten dies auch gar nicht. Natürlich kannten sie auch kaum die einschlägigen Gesetze, sondern ließen sich diese jeweils von den streitenden Parteien vortragen. Da die Richter grundsätzlich zu schweigen hatten, lag sogar die Zeugenvernehmung ganz in den Händen der Parteien und fand meist, ohne Möglichkeit eines Kreuzverhörs, innerhalb der Plädoyers statt.

Nur bei der Vorverhandlung des Falles konnte der leitende Beamte bescheidene Aktivität entwickeln. In der Hauptverhandlung dagegen, dem eigentlichen *agōn*, kam alles auf die Reden an und damit auf die Kunst der Rede. Wehe dem Sünder, den sich ein wortgewandter Ankläger vorgeknöpft hatte! Einen Rechtsbeistand durfte der Angeklagte nicht oder nur an zweiter Stelle (als *synēgoros*) für sich sprechen lassen, auf keinen Fall einen bezahlten Advokaten; im Wesentlichen hatte er seine Sache selbst zu führen. Dafür konnte er sich immerhin von einem sogenannten Logographen *(logographos)*, heute einem Ghostwriter, eine Rede ausarbeiten und einstudieren lassen. Viele attische Redner, sogar Demosthenes, haben sich damit zeitweise ihr Brot verdient – so dass gerade diese Vorschrift der griechischen Literatur äußerst zugutekam.

Und noch eine große Möglichkeit bot Athen seinen Rednern. Zumindest in Kriegszeiten wurde alljährlich eine Gedenkfeier zur Ehrung der Gefallenen veranstaltet und dafür staatlicherseits ein Redner bestellt. Er sollte vor allem auch die Stadt, für die sich ja der Heldentod gelohnt haben musste, in einem sogenannten Epitaph *(epitaphios logos)* preisen. Auch Gorgias hatte sich ja dieses Themas angenommen (S. 36). Berühmter aber als sein Epitaph und der mancher Nachfolger wurde eine Rede des Perikles, die Thukydides wie ein Vermächtnis dieses großen Politikers aufgezeichnet hat,[3] freilich kaum im ursprünglichen Wortlaut. Sie ist in dieser Form, neben Platons *Apologie* und der Bergpredigt Jesu, wohl die berühmteste griechische Rede überhaupt, als Selbstdarstellung des demokratischen Athen ein klassisches Stück Weltliteratur und unverzichtbarer Bestandteil jeder Redenanthologie. Da es jedoch bei dieser Art von Redekunst nur wenig um Überredung im Sinne der Definition von Rhetorik (S. 20) gehen kann, werden wir diese Gattung der Fest- und Prunkreden etwas zurückstellen.

## DER ERSTE »ATTISCHE REDNER«: MORDSPEZIALIST ANTIPHON

Wohl kein Verlust in der rhetorischen Literatur ist so zu bedauern wie der von Originalreden des hochgerühmten Perikles, der es offenbar für unter seiner Würde hielt, neben seinem Ruhm als Staatsmann auch noch als Literat, wie ein Protagoras oder Gorgias, glänzen zu wollen.[4] Schon durch die Gemessenheit seines Vortrags, das Gleichmaß seiner Stimme und Körperhaltung soll er sich von anderen Rednern unterschieden haben.

Keine Angst vor solcher Autorenpublizität hatte dagegen offensichtlich der erste Athener, der uns als Redner und wahrscheinlich auch Rhetoriker einigermaßen kenntlich ist und der später als erster der zehn »attischen Redner«[*] galt: Antiphon von Rhamnus, einer Ortschaft in Attika.

Er führte ein relativ ruhiges Leben, das er nur mit einem allerdings allzu turbulenten Finale abschloss. Trotz seiner einzigartigen »Kraft im Denken und Formulieren«, die ihm Thukydides attestiert,[5] mied er die Politik, »unterstützte aber Leute, die vor Gericht oder vor dem Volk im *agōn* waren«. Antiphon war also Logograph, Redenschreiber für andere, der erste, wie es heißt.[6] Wenn Thukydides in diesem Zusammenhang von ihm sagt, er sei »dem Volk wegen seiner angeblichen Redegewalt suspekt« gewesen, kann dieser Ruf offenbar nur aus den schriftlich veröffentlichten Reden entstanden sein. Anders als ein Politiker wie Perikles gab nämlich der Berufslogograph Antiphon seine Reden heraus – zu Reklamezwecken, versteht sich.

Die Kriegsereignisse riefen schließlich auch ihn in die Politik. Nach der Katastrophe der Sizilianischen Expedition (415–413 v. Chr.),[**] mit der sich Athen übernommen hatte, wurde er 411 v. Chr. zum geisti-

---

[*] Der Zehnerkanon, zuerst bezeugt bei Caecilius von Kalakte, einem Rhetoriker augusteischer Zeit (S. 452), umfasst Antiphon, Andokides, Lysias, Isokrates, Isaios, Aischines, Lykurgos, Demosthenes, Hypereides, Deinarchos (Reihenfolge nach Pseudo-Plutarch, *Leben der 10 Redner*).

[**] Das waghalsige Unternehmen, zunächst eine Hilfeleistung für die Stadt Segesta, hätte das reiche Sizilien dem Machtbereich Athens eingliedern sollen. Die vernich-

gen Haupt einer oligarchischen Verschwörung, die zeitweilig einen Rat der »Vierhundert« als diktatorische Regierung einsetzte. Dieser kompromittierte sich durch übergroßes Einverständnis mit dem Landesfeind Sparta. So stellte man Antiphon, als die Vierhundert gestürzt waren, wegen Verrats *(prodosia)* vor Gericht. Er verteidigte sich mit einer Rede, die nach Thukydides die beste war, die bis dahin je in einem Kapitalprozess gehalten wurde![*] Umsonst, Antiphon wurde verurteilt und noch 411 v. Chr. hingerichtet. Nach Aristoteles habe er sich damit getröstet, dass seine Rede von dem Dichter Agathon gelobt worden sei.[7] Das passt gut zu diesem elitären Aristokraten, zu einem Redner weniger: Dieser darf ja nicht nur den Kennern, er muss dem Volk gefallen. Cicero hat das später lichtvoll dargelegt (S. 376).

Leider ist uns ausgerechnet diese wichtigste Rede, die einzige persönliche, bis auf kleine Reste verloren. Dafür sind von Antiphons insgesamt 35 Reden, die man im Altertum für echt hielt, immerhin 15 erhalten geblieben. Drei davon stellen wirklich gehaltene Reden dar; die anderen zwölf sind bloße Übungsreden zum Zweck des Rhetorikunterrichts. Alle betreffen Mordfälle.

Der Mord *(phonos)* als das unwiderruflichste aller Verbrechen hat, wie heute die Kriminalautoren, so schon in der Antike die Redenschreiber und vor allem ihre Leser am meisten gefesselt – umso mehr, als der Mord nach damaliger Vorstellung nicht nur den Täter, sondern die ganze Stadt mit Blutschuld befleckte, was zu Pest und Missernten führen konnte. Noch in Ciceros berühmtesten Gerichtsreden geht es regelmäßig um Mord. Und auch bei Antiphon fesselt uns zunächst einmal der blutige Stoff.

---

tende Niederlage von dessen Heer und Flotte, Athens »Stalingrad«, brachte die entscheidende Wende im Peloponnesischen Krieg.

[*] Caecilius von Kalakte (s. Anm. zu S. 89) schloss aus den lobenden Äußerungen des Thukydides, dieser sei selbst dessen Schüler gewesen (Ps.-Plutarch, *Leben Antiphons*, 7). Die Folgerung ist in der Tat nicht zwingend und wird darum als unhistorisch abgetan, die Behauptung könnte aber trotzdem richtig sein. Man beachte, wie fein Thukydides die Tatsache verbal bemäntelt, dass sich Antiphon für seine »Unterstützung« bezahlen ließ.

## ANTIPHON GEGEN ANTIPHON:
## DIE TETRALOGIEN

Meister der Klavierkomposition wie Czerny oder gar Chopin haben noch aus Fingerübungen *Etüden* gemacht, die den Kenner entzücken. So wird der Rhetorikfreund auch Gefallen finden an den fiktiven Mordprozessreden, die Antiphon zum Training seiner Schüler verfasst hat. Darin wird sozusagen die ganze Klaviatur des rednerischen Scharfsinns anhand von nur drei Fällen durchgespielt, wobei Antiphon je eine erste Anklage- und Verteidigungsrede, dann je eine Replik bzw. Duplik von beiden Seiten liefert – dies scheint dem üblichen Verfahren zu entsprechen –, so dass jeweils vier Reden (darum *Tetra*logien), insgesamt also zwölf Reden vorliegen.

Die Fälle sind sorgsam so aufeinander abgestimmt, dass die wichtigsten Typen solcher Prozesse erfasst werden. Im ersten geht es um die Tatfrage: Da der Angeklagte hier den Mord schlichtweg leugnet, entsteht (nach der späteren Theorie) ein Konjekturalstatus (S. 262), in dem durch *coniectura* (Vermutung) das Urteil gefällt werden muss: getan oder nicht getan?

Anders steht es im zweiten Fall, wo das Geschehen an sich unumstritten ist. Beim Sporttraining wird ein Jugendlicher durch einen Speerwurf tödlich verletzt. Frage: Darf dieser Unfall als »unabsichtlicher Mord« (wir würden von fahrlässiger Tötung[*] sprechen) angesehen und geahndet werden? Hier geht es um die Beurteilung der Tat; nach späterer Terminologie spricht man vom Qualitätsstatus (S. 262), weil die *qualitas* (Beschaffenheit) des Vergehens zur Debatte steht. Die Verteidigung behauptete nämlich, der Getötete sei wegen seines unvorsichtigen Verhaltens als Mörder seiner selbst anzusehen![**]

---

[*] Während wir heute beim Tötungsvergehen fein differenzieren (Mord, Totschlag, minder schwerer Totschlag usw.), kennt das attische Recht nur »absichtlichen« und »unabsichtlichen *phonos* (Mord bzw. Tötung)«.

[**] Da der bloße Nachweis der Unabsichtlichkeit für den Freispruch nicht ausreicht, muss der »Mord« der Gegenseite angelastet werden. Dementsprechend subsumiert der antike Erklärer dieser Rede (Verfasser der sog. *hypothesis*, »Inhaltsangabe«) unseren Fall unter den zum Qualitätsstatus gehörenden Status des *antenklēma (relatio criminis)* bzw. der *metastasis (remotio criminis).* Vgl. S. 263.

Ähnlich, aber doch etwas anders liegt der dritte Fall, wo sich zwei Männer beim Symposion in die Haare geraten sind, mit tödlichem Ausgang: Der Ältere wurde von dem Jüngeren verprügelt und erwürgt. Auch hier geht es um die Frage der Beurteilung einer an sich evidenten Tat; dennoch spielt, anders als im zweiten Fall, die Tatfrage insofern herein, als strittig ist, wer mit dem Streit begonnen hat und ob es sich demnach, wie der Angeklagte behauptet, um einen »Mord« aus Notwehr handelt.

So können, wenn wir aufs Ganze der Tetralogien blicken, im dreimal doppelten Hin und Her höchst verschiedene Möglichkeiten des Argumentierens durchexerziert werden. Nie sei Meister Antiphon tüchtiger als hier gewesen, meint ein antiker Erklärer, wo er »gegen sich selbst prozessiert«.[8] Dabei genügen diese Etüden des Antiphon durchaus nicht den Anforderungen, die man an regelrechte Prozessreden zu stellen hätte. Sie sind, wie Friedrich Blass, Pionier der Forschung, feststellte, nur Skizzen bzw. Auszüge aus solchen – aus denen immerhin die Grundlinie der Argumentation deutlich werden soll.

Betrachten wir wenigstens das erste Redenpaar. Der Fall ist folgender: Auf dem Heimweg von einer Party (Symposion) wird ein Mann samt ihn begleitendem Sklaven erschlagen. Bevor der Sklave stirbt – er überlebt seinen Herrn um ein weniges –, kann er gegenüber dessen Freunden noch eine Aussage machen: Er bezeichnet einen alten Feind des Erschlagenen als den Mörder.

Diesen zieht man nun vor Gericht. – Ein heutiger Staatsanwalt\* müsste wohl das Schwergewicht seiner Argumentation auf die Zeugenaussage des Sklaven legen. Antiphon traut ihr weniger, nicht nur, weil sie aus zweiter Hand stammt, sondern vor allem, weil Sklavenaussagen in Athen nur dann vor Gericht Geltung hatten, wenn sie auf der Folter abgelegt wurden. (»Befragungen« dieser Art wurden außerhalb des Gerichts durchgeführt und protokolliert.) So arbeitet er nach der

---

\* Diese moderne Institution ist dem griechischen wie dem römischen Recht unbekannt. In beiden herrscht bei strafrechtlichen Sachen grundsätzlich das Prinzip der Popularklage. Mordsachen dürfen aber nach attischem Recht nur privat, das heißt von Verwandten oder unmittelbar Betroffenen verfolgt werden.

Methode der sizilianischen Rhetorik (S. 43) vor allem mit der Wahrscheinlichkeit, dem *eikos*.

Zunächst zeigt der Ankläger, ein Freund des Erschlagenen, wie unwahrscheinlich es sei, dass andere als der Beschuldigte diesen getötet hätten, wobei er die anderen Möglichkeiten dihäretisch, durch logische Teilung, auffächert (Raubmord, Mord in Trunkenheit, Mord im Streit, Tötung aus Versehen), um sie dann der Reihe nach zu widerlegen. Diese Technik kennen wir schon von Gorgias (S. 67).

Im zweiten Beweisgang macht er dann den Angeklagten als Täter wahrscheinlich. Nach früheren Prozesskriegen mit dem Ermordeten, bei denen der Angeklagte stets unterlegen war, sei er gerade in der Zeit vor seiner Tat mit einem besonders schweren Verfahren bedroht worden. So sei zum alten Rachedurst auch die aktuelle Angst als Motiv hinzugekommen. Denn: »Er wusste genau, dass er verurteilt werden würde – sonst hätte er ja nicht diesen Prozess (den Mordprozess) für gefahrloser gehalten!«[9] Ein lupenreiner Zirkelschluss, bei dem der Richter schon aufpassen muss. Jetzt erst folgt, gewissermaßen als schlussendliche Bestätigung, die Zeugenaussage des Sklaven.

Der Ökonomie der Etüde zuliebe hat Antiphon all das weggelassen, was spezifisch nötig wäre, wenn es sich um einen realen Fall handeln würde: etwa den schlechten Charakter des Angeklagten, seine verzweifelte Lage in dem bevorstehenden Prozess, die äußere Möglichkeit zur Durchführung der Bluttat usw.; es fehlt überhaupt die ganze »Erzählung«, *narratio* (S. 50). Alles, was Antiphon bringt, ist von der Art, dass es sich als unspezifisch auf andere, wirkliche Fälle (in denen sich ja seine Schüler bewähren sollen) übertragen lässt.

Umso interessanter ist die Vorbemerkung, die er an die Stelle des Prooemiums setzt. Hier legt er ausführlich dar, wie schwer es sei, vorsätzliche Verbrecher, die ihre Tat sorgfältig geplant hätten, zu überführen: »Wenn ihr dies erkannt habt, müsst ihr jedem Wahrscheinlichkeitsargument *(eikos)*, das ihr zu fassen bekommt, festen Glauben schenken.«[10] Offenbar rechnet Antiphon mit Richtern, die es noch nicht gewohnt sind, Argumentationen dieser Art zu hören, sondern lieber handfeste Zeugenaussagen hätten.

Wie zieht sich nun der Gegenredner, »Antiphon II«, aus der Affäre? Diesem schenkt der Verfasser ein echtes Prooemium. Er gewinnt hier das Wohlwollen der Richter mit Hilfe des Mitleids: Sei er nicht der Unglücklichste von allen, wenn ihm der Mensch, der ihn schon zu Lebzeiten ruiniert habe, nun auch noch über den Tod hinaus verfolge? Schon hier sieht man, dass er nicht etwa versucht, seine Feindschaft mit dem Ermordeten herunterzuspielen. Im Gegenteil, gerade sie verwendet er, um die Beweisführung des Anklägers zu zerpflücken, indem er sagt, man bezeichne ihn als gerissen und stelle ihn gleichzeitig als töricht hin:[11]

> Bin ich jetzt wegen der Größe der Feindschaft aufgrund von
> Wahrscheinlichkeit euch verdächtig,
> dann spräche doch eine größere Wahrscheinlichkeit dafür,
> dass ich v o r einer solchen Tat den gegen mich entstehenden
> Verdacht vorausgewusst hätte.
> Ich hätte dann eher noch einen anderen, der meinem Feind nachstellen
> wollte, an der Tat gehindert,
> als sie selbst zu tun und mich freiwillig und vorhersehbar solchen
> Verdächtigungen auszusetzen.

Diese Argumentation mit der »Wahrscheinlichkeit zweiten Grades« ist uns eine alte Bekannte: Schon Tisias hat sie systematisch geübt, und Protagoras hat ihr das Etikett verschafft: »die schwächere Rede zur stärkeren machen« (S. 46). Antiphon, der vielleicht hier diesen Argumentationstrick in Athen zum ersten Mal anwendet, hat ihm sogleich eine feine, paradoxe Ausgestaltung gegeben: Der präsumtive Mörder müsste trotz Rachedurst die ersehnte Tat nicht nur nicht vollbringen, sondern sie geradezu verhindern wollen! – Ich bin mir sicher, dass auch heutige Anwälte aus diesen Etüden Antiphons viel lernen könnten. Schade, dass sie offenbar noch nicht einmal ins Deutsche übersetzt worden sind.

## STIEFSOHN GEGEN STIEFMUTTER: GIFT ODER LIEBESTRANK?

Noch interessanter für den Historiker sind natürlich die drei echten Prozessreden Antiphons, die nun mitten hinein ins volle attische Menschenleben greifen. Erste Rede: Ein junger Mann klagt gegen seine Stiefmutter, weil sie seinen Vater vergiftet habe (wie man sieht, kann auch der Ankläger einen Logographen in Dienst nehmen). »Fünfte« Rede (nach Zählung der Handschriften[*]): Ein Mann aus Mytilene wird belangt, weil er auf einer Seefahrt einen Mitpassagier aus Athen, Herodes, umgebracht habe. »Sechste« Rede: Ein sogenannter Chorege,[**] der als Sponsor einen Knabenchor zu betreuen hatte, wird beschuldigt, den Tod eines der ihm anvertrauten Chorknaben herbeigeführt zu haben. – Alle drei Reden betreffen im Kern, wie meist bei Mordfällen, eine Tatfrage *(status coniecturalis)*. Wir greifen exemplarisch die erste heraus, weil der Fall einfach und seine Behandlung besonders instruktiv ist.

Der Vater des jetzigen Anklägers hatte zusammen mit einem Freund, Philoneos, und einer Sklavin, die dessen Geliebte war, zu Abend gegessen. Man brachte danach ein frommes Trankopfer für Zeus Ktesios dar. Der Wein dafür war jedoch vergiftet. Philoneos, der mehr von dem Gift abbekommen hatte, starb sofort; dessen Freund, der Vater des Anklägers, zwanzig Tage später. Der Verdacht fällt auf die anwesende Geliebte. Sie wird als Schuldige gerädert und hingerichtet. Sonst geschieht vorläufig nichts.

Einige Jahre später greift der damals noch unmündige Sohn des (seinerzeit später) Verstorbenen die Sache auf und geriert sich gewissermaßen als ein attischer Hamlet: Sein Vater persönlich habe ihn noch auf dem Totenbett mit der Rache beauftragt. Die eigene Ehefrau, Stief-

---

[*] Die Differenz der Zählungen kommt daher, dass die drei Tetralogien in den Handschriften als Reden 2 bis 4 hinter die erste Rede gestellt sind.
[**] Choregie, d. h., die Pflicht einen Chor bzw. »Reigen« – antike Chöre tanzen und singen – auszustatten und zu finanzieren (sei es für eine Komödie bzw. Tragödie oder eine religiöse Festkantate), gehörte zu den »Leiturgien«, öffentlichen Serviceleistungen, zu denen vermögende attische Bürger regelmäßig herangezogen wurden.

mutter des erkorenen Rächers, sei die Täterin, die Geliebte des Philoneos nur deren Werkzeug gewesen. Es habe sich um einen geplanten Giftmord gehandelt, wobei die Ausführende allerdings im Glauben gewesen sei, sie verabreiche einen Liebestrank. Der Sohn also, hierin nun kein Hamlet, verklagt seine Stiefmutter wegen Mordes. Was hat er dafür an Beweisen?

Offenbar nicht viel. Das Wichtigste wäre natürlich eine protokollierte Aussage jener hingerichteten Geliebten des Philoneos gewesen, doch wissen wir nicht einmal, ob sie überhaupt, wie bei Sklaven üblich, auf der Folter vernommen worden war. In diesem Sinn hat man zwar früher die bezeugte Räderung verstanden, aber Gerhard Thür hat dagegen geltend gemacht, es dürfte sich hier um eine bloße Bestrafung handeln.[11a] Jedenfalls nimmt der Ankläger an keiner Stelle auf den Inhalt einer von der Sklavin gemachten Aussage Bezug – entweder, wie Thür meint, weil eine solche nicht existierte, oder, wie man auch vermuten könnte, weil ihr Inhalt ihm nicht ins Konzept passte.

Entscheidend ist dieses Problem zum Glück nicht. Auf alle Fälle steht nämlich *e silentio*\* des Anklägers so gut wie fest, dass die Sklavin nicht bezeugt haben kann, dass die Tat überhaupt auf Anstiftung der jetzt angeklagten Ehefrau geschehen war. Gab es eine Aussage von ihr, so dürfte sie des Inhalts gewesen sein, dass sie selbst ihrem Geliebten einen Liebestrank habe beibringen wollen, was missglückt sei. (Da sie Grund hatte, der Liebe ihres Philoneos zu misstrauen, der sie angeblich loswerden, ja in ein Bordell stecken wollte, war eine solche Version der Ereignisse durchaus plausibel.) Von ihrem zweiten Giftopfer, dem Vater des jetzigen Anklägers, dürfte sie nichts gesagt haben. Denn wenn sie überhaupt verhört wurde, dann sicherlich von den Angehörigen des sofort verstorbenen Philoneos, die, da dessen Freund noch am Leben war, keinen Anlass hatten, gerade in ihm das wahre Ziel des Anschlags zu vermuten und die Befragung darauf auszurichten. Viel-

---

\* *E silentio* nennt man heute ein Argument, das nicht aus dem, was einer sagt, sondern aus dem, dass er etwas nicht sagt, gewonnen wird. Solche Argumente gelten mit Recht als gefährlich, sind aber oft nicht zu entbehren. Hätte in unserem Fall die Sklavin eine Anstiftung durch die Ehefrau behauptet, wäre es unsinnig anzunehmen, der Ankläger habe einen solchen Punkt vergessen oder übergangen.

leicht nahm das spätere Opfer sogar noch damals die eigene »Magenverstimmung« gar nicht so ernst.

Erschwerend für den Ankläger war neben diesem gravierenden Beweismangel ferner, dass er als offenbar außerehelicher Stiefsohn die ganze Familie des Verstorbenen und die seiner Stiefmutter gegen sich aufbringen musste. Ein legitimer Sohn der Angeklagten, der diese vor Gericht vertrat, leistete sogar einen heiligen Eid darauf, dass die Mutter nach seinem sicheren Wissen die Tat nicht begangen habe. (Vor attischen Gerichten zählte ein solcher Parteieneid als echtes Beweismittel.) Hinter dem Ankläger stand dagegen nur der angebliche Racheauftrag des Vaters. Damit immerhin ließ sich Stimmung machen.

## ANTIPHON DISPONIERT SEINE ERSTE REDE

Vom ersten Satz an stellt sich der Ankläger als einsamer Rächer seines Vaters dar, den dessen eigene Söhne, seine Stiefbrüder, im Stich gelassen hätten. Statt pflichtgemäß den Mord zu rächen, seien sie so selbst zu Mördern geworden! Wo solle er sich also sonst noch hinwenden als zum Recht und den Richtern als letzter Zuflucht? – So weit das Prooemium, eine schöne *captatio benevolentiae*, erstens vom Sprecher, zweitens vom Gegner, drittens vom Hörer her: *ab actore, ab adversario, a iudice*. Wir können fast als sicher annehmen, dass die Redetheorie schon zu dieser Zeit diese drei Gesichtspunkte bzw. Topoi für den Redeanfang zur Beachtung empfohlen hat

Nach den Regeln der Kunst, wie sie auch sonst in Athen galten, müsste nun die Erzählung *(narratio)* folgen (S. 50). Aber sie kommt nicht, noch nicht. Antiphon fühlt, wie waghalsig es wäre, den Richtern schon jetzt seine hypothetische, so gut wie unbezeugte Version der Ereignisse vorzutragen: das Komplott der Stiefmutter mit der fremden Sklavin, der anstelle eines Liebestranks ein tödliches Gift mitgegeben wird ... Niemand war bei all dem dabei.

Antiphon benötigt ein starkes Argument, um seiner Erzählung von vornherein einigen Glauben zu verschaffen. Und er findet es im Verhalten seiner Stiefbrüder. Diese hatten sich nämlich geweigert, die Sklaven der Familie zur Befragung, also zum üblichen Folterverhör, zur Verfügung zu stellen, womit ein wichtiges Stück der Wahrheitsfindung vereitelt war. Ausführlichst behandelt Antiphon diesen Sachverhalt, zerdehnt das Argument nach allen Seiten, zum Beispiel *e contrario* (vom angenommenen Gegenteil aus) argumentierend: Wie hätten umgekehrt die Brüder geklagt, wenn ihr Stiefbruder die ihm von ihnen angebotenen Sklaven nicht hätte verhören wollen![12]

> Das weiß ich genau: Wären s i e zu mir gekommen,
> sobald ihnen gemeldet wurde, dass ich den Mörder des Vaters
> verfolgen würde,
> und hätten mir ihre Sklaven übergeben wollen,
> ich aber hätte abgelehnt, sie zu nehmen,
> dann hätten sie eben dies als größten Beweis dafür angeführt,
> dass sie für den Mord nicht verantwortlich sind.
> Jetzt aber, wo i c h es bin, der einerseits gar nicht der Verhörende sein will,[*]
> andererseits sie selbst auffordere, an meiner Stelle das Verhör
> durchzuführen,
> da muss doch billigerweise eben dies der Beweis dafür sein,
> dass sie für den Mord verantwortlich sind.

Ist das Argument stichhaltig? Der Protest dagegen, dass Sklaven dem Verhör entzogen werden, gehört an sich zu den Standardargumenten, die sich wenn möglich kein Redner entgehen lässt. Nur in diesem Fall war die Berufung darauf unangebracht, da die Sklaven in die Giftmordaffäre überhaupt nicht verwickelt waren und so auch keine sachbezüglichen Aussagen machen konnten. Aber merken das die Richter nicht? Nein, sie können es nicht merken, da sie ja die Version von Antiphons Mandanten noch gar nicht kennen. Da sie, wie schon gesagt, keine Vorinformation über den Fall haben, müssen sie aus diesem Protest des Anklägers zunächst den falschen Schluss ziehen, dass die Sklaven an dem Giftmord irgendwie beteiligt gewesen wären.

---

[*] Anmerkung für Gräzisten: Zu lesen ist wohl ο<ὐ> θέλων.

Wohlbedacht hat also Antiphon diesen Teil seiner Beweisführung *(argumentatio)* vor die Erzählung gestellt. Der Vorteil in seinem Fall war ihm wichtiger als die korrekte Schulregel. (Wir werden dies bei allen guten Rednern immer wieder beobachten können.)

Nun erst folgt also die durchaus brillante und in sich schlüssige *narratio*: vom ersten Komplott der beiden Frauen bis zur Hinrichtung der Sklavin, wobei das Hauptgewicht auf der fast liebevoll ausgemalten Vergiftungsszene liegt. Wenigstens aus dem Schluss sei zitiert:[13]

> Denn nachdem sie zu Abend gespeist hatten [...],
>   brachten sie eine Trankspende dar und legten für sich Weihrauch auf.
> Als nun die Geliebte des Philoneos ihnen den Wein zur Spende eingoss,
>   den beiden, deren Gebete, ihr Männer! sich nicht erfüllen sollten –
>   da goss sie zugleich das Gift ein.
> Und indem sie glaubte, dass sie es ganz geschickt mache,
>   gibt sie dem Philoneos mehr davon, in der Meinung,
>   sie werde, wenn sie ihm mehr gebe, auch noch mehr geliebt
>     werden von Philoneos[*] –
>   denn sie wusste ja noch nicht, dass sie von meiner Stiefmutter
>     betrogen worden war,
>   bis sie im Unglück war –
>   unserem Vater aber schenkte sie weniger ein.
> Und nachdem die beiden nun gespendet hatten
>   und ihren eigenen Mörder in Händen hielten,
>   tranken sie aus – ihren letzten Trunk.

Friedrich Dürrenmatt hat einmal gesagt, eine Tasse Kaffee werde im Theater nicht dadurch dramatisch, dass sie vergiftet sei, sondern dadurch, dass der Zuschauer dies wisse. Auch Antiphons Mandant nutzt das Wissen seiner Hörer vom tödlichen Ausgang, um diesen kunstvoll aufzuschieben – und schließlich mit ein paar tragischen Highlights zu enden.

---

[*] Das soll natürlich erklären, warum Philoneos sofort stirbt und nicht das angebliche Hauptopfer. Näher lag es an sich, in Philoneos das eigentliche Opfer des Anschlags zu sehen. Wunderschön ist übrigens die ganz aus dem Herzen der Liebenden heraus empfundene Doppelung »seines« Namens.

Erst beim Nachdenken bemerkt man, dass in dieser so plausibel scheinenden *narratio* drei wichtige Dinge fehlen: das Motiv der Stiefmutter (Rache aus Eifersucht? Habgier?), die Gründe für den angeblichen Verdacht des Vaters und vor allem die Aussage der Sklavin, von der es nur summarisch heißt: »Zur Vergeltung hat die Dienerin und Handlangerin den Lohn erhalten, den sie verdiente – obwohl sie nicht schuldig war ...« Offenbar war mit dem Verhörprotokoll, falls es denn eines gab, nichts anzufangen, und so übergeht es der Ankläger eilends.

Im zweiten Teil seiner Beweisführung, die er nun an die *narratio* anschließt, lässt er den Protest gegen das verweigerte Sklavenverhör wohlweislich unter den Tisch fallen. Und dies, obwohl er noch einmal seinen Bruder wegen dessen Schwur – er wisse genau, dass die Mutter es nicht getan habe – attackiert. Aber woher weiß er selbst, d a s s sie es getan hat? Der Ankläger unterläuft diesen Einwand, indem er zum Schluss als Nachtrag zu seiner Erzählung die Szene vor Augen ruft, wie der erkrankte Vater ihn, gerade ihn, trotz seines kindlichen Alters zu seinem Rächer geweiht habe. Und er schließt mit einem Appell an die Richter, wie Schillers Philipp zum Großinquisitor: »Ich habe das Meinige getan, tut ihr das Eure!« In der Tat hat er, vielleicht durchaus im subjektiven Bewusstsein seines Rechts, aus einer kläglichen Beweislage das immerhin Beste herausgeholt. Dass sich aber auch die Mitglieder des ehrwürdigen Areopags[*] von ihm hätten blenden lassen, wollen wir doch nicht hoffen.

## ANTIPHON ALS SOPHIST UND PSYCHIATER

Nur kurz erwähnt sei noch, dass unter Antiphons Namen neben den Prozessreden auch »sophistische Reden« überliefert waren, in denen allgemeine Themen behandelt wurden, etwa »Über die Wahrheit«

---

[*] Nur vor dem Areopag, der ausnahmsweise nicht aus erlosten Richtern bestand, wurden Fälle von »absichtlichem Mord« *(phonos hekusios)* verhandelt, auch wenn es sich wie hier um eine nur mittelbare Täterschaft handelt.

oder »Über die Eintracht«. Auch davon sind einzelne Stücke und Nachrichten erhalten. Schon in der Antike war umstritten, ob es sich hier um denselben Antiphon wie den von Rhamnus handle, und diese Frage teilt bis heute die Forscher in zwei gegensätzliche Lager.

Nahrung erhielt der Streit vor allem durch ein vor einem Jahrhundert entdecktes Fragment, das 1915 veröffentlicht wurde. Darin wird scharf unterschieden zwischen den Gesetzen, die auf Vereinbarung beruhen, und denen, die von Natur gegeben sind, also den »Naturgesetzen« (in einem anderen Sinn, als wir den Begriff verwenden). Das könnte auf eine Herrenmoral in Art des Thrasymachos oder Kallikles (S. 81, 154) hinauslaufen. Höchst überraschend schien dann jedoch die Bemerkung: »Denn von Natur aus sind wir alle in allen Beziehungen gleich geschaffen, Barbaren (= Nichtgriechen) wie Hellenen« (so in der als autoritativ geltenden Übersetzung von Diels/Kranz).[14] Ja konnte ein solches Bekenntnis zur Gleichheit aller Menschen damals von dem radikalen Aristokraten Antiphon abgelegt worden sein? So sagte man.

Kürzlich (2002) hat aber ein akkurater Gräzist, Gerard J. Pendrick, gezeigt, dass man hier einer falschen Übersetzung zum Opfer gefallen ist.[15] Antiphon sagte demnach: »Denn von Natur aus sind wir alle gleichermaßen dazu geboren, entweder Barbaren oder Griechen zu sein.« Das klingt schon anders, kann freilich das Problem noch nicht entscheiden.

Weit größeren Ruhm jedenfalls verdient Antiphon – wenn der Überlieferung Glauben zu schenken ist – als Begründer der Psychotherapie. Er soll nicht nur eine »Kunst der Leidbekämpfung« *(alypia)* verfasst, sondern am Marktplatz von Korinth sogar eine einschlägige Arztpraxis eröffnet haben, mit der Verheißung, »er könne Trauernde durch Reden *(logoi)* heilen *(therapeuein)*«.[16]

Ungefähr wissen wir auch, wie das vor sich ging. Erst ließ er sich von den Patienten ihre Kümmernisse erzählen, dann schwatzte er sie ihnen weg. Gorgias hatte ja gelehrt, dass die Rede jeden Affekt erwecken und beheben kann (S. 9). Wir staunen: Also nicht Medizin, nicht Philosophie – die Rhetorik ist die Mutter unserer Seelenheilkunde. Fast noch überraschender aber scheint mir, dass Antiphon zur Trauerbewältigung auch öffentliche Vorträge hielt, gegen Eintrittsgeld natürlich. Damit wäre er also fast schon Erfinder der Gruppentherapie. Und wer hätte geglaubt, dass dieser »Freud von Athen« sogar ein Buch über Traumdeutung geschrieben hat!

## ANDOKIDES IN EIGENER SACHE

Neben dieser wahrhaft schillernden Gestalt ist Andokides, den man später als Zweiten in die Liste der großen zehn »attischen Redner« stellte, eine vergleichsweise farblose Figur. Dabei wird er uns als Persönlichkeit sogar noch besser kenntlich. Auch er galt als gefährlicher Aristokrat und soll als junger Mann in einen Skandal verwickelt gewesen sein, der 415 v. Chr. die Gemüter erhitzte: Man steckte gerade in den Vorbereitungen zur sizilischen Expedition, als eines Morgens die Hermesstandbilder[*] in Athen beschädigt waren. Welches Omen! Oligarchische Jugendclubs sollten an diesem Religionsskandal (dem »Hermokopidenfrevel«) schuld sein, und man witterte dahinter wie so oft einen Anschlag auf die Demokratie.

Andokides kam wegen der Sache ins Gefängnis, konnte sich aber daraus befreien, indem er andere Schuldige nannte. Nun war er als Denunziant offenbar auch mit seinen Gesinnungsgenossen verfeindet. Er musste außer Landes fliehen und kam nach vergeblichen Rückkehrversuchen spät, 403 v. Chr., wieder in seine alte Heimat. Erst 400 v. Chr., ein Jahr vor dem Sokratesprozess, wurde dann auch ihm ein Prozess auf Leben und Tod gemacht, bei dem er sich mit der uns erhaltenen Rede *Über die Mysterien* siegreich verteidigte. Sie ist sein bekanntestes Werk. Jedoch kann hier nur Weniges, Charakteristisches hervorgehoben werden.

---

[*] Solche »Hermen« standen, da Hermes der Gott des guten Geleits war, in den Straßen und vor vielen Häusern in Athen. Eine viereckige Säule wurde gekrönt vom Kopf des Hermes; oft trug sie auch einen erigierten Phallos, der Übel abwehren sollte (es handelt sich hier wie beim römischen Gartengott Priapus um eine Drohgebärde, nicht etwa um den Ausdruck sexueller Erregung). Bei der Hermenverstümmelung möchte man zunächst an diese Phalloi denken, aber Thukydides sagt ausdrücklich, es seien die Gesichter, die man geschändet habe (6,27,1). Wozu? Die Affäre war und ist dunkel.

Formell war Andokides wegen eines aktuellen Religionsvergehens (*asebeia*, eigtl. »Gottlosigkeit«) angeklagt, und zwar in Bezug auf die soeben gefeierten Eleusinischen Mysterien. Bei diesem Fest der Göttin Demeter und ihrer Tochter Persephone fanden geheimnisvolle heilige Handlungen statt, die nur Eingeweihte, Initiierte, schauen durften und über die sie strenges Stillschweigen zu wahren hatten. Dafür wurde ihnen Glück im Jenseits verheißen: Noch der religionskritische Cicero hat sich (zur Sicherheit) in Eleusis einweihen lassen.[17]

Zwei Dinge wurden nun Andokides in der Anklage vorgehalten: 1. dass er unbefugt an den Mysterien teilgenommen habe, 2. dass er während der Mysterien verbotenerweise einen Ölzweig auf dem Altar in Eleusis niedergelegt habe. Mit dem ersten Punkt war die Verbindung zu den 15 Jahre zurückliegenden Ereignissen hergestellt. Es gab nämlich im Zusammenhang mit dem Hermokopidenskandal einen Volksbeschluss, wonach alle, die damals »gefrevelt und gestanden hatten, von den Heiligtümern ausgeschlossen« sein sollten, eine Art heidnischer Exkommunikation. Davon sei Andokides betroffen, da er seinerzeit selbst seine Beteiligung gestanden habe. Außerdem habe er an frevelhaften Mysterienparodien, die zur Zeit der Hermenschändung stattfanden, teilgenommen. Damit ließ sich auch der zweite Punkt, die Sache mit dem Ölzweig, in Verbindung bringen: Die Göttinnen hätten in Empörung über den doppelten Frevler diesen geistig so umnachtet, dass er das Verbot übersehen habe! Solche Vergehen mussten im frommen Athen mit dem Tod gesühnt werden.

Zu Recht beklagt sich Andokides nach einem ausführlichen Prooemium (in einer Art *propositio* bzw. *partitio**), dass es schwer sei, auf so viele und so unterschiedlich gewichtete Vorwürfe zu antworten.[18] Dann schlägt er aber einen Weg ein, der einfach und überzeugend ist. Er geht nicht von den beiden Anklagepunkten aus, sondern stellt sämtliche Ereignisse von Anfang an dar, erzählt dabei jeweils so

---

\* In der *propositio* wird festgelegt, was man beweisen will; in der *partitio* (die davon nicht immer scharf zu trennen ist), welche Punkte behandelt werden sollen. Der Regel nach stehen diese Redeteile nach der *narratio*.

viel, wie notwendig ist, und versucht, die Richtigkeit des Behaupteten sogleich nachzuweisen. Wohl zum ersten Mal wird hier die kontinuierliche *narratio* (Erzählung) in Teile zerlegt und *suo loco* mit Stücken der *argumentatio* (Beweisführung) vermengt. Zweckmäßig und wirkungsvoll.

Es bleibt jedoch ein Augiasstall von auszuräumenden Vorwürfen. Im Punkt des angeblichen Mysterienfrevels von 415 v. Chr., mit dem Andokides beginnt, fühlt er sich am sichersten. Hier wird ihm vor allem vorgeworfen, seinen eigenen Vater angezeigt zu haben, um selbst freizukommen. Andokides versucht mit einer Masse von Dokumenten und Zeugen nachzuweisen, dass ein Sklave namens Lydos der Denunziant gewesen sei; dann verlegt er sich auf die *Eikos*-Künste der sizilischen Rhetorik: Er selbst habe doch damals seinen Vater flehentlich gebeten, in Athen zu bleiben, statt vor einem drohenden Prozess ins Exil zu fliehen – wie könne er ihn dann denunziert haben? Und hätte er es trotzdem getan, dann hätte doch entweder sein Vater wegen des Frevels oder er selbst wegen falscher Anzeige – denn so war das Gesetz – Todes sterben müssen. Beide aber seien sie heil davongekommen.[19] – Ist das überzeugend? Nur dann, wenn es diesen hier suggerierten Prozess gegen Andokides' Vater überhaupt gegeben hat. Er könnte ihn durchaus angezeigt und dann – er selbst oder ein anderer – den Prozess hintertrieben haben.

Anders war es beim Hermenskandal. Erst hier spricht Andokides davon, dass er damals als tatverdächtig ins Gefängnis gekommen sei. Und er gibt zu, dass der Frevel von Leuten aus seinem Freundeskreis begangen worden sei (ohne ihn selbst, versteht sich) und dass er vier Namen genannt habe, aber nicht etwa aus egoistischen Motiven, sondern um viele seiner Verwandten, die unschuldig verdächtigt wurden, zu retten. Hier erweist er sich als Meister tragischer Rührung, indem er seinen damaligen inneren Monolog, einen Entscheidungsmonolog, vorträgt:[20]

> Wie Charmides dies sagte [d. h. Andokides zur Anzeige drängte] und
> die andern mich beschworen
> und ein jeder mich anflehte, erwog ich bei mir selbst:
> »O weh, hat mich nicht das allerschrecklichste Unglück getroffen!

Soll ich es mit ansehen, wie meine Verwandten zu Unrecht zugrunde
 gehen,
  indem sie selbst sterben und ihre Güter konfisziert werden,
  und wie sie außerdem auf den Stelen angeschrieben stehen als
 Frevler gegen die Götter,
  obwohl sie an den Ereignissen völlig unschuldig sind?
  Und wie dreihundert Athener zu Unrecht getötet werden?
  Und wie die Stadt in größtes Unheil gerät, indem sich die Bürger
 untereinander verdächtigen?
  Oder soll ich nicht den Athenern sagen, was ich von Euphiletos gehört
 habe –
  der es selbst getan hat?«

Gab es je einen Denunzianten von edlerer Gesinnung? Peinlich war für ihn dabei nur, dass ausgerechnet die Herme vor dem Haus des Andokides unbeschädigt geblieben war. War er also doch an dem Frevel beteiligt?

George A. Kennedy, renommiertester Kenner der antiken Rhetorikgeschichte, meinte, Andokides hätte, wenn er rhetorisch gewitzter gewesen wäre, »die schwächere Rede zur stärkeren gemacht« (S. 46) und so argumentiert: »Nie hätte ich, wäre ich beteiligt gewesen, gerade diese unsere Herme geschont, da ich ja hätte sehen müssen, dass dann aller Verdacht auf mich fallen würde.« Doch Andokides verfährt hier noch geschickter als sein Kritiker. In seiner Erzählung des Frevels macht er den schon erwähnten Euphiletos zum Anstifter der Sache. Dieser habe seine Kameraden betrogen, indem er lügnerisch behauptete, auch Andokides, der sich in Wahrheit doch dem Plan widersetzt hatte, wolle mit von der Partie sein und die Beschädigung der Herme vor seinem Haus übernehmen. Beweis: »Darum ist diese Herme als Einzige unbeschädigt geblieben.« Was gegen ihn sprach, erscheint so als klares Indiz für die Richtigkeit seiner Version – ohne dass der Zuhörer überhaupt wahrnimmt, dass dieser Punkt für Andokides ein ganz heikler ist.

Wenn Kennedy weiterhin meint, Andokides belaste sich durch seine Erzählung ganz überflüssigerweise mit der Mitwisserschaft an der Tat, so irrt er hier noch mehr: Andokides musste sich ja ein bestimmtes Maß an Mitwissen zuschreiben, da er sonst nicht gegen einige der Beteiligten Anzeige hätte erstatten können. Er hat also in einer prekären Lage die beste Lösung gefunden.

Andokides wird in den Literaturgeschichten meist etwas ungnädig behandelt. Man nennt ihn einen Dilettanten und führt an, dass er relativ wenig Gebrauch von »Figuren«, gemeint sind gorgianische Figuren, mache. Herodes Atticus, führender Redner der sogenannten zweiten Sophistik (S. 455) sagte gar einmal süffisant: »Immerhin bin ich besser als Andokides.«[21] Nun, das mit den Figuren mag richtig sein, aber wie clever Andokides zu disponieren und zu argumentieren weiß, haben uns schon wenige Beispiele gezeigt; und seine Erzählungen mit ihren naiven direkten Reden haben eine suggestive Kraft, die hinter der Antiphons nicht zurücksteht. Wenn er als Einziger der großen attischen Redner weder Redeunterricht erteilt noch für andere Reden geschrieben hat, so macht ihn das noch keineswegs zum Laien.

Wichtig für die Geschichte der Redekunst ist er aber vor allem dadurch, dass er offenbar der Erste war, der auch politische Reden veröffentlicht hat, ein Vorbild damit für den größten griechischen Redner, Demosthenes. Wir werden auf Andokides noch einmal zurückkommen.

## *ETHOS* – LYSIAS UND SEINE BIEDERMÄNNER

Nicht alle Genies sind auch Wunderkinder. Anton Bruckner war über 40 Jahre alt, als er sich ans Symphonienschreiben wagte; erst mit 59 Jahren veröffentlichte Theodor Fontane seinen ersten großen Roman. So scheint auch Lysias, der dritte der »attischen Redner«, erst als gereifter Mann zum Beruf des Logographen gefunden zu haben, mit dem er berühmt wurde. Antiphon, Andokides und selbst den Altmeister Gorgias lesen wir aus literarhistorischem Interesse; mit Lysias treten wir ein in die Sphäre der Weltliteratur. Nur gerade Demosthenes und Cicero haben seinen Rednerglanz im Altertum überstrahlt, in der neuesten Zeit kaum Bismarck oder Churchill. Dabei hat Lysias allen anderen etwas voraus, das schon im Altertum als fast unnachahmlich galt: das *ēthos*, den »Charakter«, bzw. die *ēthopoiia*. Was genau ist damit gemeint? Zuerst wollen wir uns kurz mit seinem bewegten Leben beschäftigen.

Im Gegensatz zu seinen beiden Vorläufern war Lysias kein Athener von Geblüt. Sein Vater war mitsamt Familie aus Syrakus zugezogen und hatte, wie sein Sohn, nie den Status eines Vollbürgers erreicht; er war, wie man die fest ansässigen Ausländer nannte, Metöke (*metoikos*, »Mitbewohner«), zwar mit bevorzugter Rechtsstellung, aber doch zum Beispiel von der Volksversammlung ausgeschlossen.

Geboren wurde Lysias etwa 445 v. Chr.; mit 15 Jahren wanderte er mit seinem Bruder aus in die neugegründete Stadt Thurioi in Unteritalien. Dort soll er bei dem berühmten Tisias Rhetorik studiert haben. Im Jahr 412 v. Chr. nach Athen zurückgekehrt, widmete er sich der von seinem Vater ererbten, gerade in Kriegszeiten lukrativen Schildfabrik.

Sein Leben änderte sich dramatisch, als durch einen oligarchischen Putsch im Jahr 404 v. Chr. die sogenannten »Dreißig« an die Macht kamen. Der Geldgier dieser Tyrannen fiel sein Vermögen und das seines Bruders Polemarchos zum Opfer. Polemarchos wurde sogar ohne Gerichtsverfahren hingerichtet; Lysias selbst konnte nach Megara entkommen. Von dort aus unterstützte er den demokratischen Widerstand in Athen mit Geld, Waffen und Soldaten.

Im Jahr 403 v. Chr. konnte er nach Athen zurückkehren und erhoffte sich wegen seiner Verdienste die volle Staatsbürgerschaft, doch vergebens. Auch sein Vermögen blieb verloren. Aus gegebenem Anlass debütierte er vor Gericht, sobald dies möglich war, mit einer Mordklage *Gegen Eratosthenes*, der einer der »Dreißig« und an der Hinrichtung seines Bruders schuld war. Doch scheint Lysias mit dieser brillanten Rede keinen Erfolg gehabt zu haben – was ihn nicht davon abhielt, nunmehr Logograph zu werden.

Schon früher hatte er wahrscheinlich selbst rhetorischen Unterricht erteilt. Ein Nebenprodukt davon dürfte die in Platons Dialog *Phaidros* erhaltene *Liebesrede (Erōtikos)* sein. Sie hat ein paradoxes Thema – ganz in der Art von Sophisten wie Gorgias mit seiner *Helena* (S. 55) –, und zwar aus der Sphäre der Knabenliebe:* »Es sei besser für einen Knaben, einen Liebhaber, der ihn nicht liebt, zu erhören, als einen, der ihn liebt« – welch verspielter Unsinn, den natürlich niemand für eine ernstliche Liebesphilosophie des Lysias halten wird!

Aristoteles berichtet, dass sich Lysias auch an einer rhetorischen *Technē*, einem Handbuch, versucht habe. Als er jedoch gesehen habe, dass Theodoros von Byzanz ihm darin überlegen war, habe er sich auf

---

* Diese spezifisch griechische Form institutionalisierter Homosexualität unterscheidet sich von der bei uns üblichen besonders durch Folgendes: 1. Es gibt eine klare Rollenverteilung zwischen dem älteren Liebhaber *(erastēs)* und dem jüngeren Geliebten *(erōmenos)*, einem »Knaben«, d. h. Jüngling nach der Pubertät. (Kaum denkbar wären also etwa »Homo-Ehen«.) 2. Das erotische Verhältnis wird zugleich als ein pädagogisches verstanden, in dem der Liebhaber die Rolle des Erziehers übernimmt. 3. Das Verhältnis gilt als schicklich, ja für den »Knaben« wünschenswert, wenn Geld darin keine Rolle spielt und gewisse Einschränkungen im Sexuellen beachtet werden. Näheres hierzu erläutert das fundamentale Werk von Kenneth J. Dover, *Homosexualität in der griechischen Antike*, München 1983 (zuerst engl. 1978, ²1989). Vgl. Anm. zu S. 117. Das Altertum kannte von Lysias sechs erotische Briefe, davon fünf an Jünglinge (Radermacher, *Artium scriptores* [S. 526], B XXIII 9).

das Redenschreiben geworfen.[1] Ob das der Hauptgrund war? Noch wichtiger dürften die finanziellen Verhältnisse gewesen sein, denn aus dem enteigneten Schildfabrikanten wurde nunmehr ein gut verdienender Redenlieferant. Mehr als zwanzig Jahre, bis zu seinem Tod nach 380 v. Chr., scheint ihn seine Feder ernährt zu haben. Von 425 unter seinem Namen laufenden Reden hielten die besten antiken Philologen immerhin 233 für echt: Das wäre fast eine Rede pro Monat.

## DIE TÖTUNG DES ERTAPPTEN EHEBRECHERS

Das Corpus der uns unter Lysias' Namen überlieferten (insgesamt 35) Reden wird eingeleitet von einer Rede, die immer in besonderer Weise die Aufmerksamkeit auf sich gezogen hat, nicht nur, weil es wieder einmal um Mord geht *(Verteidigungsrede über die Tötung des Eratosthenes)*, sondern weil sie zugleich ein Musterstück für die besondere Kunst des Lysias darstellt.

Der Fall ist einfach. Ein Bürger von Athen, Euphiletos, hat einen anderen, Eratosthenes, erschlagen und wird darum von den Angehörigen des Toten wegen Mordes belangt. Er verteidigt sich damit, dass er zusammen mit anderen Zeugen seine Frau beim Ehebruch mit eben diesem Eratosthenes ertappt habe. Das attische Recht gab in der Tat dem Ehemann das Recht, seine gekränkte Ehre in dieser Weise wiederherzustellen[*] (was aber sonst kaum in Anspruch genommen wurde). Wie konnte man also Euphiletos belangen? Im Laufe von Lysias' Rede wird deutlich, dass man dem Sprecher vorwarf, er habe den »Ehebrecher« selbst arglistig ins Haus gelockt, um ihn dort umbringen zu können (sei es tatsächlich aus Eifersucht, sei es aus anderen Gründen).

---

[*] Ausdrücklich erwähnt sei, dass die Ehefrau kein entsprechendes Recht hatte. Als *moicheia*, »Ehebruch« (im Lateinischen als *adulterium*), gilt nur der Geschlechtsverkehr der verheirateten Frau mit einem anderen als ihrem Ehemann. Nur der Verkehr mit einer solchen macht auch den Mann zum *moichos*, nicht etwa an sich die Intimbeziehung zu einer anderen als seiner Ehefrau. So wird ein Verhältnis des Ehemanns etwa mit seiner Sklavin, wie sich aus der späteren Erzählung ergibt, relativ leicht genommen.

Ein schlauer Rhetoriker könnte sicherlich eine Menge von Argumenten dafür beibringen, warum es unwahrscheinlich sei, dass der Angeklagte den Eratosthenes gerade so und gerade dann hätte umbringen wollen. Lysias baut aber zunächst nicht auf diesen Weg der Beweisführung. Ihm kommt es gerade nicht darauf an, seinen Mandanten als sonderlich gewitzt und scharfsinnig, sondern eher als einen etwas beschränkten Hahnrei erscheinen zu lassen, einen Biedermann jedenfalls, dem eine solche gemeine Arglist nie zuzutrauen wäre. Darum lässt er ihn, wie das einfache Menschen gern tun, vor allem einmal viel erzählen: Zwei Fünftel der Rede werden von der Erzählung, *narratio*, eingenommen, »denn ich glaube, dass das allein mich retten kann, wenn ich es fertigbringe, euch alles zu sagen, was geschehen ist« (so am Ende des Prooemium).[2]

Und nun höre man, wie umständlich dieser brave Mann von der Tragikomödie seiner Ehe erzählt. Die Sätze sind kaum periodisiert, frei von jedem gorgianischen Schmuck. Und wie es sich gehört, beginnt er *ab ovo*, mit der Hochzeit. Nicht immer sei er so arglos gewesen wie später:[3]

> Denn als ich den Beschluss gefasst hatte zu heiraten, ihr Athener,
>> und ich mir eine Frau ins Haus genommen hatte,
>>> hielt ich es zunächst so, dass ich ihr zwar keinen Kummer machte,
>>> es ihr aber auch nicht allzu sehr in die Hand gab, zu tun, was sie wollte.
>
> Und ich bewachte sie so gut als möglich und passte natürlich auf sie auf.
> Nachdem dann aber ein Kind geboren war,
>> da glaubte ich ihr und vertraute ihr alle meine Sachen an,
>> denn ich meinte, das sei jetzt das allerinnigste Verhältnis.

Damit wird von Anfang erklärt, wie es kommen konnte, dass er von seiner Frau so lange hintergangen wurde. Für das Folgende muss man wissen, dass attische Frauen in der Regel sorgsam im Hause bewacht wurden; einen Seitensprung anzubahnen war fast nur bei Festen oder Begräbnissen möglich.

Nun, in der ersten Zeit, ihr Athener, war sie auch die beste von allen, nämlich eine prachtvolle Haushälterin und sparsam, die alles gut verwaltete. Nachdem mir aber die Mutter gestorben war, deren Tod war ja die Ursache von all meinem Leid –* denn wie meine Frau bei deren Begräbnis mitging, wurde sie von diesem Menschen gesehen und nach einiger Zeit verführt. Er passte nämlich auf ihre Magd auf, wenn diese zum Markt ging, kam mit ihr ins Gespräch und bestach sie.

## EIN GEHÖRNTER EHEMANN AUS DEM ATTISCHEN *DECAMERONE*

Bleibt die Frage, wie dieser durch eine Zwischenträgerin hergestellte Kontakt schließlich intim werden konnte. Dem dient nun eine umständliche Schilderung der Wohnverhältnisse, die vor allem erklären soll, weshalb die Frau bei dem angeblichen Ehebruch nicht in dem für Frauen vorgesehenen Obergeschoss (der *gynaikōnitis*), sondern im unteren Teil des Hauses war: Angeblich konnte sie dort besser ihr Baby stillen. Wir lassen diese vor allem für Archäologen aufschlussreiche Partie weg und widmen uns sogleich einem der ersten ehebrecherischen Rendezvous – das wir aber nur gewissermaßen hinter der Wand miterleben:[4]

Nach einiger Zeit aber, meine Herrn, war ich einmal unerwartet vom Land nach Hause gekommen.** Da schrie nach dem Abendessen das Kindchen [im Untergeschoss] und war ungebärdig, weil ihm die Magd absichtlich weh getan hatte, damit es das tun sollte.

---

* Dass die Satzkonstruktion hier in die Brüche geht – ein sogenannter Anakoluth –, dürfte Absicht Lysias' gewesen sein, der seinen Mandanten etwas unbeholfen reden lässt.
** Euphiletos hatte neben seinem Stadthaus eine eigene Landwirtschaft außerhalb der Stadt, wo er selbst körperlich arbeitete.

Denn der Mensch war drin – später habe ich nämlich alles erfahren.
Da sagte ich der Frau, sie solle gehen und dem Kind die Brust geben,
   damit es aufhört zu weinen.
Sie aber wollte zunächst nicht, weil sie so froh sei,
   mich nach einiger Zeit im Haus wiederzusehen.
Wie ich aber zornig war und ihr befahl zu gehen, sagte sie:
   »Ja, damit du dich wieder an das junge Mädel heranmachst;*
   schon früher hast du dich im Rausch an ihr vergreifen wollen.«
Und ich lachte, sie aber steht auf, geht fort, schließt die Tür;
   dabei tut sie, als ob sie scherzt, und zieht den Schlüssel ab.
Ich aber kam nicht auf die Idee von so etwas und hatte keinen Verdacht,
   sondern schlief zufrieden, weil ich ja vom Land gekommen war.

Wie durchtrieben dieses Weib! Kann ein Mann, dem seine Frau, als anzüglich harmloser Scherz unter Eheleuten, ein Techtelmechtel mit irgendeiner Sklavin vorhält, im Ernst glauben, dass sie selbst gerade dabei ist, ihren Buhlen zu umarmen? Und wer hätte ahnen können, dass das Weinen des gepiesackten Babys nur das Signal für die Schäferstunde war? Lysias tut sein Möglichstes, um die Naivität des Angeklagten plausibel zu machen: So jedenfalls spricht kein Mann, der einen andern mit List in die tödliche Falle gelockt hat. Selbst die nächtlichen Türgeräusche und sogar die Spuren von Make-up, die er am nächsten Morgen im Gesicht seiner Frau findet, machen ihn zunächst nicht stutzig. Er muss von außen aufgeklärt werden.

Das geht so. Der betreffende Galan, Eratosthenes, ist, wie man nun erfährt, ein Verführer von Metier *(technē)*** – vielleicht der erste Don Juan der europäischen Literatur (nach Göttervater Zeus, versteht sich) –, der schon viele Frauen herumgekriegt hat, nicht ohne Interferenzen. So hat er, um sich der Gattin des Euphiletos zu widmen, dummerweise eine andere, bisherige Geliebte vernachlässigt. Diese aber rächt sich nun an dem Ungetreuen, indem sie Euphiletos durch

---

\* Offenbar nicht die bisher erwähnte Magd, die im Untergeschoss den Säugling betreut, sondern eine jüngere Sklavin, die ihr Zimmer im Obergeschoss hat.

\** Der Ausdruck erinnert an Ovids Liebes-»Kunst« *(Ars amatoria)*, ein Handbuch der Verführung.

eine Zwischenträgerin über das gemeinsam erlittene Unrecht aufklärt: Hier erst wird der Name Eratosthenes genannt (der bisher weggelassen war, um den Eindruck zu vermeiden, als könne zwischen den beiden eine schon ältere Feindschaft bestanden haben). Nun endlich fällt es dem gehörnten Ehemann wie Schuppen von den Augen: der Schlüssel, das Türknarren, das Make-up …! Er nimmt die schuldige Magd mit ins Haus eines Freundes – damit die eigene Frau nicht vorgewarnt wird –, und nach einigen Drohungen und Versprechungen gesteht sie die Geschichte.

## SO FÄNGT MAN EHEBRECHER

Stellt Euphiletos nun seine Frau zur Rede? Nein, erst muss er völlige Gewissheit haben: Die Magd soll ihm die beiden *in flagranti* vorführen! »Denn ich brauche keine Worte, sondern die Tatsache soll offenbar werden, wenn es sich so verhält«[5] (in feierlicher Stunde ein erster Ansatz zur rhetorischen Antithese). Und so geschieht es nun. Als Euphiletos eines schönen Abends mit seinem Freund Sostratos zu Abend gespeist, diesen verabschiedet und sich zu Bett gelegt hat, kommt Eratosthenes arglos zu dem fatalen Tête-à-Tête, das sein letztes werden soll. Die Magd weckt den Hausherrn: »Er ist drin!«[6]

Ich aber sage ihr, sie solle sich um die Tür kümmern, und gehe leise
                                                              nach unten;
    und ich komme zu dem und dem,
        und manche fand ich nicht im Hause, manche gar nicht in der Stadt.
Wie ich nun möglichst viele von den Anwesenden bei mir hatte, ging
                                                                       ich los.
Wir holen uns Fackeln aus dem nächsten Kramladen und dringen ein,
    denn die Tür war geöffnet, wie es das Mensch\* hergerichtet hatte.
Und wie wir die Tür zum Häuschen aufgestoßen hatten,

---

\* Wörtlich »die Mensch« *(hē anthrōpos)*. So sagt man im Griechischen verächtlich von Frauen, meist Sklavinnen. Ähnlich ist bayerisch »das Mensch«.

> sahen wir, die wir als Erste eingedrungen waren, ihn, wie er noch
> bei der Frau lag;
> die Späteren sahen ihn, wie er nackt auf dem Bett stand.
> Ich aber, meine Herrn, werfe ihn mit einem Schlag zu Boden,
> ich lege ihm die Hände nach hinten auf den Rücken und binde
> ihn und frage,
> warum er frevle, indem er in mein Haus eingedrungen sei.
> Und da gab er sein Vergehen zu, aber beschwor mich und flehte mich an,
> ich solle ihn nicht töten, sondern ein Sühnegeld nehmen.

Alle scheinbar überflüssigen Details dieser Szene haben ihren Sinn. Wenn Euphiletos viele seiner Bekannten nicht antrifft, zeigt das, dass er die Sache nicht von langer Hand arrangiert haben kann; darauf weist auch, dass er sich die Fackeln erst besorgen muss. Diese sind natürlich nötig, um das buhlerische Paar *in actu* deutlich sehen zu können. An diesem Höhepunkt der Erzählung, wo sich der bisher eher dümmliche Gatte zur Mannesgröße aufreckt, setzt Lysias zum ersten Mal ein pathetisch-rhetorisches Licht:[7]

> Ich aber sprach: »Nicht ich werde dich töten, sondern das Gesetz
> der Stadt,
> welches du übertreten hast, indem es dir weniger galt als deine Lüste
> und du lieber einen solchen Frevel freveln wolltest gegen meine
> Frau und gegen meine Kinder,
> als den Gesetzen zu gehorchen und anständig zu sein.«
> So, meine Herrn, hat er das bekommen, was nach Befehl des Gesetzes
> die bekommen sollen, die so etwas tun …

So spricht gewissermaßen im Staatsauftrag ein feierlicher Rächer: Das Gesetz *(nomos)* wird kühn personifiziert, indem es nicht nur befiehlt,* sondern auch das Henkeramt vollzieht – zu dieser Stilhöhe passen die gorgianische *figura etymologica* »Frevel freveln« *(hamartēma examarta-*

---

* Was an sich schon mehr als übertrieben war, da das Gesetz die Tötung ja nur gerade erlaubte, einen Vergleich durch Sühnegeld aber nicht ausschloss.

*nein)* und die ausdrucksvolle Wiederholung des Possessivpronomens »meine Frau ... meine Kinder«. Dabei überdeckt diese Rede das eigentlich wichtigste Ereignis: die Tötung des Ehebrechers. Lysias, der hier zuerst von dem Prinzip der Anschaulichkeit *(saphēneia, perspicuitas)* abgeht, will den Richtern mit Bedacht die Vorstellung ersparen, wie hier ein wehrlos am Boden liegender, dazu noch reuiger Missetäter niedergestochen wird. Statt den Todeshieb zu sehen, hören wir die feierliche Stimme des Rechts.

## GERECHTE RACHE ODER HINTERLISTIGER MORD?

Und bevor wir auch nur die Zeit finden, uns selbst die Tötung vorzustellen, reißt uns schon die zweite Hälfte des Satzes unversehens in die *argumentatio* (Beweisführung), in der Euphiletos seiner Version die angeblich abwegige der Kläger gegenüberstellt:[8]

> ... wobei er nicht etwa von der Straße hereingeschleppt wurde
>  noch sich auf den Herd geflüchtet hatte, wie diese sagen.
> Wie denn auch? Er fiel ja doch, getroffen im Haus, sofort nieder,
>  ich hatte ihm ja die Hände gebunden.
> Und so viele Leute waren drinnen, dass er ihnen nicht entfliehen konnte,
>  da er weder Eisen noch Knüppel noch sonst etwas hatte,
>  mit dem er sich der Hereindringenden hätte erwehren können.

Schon dieser kurze Ansatz zum Beweis *(argumentatio)* zeigt, wie die Anklage den Sachverhalt an dieser Stelle dargestellt hatte. Sie leugnete nicht, dass Eratosthenes im Hause war, behauptete aber offenbar, er habe, als die Zeugen kamen, fliehen können und sei später ins Haus zurückgeschleppt worden.* Dort habe er sich auf den häuslichen

---

\* Nach Meinung der Erklärer behauptete die Anklage, Eratosthenes sei vors Haus gelockt und dann mit Gewalt hineingeschleppt worden. Die Entgegnung des Euphiletos legt meines Erachtens jedoch nahe, dass von der Verschleppung eines zunächst Entkommenen die Rede gewesen ist.

Altar gerettet, der auch dem Verbrecher Asyl bietet, und sei erst dann getötet worden: ein doppeltes Unrecht, jedenfalls längst keine Rache auf frischer Tat mehr. Wogegen Euphiletos darauf besteht, den Schänder seiner Ehre augenblicklich totgeschlagen zu haben: Schon in der vorausgehenden Erzählung hatte er ja wohlweislich der Magd gesagt, er wünsche die beiden *in flagranti* zu ertappen.

Aus dem Fortgang der *argumentatio* ergibt sich dann auch, wie den Anklägern zufolge der Anfang des verhängnisvollen Abends verlaufen war: Die Magd des Euphiletos soll den Galan eigens ins Haus bestellt haben; der Ehebruch sei also arrangiert gewesen. Das klingt nicht so ganz unmöglich,* und Euphiletos sichert sich ab. So furchtbar sei der Frevel des Ehebruchs – er zitiert dazu verschiedene Gesetze –, dass dem Entehrten sogar dieses Mittel hätte erlaubt sein müssen! Aber natürlich habe er es nicht getan. Die vorausgegangene Erzählung liefert ihm nun die »Samen der Beweise« *(semina probationum)*, die dort angelegt waren – ein kleines Exerzitium in *Eikos*-Argumenten. Wäre das Kommen des Ehebrechers arrangiert gewesen, hätte 1. Euphiletos dann mit Freund Sostratos nicht auswärts statt zu Hause gespeist? 2. Hätte er diesen entlassen, statt ihn als Zeugen zu behalten? 3. Hätte er nicht seine Freunde vorher einbestellt, statt sie mühsam einsammeln zu müssen?

Doch ist es insgesamt nicht der Scharfsinn der Argumentation, auf den Lysias bei dieser Verteidigung setzt; es ist seine vor allem in der Erzählung zutage tretende Kunst, seinen Mandanten als zutiefst harmlose, keiner bösen Absicht fähige Person erscheinen zu lassen. Wie muss ein Mann, der in Freude über das gemeinsame Kindlein seiner jungen Frau so innig vertraut, enttäuscht und gedemütigt sein, wenn er erfährt, dass sie von einem andern verführt wird? Aus der Tiefe seiner Seele kommt es, wenn er an einer Stelle sagt, dass das Gesetz zu Recht den Verführer strenger als den Vergewaltiger bestrafe (man denke!); »... denn es meint, dass die Vergewaltiger von ihren Opfern gehasst werden, die Verführer aber deren Seelen so sehr verderben, dass fremde Männer ihnen lieber sind als die eigenen und so das ganze

---

* Es fällt auf, dass Lysias nicht Bezug auf eine Aussage der entscheidend beteiligten Magd bzw. Sklavin nimmt. Euphiletos hatte seine Komplizin zum peinlichen Verhör wohl nicht herausgegeben. So auch Carey (S. 532); Alternativen erwägt Dover (S. 533), 188.

Haus in deren Macht gerät.«[9] Welch ein Glück für ihn, dass wenigstens die Gesetze auf seiner Seite stehen: Zu deren Schutz vor den Ehebrechern ruft er im Epilog *(peroratio)* die Richter auf. Wie könnte ein solcher Mann selbst etwas Ungesetzliches getan haben?

Eben diese Kunst der »Charakterdarstellung« *(ēthopoiia)* ist es, die man schon im Altertum an Lysias gerühmt hat und aufgrund derer besonders seine Erzählungen als Höhepunkte rednerischer Prosa galten. Dabei ist mit *ēthos* weniger das unverwechselbare Individuum wie im biographischen Roman oder der stereotype Charakter wie in der Typenkomödie gemeint; gedacht ist vor allem an die Darstellung des durchschnittlichen Biedermanns, der mit dem Gericht nichts zu tun haben möchte und den nur die Gemeinheit anderer Menschen dazu zwingt, als Ankläger oder Angeklagter aufzutreten. Es war als Erster Aristoteles, der die Bedeutung dieses Faktors für die Wirkung der Rede theoretisch erfasst hat. Nach ihm (S. 173) gibt es drei Wege, um überzeugend zu sein: den sachlichen Beweis, die Wirkung auf die Emotionen und – sogar als wichtigsten Faktor – eben das *ēthos*, die Selbstdarstellung des Redners als eines sympathischen und glaubwürdigen Menschen. Hierin war Lysias unerreicht.

## AUS DER MANDANTENKARTEI DES LYSIAS

Betrachten wir noch einige seiner Biedermänner. In der 3. Rede, *Gegen Simon*, verteidigt sich der Angeklagte, den wir mangels eines anderen Namens A. nennen wollen, gegen den Vorwurf des versuchten Mordes (»Verwundung mit Vorsatz«, wie das attische Recht formuliert). Anlass war ein pikanter Liebeshandel. Simon, der jetzige Ankläger, war verliebt in einen schönen Jüngling, wahrscheinlich einen ausländischen Sklaven, Theodotos, und hatte sich diesen, offenbar einen gehobenen Strichjungen, angeblich mit einem Vertrag über 300 Drachmen verpflichtet.* Der, wie es scheint, vermögendere A. machte

---

* Schon weil hier Geld im Spiel ist, fällt eine solche Beziehung mit einem sozial Niedergestellten nicht in die oben (Anm. zu S. 108) beschriebene Kategorie, sondern wird moralisch ähnlich bewertet wie das Verhältnis mit einer Hetäre.

ihm Theodotos abspenstig und nahm ihn mit auf eine längere Reise. Nach ihrer Rückkehr sollen die beiden mit einem als Waffe tauglichen Keramiktopf vors Haus des Simon gezogen sein und damit gedroht haben, ihn totzuschlagen. Bei einer Rauferei der Rivalen sei es dann zu der fast tödlichen Verwundung gekommen. Der partiell reuige A. habe Simon immerhin als Abfindung die 300 Drachmen zurückbezahlt.

Lysias baut die Verteidigung von A. auf drei Gedanken auf. Erstens rückt er den ja doch verwundeten Simon in die Rolle des Aggressors, der schon vor der umstrittenen Reise gewaltsam in sein Haus eingedrungen sei, um sich des umworbenen Theodotos zu bemächtigen. Zweitens hält er ihm (offenbar mit Recht) vor, seine Klage erst Jahre nach der angeblichen Tat eingebracht zu haben. Drittens aber, und das ist das Interessante für uns, macht er A. dadurch sympathisch, dass er es ihm aufs Höchste unangenehm sein lässt, mit einer solchen Affäre überhaupt vor die Öffentlichkeit zu kommen. Zwar ist die praktizierte Homosexualität als solche nach griechischen Vorstellungen unanstößig. Aber dass A. als, wie er sagt, schon gereifterer Mann, wo man dergleichen doch hinter sich haben müsste, überhaupt in Prügeleien mit erotischem Hintergrund verstrickt wurde und dass er damit nun gar vor dem heiligen Areopag auftreten muss, das ist ihm unsagbar peinlich. So wird plausibel, warum er nach der früheren angeblichen Gewalttat des Simon nicht von sich aus prozessiert hat, sondern zur Vermeidung weiteren Skandals auf Reisen ging; umgekehrt klingt es unglaublich, dass er mitsamt Geliebtem und Keramiktopf vor dem Haus des Rivalen randaliert und diesen provoziert haben soll.

Der Gegner, nicht er, überschreite die Schamgrenze: »Ich meine, dass derselbe Mensch nicht lieben und denunzieren kann. Denn ehrliche Gemüter lieben, denunzieren[*] tun nur Schurken.« Offenbar hofft A. nebenbei darauf, dass die Richter ebenso denken wie die heutigen Kriminalromanautoren, nämlich dass der Liebende nie der Mörder ist. Oder wie einst Mozarts Schikaneder so hold naiv getextet hat:

---

[*] Im griechischen Original ist hier von *sykophantein* (Sykophant sein) die Rede. Unter einem Sykophanten versteht man einen, der vor Gericht böswillig anklagt, vor allem um dadurch Geld zu erpressen.

»Bei Männern, welche Liebe fühlen, fehlt auch ein gutes Herze nicht.« Gern wüssten wir, was wohl der schöne Theodotos zu diesem Punkt meinte. Aber ihn hat man, scheint es, nicht vernommen.

Überraschender ist die Charakterisierung des Angeklagten in der berühmten Rede *Über den Ölbaumstrunk* (Nr. 7). Der Beschuldigte soll nämlich auf seinem eigenen Grundstück den Strunk eines heiligen, das heißt der Stadtgöttin Athene gehörigen Ölbaums entfernt haben, ein Fall von Asebie (Religionsfrevel). Müsste man hier nicht erwarten, dass Lysias seinen Klienten als einen höchst religiösen, wo nicht bigotten Athener auftreten ließe, einen Mann, der einen solchen Frevel zutiefst verabscheuen würde? Er denkt nicht daran.

Auch dieser Angeklagte ist vor allem ein Ruhe liebender, Prozesse fliehender Bürger, im Übrigen aber ein strikt auf seinen Vorteil bedachter Geschäftsmann. Nachdem er eine Reihe früherer Pächter seines Grundstücks als Zeugen hat aufmarschieren lassen, die allesamt weder von Baum noch Strunk etwas gesehen haben wollen, bombardiert er das Gericht geradezu mit den scharfsinnigsten Überlegungen, wie sehr er sich selbst durch eine solche Tat geschadet hätte (Lysias' Lehrer Tisias hätte Freude an so zahlreichen *Eikos*-Argumenten). Hatte er etwa Angst vor der Rache der Göttin? Keine Spur: Vielmehr davor, dass ihn etwa seine eigenen Sklaven würden anzeigen können, so dass er nicht mehr Herr im eigenen Hause wäre usw.

Hier ist es schwerer, Lysias in die Karten zu schauen. Wollte er zum Schutze seines Mandanten nicht von sich aus die religiöse Verwerflichkeit des Verbrechens aufbauschen? Eher war es wohl der tatsächliche Charakter dieses reichen Grundbesitzers, seine bekannt nüchterne Art, an die sich Lysias hielt, um das *ēthos* der Rede überzeugender zu gestalten.

Die köstlichste Type unter den Mandanten des Lysias ist jedoch der Invalide in der 24. Rede, *Über die Rente für den Invaliden*. Im reichen Athen hatte ein Körperbehinderter, wenn er unvermögend war, Anspruch auf eine Rente von einem Obolos pro Tag. Dem Mann nun, für den Lysias seine Rede schrieb – wo nahm er nur das Geld dafür her? –, sollte diese Rente aufgrund eines Einspruchs aberkannt werden.

Vor der *bulē*, dem Rat, als der zuständigen Behörde verteidigt er sich – ein Großmaul mit beachtlichen Einfällen: Nur Neid auf sein makelloses Leben könne den »Ankläger«, einen grundschlechten Menschen, bewogen haben, ihn um das Seine bringen zu wollen, habe er selbst es doch stets für richtig befunden, »des Körpers Unglücksfälle durch des Geistes Tätigkeit zu heilen [...] – wo wäre sonst der Unterschied zwischen mir und dem?«.[10]

Statt seine Bedürftigkeit wirklich nachzuweisen, attackiert er den Gegner mit Kraftsprüchen: Wie würde der Mann sich sträuben, wenn er mit ihm sein Vermögen tauschen* müsste?[11] Fehle nur noch, dass er ihm vorhalte, er sei deshalb weniger behindert, weil er zwei Stöcke statt einen brauche.[12] Wolle er vielleicht die Rente, die er dem angeblich Gesunden wegnehme, für sich selbst als Krüppel beanspruchen? Ein Glück, dass die Richter mehr ihren Augen als seinen Reden glauben![13]

Offenbar ist dieser angebliche Invalide den Ratsherren schon bekannt als ein Athener Original, ein Mann, der am Marktplatz ein flottes Geschäft mit zahlungskräftiger Kundschaft betreibt[14] – etwa eine Spielhölle oder ein Animierlokal? – und dem man, wenn er dann auch noch ein wenig auf die Tränendrüse drückt, das kleine staatliche Zubrot gerne gönnt. Jedenfalls hat er nicht nur eine kesse Zunge, sondern im Kern wohl auch ein braves Herz.

Selbst wenn es Lysias, wie man schon im Altertum feststellte, am Willen zur großen seelischen Erschütterung des Hörers, dem *pathos*, mangelte – ein Demosthenes war er nicht –, bestach er seine Leser durch die Reinheit und Schlichtheit seiner Sprache, durch die wundervolle Klarheit seiner Erzählungen und Argumente, vor allem aber durch eine *charis* (Charme), die, wie sein Kritiker Dionysios von Halikarnass feststellte, »gleichmäßig auf allen seinen Wörtern blüht«, »für jeden, Fachmann wie Laien, deutlich, aber begrifflich schwer zu erfassen, und auch von den größten Rednern kaum zu erreichen«.[15]

---

* Der Vermögenstausch *(antidosis)* ist eine Einrichtung des attischen Rechts: Wenn ein vermögender Bürger, der zu einer Leiturgie (öffentlichen Dienstleistung) herangezogen wird, diese nicht leisten will, kann er einem anderen, reicheren anbieten, entweder das Vermögen mit ihm zu tauschen oder die Leiturgie zu übernehmen. Natürlich würde nie jemand dem Krüppel eine Leiturgie zumuten!

Und Cicero meinte ungefähr im selben Sinn: Jeder glaube, wie ein Lysias reden zu können; und dabei sei gerade die Nachahmung seiner Schlichtheit das Schwerste.[16] *Arte artem abscondere*, »mit Kunst die Kunst verbergen« – das vor allem konnte man von Lysias lernen.

## DIE KÜNSTE DES ISAIOS

Als Nachfolger des Lysias galt der eine Generation jüngere Isaios (ca. 420-ca. 350 v. Chr.). Er ist der Erste und Einzige unter den »attischen Rednern«, der politisch nicht hervorgetreten ist – wahrscheinlich war er Ausländer –, sondern sich nur als Logograph betätigt, ja perfektioniert hat. Mit äußerlich geringerer Produktivität: Immerhin 50 seiner Reden galten im Altertum als echt; wir haben davon noch elf, die allesamt Erbschaftssachen betreffen. Auf dieses Gebiet scheint sich Isaios, wie mancher heutige Rechtsanwalt, geradezu spezialisiert zu haben.

Seit Dionysios von Halikarnass auch dem Isaios einen Essay gewidmet hat, steht durch das Urteil dieses Kritikers fest, dass die Eigenart des Redners vor allem in dem bestanden haben soll, wodurch er sich von seinem Vorbild Lysias unterscheidet: Er sei »künstlicher *(technikōteros)* und ausgefeilter *(akribesteros)*« gegenüber dem »natürlicheren und schlichteren« Lysias, was für den Stil ebenso wie für die Argumentation und die Ökonomie der Rede gelte.[17] Diese Feststellung ist so evident richtig, dass bis heute alle sie nachgesprochen haben. Und doch wird man damit Isaios nicht völlig gerecht. Auch er versteht sich nämlich mindestens ebenso geschickt auf die Kunst der Ethopoiie, auf die Porträtierung von Biedermännern. Wo wäre diese ja auch notwendiger als in Erbschaftsprozessen, in denen Habgier und Heuchelei in so erbärmlicher Weise miteinander wetteifern!

Betrachten wir zumindest kurz seine zweite, besonders charakteristische Rede, *Über das Erbe des Menekles*. Als der Titelheld Menekles gestorben war, erhob dessen Bruder, er sei hier B. genannt, Anspruch auf das Erbe. Dagegen wurde eingewendet, rechtmäßiger Erbe sei der Adoptivsohn des Erblassers, genannt A. So kam es – wir vereinfachen die juristischen Prozeduren etwas – zu einem Prozess, in dem B. als formeller Ankläger behauptete, die Adoption von A. sei darum ungültig, weil der Adoptivvater Menekles damals unter dem Einfluss einer Frau gestanden habe, nämlich der Schwester von A., dem Adoptierten. Wäre das so schlimm?, möchten wir meinen. Doch das attische Recht nannte in der Tat neben Schwachsinn auch den Einfluss einer Frau als Grund, der eine Adoption ungültig machen konnte.

Wer also war im Fall des Menekles diese Frau? Nach Darstellung der Anklage, die wir noch erraten können, eine leichte Dame, die eine Zeitlang mit Menekles zusammenlebte und ihm dabei so den Kopf verdrehte, dass er sich zur Adoption ihres Bruders, A., beschwatzen ließ. Nun behauptet zwar A., dass seine inkriminierte Schwester zum Zeitpunkt der Adoption längst anderweitig verheiratet gewesen sei, doch kann er dies offenkundig nicht beweisen, und so bemüht er sich in der ganzen Rede, über die genauen Zeitverhältnisse einen gewissen Schleier zu breiten.

Entscheidend für den erhofften Erfolg sind nicht die sachlichen Beweise, sondern, wie bei Lysias, das *ēthos*. Vom ersten Satz des Prooemiums an stellt A. sich dar als einen, der es nicht etwa auf ein fettes Erbe abgesehen hätte: Vielmehr sei es ihm um die Ehre und Familie seines Vaters zu tun, wogegen der Ankläger B., den er mit Wohlbedacht immer »Onkel« nennt – obwohl eben dies ja strittig ist, »mit allen Mitteln versucht, seinen eigenen Bruder noch als Toten kinderlos zu machen«.[18] Hier steht fromme Sohnesliebe gegen bösen Bruderhass, und so bleibt es in der gesamten Rede.

In der Erzählung *(narratio)* kommt es nun vor allem darauf an, die umstrittene Schwester von A. ins rechte Licht zu setzen: Sie war laut A. kein Flittchen, sondern eine ehrbare Frau, mit Menekles längere Zeit – wie lange, bleibt unklar – ordentlich verheiratet. Als Beweis gilt eine Mitgift, die Menekles von A. und seinem Bruder als Vormündern der Frau erhalten haben soll.[19] Ob Konkubinat oder Ehe – Kinder gab es jedenfalls keine.

Dann trennten sich die beiden wieder – warum? Nach Darstellung der Anklage dürfte sich die leichtlebige Frau, nachdem sie zugunsten ihres Bruders die Adoption eingefädelt hatte, einem anderen zugewandt haben oder von dem erbosten Menekles verjagt worden sein. Nach A. wollte dagegen Menekles, als er einsah, dass er zeugungsunfähig sei und bleiben werde, sich darum von seiner Ehefrau scheiden lassen, um sie nicht um ihre frauliche Lebenserfüllung als Mutter zu betrügen:[20]

> Indem er unsere Schwester vielmals lobte, begann er mit uns zu verhandeln und sagte, er sehe mit Betroffenheit sein eigenes Alter und seine Kinderlosigkeit.
> Das dürfe sie [seine Frau] doch zum Lohn für ihre Rechtschaffenheit nicht erhalten,
> dass sie selbst kinderlos bliebe und so mit ihm zusammen alt werden müsse.
> Es sei genug, sagte er, wenn er selbst unglücklich sei.
> So bat er uns darum, ihm dies zu Gefallen zu tun:
> Wir sollten mit seinem Einverständnis sie einem anderen zur Frau geben.

Sie, kaum minder edelmütig als er, wollte davon zunächst nichts hören, gab aber schließlich nach und wurde von den Brüdern anderweitig verheiratet.

Diese rührende Episode leistet unmittelbar für das Beweisziel der Rede nur wenig: Immerhin erscheint die damalige Ehefrau, angeblich eine intrigante Lebensabschnittsgefährtin, hier als selbstlos liebend und ohne eigene Initiative. Fast wichtiger aber ist wohl, dass A., indem er seinem späteren Adoptivvater eine so uneigennützige Noblesse zuschreibt und sein Verhalten mit solcher Wärme schildert, sich selbst als wahren und echten Sohn – wenn auch durch Adoption – zu erkennen gibt.

So bleibt es. Nachdem A. geschildert hat, wie es zur Adoption kam, und bewiesen hat, dass diese korrekt vollzogen wurde, müsste der Nachweis folgen, dass Menekles zum Zeitpunkt der Adoption nicht mehr unter dem Einfluss jener Frau stand. Da dies, wie gesagt, offenbar nicht möglich war, greift A. in seiner Erzählung weit voraus, um ein echtes Vater-Sohn-Verhältnis zwischen dem Erblasser und sich glaubhaft zu machen: Menekles, der noch 23 Jahre lebte, ohne je Missbehagen an seiner Sohneswahl zu äußern, nahm sich auch der privaten Verhältnisse seines Adoptivsohnes an, indem er ihm als ein guter Vater eine Frau verschaffte: Beide jungen Eheleute »verehrten und scheuten ihn ebenso wie einen leiblichen Vater, so dass er dies vor allen Demosgenossen pries«.[21] Bieder und rührend.

Am entscheidenden Beweispunkt gebraucht Isaios allerdings schrillere Töne. Nicht A.s Schwester war es, sagt er, die Menekles zu der Adoption bewegte, sondern erstens dessen Einsamkeit, zweitens die alte Freundschaft zwischen den Familien und schließlich die Tatsache, dass A. die ihm am nächsten stehende Person war. Er trumpft auf:[22]

> Gerne aber möchte ich diesen Menschen […] fragen,
>   welchen von seinen Verwandten er [Menekles] denn hätte
>     adoptieren sollen.
> Etwa den Sohn von diesem [B]?
>   Aber der hätte ihn ihm nie gegeben, und sich damit selbst kinderlos
>     gemacht –
>   so geldgierig ist er nun auch wieder nicht!*
> Oder etwa den Sohn seiner Schwester oder seiner Nichte oder seines
>     Neffen?
>   Aber er hatte ja überhaupt keinen von diesen Verwandten!
> So musste er denn notwendigerweise eher einen anderen adoptieren
>     oder kinderlos altern –
>   wie es dieser nun von ihm verlangt!

Hier finden wir in der Tat eine recht künstliche Redefigur, wie Lysias sie schwerlich verwendet hätte: Es handelt sich um die später sogenannte *hypophorā (subiectio)*, bei der auf eine rhetorische Frage (»Wen hätte er adoptieren sollen?«) verschiedene alternative Antworten gegeben und jeweils als unmöglich erwiesen werden, um dadurch die

---

* Mit Ironie gesprochen, denn B. wird sonst in der Rede durchaus als habgierig hingestellt. Hier meint A. offenbar, selbst B. sei nicht so aufs Geld versessen, dass er auf einen Erben verzichten würde, nur um nicht für einen Sohn aufkommen zu müssen.

eigene Behauptung als die einzig denkbare erscheinen zu lassen (vgl. S. 280). Hier wirkt diese Redeweise umso gesuchter, als die eine der Alternativen (»Sohn seiner Schwester« usw.) substanzlos ist und nur um der Figur willen fingiert wird.

Der Kunst der Formulierung entspricht die Raffinesse des ganzen Aufbaus. Während sich Lysias ausnahmslos an die schlichte Abfolge von Prooemium – Erzählung – Beweis – Epilog hielt, vermengt Isaios Erzählung und Beweis hier und sonst in immer neuen, seinem Zweck entsprechenden Variationen. Das bringt punktuelle Vorteile, kann aber insgesamt eben der Künstlichkeit wegen auch wieder Verdacht erregen. Der schon zitierte Dionysios von Halikarnass hat Isaios leise getadelt, als er sagte: »Lysias glaubt man, auch wenn er lügt; Isaios beargwöhnt man, auch wenn er die Wahrheit spricht.«[23] Dennoch lohnt es sich, auch diesen geistreichen Redner zu studieren.

## *PHILOSOPHIA* – DIE HUMANISTISCHE RHETORIKSCHULE DES ISOKRATES

Es war einmal ein Universitätsdozent, der litt gehörig an seiner *Midlife crisis*. Alles, was er seinen Studenten bisher beigebracht hatte, schien ihm dumm und schal, es konnte seinen Wissensdurst nicht befriedigen: Worte, nichts als Worte. Er aber, Doktor Faust, wollte erkennen, »was die Welt im Innersten zusammenhält«. Als er in einer verzweifelten Nacht den Erdgeist magisch beschwört und auch dieser sich ihm versagt (»Du gleichst dem Geist, den du begreifst, nicht mir«), läge der Suizidversuch schon nahe – würde da nicht plötzlich an die Tür geklopft: »O Tod, ich kenn's – das ist mein Famulus« (ein Famulus war damals das, was wir heutigen Professoren als wissenschaftliche Hilfskraft beschäftigen). Dieser »trockne Schleicher« namens Wagner, der alsbald in Schlafrock und Nachtmütze auftritt, kommt dem in der »Fülle der Gesichte« schwebenden Dozenten höchst ungelegen. Wagner hat zwar offenbar etwas von dem Gespräch mit dem Erdgeist gehört, dieses aber ganz missverstanden.

### RHETORIK UND PHILOSOPHIE IN GOETHES *FAUST*[1]

> Verzeiht! Ich hör Euch deklamieren;
> Ihr last gewiß ein griechisch Trauerspiel?
> In dieser Kunst möcht ich was profitieren,
> Denn heutzutage wirkt das viel.
> Ich hab es öfters rühmen hören,
> Ein Komödiant könnt einen Pfarrer lehren.

Wagner wähnt also, Faust veranstalte spät in der Nacht noch rhetorische Übungen, denen er – wir sind im Zeitalter der antikenbegeisterten Renaissance – eine griechische Tragödie zugrunde lege. Gern würde er daran teilnehmen, doch Fausts unwirsche Entgegnung zeigt ihm sogleich, wie sehr sein Meister eine solche Redekunst verachtet:

> Ja, wenn der Pfarrer ein Komödiant ist;
> Wie das denn wohl zuzeiten kommen mag.

Soll heißen: Schlimm genug, dass gewisse Pfarrer, statt die Wahrheit zu predigen, einem Bühnenapplaus nachjagen. Damit ist klar, dass er, Faust, keine Redeübungen veranstaltet, und Wagner könnte sich wieder zurückziehen. Doch den überwältigt seine unbefriedigte Liebe zur Rhetorik, die ihn ja offenbar schon aus dem Bett gerufen hat, und er fährt fort:

> Ach wenn man so in sein Museum\* gebannt ist
> Und sieht die Welt kaum einen Feiertag,
> Kaum durch ein Fernglas, nur von weiten,
> Wie soll man sie durch Überredung leiten?

Wagner leidet darunter, dass er als Gelehrter abseits steht vom politischen Leben und somit gar nicht die Voraussetzungen hat, ein großer Redner zu werden. Aber wieso will er das? Hat er denn eine Botschaft, die ihm wichtig wäre? So entgegnet ihm Faust sehr treffend:

> Wenn ihrs nicht fühlt, ihr werdets nicht erjagen,
> Wenn es nicht aus der Seele dringt
> Und mit urkräftigem Behagen
> Die Herzen aller Hörer zwingt …

---

\* *Museum* (»Musenheiligtum«) ist der neulateinische Begriff für das Studierzimmer; ursprünglich hieß so *(Museion)* die von Ptolemaios II. gegründete gelehrte Akademie in Alexandrien. Unser Begriff von »Museum« scheint aus dem 17. Jahrhundert zu stammen.

Auf den inneren Drang komme es an. Wagner hält dagegen, dass vor allem die Kunst der Darbietung für den Erfolg entscheidend sei:

> Allein der Vortrag macht des Redners Glück;
> Ich fühl es wohl, noch bin ich weit zurück.

Worauf ihm aber Faust als einem »schellenlauten Tor« nur noch schärfer über den Mund fährt. – Hier brechen wir ab.*

Diese erste große Dialogszene in Goethes *Faust* exponiert den überspannten Titelhelden im Kontrast mit einem ausgeglicheneren Stubengelehrten, der aber auf seine Weise ebenfalls nach Höherem strebt. Während Faust ins Innerste der Dinge dringen möchte, alle Worte verachtet, sehnt sich Wagner nach der Meisterschaft eben des Worts, danach, die Welt durch Überredung zu leiten. Der eine vertritt den philosophischen Menschen, der nach Wahrheit sucht, der andere den rhetorischen, der durch Rede auf andere wirken möchte.

Die Kontrastierung dieser beiden Typen spiegelt, soweit ich sehe, nicht eigentlich eine Bildungsdebatte der Goethezeit; wir werden vielmehr zurückverwiesen auf die griechisch-römische Antike. Rhetorik gegen Philosophie ist ein Thema, das seit Sokrates immer wieder die antike Bildungsdiskussion bewegte: Soll der Mensch vor allem durch ein wissenschaftliches, auf Sacherkenntnis gerichtetes Studium gebildet werden oder durch eine sprachlich-rhetorische Erziehung?

Goethe war mit den antiken Zeugnissen für diesen Streit nicht unvertraut: Als Leipziger Jurastudent hatte er bei dem berühmten Latinisten Johann August Ernesti Kollegien über Ciceros *De oratore* und *Orator* gehört; noch später konsultierte er gern, wie er sagte, ein Lexikon der antiken Rhetorik sowie einschlägige Schriften von Aristoteles, Quintilian und Longin.[2]

So ist gerade auch die zitierte Wagnerszene aus dem *Faust* voll von Reminiszenzen aus der klassischen Rhetorik, von denen nur wenige genannt seien. Dass Wagner die Welt »durch Überredung leiten« möchte, bezieht sich auf die alte Definition der Rhetorik, sie sei »Meis-

---

* Vgl. S. 12.

terin der Überredung« (S. 20). Und wenn er dabei gerade die Schauspielkunst für hilfreich hält, dann entspricht das der Auffassung auch von Quintilian[3] und Cicero.* Und auch Wagners Ausspruch »Allein der Vortrag macht des Redners Glück« geht auf Cicero zurück: »Nur allein der Vortrag ist beim Reden entscheidend wichtig« (*actio, inquam, in dicendo <u>una</u> dominatur*[4]).

So viel zu Wagners antiken Quellen. Doch nicht einmal der Antiredner Faust kommt ganz ohne antike Rhetorik aus. Seinen Hauptgedanken: was die Herzen bezwingen soll, müsse aus der Seele dringen, haben antike Rhetoriker mehrfach ausgesprochen. *Pectus est enim quod disertos facit* – »Das Herz macht beredt« (Quintilian).[5]

Also selbst hier, wo Philosoph und Rhetoriker idealtypisch einander gegenübergestellt werden, kommt es zu Überschneidungen. Und so war es immer wieder auch in der Antike. Ausgerechnet derjenige, der in Athen mit größtem Erfolg Rhetorik lehrte, Isokrates, tat dies im Zeichen und unter dem Namen ausgerechnet der *philosophia*. Ihn vor allem gilt es zunächst zu verstehen – aber das ist nicht einmal so leicht.

## DAS RÄTSEL ISOKRATES

Unter allen griechischen Klassikern ist Isokrates der heute am wenigsten populäre. Auch wer in Übersetzung Homer und Thukydides liest, wer Sophokles von der Bühne kennt und von Demosthenes wenigstens gehört hat, dem ist Isokrates selbst dem Namen nach meist ein Unbekannter. Kein Wunder, gelten doch seine Reden trotz ihrer eleganten Stilisierung als eher langweilig – kein Vergleich mit den geistsprühenden Dialogen seines Antipoden Platon oder den tiefdringenden Vorlesungen des späteren Konkurrenten Aristoteles. Manchen scheint er gar, wie Barthold Georg Niebuhr, dem Begründer der mo-

---

* Cicero, der vom Redner eine »Stimme fast wie von Tragöden« forderte (*De oratore* 1,128), war von Jugend an mit dem berühmten Schauspieler Roscius befreundet, mit dem er auch wetteifernd übte (Macrobius 3,14,12). Vieles hierzu findet man bei Armin Krumbacher, *Die Stimmbildung der Redner im Altertum bis auf die Zeit Quintilians*, Diss. Würzburg 1920.

dernen Althistorie, »einer der gedankenlosesten, armseligsten Geister«,[6] wogegen andere immerhin seine unbestreitbare Bedeutung als politischer Publizist und literarischer Wegbereiter Alexanders des Großen hervorgehoben haben.

Im Altertum galt die uneingeschränkte Bewunderung dem Prosakünstler, der mit seinem »glatten Stil« *(lexis glaphyra)* die griechische Sprache zu einem gewissen Gipfel geführt habe. Ebenso dem Redepädagogen, aus dessen Schule – nach einem Wort Ciceros – wie aus dem Bauch des Trojanischen Pferdes nur Fürsten hervorgegangen seien:[7] gegen hundert große Politiker, Militärs, Historiker und natürlich Redner (unter Letzteren soll immerhin auch Isaios gewesen sein). Damit hängt zusammen, dass Gedanken des Isokrates bis heute in der Bildungsdiskussion lebendig sind.

Geboren wurde er als Sohn eines Klarinettenfabrikanten[*] im Jahr 436 in Athen. Er genoss gute Erziehung; als Lehrer nennt man den Sophisten Prodikos und vor allem den großen Gorgias, bei dem er in Thessalien studiert haben soll. Der Peloponnesische Krieg ruinierte das väterliche Vermögen, weshalb sich Isokrates zunächst wie Lysias als Logograph sein Brot verdienen musste.

Noch sechs Reden sind uns (manche nur in Teilpublikation) als Dokumente dieser Lebensepoche erhalten: Sie zeigen Isokrates formal auf den Spuren des Lysias, wenn auch wohl ohne dessen spezifische *charis*. Im Übrigen kam gerade diese Tätigkeit des Redenschreibers seinem Naturell sehr entgegen: Wie er selbst bezeugt, fehlte es ihm an Mut und physischer Stimmkraft zum öffentlichen Auftreten,[8] und so zog er sich gern hinter die Person seiner Auftraggeber zurück. Sein Leben lang verkörperte er, auch mit seinen wichtigsten Reden, den Typ des publikumsscheuen Schreibtischredners. Was natürlich auch befremdete.[9]

---

[*] Die Handbücher sprechen von »Flötenfabrikant«, weil man griech. *aulos* (lat. *tibia*) landläufig mit »Flöte« übersetzt. Es handelt sich aber um ein Rohrblattinstrument, dessen durchdringender Klang je nach Rohrblatt einer Klarinette oder Oboe entsprach.

## EINE KAMPFSCHRIFT GEGEN DIE PÄDAGOGEN ATHENS

Seiner Attraktivität als Redenpädagoge hat es nicht geschadet. Zu dieser, seiner eigentlichen Berufung fand er erst spät, wohl in den 90er Jahren. Um das Jahr 390 jedenfalls veröffentlichte er eine Rede *Gegen die Sophisten*, die das Programm einer neuen Rednerschule enthält und, wenn ich nicht irre, überhaupt das erste bildungspolitische Manifest Europas darstellt. Mit den attackierten *Sophisten*\* sind nämlich alle Bildungsträger des damaligen Athens gemeint: Samt und sonders hätten sie, behauptet Isokrates, »Bildung« und »Philosophie« durch ihre übertriebenen Versprechungen in Misskredit gebracht.

Drei Gruppen der *Sophisten* unterscheidet er hierbei (die Zuordnung zu einzelnen Personen macht uns heute einige Schwierigkeiten):
- 1. diejenigen, die »sich mit Streitereien *(erides)* beschäftigen«,
- 2. die »politische Reden *(politikoi logoi)* versprechen« und
- 3. die »die sogenannten Handbücher *(technai)* verfassen«, um »das Prozessieren *(dikazesthai)* zu lehren«.[10]

Unter den ersten, den »Eristikern«, würde man zunächst gern Sophisten verstehen, die sich, wie die von Platon im Dialog *Euthydemos* geschilderten, mit haarspalterischen Fangschlüssen bzw. Paralogismen befassen (Aristoteles hat dieser Kunst des Fehlschlusses die geistreiche Schrift *Über die sophistischen Widerlegungen* gewidmet). Doch wenn Isokrates ihnen zuschreibt, dass sie nach sicherer Wahrheit *(alētheia)* streben – die doch dem Menschen nicht erreichbar sei – und dass sie ihren Eleven sittliche Vollkommenheit bzw. Tugend *(aretē)* und sogar Lebensglück *(eudaimonia)* in Aussicht stellen, dann können hier schlechterdings nur Lehrer aus der Schule des (399 hingerichteten) Sokrates gemeint sein – Antisthenes etwa, der eine *Alētheia* geschrieben hat, oder Platon selbst. An ihn vor allem scheint Isokrates zu denken, wenn

---

\* Dem Titel nach hat man den Eindruck, das Wort »Sophist« werde hier wie bei Platon abwertend gebraucht. Überblickt man aber den ganzen Sprachgebrauch, ist zu erkennen, dass sich Isokrates implizit durchaus zu den Sophisten rechnet und überhaupt nicht scharf zwischen »Sophistik« und »Philosophie« unterscheidet.

er sagt, dass man mit geschicktem »Meinen« *(doxa)* in der Regel mehr Erfolg habe als mit dem Anspruch auf ein sicheres »Wissen« *(epistēmē)*.

Isokrates widerlegt diese Männer, denen wir heute als Einzigen den Namen »Philosophen« geben würden, vor allem auch mit dem ironischen Argument, dass ihre Honorarforderungen für so hohe Ansprüche viel zu gering seien. In diesem Punkt dachte Isokrates wie sein Meister Gorgias: Wer nichts verlangt, ist auch nichts wert, und kassierte selbst üppige Honorare – ohne Rücksicht auch auf Hochbegabte: Als der junge Demosthenes nur 200 Drachmen statt der geforderten 1000 bieten konnte, wurde er abgelehnt.[11]

Mit der zweiten und dritten Gruppe von Lehrern treten wir dann ein in die eigentliche Welt der Rhetorik. Offenbar gab es zu dieser Zeit personell differenzierte Rhetoriklehrer für die politische (2) und für die gerichtliche Beredsamkeit (3) – so wie nach einer (allerdings beträchtlich späteren) Legende Tisias die Gerichtsrede, Korax auch speziell die politische Rede behandelt haben soll (S. 47 f.). An sich nicht unvernünftig: Auch heute lassen sich Politiker von anderen Spezialisten (vor allem sogenannten Medientrainern) beraten als Advokaten und Staatsanwälte.

Isokrates behandelt beide Gruppen verschieden. Bei den politischen Rhetorikern erkennt er das Bildungsziel an und kritisiert nur wieder die übertriebenen Verheißungen. Die Verfasser der für Gericht bestimmten *technai* disqualifiziert er dagegen moralisch wegen »Gschaftlhuberei« *(polypragmosynē)*\* und Habgier *(pleonexia)*. Daran, dass Isokrates bis vor kurzem noch Gerichtsreden verfasst hat, sollte man jetzt nicht denken.

In der Auseinandersetzung mit den »politischen Rhetorikern«, zu denen er sich in gewisser Weise ja selbst rechnet, entfaltet er nun seine Hauptgedanken. Zu ihren leichtfertig prahlerischen Behauptungen rechnet er vor allem jene, man könne die Rhetorik ebenso vermitteln wie die Kunst des Lesens bzw. der Buchstaben. Letztere seien ja doch etwas Unveränderliches, das jeder in derselben Weise gebrauche,

---

\* Dieses echt attische Laster, eigtl. »Vieltuerei«, wird demjenigen zugeschrieben, der sich überall, meist intrigierend, einmischt, statt seine eigenen Angelegenheiten in Ordnung zu bringen. Ein Beispiel ist der Chremes des Komödiendichters Menander, bekannt durch die lateinische Version des Terenz *(Heauton timorumenos)*.

die Reden *(logoi)* dagegen etwas unendlich Bewegliches, das sich stets nach den wechselnden Gegebenheiten *(kairoi)* richte, wobei es auf Angemessenheit und Neuheit ankomme. Wer das nicht wisse, solle lieber Lehrgeld zahlen als einstreichen.

## UND WO BLEIBT DAS POSITIVE, LIEBER ISOKRATES?

Das diskutieren wir jetzt nicht, sondern hören uns an, worin die Kunst des Isokrates selbst besteht, mit der er doch mehr als fünfzig Jahre lang, bis zu seinem Tod im Jahr 338, solche Erfolge hatte:[12]

> Wenn ich aber nicht nur die andern anklagen,
>   sondern auch meine eigene Ansicht erklären soll,
>   so glaube ich, dass alle Vernünftigen mit mir darin übereinstimmen,
>   dass viele der »philosophisch« Gebildeten immer nur Laien
>     geblieben sind,
>   andere dagegen, die nie mit einem »Sophisten« zusammen waren,
>   gewaltig im Reden und in der Politik geworden sind.
> Denn die Fähigkeit zu allem Reden und Tun entsteht in den Begabten
>   und in denen, die durch Erfahrung geübt sind;
>   die Bildung aber hat sie dann nur kunstfertiger
>   und im Hinblick auf das Suchen geschickter gemacht.

Das war das Geheimnis des Isokrates! Statt durch Angeberei kühne Erwartungen zu wecken, gewinnt er das Vertrauen seiner Schüler, indem er deren Hoffnungen vernünftig reduziert (und natürlich trotzdem hohes Honorar verlangt): Nur wenig sei es, was die theoretische Bildung *(paideusis)* durch den Lehrer leisten könne, wichtiger seien Begabung *(physis)*, Übung und Erfahrung *(empeiria)*. Zum ersten Mal werden hier die drei Bildungsfaktoren genannt, die in der Geschichte der Rhetorik eine so große Rolle spielen werden: Natur – Übung – Theorie, wozu später als Viertes noch die Nachahmung *(mimēsis)* des vorbildlichen Redners kommt.

Eine Schlüsselstellung hat die Übung (Wie wahr!, möchte man als Sprachdidaktiker ausrufen*): Hier lerne man die durch die Theorie erworbenen »Formen« *(ideai)*, das heißt Gedanken und Redefiguren, in der richtigen Weise auszuwählen, zu mischen, anzuordnen und dem jeweiligen Fall anzupassen. Zwar könnten so nicht alle zu »guten Redekämpfern oder Prosadichtern« herangebildet werden, doch auch für die mittelmäßig Begabten hat der Pädagoge ein Trostpflaster bereit: In seiner Schule würden sie immerhin relative Fortschritte machen und »zu vielem vernünftiger werden«. Bis zu vier Jahren dauerte der Unterricht des Isokrates, der Lehrer und Schüler in Lebensgemeinschaft vereinte.

Doch das Beste kommt noch. Die Philosophie, also Rhetorik, des Isokrates hat auch eine moralische Dimension: Wer ihren Geboten gehorche, dem werden sie »noch eher zur sittlichen Bildung *(epieikeia)* als zur Redefähigkeit *(rhētoreia)*** nützlich sein«. Rhetorik also als Königsweg zur Tugend? Schreibt sich Isokrates selbst die Fähigkeit zu, die er den »Eristikern« abgesprochen hat? Nein, auch hier ist er relativ vorsichtig:[13]

> Dabei glaube jedoch keiner, ich würde behaupten, Gerechtigkeit sei lehrbar.
> Denn ich meine, dass es überhaupt keine Kunst gibt von der Art, dass sie den zur Tugend schlecht Begabten Besonnenheit und Gerechtigkeit einpflanzen könnte.
> Aber doch meine ich, dass nichts mehr [zu diesen Tugenden] mit antreiben und [sie] mit einüben kann als die Bemühung um die politischen Reden.

Leider reißt kurz nach diesem inhaltsschweren Satz die Rede ab, vielleicht, weil ihr letzter Teil in der Überlieferung ausgefallen ist. Glücklicherweise hat Isokrates diese Gedanken aber etwa vierzig Jahre spä-

---

* In der Überschätzung der grammatischen Theorie gegenüber der Übung scheint mir der Hauptfehler der Lateindidaktik der letzten 200 Jahre zu liegen.
** Hier nähert sich Isokrates dem Wort *rhētorikē*, das er ausnahmslos meidet.

ter (353) in der *Rede über die Antidosis* (Vermögenstausch), seiner größten Grundsatzäußerung zur Bildung, wieder aufgenommen und aus der Erfahrung eines langen Pädagogenlebens ergänzt. Dort betont er wieder gegen diejenigen, die die rednerische Bildung für charakterschädigend halten, ihren auch moralischen Wert:[14]

> Wenn die Redegewandtheit *(deinotēs)* dazu führt, dass man andere um ihr Gut zu bringen sucht,
> dann müssten ja alle, die reden können, Störenfriede und Denunzianten sein […].
> Nun aber werdet ihr finden, dass unter den jetzigen und unter den jüngst verstorbenen Politikern
> diejenigen, die sich am meisten Mühe mit den Reden *(logoi)* gegeben haben,
> auch die edelsten sind von denen, die die Rednerbühne besteigen, und dass auch unter den Alten die besten und am berühmtesten gewordenen Redner
> diejenigen sind, die der Stadt am meisten Gutes erwiesen haben, beginnend mit Solon.

Es folgen als weitere Beispiele dieser um Redekunst bemühten Politiker die Nationalhelden Kleisthenes, Themistokles, Perikles. (Dass auch Adolf Hitler ein Fanatiker der rhetorischen Selbsterziehung war, scheint uns freilich entschieden gegen Isokrates' These zu sprechen …)

An anderer Stelle versucht Isokrates den notwendigen Zusammenhang von rhetorischer und speziell sittlicher Bildung auch argumentativ zu klären. Er nennt zwei Gründe.[15] Erstens: Wer wirklich gut reden wolle, werde nicht über kleine und geringe Dinge wie private Rechtshändel, sondern über Großes, Schönes, die Allgemeinheit Betreffendes reden. Darauf richte sich dann auch sein Geist ein, so dass »gut reden und gut denken« zur selben Zeit sich einstellen.[16] Aber welche schönen Redensarten haben schon die schlimmsten Unholde im Munde geführt! Besser ist das zweite Argument: Auch wer mit seiner Rede nur überreden wolle, müsse versuchen, ein guter Mensch zu sein, da er sonst keine Autorität habe. Aber genügt es für diesen Erfolg nicht schon, wenn man nur den Anschein erweckt, ein Biedermann zu sein (und dabei ein Schurke bleibt)? Gerade hier überzeugt Isokrates nicht so recht. Dennoch hat er mehr als andere dazu beigetragen, die Rhetorik vom Odium der Unsittlichkeit zu befreien. Und der einflussreichste Redepädagoge der Antike, Quintilian, hat sich ihm hier mit Emphase angeschlossen (S. 433).

## EIN NEUES KONZEPT DER RHETORIK

Schon das Gesagte zeigt, wie weit sich Isokrates mit seinem pädagogischen Konzept von dem alten Rhetorikbegriff seines Lehrers Gorgias entfernt hat. Für jenen war Redekunst nur die Fähigkeit, zu allem überreden und dabei jeden Affekt wachrufen zu können (S. 9). Auch Isokrates hält zwar an der Überredung als Ziel der Rede fest: So bezeichnet er alle Verächter der Rhetorik bzw. »Philosophie« als gottlos, weil sie die Göttin der Überredung, *Peitho*, nicht ehrten![17] Doch indem er seiner Unterweisung auch moralische Kraft zuschreibt, distanziert er sich geradezu von Gorgias, der nach allem, was wir wissen, Rhetoriker und nichts als Rhetoriker sein wollte und weitergehende Ansprüche seiner Konkurrenten verspottete (S. 68). Für Isokrates wird nun die Rede zu einer die Grenzen der Schule, des Gerichts und der Tagespolitik weit übersteigenden zivilisierenden und humanisierenden Kraft. Im (zu Recht) berühmtesten Text, den er hinterlassen hat, heißt es:[18]

> Von allem, was die menschliche Natur besitzt, ist die Rede *(logos)*
> Ursache der meisten Güter.
> Denn mit allem anderen, was wir haben,
> unterscheiden wir uns nicht von den übrigen Lebewesen,
> sondern sind vielen von ihnen unterlegen an Schnelligkeit, Kraft
> und sonstigen Vorzügen.
> Dadurch aber, dass wir die Fähigkeit besitzen, einander mit Worten zu
> überreden
> und uns selbst klarzumachen, worauf immer sich unser Wille richtet,

dadurch haben wir nicht nur die tierische Lebensweise verlassen, sondern haben uns vereinigt, haben Städte gegründet, Gesetze gegeben und Künste erfunden, ja man kann sagen, dass von allem, was wir ersonnen haben, die Rede Mitursache war. [...] Durch sie erziehen wir die Unvernünftigen und prüfen die Verständigen. Denn dass man richtig redet, halten wir für das größte Zeichen einer guten Gesinnung, und eine wahre, gesetzliche, gerechte Rede ist das Abbild einer guten und verlässlichen Seele.

Wohl nie hat ein Rhetoriklehrer seine Aufgabe so groß und umfassend gesehen: Die *philosophia* des Isokrates ist eine universale Bildung, die den Menschen überhaupt erst, in intellektueller wie sittlicher Hinsicht, zum vollkommenen Menschen macht. Wer die Vermittler dieser Bildung, die »Philosophen«, nicht ehre, sagt er im Überschwang, den müsse man hassen wie einen Religionsfrevler!

Ist das nur Reklame? Der gebildetste aller Römer, Cicero, hat schon von seiner ersten Schrift an diese Gedanken aufgenommen (S. 297, 369). Vor allem durch ihn, aber auch durch den einst vielgelesenen Isokrates selbst sind sie europäisches Gemeingut geworden und haben vor allem die Sprach- und Rhetorikbegeisterung der Renaissance und Frühen Neuzeit ausgelöst. Und widerlegt hat man Isokrates noch nicht! Wenn wir heute die Bildung eines Menschen zuerst nach seiner Fähigkeit, sich sprachlich auszudrücken, beurteilen (allenfalls in zweiter Linie nach seiner Kenntnis des pythagoreischen Lehrsatzes, ganz zu schweigen von seinen sportlichen Leistungen), dann sind wir doch alle ein Stück weit Isokrateer. Hatte er hier nicht einfach recht?

## NEUE WEGE ATTISCHER KUNSTPROSA

Von seinem Meister Gorgias hat Isokrates nicht nur die gorgianischen Figuren gelernt – die er selbst jedoch viel zurückhaltender verwendet –, sondern offenbar auch die Kunst der Makrobiotik: Er wurde immerhin 98 Jahre alt, hatte also Zeit, eine Reihe musterhafter Reden zu verfassen, nein: auszuziselieren. An seinem berühmtesten Werk, dem *Panegyrikos*, einer Lobrede auf Athen, soll er volle zehn Jahre oder mehr gebosselt haben. Dabei war er bemüht, mit jedem seiner Werke etwas Neues, Besonderes zu schaffen – obwohl er das Haschen nach Originalität ausdrücklich ablehnte.[19]

Scheinbar beginnt er mit Paradoxenkomien in der Art des Gorgias, indem er ein *Lob des Busiris* und, wie schon jener, ein *Lob der Helena* verfasst. Dabei wendet er sich aber ausgerechnet in letzterem Werk ausdrücklich gegen die Paradoxschriftsteller, die mit Absicht unglaubliche Thesen verfechten, etwa: dass es keinen Widerspruch geben könne (so Antisthenes) oder dass alle Tugenden identisch seien (Platon). Auch (scheinbar philosophische) Schriften von Protagoras, Gorgias, Zenon und Melissos rechnet er zu dieser Kategorie der nutzlosen Tüfteleien. Ebenso schlimm aber seien neuere Redner, die etwa das Bettlerdasein oder das Exil loben, um sich dann gar noch zum Preis der Hummel oder des Salzes herabzulassen.* Viel schwerer sei es doch, über große Dinge angemessen zu sprechen. Darum – wie überraschend – lobt er den Mann (gemeint ist Gorgias), der Helena gepriesen habe, weil diese sich in der Tat durch »Herkunft, Schönheit und Ruhm« auszeichne. Nur sei ihm die Ausführung missraten, insofern er statt eines Lobes eine Verteidigung geschrieben habe – als hätte sich Helena wegen eines Unrechts zu verantworten.

Isokrates zeigt seinem Lehrer also, wie er es hätte richtig machen sollen. Aber wie zum Teil schwerfällig und mühsam! Weil vor Paris schon Theseus unter den Bewunderern Helenas war, weist Isokrates in endloser Darlegung nach, dass Athens sagenhafter König Theseus ein größerer Held gewesen sei als der berühmte Herakles – nicht schwierig vor Athenern! Ansprechender gelingt ihm die Partie, in der er im Allgemeinen das Lob der Schönheit singt, die unter allem Seienden

---

* Die Tradition solcher Paradoxenkomien geht über die »zweite Sophistik« (S. 454) bis in die Barockzeit, in Ausläufern bis in die Gegenwart (z. B. Walter Jens, *Der Fall Judas,* 1975: eine Rehabilitation des Verräters). Viel dazu findet man bei Margarethe Billerbeck und Christian Zubler (Hg.), *Das Lob der Fliege von Lukian bis L. B. Alberti,* Bern u. a. 2000.

»das Erhabenste, Ehrwürdigste und Göttlichste« sei.[20] Er spricht hier zwar vor allem von schönen Knaben, »die wir wie Götter verehren« und »denen wir lieber dienen als über andere zu herrschen« – man spürt jedoch, dass dieser schönheitstrunkene Redner besonders auch an die Harmonie seiner Satzperioden denkt, die er hier vielleicht zum ersten Mal voll entfaltet.

Ähnlich ist sein *Busiris*. Ihn zu loben war nun schon wirklich das schlimmste Stück von Paradoxschriftstellerei, galt er doch als böser Tyrann, der alle nach Ägypten kommenden Fremden geopfert hatte. Auch hier setzt sich Isokrates von einem Konkurrenzwerk ab, dem *Lob des Busiris* eines gewissen Polykrates, der sich die Mohrenwäsche noch dadurch erschwert hatte, dass er Busiris vom Menschenschlächter zum Menschenfresser steigerte. Falsch, meint Isokrates, denn der Lobredner müsse seinem Gegenstand mehr Vorzüge beilegen, als dieser hat, und nicht seine Laster vergrößern. Das tut er nun auch selbst in völligem Ernst, indem er Busiris zum Schöpfer der trefflichen Staatsordnung Ägyptens und zum Stifter von dessen wundervoller Religion erklärt. Auch der große Gräzist Wilamowitz ließ sich von dieser Frechheit beeindrucken: Isokrates zeige hier »sogar mehr Witz, als man einem Bildungsphilister* zutraut«.[21]

Unbegangene Wege eröffnet Isokrates mit seinen Reden, die er an Nikokles, den König von Zypern, seinen früheren Schüler und spendablen Mäzen, richtet. Mit der ersten, *An Nikokles*, liefert er das Muster eines »Fürstenspiegels«,** die in Form einer Mahnung gekleidete Darstellung eines vollkommenen Herrschers. Dergleichen war bisher Aufgabe der Poesie, und Isokrates ist sich wohl bewusst, dass er mit seiner Unternehmung in die Spuren moralischer Spruchdichter wie Hesiod, Theognis und Phokylides tritt.[22] In der nächsten Rede, *Nikokles*, spricht der König selbst zu den edelsten seiner Untergebenen: gewissermaßen ein »Untertanen«- oder »Beamtenspiegel«, eine völlige Novität.

---

* Diese Vokabel, die auf Isokrates kaum passt, wurde – Ironie der Wortgeschichte – von Wilamowitz' Antipoden Friedrich Nietzsche aufgebracht (*David Strauß*, 1873).
** Der Begriff bzw. die damit gegebene bildliche Vorstellung geht allerdings nicht auf ihn zurück, sondern auf Seneca, *De clementia* 1,1,1.

Mit der Lobrede auf *Euagoras*, den Vater des Nikokles, übernimmt Isokrates dann die Aufgabe von Preisdichtern wie dem berühmten Pindar: Wie er selbst sagt, wird hier erstmals ein Zeitgenosse (also nicht etwa eine verblichene Helena) in Prosa gerühmt. Diese Schrift sollte noch heute jeder Literaturtheoretiker kennen, denn hier wird auch ein erster Versuch gemacht, Poesie und Prosa begrifflich voneinander abzugrenzen. Sie unterscheiden sich, sagt Isokrates,[23] dem Inhalt nach dadurch, dass die Dichter das Vorrecht haben, Götter im Verkehr mit Menschen auftreten zu lassen; der Form nach darin, dass die Poesie in der Wortwahl freier, im Rhythmus dagegen gebundener ist. (Die ersten beiden Punkte wird man später unter dem Begriff der »dichterischen Freiheit«, *licentia poetica*, zusammenfassen.) Besonders mit diesem Werk deutet Isokrates an, dass die bisher von der Dichtung geprägte griechische Literatur nun in ein Zeitalter übertrete, in dem die Prosa dominieren werde. Und so war es dann ja auch.

## HELLENISMUS UND HUMANISMUS

Als das Meisterwerk des Isokrates gilt aber der 380 edierte *Panegyrikos*, dessen Studium noch heute jedem jungen Altphilologen zum Zweck griechischer Stilübungen ans Herz gelegt wird. Schöneres Griechisch kann man nämlich gar nicht schreiben. So beginnt das Werk:

Oft verwunderte ich mich schon über die,
    welche die Festspiele begründet und die Sportwettkämpfe
        eingerichtet haben,
    dass sie zwar die Glückszufälle der Körper so großer Preise für
        wert erachteten,
    denen aber, die sich persönlich ums Gemeinwohl bemüht haben
5    und ihren Geist so gebildet haben, dass sie auch anderen nützen
        können,
    dass sie denen keine Ehre zugedachten,
    obwohl sie sich doch um diese viel mehr hätten sorgen müssen.

Denn wenn Athleten auch doppelt so viel Kraft bekommen,
>    haben davon die Übrigen keinen Nutzen;
10  von einem Mann dagegen, der den rechten Verstand hat,
>    können alle Gewinn ziehen, die an seinem Denken teilhaben.

Doch ließ ich mich davon nicht entmutigen und zu leichtfertiger
>                    Untätigkeit verleiten,
>    sondern meinte, der Ruhm meiner Rede werde mir selbst
>                    ausreichender Lohn sein,
>    und so komme ich, um Rat zu erteilen sowohl über den Krieg
>                    gegen die Barbaren
15  als auch über die Eintracht unter uns selber,
>    wobei ich sehr wohl weiß,
>    dass sich schon viele der angeblichen Sophisten zu diesem Thema
>                    gedrängt haben,
>    indem ich nämlich einerseits hoffe, sie so sehr zu übertreffen,
>    dass man meint, die andern hätten noch nie etwas über diese Dinge
>                    gesagt,
20  andererseits urteile, dass diejenigen Reden die schönsten sind,
>    die sich auf die größten Dinge beziehen
>    und sowohl ihre Sprecher am meisten ins Licht setzen
>    als auch den Zuhörern am meisten nützen.
>    Wovon denn eine diese ist.

Ohne falsche Bescheidenheit feiert Isokrates zu Beginn den Wohlklang seiner eigenen Rede, den er in drei großen Perioden sich entfalten lässt. Die ersten beiden (Z. 1–7, 8–11) legen den Grund dar, der ihn vom Verfassen seiner Rede abhalten könnte: dass nämlich die Leistungen des Geistes viel weniger als die sportlichen des Körpers gewürdigt werden – schön verteilt auf je zwei weitgespannte Antithesen; die dritte Periode (Z. 12–24) nennt, zusammen mit dem Thema der Rede (Z. 14/15), den positiven Grund der Abfassung: nämlich die Hoffnung auf bleibenden Ruhm (Z. 13), die ihrerseits sowohl auf dem Unvermögen der Konkurrenten (Z. 16–19) als auch auf der Großartigkeit des Themas beruht (Z. 20–24).

Geben wir es offen zu: Das sind keine Gedanken, die uns sonderlich mitreißen; eher möchte man ihnen eine gewisse erhabene Banalität bescheinigen. Doch das Ebenmaß, die Klassizität der Sprache, bei der das gorgianische Spielwerk der Figuren eingebunden wird in eine Architektonik großen Atems, muss jeden bezaubern, der Sinn für schöne Formen hat. Die Periodenkunst des Thrasymachos (S. 80) ist hier zur Vollendung geführt worden. Noch Cicero hat viel davon lernen können – und er hat vom Stil des Isokrates fast geschwärmt.[24]

Ihrem Gattungscharakter nach ist diese Schrift, wie der Autor selbst zu verstehen gibt, eine Kreuzung aus einer politischen Rede und einer »epideiktischen«, in der der Redner sich und die eigene Kunst zur Schau stellt. Isokrates sieht hier keinen Widerspruch, sondern meint, auch mit einem solchen Kunstprodukt reale Wirkungen erzielen zu können. Und das war nicht einmal unrichtig. Sein schon von anderen (Gorgias,[25] Lysias[26]) ausgesprochener Gedanke, dass sich die Griechen, vor allem Athen und Sparta, einigen sollten, um den notwendigen gemeinsamen Krieg gegen den Perserkönig zu führen, war kein müßiges Spiel.

Diese Idee, der Isokrates auch in späteren Reden Ausdruck gab, vor allem in dem ausdrücklich an Philipp II. von Makedonien gerichteten Sendschreiben *Philippos* (S. 219), sollte ja von eben diesem Philipp und dann vor allem seinem Sohn, Alexander dem Großen, aufgenommen und verwirklicht werden – freilich auf Kosten der griechischen Freiheit. Als durch Philipps Sieg bei Chaironeia (338) Athen den Makedonen unterworfen war, soll sich Isokrates aus Verzweiflung das Leben genommen haben.[27] Ganz sicher ist das jedoch nicht. Wir lesen auch einen angeblich von ihm verfassten Brief,[28] in dem er den siegreichen Philipp erneut auf sein Programm einschwört und sein eigenes Alter darum glücklich preist, weil das, was er als junger Mann geschrieben habe, nun teils eingetroffen, teils bald zu erwarten sei. Auf jeden Fall aber ist Isokrates ein Prophet jener Weltepoche, die man seit fast zweihundert Jahren als »Hellenismus« bezeichnet (S. 244).

Noch wichtiger aber ist, dass Isokrates am Anfang derjenigen Geistesrichtung steht, die wir heute »Humanismus« nennen. Seinen Gedanken, dass sich durch Pflege der Rede nicht nur der Verstand, sondern auch der sittliche Charakter bessere, hat vor allem der römische Dichter Ovid immer wieder in klassische Formulierungen gefasst: Dessen Spruch *Abeunt studia in mores* (Geistige Studien bessern die Sitten)[29] steht heute noch an vielen Schulen und Universitäten. Der Vater des neuzeitlichen Gymnasiums, Philipp Melanchthon, hat diese Idee mit dem Begriff der *humanitas* (Bildung und Menschlichkeit) verknüpft[30] und damit eine Leitidee der Bildung geschaffen, die in bisher 500 Jahren noch nicht totzukriegen war. Ihr Großvater war Isokrates.

## *DIALEKTIKE* – PLATONS KRITIK DER RHETORIK

Nicht erst seit den Pisa-Studien, schon seit eh und je ist alle Welt mit dem Bildungswesen so unzufrieden, dass selbst bedenkliche didaktische Novitäten, wie vor geraumer Zeit das Sprachlabor, die Mengenlehre oder gar die modernste Linguistik, leicht als Steine der Weisen verkauft werden können. Und weniges lesen wir mit freudigerer Erwartung, als wenn uns ein enthusiastischer Pädagoge erklärt, dass überhaupt alle bisherige Erziehung falsch gewesen sei, wogegen mit ihm nun endlich der Pfad wahrer Bildung beschritten werde. Ich fange jetzt gar nicht bei Rousseau oder noch Früheren an, sondern erinnere nur an die Sensation, die bei uns vor etwa vierzig Jahren so grundverschiedene Bücher wie *Die deutsche Bildungskatastrophe* (von Georg Picht), *Erziehung in Summerhill* (von Alexander S. Neill), *Falsch programmiert* (von Karl Steinbuch) oder *Entschulung der Gesellschaft* (von Ivan Illich) gemacht haben. Oder auch an das Aufsehen, das jüngst die Streitschriften des erzkonservativen Bernhard Bueb (*Lob der Disziplin* u. a.) und seines Gesinnungsgenossen Michael Winterhoff erregt haben.

Ähnlich mag es im gebildeten Athen gewesen sein, als sich um 390 v. Chr. die pädagogische Schmähschrift des Isokrates *Gegen die Sophisten* verbreitete. Und hätte es damals schon das Fernsehen gegeben, wäre mit Sicherheit bald eine einschlägige Talkshow zumindest im attischen Bildungskanal fällig gewesen. Lassen wir unserer historischen Phantasie ein wenig die Zügel schießen: Wen hätte man dazu einladen müssen?

## ISOKRATES, PLATON UND KOLLEGEN IN DER PÄDAGOGISCHEN TALKRUNDE

Es wären vor allem gestandene Männer in den Fünfzigern gewesen, die versucht hätten, dem jüngeren Isokrates Paroli zu bieten. Bestimmt Lysias, der sich durch die Attacke auf die Lehrer von Gerichtsreden herausgefordert sehen musste. Dann vor allem Alkidamas, ein Rhetorik dozierender Schüler des mittlerweile steinalten Gorgias. Ganz bestimmt aber auch Antisthenes, damals der prominenteste Schüler des vor einem Jahrzehnt als Jugendverderber hingerichteten Sokrates, ein Mann, der sich sichtlich bemühte, auch in seinem etwas verlotterten Habitus den Meister nachzuahmen. Ihn, den Isokrates als »Eristiker« apostrophierte, hätte der Vorwurf provozieren müssen, dass er seinen Schülern verspreche, sie zu Tugend und Glück zu führen, und dafür doch nur lächerliche Honorare kassiere (S. 131 f.): Von wegen! Überhaupt nie habe er Geld genommen für seinen Unterricht, denn immerhin das eine wisse er: dass der Weg zum Glück nur über die völlige Bedürfnislosigkeit führen könne[*] – ganz gewiss nicht über eine an Wörtern klebende rhetorische Erziehung. Er sei selbst einmal Rhetoriker gewesen[**] und wisse, wovon er rede.

Ganz anders der erwähnte Lysias, ein alter demokratischer Kämpe (S. 108). Er hätte seine Selbstverteidigung als Logograph und Gerichtsrhetoriker mit einem Bekenntnis zur republikanischen Staatsordnung verbinden können: Wie anders solle sich Recht und Unrecht heraus-

---

[*] Antisthenes, dessen Schüler der noch heute berühmte Diogenes war, galt als Vater der kynischen (und indirekt der stoischen) Schule.

[**] So nach der antiken Überlieferung, besonders bei Diogenes Laertius 6,1 f.: Danach habe Antisthenes, nachdem er Sokrates kennengelernt hatte, seine Rhetorikschüler aufgefordert, mit ihm zusammen »Mitschüler« bei jenem zu werden. Die Historizität dieser angeblichen Bekehrung von der Rhetorik zur Philosophie – der ersten, von der wir hören – wird allerdings bestritten (Andreas Patzer, *Antisthenes der Sokratiker*, Diss. Heidelberg 1970, 246–255). Erhalten ist jedenfalls von dem »Rhetoriker« Antisthenes ein Paar von Deklamationsreden, in denen sich Aias und Odysseus um die Waffen des Achill streiten (dt. Übersetzung bei Patzer, a. a. O., 194–198); es handelt sich hier um das früheste Beispiel der später im Rhetorikunterricht beliebten »Prosopopoiien« (S. 269).

stellen als durch den Streit von Anklage und Verteidigung vor dem attischen Volksgericht? (Hier hätte Antisthenes wohl an Sokrates gedacht und schmerzlich geseufzt.) Jedenfalls sei er kein Lehrer von »Intrige und Übervorteilung«, wie Isokrates behauptet hatte. Die für diesen unangenehmste Attacke wäre jedoch gewiss von Alkidamas gekommen (wir kennen dessen einschlägige Gedanken aus seiner Schrift *Über die Sophisten*\*): Wie denn Isokrates überhaupt die Stirn haben könne, andere Redelehrer zu verunglimpfen, wo er doch nicht einmal selbst die Kunst beherrsche, die er lehren wolle? Wann habe man den großen Pädagogen Isokrates je vor der Volksversammlung erlebt? Lahme Buchreden seien seine Produkte, für die Wirklichkeit ebenso wenig tauglich wie tote Marmorbilder für den Sportwettkampf. Zu solchen Helden von Papyrus und Tintenfass werde er dann wohl auch seine Schüler erziehen. Armes Athen! Möge Isokrates doch lieber an den Grundsatz ihres gemeinsamen Lehrers Gorgias denken: Die Fähigkeit zur raschen Improvisation sei es, die den Meister mache! Worauf Isokrates immerhin fein ironisch hätte erwidern können: Seine »Helden vom Tintenfass« werde Athen bald kennenlernen; er jedenfalls wisse keinen Lehrer, zu dem sich derzeit die Begabtesten so drängten wie zu ihm. Im Übrigen müsse man nicht alles ausüben, was man lehre. Auch der Wetzstein schneide nicht selbst und schärfe doch die Messer.[1]

An dieser Stelle hätte der Moderator des Gesprächs dafür sorgen müssen, dass auch der Jüngste in der Runde, Platon, zu Wort käme, ein Mittdreißiger, Schüler des Sokrates, von dem man Dialoge kannte und vielleicht schon munkelte, er gedenke, bald die »etwas andere« Schule zu eröffnen. Er habe keineswegs die Absicht, hätte Platon wohl gesagt, sich in diesen Streit unter den Herren Gorgianern einzumengen – auch Antisthenes soll ja einmal Student des Gorgias gewesen sein –, denn wenn er auch wie Alkidamas vom Vorrang der Münd-

---

\* Obertitel: *Über die Verfasser geschriebener Reden*. Das Wichtigste davon zweisprachig in Görgemanns (Hg.), *Griechische Literatur* (S. 532), Bd. 3, 174–181. Deutscher Kommentar bei Ruth Mariß (Hg.), *Alkidamas* [...], Münster 2002; vgl. John V. Muir (Hg.), *Alcidamas. The works and fragments,* London 2001. Alle Texte und Zeugnisse auch in Radermacher, *Artium scriptores* (S. 526), XXII, 1–17. Jüngste Gesamtwürdigung: Michael Edwards, »Alcidamas«, in: Worthington, *Companion to Greek rhetoric* (S. 523), 47–57.

lichkeit überzeugt sei, dann nicht wegen dessen Argumenten, sondern eher im Hinblick auf den großen Sokrates, der ja mit Bedacht überhaupt nichts geschrieben, sondern ganz auf die Wirkung seiner Gespräche gesetzt habe.* An der Schrift des Isokrates habe ihn selbst etwas anderes interessiert, nämlich der – allerdings misslungene! – Versuch zu zeigen, dass die vielfach übel beleumundete Rhetorik sich mit ethischen Grundsätzen vertrage, ja diesen sogar notwendig förderlich sei – womit er sich sehr in Gegensatz zu seinem eigenen Lehrer, dem von vielen gerühmten Gorgias, gesetzt habe. Über eben diesen Punkt habe es sogar einmal einen höchst interessanten Disput zwischen just den Männern gegeben, deren Schüler die hier Anwesenden seien: Gorgias und Sokrates. Oho! Lass hören ...

## SOKRATES FÜHRT GORGIAS AUFS GLATTEIS

Zusammen mit den Teilnehmern unserer fiktiven Talkrunde wenden wir uns nunmehr dem Dialog *Gorgias* zu, in dem Platon wenige Jahre später von dem erwähnten Gespräch (wahrscheinlich mit größter dichterischer und denkerischer Freiheit) erzählt hat. Dieser Dialog, in dem die beiden Lehrer von Isokrates und Platon aufeinandertreffen, enthält die vernichtendste Kritik der Rhetorik, die es in der gesamten Antike gegeben hat. Und dabei geht seine Thematik weit über die Redekunst hinaus, sie betrifft vor allem das richtige Leben.

Ausgangspunkt ist die Profession des Gorgias. Nach einer werbewirksamen »Vorstellung« *(epideixis)* des Meisters, die Sokrates verpasst hat, möchte dieser in seiner wie oft etwas penetranten Weise wissen, was denn eigentlich die Kunst bzw. Wissenschaft (beides heißt *technē*) des berühmten Lehrers sei. Da jener von seiner Darbietung noch etwas ermüdet scheint, springt sein Schüler, der attische Jungrhetoriker Polos, für ihn ein und liefert sogleich ein seiner Schulung würdiges, echt »gorgianisches« Glanzstück:[2]

---

* In seinem *Phaidros* wie im 7. Brief (sofern er echt ist) wertet Platon das geschriebene Wort gegenüber dem mündlichen Gespräch ab.

> Viele Künste gibt es unter den Menschen, die aus Erfahrungen durch
> Erfahrung gefunden sind.
> Denn Erfahrung macht, dass wir durchs Leben gehen nach Kunst *(technē)*;
> Erfahrungsmangel macht uns gehen nach Zufall *(tychē)*.
> Und von diesen einzelnen [Künsten]
> nehmen die einen an den einen, die andern an den andern,
> so oder so teil,
> die Besten aber an den besten.
> Zu ihnen gehört auch dieser Gorgias und hat Teil an der schönsten der
> Künste.

Sokrates zeigt sich wenig beeindruckt von diesem Wortschwall (aus Isokola, Polyptota und Paronomasien); Polos habe nämlich leider die gestellte Frage nicht beantwortet. Denn – und nun fallen zwei für Platon wichtige Stichworte – er, Polos, verstehe sich wohl mehr auf die »sogenannte Rhetorik *(rhētorikē)*« – das Wort erscheint hier zuerst in der griechischen Literatur[*] – als auf das »Unterreden« *(dialegesthai)*. Letzteres wird für Platon später noch ein zentraler Begriff, denn danach bildet er später »Dialektik« als eine der Rhetorik entgegengesetzte Methode, durch »Unterredung« bzw. Begriffsklärung zur Wahrheit zu gelangen. Es ist gut, sich diesen durch Hegel, Marx und den heutigen Jargon verdunkelten Ursprung des vieldeutigen Modeworts vor Augen zu halten.

Nun lässt sich Gorgias selbst auf das Frage-und-Antwort-Spiel mit Sokrates ein. Seine Kunst sei eben die »Rhetorik«, und diese habe es mit »Reden« *(logoi)* zu tun. Allen Reden? Natürlich nicht. Nach einigem Hin und Her kommt man darauf, dass es sich um jene Reden handelt, die die Kraft des Überredens *(peithein)* haben; so wäre denn die Rhetorik die »Meisterin der Überredung« *(dēmiurgos peithus)* – eine uns wohlvertraute, schon Korax und Tisias zugeschriebene Definition (S. 20), die aber in der Tat erst hier von Platon gebildet sein könnte (of-

---

[*] Es kann aber nicht erst hier gebildet worden sein, wie neuerdings behauptet wird (von Cole, Schiappa, s. S. 526). Wahrscheinlich ist es schon vor (etwa) 427 v. Chr., dem dramatischen Datum des Dialogs, entstanden.

fenbar mit einem ironischen Unterton).³ Aber zielt dieses *peithein* auf echtes Wissen oder auf bloßes Meinen? Gorgias konzediert das Letztere. Und was ist dann sein Fachgebiet?

Hier nun kann Gorgias endlich das loswerden, was ihm am meisten am Herzen liegt: Das eben sei das Großartige der Rhetorik, dass sie gerade kein spezielles Gebiet habe wie alle anderen Künste, vielmehr, dass sie all diese zusammenfasse und beherrsche. Beispiel: Sein Bruder sei Arzt. Angenommen nun, er wolle einen wehleidigen Patienten dazu bringen, sich operieren zu lassen, so sei er selbst trotz Sachverstand dazu unfähig. Hole er dagegen ihn, Gorgias, zu Hilfe, dann gelinge dem Redner mit seiner Suada, was der Fachmann nicht vermocht hätte: Der Patient erwartet mit Freuden das Messer. Damit ist zugleich gesagt, dass das Vermögen der Rhetorik ein rein formales ist, weder auf Gut noch auf Böse festgelegt. Wer also Rhetorik zugunsten des Unrechts verwende, der missbrauche sie und verdiene Strafe: »Denn sein Lehrer hat sie ihm zu einem Gebrauch des Rechts übergeben; er aber benutzt sie zum Gegenteil.«⁴

An dieser Stelle hat sich Gorgias fast unmerklich einer kleinen Unklarheit schuldig gemacht. Auf der einen Seite betont er das Nur-Formale, Außermoralische der Rhetorik; andererseits setzt er offenbar voraus, Rhetorik werde zu einem sittlich guten Gebrauch gelehrt. Sokrates spürt, dass er Gorgias hier packen kann. Vorsichtig fragt er, ob es Gorgias wirklich nur um die Wahrheit zu tun sei? Natürlich. Ob man nicht das Gespräch abbrechen solle? Gorgias, dem es nun offenbar doch etwas mulmig wird, stellt dies anheim; die Zuhörer jedoch, debattierlustige Athener, verlangen gebieterisch nach Fortsetzung. Und Platons Leser freut sich mit ihnen erwartungsvoll auf den ersten Showdown des Gesprächs.

Sokrates argumentiert jetzt messerscharf: Wenn also der Redner, Gorgias, den Patienten zur Operation überredet, was dem Facharzt nicht gelingt, dann ist hier doch der Unwissende (Redner) gegenüber dem Unwissenden (Patient) überzeugender als der Wissende (Arzt). Wie ist es dann aber in Fragen von Recht und Unrecht, Gut und Böse? Ist hier der Redner ebenso unwissend wie in Bezug auf Medizin und Chirurgie? Anders formuliert: Angenommen, ein Schüler käme zu Gorgias, der über diese Fragen nicht Bescheid wüsste. Würde Gorgias dann sagen, er brauche das gar nicht zu wissen, oder würde er ihn dieses Wissen als Teil der Rhetorik lehren? An dieser entscheidenden Stelle macht Gorgias einen taktischen Fehler, indem er sich zu einem laschen Zugeständnis versteht: Nun ja, falls ein Schüler solche Dinge zufälligerweise nicht wisse, werde er sie ihm schon beibringen.

Nun ist er also doch zum Morallehrer geworden. Und Sokrates kann jetzt den entscheidenden Schluss ziehen: Wenn somit der Rhetoriklehrer wirklich auch die Gerechtigkeit vermittelt, dann macht er doch auch seine Schüler zu gerechten Menschen, wie der Musiklehrer die seinen notwendig musikalisch macht. Dann kann doch aber der rhetorisch Gebildete die Rhetorik gar nicht missbrauchen – wie Gorgias eben behauptet hatte! »Ja, beim Hund, wie steht es nun bloß damit, mein lieber Gorgias?«[5] Betretenes Schweigen.

## SOKRATES ENTLARVT DIE RHETORIK

Wir brauchen uns nicht allzu lange mit der Frage aufzuhalten, ob diese Argumentation des Sokrates korrekt ist (worüber man bis heute streitet). Sie beruht natürlich auf einem der berühmten sokratischen Paradoxa: »Wer das Gute kennt, der tut es auch.« Wer diesen Grundsatz nicht akzeptiert, kann durchaus annehmen, dass jemand im vollen Bewusstsein dessen, was gerecht sei, dennoch Unrecht tue bzw. die Redekunst zum Unrecht missbrauche. Aber auf diese Frage kommt es jetzt gar nicht sonderlich an. Denn nur um Gorgias bloßzustellen, hat Sokrates hier demonstriert, dass man die Redekunst nicht missbrauchen könne – in Wirklichkeit meint er, wie sich sogleich herausstellt, gerade das Gegenteil.

Als nämlich jetzt Gorgias' Schüler Polos seinen verstummten Meister verteidigt und Sokrates vorhält, dass er diesen höchst unfair gewissermaßen aufs moralische Glatteis gelockt habe, erklärt sich Sokrates bereit, nun seinerseits positiv zu erläutern, was Rhetorik sei. Aber da ergeht es dieser übel! Wohl zum ersten Mal in Platons Dialogen* wird Sokrates, der bisher nur immer andere befragt und in die Aporie** getrieben hat, zu einem dogmatisch lehrenden Philosophen.

Die Rhetorik, dekretiert er, ist überhaupt keine Kunst bzw. Wissenschaft *(technē)* – was bisher ja unbestrittene Voraussetzung der Diskussion war. Sie ist vielmehr nur die Sache einer unwissenschaftlichen Erfahrung *(empeiria)* und Übung *(tribē)*. Das klingt nach der Lehre des Isokrates, wonach eine *technē* der Rhetorik nicht möglich sei (S. 132); aber der Sinn und die folgende Begründung ist eine völlig andere: Die Rhetorik ist nämlich für Sokrates vor allem darum minderwertig, weil sie nicht das Gute, sondern nur das Angenehme (die Lust, *hēdonē*) zum Ziel hat. Der Redner wolle die Menschen nicht bessern, sondern ihnen letztlich nur nach dem Mund reden. Die Rhetorik sei also nichts als eine durch Übung erworbene Schmeichelkunst *(kolakeia)*.

Sokrates verdeutlicht dies, indem er in einer Art Begriffsmatrix, wie wir sie heute oft verwenden – damals war diese Methode wohl neu –, ein System der den Menschen betreffenden Künste und der diesen entsprechenden Schmeichelkünste aufstellt. Da der Mensch aus Körper und Seele besteht, sind für diese beiden je zwei Künste zuständig: für den Körper die Gymnastik bzw. der Sport und die Medizin; für die Seele die Gesetzgebung – da sie die Menschen zum Guten anhält – und die »Gerechtigkeit« bzw. die Strafrechtsprechung*** – durch die Unrecht wiedergutgemacht bzw. die betroffene Seele gebessert wird. Wie man sieht, ist je eine dieser Künste regulativ (Gymnastik, Gesetzgebung), die andere korrektiv (Medizin, Gerechtigkeit).

---

* Die Abfolge von Platons Dialogen, die man heute meist in drei Perioden einteilt (wobei *Gorgias* von der ersten zur mittleren überleitet), ergibt sich nicht nur aus inhaltlichen Erwägungen, sondern vor allem aus der Sprachstatistik, die Ende des 19. Jahrhunderts von Philologen wie Constantin Ritter und Hans von Arnim betrieben wurde. Ihre Ergebnisse blieben bis heute im Wesentlichen gültig.

** Aporie *(aporia)* nennt man die für die frühen Dialoge Platons charakteristische »Ausweglosigkeit«, die meist darin besteht, dass sich keine zutreffende Definition für eine bestimmte Sache finden lässt. Im späteren Altertum war umstritten, ob Platon überhaupt feste Dogmen hatte – wie man heute meist annimmt – oder ein aporetischer Skeptiker gewesen sei.

*** Nach der Logik des Gedankens kann nur sie gemeint sein. Das würde noch deutlicher, wenn man statt *dikaiosynē* mit einem Teil der Handschriften *dikastikē* liest.

Gemeinsam ist diesen vier echten Künsten, dass sie alle auf das für den Menschen Gute abzielen.

Umgekehrt sind die vier Schmeichelkünste auf das Angenehme ausgerichtet. Sie lassen sich als genaue Entsprechungen bzw. Surrogate der echten Künste verstehen. Der Gymnastik, die den Körper gesund hält, entspricht die Kosmetik, die mit ihren Sälbchen und Wässerchen die Gesundheit nur vortäuscht (etwa: Wangenrouge statt Waldlauf). Die Medizin, die durch Heilmittel den Köper wiederherstellt, findet ihr falsches Substitut in der Feinschmeckerkochkunst bzw. *Haute Cuisine*,* die den Gaumen kitzelt, ohne heilend zu sein (Tournedos à la Rossini statt Lebertran). Damit kommen wir vom Körper zur Seele. An die Stelle der Gesetzgebung tritt – die Sophistik! Warum wohl? Sokrates erläutert es nicht näher, denkt aber sicher an den von vielen Sophisten, besonders Protagoras, erhobenen Anspruch, sie könnten die Tugend bzw. die politische Tugend lehren – während sie, meint Sokrates, den Menschen nur scheinbar und äußerlich aufbessern.

Bleibt als viertes die Rhetorik *(rhētorikē)*, um deren Bestimmung es ja letztlich geht. Sie täuscht also vor, Gerechtigkeit bzw. Rechtsprechung zu sein; diese wird demnach von der Rhetorik ebenso nachgeäfft wie die Medizin von der höheren Kochkunst. Der Redner simuliert, dass es ihm um das Recht zu tun sei, in Wirklichkeit aber betrügt er die Hörer, indem er ihnen sagt, was sie gern hören, ihnen sozusagen Honig um den Bart schmiert. Im späteren Verlauf des Dialogs wird sich herausstellen, dass von diesem Tadel sogar die größten Politiker Athens wie die von Isokrates als vorbildliche Redner gepriesenen Themistokles und Perikles betroffen sind.[6] Sie haben dem Volk nur schöngetan, hatten nicht das wahre Wohl der Stadt im Auge, sie waren gar keine echten Staatsmänner!

Wir vergegenwärtigen uns das Gesagte zunächst noch einmal im Schema:

---

* *Opsopoiikē*, eigtl. Herstellerin von *opsa* (oft missverständlich übersetzt: Zukost), das heißt Leckereien, die nicht zu den Grundnahrungsmitteln (Getreide, Gemüse) gehören; besonders gedacht ist an die von den antiken Feinschmeckern am höchsten geschätzten Fische.

|  |  | regulativ | korrektiv |
|---|---|---|---|
| echte Künste | Körper: | Gymnastik | Medizin |
| (Ziel: das Gute) | Seele: | Gesetzgebung | Gerechtigkeit |
|  |  |  |  |
| Schmeichelkünste | Körper: | Kosmetik | *Haute Cuisine* |
| (Ziel: das Angenehme) | Seele: | Sophistik | Rhetorik |

## IST DIE RHETORIK EINE WISSENSCHAFT?

Nun halten wir heutigen Leser inne und fragen uns: Reicht die hier ausgeführte Kritik aus, um der Rhetorik den Kunst- bzw. Wissenschaftscharakter abzusprechen? Hier kommt ja wohl alles darauf an, was man unter Wissenschaft verstehen will (ich bleibe der Einfachheit halber jetzt beim Terminus »Wissenschaft«, der in diesem Zusammenhang der heute übliche ist[*]).

Sokrates scheint es als wichtigstes Wesensmerkmal der echten Wissenschaft anzusehen, dass sie das Gute zum Ziel hat. Das dürfte in der Gegenwart den wenigsten einleuchten (außer vielleicht überzeugten Marxisten, die eine »wertfreie Wissenschaft« geradezu ablehnen). Im Allgemeinen versteht man unter Wissenschaft wohl ein systematisch geordnetes, nachprüfbares Wissen; und ein solches muss nicht unbedingt nur das Gute zum Ziel haben. (Man hat ja im Scherz auch schon den »Mord als eine schöne Kunst« bzw. Wissenschaft behandelt.[7]) So wäre eine wertfreie Rhetorik nicht nur denkbar, sondern sie wird gerade heute auf quasi naturwissenschaftlicher Basis längst praktiziert: Ich denke vor allem an die in Amerika entwickelte wissenschaftliche Persuasionsforschung, genannt *new rhetoric* (S. 21).

Freilich kritisiert Sokrates die existierende Rhetorik nicht nur wegen dieses moralischen Mangels. Er behauptet ja auch, sie sei nur »Erfahrung und Übung (Routine)«, modern gesprochen: Sie habe ein

---

[*] Natürlich muss man sich bewusst halten, dass der griechische Begriff der *technē* (wie lat. *ars*) weiter ist, da man ja auch etwa von einer *technē* des Schusters spricht, während wir nie an eine »Schusterwissenschaft« denken würden.

entschiedenes Theoriedefizit. So heißt es an einer Stelle über die Gourmetkochkunst (wobei aber die Rhetorik mitgemeint ist), sie könne für das, was sie tue, keine Ursachen nennen, sie sei eine »Sache ohne Begründung« und eben darum keine Wissenschaft, sondern bloßes Know-how.[8]

Damit weist Platon wohl auf einen wirklichen Mangel der damaligen rhetorischen Lehre hin. Sie hatte zwar einiges, etwa die Lehre von den Redeteilen, in fast übertriebener Weise verfeinert,[9] wusste aber offenbar über die Grundprinzipien der Überredungskunst wenig zu sagen. Bei den meisten Rhetorikern, wie Aristoteles später sagt, habe man vor allem fertige Redeteile zum Auswendiglernen bekommen (S. 69). Und der Erfolgreichste unter den Rhetoriklehrern, Isokrates, verzichtete fast gänzlich auf Redetheorie (S. 132). Will Platon hier andeuten, dass es auch eine andere, wissenschaftlichere Rhetorik geben könnte? Wie wir sehen werden, setzt er seine Überlegungen mehr als zwanzig Jahre später an eben dieser Stelle fort.

## PHILOSOPHIE UND RHETORIK
## RADIKALISIEREN IHRE POSITIONEN

Je weiter der Dialog mit Polos fortschreitet, umso radikaler und paradoxer werden die Thesen des Sokrates, den nun keiner mehr bremsen oder widerlegen kann: »Die Redner sind nicht die Mächtigsten, sondern die Ohnmächtigsten im Staat« – »Unrecht zu erleiden ist besser als Unrecht zu tun« – »Am unglücklichsten ist, wer Unrecht tut, ohne bestraft zu werden« – »Nützlich ist die Rhetorik nur dem Bösen, wenn er damit vor Gericht seine eigene Bestrafung durchsetzt; für den Guten ist sie fast nutzlos«.

An dieser Stelle empört sich einer der Zuhörer, der rhetorikbegeisterte Kallikles: »Redet Sokrates das im Ernst oder scherzt er? Denn wenn das wahr wäre, dann wäre ja wohl unser ganzes Leben von Grund auf verkehrt und wir täten das genaue Gegenteil von dem, was wir sollten!«[10] Damit hat er zweifellos recht. Und so glaubt er nun, den kompromisslos moralischen Grundsätzen des Sokrates eine ebenso kompromisslose Theorie der Unmoral entgegensetzen zu sollen, eine Art Herrenmoral (wie wir sie ähnlich für den Sophisten Thrasymachos bezeugt fanden [S. 81]): Unrecht tun ist danach nicht nur nützlich, wie Polos gemeint hatte, es ist sogar schön und sittlich, wenn man auf das »Naturgesetz«* schaut. Denn die Natur habe gewollt, dass die Starken über die Schwachen herrschen. Und so sei unsere übliche Anstandsmoral, die Unrecht tun verbietet und Selbstbeherrschung empfiehlt, nichts als eine Erfindung der Schwachen und Sklaven, die zu ihrem Vorteil gegen jenes Naturgesetz anzukämpfen versuchen. Aber der von der Natur zum Herrschen Berufene werde wie ein vergeblich gezähmter Löwe – wir denken an Nietzsches »blonde Bestie«** – seinen Käfig sprengen, sich von widernatürlichen Einschränkungen emanzipieren und rücksichtslos seine Begierden stillen, ja diese um des höheren Genusses willen sogar noch steigern.***

Während sich Platons Leser wohl noch über diesen zynischen Egoismus entrüsten und vielleicht von Sokrates eine entsprechende Reaktion erhoffen, spricht dieser ein erstaunlich verständiges Wort: »Du sagst jetzt mit Deutlichkeit das, was die andern zwar denken, aber nicht sagen mögen.«[11] Hand aufs Herz, denken wir selbst nicht oft so: »Wer kann, der kann«? Jedenfalls hat sich die Frage nach der Rhetorik, wie Sokrates feststellt, geweitet zu der größeren: Wie soll man leben? Oder: Lohnt es sich, ein guter Mensch zu sein?

Unser Thema verbietet uns, den Gedankengängen nachzugehen, mit denen Sokrates in diesem dritten, größten Teil des Gesprächs nun-

---

* Dieser Begriff *(nomos tēs physeōs)* erscheint hier offenbar zum ersten Mal, aber in ganz anderem Sinn, als wir ihn verwenden, nämlich im normativen Sinn eines von der Natur ausgehenden Gebots, nicht in dem einer kausalen Notwendigkeit. Ganz dem modernen Begriff entsprechen dagegen die beim Epikureer Lukrez oft erwähnten *foedera* (oder *leges*) *naturae*.

** *Genealogie der Moral,* 1,11 (Schlechta [S. 81], Bd. 2, 786 f.; vgl. auch 2,980). Dass Grundgedanken Nietzsches von der Kalliklesrede inspiriert sind, ist längst bekannt. Die wichtigsten Parallelen sind zusammengestellt bei Dodds (S. 536), 387–391.

*** Die letztgenannte Position, wonach die Lust das höchste zu erstrebende Gut ist, bezeichnet man heute als Hedonismus, von *hēdonē* (Lust). Ein Hedonismus ohne die egoistische Ausrichtung, die er bei Kallikles hat, wurde damals vertreten von dem Sokratesschüler Aristippos, dem Begründer der kyrenaischen Schule, später besonders von Epikur.

mehr ein neues Fundament der Ethik zu legen versucht und sogar einen Ausblick auf das Leben im Jenseits riskiert. Was die Rhetorik betrifft, so vertieft er auf neuer Grundlage deren frühere Aburteilung, gibt aber nun auch zu verstehen, wie echte Rhetorik aussehen könnte: Ein Redner, der ein echter »Künstler« wäre, müsste immer so sprechen, dass die Seelen seiner Zuhörer in »Ordnung« (*taxis* oder *kosmos*) kommen, dass also in ihnen vor allem die Grundtugenden der Gerechtigkeit und Selbstbeherrschung gebildet werden.

Es bleibt kaum ein Zweifel daran, dass sich Sokrates selbst, auch wenn er öffentlich nicht auftritt, für einen solchen echten Redner hält, indem er den Menschen ja immer gerade die unangenehmen Wahrheiten sagt. Sollte ihm, dem Unbeliebten, deswegen einmal jemand den Prozess machen – ein handgreifliches *vaticinium ex eventu**  –, dann werde es freilich sein, wie wenn der Koch vor einem Gerichtshof von Kindern den Arzt anklage, weil er bittere Medizin statt Bonbons verschreibe. Sokrates ist sich bewusst, dass er als Antiredner vor dieser Jury keine Chance hätte, letztlich lässt ihn das aber gleichgültig. Denn schlimmer als alle Unbill sei es, »mit einer Seele voll von Unrechttaten in den Hades zu gelangen«.[12] Kein Wunder, dass sich die frühen christlichen Kirchenväter von Platon so angezogen gefühlt haben – und dass der unchristliche Pastorensohn Nietzsche ihn so verachtet hat.

Was ist der letzte Sinn dieses vielschichtigen Dialogs, wenn wir jetzt nur auf die Rhetorik sehen? Offenbar versucht Platon, eine hinter der von den Zeitgenossen so geschätzten Redekunst verborgene, letztlich böse und verderbliche Weltanschauung zu diagnostizieren.

Fassen wir zusammen! Der betuliche Altmeister Gorgias glaubt noch, eine harmlose, wertfreie Rhetorik lehren zu können, aber er kann seinen Standpunkt nicht konsequent durchhalten. Anders als er lässt sein bedenkenloser Schüler Polos die Rhetorik als Instrument des Egoismus gelten und trennt dabei zwischen gut (bzw. nützlich) und sittlich,[13] womit die Rhetorik schon in ein moralisch zweideu-

---

* So nennt man eine Prophezeiung (*vaticinium*), die auf etwas gemacht wird, das schon eingetreten ist *(eventus)*.

tiges Licht zu rücken beginnt. Nachdem auch er durch den Nachweis, dass Unrecht immer schädlich ist, widerlegt ist, stellt Kallikles, Typ des skrupellosen jungen Adligen, um Sokrates endgültig *ad absurdum* zu führen, mit zynischer Offenheit alle gängigen Werte auf den Kopf: Unrecht tun ist nicht nur nützlich, sondern auch sittlich; die Rhetorik wird damit zum Instrument einer rücksichtslosen Herrenmoral des Stärkeren, der sein Glück in der eigenen Triebbefriedigung sucht. Dies ist, so deutet Platon zumindest an, die zutiefst verwerfliche Gesinnung, die hinter dem Erfolg der Rhetorik steht.

Zweimal werden dabei »Philosophie« und »Rhetorik« ausdrücklich einander gegenübergestellt. Als Kallikles verärgert in das Gespräch eingreift, kritisiert er die Lebensweise des Sokrates, der seine Zeit wie ein Kind mit »Philosophie« verplempere, statt sich darum zu kümmern, wie man im politischen Leben fortkommt.[14] Noch deutlicher spricht dann Sokrates selbst von den beiden Lebenswegen, zwischen denen der Mensch zu wählen habe – man denke zurück an die Parabel des Prodikos (S. 77): Er habe sich zu entscheiden entweder für das Leben »des Mannes, der vor dem Volk spricht, Rhetorik übt und so Politik macht, wie ihr sie jetzt treibt«, oder für »dieses (mein) Leben in der Philosophie«.[15]

So wird hier bei Platon erstmals auch den Begriffen nach die Auseinandersetzung zwischen Philosophie und Rhetorik eröffnet. Bei Isokrates war das schon darum nicht möglich, weil er ja »Philosophie« für sich selbst in Anspruch nahm und das Wort »Rhetorik« überhaupt nie gebrauchte. Während dieser so die Grenzen zu einer um die Erkenntnis des Guten und Wahren bemühten Geistesbildung verfließen ließ, arbeitete Platon sie scharf heraus. Das hatte sicherlich auch biographische Bedeutung. Mit der Veröffentlichung des *Gorgias* scheint Platon zum Rückzug vom politischen, mit Rhetorik verbundenen Leben entschlossen, will er ganz Philosoph sein. Dass er dennoch später versuchte, auf Sizilien seinen Idealstaat zu verwirklichen, steht auf einem anderen Blatt.

## PLATON ALS SCHULLEITER

Wohl bald nach dem *Gorgias* eröffnete Platon seine berühmte »Akademie« *(Akadēmeia)*, eine Schule, in der er seine Vorstellungen von philosophischer Bildung in Konkurrenz zur rhetorischen Schule des Isokrates musterhaft verwirklichen konnte. Sie hatte weit dauerhafteren Bestand als die des Konkurrenten, ja einen äußerlich beispiellosen Erfolg. Da sie nicht an der Person des einen Dozenten hing, überlebte sie ihren Stifter zunächst einmal um volle 900 Jahre: Erst der christliche Kaiser Justinian ließ sie im Jahr 529 n. Chr. schließen. Dann aber lebte die *Academia* nach wiederum etwa 900 Jahren in der Florentiner Renaissance (durch den Platoniker Marsilio Ficino) erneut auf. Schließlich gab sie bis heute ihren Namen allen Universitäten und vielen wissenschaftlichen Einrichtungen[*] – bis hin zu »akademischen« Titeln, Würden, Bräuchen und Kommersbüchern: *Vivat Academia* ... heißt es in dem unsterblichen Studentenlied.[**]

Über den Unterrichtsbetrieb in der Akademie erfahren wir nur indirekt etwas aus Platons staatstheoretischem und pädagogischem Hauptwerk, *Politeia* (Der Staat), in zehn Büchern. Er beruhte sicherlich auf Platons zentralem Konzept, der sogenannten Ideenlehre, das heißt der Theorie, dass hinter unserer Sinnenwelt eine Welt mathematischer, moralischer, vielleicht auch anderer Gestalten oder »Ideen« stehe, die in unserer Welt nur abgebildet würden. Mit ihnen aber habe es, im Gegensatz zum bloßen Meinen, das wahre Wissen zu tun. So musste platonisches Lernen in einem Aufstieg vom sinnlich Gegebenen zum Idealen, wahrhaft Seienden bestehen. Dem diente ein Studium besonders der Mathematik und der Dialektik, also der logischen Begriffsklärung, wie sie beispielhaft auch in den veröffentlichten pla-

---

[*] Als »akademisch« gilt dabei jedenfalls für die deutsche Universität seit der Romantik, dass alle Forschung und Lehre philosophisch, also in einem auf das Ganze gerichteten »Geist des Allgemeinen« zu geschehen habe (Friedrich W. J. Schelling, *Über die Methode des akademischen Studiums*, 1802, bei Helmut Schelsky, *Einsamkeit und Freiheit*, Reinbek 1963, 72). Der Protest der sogenannten Achtundsechziger gegen das »Fachidiotentum« war somit gut »akademisch«.

[**] Mit falscher Betonung: *Acadèmia*; richtig wäre *Academía* (anders etwa *philosóphia* oder *theológia*).

tonischen Dialogen vorgeführt wird. Schon weil viele Mitglieder der Akademie später politisch tätig wurden, durfte Rhetorik als Lehrgegenstand nicht fehlen; im Zentrum kann sie jedoch nicht gestanden haben.

In seinen späteren Schriften kommt Platon gelegentlich noch auf Rhetorik zu sprechen, ohne ihr aber je die Ehre eines ganzen Dialogs zu erweisen. Das *Symposion*, ein künstlerischer Höhepunkt griechischer Prosa, gibt einen Redewettstreit verschiedener zum Umtrunk versammelter attischer Prominenter über das Thema des Eros bzw. der Liebe wieder: Sokrates übertrifft sie alle mit einer tiefsinnigen Rede, die er von der Priesterin Diotima gehört haben will (Stichwort: platonische Liebe); nur der betrunken hereinstürmende Alkibiades überbietet auch ihn noch, indem er das Lob des Sokrates selbst als des größten Erotikers singt. Im *Menexenos* trägt Sokrates eine musterhafte Gefallenenrede vor, die ihm diesmal Aspasia, Geliebte des Perikles, beigebracht haben soll: Solange es eine Platonforschung gibt, wird man streiten, wie weit diese Rede ernst oder ironisch gemeint sei (wir lassen dieses Problem darum klugerweise beiseite).

## WIE RHETORIK DOCH NOCH WISSENSCHAFT SEIN KÖNNTE

Ungleich wichtiger ist der *Phaidros*, der lange als frühester, programmatischer Dialog Platons gegolten hat. Heute glaubt man, dass er etwa fünfundzwanzig Jahre nach dem *Gorgias* verfasst wurde; und das scheint man auch deutlich zu spüren. Hier rückt nämlich Platon von dem rein moralischen Wissenschaftsbegriff ab, den er im *Gorgias* seiner Kritik der Rhetorik zugrunde gelegt hat, und eröffnet damit neue Möglichkeiten, Rhetorik wissenschaftlich bzw. als echte *technē* zu betreiben.

Ausgangspunkt des Dialogs, dessen Schönheit und Vielfalt hier auch nicht annähernd gewürdigt werden können, ist die Lektüre und kritische Besprechung der schon erwähnten Scherzrede des Lysias über die Vorzüge des Nichtliebenden vor dem Liebenden (S. 108). Dabei zeigt Sokrates zunächst, wie man dieses von Lysias recht konfus behandelte Thema\* richtiger, wissenschaftlicher angreifen kann, indem er aus einer Definition der Liebe *(erōs)* als einer Form der Unvernunft deren verschiedene Bedenklichkeiten in perfekter Gliederung herleitet. Dann aber wirft er, angeblich aus Furcht, den Gott Eros beleidigt zu haben, sein ganzes Konzept um und zeigt in einer neuen Rede, einer »Palinodie« (Widerruf), dass Unvernunft bzw. Wahnsinn gar nichts notwendig Schlechtes sei. Das führt zu einer phantastischen, ins Mythische gehenden Darstellung der »platonischen Liebe« – die hier aber ausgeklammert werden soll.

Erst im zweiten Teil des Dialogs kommt Sokrates, wieder in losem Anschluss an die Lysiasrede, auf das Thema der Rhetorik: Muss der Redner die Wahrheit kennen über das, was er redet?[16] Von diesem bereits in *Gorgias* behandelten Problem hat Sokrates' junger Gesprächspartner Phaidros schon gehört. Er referiert die bekannten Ansichten des Korax und Tisias über den Vorrang der Wahrscheinlichkeit vor der Wahrheit und über das Aufwerten der »schwächeren Rede« (S. 46): Wer bloß die Wahrheit kenne, wogegen an sich nichts spreche, ist nach Ansicht dieser Spezialisten noch nicht überzeugend. Dagegen meint Sokrates, die Rhetorik, wenn sie denn eine Wissenschaft sein wolle, müsse notwendig mit der Wahrheit zu tun haben.

Warum? Etwa weil sie das für den Hörer Gute im Auge haben müsse? Das wäre noch nach Art des *Gorgias* gedacht. Doch nun argumentiert Sokrates interessanterweise anders. Rhetorik ist ihm, ganz im Sinne des Redners Gorgias, Seelenführung *(psychagōgia)*, wozu durchaus auch das Betrügen gehört. Aber gerade der Redner, der betrügen wolle, müsse die Wahrheit kennen. Denn nur dann könne man das eine für das andere ausgeben, ein X für ein U vormachen, wenn man die zu verwechselnden Dinge jeweils genau erkannt habe. Hierzu wiederum, heißt es an anderer Stelle, bedarf es der »Dialektik«, mit deren Hilfe wir erstens das vielfach Zerstreute unter einen übergeordneten Begriff zusammenfassen (*synagōgē*), zweitens jeden Begriff in seine natürlichen Teile, wie der Koch ein Huhn tranchiert, zerle-

---

\* In der Kritik an Lysias stellt Sokrates erstmals das Postulat auf, eine Rede müsse eine »organische Einheit« bilden, in der die Teile nicht vertauscht werden können (264 C).

gen *(dihairesis)*\* – wofür Sokrates aus seiner eigenen Rede über den Eros Beispiele anführt.[17] (Wir sprechen heute in der Tradition der Logik von einer Begriffseinteilung nach *genus*, Oberbegriff, und *species*, Unterbegriff.\*\*)

Auf dieser Grundlage kommt nun Sokrates nach einigen Umwegen zum Entwurf einer neuen, wissenschaftlichen Rhetorik. Angeblich orientiert sie sich an der Methode des großen Arztes Hippokrates und wie dort bestimmte Medikamente bestimmten Körpern zum Zweck der Gesundheit zugeführt werden, so beruht sie auf einer Zuordnung von Seelen- und Redetypen zum Zweck der Überredung. Zuerst müsse der Rhetoriker klären, ob es nur eine Art von Seele oder mehrere gebe; dann gelte es, das Wesen jeder Seele zu erfassen:[18]

> Als Drittes aber wird er die Typen der Reden und der Seele
> und das, was ihnen widerfährt, gliedern und dann alle Ursachen
> durchmustern,
> indem er einen jeden [Redetyp] einem jeden [Seelentyp] zuordnet
> und dabei lehrt,
> welche Seele von welchen Reden aus welchem Grund
> notwendigerweise überredet wird
> und welche nicht überredet wird.

Das wäre in der Tat die perfekte rhetorische Theorie auf dialektischer, also Begriffe gliedernder Grundlage. Dabei genügt es nach Sokrates freilich nicht, diese Dinge nur schulmäßig gelernt zu haben; vielmehr

---

\* Der junge Arthur Schopenhauer bezeichnet im ersten Satz seiner berühmten Doktordissertation (*Über die vierfache Wurzel des Satzes vom zureichenden Grunde*, 1813) dieses dialektische Verfahren, zu dessen Empfehlung »Platon der göttliche und der erstaunliche Kant […] ihre nachdrucksvollen Stimmen« vereinigen, als die Verbindung der Gesetze der »Homogeneität« (Zusammenfassung) und der »Specification« (Trennung).

\*\* Vielleicht das bekannteste Beispiel einer solchen Dihärese, wie Platon sie vor allem im *Sophistes* einübt, ist das bis heute gültige System der Flora und Fauna von Carl von Linné (zuerst 1735). Auch das (lt. *Encyclopaedia Britannica*) »vielleicht wissenschaftlichste Lexikon der Welt«, der seit hundert Jahren entstehende *Thesaurus linguae Latinae*, legt seine Artikel nach diesem dihäretischen Prinzip an.

müsse man in der Praxis üben, die jeweilige Seele rasch zu erkennen, um ihr die nötigen Reden applizieren zu können und dann noch die jeweils richtigen Momente *(kairoi)* für alles zu erfassen.

Nicht nur dieses letzte Stichwort zeigt, dass wir hier nicht mehr so weit entfernt sind von dem rhetorischen Unterricht des Konkurrenten Isokrates, der – freilich ohne Platons theoretische Grundlage – ganz auf Übung ausgerichtet war (S. 134). Und ausgerechnet Isokrates huldigt Platon am Schluss: Sokrates sagt nämlich über diesen seinen Freund, ja »Geliebten«, er sei von »edlerer Art« und werde bald »mehr als Kindern allen überlegen sein, die sich je an Reden gemacht haben«; ja vielleicht werde ihn »der Schwung zu noch Größerem und Göttlicherem treiben«: »Denn von Natur aus steckt im Sinne dieses Mannes eine Art Philosophie.«[19] Als Platon dies schrieb, war der Geliebte des Sokrates, seinerzeit noch ein Teenager, mittlerweile über siebzig Jahre alt. Was mögen sich beide wohl beim Schreiben bzw. Lesen dieses Satzes gedacht haben? Auch darüber wird die Platonforschung noch lange rätseln.

## PLATON, RHETORIK UND DEMOKRATIE

Platon galt und gilt als größter antiker Gegner der Rhetorik. Und er hatte Anlass dazu. Dass zwei Redner mit unwahren Beschuldigungen die Verurteilung seines Lehrers Sokrates vor einem Volksgericht durchgesetzt hatten, konnte er nie vergessen. Was er aber der existierenden Rhetorik vorwarf, war, wie wir gesehen haben, nicht eigentlich ihr Mangel an Wahrheit und Wahrhaftigkeit (wie man oft leichthin annimmt), es war, jedenfalls im *Gorgias*, die fehlende Einsicht und Orientierung am Guten, die ihm letztlich zu einem gemeinschaftsgefährdenden Egoismus zu führen schien. Im *Phaidros* zeigt er dagegen, natürlich nicht ohne sokratische Ironie, geradezu neue Wege, wie man mit Hilfe der Dialektik rhetorisch exakt betrügen könne. Hier fehlt auch die explizite Ausrichtung auf das Gute, und so moniert Platon nur den bisher eklatanten Theoriemangel der Rhetorik, um dann seinerseits die durchaus wertfreie Theorie einer in Zukunft möglichen Rhetorik zu skizzieren.

Dass betrügerische Rhetorik für Platon nicht *eo ipso* verwerflich war (wie etwa für Kant), zeigen manche bemerkenswerte Äußerungen in seinen staatstheoretischen Schriften. So ist im Idealstaat von Platons *Politeia* den dort herrschenden, im Besitz der Wahrheit befindlichen Philosophenkönigen das Mittel der Lüge (wie den Ärzten der Einsatz von Drogen) durchaus erlaubt und notwendig, um die Bürger zu deren Nutzen zu regieren; ja ein ganzer staatserhaltender Mythos wird ersonnen, um durch Lüge die Kastenordnung zu stabilisieren.[20] Im *Politikos* scheint der »Rhetorik« sogar eine Art Propagandaministerium zugewiesen zu werden, das die Menge »durch Mythologie, nicht durch Belehrung« zu überreden hat.[21] Aber was ist Rhetorik ohne Wettstreit, *agōn*?

Wir können es zum Schluss nur andeuten: Platon war zwar ein Gegner zumindest der zu seiner Zeit existierenden Rhetorik, wohl mehr noch aber, wie der respektlose Philosoph Karl Popper gezeigt hat, ein Gegner derjenigen »offenen Gesellschaft«,[*] in der keiner im Besitz der Wahrheit ist und für die darum die rednerische Auseinandersetzung um Wahr und Richtig unentbehrlich ist: der Demokratie. Gerade diese hat Platon in seiner *Politeia* wie kein anderer verspottet. Darum muss bei aller Bewunderung für Platons geistige und künstlerische Leistung das Wort seines Schülers Aristoteles gelten (das wir lateinisch zu zitieren pflegen): *Amicus Plato, magis amica veritas*[**] (Platon ist mir lieb, noch lieber die Wahrheit), oder noch besser: *magis amica libertas* (noch lieber die Freiheit).

---

[*] Karl Popper, *The open society and its enemies*, Bd. 1: *The spell of Plato,* London 1945 (⁵1966), s. bes. S. 138 ff. Dieses nicht nur leidenschaftliche, sondern auch scharfsinnige und gelehrte Pamphlet hat wie wohl kein anderes Werk (Nietzsche ausgenommen) das Denken über Platon verändert.

[**] Zugrunde liegt Aristoteles, *Nikomachische Ethik* 1,4 (1096 A 17 f.): »Da uns beide lieb sind [Platons Ideenlehre und die Wahrheit], ist es recht, der Wahrheit den Vorzug zu geben.« Weiteres bei Klaus Bartels, *Veni vidi vici*: *Geflügelte Worte aus dem Griechischen und Lateinischen,* Mainz ¹¹2006, 37.

## *PISTEIS* – ARISTOTELES DURCHDENKT DIE RHETORIK

Nach einem alten Bonmot, das man auch Goethe zuschreibt, wird jeder denkende Mensch entweder als Platoniker oder als Aristoteliker geboren. Der Platoniker, so meint man, schwebt im Reiche des Idealen und misst daran seufzend die ach so unvollkommene Realität. Der Aristoteliker dagegen steht fest mit beiden Beinen in der Welt der Tatsachen und versucht, sich in ihr vernünftig zu orientieren. In der Tat wissen wir aus klaren Äußerungen, dass Aristoteles – Platons größter Schüler – die Ideenlehre, also Platons zentrales Konzept, verworfen hat; und auch sonst ging er in seiner universalen Gelehrsamkeit, die von der Logik und Poetik über Ethik und Politik bis hinauf zur Metaphysik und hinab zur Botanik reichte, recht eigene Wege.

So verlief auch die Wirkungsgeschichte der beiden Philosophen auf getrennten Bahnen. Die frühen christlichen Theologen verbündeten sich mit Platon, dem Verächter des Irdischen. Im Mittelalter dagegen, besonders in der scholastischen Theologie, dominierte der zum Teil ins Lateinische übersetzte Aristoteles, der als »der« Philosoph schlechthin galt, während Platon fast unbekannt war. Dann, mit der Erneuerung der Griechischstudien in der Renaissance des 15. Jahrhunderts, stieg erneut der Stern Platons, dem schon Petrarca, »Vater des Humanismus«, vor Aristoteles den ersten Rang zugewiesen hatte: Im Bereich des Menschlichen zwar hätten beide gleiche Fortschritte gemacht, in »göttlichen Dingen« aber sei Platon höher gestiegen – beinahe schon ein Christ. So hat dann auch Raffael die zwei Großen in seinem berühmten Fresko *Die Schule von Athen* (1509–1511) dargestellt: Platon weist mit ausgestrecktem Zeigefinger gen Himmel, nach vorn deutet Aristoteles mit ausgebreiteter Hand.

Auch hinsichtlich der Rhetorik scheinen die beiden verschieden ausgerichtet. Während sich Platon, wie wir sahen, über die Redekunst nur gelegentlich und meist ablehnend äußerte, widmete Aristoteles dem Gegenstand volle drei Bücher einer regelrechten »Rhetorik« *(Rhētorikē)*. Es ist die erste aus dem Altertum erhaltene vollständige Darstellung des Gebiets – über die früheren Handbücher seit Tisias haben wir ja nur Nachrichten –; und, um es gleich zu sagen, es ist als wissenschaftliche Leistung die beste überhaupt. Die Gelehrten streiten: Ist dieses Werk im Widerspruch gegen den Lehrer Platon entstanden? Oder hat Aristoteles gerade hier versucht, Platons Kritik an der Rhetorik Rechnung zu tragen? Die Wahrheit dürfte in der Mitte liegen – wo aber liegt die Mitte?

## IM BANNE PLATONS

Zunächst ein paar äußere Daten. Aristoteles, im Gegensatz zu Platon ein Nichtathener (aus Stageira auf der Chalkidike), trat im Jahr 367 v. Chr. mit 17 Jahren in die Akademie Platons ein (der mehr als vierzig Jahre älter war). Ihr gehörte er bis zum Tode Platons (347 v. Chr.) an. 343 v. Chr. wurde er als Erzieher des jungen Alexander, später des Großen, an den makedonischen Königshof berufen. Nachdem Alexander zur Regierung gekommen war, kehrte Aristoteles 335 v. Chr. nach Athen zurück, nun aber nicht mehr an die Akademie: Im Lykeion, einer Sporthalle bei Athen (wonach unsere *Lyzeen* genannt sind), erteilte er von jetzt an in eigenem Namen Unterricht (bis fast zu seinem Tode, 322 v. Chr.). Daraus entstand unter seinen Nachfolgern später eine regelrechte Schule, die »Peripatetiker«.

Also immerhin zwanzig Jahre lang stand Aristoteles unmittelbar im Banne Platons. Und seine eigene Forschungstätigkeit, die Schüler und Hilfskräfte als Mitarbeiter einbezog, war sicherlich am Vorbild Platons orientiert. So schrieb auch er in jungen Jahren, wie sein Lehrer, für das literarische Publikum Dialoge, die heute leider verloren sind, deren stilistische Kunst aber auch später noch bewundert wurde (die uns erhaltenen Schriften sind schulinterne Graulitertur ohne künstlerischen Anspruch[*]).

---

[*] Meist denkt man an Vorlesungsskripte; speziell zur Rhetorik zuletzt Wolfgang Kullmann, in: Knape/Schirren (S. 538), 21–37.

Einer dieser Dialoge, *Gryllos*, behandelte die von Platon ventilierte Frage, ob die Rhetorik eine Wissenschaft sei. Dagegen habe Aristoteles scharfsinnig argumentiert, berichtet Quintilian, jedoch mehr der Form halber, denn anders urteile er ja in der *Rhetorik* selbst.[1] Im Gegensatz zu Quintilian glauben heute viele, dass Aristoteles hier eine Entwicklung durchgemacht habe, dass er also vom Platoniker des *Gryllos* zum »Aristoteliker« geworden sei. Und viele meinen sogar, diese Entwicklung auch noch innerhalb der *Rhetorik* selbst fassen zu können – die auf Vorlesungen beruht, die offenbar zu verschiedenen Zeiten gehalten wurden.

Die entscheidenden Sätze stehen im ersten Kapitel. Es beginnt mit einem Satz, der auf den ersten Blick ganz platonisch sein könnte: »Die Rhetorik ist das Gegenstück zur Dialektik.« Platon hatte ja im *Phaidros* gezeigt, was die Dialektik als Seinserkenntnis für den Redner leisten könnte (S. 160). Aristoteles aber verstand mittlerweile unter Dialektik etwas ziemlich anderes, nämlich die Kunst, im Gespräch *(dialegesthai)* mit Wahrscheinlichem umzugehen. Eine eigene Schrift, die *Topik*, ist dieser Wahrscheinlichkeitsargumentation gewidmet. Der Unterschied zwischen Rhetorik und Dialektik besteht demnach lediglich darin, dass bei jener nur einer redet, »anklagt oder verteidigt«, bei dieser dagegen zwei Personen »prüfen bzw. Rede stehen«. Gemeinsam ist ihnen, dass sie kein spezielles Wissensgebiet haben (wie dies ja bezüglich der Rhetorik schon Gorgias bei Platon sagte) und dass sie sich als Wissenschaft betreiben lassen. Auch Letzteres hatte ja Platon schon angedeutet: Im *Gorgias* wäre die Voraussetzung für eine echte Rhetorik gewesen, dass sich der Redner am Guten orientiere (S. 156); im *Phaidros*, dass sie auf Sachkenntnis und einer wissenschaftlichen Psychologie basiere (S. 160 f.).

Aristoteles argumentiert aber zunächst etwas anders: Da alle Menschen anklagen und verteidigen, die einen dies jedoch »blindlings« tun, die andern »durch Gewohnheit, aus einer Haltung heraus« – gedacht ist also an geübte, aber theoretisch ungeschulte Redner –, darum »ist klar, dass es möglich sein müsste, die Sache auch ›methodisch‹ zu betreiben«.[2] Worin besteht dann der Unterschied zwischen Gewohnheit und Methode? Darin, dass der methodische Rhetoriker die

Ursache dafür betrachtet, warum bestimmte (blindlings oder mit Übung agierende) Redner ihr Ziel erreichen.*

Auch das erinnert an Platon, der ja im *Gorgias* die existierende Rhetorik als eine »irrationale Sache«, die nichts zu begründen wisse, abqualifiziert hatte. Doch was bei Platon nur ein Nebenthema war, ist nun das entscheidende Spezifikum: Rhetorik wird dadurch zur Wissenschaft,** dass sie die Gründe für Gelingen und Misslingen der Rede zeigt. Der moralische Faktor, der in Platons *Gorgias* so dominierte, scheint damit eliminiert. Oder ist es doch anders?

## ARISTOTELES KRITISIERT DIE BISHERIGE RHETORIK

An einer Stelle im ersten Kapitel scheint Aristoteles doch noch moralische Forderungen zu stellen. Er kritisiert zunächst in einem groß angelegten Exkurs alle bisherigen Verfasser rhetorischer Lehrbücher – alle! Kennt er die wirklich? In der Tat. Als gründlicher Wissenschaftler hatte er sich eine Sammlung sämtlicher vorhandenen *Technai* angelegt und sie in einer eigenen Schrift *Kompendium der Rhetoriken*

---

\* Am Anfang der *Metaphysik* (981 A 29) bestimmt Aristoteles den Unterschied zwischen bloß »Erfahrenen« *(empeiroi)* und wirklichen Kennern, »Künstlern« *(technitai)*, damit, dass jene nur das Dass, diese auch das Warum kennen.

\*\* In der Literatur zu Aristoteles liest man oft, Rhetorik sei für ihn keine Wissenschaft, sondern bloß eine Art Sachverstand, weil er sie als *technē* (Kunst), nicht als *epistēmē* (Wissen) bezeichne. Hier will jedoch beachtet sein, dass für Aristoteles die *epistēmē* der Definition nach unveränderliche Gegenstände hat, die *technē* dagegen auf ein Hervorbringen *(poiēsis)* im Bereich des Veränderbaren gerichtet ist (*Nikomachische Ethik* 1139 B 14–1140 A 23) – wobei die Begriffe wohl nicht immer ganz scharf geschieden werden. So kann Rhetorik natürlich im streng aristotelischen Sinn nicht *epistēmē* sein (vgl. *Rhetorik* 1359 B 13 ff.); doch da sie »mit Begründung« (*meta logu*, *Nikomachische Ethik* 1140 A 4 u. ö.) verfährt, darf sie (nach unserer Auffassung) durchaus als wissenschaftlich gelten. Wenn Aristoteles zudem immer wieder behauptet, dass im Bereich der Rhetorik keine Genauigkeit möglich sei, so sind damit natürlich nicht deren eigene Lehrsätze und Begründungen gemeint, sondern die Reden des Rhetorik praktizierenden Redners: »Denn wir beraten über Dinge, von denen wir keine *technai* haben« (1357 A 1) – obwohl die Rhetorik selbst ja *technē* ist! – Vgl. zu Cicero S. 365.

*(Synagogē technōn)* resümiert (vgl. S. 43). So tadelt er nun also aus umfassender Kenntnis heraus alle bis dato existierende Rhetorik, weil sie den wichtigsten Teil ihrer Aufgabe gar nicht in Angriff genommen habe, nämlich die »Enthymeme« *(enthymēmata)*, die doch seiner Ansicht nach das »Kernstück des Glaubhaftmachen« *(pistis)* darstellten. Gemeint sind damit die rhetorischen Wahrscheinlichkeitsschlüsse, die er jedoch erst später behandelt (deren ungefähre Kenntnis er aber beim Leser schon vorauszusetzen scheint). Sie, behauptet er, seien von den bisherigen Rhetorikern vernachlässigt worden – »dagegen behandeln diese Leute weitläufig die Dinge außerhalb der Sache *(exō tu pragmatos)*«.[3] Hier wiederum denkt Aristoteles an die unsachlichen Mittel der Beeinflussung des Zuhörers, vor allem natürlich die Affekterregung:

> Denn Verleumdung, Mitleid, Zorn und ähnliche Affekte *(pathē)* der Seele
> >   haben nicht mit der Sache *(pragma)* zu tun, sondern zielen auf
> > >     den Richter.
> Wenn es also bei allen Gerichtsurteilen so wäre,
> >   wie es heute wenigstens in einigen Städten der Fall ist –
> 5  besonders in denen, die gute Gesetze haben –,
> >   dann wüssten sie [die üblichen Rhetoriker] überhaupt nicht,
> > >     was sie reden sollten.
> Denn es ist doch so, dass alle Menschen entweder meinen, dass
> > >     die Gesetze verfügen sollten,
> >   man dürfe nicht außerhalb der Sache reden
> >   oder dass sie solche Gesetze sogar in Gebrauch haben und dieses
> > >     verbieten,
> 10 wie es vor dem Areopag der Fall ist – und dieser Auffassung sind
> > >     sie mit Recht.
> Denn man darf den Richter nicht verdrehen,
> >   indem man ihn in Zorn oder Neid oder Mitleid versetzt.
> Denn das wäre so ähnlich, wie wenn einer ein Richtmaß,
> >   das er noch verwenden will, krumm biegen würde.

Es ist verständlich, dass hier viele applaudieren und Aristoteles dazu beglückwünschen, dass er die von den Rednern seiner Zeit so mächtig betriebene Affekterregung aus seiner Rhetorik verbannen möchte. Nur tut er das leider eben nicht. Vielmehr sind auch für ihn die Affekte eine der Möglichkeiten des Glaubhaftmachens *(pistis)*, und so werden sie denn in seiner Rhetorik auch ausführlich behandelt. Aber wie kann Aristoteles das lehren, was er hier doch missbilligt? Sollte sich dieser Widerspruch* etwa daraus ergeben, dass an dieser Stelle ein noch junger, moralisch-platonischer Aristoteles spräche, in späteren Teilen des Werkes dagegen ein gereifterer, der mit der gängigen Rhetorik einen Kompromiss eingegangen wäre. In der Tat hat man oft so gedacht.**

Sieht man sich jedoch den Text genauer an, bemerkt man, dass Aristoteles gerade hier zwar eine Forderung erhebt, aber durchaus keine eigentlich rhetorische, sondern eher eine politische. Zunächst ist doch klar, dass er hier nicht etwa die Affekte aus der Rhetorik ausschließt, denn bei »außer der Sache« (lat. *extra causam*) ist mit der »Sache« ja nicht die Rhetorik, wie man schon gemeint hat, sondern der jeweils zur Debatte stehende Fall gemeint. Das meiste von dem, was die rhetorischen Handbücher enthalten, betrifft, meint er (zu Recht), nicht diese »Sache« – und so wären die von ihnen instruierten Redner ohnmächtig, wenn überall das Gerichtswesen ideal wäre, »unsachliches« Reden also verboten wäre. In der Tat wünscht Aristoteles, dass dies der Fall wäre, und er glaubt sich darin mit den meisten Menschen einig – mit allen sogar, sagt er!

Aber sein aus dieser gemeinsamen sittlichen Überzeugung gesprochener Satz, dass man den Richter nicht zornig usw. machen dürfe, begründet keineswegs eine Eigenart seiner Rhetorik, sondern seine Billigung jener Gesetze, die das außersachliche Reden verbieten (Z. 10). Dieser Appell richtet sich an Politiker und Gesetzgeber, nicht eigentlich an Redner – die in ihren Reden natürlich die jeweils geltende Gepflogenheit zu berücksichtigen haben. – Sicherlich besteht nach Aristoteles

---

\* Zu ihm zuletzt die Arbeiten von E. Schütrumpf und J. Sprute in: Furley/Nehamas (S. 598) sowie von Kullmann (wie Anm. zu S. 165).
\*\* Dabei übersieht man regelmäßig, dass die hier von Aristoteles vertretene Position (Affekterregung sei schädlich) überhaupt nicht der des Sokrates im *Gorgias* entspricht.

ein gewisser Gegensatz zwischen einem idealen Gerichtswesen und der Rhetorik, wie auch er sie lehrt; ein Widerspruch oder eine Entwicklung in seinem Denken ist hier jedoch nicht zu greifen.

Mit ähnlichen Argumenten kritisiert er nun weiter die existierenden Rhetoriken. Sie behandeln, wie er feststellt, vor allem die Eigenschaften der einzelnen Redeteile (weil es auch dabei um eine unsachliche Beeinflussung des Richters geht), und sie bevorzugen die Theorie der Gerichtsrede vor der (meist sachlicheren) politischen Rede. Wenn er, Aristoteles, dagegen vor allem die Kunst des Enthymems als der »Krönung der *pisteis*«[4] lehre, mache er damit den philosophischen Wahrheitsfreund zum besten Redner. Denn es sei dieselbe Fähigkeit, das Wahre und das dem Wahren Ähnliche zu erkennen.[5]

Hier nähert sich Aristoteles dem platonischen *Phaidros* (S. 160). Dennoch lehnt er jede Grenzverwischung zur philosophischen Ethik ab. Die Rhetorik sei zwar ein Nebensprössling sowohl der Dialektik als auch eines Teils der Ethik bzw. der Politik, sie dürfe sich aber darum nicht selbst als Politik ausgeben, wie das manche Leute aus Unbildung oder Prahlerei täten, da sie ja kein eigenes Sachgebiet habe.[6] Dies ist ein klarer Hieb, scheint mir, auf Sophisten, die sich wie Protagoras anheischig machten, die »politische Tugend« zu lehren – vielleicht auch auf Isokrates, der rednerische und sittliche Erziehung so eigenartig vermischte (S. 134).

Zur Begründung seiner eigenen rhetorischen Lehrtätigkeit soll Aristoteles übrigens ein Dichterwort abgewandelt haben: »Schlimm wär's zu schweigen, wenn Isokrates doziert.« Das bezog sich nicht nur auf die Theorie, in der er seinem erfolgreichen Rivalen haushoch überlegen war. Aristoteles unternahm mit seinen Schülern auch praktische Übungen, wohl nicht in Form ganzer Reden bzw. Deklamationen, offenbar aber in der Kunst des *in utramque partem disserere* (des Argumentierens nach Pro und Contra)[7] – der nützlichsten Schule für den Redner, wie noch Cicero sagt.

## DIE RHETORIK WIRD REALISTISCH
## UND BESCHEIDEN

Am besten und, man könnte sagen, am ›aristotelischsten‹ ist er jedoch, wenn er nun den Nutzen der Rhetorik darlegt (den er vom Wissenschaftsanspruch trennt). Leute wie Gorgias und Polos hatten die Rede als wunderbare Zauberin gepriesen, die aus Schwarz Weiß und aus Trauer Freude mache. Fast konträr Aristoteles: Nicht die Rhetorik sei so mächtig, sondern Wahrheit und Gerechtigkeit seien stark, stärker jedenfalls als ihr Gegenteil – also sei es doch eine Schande, wenn sie vor Gericht unterlägen! (Rhetorik stellt nur die rechte Balance auf der Waage wieder her.) Außerdem bedürfe man ihrer vor einem mäßig intelligenten Publikum, das strengen Wissenschaftsbeweisen nicht folgen könne. Und sie lehre uns, drittens, zugleich die unlauteren Finten des Gegners zu durchschauen (heute eine beliebte Begründung für Rhetorik im Deutschunterricht). Vor allem aber, viertens, brauche man sie ganz einfach, um sich der eigenen Haut wehren zu können. Ist das nicht wahr? (Ganz selbstverständlich konnte es aber für einen Platoniker nicht sein, wenn man an das so unrhetorische Verhalten des Sokrates vor Gericht denkt.) Dass man andererseits die Rhetorik auch missbrauchen könne, das habe sie gemeinsam mit allen schönen Gütern wie Gesundheit, Reichtum usw. Hier denkt Aristoteles ebenso wie Gorgias bei Platon. Und natürlich hat er auch hier ganz recht.

Schwerer wird es dagegen, ihm zu folgen, wenn er dann auf die Aufgabe der Rhetorik zu sprechen kommt. Dies müsste die »Überredung« sein, meinen wir – von der alten Definition der Rhetorik als »Meisterin der Überredung« war ja auch Platon nie abgewichen. Aristoteles meint sie modifizieren zu müssen. Es sei klar, behauptet er kühn, »dass nicht das Überreden (bzw. Überzeugen) ihre Aufgabe ist« – was dann? –, »sondern zu erkennen, was an einer jeden Sache für Überredungsmöglichkeiten *(pithana)* vorhanden sind«.[7a] Wieso? »Denn es ist auch nicht die Aufgabe der Medizin, gesund zu machen« – ich hoffe, keiner meiner Ärzte liest das –, »sondern die Sache nur so weit voranzutreiben, wie es möglich ist. Denn man kann ja auch Leute, die nicht mehr gesund werden können, wenigstens anständig pflegen.«

Das scheint mir entweder banal oder falsch. Wenn eine bestimmte Kunst oder Wissenschaft nicht immer ihr Ziel erreichen kann, weil die Umstände es nicht zulassen, so ändert das doch nichts am Ziel. Die Aufgabe des Stürmers im Fußball bleibt es, Tore zu schießen, auch wenn das sogar in der Mehrzahl der Fälle wegen ungünstigen Schusswinkels oder aus anderen Gründen nicht glückt. Und noch so viele unheilbar Kranke ändern nichts an der Aufgabe des Arztes.

Was will also Aristoteles mit dieser sonderbaren Einschränkung? Will er am Ende, wie viele gemeint haben, den Redner irgendwie intellektualisieren, ihn auf das bloße Erkennen und Philosophieren festlegen?* Durchaus nicht. Man muss Aristoteles vor dem Hintergrund seiner Vorgänger verstehen. Gorgias und viele Sophisten hatten bei ihrer Propaganda den Mund weit aufgemacht, um die Wirkungen ihrer Kunst herauszustreichen: Gegen die Eloquenz des Paris habe Helena keine Chance gehabt. Von solcher sophistischen Aufschneiderei distanziert sich Aristoteles: Natürlich kann auch eine wissenschaftliche Rhetorik nicht alles; der Redner soll eben, wie alle Künstler, sein Bestes tun.** Allerdings hätte sich das auch sagen lassen, ohne es gleich in die Definition aufzunehmen. So aber wird jetzt die alte, handliche Definition durch eine neue, etwas verquälte ersetzt: »So sei also Rhetorik die Fähigkeit *(dynamis)*, an jeder Sache die vorhandene Möglichkeit des Glaubhaftmachens *(to endechomenon pithanon)* zu erkennen.« Und die Fußballkunst wäre dann die Fähigkeit, sich die in jeder Situation gegebenen Möglichkeiten des Toreschießens klarzumachen.

---

\* Als beispielhaft zitiere ich die Erklärung von Werner Eisenhut (*Einführung in die antike Rhetorik und ihre Geschichte*, Darmstadt 1974, 3): »Hervorgegangen ist sie [sc. die Definition des Aristoteles] aus der idealistischen[!] Vorstellung, die Rhetorik gehöre der Philosophie zu; das entsprach übrigens auch der Meinung Platons (vgl. seinen ›Gorgias‹).« Weder Aristoteles noch Platon (und im *Gorgias* schon gar nicht) haben je behauptet, die Rhetorik gehöre zur Philosophie. Nur zeigte jeder auf seine Weise, zu welchem Zweck der erfolgreiche Redner die Philosophie (Sacherkenntnis) benötigt.
\*\* So argumentiert Aristoteles auch bezüglich der Dialektik in den *Topika* (101 B 5–10), wo er auf unsere Partie Bezug zu nehmen scheint.

## EIN PLATONIKER ZERLEGT DIE RHETORISCHEN ÜBERREDUNGSMITTEL

Nicht in dieser Neudefinition der Rhetorik liegt die Leistung des Aristoteles, sondern in den vielen, zuerst von ihm gemachten Einteilungen der *pisteis*, der Arten des Glaubhaftmachens bzw. Überredens/Überzeugens. Sie haben sich nicht nur im Altertum bewährt und sind bis heute fundamental. Natürlich verwendet Aristoteles dabei die von Platon erlernte Kunst der Dihärese.

Die elementarste Einteilung der *pisteis* ist die in (1) unkünstliche *(atechnoi)* und (2) künstliche\* *(entechnoi)*. Unkünstlich (1) ist all das, was nicht vom Redner selbst beigebracht wird, sondern was er als potentielles Beweismaterial schon vorfindet, vor allem Zeugen und Protokolle über Sklavenaussagen, dann Dokumente aller Art und anderes (darunter auch, was uns verwundert, Gesetze und Schwüre). Hier geht es nur darum, diese vorhandenen Dinge richtig zu gebrauchen. Die künstlichen *pisteis* (2) dagegen sind diejenigen, die der Redner selbst kraft seiner Kunst aufzufinden hat.

Diese wichtige Einteilung geht unmittelbar aus der existierenden rednerischen Praxis hervor: Längst war es üblich, in gesonderten Redeteilen Zeugenaussagen (1) und Wahrscheinlichkeitsargumente (2) zu behandeln und gegebenenfalls gegeneinander auszuspielen. Und ein Standardargument wie der schöne Spruch »Zeugen kann man bestechen, die Wahrheit nie« dürfte auch schon in früheren Rhetoriken gelehrt worden sein. Erst Aristoteles scheint diese Dinge aber auf den allgemeinen Begriff gebracht zu haben.

Die nächste Einteilung ist die für ihn wichtigste: Die künstlichen *pisteis* liegen, sagt er, entweder im Charakter *(ēthos)* des Redners (2.1), der glaubwürdig wirken muss – »denn anständigen Menschen glauben wir mehr und schneller«[8] –, oder aber in den Zuhörern, sofern man sie in einen Affektzustand *(pathos)* versetzt (2.2) – ein laut Aris-

---

\* »Künstlich« hat hier nicht, wie meist im heutigen Deutsch, die Bedeutung von »gekünstelt, unnatürlich«; es soll nur sagen, dass etwas zur »Kunst« des Redners gehört. Man denke etwa an den Choral: »Lobe den Herren, der künstlich und fein dich bereitet« (Joachim Neander, 1680).

toteles (s. oben) in der älteren Rhetorik einseitig behandelter Aspekt. Er interessiert sich mehr für die in der Rede *(logos)* selbst liegenden *pisteis* (2.3), die etwas als wahr oder scheinbar wahr erweisen.

Wer irgendwo einen Grundkurs in Linguistik oder Ähnlichem mitgemacht hat, bemerkt leicht, dass Aristoteles hier fast genau das heute gängige »Kommunikationsdreieck« vorwegnimmt: Sender (2.1) – Empfänger (2.2) – Botschaft (2.3). Alle drei Faktoren muss der Redner im Auge haben. Danach hat Aristoteles den größten Teil seiner *Rhetorik*, die Bücher I und II, aufgebaut. Er beginnt im ersten Buch mit den »logischen« bzw. sachlichen *pisteis* (2.3: I 3–15), behandelt dann im zweiten Buch nur kurz das für den Erfolg so wichtige *ēthos* (2.1: II 1 a) und ausführlicher das *pathos* (2.2: II 1b-17); dann kehrt er noch einmal zum *logos* (2.3: II 18–26) zurück. Die Ringkomposition unterstreicht, dass ihm hieran am meisten gelegen ist, obwohl er andererseits zugibt: »Das *ēthos* ist geradezu das mächtigste Überredungsmittel.«[9]

Zunächst gilt es aber nun, die logischen Überredungsmittel (2.3), die eigentlichen rhetorischen »Beweise«, näher zu durchmustern. Sie gliedern sich in zwei komplementäre Gattungen: das schon erwähnte Enthymem (2.3.1: *enthymēma*) als das von Aristoteles so getaufte Lieblingskind seiner Rhetorik und das Beispiel (2.3.2: *paradeigma*). Diesen entsprechen im Bereich der Logik zwei gegensätzliche Verfahren: der Syllogismus *(syllogismos)* – wir heute sprechen hier auch von Deduktion – und die Induktion *(epagōgē)*.* Beim Enthymem (2.3.1), dem »rhetorischen Beweis« bzw. »rhetorischen Syllogismus«, zieht man wie beim echten Syllogismus einen Schluss aus Prämissen, »aus denen sich, wenn sie gegeben sind, etwas anderes ergibt«.[10] So im berühmtesten aller Syllogismen (auch wenn er bei Aristoteles nicht vorkommt):

Alle Menschen sind sterblich. [Prämisse 1]
Sokrates ist ein Mensch. [Prämisse 2]
Sokrates ist sterblich. [Conclusio]

---

* Die heute übliche Gegenüberstellung von Deduktion (Schluss vom Allgemeinen zum Besonderen) und Induktion (vom Besonderen zum Allgemeinen) scheint erst neuzeitlich zu sein (Kurt von Fritz, *Schriften zur griechischen Logik*, Stuttgart-Bad Cannstatt, Bd. 2, 1978, 70); sie entspricht nicht genau den Vorstellungen des Aristoteles.

Während dieser Schluss strengen Wahrheitskriterien genügen müsste, ist das beim Enthymem nicht ebenso der Fall, vielmehr bewegt es sich, dem Wesen der Rhetorik entsprechend, im Bereich des landläufigen Meinens bzw. der Dinge, die sich »im Allgemeinen auch anders verhalten können«. Ich formuliere aufs Geratewohl:

> Alle Landstreicher sind Gelegenheitsdiebe.
> Herr Huber ist ein Landstreicher.
> Herr Huber ist ein Gelegenheitsdieb.

Zu Recht stellt Aristoteles fest, dass Redner ihre Enthymeme selten in dieser vollständigen Gestalt formulieren. Meist kürzt man, indem man etwa sagt (das Beispiel stammt jetzt von Aristoteles selbst[11]): »Dorieus hat einen Kranz gewonnen [Conclusio], denn er hat in Olympia gesiegt [Prämisse 2].« Hier fehlt formal die erste Prämisse, nach der jeder Olympiasieger einen Kranz gewinnt – aber das wisse ohnehin ein jeder. Leider hat sich aus dieser Bemerkung des Aristoteles in der späteren Rhetorik die Gewohnheit entwickelt, jeden formal unvollständigen Schluss Enthymem zu nennen, ja diese Verkürzung zur Definition zu machen.[12] So entsteht eine Verwirrung, an der Aristoteles (fast) unschuldig ist.

Anderer Natur ist das Beispiel, *paradeigma* – das vor allem in Gestalt des »Paradigmenwechsels« in den letzten Jahrzehnten bei uns zu einer grassierenden Modevokabel geworden ist. Bei Aristoteles ist es als Form der Induktion ein Schluss »vom Ähnlichen auf das Ähnliche, wenn beide unter dieselbe Art *(genos)* fallen, das eine aber deutlicher ist als das andere«.[13] Mit dem Beispiel, das Aristoteles gibt, will der Redner nachweisen, dass Dionysios (von Syrakus) nach der Macht eines Tyrannen strebe, und zwar darum, weil er für sich eine Leibwache verlange. Er folgert dies nun aber nicht syllogistisch etwa aus dem Satz: »Niemand verlangt eine Leibwache, der nicht Tyrann werden will« usw., sondern induktiv daraus, dass er das Beispiel, *paradeigma*,*

---

* *Paradeigma* hat eine engere Bedeutung als unser »Beispiel«, mit dem oft auch ein Einzelnes, das einem Oberbegriff logisch untergeordnet ist, bezeichnet wird: »Webers

von Leuten anführt, die ebenfalls eine Leibwache verlangten und darauf Tyrannen wurden: Peisistratos in Athen oder Theagenes in Megara. Natürlich beruht auch ein solcher Beweis letztlich auf dem genannten Obersatz; dieser wird jedoch nicht ausdrücklich ausgesprochen. Sehr richtig stellt Aristoteles fest, dass Enthymeme bzw. Syllogismen zwar zwingender sind (und sogar mehr beklatscht werden), *paradeigmata* aber dem Normalmenschen eher einleuchten.

## WAS IST EIN TOPOS?

Damit ist die Dihärese noch nicht am Ende. Vielmehr sind bei den Enthymemen (2.3.1) zwei Quellen zu unterscheiden: Sie stammen entweder aus »Ideen« (*eidē*, 2.3.1.1) oder aus »Örtern« (*topoi*, 2.3.1.2). Die »Ideen« haben zwar einen schön platonischen Namen, sind aber so unplatonisch wie nur möglich. Es sind allgemein anerkannte Gedanken aus irgendeinem Bereich, etwa aus dem der Ethik: »Oberstes Ziel aller menschlichen Handlungen ist das Glück.« Und was ist das Glück? »Ein Wohlergehen im Einklang mit der Tugend.« Oder: »Die Unabhängigkeit des Lebens.« Oder: »Ein Leben, das bei äußerer Sicherheit möglichst angenehm ist.« Egal, ob dergleichen ganz richtig ist: »So gut wie alle Menschen sind sich einig, dass in einer oder mehreren von diesen Bestimmungen das Glück besteht.«[14] So enthält der größte Teil des ersten Buches der aristotelischen Rhetorik (I, 4–14) solche »Ideen«: ein Reservoir der Populärphilosophie, aus dem sich der Redner bequem bedienen kann.

Schwieriger ist für uns der Begriff des Topos (»Ort«, *locus*), weil dieser von Aristoteles in Dialektik und Rhetorik eingebürgerte Terminus seine Bedeutung seitdem stark verändert hat. Heute versteht man im allgemeinen Sprachgebrauch darunter einen in bestimmten Zusammenhängen gängigen Gedanken, etwa zur Einleitung einer Rede: »Leider bin ich kein Redner« oder zur Entgegnung auf Pro-

---

›Freischütz‹ ist das schönste Beispiel einer deutschen Volksoper.« Oder: »Das Trapez ist Beispiel einer geometrischen Figur.«

teste: »Wer krakeelt, zeigt nur, dass er sich getroffen fühlt.« In der Literaturwissenschaft bezeichnet man mit »Topos« darüber hinaus bestimmte Formen bzw. Klischees, die in gewissen literarischen Gattungen häufig auftreten; so spricht man etwa vom Topos des *locus amoenus* (»lieblicher Platz« mit Bäumen, Quelle und Vogelgesang) oder vom Unsagbarkeitstopos: »Selbst wenn ich 10 (100, 1000 …) Zungen hätte …«\*

Dagegen versteht man in neuerer rhetorischer Literatur unter einem Topos in der Regel das, was Heinrich Lausberg mit großem Erfolg »Such-Formel«[15] getauft hat: keinen festen Gedanken, sondern eine Formel, mit deren Hilfe man einen Gedanken finden kann. So hilft mir etwa der »Topos des Tatmotivs« *(locus e causa)* Argumente dafür zu finden, warum ein Angeklagter eine Tat begangen oder nicht begangen hat. Dieser Begriff von Topos kann sich immerhin auf die Autoritäten von Cicero und Quintilian berufen, welche die Topoi bzw. *loci* als *sedes argumentorum* (Fundstätten der Argumente) bezeichnen.[16]

Der Begriff des Aristoteles ist auch davon noch ein wenig verschieden. Er erscheint zunächst in einer Lehrschrift über die Gesprächskunst (Dialektik), die vom Topos sogar den Namen hat: *Topika* – ein nicht leicht zugängliches Werk. Topos wird zwar auch dort nicht definiert, doch bei den aufgezählten Topoi handelt es sich jeweils um Gedankenformen, mit denen man im Gespräch einen vom Partner behaupteten Satz angreifen kann – somit weniger einen »Ort«, *an* dem man etwas findet, als vielmehr einen, *von* dem aus man etwas packen kann.\*\*

---

\* So vor allem seit dem einflussreichen Buch von Ernst Robert Curtius, *Europäische Literatur und lateinisches Mittelalter* (S. 13), 89 ff.

\*\* Vgl. etwa *Topik* 112 B 4: »Wenn etwas Notwendiges als etwas im Allgemeinen Übliches hingestellt wird oder etwas im Allgemeinen Übliches als etwas Notwendiges […], so gibt das immer die Möglichkeit [wörtlich: den *topos*] zu einem Angriff.« Darum meine ich, dass der Begriff des Topos eher aus der Ringer- oder Boxersprache stammen dürfte als, wie man heute annimmt, aus der Mnemotechnik (Gedächtniskunst) mit ihren »Örtern« (vgl. S. 383). Darauf weist wohl auch, dass *topoi* immer mit der Präposition griech. *ek*, lat. *e* oder *a* (*locus e causa* bzw. *a causa*) verbunden werden. Aufschlussreich hierzu ist Oliver Primavesi, *Die Aristotelische Topik*, München 1996, 83 f.

Wie dem auch sei, auch in unserer *Rhetorik* bleibt der Topos etwas rein Formales, eine Denkform, aber nicht, um damit die Behauptung eines anderen anzugreifen, sondern um eigene Aussagen zu begründen.

Ich nenne zwei besonders bekannte Topoi. 1. Der Topos vom Gegenteil, lat. *locus e contrario* (beliebt in den frühen Gerichtsreden): Was vom Gegenteil einer Sache gilt, muss sinngemäß auch von dieser selbst gelten. Beispiel: »Da Leute, die unfreiwillig etwas Schlechtes tun, keinen Zorn verdienen, verdienen Leute, die unfreiwillig etwas Gutes tun, auch keinen Dank.« Oder (von Aristoteles aus Euripides zitiert):

> Da viele Menschen manches lügen, welches doch
> wahrscheinlich klingt, muss gelten auch das Gegenteil:
> dass vieles gegen die Wahrscheinlichkeit geschieht.[17]

2. Der Topos vom Mehr und Weniger, lat. *locus a maiori ad minus* (bzw. *a minori ad maius*): Wenn einem, bei dem es weniger wahrscheinlich wäre, etwas zukommt, muss dies erst recht dem zukommen, bei dem es wahrscheinlicher ist. Beispiel: »Wenn schon Göttervater Zeus regelmäßig der Liebesleidenschaft erliegt, muss man einem Sterblichen doch erst recht seine gelegentlichen Affären nachsehen.« (So gern in der erotischen Dichtung der Griechen.)

28 Topoi dieser Art zählt Aristoteles auf (II 23), überraschenderweise, ohne sie irgendwie zu ordnen. Im Übrigen geht auch er schon mit dem Wort »Topos« nicht immer ganz sorgsam um – so dass er an manchen Stellen für die spätere Erweiterung des Begriffs bis zur klischeehaften Formulierung einige Vorarbeit leistet.

### DIE DREI ARTEN DER REDE

Weit wichtiger ist eine andere Einteilung, mit der Aristoteles geradezu durchschlagenden Erfolg hatte. Er teilt sämtliche Rhetorik, also alle Arten von Reden, in drei Gattungen ein: 1. die dikanische Rede (Gerichtsrede), in der man anklagt oder verteidigt (*genus iudiciale*); 2. die symbuleutische (beratende) Rede, in der man zu- oder abrät (*genus deliberativum*\*); 3. die epideiktische (oder Fest-)Rede, in der man lobt oder tadelt *(genus demonstrativum)*. Die Dreiteilung an sich war naheliegend und schon fast traditionell, da sie sich quasi natürlich aus den drei Orten der Rede in Athen herleitete: 1. dem Gericht, 2. der Volksversammlung (seltener dem Rat), 3. der Feier für die Kriegsgefallenen – wozu im gesamtgriechischen Rahmen die Reden bei großen Festspielen (wie in Olympia) kamen.

Aber der Platoniker Aristoteles baut dieses einfache Dreierschema zur großen Matrix aus. Drei Zeitebenen lassen sich zuordnen: Die Gerichtsrede (1) betrifft Vergangenes, die symbuleutische Rede (2) Zukünftiges, die epideiktische Rede (3) Gegenwärtiges! (Bezüglich 1 und 3 ließen sich hier kräftige Zweifel anmelden.) Aber jetzt kommt es fast noch schöner: In der Gerichtsrede (1) geht es um Recht und Unrecht, in der symbuleutischen Rede um nützlich und schädlich (2), in der epideiktischen Rede um schön (sittlich) und hässlich (unsittlich). Das sind natürlich grobe Vereinfachungen: Wie oft wird ein Volksredner wie Demosthenes den Gesichtspunkt des Schönen bzw. Sittlichen gegenüber dem platt Nützlichen zur Geltung bringen!

Beim Begriff »epideiktisch« ändert Aristoteles um seines Schemas willen den bisherigen Sprachgebrauch.[18] Unter *epideixis* bzw. *epideiknynai* verstand man bisher, wie noch bei Isokrates und Platon, eine Rede, in welcher der Redner sich selbst bzw. sein Können »aufzeigte«, »vorführte«, ohne eine eigentliche Überredungsabsicht zu haben. Diese epideiktischen Reden waren nun in der Tat sehr häufig Lobreden, da, wie Heinrich Lausberg hübsch sagt, »für eine exhibitionistische Rede« die »selbst für eine Exhibition geeigneten Gegenstände, d. h. die schönen Gegenstände« am nächsten liegen;[19] wir denken an die Lobreden auf die schöne Helena von Gorgias und Isokrates usw. So konnte Aristoteles den existierenden Terminus fast unmerklich in seinem Sinn umfunktionieren, indem er das »Zeigen« nicht mehr auf den Redner, sondern auf den Gegenstand der Rede bezog: »Das Lob

---

\* Diese gängige lat. Übersetzung, abgeleitet von *deliberare* (»bei sich beraten, überlegen, erwägen«), scheint fast unbegreiflich, da sie sich ja auf die Tätigkeit des Redeadressaten, nicht des Redners bezieht (wie bei den anderen beiden Termini). Zur Erklärung S. 248.

ist eine Rede, die die Größe der Tugend sichtbar macht; man muss also zeigen *(epideiknynai)*, dass die Handlungen [des Gelobten] diese Tugend aufweisen.«[20] Das hätte Aristoteles vielleicht besser nicht getan! Denn da auch er den alten Sprachgebrauch nicht ausrotten konnte, wusste künftig keiner mehr recht, was mit »epideiktisch« gemeint sei. Vor allem die Römer plagten sich mit einer Übersetzung: *genus demonstrativum* oder vielleicht besser *genus laudativum*?[21]

Ganz im Sinne des alten Begriffs ist aber eine weitere Bestimmung, die Aristoteles der epideiktischen Rede gibt. Nur in ihr ist der Zuhörer ein »Betrachter« (eigtl. »Festzuschauer«, *theōros*), der sich gewissermaßen dem reinen Genuss hingeben kann. Bei den beiden anderen Arten ist er dagegen als »Beurteiler« *(kritēs)* gefordert: Soll er den Angeklagten verurteilen? Soll er das empfohlene Gesetz akzeptieren? So unterscheiden wir seit Aristoteles sinnvoll zwischen forensischer und epideiktischer Beredsamkeit.

Wie eine gute Schulstunde soll dieser Abschnitt in einen Tafelanschrieb münden (den wahrscheinlich schon Aristoteles selbst seinen Schülern so präsentiert hat):

| *Gattung* | *Hörer* | *Teile* | *Kategorien* | *betroffene Zeit* |
|---|---|---|---|---|
| Gerichtsrede | Beurteiler | anklagen – verteidigen | gerecht – ungerecht | Vergangenheit |
| Beratungsrede | Beurteiler | zuraten – abraten | nützlich – schädlich | Zukunft |
| Epideiktische Rede | Betrachter | loben – tadeln | schön (gut) – hässlich (böse) | Gegenwart |

## ARISTOTELES ZWISCHEN PLATON UND DER SPÄTEREN RHETORIK

Diese Matrix zeigt uns noch einmal, wie sehr Aristoteles in seinen Denkformen dem Lehrer Platon verpflichtet ist. Ist er es aber auch im geistigen Gehalt seiner Rhetorik? Man nimmt an, dass Aristoteles selbst schon in der Akademie begonnen hat, seine Rhetorik vorzutragen. Dennoch spricht aus der jetzigen *Rhetorik* ein völlig anderer Geist als zumal aus dem *Gorgias*. Gerade das moralische Defizit, das Platon dort angemahnt hatte, wird von Aristoteles keineswegs behoben: Er sieht ja, wie Gorgias selbst, die Rhetorik als wertfreie Kunst an, die natürlich auch missbraucht werden kann. Platons Hauptkritik, dass Rhetorik auf das nur Angenehme statt auf das Gute ziele, bleibt unberücksichtigt.

Nun hatte Platon selbst diese einseitige Kritik insofern überwunden, als er im *Phaidros* die Möglichkeit einer wissenschaftlichen Rhetorik skizzierte (S. 159). Er verband diese, wie wir uns erinnern, mit zwei Postulaten: 1. der Redner müsse philosophischer Dialektiker werden; 2. zu einer Typologie der Reden müsse eine entsprechende Typologie der Seelen erarbeitet werden. Der ersten Forderung nähert sich Aristoteles immerhin ein Stück weit, wenn er sagt, dass Wahrheitssuche auch zur rednerischen Erfindung fähiger mache. Was jedoch den zweiten Punkt angeht, bleibt seine eigene Psychologie, die er vor allem im Anschluss an seine Behandlung der Affekte entwickelt (II 12–17), weit hinter Platons anspruchsvollem Programm zurück. Dafür gehört sie allerdings zum Amüsantesten und Geistreichsten in seiner *Rhetorik*.

Oft diskutiert wird auch die Frage, ob Aristoteles seine *Rhetorik* eher für Philosophen oder für Redner geschrieben habe. Das erstere Publikum versteht sich von selbst – immer wieder nimmt Aristoteles auf andere, philosophische Werke seiner selbst Bezug; dass aber auch an die konkreten Bedürfnisse des Redners gedacht ist, zeigen schon die Kapitel über die populären »Ideen«, die philosophisch unergiebig, rhetorisch aber sehr brauchbar sind. So sind auch viele seiner Kategorien Gemeingut der späteren Rhetorik geworden, vor allem die zuletzt behandelten drei *genera causarum*, die Einteilung des sachlichen Beweises in Enthymem und Paradigma und vor allem die Trennung der »Auffindung« (*heuresis, inventio*) des Stoffs (Buch I/II) von seiner »Gliederung« (*taxis, dispositio*, Buch III 13–19): Während die älteren Rhetoriken die *inventio* stückweise nach den einzelnen Redeteilen vorgetragen hatten (S. 50), so dass *inventio* und *dispositio* vermischt waren, trennt

Aristoteles die beiden, so dass die *inventio* nach den drei Möglichkeiten der *pistis* (sachlich, ethisch, pathetisch) abgehandelt wird und die *dispositio* einen eigenen Teil erhält. Damit dringt er, wie gesagt, durch – aber mehr äußerlich, nicht völlig. Denn die meisten späteren Rhetoriken sondern zwar die *inventio* ab, gliedern aber doch wieder nach den Redeteilen – weil das eben sehr praktisch ist – und sprechen dann unter *dispositio* nur noch von allgemeinen Ordnungsprinzipien. Hier also hatte Aristoteles mehr dem theoretischen Klarheitsbedürfnis als der praktischen Nützlichkeit Rechnung getragen.

## APHORISMEN ZUR STILISTIK

Erfolg hatte Aristoteles dafür auf dem Gebiet, das die spätere Rhetorik als ihren dritten Teil behandelt: dem sprachlichen Ausdruck (*lexis*, *elocutio*), obgleich er diesen mehr aphoristisch als mit der bei ihm üblichen Systematik behandelt. (Wir greifen nur einiges Wichtige heraus.) Er beginnt nach einer historischen Einleitung mit zwei Grundtugenden der *lexis*: Sie müsse klar *(saphēs)* und angemessen *(prepusa)* sein – beide Kategorien bleiben für die Zukunft verbindlich (S. 255) – und sie dürfe, auch wenn sie sich um Ungewöhnlichkeit des Ausdrucks (»Verfremdung« laut Aristoteles) bemühe, nie den Anschein des Unnatürlichen haben: Man müsse »im Verborgenen vorgehen, so dass wir nie künstlich, sondern natürlich zu sprechen scheinen« (sonst habe der Hörer den Eindruck, man wolle ihn hintergehen).[22] Zum ersten Mal hat Aristoteles hier wie nebenbei das für jede echte, forensische Rhetorik fundamentale Prinzip der *dissimulatio artis* (Verbergen der Kunst) aufgestellt.*

In loser Folge schließen sich an eine Theorie der Metapher (die wie in der heutigen Stilistik vom Gleichnis geschieden wird) und damit verbunden eine Typologie des »Frostigen«, also des Geschmacklosen bzw. Übertriebenen, wobei unter anderem die unnötige Ver-

---

* Ausführlich behandelt bei Neumeister, *Grundsätze der forensischen Rhetorik* (S. 552), 130–155, bes. 138 ff.

wendung von Epitheta getadelt wird: Alkidamas, der statt vom Schweiß immer vom »feuchten Schweiß« rede, gebrauche die Beiwörter »nicht wie Würze, sondern wie ein Nahrungsmittel«[23] (so ähnlich bin noch ich von meinem Deutschlehrer verwarnt worden). Dem folgt als weitere Grundtugend des Stils die sprachliche Korrektheit, *to hellēnizein* – auch sie sollte später kanonisch werden (S. 255).

Schließlich verbindet Aristoteles die Stilanforderungen mit den unsachlichen Beweismitteln der ersten beiden Rhetorikbücher, *ēthos* und *pathos*: Der Redner etwa im Zorn dürfe und müsse sprachlich kühner werden, »wenn er seine Zuhörer beherrscht und in Enthusiasmus versetzt hat«.[24] Als Erster formuliert Aristoteles hier den wichtigen Grundsatz, dass Affekterregung auf Übertragung beruht: »Der Hörer empfindet die Leidenschaft mit dem, der leidenschaftlich spricht, auch wenn der gar nichts zu sagen hat.«[25] Aristoteles dürfte hier geschmunzelt haben.

Er fügt zwei kurze, fundamentale Kapitel hinzu. Zum Problem des Prosarhythmus (S. 80), den er wohl als Erster behandelt, heißt es, die Rede solle rhythmisch sein, nicht metrisch – auch das wurde zu einem Grundsatz für alle Zeiten. Doch worin besteht der Unterschied? Dass der Rhythmus der Prosa »nicht genau« ist, also nicht wie der metrische bzw. poetische immer dieselben üblichen Versfüße wiederholt. Oberste Regel: Man meide alles, was nach Poesie klingt. Darum, meint Aristoteles, bevorzugten die Redner seit Thrasymachos den Paian ($-\cup\cup\cup$ oder $\cup\cup\cup-$),* weil der am wenigsten in der Poesie vorkomme.[26] Wie gern würden wir Aristoteles hier recht geben! Aber weder bei Thrasymachos noch sonst lässt sich diese sonderliche Liebe zum Paian nachweisen. Aristoteles hat sie wohl mehr aus seinen Prämissen deduziert als aus Beobachtungen erschlossen.

Sehr erfolgreich dagegen ist bis heute seine Unterscheidung von zwei Arten des Satzbaus, des »reihenden« *(lexis eiromenē)* und des »gerundeten« *(lexis katestrammenē)*. Bei jenem werden die einzelnen Be-

---

* Die antike Metrik beruht auf der Unterscheidung von langen und kurzen Silben: Seit der Spätantike notiert man die lange Silbe mit $-$, die kurze mit $\cup$. Ein Paian besteht also aus drei kurzen und einer langen Silbe.

standteile beziehungslos aneinandergereiht; das sei die aus der Mode gekommene Art der älteren Prosaiker (wir denken an Hellanikos oder Herodot). Bei diesem dagegen sind einzelne Kola zu »Perioden« *(periodoi)* zusammengeschlossen (ausführlich zitiert Aristoteles Beispiele aus seinem Konkurrenten Isokrates). Damit meint er nicht, wie man ihn gern missversteht, dass eine Periode hypotaktisch, das heißt aus Hauptsatz und Nebensätzen, am besten verschiedenen Grades, zusammengefügt sein müsse (denn weder er noch überhaupt die antike Grammatik kennt unseren Begriff des Nebensatzes): Er versteht unter »Periode« einen »sprachlichen Ausdruck, der an und für sich Anfang und Ende hat sowie von überschaubarer Größe ist«.[27] Beim reihenden Stil komme ein Ende nur durch den Sinn zustande, beim gerundeten dagegen sei dieses Ende immer im Blick und der Hörer ermatte so wenig wie ein Läufer, der das Ziel vor Augen hat – und erst dort verschnauft.

Dieses feine Bild gibt mir das Stichwort, die Behandlung dieser gedankenreichen, überall Neuland erschließenden Abhandlung zu beenden. So verwirrend ihr Aufbau scheint, so groß war doch zu Recht ihre Wirkung. Das letzte Wort aber soll das sein, mit dem Aristoteles selbst seine Rhetorikvorlesungen, sicherlich zum allgemeinen Applaus, abzuschließen pflegte:[28]

Ans Ende passt die unverbundene Sprechweise,
    damit es ein Redeschluss und nicht eine Rede wird:
»Ich habe gesprochen, ihr habt es gehört, ihr habt es nun – urteilt!«

## EIN PRAKTIKER MELDET SICH ZU WORT: ANAXIMENES

Nach so viel geistreicher Theorie hören wir gern noch einen Zeitgenossen des Aristoteles, der den rhetorischen Praktikern mindestens ebenso viel zu bieten hatte wie der berühmte Philosoph: Anaximenes von Lampsakos. Auch er hat eine vollständige Rhetorik geschrieben, und diese ist uns gewiss nicht nur darum erhalten geblieben, weil sie in einer später hinzugefälschten Widmungsepistel als Verfasser Aristoteles und als Adressaten gar den jungen Alexander (später den Großen) ausgibt. Sie hat ihre eigenen Vorzüge, und als Autor lässt sich zumindest mit einiger Sicherheit eben Anaximenes bestimmen. Warum?

Sogleich am Anfang seiner *Technē rhētorikē* unterscheidet Anaximenes, der sich nicht lange mit philosophischen Definitionsfragen aufhält, sieben Arten *(eidē)* der »politischen Rede«: Zuraten, Abraten; Loben, Tadeln; Anklagen, Verteidigen – und Prüfen. Wie man sofort sieht, sind die ersten sechs einfach eine Auffaltung der drei Kategorien des Aristoteles (symbuleutisch, epideiktisch, dikanisch), von dem Anaximenes sie auch höchstwahrscheinlich übernommen hat.* Die siebte scheint seine eigene Hinzufügung. Eben diese Siebenteilung der *genera causarum*, die sonst nirgends zu finden ist, schreibt Quintilian[29] dem Anaximenes zu. Seit dem 16. Jahrhundert gilt damit die Verfasserfrage bei fast allen als geklärt.

Die Siebenteilung der Redegattungen durchzieht das ganze Werk, bestimmt aber nicht eigentlich die Großstruktur. Diese kommt dann vielmehr der aristotelischen Rhetorik überraschend nahe, insofern als – um mit den späteren Termini zu sprechen – zunächst die *inventio* (1–17), dann die *elocutio* (18–28) und erst dann die *dispositio* (29–37) besprochen wird (ohne dass allerdings Anaximenes diese drei Teile klar voneinander absetzen würde).

Im ersten, größten Teil gibt Anaximenes zunächst Argumentationshilfen für jede der sieben Gattungen, dann, unabhängig von diesen, für die verschiedenen Beweismittel *(pisteis)*. Dabei unterscheidet er wie Aristoteles, wenn auch mit anderen Begriffen, zwischen solchen, die sich »aus den Reden, Taten und Menschen selbst ergeben« (also den künstlichen Beweisen, S. 173), und denen, die »dem Gesprochenen und Gehandelten [von außen] aufgelegt sind« (den unkünstlichen Beweisen). Der lose gefügte Abschnitt über die *elocutio*, wenn man ihn so nennen darf, beginnt mit Gedankenfiguren wie der Absicherung (gegen gegnerische Argumente) oder der Ironie, behandelt dann aber auch

---

* Die Ansicht der meisten Philologen, dass Anaximenes vor der Rhetorik des Aristoteles anzusetzen sei, leuchtet mir nicht ein.

etwa das zu meidende Zusammentreffen von Vokalen (Hiat, S. 81) und die gorgianischen Figuren. Bezüglich der *dispositio* enthält das Werk Vorschriften über die Redeteile, wiederum im Hinblick auf die sieben Redegattungen: Hier findet man erstmals so grundlegende Lehren wie die von den drei Aufgaben des Prooemiums (S. 25) oder den drei Tugenden der *narratio* (sie solle klar, kurz und glaubwürdig sein).

In der Forschung gilt diese meist verachtete Schrift gewöhnlich als Beispiel einer »sophistischen« Rhetorik, die uns zeige, was man vor Aristoteles gemeinhin in rhetorischen Handbüchern gelehrt habe.[*] Ganz überzeugend ist das nicht, wenn man sich gerade das vor Augen hält, was Aristoteles im ersten Kapitel der Rhetorik an den gängigen Redelehren auszusetzen hat: dass sie einseitig die Redeteile und die Affekte behandeln und (vor allem!) die politische Rede ausklammern. Nichts davon trifft auf Anaximenes zu. Da scheint es doch eher wahrscheinlich, dass hier ein Rhetoriker sein traditionelles Repertoire um manches Aristotelische erweitert hat.

Dass Anaximenes gedanklich mit dem Philosophen nicht mithalten konnte und wollte, ist klar. Der bleibende Wert seiner Schrift liegt in ihrer Lebensnähe. Wie argumentiert man, wenn man die öffentlichen Ausgaben für die Religion kürzen will? Wie zieht sich ein Angeklagter aus der Affäre, wenn er die ihm vorgeworfene Tat zugeben muss? Was tut man gegen Zwischenrufe? Wie diskreditiert man einen gegnerischen Zeugen? Wenigstens dafür sei noch ein Hinweis gegeben: Man weise unter anderem nach, lehrt Anaximenes, dass der Zeuge schlecht, parteiisch, feindselig oder arm sei. »Denn arme Leute verdächtigt man, falsches Zeugnis abzulegen, um sich beliebt zu machen, aus Rache oder aus Geldgier.«[30] Gibt es denn nicht, argumentiert er weiter, sogar ein Gesetz gegen falsches Zeugnis? »Also wäre es doch absurd, wenn schon der Gesetzgeber den Zeugen nicht glaubt, dass dann die Richter ihnen glauben – wo sie doch geschworen haben, nach den Gesetzen zu richten!« Welcher Zeuge hat hier noch eine Chance?

---

[*] So sagt der beste Fachmann Kennedy, *Art of persuasion* (S. 522), die *Rhetorica ad Alexandrum* sei »a fairly typical product of early rhetorical theory« (S. 81), eine Repräsentantin der »tradition of sophistic rhetoric« (S. 115).

# *ASKESIS* – DEMOSTHENES UND DER TRIUMPH DES WILLENS

Palmström liebt, sich in Geräusch zu wickeln,
teils zur Abwehr wider fremde Lärme,
teils um sich vor drittem Ohr zu schirmen.

Und so lässt er sich um seine Zimmer
Wasserröhren legen, welche brausen.
Und ergeht sich, so behütet, oft in

stundenlangen Monologen, stundenlangen Monologen, gleich dem Redner
von Athen, der in die Brandung brüllte,

gleich Demosthenes am Strand des Meeres.

Als vor knapp hundert Jahren Christian Morgenstern dieses ebenso witzige wie kunstvolle Gedicht[*] veröffentlichte, wusste wohl jeder deutsche Gymnasiast, worauf angespielt war; und erst recht wäre vor zweitausend Jahren kein Rhetorikschüler im griechisch-römischen Kulturkreis gewesen, der nicht von den Redeübungen des Demosthenes gehört hätte[1] – sind sie ja bis heute noch wie ein Symbol dafür, was asketisches Training vermag und wie unglaublich hoch die Griechen die Kunst der Rede geschätzt haben. Gern sei die Geschichte aber hier noch einmal erzählt.

---

[*] Aus: *Palmström vermehrt* (1912). Man beachte vor allem, wie Morgenstern durch Strophen- und Versenjambement, ja durch Wortsplitting (Z. 7/8), Palmströms lange Perioden malt.

## DEMOSTHENES BESIEGT SEINE NATUR

Demosthenes, der größte Redner Griechenlands, war von Hause aus fast ein Sprechbehinderter. Sein Atem reichte nicht aus für größere Satzperioden, und es fiel ihm schwer, den »Hundebuchstaben« *(littera canina)* R, mit dem doch ausgerechnet das Wort *rhētorikē* beginnt, deutlich auszusprechen. Dazu kam ein lächerliches nervöses Schulterzucken und eine tiefe Angst vor größeren Menschenmengen mit ihrem bedrohlichen Brausen. Und ausgerechnet dieser Mann hatte sich in den Kopf gesetzt, ein großer Redner zu werden. Seit er als junger Bursche erlebt hatte, wie der schwer belastete Politiker Kallistratos vor Gericht mit der Macht der Rede nicht nur seinen Kragen rettete, sondern auch größtes Ansehen erwarb, war dies sein Ziel: ein Redner zu werden wie er! Drei Dinge brauchte man dazu, sagten die Fachleute (wie Isokrates): 1. natürliche Begabung – die war ihm ja zum Teil versagt; 2. theoretische Unterweisung – immerhin konnte er den versierten Isaios als Lehrer gewinnen; 3. »Training und Übung« (*askēsis*\* *kai meletē*) – vor allem daran wollte es der junge Demosthenes nicht fehlen lassen.

So kam es zu den Exerzitien, auf die Morgenstern anspielt. Demosthenes übte seinen Atem, indem er, den Berg hinaufstürmend, lange Perioden deklamierte. Er nahm Kieselsteine in den Mund, eigens um die korrekte Aussprache des »R« noch zu erschweren.\*\* Er übte in seinem unterirdischen Rhetorikstudio vor einem mannshohen Spiegel (wie dereinst der größte Demagoge des 20. Jahrhunderts), und er bestrafte jedes Schulterzucken durch Ritzung mit einem scharfen Schwert, das zu diesem Zweck von der Decke herabhing. Und oft zog er übungshalber ans Meer, vielleicht, um sich, wie Palmström, »vor

---

\* Während unser Wort »Askese« nur die Enthaltsamkeit gegenüber sinnlichen Freuden bezeichnet (und in der Regel auf christlich-platonische Spiritualität zielt), meint *askēsis* jede Form des Trainings vor allem beim Sportler, aber auch etwa beim Redner.
\*\* Anders meint sein neuester Biograph (Lehmann [S. 539], 62), die Kieselsteine habe Demosthenes verwendet, »um sich Redeunterbrechungen mitten im Satz, durch ein unkontrolliertes und zu tiefes Atemholen bedingt, abzugewöhnen«. Ob der Autor das ausprobiert hat?

drittem Ohr zu schirmen«, vor allem aber, um gegen die anstürmende See seine schwache Stimme zu stärken und sich – die Phantasie macht's – an das wogende Tosen einer vieltausendköpfigen Volksmenge zu gewöhnen. Noch als Cicero 79 v. Chr. mit seinen Studienfreunden nach Athen kam, zeigte man den Römern die Stelle bei Phaleron, wo der große Mann einst »in die Brandung brüllte« – welcher Stimulus für jeden jungen Redner!

Wir erinnern uns, dass einst Isokrates, Athens zweiter großer Redner dieses Jahrhunderts, ähnliche Schwierigkeiten mit seiner schwachen Stimme und angeborenen Schüchternheit hatte (S. 130). Während dieser aber der Schwäche nachgab und nur als Pädagoge und Publizist Großes leistete, nahm Demosthenes den Kampf mit seiner Natur auf – und siegte. Nicht vor allem an seinen Gedanken und der Sprache sei es gelegen, sagten die Zeitgenossen, dass Demosthenes die Massen hinriss, sondern an der Kunst des Vortrags, das heißt an der Sprechtechnik, Mimik und Gestikulation. Und er selbst, als man ihn fragte, was das Wichtigste bei einem Redner sei, antwortete: der Vortrag.[2] Und das Zweit- und Drittwichtigste? Immer der Vortrag. Eben das hat also Demosthenes groß gemacht, worin die Natur ihn benachteiligt hatte. So kennt noch heute fast jeder seinen Namen, und die Griechen nannten ihn gar »den Redner«, wie sie Homer »den Dichter« nannten – wohingegen der große Isokrates nur noch gerade einer Handvoll Spezialisten vertraut ist.

## EINE SCHWERE KINDHEIT

Geschichten wie diese werden von seriösen Historikern gern als Anekdotenkram beiseitegeschoben. Aber selbst wenn sie zum Teil erfunden sein sollten,[*] verraten sie uns mehr über eine große Persönlichkeit als manche hart recherchierten Daten und Fakten. Dies gilt in unserem Fall ganz besonders, ist doch Demosthenes, wie Werner

---

[*] Die Redeübungen des Demosthenes sind gut bezeugt durch die Autorität des Redners und Staatsmannes Demetrios von Phaleron (S. 247), dem Demosthenes im Alter selbst noch davon erzählte (Plutarch, *Demosthenes* 11,1).

Jaeger treffend festgestellt hat, »der erste Mensch seit Erschaffung der Welt, über dessen Jugendgeschichte wir etwas Genaueres wissen«.[3] Gerade bei ihm hatte man das Gefühl, dass man ihn von Kind an kennen müsse, um ihn zu verstehen. So soll uns seine Jugend noch ein wenig beschäftigen – wobei wir dankbar den Biographen Plutarch[*] erwähnen, der uns viel Interessantes, auch scheinbar Geringfügiges, aufbewahrt hat, denn: »Tugend und Schlechtigkeit zeigen sich nicht unbedingt in den spektakulärsten Handlungen, sondern oft gibt eine kleine Begebenheit, ein Ausspruch oder Scherz einen deutlicheren Eindruck von einem Charakter als Schlachten mit zigtausend Toten.«[4]

Demosthenes, geboren im Jahr 384 v. Chr., war Sohn eines reichen Vaters, der in Athen eine Waffen- und eine Bettmöbelfabrik betrieb, und einer Mutter, Kleobule, aus ebenfalls begüterter, aber halbausländischer Familie (Feinde sprachen von einer »Skythin«). Als er erst sieben Jahre alt war, zur selben Zeit (377 v. Chr.), als Athen durch Gründung des neuen attischen Seebundes den Anschluss an alte Größe suchte, starb sein Vater. Nach dem Testament waren zwei seiner unverheirateten Neffen sowie ein alter Hausfreund als Demosthenes' Vormünder eingesetzt. Vorgesehen war, dass der eine die Witwe des Verstorbenen, der andere später einmal seine Tochter (die man noch weniger fragte) heiraten sollte.

Dies unterblieb. Die Vormünder suchten sich profitablere Verbindungen und verwendeten das ihnen anvertraute Vermögen zur eigenen Bereicherung: Nach zehn Jahren soll sich der Verlust auf die gewaltige Summe von 30 Talenten belaufen haben. Die Mutter Kleobule und ihre Verwandten waren juristisch machtlos; sie mussten auf den Tag warten, wo der mündig gewordene Demosthenes selbst den entstandenen Schaden einklagen würde.

---

[*] Plutarch aus Chaironeia, ein platonischer Philosoph, schrieb um 100 n. Chr. eine Serie von *Parallelbiographien* berühmter Griechen und Römer, die er, beginnend mit *Theseus – Romulus,* jeweils zu Paaren ordnete, um die ›Partner‹ jeweils abschließend miteinander zu vergleichen. Demosthenes erhielt natürlich Cicero als Pendant – wobei Plutarch bedauerte, dass er infolge mangelhafter Lateinkenntnisse nur die Taten, nicht die Reden beider vergleichen könne. Die beiden sind übrigens die einzigen Schriftsteller, die er berücksichtigt.

Dieses Söhnchen nun war leider von schwacher Konstitution: Die Spielkameraden verspotteten ihn als *Batalos* (Weichling) – dieser Spitzname blieb an ihm haften, wobei man freilich schon im späteren Altertum nicht mehr genau wusste, was er bedeuten solle.* So schickte ihn Kleobule zwar offenbar zu den gängigen Elementarlehrern (Lesen, Schreiben, Musik), hielt ihn aber vom üblichen Sportunterricht in den »Gymnasien« eher fern. (Immerhin leistete er mit 18 Jahren seinen zweijährigen Wehrdienst als sogenannter Ephebe.) Auch bei Platon soll er eine Zeitlang studiert haben, was aber schlecht bezeugt ist und von den heutigen Historikern als abwegig zurückgewiesen wird. Nichts dagegen, auch in späteren Jahren nichts, hören wir von einer Beziehung zu dem gleichaltrigen Aristoteles (wie dieser umgekehrt Demosthenes kaum erwähnt): Der größte Praktiker und der feinste Theoretiker der Rede hatten sich wenig zu sagen.

Sowohl im Hinblick auf die bevorstehenden Prozesse als auch wegen seiner früh erwachten Leidenschaft für den Rednerberuf nahm Demosthenes aus eigenem Antrieb Unterricht bei Isaios, nicht bei dessen berühmterem Lehrer Isokrates – »sei es, weil er das festgelegte Honorar von zehn Minen wegen seines Waisenstands nicht bezahlen konnte, sei es, weil ihm die Redeweise des Isaios als effizienter und durchtriebener mehr zusagte«.[5] In der Tat, Schurkereien wie jene, auf die Isaios sich verstand, hätte er dem großen Konkurrenten nicht so gut abschauen können; und Isaios war zudem ein ausgewiesener Spezialist gerade im Familienrecht.

---

* Plutarch, *Demosthenes* 4,5–7. Der Demosthenesfeind Aischines bezog den Namen auf das »Kinädentum«, das Demosthenes in seiner Kindheit getrieben habe (*Truggesandtschaft* 99), also auf Handlungen sittenwidriger passiver Homosexualität (ein gängiger Vorwurf): Immerhin hatte der Komödiendichter Eupolis *batalos* für das Hinterteil gebraucht. Plutarch u. a. leiten das Wort von der Kränklichkeit her, verbinden es aber auch mit Verweichlichung.

## DER JUNGE DEMOSTHENES IM
## KAMPF *PRO DOMO*

Mit Vorbereitung und Vorverhandlungen, zu denen der Versuch einer gütlichen Einigung durch ein Schiedsgericht gehörte, vergingen zwei Jahre, bis der erste Prozess gegen einen der beklagten Vormünder ausgetragen wurde. Sogleich stellte man die Belastbarkeit des ehrgeizigen jungen Klägers auf eine harte Probe. Nach der attischen Rechtssitte des »Eigentumstausches« *(antidosis)* bot ihm ein Freund der Beklagten, Thrasylochos, das eigene Vermögen zum Tausch an, wenn er nicht eine kostspielige Leiturgie, die Ausstattung eines Kriegsschiffes (Triere), übernehmen wolle. Dieses Verfahren hätte den Prozess verschleppt, und so ging Demosthenes ein großes Risiko ein: Um die geforderten 20 Minen für die Leiturgie aufbringen zu können, setzte er Haus und Habe zum Pfand – und hoffte auf die Gerechtigkeit der Justiz. Nicht ganz zu Unrecht.

Zunächst ging es gegen seinen Vormund Aphobos, den, der die Witwe Kleobule hätte heiraten sollen und dafür angeblich auch eine fette Mitgift eingestrichen hatte. Hören wir die ersten öffentlichen Worte des Zwanzigjährigen, auch wenn sie, verglichen mit der Wucht späterer Prooemien, noch recht zahm und konventionell sind:[6]

> Hätte Aphobos nach Recht handeln wollen, ihr Richter,
> oder hätte er den Verwandten die Entscheidung über unseren
> Streitfall überlassen,
> dann bedürften wir keiner Prozesse und Unannehmlichkeiten:
> Dann könnten wir bei dem bleiben, was jene entschieden hätten,
> und wir hätten keine Auseinandersetzung mit diesem Mann.
> Nachdem er sich aber denjenigen entzog, die genau über unsere
> Sachen Bescheid gewusst hätten,
> so dass sie nichts darüber entscheiden konnten,
> und sich an euch gewandt hat, die ihr von unseren Angelegenheiten
> nicht genau wissen könnt,
> ist es notwendig, dass ich versuche, vor euch mein Recht von ihm
> zu erhalten.

Die Form dieser zu allen Zeiten beliebten Doppelperiode (»Wäre doch [Z. 1–5] ... Nun ist aber« [Z. 6–9]) ist uns seit Thrasymachos (S. 79) wohlbekannt. Inhaltlich bringt sie hier eines der wichtigsten Argumente des Klägers: Indem sich Aphobos dem privaten Schiedsgericht entzieht, zeigt er, dass er die Wahrheit vertuschen will. Es folgt, in einer zweiten Doppelperiode, ein weiteres vom Gegner *(ab adversario)* gewonnenes Argument: die Redegewandtheit der Beklagten und im Kontrast dazu der rührende Hinweis auf die eigene jugendliche Ungeübtheit, die ihn nötige – hier spricht ein Biedermann aus der Schule des Lysias und Isaios –, sich exakt an die Tatsachen zu halten.

Nach der formelhaften Bitte um Wohlwollen folgt nun, wie in Aussicht gestellt, eine *narratio* (Erzählung) mit der genauen Darlegung der Vermögensverhältnisse. Indem hier alle wichtigen Behauptungen durch Zeugenaussagen belegt werden, vermischt sich die *narratio* mit der *argumentatio*, ganz in Art des Isaios (S. 125), wobei immer wieder auch die möglichen Argumente der Gegenseite widerlegt werden (*refutatio* bzw. *praemunitio*[*]): Vor allem die obligate Vorverhandlung beim schlichtenden Diäteten, dessen Spruch sich Aphobos ebenfalls nicht fügen wollte, hatte ja Gelegenheit gegeben, die zu erwartende Taktik der Gegner kennenzulernen – besonders hier brilliert Demosthenes mit scharfsinnigen *Eikos*- (Wahrscheinlichkeits-)Argumenten.

Betrachten wir ein Beispiel. Um die finanzielle Lage des Klägers vorteilhafter erscheinen zu lassen, behauptete Aphobos, der Erblasser habe der Witwe Kleobule ein den Vormündern entzogenes Geheimvermögen von stattlichen (im Boden vergrabenen) 4 Talenten hinterlassen. Demosthenes setzt dagegen ein glanzvolles Dilemma (à la Gorgias): Hätte der Vater den Vormündern misstraut, hätte er sie überhaupt nicht zu Vormündern gemacht und ihnen erst recht nichts von diesem Geheimvermögen verraten. Vertraute er ihnen aber, dann hätte er ihnen unmöglich alles Sonstige überlassen, dieses Vermögen aber vorenthalten. Und nochmals ein ähnliches Dilemma: Wie konnte er diese

---

[*] Von *praemunitio* (Vorabsicherung) spricht man, wenn die zu widerlegenden gegnerischen Argumente noch nicht geäußert, aber zu erwarten sind. Bei einer Anklage ist dies natürlich die Regel.

Geldsumme durch die Mutter vor den Vormündern retten wollen, wenn er doch zugleich einen von ihnen, Aphobos, zu ihrem Ehemann bestimmt hat?

Damit scheint der Gegner schon doppelt widerlegt. Aber Demosthenes hat noch einen besonders spitzen Pfeil im Köcher. Hätte Aphobos wirklich gewusst, dass die ihm zugedachte Witwe ein so ansehnliches Privatvermögen besitze, dann hätte er doch, statt nur die Mitgift zu verprassen, sie sofort auch geheiratet (wie ihm ja geboten war), statt anderwärts zu freien! Hier folgt ein wunderschönes Enthymem *e contrario:*[7]

> Wenn er also einerseits das offen vererbte Vermögen, von dem auch
> die meisten von euch wussten,
> mit seinen Mitvormündern so schändlich vergeudet hat,
> hätte er dann andererseits von dem Vermögen, von dem ihr nie
> etwas erfahren hättet,
> obwohl er es hätte nehmen können, die Finger gelassen?
> Und wer könnte das glauben?
> Nein, so ist es nicht, ihr Richter, so ist es nicht!

Zum ersten Mal finden wir an dieser relativ pathetischen Stelle jene Figur, die später für Demosthenes so charakteristisch sein wird, die *geminatio* (*epanadiplōsis*, Wiederholung): »so ist es nicht, so ist es nicht«. Freilich könnte es vielleicht trotzdem so gewesen sein: Aphobos konnte immerhin sagen, die von dem Verstorbenen gut versorgte Kleobule sei nicht sein Typ gewesen, und beim Heiraten komme es ihm nicht nur aufs Geld an.

Leidenschaftlicher im sprachlichen Ausdruck ist dann die erforderlich gewordene zweite Rede gegen Aphobos, mit der Demosthenes temperamentvoll auf eine Entscheidung drängt. Hier bringt er am Ende eine *hypophora* (»Wohin sollen wir uns wenden ...?«) nach Art des Isaios (S. 124) und verwendet kurze gorgianische Satzglieder mit klangvollen Homoioteleuta und wieder einer aufrüttelnden *geminatio:*[8]

Helft uns also, helft uns *(boēthēsate)*,
   um des Rechts und um eurer selbst willen,
   um unsretwillen und wegen des verstorbenen Vaters!
Rettet mich *(sōsate)*, habt Mitleid mit mir *(eleēsate)*,
   weil diese Verwandten kein Mitleid mit mir hatten *(eleēsan)*.
Zu euch sind wir geflohen.
Ich flehe zu euch *(hiketeuō)*, ich beschwöre euch *(antibolō)*,
   bei euren Kindern *(pros paidōn)*, bei euren Frauen *(pros gynaikōn)*,
                              bei allen Gütern, die ihr habt.
Sollt ihr sie dann genießen, wenn ihr jetzt mich nicht im Stich lasst […]!

Diese Rede verfehlte ihre Wirkung nicht: Aphobos wurde zu den geforderten 10 Talenten Schuldsumme verurteilt – wodurch Demosthenes freilich noch immer nicht zu seinem Geld kam, da man die Zahlung schikanös hintertrieb. Insgesamt brachte ihm der bis zum Jahr 362 v. Chr. hartnäckig geführte Prozesskrieg gegen die Vormünder nur einen kleinen Teil des verlorenen Vermögens zurück. Aber dies war ja auch nicht der einzige Vorteil, den er daraus zog. Da er die gehaltenen Reden publizierte – uns sind fünf davon geblieben –, konnte er sich öffentlich zumindest als fähiger Logograph ausweisen und mit dieser Tätigkeit, wie aus vielen seiner späteren Reden zu sehen ist, seinen Lebensunterhalt bestreiten. Das in der zweiten Rede gegen Aphobos gegebene Versprechen, er werde sein Vermögen dereinst auch dem Gemeinwohl zugutekommen lassen, hat er offenbar ohne Mühe und großherzig erfüllt.

## EINTRITT IN DIE POLITIK

Noch wichtiger war vielleicht, was Plutarch als Hauptgewinn dieser ersten Reden verbucht: Mit ihnen habe Demosthenes »Keckheit und ausreichende Übung im Reden« erworben, ja sogar »Gewalt und Macht«[9]; »Gewalt«, eigentlich »furchterregende Gewalt« (griech. *deinotēs*), ist ein Wort, das bald fest mit Demosthenes verbunden sein wird, um das Einzigartige, Hinreißende seiner Redekraft zu bezeichnen. Bei seinen frühesten Versuchen als politischer Redner soll davon allerdings, wie Plutarch sogleich einräumt, noch wenig zu spüren gewesen sein. Mit Unruhe und Gelächter habe man seine ersten von der Bühne des Volksredners aus gehaltenen Reden aufgenommen, da sie »undeutlich in den Perioden und verquält in den Gedanken *(enthymēmata)*« gewesen seien:[10] Ersteres dürfte auf seiner mangelnden Atemtechnik, die ihn zu sinnwidrigen Pausen innerhalb der Periode nötigte, beruht haben (vgl. S. 188); das Zweite auf einem Streben nach besonders ungewöhnlichem und tiefem Inhalt. Etwas davon ist Demosthenes gerade auch in seinen besten späteren Reden geblieben, zum Glück.

Damals, heißt es, sei der junge Redner schon am Verzweifeln gewesen und habe geklagt, besoffene, ungebildete Matrosen lasse man vor dem Volk das große Wort führen! Doch der greise Eunomos, ein sonst unbekannter Ehrenmann, soll ihn aufgerichtet haben, indem er ihm eine dem Perikles gleiche Begabung attestierte; und der Schauspieler Satyros habe ihm die entscheidende Wichtigkeit des richtigen Vortrags klargemacht. Nun erst, wenn den Biographen zu trauen ist, setzen jene berühmten Redeübungen mit Kieselsteinen und Meeresbrausen ein, von denen eingangs die Rede war. Dazu sollen als asketische Leistungen gehört haben, dass Demosthenes regelmäßig Wasser statt Wein trank, dass er in die Nacht hinein bei der Lampe arbeitete und doch vor Tagesanbruch aufstand; vor allem aber, dass er zum intensiven Training zwei, drei Monate lang sein Studio nicht verlassen habe, ja dass er sich einmal, um nicht in Versuchung zu kommen, unter Leute zu gehen, das Haupt zur Hälfte habe kahlscheren lassen!

Die erste politische Rede, die wir von Demosthenes haben, *Über den Trierarchenkranz*, gehalten wohl im Jahr 359 v. Chr., betrifft eine persönliche Ehrung, die er durch die mustergültige Ausstattung einer Triere (Schiff mit drei Ruderrängen) verdient zu haben glaubte. Dann debütierte er erst 354 v. Chr. mit einer Rede vor der Volksversammlung, der sogenannten *Symmorien-Rede*, in der es vor allem um eine Neuorganisation der Finanzierung der attischen Marine ging. Nach Meinung der Historiker hat Demosthenes mit dieser – übrigens erfolglosen – Rede und den (bis 351/50 v. Chr.) folgenden vor allem die Politik des Eubulos unterstützen wollen. Dieser hatte nach der Katastrophe des Bundesgenossenkriegs (357–355 v. Chr.), durch den Athen schwer angeschlagen worden war, die Finanzen der Stadt erfolgreich stabilisiert. Aber es scheint nicht ganz leicht, aus diesen ersten politischen Reden, zu denen auch gewichtige Prozessreden gehörten, eine ganz einheitliche Linie herauszulesen, eine »verantwortungsvoll durchdachte politische Konzeption«. Dies notiert sein jüngster Biograph Gustav A. Lehmann, der sogar mit dem Gedanken spielt, der ehrgeizige junge Mann könne zeitweilig einem gewissen »Aktionismus der Beliebigkeit« gehuldigt haben.[11] Dass sich Demosthenes dabei nicht dem jeweiligen Zeitgeist anbiederte, ist allerdings sicher: Alle seine damaligen Anträge wurden von der Volksversammlung abgelehnt. Unpopulär zu sein wird nachgerade sein Metier.

Interessant ist, dass Demosthenes auch seine politischen Reden von Anfang an schriftlich herausgab, was alles andere als selbstverständlich war. Perikles, der berühmteste Redner seiner Zeit, hatte den Literatenruhm verschmäht (S. 89), und die meisten späteren Politiker bzw. Redner folgten ihm darin. Erst von Andokides (S. 106) besitzen wir zwei in eigenem Namen gehaltene politische Reden: In einer Rede vor der Volksversammlung (*Über seine Rückkehr*, 407 v. Chr.) versuchte der Exulant seine athenische Heimat wiederzugewinnen; in einer späteren (*Über den Frieden mit Sparta*, 392 v. Chr.) berichtete er, ebenfalls vor dem Volk, über eine Gesandtschaft. Da Andokides jedoch kein Logograph war, kann die Publikation dieser Reden nicht der rednerischen Selbstreklame, sondern muss politischen Zielen gedient haben. Dies dürfte auch für die entsprechenden Reden des Demosthenes gelten – nur dass deren intendierter Leserkreis zunehmend über Attika hinausging.

## DEMOSTHENES FINDET SEINEN GEGNER: PHILIPP VON MAKEDONIEN

Wahrscheinlich im Jahr 351 v. Chr. beginnt die Serie jener Reden, mit denen Demosthenes nach einigem Schwanken das Thema seines Lebens fand und durch die er bis heute berühmt ist: die *Philippischen*

*Reden (logoi Philippikoi).* Nach ihnen hat Cicero seine letzten Meisterwerke *Orationes Philippicae* genannt; und auch wir bezeichnen noch jede bessere Schimpfrede bzw. Gardinenpredigt als *Philippika*. In diesem Namen ist denn auch der Name des Mannes bewahrt worden, den wir allzu leicht im Schatten seines noch berühmteren Sohnes, Alexanders des Großen, stehen lassen und von dem doch der Historiker Theopomp sagte, er sei »ein Mann, wie ihn bis dahin Europa noch nicht hervorgebracht hatte«[12]: Philipp II. von Makedonien.

Was in Jahrhunderten zuvor niemand geleistet, ja kaum einmal versucht hatte, die Vereinigung des in zahllose, oft untereinander verfeindete Stadtstaaten zersplitterten Griechenlands, hat er – als Makedone fast ein Barbar – erreicht. Freilich unter imperialistischen Vorzeichen, mit größtem Blutzoll und gegen heftigsten Widerstand: Im Kampf gegen Philipp wuchs Demosthenes zum überragenden Redner heran; gegen ihn präformierte er schon vor Philipp jene gesamtgriechische Allianz, die dann von diesem besiegt und seinem Oberbefehl unterstellt wurde.

Im Jahr 359 v. Chr. war Philipp 24-jährig auf den Thron gekommen. Schon die makedonischen Herrscher vor ihm hatten Anschluss an die griechische Kultur gesucht (Griechisch war also wohl zumindest Hofsprache): Man hatte die Zulassung zu den Olympischen Spielen erreicht, und der attische Tragiker Euripides verbrachte am Hof von Pella seine letzten Jahre; indem Philipp den Philosophen Aristoteles zum Haushofmeister seines Söhnchens machte (S. 165), folgte er dieser kulturpolitischen Linie. Am meisten gerühmt wird Philipp jedoch von den Militärhistorikern: Seine »schiefe Schlachtordnung« gilt als geniale Innovation.

Durch militärisches Geschick und diplomatische Schlauheit bzw. Skrupellosigkeit konnte Philipp seinen Machtbereich erweitern. Stolz nannte er, was keiner vor ihm gewagt hatte, eine neugegründete Stadt nach sich selbst: *Philippi*. Seit der vertragswidrigen Einnahme von Amphipolis (357 v. Chr.) auf der chalkidischen Halbinsel befand sich Athen mit ihm im Kriegszustand, konnte ihm aber kaum ernstlich entgegentreten, solange es alle Kräfte für den Krieg mit seinen Bundesgenossen (357–355 v. Chr.) benötigte. Auch danach fehlte es an entschlossenem Widerstand und an einem fähigen Feldherrn gegen Philipps Expansionsgelüste. Mehrere mit Athen befreundete Städte hat er erobert: Pydna, Poteidaia, Methone, Pagasai. Im Sommer 352 v. Chr. stand er, nachdem er sich Thessalien botmäßig gemacht hatte, bereits an den Thermopylen, um in Mittelgriechenland einzumarschieren. Aber ein vor allem aus athenischen Hopliten bestehendes Heer nötigte ihn noch einmal zur Umkehr. Im Frühjahr 351 v. Chr. marschierte der Unermüdliche, von schwerer Krankheit kaum genesen, gegen die Chalkidike ...

Schon kurz zuvor erscheint Demosthenes vor der Volksversammlung. Dieses Debüt seiner *Philippischen Reden* (wie man sie später nennt) beginnt damit, dass er sich, wie schon Thrasymachos (S. 79) und Isokrates,* für seine Jugend – er ist erst 32 Jahre alt – und scheinbare Vorwitzigkeit entschuldigt. Er beginnt sehr verhalten mit einer der gerade in Prooemien so beliebten irrealen hypothetischen Perioden (S. 80, vgl. S. 192):[13]

> Wenn es darum ginge, über einen neuen Sachverhalt zu reden,
> 
> ihr Männer von Athen,
> 
> würde ich mich zurückhalten, bis die meisten von denen,
> 
> die das zu tun pflegen, ihre Meinung bekundet hätten,
> 
> um, wenn mir etwas gefiele von dem, was diese gesagt hätten,
> 
> stumm zu bleiben,
> 
> wenn nicht, um selbst zu versuchen, was ich denke, auszudrücken.

---

* Isokrates, *Archidamos*, 1 f. (es spricht ein junger Spartaner): »Vielleicht wundern sich einige von euch [...], dass ich über Dinge einen Rat zu geben gekommen bin, über die die Älteren sich nicht zu äußern wagen. Ja, wenn einer, die üblicherweise vor euch das Wort führen, so gesprochen hätte, wie es der Stadt würdig ist, hätte ich völliges Stillschweigen gewahrt. Da ich nun aber sehe, dass die einen dem zustimmen, was die Feinde befehlen, die anderen keinen kraftvollen Widerstand leisten [...], bin ich aufgestanden, um meine Meinung darüber kundzutun ...« Die Kommentare weisen darauf hin, dass schon der Komödiendichter Aristophanes diesen »Topos« kennt (*Ekklesiazusen* 151). Auch Cicero variiert ihn in seiner ersten Rede als junger Strafverteidiger (*Rosc. Am.* 1).

Die logische Fortsetzung des Gedankens ist klar: »Da nun aber das Thema schon alt ist, gilt diese Regel nicht …« Demosthenes bringt dies auch, versieht aber den Gedanken mit einer zusätzlichen Begründung, die in diesem »Topos« ebenso neu wie alarmierend ist:

> Da es nun aber so ist, dass wir jetzt über Dinge beraten,
> über die diese Leute früher schon oft geredet haben,
> meine ich, dass man mir billigerweise verzeihen muss,
> wenn ich sogar als Erster aufstehe:
> Hätten diese nämlich in der vergangenen Zeit den richtigen Rat gegeben,
> dann müsstet ihr überhaupt nicht mehr beraten!

Aus der Entschuldigung wird eine Kampfansage an die zurzeit führenden Politiker: Sie haben sogar hinter dem Greenhorn zurückzutreten, nachdem sie ja das gegenwärtige Unglück verschuldet haben. Und Demosthenes setzt sogleich nach mit dem ersten seiner später berühmten Paradoxa, die ebenso gedankenschwer scheinen, wie sie elektrisierend sind. Er scheint zunächst Mut zu machen:

> Zuerst einmal braucht ihr nicht zu verzagen, Männer von Athen,
> angesichts der gegenwärtigen Lage, auch wenn sie ganz übel
> zu sein scheint.
> Denn was davon seit vergangenen Zeiten das Schlimmste ist,
> das ist im Hinblick auf die Zukunft das Beste.
> Und was ist das?
> Dass darum, weil ihr, Männer von Athen, nichts von dem getan habt,
> was nötig gewesen wäre,
> dass darum die Sachen so schlecht stehen.
> Denn hättet ihr alles Erforderliche getan und es stünde dann so wie jetzt,
> dann wäre keine Hoffnung, dass es je besser werden könnte!

Welch ein Redebeginn! Die scheinbar aufbauende Ermunterung (»Fürchtet euch nicht …«) verwandelt sich in schneidende Kritik – nun aber nicht mehr an den konkurrierenden Politikern, sondern an den Hörern selbst, dem Volk von Athen, das laut Demosthenes seit

Jahren stets das Falsche tut. Nun soll es auf Demosthenes hören – der dann allerdings nicht nur schilt, sondern es auch an echtem, erbaulichem Zuspruch nicht fehlen lässt.

Vor allem aber mit dem Beginn seiner Rede hat Demosthenes den Ton gefunden, in dem er nun zwölf Jahre lang zu seinem Volk sprechen wird; gerade nicht so, wie laut Sokrates in Platons *Gorgias* (S. 151) die politischen Redner sonst verfahren, indem sie dem Volk zu Gefallen reden,* sondern indem er als strenger Mahner, ja Bußprediger die Gemüter wach rüttelt und unerbittlich sagt, was zu tun ist. Am Schluss dieser Rede fasst er dies selbst in Worte. Nach Verlesung eines für Athen peinlichen Briefes, den Philipp an die Bewohner von Euboia gesandt hat, heißt es:[14]

> Das meiste von diesem Verlesenen, ihr Männer von Athen, ist leider wahr,
>     allerdings angenehm zu hören ist es wohl nicht.
> Wenn es jedoch jemandem gelingt,
>     über die Dinge in der Rede, um nicht weh zu tun, so
>                                                             hinwegzugehen,
>     dass auch die Wirklichkeit darüber hinweggeht,**
>     dann freilich soll man nach Gefallen Volksreden halten:
> Wenn aber der Liebreiz der Worte, wo er nicht am Platze ist,
>     in der Wirklichkeit zur Strafe wird,
>     dann ist es eine Schande, dass wir uns selbst betrügen
>     und indem wir alles aufschieben, was unangenehm ist,
>     hinter aller Wirklichkeit zurückbleiben […].

In den letzten Worten der Rede macht er daraus fast ein Programm: Ohne Rücksicht auf seinen persönlichen Vorteil wolle er sagen, nicht was dem Volk gefällt, sondern was ihm nützt: »Möge das siegen, was

---

\* Von Franz Josef Strauß, der diese Pose des Demosthenes liebte, wird in Bayern häufig der Satz zitiert, der Politiker müsse dem Volk aufs Maul schauen, dürfe ihm aber nicht nach dem Mund reden.

\*\* Andere verstehen den Satz so: »… dass er [der Redner] auch über die Wirklichkeit hinweggeht«. Eine gewisse Dunkelheit ist hier von Demosthenes, der tiefgründig scheinen möchte, wohl angestrebt.

allen zum Vorteil ist!« Nicht ganz zu Unrecht haben die Verehrer des Demosthenes im 19. Jahrhundert ihren Helden mit den alttestamentarischen Propheten verglichen. Wir heute erinnern uns eher an Winston Churchill, der seinen größten Erfolg mit dem absichtlich unpopulären, sprichwörtlich gewordenen Satz erzielte, er habe nichts zu bieten als Blut, Schweiß und Tränen.

In dieser ersten *Rede gegen Philipp* verlangt Demosthenes längst nicht so viel von seinen Athenern, aber doch schon einiges: 50 Trieren sollen immer bereit sein, den Gegner anzugreifen, wenn er außer Landes beschäftigt ist. Außerdem gelte es, ein ständiges Heer von 2000 Mann Infanterie, 200 Mann Kavallerie sowie einer angemessenen Zahl von Transport- und Kriegsschiffen zu schaffen. Es solle zu einem Viertel aus Bürgern, zum Rest aus Söldnern bestehen, nicht um Philipp in offener Schlacht entgegenzutreten, wozu Athens Kräfte im Augenblick nicht ausreichen, aber um ihm wo immer möglich zu schaden. All dies und wie es finanzierbar sei, legt er im Mittelteil seiner Rede ausführlich und sachkundig dar. Die flankierenden Teile der Rede aber – hier wie sonst in den *Philippiken* komponiert Demosthenes nach dem Schema, das die Musiker A-B-A-Form nennen – dienen fast ausschließlich der »moralischen Aufrüstung«, dem Appell zu raschem, entschlossenem Handeln, der Absage an die bisherige »Lahmheit und Leichtfertigkeit«.

Frappierend ist vor allem die Bildersprache, derer sich der Redner bedient. Um zu verdeutlichen, dass die Athener ihre militärischen Befehlshaber nur zu Paradezwecken für öffentliche Feste wählen, vergleicht er sie mit Puppenfabrikanten, die ihre tönernen Figürchen – bei uns wären das Zinnsoldaten – nur für den Markt herstellen, um sie begaffen zu lassen. Und wenn die Athener immer nur reagieren auf das, was Philipp tue, statt selbst aktiv zu werden, seien sie wie barbarische, also nicht in griechischem Training geschulte Boxer:[15]

> Denn wenn von denen einer geschlagen wird, greift er immer an die Schlagstelle,
> und haut ihm dann einer anderswohin, sind dorthin auch schon seine Hände;

sich aber nach vorn zu schützen und den Gegner ins Auge zu fassen,
das kann und will er nicht.
So auch ihr, wenn ihr hört, Philipp sei in der Chersones,
beschließt ihr, dahin Hilfe zu senden,
und wenn er in Pylai sein soll, dann dorthin,
und wenn irgendwo anders, dann lauft ihr mit, aufwärts, abwärts,
und ihr lasst euch von ihm als Feldherrn kommandieren […]!

Konnte man es eindringlicher sagen? Mit dieser leidenschaftlichen Rede, auch wenn sie äußerlich offenbar erfolglos war, hat der junge Demosthenes ein neues Kapitel in der Geschichte der Redekunst eröffnet.

# *KAIROS* – DEMOSTHENES FINDET
# DAS RECHTE WORT ZUR RECHTEN ZEIT

»Die Gelegenheit muss man beim Schopf packen«, lautet ein Sprichwort. Woher stammt dieses Bild? Aufschluss geben die alten Sinnsprüche *Disticha Catonis*, die einmal das beliebteste Schulbuch Europas waren. Dort heißt es:

> *Fronte capillata est, post est Occasio calva.*
> Vorne besitzt sie den Schopf, die Gelegenheit, kahl ist sie hinten.[*]

Wer sie also vorbeiziehen lässt, erwischt bestenfalls noch die Glatze. So hat man auch bildlich diese »Göttin Gelegenheit« (Goethe) in der Frühen Neuzeit gern dargestellt.[1] Aber ursprünglich handelte es sich um eine männliche Gottheit: *Kairos*[2] hieß bei den Griechen der göttliche Jüngling, den der Bildhauer Lysippos im 4. Jahrhundert v. Chr. in einer berühmten Bronzestatue gestaltet hat: auf Zehenspitzen, mit geflügelten Füßen und eben mit Locke an der Stirn und Hinterkopfglatze, um uns Menschen zu mahnen, dass wir ihn, den *kairos*, nicht verpassen dürfen.

Seine Verehrung war jedoch schon älter. In Olympia stand sein Standbild, und kein Geringerer als Pittakos von Mytilene, einer der Sieben Weisen, soll den goldenen Spruch getan haben: *kairon gnōthi*, erkenne die Gelegenheit oder: den rechten Moment![3] Ähnlich lehrten auch die Rhetoriker seit Gorgias,[4] wie wichtig es sei, den *kairos* zu erfassen; und dessen Schüler Isokrates meinte, eben darum sei die Rhetorik theoretisch kaum lehrbar (S. 133).

---

[*] *Cat. Dist.* 2,26,2. Auf den Vers wird auch angespielt in den von Carl Orff vertonten mittelalterlichen *Carmina Burana* (dort Nr. 2). Zahlreiche dt. Fassungen seit dem 15. Jahrhundert bieten Grimm, *Deutsches Wörterbuch,* Bd. 5, Sp. 2948; Wander, *Deutsches Sprichwörterlexikon,* Bd. 1, Sp. 1528–1531.

## OLYNTHS BEDROHUNG – ATHENS CHANCE

Demosthenes, der mit seiner ersten Rede gegen Philipp II. (351 v. Chr.[*]) vielleicht einen Frühstart riskiert hatte, wartete mindestens zwei Jahre, bis er den rechten Moment für eine Wiederaufnahme des Kampfes gekommen sah. Die mächtige Stadt Olynth auf der Chalkidike, schon immer im Visier Philipps, wurde im Jahr 349 v. Chr. akut bedroht und bat – ungeachtet früherer Feindschaft – um Athens Hilfe gegen den König. Das war der *kairos* für Demosthenes, weil es der *kairos*, das Gebot der Stunde, für Athen war: Jetzt oder nie gelte es, Philipp entgegenzutreten:[5]

> Der gegenwärtige *kairos*, ihr Männer von Athen, schreit schon fast
> > mit lauter Stimme danach,
> > dass ihr nun jene Dinge [in Olynth] persönlich in die Hand
> > > nehmen müsst,
> > wenn ihr noch daran denkt, die Lage dort zu retten. [...]
> Kein Grund oder Vorwand bleibt euch noch, nicht das Nötige zu tun.
> Nämlich eben das, was bisher alle geschwatzt haben:
> > man müsse die Olynthier mit Philipp entzweien –
> > ist nun von selbst gekommen, und zwar so, wie es für euch
> > > am günstigsten ist.
> Hättet i h r sie nämlich dazu überredet, den Krieg anzufangen,
> > so wären sie gefährliche Bundesgenossen,
> > und ihr Beschluss gälte wohl nur bis zu einem gewissen Punkt.
> Da sie ihn aber nun hassen auf Grund von Vorwürfen, die s i e
> > > selbst ihm machen,
> > wird ihre Feindschaft, die auf eigenen Ängsten und Leiden beruht,
> > > wohl zuverlässig sein.
> Also, ihr Männer von Athen, dürft ihr einen solchen *kairos*,
> > der euch zugefallen ist, nicht entwischen lassen,
> > und nicht hinnehmen, was ihr früher schon oft hingenommen habt ...

---

[*] Sofern jedenfalls diese heute akzeptierte Datierung richtig ist. Eduard Schwartz (1893) u. a. wollten die Rede erst auf 349 v. Chr. datieren.

Nach diesem feinen Argument *e contrario* gibt Demosthenes nun einen Katalog der verpassten Chancen: Amphipolis, Pydna, Poteidaia ... Welche Möglichkeiten hätte es da gegeben, Philipp in seine Schranken zu weisen! Aber:[6]

> Indem wir jetzt immer das Gegenwärtige von uns stoßen,
> und vom Zukünftigen hoffen, es werde von allein gut werden,
> haben wir, Männer von Athen, Philipp groß gemacht und so stark
> werden lassen,
> wie noch kein König von Makedonien stark geworden ist. –
> Jetzt also kommt zu der Stadt aus Olynth von selbst ein *kairos*,
> der nicht geringer ist als irgendeiner der früheren.

Nicht ohne Grund haben die Griechen den *Kairos* unter die Götter gerechnet, denn gerade in ihm manifestiert sich das Unberechenbare, das zum Wesen des Göttlichen gehört. So spricht nun auch Demosthenes vom gnädigen Walten der Götter, die Athen eine unverdiente Wohltat schenken – wenn es diese nur dankbar zu nutzen weiß. Sonst wird er zum Unheilspropheten: »Der Krieg, wenn er nicht dort geführt wird, kommt bald ins eigene Land!«[7]

In der zweiten *Olynthischen Rede* wird das durch einen neuen, moralischen Gesichtspunkt vertieft: Wäre Philipp rechtmäßig zu solcher Macht gekommen, müsste man ihn als unwiderstehlich bewundern, aber nun haben ihn ja nur Schlechtigkeit und Habgier groß gemacht; und so, wie er andere betrogen hat, wird er bald stürzen, nachdem alle ihn durchschaut haben. Hier wird Demosthenes geradezu poetisch in der Wortwahl:[8]

> Denn es ist nicht so, es ist nicht so [vgl. S. 194], ihr Männer von Athen,
> dass man mit Unrecht, Meineid und Lügen eine beständige Macht
> sich erwerben kann.
> So etwas nämlich hält nur für einmal vor und für kurze Zeit,
> und den Hoffnungen nach blüht es gewaltig, wenn es gerade glückt,
> die Zeit aber entlarvt es, und es stürzt in sich selbst zusammen.
> Denn wie bei Häusern, wie bei einem Schiff und andern solchen Dingen

> die Fundamente von unten das Stärkste sein müssen,
> so müssen die Anfänge und Grundlagen aller Taten wahr und
> gerecht sein.
> Nichts davon aber finden wir jetzt in dem, was Philipp getan hat.

Hier verstehen wir, warum man Demosthenes zum Schüler Platons erklärt hat.

Erst mit der dritten *Olynthischen Rede*, wo das Motiv des *kairos* noch einmal mit größter Dringlichkeit ausgeführt wird, wagt es Demosthenes, einen sachlich neuen Vorschlag anzudeuten, der diesmal aber sozusagen an die Nieren geht: Wenn der Krieg finanzierbar sein solle, dann dürften die Theorika, der Fonds also, aus welchem dem Volk der Theater- und Festbesuch finanziert wird, kein Tabu bleiben. Ein höchst unpopulärer Gedanke, den der Redner dadurch mildert, dass er diejenigen, die dem Volk zu Gefallen reden, seine eigenen Gegner also, zu solchen erklärt, die sich selbst auf Kosten des Volks bereichern.

## DER FAULE FRIEDE DES PHILOKRATES UND SEINE FOLGEN

Wir wissen nicht, welchen Einfluss diese drei gewaltigen Reden auf die tatsächliche Kriegspolitik gehabt haben. Jedenfalls waren sie letztlich vergebens. Das entscheidende Hilfskorps der Athener kam für Olynths Rettung zu spät. Philipp nahm die Stadt im Spätsommer 348 v. Chr. ein, und seine Rache war grausam: völlige Zerstörung und Versklavung der Einwohner. Athen musste nun angesichts seiner Finanzlage froh sein, zu einem vorläufigen Frieden mit Philipp zu kommen. Und auch Demosthenes war flexibel genug, um vom Kriegstreiber zum Friedensanhänger zu werden. Als man im Winter 347/46 v. Chr. beschloss, eine Gesandtschaft zu Philipp nach Pella zu schicken, ließ er sich selbst als zehnten (und jüngsten) Gesandten dazuwählen. Diese Gesandtschaft führte im März/April 346 v. Chr. zu einem Friedens- und Bündnisvertrag zwischen Athen und Makedonien, dem sogenannten Frieden des Philokrates (eines als makedonenfreundlich geltenden Politikers, der dabei treibende Kraft war).

Über Einzelheiten dieses Ereignisses sind wir vor allem aus zwei Quellen unterrichtet, die verschiedener nicht sein könnten: einer drei Jahre später gehaltenen Rede des Demosthenes und der Erwiderung seines dort attackierten Gegners, des Redners Aischines, der selbst unter den Gesandten war. Letztere Rede enthält eine Partie über Demosthenes' Auftreten vor Philipp, die für den großen Redner geradezu ehrenrührig scheint – und auf jeden Fall ein Kabinettstück satirischer Erzählkunst darstellt. Alle Gesandten, so Aischines, hätten der Reihe nach gesprochen, er selbst, sagt er selbstgefällig, mit besonderem Nachdruck und Patriotismus:[9]

> Da kam nun Demosthenes als Gesandter an die Reihe,
>> und alle passten auf und meinten,
>>> nun würden sie große Wunderwerke an Reden zu hören bekommen.
> (Denn sogar zu Philipp selbst und seinen Freunden war, wie man später
>>>> hörte,
>> die Kunde davon gedrungen, was für außerordentliche Dinge der
>>> Mann verheiße.)
> Da gibt dieser Kerl ein dunkles und marodes Prooemium zum Besten;
>> und wie er dann in seinem Programm weit zurückgreifend ausholte,
>> verstummte er plötzlich und geriet in Verwirrung,
>> schließlich aber kam er ganz aus dem Text.
> Wie nun Philipp seinen Zustand sah, ermahnte er ihn, guten Muts zu sein
>> und nicht zu glauben, das sei, wie im Theater, ein großes Malheur,
>> vielmehr solle er sich in Ruhe, Stück für Stück erinnern
>> und so reden, wie er es sich vorgenommen habe.
> Nachdem er aber nun einmal durcheinander war und sein Konzept
>>>> verloren hatte,
>> konnte er sich nicht mehr fassen,
>> sondern nach einem zweiten Versuch zu reden, widerfuhr ihm
>>>> dasselbe.
> Als somit Schweigen eintrat, forderte der Herold uns auf, den Raum
>>>> zu verlassen.

Welche Blamage! Aischines, der professioneller Schauspieler war, interpretiert sie in Begriffen der Bühne: Demosthenes habe bei seinem Auftritt so starkes Lampenfieber bekommen, dass er seinen Text vergaß und vorzeitig abgehen musste. Das muss aber nicht die einzig richtige Deutung sein. Vielleicht war es auch so, dass die diplomatisch vorsichtige Rede, die Demosthenes präpariert hatte, nicht mehr passte, nachdem Aischines und andere nach seiner Meinung unnötig kraftvoll Athens Ansprüche vertreten hatten (wohinter er als Patriot dann aber auch wieder nicht gut zurückbleiben konnte).

Im Übrigen soll Demosthenes, wiederum laut Aischines, bei einer zweiten Gesandtschaft, die zur Beeidigung des Vertrags mit Philipp nötig war, seinen früheren Ausfall gutzumachen versucht haben. Er habe dieses Mal, Aischines übergehend, sogleich das erste Wort an sich gerissen, um sich bei Philipp in peinlicher Weise einzuschmeicheln. Damit soll Demosthenes natürlich als wetterwendisch hingestellt werden, und so hat ihn immerhin auch Theopomp, der größte Historiker der Zeit, ein Makedonenfreund, geschildert (zum lebhaften Widerspruch Plutarchs). Aber bei diesen Gesandtschaften könnte Demosthenes einfach der bessere Diplomat gewesen sein. Und die gleisnerische Art, in der sich Aischines mit dem Eindruck brüstet, den er selbst auf Philipp gemacht habe, ist eher peinlich.

Zu offenen Feindseligkeiten zwischen den beiden Widersachern kam es aber erst, als Aischines nach der Rückkehr von der zweiten Gesandtschaft vor der Volksversammlung von Versprechungen Philipps erzählte, die über das schriftlich Zugesagte hinausgingen. Dabei handelte es sich vor allem um die mit Athen befreundeten Phoker, mit denen sich Philipp als Verbündeter Thebens im »Heiligen Krieg« befand (»heilig«, weil es um die Orakelstätte Delphi ging, die die Phoker widerrechtlich okkupiert hatten): Angeblich hätte Philipp zu verstehen gegeben, dass er die Phoker schonen und die Macht Thebens, des Erzrivalen Athens, beschneiden wolle. Kaum eine athenische Volksversammlung steht uns so lebendig vor Augen wie diese, von der Demosthenes in seiner späteren Anklagerede gegen Aischines berichtet:[10]

Wie ich nun hörte, dass er [Aischines] so große und herrliche Dinge
                            versprach,
    und da ich genau wusste, dass er lügt [...],
    stand ich auf, trat vor und versuchte, dagegen zu sprechen.
Wie ihr aber nicht hören wolltet, schwieg ich still,
    wobei ich nur das eine vor Zeugen erklärte –
    erinnert euch bei Zeus und allen Göttern! –,
    dass ich von diesen Dingen nichts wisse und nichts damit zu tun
                            habe,
    und außerdem, fügte ich hinzu, dass ich auch nicht glaube, dass sie
                            so sein werden.
Wie ihr nun über dieses mein Nichtglauben verärgert wart, sagte ich:
»Falls irgendetwas davon wirklich geschieht, Männer von Athen,
    dann lobt sie, ehrt sie und bekränzt sie – und nicht mich.
Wenn aber etwas Gegenteiliges geschieht, dann zürnt diesen –
    ich distanziere mich davon!« [...]
Da stand Philokrates auf und sagte ganz frech:
»Es ist kein Wunder, Männer von Athen, dass ich und Demosthenes
                            verschieden denken:
    Er trinkt nämlich Wasser, ich Wein.«
Und ihr habt gelacht.

Selten hat Demosthenes sein Publikum so schneidend kritisiert wie mit diesem letzten Satz – und mit so gutem Grund. Denn das Lachen, das Philokrates mit seinem Scherz provoziert hatte, um Demosthenes als Sauertopf im allgemeinen Glück hinzustellen, blieb den Athenern bald im Halse stecken: Phokis kapitulierte vor Philipp und Theben, viele phokische Städte wurden zerstört; Theben war gestärkt, Athen betrogen. Bei einer neuen Volksversammlung wurde Aischines, der Philipp verteidigte, ausgepfiffen; ja der beschlossene Friede schien in Gefahr zu kommen. Aber Demosthenes, wieder ganz besonnener Staatsmann, besänftigte die Gemüter mit seiner Rede *Über den Frieden*, die zu Recht unter den *Philippischen Reden* steht, obwohl sie in andere Richtung als die übrigen zu gehen scheint: Was man auch tue, ...[11]

es muss geschehen unter Wahrung des geschlossenen Friedens –
nicht weil dieser so wunderbar schön oder eurer würdig wäre:
Vielmehr, wie immer er auch ist,
es wäre für unsere Sache günstiger gewesen, er wäre nie zustande gekommen,
als dass er jetzt, wo er einmal da ist, durch uns in die Brüche ginge.\*

## DEMOSTHENES GEGEN AISCHINES: DAS ERSTE DUELL

So ließ Demosthenes um des Friedens willen Philipp gewähren – nicht aber diejenigen, die er mittlerweile für bestochene Verräter ansah: die Architekten des faulen Friedens, Philokrates und Aischines. Als dieser wegen der zweiten Gesandtschaft formell Rechenschaft abzulegen hatte, bot sich der *kairos*, ihn anzuklagen und politisch zu erledigen. Ein Freund des Demosthenes, Timarchos, belangte ihn wegen Vaterlandsverrats, genauer: wegen »betrügerisch geführter Gesandtschaft« *(parapresbeia)*.

Leider war dieser Mann für die Aufgabe offenbar nicht ganz glücklich gewählt. Aischines entdeckte in seiner Vergangenheit homoerotische Jugendsünden: Gemeint war, dass er seine Liebesgunst einmal für materiellen Vorteil verschenkt habe.\*\* Damit hätte sich Timarchos nach attischem Recht disqualifiziert, als Redner *(rhētōr)*, das heißt Politiker, öffentlich aufzutreten. Tatsächlich gelang es Aischines in einem »Überprüfung der Redner« *(dokimasia tōn rhētorōn)* genannten Prozessverfahren im Frühjahr 345 v. Chr., eine Verurteilung des Timarchos herbeizuführen, obwohl dieser auch von Demosthenes unterstützt wurde.

Nur die Rede des Aischines ist uns noch erhalten (eine einzigar-

---

\* Daran mag Cicero gedacht haben, als er nach Ausbruch des Bürgerkriegs zu Pompeius sagte *(Philippicae* 2,24): »O hättest du doch mit Caesar nie ein Bündnis geschlossen oder das Bündnis nie gebrochen!«
\*\* Vgl. dazu Anm. zu S. 108.

tige Quelle für attische Sexualmoral\*); sie ist ernst, würdevoll und voll der gebotenen sittlichen Entrüstung – allerdings ohne zwingenden Beweis für den eigentlichen Vorwurf. Statt Zeugen beruft er sich vor allem auf *Phēmē*, die Göttin des Gerüchts (lat. *Fama*), die über Timarchos gar das Übelste vermelde und deren Erhabenheit doch von Homer, Hesiod, Euripides und einem in Athen errichteten Altar bezeugt werde (sicherlich das windigste unter den »unkünstlichen« Beweismitteln, die Aristoteles registriert hatte [S. 173]):[12]

> Erinnert euch nun doch, ihr Männer, in welchem Ruf *(phēmē)*
> > Timarchos bei euch steht.
> Sobald sein Name genannt wird, stellt ihr da nicht die Frage:
> > »Welcher Timarchos? Der Strichjunge?«
> Und ferner: Wenn ich euch Zeugen beibrächte über irgendjemanden,
> > würdet ihr mir glauben;
> jetzt aber, wo ich euch die Göttin *(Phēmē)* als Zeugin beibringe,
> > glaubt ihr mir nicht?
> Sie, die man nicht einmal wegen falschen Zeugnisses belangen darf!

Zum Letzten kann man nur sagen: Leider. So aber wurde Timarchos als Ankläger des Aischines ausgeschaltet und dieser war so keck, erneut Wohltaten Philipps in Aussicht zu stellen.[13]

Die Stimmung scheint wiederum gegen die Freunde Philipps umgeschlagen zu sein, als dieser mit Geld und Militär einzelne Städte der Peloponnes an sich zu ziehen versuchte, worauf Demosthenes mit seiner *2. Rede gegen Philipp* (S. 216) reagierte. Dann gelang es im Sommer 343 v. Chr. einem jungen Parteigänger des Demosthenes, Hypereides, wegen passiver Bestechung den Mann zu belangen, der dem ungeliebten Frieden seinen Namen gegeben hatte: Philokrates. Dieser floh noch vor Beginn des Prozesses ins Ausland und wurde in Abwesenheit zum Tode verurteilt – wieder ein günstiger *kairos*, um endlich den seit drei Jahren fälligen Prozess gegen Aischines durchzuziehen.

---

\* Als solche ausgiebig gewürdigt in dem Buch von Dover (S. 108): An sich war auch männliche Prostitution in Athen nicht strafbar.

Hiervon sind uns beide Reden erhalten, zwei gewaltige Dokumente der Redekunst. Was die Rede des Demosthenes angeht, so ist sie die umfangreichste, die wir aus dem heidnischen Altertum überhaupt besitzen.* (Nur Ciceros aus fünf Büchern bestehende *2. Actio gegen Verres* scheint noch länger, jedoch handelt es sich hier um eine reine Buchrede.) Obwohl in beiden Reden nach schon herkömmlicher Art (S. 104, 125) Erzählung *(narratio)* und Argumentation *(argumentatio)* miteinander vermengt sind, könnten sie ihrer Struktur nach kaum verschiedener sein.

Demosthenes, der nachweisen will, dass Aischines ein bestochener Verräter sei, hat Schwierigkeiten mit der Tatsache, dass er selbst die erste Gesandtschaft zu Philipp, bei der Aischines Hauptredner war, belobigt hatte und dass auch gegen die zweite an sich noch wenig zu sagen war. So stellt er zunächst beide Gesandtschaften zurück – er habe, sagt er, Aischines erst spät durchschaut – und konzentriert sich auf die Volksversammlung, in der jener das Volk über die Absichten Philipps betrogen (S. 209) und damit die Katastrophe der von Athen im Stich gelassenen Phoker herbeigeführt habe. Eine gewaltige *deinōsis* (lat. *indignatio*) schließt diesen Abschnitt ab:[14]

> Nie, Männer von Athen, hat sich so Schreckliches oder Unerhörtes
> unter Griechen begeben,
> nicht in unserer Zeit, ich glaube auch früher nicht. […]
> Wie schrecklich war dies Schauspiel, Männer von Athen, wie
> bejammernswert!

---

* Wie lange die beiden Redner in Wirklichkeit gesprochen haben, lässt sich leider schwer sagen. Aischines gibt an, er habe für seine Verteidigungsrede »elf Amphoren« zur Verfügung (*Truggesandtschaft* 126), was sich auf die Wasseruhr *(klepsydra)* bezieht, mit der vor Gericht die Redezeit bemessen wurde. In Kombination mit einem archäologischen Fund ergäbe das eine Zeit von sechseinhalb Stunden (Buckler [S. 541], 150), sicherlich zu viel auch für eine geschulte Stimme und ein geduldiges Publikum. In meinem Sprechtempo benötigt die Rede des Aischines knapp zweieinhalb Stunden, die des Demosthenes über vier Stunden – was ein für Anklage und Verteidigung höchst unbilliges Verhältnis wäre. Sicher nachweisbar ist, dass beide bei der schriftlichen Redaktion Zufügungen und Auslassungen vorgenommen haben (einiges bei Buckler, a. a. O.), was aber zur Bestimmung der absoluten Redezeiten nichts beiträgt.

Denn als wir jüngst nach Delphi reisten, mussten wir notgedrungen
dies alles sehen:
niedergerissene Häuser, geschleifte Mauern, keine jungen Männer
mehr im Lande,
ein paar arme Frauen und Kinder und alte Leute in kläglichem
Zustand! [...]
Ich meine, eure Vorfahren, wenn sie dies sehen könnten, [...]
würden erst dann glauben, entsühnt zu sein,
wenn sie die Schuldigen an dieser Katastrophe mit eigenen Händen
gesteinigt hätten.

Ein schönes Beispiel für das, was die spätere rhetorische Stillehre als *genus vehemens*, den »erhabenen Stil« bezeichnet. Hier ist er vor allem verkörpert in der *enargeia* (lat. *evidentia*), dem »Vor-Augen-Führen« der schrecklichen Ereignisse – und natürlich der großartigen Fiktion einer Totenauferstehung zum Zweck der Rache an den Verrätern.

Nach einem großen, der Widerlegung möglicher Ausflüchte gewidmeten Kapitel (*refutatio* bzw. *praemunitio*) behandelt Demosthenes nun erst die zweite Gesandtschaft, bei der Aischines, vor allem durch Verschleppung, die Interessen Athens geschädigt habe. Der verbleibende Rest der Rede, fast ihre Hälfte, enthält dann vor allem persönliche Attacken auf den Gegner und seine Fürsprecher. Ein Meisterstück ist am Ende die Zusammenfassung der Vorwürfe durch eine chronologische Darstellung der Ereignisse – diesmal aus der Sicht des intrigierenden Philipp, der sich fragt: »Wie kann ich mit Hilfe der Athener meine Pläne durchsetzen, ohne als offener Betrüger dazustehen?« Das ist hier nun endlich die zusammenhängende *narratio*, auf die wir eigentlich zu Beginn Anspruch gehabt hätten, die aber dort noch nicht möglich war: Jetzt erscheint Aischines in diesem Kurzroman als das durch Bestechung willige, redegewandte Werkzeug eines teuflischen Ränkeschmieds.

*Audiatur et altera pars!* Oder: »Eines Mannes Rede ist keines Mannes Rede,/man soll sie billig hören beede.« Zu Recht beruft sich Aischines am Beginn seiner Verteidigung auf den attischen Richtereid,[15] in dem dieses oberste Prinzip der Gerechtigkeit, das aller Gerichtsrhetorik erst ihr moralisches Recht gibt, wohl zum ersten Mal formuliert wurde.* Denn vollkommen anders stellen sich nun die Dinge dar in der schlichten, von Anfang an der Chronologie folgenden Rede des Aischines, der an einer Stelle sagt: »Für dich und alle, die lügen, ist es vorteilhaft, die Zeiten zu vertauschen, für mich aber, der Reihe nach zu erzählen.«[16]

Die Erzählung in der »natürlichen Ordnung« *(ordo naturalis)*, wie die spätere Theorie sagt – Demosthenes war einer »künstlichen Ordnung« *(ordo artificialis)* gefolgt –, hat für Aischines vor allem auch den großen Vorteil, dass er die Behandlung der für ihn unangenehmen Kapitulation der Phoker aufschieben kann. Während Demosthenes diese an den Anfang gestellt hatte, kommt sie bei Aischines erst etwa am Ende des zweiten Drittels, nachdem er bei der breiten Darstellung der Gesandtschaften kräftig Punkte hat sammeln können: er selbst als mutiger, beredter Patriot – sein Gegner als rhetorischer Tollpatsch, der es sich dank seiner Übellaunigkeit mit den eigenen Mitgesandten so verdirbt, dass unterwegs keiner mehr bei ihm im Zimmer schlafen mag (was man sich übrigens ganz gut vorstellen kann).

Was nun die Phoker angeht, behauptet Aischines, bei Philipp alles getan zu haben, um sie zu retten bzw. durchzusetzen, dass nur die Schuldigen unter ihnen bestraft, die andern geschont würden. Die eigentliche Katastrophe überspringt der alte Bühnenkünstler dann, indem er in Tragödenpose das Schicksal apostrophiert:[17]

Was geschehen ist, dafür waren das Geschick und Philipp verantwortlich,
ich war verantwortlich für meine loyale Gesinnung und für meine
Äußerungen.
So habe ich das gesagt, was gerecht und was in eurem Interesse war,
es kam aber nicht, wie wir wünschten, sondern wie Philipp
gehandelt hat.

---

* »Ich werde den Ankläger und den Angeklagten [wörtl.: den sich Verteidigenden] beide gleichermaßen anhören« (zitiert bei Isokrates, *Antidosis* 21); vgl. Bartels, *Veni vidi vici* (S. 163), 40; Detlef Liebs, *Lateinische Rechtsregeln und Rechtssprichwörter*, Darmstadt [4]1986, 32. Die Herkunft der lat. wie der dt. Fassung (z. B. im Rathaussaal in Goslar) scheint nicht ganz geklärt.

Wer verdient nun aber eher, Ruhm zu ernten:
> der, der nie entschlossen war, Gutes zu tun,
> oder der, der es an seinen Kräften nicht hat fehlen lassen?

Armer verkannter Aischines! Freilich hatte Demosthenes ihm nie die vor Philipp gehaltenen schönen Reden vorgeworfen, sondern, dass er nach seiner Rückkehr das Volk hinters Licht geführt habe. Das streitet dieser nun sehr kurz und oberflächlich ab: Er habe nur das referiert, was er selbst für rechtmäßig halte, und nie etwas versprochen! Nirgends glauben wir ihm so wenig wie hier – müssen ihn aber doch nicht für den bestochenen Lügner halten, als den ihn Demosthenes hinstellt. Beeindruckt von Philipp, der in Pella ein charmanter, witziger und generöser Gastgeber war, mag Aischines wie andere aus dessen höflichen Worten mehr herausgelesen haben, als der politischen Absicht entsprach: weniger Betrüger als Betrogener.

Vor allem am Anfang der Rede des Aischines spüren wir, welche Wirkung Demosthenes trotz Mangel an zwingenden Beweisen mit seinen Vorwürfen erzielt hatte. Immerhin wurde der sich tapfer wehrende Angeklagte mit einer Differenz von nur 30 Stimmen (bei insgesamt 501 oder 1001 Richtern) freigesprochen. Dieser Makel genügte, um Aischines in den folgenden Jahren politisch fast kaltzustellen. Aber auch er wartete auf den *kairos* der Rache – 13 Jahre lang.

## DER GROSSE KAMPF GEGEN PHILIPP

Wir haben schon gehört, dass Demosthenes ein Jahr vor dem Gesandtschaftsprozess (344 v. Chr.) mit einer *2. Rede gegen Philipp (6. Philippische Rede*\*) auf die neuen militärischen und diplomatischen Akti-

---

\* Die verwirrende Divergenz der Zählungen ergibt sich daraus, dass in einer antiken Demosthenes-Ausgabe, deren Anordnung sich noch in unseren Handschriften und Ausgaben niederschlägt, 12 *Philippische Reden* gezählt (und ungefähr chronologisch geordnet) waren. Die Folge begann mit den 3 *Olynthien* (= *1.–3. Philippische Rede*), dann folgte die *Friedensrede*, darauf *Gegen Philipp I* und *II* (= *5. / 6. Philippische Rede*) und nach zwei weiteren Reden *Gegen Philipp III* und *IV* (= *9. / 10. Philippische Rede*).

vitäten Philipps reagierte. Er berichtet darin von seinen eigenen Gesandtschaftsreisen nach Argos und Messene, die von Philipp in ihrer Spartanerfeindschaft bestärkt und umgarnt wurden. Was er dort zur Warnung vor dem Makedonen gesagt habe, hält er nun auch den Athenern vor. Dabei ist die Rede ohne konkrete Handlungsanweisung, sie enthält aber zwei wichtige neue Gedanken für die ideologische Kriegführung. Erstens: Philipp könne niemals Freund Athens sein, da diese Stadt im Gegensatz zu den übrigen panhellenisch gesinnt sei, also immer Politik im Interesse ganz Griechenlands treibe. Zweitens: Philipp sei naturgemäß ein Feind der Demokratie. So heißt es eindrucksvoll in der referierten Rede an die Messenier:[18]

»Was sucht ihr?«, sagte ich. »Die Freiheit?
Und da seht ihr nicht, dass dieser Freiheit schon die bloßen Namen
Philipps ganz fremd sind –
denn jeder ›König‹ und ›Tyrann‹ ist ein Feind der Freiheit und
ein Gegner des Rechtsstaats.
So sorgt dafür«, sagte ich, »dass ihr nicht, um einen Krieg loszuwerden,
einen Despoten findet!«

Demosthenes' Ton wird noch schärfer, als Philipp im Winter 342/41 v. Chr. gegen militärische Übergriffe, das heißt Plündereien des attischen Strategen Diopeithes auf der Chersones, der thrakischen Halbinsel im Schwarzen Meer, unter Drohungen protestiert. Soll man ihm um des lieben Friedens willen nachgeben? In seiner Rede *Über die Dinge auf der Chersones (8. Philippische Rede)* rückt Demosthenes die Dinge aus seiner Sicht zurecht, ohne dabei die Übergriffe des Strategen verteidigen zu wollen: Einen Mitbürger wie Diopeithes könne man ja doch jederzeit bestrafen; so solle man sich durch ihn nicht ablenken lassen von dem wirklichen Feind der Stadt, dessen Übergriffe irreparabel seien. Längst gebe es keine Entscheidung mehr zwischen Krieg und Frieden, da Philipp Athen bereits angegriffen habe und bekriege. Und zwar mit einem Tempo, mit dem nur ein Monarch den *kairos* nutzen kann:[19]

> Denn ihr wisst ja doch wohl, dass für Philipp nichts von allem
> vorteilhafter war,
> als dass er als Erster zur Stelle war, wo es darauf ankam.
> Denn da er immer eine Streitmacht um sich herum versammelt hat
> und da er zuvor weiß, was er tun will,
> ist er ganz plötzlich da bei denen, die er angreifen will.
> Bei uns aber ist es so, dass wir, wenn wir hören, dass etwas geschehen ist,
> dass wir dann erst großen Lärm machen und uns rüsten.

Was ist zu tun? Hohe Steuern sind zu zahlen, die bestehende Streitmacht ist zusammenzuhalten, Gesandte sind überallhin zu entsenden, um die griechischen Bruderstädte zu warnen und aufzuklären:[20]

> Wenn aber einer glaubt, das bringe große Ausgaben mit sich
> und viele Anstrengungen und viele Mühe –
> dann glaubt er das völlig zu Recht!

Kein Satz war demosthenischer als dieser.

Die berühmteste seiner Kriegsreden ist die im Sommer 341 v. Chr. gehaltene *3. Rede gegen Philipp (9. Philippische Rede)*. Sie beginnt mit einem der unvergleichlichen Paradoxa, durch die der Redner sein Publikum wachzurütteln sucht (S. 200): »Würden sich alle bemühen, so schlecht wie nur möglich zu raten und dementsprechend abzustimmen, so könne es dem Staat nicht ärger gehen als jetzt.« Kein Wunder, sagt er: Die einen redeten dem Volk nach dem Mund, die andern seien bereits von Philipp bestochen.[21] Diesen tritt Demosthenes entgegen als der Einzige, der die Wahrheit sagt: Athen befindet sich längst im Krieg mit einem Feind, der am liebsten die ganze Welt, zunächst aber vor allem ganz Griechenland sich unterwerfen will. Und was für einem Menschen?[22]

> Das wisst ihr ja, dass das, was wir von den Spartanern
> oder was die Griechen von uns erduldet haben,
> dass dieses Unrecht doch immerhin von echten Söhnen
> Griechenlands zugefügt wurde. [...]

Aber Philipp ist doch nicht nur kein Grieche oder irgendwie mit
                                         Griechen verwandt,
sondern nicht einmal ein Barbar aus einer Gegend, die man mit
                                         Anstand nennen dürfte,
eine Pest aus Makedonien,
    von wo man früher nicht einmal einen ordentlichen Sklaven kaufen
                                         konnte.

Tausendmal besser sei es also zu sterben, als etwas aus Liebedienerei gegen diesen Barbaren Philipp zu tun,[23] zumal für Athen, das doch zur Freiheit geboren sei: »Denn auch wenn alle andern sich dazu verstehen, Sklaven zu sein, müsst ihr für die Freiheit kämpfen.«[24]

Dies hindert Demosthenes nicht, sich in der folgenden *4. Rede gegen Philipp (10. Philippische Rede)*\* im Jahr 341 v. Chr. sogar für ein Bündnis mit dem persischen Großkönig einzusetzen, den manche, nicht grundlos, in Erinnerung an die Perserkriege als »Barbar und gemeinsamen Feind aller«[25] einschätzten. Dieser aber, so Demosthenes, sei selbst fern in Susa und Egbatana; nun jedoch verspreche er zur rechten Zeit Hilfe gegen den »Räuber, der nahe vor unseren Toren steht und in der Mitte ganz Griechenlands mächtig wird«.[26]

Man konnte hier auch ganz anders denken: Schon nach dem Frieden von 346 v. Chr. hatte der greise Isokrates gerade Philipp in einer Denkschrift (S. 142) ermahnt, die Staaten Griechenlands zu einen, um nun – so dachte auch er echt griechisch – im rechten *kairos* den längst fälligen Feldzug gegen den Perserkönig als Erbfeind zu führen:

Nicht nur diese meine Rede mahnt dich dazu,
    sondern auch deine Vorfahren und die Feigheit der Barbaren […],

---

\* Da diese Rede in großen Partien mit der *Über die Dinge in der Chersones* wörtlich übereinstimmt, halten viele Gelehrte sie für unecht – jedenfalls können unmöglich beide Reden in dieser Form nacheinander gehalten und dann auch noch schriftlich verbreitet worden sein. Denkbar wäre aber auch, dass es sich zumindest bei einer der beiden Reden um den (im Nachlass des Demosthenes aufgefundenen) Entwurf zu einer Rede handelt, die so nie gesprochen wurde; vgl. Hajdú, *Kommentar zur 4. Philippischen Rede* [S. 541], 44–49.

mehr als alles andere aber der *kairos*,
indem du nun größere Macht besitzt als irgendeiner,
die Griechenland je bewohnt haben,
der aber, den du bekriegen wirst, so verhasst und verachtet bei allen ist
wie noch keiner von denen, die je König geworden sind.[27]

Zwar nicht Philipp selbst, aber sein Sohn Alexander hat das, wie man weiß, verwirklicht; und wer die Richtigkeit einer Politik nur nach dem historischen Erfolg beurteilt, muss Isokrates gegen Demosthenes recht geben. Die Athener aber ließen sich damals zunehmend von einem Redner begeistern, der sie, wie vielleicht keiner zuvor, durch eine Deutung ihres nationalen Wesens zum Kampf gegen einen Feind führte, der in allem ihr natürlicher Widerpart zu sein schien: Noch heute sehen wir ja Athens geschichtliche Bedeutung als »Wiege der Demokratie« mit den Augen des Demosthenes.

### DER KRIEG UND SEIN BITTERES ENDE

Als Philipp ein Jahr später (340 v. Chr.) bei einem erfolglosen Feldzug gegen Perinthos und Byzanz am Eingang zum Schwarzen Meer eine Flotte athenischer Getreideschiffe kaperte, beschloss die Volksversammlung auf Antrag des Demosthenes, die Säule, auf welcher der Friede des Philokrates geschrieben stand, umzustürzen: Nun war der Krieg, der laut Demosthenes längst vorhandene Krieg, endlich offen erklärt.

Mit dem Jahr 341 v. Chr. verstummt für uns eine geraume Zeit hindurch die Stimme des großen Redners, da spätere *Philippische Reden* nicht erhalten sind, vielleicht damals auch nicht mehr notwendig waren. Zum obersten Verantwortlichen für die Flotte gewählt, war Demosthenes nun vor allem mit der Organisation der Kriegsfinanzierung beschäftigt.

Die größte Stunde seines Lebens schlug, als im November 339 v. Chr. – wer rechnete in dieser Jahreszeit noch mit einem Feldzug? – Philipp, angeblich im Auftrag der für das Heiligtum in Delphi Verantwortlichen, durch die Thermopylen in Mittelgriechenland einmarschierte, die große Phokerstadt Elateia besetzte und damit zunächst Theben, dann aber auch Athen bedrohte. In einer packenden Erzählung beschrieb Demosthenes neun Jahre später die verzweifelte Lähmung, die Athen damals beherrschte. Mehrfach habe der Herold vor der Volksversammlung gefragt: »Wer will sprechen?«, aber keiner von sämtlichen Politikern *(rhētores)* und Militärs *(stratēgoi)* habe Rat gewusst:[28]

> Ja, wäre es darum gegangen, dass diejenigen auftreten sollten, die die
> Rettung der Stadt wollten,
> dann wäret ihr und alle anderen Athener aufgestanden und auf die
> Rednerbühne gestiegen
> (denn ich weiß, dass ihr alle Athens Rettung wolltet) [...].
> Aber, wie es scheint, verlangte jener *kairos* und jener Tag einen Mann,
> der nicht nur wohlgesinnt und vermögend war,
> sondern der die Dinge von Anfang an verfolgt und der richtig
> berechnet hatte,
> zu welchem Zweck Philipp dies tat und in welcher Absicht. [...]
> So erschien i c h denn an jenem Tage als dieser Mann, der zu euch
> sprach ...

So wie sich ein großer französischer Staatsmann einmal mit »Moi, Général de Gaulle« als Retter in entscheidender Stunde präsentierte,* will Demosthenes hier geradezu der Einzige gewesen sein, der dem Gebot des *kairos* in jener Stunde der Not gewachsen war. Und sein Antrag lautete: sofortiges Hilfsangebot für das am ärgsten bedrohte Theben, unbeschadet aller früheren Rivalitäten – mit durchschlagenderem Erfolg, als er je ihn gehabt hatte:[29]

> Wie nun alles dies lobten und keiner irgendetwas dagegen redete,
> da ließ ich es nicht beim Reden, sondern ließ es auch beschließen,
> und ließ es nicht beim Beschließen, sondern wurde auch Gesandter,

---

\* Sein berühmter Rundfunkappell vom 18. Juni 1940 ist nur in einer etwas späteren Fassung (22. Juni) erhalten: »Moi, Général de Gaulle, j'entreprends ici, en Angleterre, cette tâche nationale. [...] J'invite tous les Français qui veulent rester libres à m'écouter et à me suivre.«

> und wurde nicht nur Gesandter, sondern überzeugte auch die Thebaner und ging so den ganzen langen Weg von Anfang bis Ende ...

Der Satz wirkte! Solange es einen Rhetorikunterricht im Altertum gab, hat man aus ihm nicht nur gelernt, die politische Leistung des Demosthenes zu würdigen, sondern diese Periode auch als Muster einer *klimax* (»Leiter«, lat. *gradatio*) auswendig gelernt (Schema A-B, B-C, C-D; vgl. S. 57): Das letzte, entscheidende Glied (D), die Überredung der Thebaner zum Bündnis mit dem Erzrivalen Athen, könnte nicht so groß erscheinen, wären ihm nicht in dieser künstlich verzögernden Weise die nötigen Vorstufen (A, B, C) vorgeschaltet.

Dieser Höhepunkt im Leben des Demosthenes, den bald darauf auch die Thebaner wie zuvor die Athener umjubelten, dauerte nur kurz. Ein gutes halbes Jahr nach Philipps Einfall in Mittelgriechenland, im August 338 v. Chr. – Schicksalsdatum der griechischen Geschichte –, schlug der König die vereinten Heere Athens und Thebens bei Chaironeia durch den entscheidenden Einsatz seines 18-jährigen Sohnes Alexander, dem bald die Zukunft gehörte. Mitten unter den Leichen des Schlachtfelds soll sich der wein- und siegestrunkene Makedone das Mahl haben anrichten lassen, wobei er seinen Hohn über den Redner ausschüttete, der ihn ja doch »gezwungen hatte, im kleinen Teil eines einzigen Tages seine ganze Herrschaft und sein Leben aufs Spiel zu setzen« (Plutarch).[30] Dabei habe er die Überschrift der von Demosthenes ausgegangenen Volksbeschlüsse im jambischen Rhythmus gesungen und getanzt (denn so ganz ungebildet war er ja nicht):

> *Demosthenes Demosthenes' gebürtig aus Paiania ...*

Der so Verspottete aber, der ohne Kommando wacker mitgekämpft hatte, entkam mit dem größeren Teil des athenischen Heers glücklich nach Hause, sorgte sogleich als guter Patriot für die Verstärkung der Stadtmauer und ließ sich zum Beauftragten für Getreidebeschaffung wählen. Seine Politik war vorerst gescheitert, das Leben ging weiter.

# *STEPHANOS* – DEM REDNER FLECHTEN MIT- UND NACHWELT KRÄNZE

Auch nach der Niederlage von Chaironeia wurde Demosthenes von seinen Mitbürgern als Redner und Ratgeber geschätzt. Der von Philipp befürchtete Vernichtungsschlag gegen Athen hatte nicht stattgefunden; der König brauchte die immer noch bedeutende Militärmacht und die Autorität der »Hochburg des Geistes« für seine Pläne gegen Persien. Und nachdem er sogar die attischen Gefallenen ehrenvoll hatte verbrennen lassen und Kronprinz Alexander deren Urnen persönlich nach Athen eskortiert hatte, war es Demosthenes und keiner der makedonenfreundlichen Politiker, den man dazu erwählte, beim fälligen Staatsbegräbnis die feierliche Trauerrede *(logos epitaphios)* zu halten.

Diese ist, als epideiktisches, nicht forensisches Werk (S. 180), ein Unikum unter seinen Reden (wobei die Echtheit nicht ganz unbestritten ist). Vor allem ein besonders schmerzlicher Abschnitt daraus wurde dank einem einprägsamen Bild schon im Altertum berühmt:[1]

> Und vielleicht scheint, was ich sage, eine große Übertreibung,
>     aber es muss gesagt sein:
> Gleich wie wenn einer aus der ganzen Welteinrichtung das Licht
>                                         fortnähme,[*]
>     wie uns da dann alles verbleibende Leben traurig und mühselig
>                                         schiene,
>     so ist nach dem Tod dieser Männer
>         aller frühere Stolz der Griechen in Dunkel und Unehre vergangen.

---

[*] Christen und Juden mögen daran denken, dass mit dem »Es werde Licht« (nicht erst mit der späteren Erschaffung der Sonne) Gottes Schöpfungswerk beginnt (*Genesis* 1,3); Joseph Haydn in seiner *Schöpfung* hat das herrlich illustriert. In Ciceros Nachahmung tritt die Sonne an die Stelle des Lichts (*Laelius*, 47): »Die scheinen mir die Sonne aus der Welt zu nehmen, die die Freundschaft aus dem Leben entfernen.«

Die Würde der Stunde und die politische Klugheit verboten es, hier abfällige Worte über den Sieger zu sagen. Eine bittere Bemerkung über das Versagen der thebanischen Befehlshaber konnte sich Demosthenes allerdings nicht verkneifen.

### VERFRÜHTE KRÄNZE

Die verbleibenden 16 langen Jahre seines Lebens waren zwar durchaus nicht immer »traurig und mühselig«, sie standen jedoch im Zeichen der Suche nach einer Gelegenheit, einem *kairos*, der nicht mehr wirklich kommen wollte. Als Philipp in Korinth einen neuen, von ihm selbst angeführten »Bund der Hellenen« gründete, den ein Rat *(synedrion)* repräsentieren sollte, wollte sich Demosthenes nicht als Delegierter Athens gebrauchen lassen. Dafür setzte er sich ein für den Ausbau der städtischen Befestigungsanlagen; sie würden ja wichtig sein, im Kriegsfall.

Seine, Athens größte Chance schien ihm gekommen, als Philipp im Jahr 336 v. Chr., mitten in den Vorbereitungen zum Perserfeldzug, an dem vor allem die attische Flotte beteiligt sein musste, bei der Hochzeitsfeier seiner Tochter von einem seiner Leute aus Privatrache niedergestochen wurde. Die Nachricht vom Tod des Erzfeinds versetzte Demosthenes, obwohl ihm sieben Tage zuvor die eigene Tochter gestorben war, in Euphorie. Er legte die Trauerkleidung ab, ging mit dem Kranz der Freude geschmückt ins Ratsgebäude, brachte Dankopfer dar und animierte das Volk zu Jubelfeiern: Nun schien die Stunde der Befreiung gekommen. In einem Brief an die persischen Generäle nannte er Alexander, der sich damals den Weg zur Krone seines Vaters mühsam erkämpfen musste, »ein Kind und einen Tollpatsch*« – höchst verfrüht und ausnahmsweise unklug. Denn eher als gedacht marschierte der Tollpatsch bereits durch Böotien; und Athen,

---

* Eigentlich »Margites«; so hieß der Titelheld einer lustigen pseudohomerischen Versnovelle, ein Jüngling so stockdumm, dass ihn seine angetraute Frau nur mit einem (Boccaccios würdigen) Trick zur Erfüllung seiner ehelichen Pflichten bringen konnte (Eustathius u. a. in: *Homeri Opera*, hg. von Th. W. Allen, Oxford 1912 [viele Ndr.] 158).

das schon wieder Sicherheitsmaßnahmen traf, musste ihm zur Versöhnung eine Gesandtschaft entgegenschicken.

Noch böser endete der zweite Freiheitstraum. Ein Jahr später (335 v. Chr.) hieß es, Alexander sei in Illyrien gefallen. Nun wagte das 338 v. Chr. so schwer gedemütigte Theben den Aufstand. Man beseitigte die von Philipp eingesetzte makedonenfreundliche Regierung und bekämpfte die auf der Burg der Stadt stationierte Garnison der Makedonen; schon rüstete sich auch Athen, den alten Waffenbrüdern beizustehen. Wieder war jedoch Alexander zur Stelle – und Demosthenes, der eben noch mit persischem Geld die Thebaner unterstützt hatte, hatte Mühe, eine für Athen fatale Militäraktion zu verhindern. Erneut ging eine Delegation zu dem jungen König, der diesmal die Auslieferung des Demosthenes und anderer ihm unbequemer Politiker verlangte – sich aber schließlich doch besänftigen ließ. Umso erbarmungsloser erging sein Strafgericht über Theben, das zerstört und dessen Einwohner zugunsten des makedonischen Militärbudgets in die Sklaverei verkauft wurden. Das uralt herrliche Theben, die Mutterstadt von Dionysos, Herakles und Antigone, war vernichtet. Auch heute erinnert dort fast nichts mehr an die große Vergangenheit.

Dennoch versuchte Athen weiterhin, unter Führung vor allem des Demosthenes, eine von Alexander möglichst unabhängige Politik zu betreiben, ohne Scheu vor Zusammenarbeit mit den Persern. Nachdem aber deren Großkönig, Dareios III., zuerst bei Issos (333 v. Chr.), dann vor allem bei Gaugamela (331 v. Chr.) besiegt war, musste man sich der nunmehr entscheidend veränderten politischen Wirklichkeit anpassen. Als König Agis III. von Sparta 331 v. Chr. zum gemeinsamen griechischen Freiheitskrieg gegen die Makedonen aufrief, gab Demosthenes diesem Unternehmen keine Chance. Manche der damals enttäuschten Mitkämpfer und auch neuere Historiker haben ihm das zum Vorwurf gemacht. Alexander aber, im Osten mit ganz großer Weltpolitik beschäftigt, nannte diese Rebellion einen »Mäusekrieg«,[2*]

---

* Lehmann, *Demosthenes* (S. 539), 260, Anm. 26 meint, Alexander habe damit »auf das bekannte, parodistische Tierepos vom heroischen *Wiesel-Mäusekrieg*« angespielt; dieses aber, meist betitelt *Katz-Mäusekrieg*, eigentlich ein Lesedrama, stammt erst aus dem 12. Jahrhundert. Auch der Homer zugeschriebene *Frosch-Mäusekrieg* kommt aus chro-

den er durch seinen europäischen Statthalter Antipatros als den dafür ausreichenden Kater erledigen ließ.

## DAS ZWEITE DUELL ODER
## DER KAMPF UM DEN KRANZ

Wie die Griechen den Wettstreit lieben, so streben sie nach Sieg und Siegespreis:* »In Olympia den Staub aufzuwirbeln« und damit »die Palme des Ruhms« zu gewinnen, »das erhebt manche so, dass sie sich für Götter halten«[3] – so dichtete nicht ohne leise Ironie der Römer Horaz über diese Eigenart der Hellenen, »die nach nichts gierig sind außer der Ehre«[4] (während die Römer mehr aufs Geld erpicht seien). Auch im politischen Leben stehen vergleichbare Ehren hoch im Kurs. Grabinschriften, oft auch ehrende Statuen gelten den Toten; die Lebenden aber ehrt vor allem der öffentlich verliehene Kranz – auch wenn man einen solchen *post festum* in der Regel den Göttern zu weihen hat, ihn jedenfalls nicht wie ein heutiges Verdienstkreuz bei jeder Gelegenheit vorzeigen kann. Das Streben danach ist aber durchaus ehrenhaft: Bereits die erste politische Rede des Demosthenes galt einem Kranz (S. 196); er blieb nicht sein letzter.

In eine andere Dimension als die früheren reichte dann freilich der goldene Kranz, den 336 v. Chr. ein gewisser Ktesiphon durch Volksbeschluss für ihn beantragte: einmal wegen seiner aktuellen Verdienste um die Stadtbefestigung, dann aber vor allem, »weil er fortwährend das für die Stadt Beste rede und tue«.[5] Das war so formuliert, zwei Jahre nach Chaironeia, ein Politikum, das die Gegner provozieren musste. Wiederum meldete sich Aischines zu Wort und legte gegen

---

nologischen Gründen als Bezugspunkt wohl nicht in Frage. Am ehesten könnte Alexander an die von Äsop erzählte Fabel vom Krieg der Wiesel und der Mäuse (Nr. 291, p. 142 Halm) gedacht haben; er endet mit der Niederlage der Mäuse und dem Tod ihrer aufgeblasenen Feldherrn.

* Unüberholt scheint die klassische Darstellung von Jacob Burckhardt, »Der koloniale und agonale Mensch«, in: *Griechische Kulturgeschichte* (1898–1902), Basel 1956/57, Ndr. München (dtv) 1977, Bd. 4, 59–159 (bes. 84 ff.). Skeptisch allerdings ist Ingomar Weiler, *Der Sport bei den Völkern der Alten Welt*, Darmstadt 1981, bes. 3 ff.

den (vom Rat schon gebilligten) Antrag Klage ein »wegen Widerrechtlichkeit« *(paranomōn)*, vor allem aus formaljuristischen Gründen: Eine solche Ehrung dürfe nicht beschlossen werden, bevor Demosthenes über seine öffentliche Tätigkeit (Mauerbau, Theaterfonds) Rechenschaft abgelegt habe; auch sei eine Bekränzung im Theater, wie geplant, statt in der Volksversammlung gesetzwidrig.

Die Turbulenz der folgenden Jahre, in denen Alexander mit seiner Orientexpedition Geschichte schrieb, verhinderte wohl, dass dieser Streit bald ausgetragen wurde. Erst 330 nahm Aischines seine Klage wieder auf und prozessierte – dem Namen nach gegen den Antragsteller Ktesiphon, der Sache nach gegen seinen Erzfeind Demosthenes, mit dem als rednerischem Beistand *(synēgoros)* des formell Angeklagten sicher zu rechnen war. Mit seinen juristischen Einwänden hatte Aischines zwar zwei sichere Trümpfe in der Hand, kraft derer er eigentlich hätte siegen müssen; aber ein nur formaler Erfolg konnte ihm in diesem Fall nicht genügen. Und so schrieb er in seine Anklage auch den riskanteren Satz, dass Ktesiphon mit seiner Belobigung des Demosthenes sachlich die Unwahrheit gesagt habe.

Damit sollte der Prozess zu einem Gericht über die gesamte politische Tätigkeit des Demosthenes, ja zu dessen Generalverurteilung werden. Und so bedeutsam sah man die Sache auch. Wie heute ein wichtiges Fußballspiel die Menschen von weit her ins Stadion lockt, so seien damals, heißt es, Zuschauer aus ganz Griechenland gekommen, um dieses zweite große Duell der beiden Redner, ihren mutmaßlichen Showdown, zu erleben. Sie sollten es nicht bereuen.

## ATHENS GESCHICHTE IN DER TRAGISCHEN DEUTUNG DES AISCHINES

Auch wenn wir die Gegenrede des Demosthenes nicht kennen würden, müsste schon Aischines' *Rede gegen Ktesiphon* als kleines Kabinettstück gelten. Noch hören wir aus seinen wohlklingenden Satzgefügen die Stimme des geschulten Tragöden und gewinnen vielleicht sogar einen Eindruck von der gebändigten, sich im Gegensatz zu Demosthenes nie vor Leidenschaft überschlagenden Wortgewalt älterer Redner, wie etwa Perikles. Aischines begann, seiner Klage angemessen, mit dem Lob der Gesetze und der darauf beruhenden Demokratie. Hier schien die Lage eindeutig. Der Antrag hatte gegen zwei Gesetze verstoßen, die von Aischines vorgelesen, sorgfältig interpretiert und gegen »sophistische« Fehldeutungen abgesichert wurden. So weit, so gut.

Dann aber musste er zum Hauptpunkt kommen – »auf den ich mir am meisten zugute tue«,[6] sagt er trotzig: Demosthenes der Wohltäter seines Volkes? Um das Gegenteil nachzuweisen, teilt Aischines nun die politische Karriere seines Gegners in vier entscheidende Abschnitte *(kairoi)* ein, weil angeblich auch Demosthenes dieser Periodisierung folgen wolle. In dem ersten, der zum Frieden mit Philipp führte (346 v. Chr.), habe Demosthenes im Bunde mit Philokrates – der ja längst als Verräter verbannt war (S. 212) – die Interessen Athens geschädigt, indem er ein Militärbündnis mit Philipp unter Ausschluss der übrigen Griechen durchgekämpft habe. In der zweiten Periode, der Friedenszeit bis zum Wiederausbruch des Kriegs (346–340 v. Chr.), habe sich Demosthenes im Bund mit Euböa vor allem durch Bestechung bereichert. In der dritten Periode (340–338 v. Chr.), der fatalsten, habe er dann, besonders auch durch seine Gottlosigkeit, den Krieg heraufbeschworen und Athens Heer ins Verderben geschickt: »O du Fluchgeist Griechenlands!«

An dieser Stelle, wo der Gegenstand von selbst schon am tiefsten die Herzen der Hörer ergriff (Chaironeia!) und wo die Religion berührt war, vertiefte Aischines seine Darlegungen durch einen pathetischen Exkurs, der es als quasi tragische Arie verdienen würde, »im Versmaß der Urschrift« übersetzt zu werden. Ich gebe einen Auszug in wörtlicher, leicht gehobener Prosa:[7]

> Wahrlich, was hat sich an Unerwartetem und Unverhofftem zu unserer
> Zeit nicht ereignet?
> Wir haben ja kein Leben von Menschen mehr geführt,
> sondern sind unseren Nachkommen zu Wunderwesen geworden.
> Muss denn nicht der König der Perser [...],

> der in seinen Briefen zu schreiben wagte, er sei der Herrscher aller Menschen
> vom Aufgang der Sonne bis zu ihrem Niedergang –
> muss er nun nicht kämpfen –
> nicht um Herr zu sein über andere, sondern bereits um seine leibliche Existenz?* […]
>
> Theben aber, Theben, die Stadtnachbarin,
>> wurde nach einem Tage mitten aus Hellas dahingerafft,
>> zwar wohl zu Recht, da sie sich insgesamt nicht gut beraten hatten –
>> aber ihre Verblendung und Torheit kam nicht durch menschliche Schwäche,
>> sondern durch göttliches Verhängnis. […]
>
> Unsere Stadt aber, der gemeinsame Zufluchtsort der Griechen,**
>> zu der früher aus Griechenland die Gesandtschaften kamen,
>> um eine jede, Stadt für Stadt, bei uns ihr Heil zu finden,
>> sie streitet nun nicht mehr um die Führung in Griechenland,
>> sondern bereits um den nackten Boden der Heimat.
>
> Und dies ist uns widerfahren,
>> seitdem Demosthenes begonnen hat, Politik zu machen.

Nicht ungeschickt hat Aischines seine eindrucksvolle Tour d'Horizon der globalen Politik gerade an diese Stelle seiner Rede plaziert, denn anschließend geht es darum, die sonst unbestritten größte Leistung des Demosthenes herabzusetzen: das Bündnis mit dem Erbfeind Theben (S. 221).

Rhetorisch weniger ergiebig, aber für uns (mangels anderer Quellen) historisch noch interessanter ist die Behandlung der neuesten Zeit (nach 338 v. Chr.): Hier buhlt ausgerechnet Aischines um die Stimmen derer, die Demosthenes mangelnde Tatkraft im Widerstand gegen Philipp und Alexander vorwarfen: Mit Letzterem, behauptet er, habe sich dieser insgeheim längst ausgesöhnt und darum alle Gelegenheiten zu möglicher Rebellion mutwillig verpasst.

---

\* Die Nachricht vom Tode Dareios' III. war offenbar noch nicht nach Athen gelangt.
\*\* Dieser Stolz Athens zeigt sich besonders in den Tragödien *Herakliden* und *Hiketiden* des Euripides sowie im *Ödipus auf Kolonos* von Sophokles.

Im Schlussteil der Rede geht es dann gegen die Person des Demosthenes im Allgemeinen: »groß im Reden, schlecht im Leben!« Falls man ihn jetzt überhaupt auftreten lasse, dann solle er aber bitte seine Rede genauso anlegen wie der Ankläger: zuerst die Rechtspunkte! Aischines ahnt schon, was sein Gegner vorbringen wird,[*] und so verwahrt er sich gegen die verschiedensten zu erwartenden Ausflüchte. In den letzten Sätzen lässt er die größten Athener, Solon, Aristeides und Themistokles, mitsamt den in den Perserkriegen Gefallenen in einer Art Geisterparade gegen Demosthenes aufziehen und verabschiedet sich mit einem pathetischen Anruf an »Erde und Sonne und Tugend und Einsicht und Bildung, durch die wir das Schöne und Hässliche unterscheiden können«.

Nicht überall ist diese Rede so hohl wie in diesem etwas lärmenden Finale, wo sozusagen alles, was dem attischen Normalbürger gut und teuer sein könnte, aufgeboten wird. Aischines landet durchaus gute Treffer und nötigt uns immer wieder, die Ereignisse der behandelten Jahre neu zu überdenken. Aber an einem Hauptfehler leidet seine Rede. Ihr fehlt das große Konzept, um die politische Leistung des Demosthenes von Grund auf zu bestreiten. Die patriotische Nörgelei des Aischines bleibt bei aller wirksamen Empörung im Kleinen: Demosthenes war hier bestochen, dort verblendet, hier eigennützig, dort blasphemisch ... Und? War nun Philipp der große Feind der Griechen und der attischen Demokratie, gegen den sich der Kampf lohnte? Von einem Kopf wie Isokrates (S. 142) hätte Aischines vielleicht ein Gegenkonzept beziehen können – wenn er nur den Mut gehabt hätte, sich dessen Standpunkt anzueignen. Das aber hat er mit Rücksicht auf die meisten, immer noch makedonenfeindlichen Hörer wohlweislich unterlassen.

---

[*] Da dies nicht bei allen Punkten möglich ist, nimmt man zu Recht an, dass Aischines bei der schriftlichen Redaktion seiner uns vorliegenden Rede die Gegenrede des Demosthenes berücksichtigt hat.

## WIE DEMOSTHENES DISPONIERT

Es ist fast nur ein einziger Gedanke, mit dem Demosthenes seinen Gegner niederschlägt, ein Gedanke, den er hundertfach variiert, an immer neuen Beispielen und in immer neuen Figuren durchspielt: »Was anderes hätte ich tun sollen?« Und er tut dies mit einer solchen Leidenschaft und Fülle des Ausdrucks, dass sich sogar der Skeptiker Cicero zu dem Satz hinreißen ließ, diese Rede, die *Kranzrede*, sei gewissermaßen die platonische Idee einer Rede überhaupt,[8] also etwas eigentlich nur im Geiste Gedachtes, dem die Wirklichkeit sonst nie ganz entsprechen kann. Lässt sich dieser Überschwang nachvollziehen?

Wir betrachten zunächst kurz die Struktur der Rede (der eine nur formale Selbstverteidigung des Ktesiphon vorausgegangen sein muss). Aischines hatte seinen Gegner auf seine eigene Disposition festlegen wollen. Demnach hätte Demosthenes mit der Behandlung der juristischen Punkte beginnen müssen; natürlich denkt er nicht daran. Zu allen Zeiten gilt das rhetorische Gesetz, dass der Redner mit einem Punkt anzufangen hat, wo er selber stark ist. So verwendet Demosthenes hier jene Anordnung, welche die Rhetorik vielleicht schon zu seiner Zeit als die »homerische«, *dispositio Homerica*,[9] bezeichnete. Warum? Weil der schlaue Nestor in Homers *Ilias* seine Kämpen so aufgestellt hatte, dass die Feigen bzw. weniger Tüchtigen in der Mitte eingeschlossen waren, um sich dem Kampf nicht entziehen zu können.[10]

So riskiert Demosthenes erst nach etwa einem Drittel seiner Rede, über die Rechtsfragen zu sprechen; seine Absicht ist es, deren Behandlung in einer fortlaufenden Interpretation von Athens spannender jüngster Geschichte gewissermaßen untergehen zu lassen.* (Eine äußerliche Rechtfertigung dafür gab, dass Aischines selbst in seiner Anklageschrift die Rechtsfragen nachgestellt hatte.) Schon mit den ersten zwei Sätzen macht Demosthenes die Frage der Redendisposition zu einer der Rechtsstaatlichkeit – die von Aischines durch dessen unbillige Forderung gefährdet werde. Sie sind von einem Ernst

---

* Dies hat schon der kaiserzeitliche Rhetoriker Libanios in seiner Vorbemerkung zur Rede richtig analysiert.

und einer, auch rhythmischen* Kraft, dass der vorausgegangene Epilog des Aischines daneben schier phrasenhaft wirkt. Und weil ihm dieser Bigotte ja Ungläubigkeit vorgeworfen hat, ist es schicklicherweise ein Gebet an die Götter, mit dem der Redner anhebt:[11]

> Zuerst einmal, ihr Männer von Athen,
> > bete ich zu den Göttern allen und allen Göttinnen,
> > > dass, so groß wie mein Wohlwollen immer war gegen die Stadt
> > > > und euch alle,
> > > dass so groß auch euer Wohlwollen gegen mich in diesem Kampfe
> > > > sein möge.
> > Dann aber bitte ich um etwas,
> > > was am meisten euch und eure Frömmigkeit und euren Ruhm
> > > > betrifft,
> > > dass die Götter euch dieses gewähren mögen:
> > > > nicht meinen Widersacher zum Ratgeber darin zu machen,
> > > > wie ihr mich anzuhören habt (denn das wäre ja entsetzlich),
> > > > sondern die Gesetze und den Richtereid,
> > > > in dem neben allem anderen Rechtmäßigen auch dieses
> > > > > geschrieben steht:
> > > > man solle beide gleichermaßen anhören.**

Was Demosthenes schlau gerade auch auf die Disposition der Rede bezieht. Noch wichtiger aber als dieses vordergründige, partielle Beweisziel, auf das er hier ausgeht, ist das von nun an die Rede durchziehende Stichwort*** »Wohlwollen« *(eunoia)*. In seinem Gebet an die Götter setzt Demosthenes dieses sein Wohlwollen gegenüber der Va-

---

\* Demosthenes verwendet den gemessensten Versfuß der Griechen, den Creticus _ ᴗ _ (dam-da-dam), aber so dezent, dass seine Rede (nach der Regel des Aristoteles, S. 183) »rhythmisch, nicht metrisch« wird.
\*\* Vgl. S. 214.
\*\*\* Man hat sich in der Philologie angewöhnt, in solchen Fällen mit einem vor allem durch Richard Wagner bekannt gewordenen Begriff von »Leitmotiven« zu sprechen. Wer den musikalischen Sinn dieser Vokabel bedenkt – die nicht zufällig auf manches bei Thomas Mann passt –, kann das nicht ganz korrekt finden.

terstadt als zweifellos gegeben voraus und bittet nur um die göttliche Belohnung, auf die der Fromme Anspruch habe. So ist sogleich mit den ersten Worten das Beweisziel der ganzen Rede wie selbstverständlich und keines Arguments bedürftig vorweggenommen: Demosthenes hat immer nach Kräften »das Beste für die Stadt gesagt und getan«.

Aischines habe viel »außerhalb der Anklageschrift« vorgebracht, heißt es dann, und so müsse auch darauf geantwortet werden. Richtig, aber dass Demosthenes nunmehr alle Vorgänge, die mit dem Frieden des Philokrates (346 v. Chr.) zusammenhängen, unter dieses Außersachliche subsumiert, ist reine dramaturgische Willkür, mit der er ein chronologisches Kontinuum schafft, in dem die juristischen Fragen nur noch fast störend, jedenfalls uninteressant wirken sollen. Seine Darstellung von Aischines' Verhalten in dieser Zeit, zum Teil eine notwendige Reprise aus dem Gesandtschaftsprozess (S. 213), ist im Übrigen so suggestiv, dass bereits an dieser Stelle der Rede zumindest einige Hörer in provozierten Zwischenrufen Aischines als »Lohndiener« Philipps bzw. Alexanders beschimpfen.[12] Demosthenes fühlt sein Publikum hinter sich.

Als er dann vorgibt, zur Anklage zu kommen, vermeidet er noch immer das Formaljuristische und setzt, als behandle er nunmehr den ersten Punkt der Klageschrift, die Darstellung seiner politischen Tätigkeit in der Zeit des Friedens (346–340 v. Chr.) fort. Hier gibt er, was wir bei Aischines vermisst haben, eine wirkliche Analyse von Philipps Absichten und von Athens politischen Optionen. Hätte es damals wie Thessalien Philipp unterstützen sollen? Hätte es stillhalten sollen wie Arkadien, Messenien, Argos? Oder war Athen es sich und seiner Vergangenheit schuldig, Widerstand zu leisten? »Was hatte die Stadt zu tun, Aischines, als sie sah, dass Philipp eine Herrschaft und Tyrannei über die Griechen plante?«[13] Und dann: »Was sollte i c h tun?«[14] Er und die Stadt verschmelzen, denn in der Tat war sie ja seinem Rat und seinen Anträgen gefolgt.

## DEMOSTHENES GEWINNT DEN KRANZ

Nachdem dann endlich auch die leidigen juristischen Gravamina so gut wie eben möglich erledigt sind, setzt Demosthenes seinen Kommentar zu den Zeitereignissen fort, nunmehr erklärtermaßen, nicht um sich zu rechtfertigen, sondern als Invektive gegen Aischines, um »zu zeigen, wer er ist und woher, dass er so leicht mit dem Verleumden beginnt«.[15] Rasch und schneidend behandelt er, wie das bei attischen Rednern üblich ist, die schmutzigen Familienverhältnisse des Gegners, um sich dann dessen Politik in entscheidender Stunde zu widmen. Nach erneuter Götteranrufung bringt Demosthenes etwas, was er offenbar in dieser Schärfe noch nie geäußert hatte: dass der Krieg, der Philipp als vorgeblichen Retter von Delphi nach Mittelgriechenland und Elateia brachte, von keinem anderen als Aischines angezettelt und mitinszeniert wurde:[16]

> Ihn möchte ich, falls man ohne Rücksicht die Wahrheit sagen soll,
>   ohne Zögern den gemeinsamen bösen Fluchgeist all derer nennen,
>    die danach zugrunde gingen, der Menschen, Orte, Städte.
> Denn wer den Samen gesät hat,
>   der ist auch an den Pflanzen schuld.
> Ich wundere mich nur, dass ihr nicht sofort, als ihr das saht, euch von
>                ihm abgewandt habt –
>   aber, wie es scheint, ist viel Dunkel bei euch über die Wahrheit
>                                               gebreitet.

Es gehört zur unbestreitbaren Größe des Demosthenes, dass er auch in solcher Situation sein Publikum nicht schont.

Wir haben schon früher gesehen, wie Demosthenes sein eigenes Verhalten in dieser Krisensituation darstellt (S. 221). Sie führte zur Niederlage bei Chaironeia, also zur zumindest scheinbaren Katastrophe seiner Politik des unbedingten Widerstandes. Hier, an dieser heikelsten Stelle seiner Rede, rechtfertigt er sich auf doppelter Ebene. Zuerst mit dem Argument der späteren Stoiker (und noch Immanuel Kants): dass es bei der Beurteilung einer menschlichen Handlung auf den Willen und die Gesinnung ankomme, nicht auf das Ergebnis, das dem unvorhersehbaren Zufall unterworfen sei. Dann aber überhöht er diesen Gedanken durch eines seiner grandiosen Paradoxa:[17]

> Denn wäre allen klar gewesen, was geschehen sollte,
> und hätten es alle vorhergewusst und du, Aischines, es vorhergesagt,
> mit großen Beschwörungen und Geschrei,
> du, der du nicht einmal gemuckst hast,
> auch dann hätte die Stadt nicht Abstand nehmen dürfen von dieser
> Haltung,
> wenn sie nur an ihren Ruhm oder die Vorfahren oder die
> zukünftige Zeit gedacht hätte.

Immer habe Athen den Einsatz für das Schöne und Gute über das Bedürfnis nach Sicherheit gestellt. Er, Demosthenes, habe die Stadt nur an ihre eigenen Grundsätze erinnert. Darum:[18]

> Wenn ihr ihn [Ktesiphon] jetzt verurteilt, weil ich nicht die beste
> Politik gemacht hätte,
> dann wird es scheinen, als hättet ihr selbst gefehlt
> und als würdet ihr nicht ein Schicksal erleiden,
> das euch der Unverstand des Zufalls gebracht hat.
> Aber es i s t nicht so, es ist nicht so, Männer von Athen, dass ihr gefehlt
> habt,
> als ihr für die Freiheit und Rettung aller die Gefahr auf euch nahmt:
> Ich schwör's bei denen von unseren Vätern, die Vorkämpfer waren bei
> Marathon,
> und die bei Plataiai sich zur Schlacht stellten
> und die bei Salamis die Seeschlacht schlugen und bei Artemision,
> und bei vielen anderen, die als tapfere Männer auf öffentlichen
> Denkmälern stehen,
> welchen allen gleichermaßen die Stadt dieselbe Ehre erwiesen hat,
> Aischines –
> nicht nur den Erfolgreichen von ihnen, nicht nur den Siegern –
> mit Recht!

> Denn was die Aufgabe tapferer Männer war, das haben sie alle getan; sein Schicksal aber hat jeden ereilt, wie der Gott es ihm gab.

Auch wer sonst kein Freund ist von militärischem Heldentum und Patriotismus, kann diesen leidenschaftlichen Schwur bei den Gefallenen von Marathon nicht ohne Ergriffenheit lesen. Im Altertum waren dies die berühmtesten Worte des Demosthenes – und damit gewissermaßen der Höhepunkt griechischer Redekunst überhaupt. An diesen Schwur vor allem, freilich nicht nur an ihn, hat der Stoiker Panaitios gedacht, als er das bedeutungsvolle Wort sagte: Demosthenes lehre in seinen Reden, dass man das Sittliche dem Nützlichen vorzuziehen habe.[*] Auch zu der oft überlieferten Nachricht, dass Demosthenes Schüler Platons gewesen sei, werden sie beigetragen haben.[**] Nicht zuletzt aber müssen sie entscheidend für den Sieg im Ktesiphon-Prozess gewesen sein: Dass nicht, wie Schiller resignierend glaubte, die Weltgeschichte das Weltgericht sei,[19] musste damals jedem nationalstolzen Athener aus der Seele gesprochen sein.

Wir können unsere Besprechung der *Kranzrede* hier abbrechen und mit Genugtuung notieren, dass Aischines nicht einmal ein Fünftel der richterlichen Voten erhielt, dass er deswegen eine Geldbuße zu zahlen hatte und verbittert nach Rhodos fortzog. Dort soll er Rhetorikunterricht erteilt und gelegentlich aus seinen alten Reden rezitiert haben. Als er einmal auch die *Kranzrede* seines Gegners vorgelesen habe – zur allgemeinen Bewunderung, versteht sich –, sei ihm der Satz entfahren: »Wie erst, wenn ihr das Biest selbst gehört hättet!«[20] Und so erinnern wir uns, dass uns auch von dieser schönsten Rede des Biests das Beste fehlt: der mündliche Vortrag.

---

[*] Bei Plutarch, *Demosthenes*, 13; Panaitios meinte allerdings, dass Demosthenes seinen Grundsätzen persönlich nicht voll entsprochen habe.
[**] Hauptquelle war der peripatetische Philosoph Hermippos (Plutarch, *Demosthenes* 5,7). Die innere Beziehung des Demosthenes zu Platon scheint heute kaum gewürdigt zu werden; vgl. zuletzt bes. Kai Trampedach, *Platon, die Akademie und die zeitgenössische Politik*, Stuttgart 1994, 125–129. Das Richtige sah (der zu Unrecht fast vergessene) Franz Egermann, *Vom attischen Menschenbild*, München 1952, 57 ff., 145 ff.

## TRAGISCHES ENDE UND FORTLEBEN

Auf die letzte Lebenszeit des Demosthenes fällt ein Schatten durch die sogenannte Harpalos-Affäre, eine Sache, die nie völlig aufgeklärt wurde. Als Alexander, kaum mehr erwartet, wie ein neuer junger Dionysos im Winter 425/24 v. Chr. aus Indien zurückkam, verließ ihn, aus Babylon fliehend, Harpalos, der untreue Verwalter der Kriegskasse. Zweimal ersuchte er in Athen um Asyl, bis ihn diese »Zufluchtsstätte aller« nach alter Tradition bei sich aufnahm. Freilich musste er bald auf makedonischen Druck hin unter Hausarrest gestellt werden; die von ihm massenhaft mitgebrachten Gelder wurden auf der Akropolis deponiert, dabei jedoch leider nicht ordentlich verbucht. Als der Asylant aus der Stadt entkommen war und sein Raub den Makedonen zurückerstattet werden sollte, fehlten 350 Talente an der angeblichen Gesamtsumme von 700 Talenten: der größte Korruptionsskandal, den Athen je erlebt hatte.

Mittlerweile hatte sich Demosthenes durch seinen vorsichtigen, auf Ausgleich mit Alexander bedachten Kurs vielfach unbeliebt gemacht. Sogar für dessen kultische Verehrung als »unbesiegbarer Gott«, die der Weltherrscher nun von allen forderte – ein Novum in der griechischen Geschichte, das bis zu den römischen Kaisern ausstrahlen sollte –, setzte sich der diplomatische Redner ein. Da fiel auch sein bisheriger Freund und Mitstreiter Hypereides, ein schon berühmter und einflussreicher Redner, von ihm ab.

Als in einem wenig fundierten Gutachten des Areopags Demosthenes und mit ihm ein gewisser Demades beschuldigt wurden, jeweils 20 Talente aus dem Harpalos-Schatz unterschlagen zu haben, kam es im Frühjahr 323 v. Chr. zum Prozess. Hypereides, verbündet mit dem Redner Deinarchos, führte die Anklage, wovon noch Stücke erhalten sind. Leider fehlt uns die Verteidigung des Demosthenes, der seit der (sein Lebenswerk fast schon krönenden) *Kranzrede* keine Reden mehr ediert zu haben scheint. Jedenfalls wurde Demosthenes zu der unbezahlbaren Strafsumme von 50 Talenten verurteilt und ging ins Exil nach Kalaureia.

Auch dort blieb er politisch und diplomatisch im Dienste seiner

Vaterstadt tätig, vor allem, nachdem Alexander am 11. Juni 323 gestorben war und sich angesichts der nun entstandenen Nachfolgewirren ein griechischer Bund bildete, der die Befreiung von der Makedonenherrschaft anstrebte. Sogar den Truppen des Antipatros, des einstigen »Katers« von Arkadien (S. 226), bot man die Stirn. Demosthenes sah wieder einmal seinen unermüdlichen Einsatz für die Gewinnung von Bündnispartnern Athens honoriert: Die Volksversammlung beschloss gegen Ende 323 v. Chr. seine Rückkehr – die glanzvoll war.

Gegen Athen, und diesmal auch gegen Demosthenes, entschied wiederum das Glück im sogenannten Lamischen Krieg. Als im Juni 322 v. Chr. Athens Flotte, die größte, die es je aufgeboten hatte, bei Amorgos geschlagen war, sanken die Hoffnungen auf einen Sieg gegen Antipatros, dessen Verhandlungsangebote vorher ausgeschlagen worden waren. Um die Zerstörung der Stadt, eine zweite thebanische Katastrophe, zu verhindern, musste man sich schließlich bereit erklären, die demokratische Verfassung zugunsten einer oligarchischen aufzulösen und die von Antipatros benannten Athener zum Tode zu verurteilen, vor anderen Hypereides und Demosthenes.

Beide entflohen, beide wurden in Tempeln unter Bruch des Asylrechts von den Häschern des Antipatros ereilt. Im Heiligtum des Poseidon von Kalaureia nahm Demosthenes im Oktober 322 v. Chr. das lang vorbereitete Gift; dann verließ er den Tempelbereich, um nicht durch seinen Leichnam die sakrosankte Stätte zu verunreinigen, und starb – so wird überliefert – mit einem Gebet, das zugleich als eine letzte Philippika gedacht war: »Ich, lieber Poseidon, verlasse noch lebend das Heiligtum. Von Seiten des Antipatros und der Makedonen aber ist auch dein Tempel nicht rein geblieben.« Nicht einmal ein Begräbnis gönnte man dem Verhassten.

Sein Ruhm aber als Symbol der Freiheit blieb beispiellos. Als 287 v. Chr. die Demokratie in Athen wiederhergestellt wurde, setzte man ihm auf der Agora (Marktplatz) die bronzene Ehrenstatue, deren Kopien wir kennen. Für Cicero war er nicht nur, wie für seine rhetorischen Gegner (S. 372) und alle Literaten der Folgezeit, das stilistische Vorbild, sondern auch die inspirierende Kraft im Freiheitskampf gegen Antonius (S. 393). 1470 münzte Kardinal Bessarion die *Erste olyn-*

*thische Rede* in einer italienischen Übersetzung zum Kampfruf gegen die Türken um; als Kriegsappell gegen Frankreichs König Karl VIII. wurde dieselbe Rede von dem Humanisten Reuchlin schon 1495 ins Deutsche übersetzt.

Neue Aktualität gewannen seine *Philippischen Reden* im Zeitalter der Freiheitskriege, wo aus deutscher Sicht Napoleon in die Rolle Philipps rückte. Umgekehrt hat kein Geringerer als Georges Clemenceau, Vater des Versailler Vertrages, nach dem Ersten Weltkrieg in seinem *Démosthène* (1926) eine vom Hass auf Deutschland durchtränkte Biographie geschrieben. Dagegen verhöhnte das monarchistisch gesinnte Deutschland Demosthenes als Vertreter einer »Advokatenrepublik« (Drerup 1916, S. 49) – womit die Kriegsgegner Frankreich und England getroffen werden sollten. Seine Wiederverkörperung aber fand Demosthenes zuletzt in Winston Churchill, bei dessen flammenden Kriegsreden gegen Hitlers Tyrannei[*] man daran denken mag, dass auch dieser begnadete Redner einmal eine Sprechbehinderung zu überwinden hatte.

## REDNER UM DEMOSTHENES

Es liegt wohl auch an der Symbolkraft des Namens Demosthenes, dass gerade von ihm so viele Reden überliefert sind. Von Aischines, seinem wichtigsten Gegner, sind nur jene drei Reden erhalten, die mit Demosthenes zu tun haben. Dass man sie auch die »drei Grazien« nannte, zeigt, dass der Ruhm »d e s Redners«, wie Demosthenes im Altertum hieß, nicht völlig konkurrenzlos war.

Von dem ebenfalls zu den »zehn Rednern« gerechneten hochadligen Lykurgos (um 390–324 v. Chr.) kannte das Altertum immerhin 15 Reden. Er soll Schüler zugleich von Platon und Isokrates gewesen sein und hat die attische Staatskasse im Jahrzehnt nach Chaironeia als unbestrittenes Finanzgenie verwaltet. In der einzigen von ihm erhal-

---

[*] Schön dazu Cecil W. Wooten, *Cicero's ›Philippics‹ and their Demosthenic model*, Chapel Hill/London 1983, 172–175 (mit Textproben).

tenen Rede, *Gegen Leokrates*, früher sogar in Schulen gelesen, glänzt er allerdings mehr durch sittenstrenge Vaterlandsliebe und Religiosität als durch juristische Überzeugungskraft gegenüber einem angeblichen Vaterlandsverräter. Vor allem aber beglückt er uns heutige Philologen mit einer Fülle erbaulicher Dichterzitate, ja ganzer Gedichte, die uns sonst verloren wären. Weil Lykurgos die Dichter für die effektivsten Pädagogen hielt, ließ er den großen attischen Tragikern Aischylos, Sophokles und Euripides Erzstatuen im Dionysostheater als moralischer Anstalt Athens errichten, und – was noch besser war – er sorgte für die Herstellung authentischer Staatsexemplare der Dramen dieser drei, von deren Wortlaut die Schauspieler nie mehr abzuweichen hätten. Welcher Politiker könnte heute wagen, den Auswüchsen des Regietheaters so entgegenzutreten!

Während der Patriot Lykurgos ein Gesinnungsgenosse des Demosthenes war, zählte der um vieles jüngere Deinarchos zeitweise sogar zu dessen Gegnern, indem er für einen der Ankläger im Harpalos-Prozess (S. 237) eine geharnischte Rede schrieb. Heute schätzt man sie weniger, aber Cicero hat aus ihr immerhin eine feine Pointe fast wörtlich abgeschrieben: »In diesem Prozess richtet ihr über den Angeklagten, über euch aber das römische Volk.«[21] So nimmt man die allmächtigen Richter in die Pflicht der öffentlichen Meinung. Die späteren Literaturkenner nannten Deinarchos allerdings einen »Demosthenes aus Gerste«.[22] Das feinste attische Weizenbrot schien er nicht zu bieten.«*

Verloren sind uns leider die Reden des als Diplomat bewährten makedonenfreundlichen Demades, weil er sie gar nicht veröffentlicht hat. Im Gegensatz zu seinem asketischen Widersacher Demosthenes war dieser Demagoge ein Schlemmer, der mit Stolz seinen Bauch zur Schau trug. Auf diesen (und die Schamteile) zeigend, soll er gesagt haben: »Wie könnten die je genug bekommen?«[23] Ein Zyniker also,

---

* Blass (*Att. Beredsamkeit* [S. 527] III, 2 [²1898], 308) und andere beziehen dies auf das barbarische Bier im Gegensatz zum griechischen Wein. Gemeint war jedenfalls, dass die Redegewalt *(deinotēs)* des Deinarchos eine nur scheinbare sei; dem entspräche die übliche Ansicht, wonach das teurere Weizenbrot besser nähre (Ps.-Aristoteles, *Problemata physica* 21,2; vgl. den Kommentar in der dt. Übers. von Hellmuth Flashar, Berlin [Darmstadt] 1962).

der über sein Verhältnis zu Makedonien bekannte: »Ich nehme, und ich werde nehmen.« Und als ein Tragöde sich einer hohen Gage rühmte, verspottete er ihn: »Du hast für dein Geschrei 1 Talent bekommen? Mir hat der König fürs Maulhalten 10 Talente bezahlt.« Berühmt waren seine Metaphern wie: »Alexander ist nicht tot; sonst würde der Erdkreis seinen Leichnam riechen.« Kein Wunder, dass man in Ermangelung geschriebener Reden seine gepfefferten Sprüche als *Demadeia* sammelte, für die er noch später »als herausragender Humorist« (Cicero)[24] galt. Als ihm die Athener einmal nicht recht zuhören wollten, bat er, eine Fabel erzählen zu dürfen: Eine Schwalbe, ein Aal und die Göttin Demeter seien einmal an einen Fluss gekommen. »Die Schwalbe flog hinüber, der Aal tauchte unter …« Er hielt inne. »Und Demeter?«, rief man. »Demeter ist böse auf euch, ihr Athener, weil ihr euch Fabeln anhört, statt euch um die Politik zu kümmern.« So könnten sich noch heute unsere Redner Aufmerksamkeit verschaffen.

Im Übrigen aber war es Hypereides, den man für den größten Redner neben Demosthenes hielt, ja von dem später einige glaubten, er sei überhaupt der beste. Als Freund, zeitweiligen Gegner und schließlich Leidensgenossen des Demosthenes haben wir ihn schon kurz erwähnt. Auch er galt wie Demades als Gourmet und Lebemann, der drei Hetären,* und zwar nicht die billigsten, zur selben Zeit unterhalten habe; auch an ihm rühmte man vor allem Witz und Humor, daneben die Kraft seiner Wortwahl. Papyrusfunde** des 19. Jahrhunderts haben einige seiner einst 52 für echt gehaltenen Reden wieder zu-

---

* »Hetären« waren in der Regel Ausländerinnen, die darum mit einem Athener keine Ehe eingehen bzw. legitime Kinder haben konnten. So standen sie für alle Arten freier Liebesverhältnisse zur Verfügung, ja waren zum Teil darauf angewiesen, vom einmaligen Bordellbesuch bis zur dauerhaften Lebensgemeinschaft. Am berühmtesten war Aspasia, die Partnerin des Perikles, nach ihr Phryne. Zuverlässig informieren Wolfgang Schuller, *Die Welt der Hetären*, Stuttgart 2008, und Carola Reinsberg, *Ehe, Hetärentum und Knabenliebe im antiken Griechenland*, München ²1993.

** Die antiken griechischen Schriftsteller sind uns in der Regel durch Pergamenthandschriften des byzantinischen Mittelalters überliefert; immer wieder aber bereichern Funde aus dem Altertum stammender Papyri – als üblicher antiker Schreibstoff – vor allem aus dem ägyptischen Wüstensand unsere Kenntnis. So kennen wir etwa den Lyriker Bakchylides und den Komödiendichter Menander fast nur aus Papyri.

gänglich gemacht, darunter eine Begräbnisrede *(epitaphios)* für die im ersten Jahr des Lamischen Kriegs Gefallenen, wo wir – eine Besonderheit in der griechischen Redenliteratur – etwas von einer Unsterblichkeitshoffnung lesen: »Wenn es aber eine Empfindung im Hades gibt und eine Fürsorge der Götter, wie wir glauben ...«, dann könnten diese Gefallenen am meisten darauf rechnen. Nicht ohne Grund hat man also auch Hypereides unter die Schüler Platons gerechnet.

Aber seinen Hauptruhm vor allem in der Neuzeit verdankt er einer anderen Rede bzw. einer Geschichte, die sich um diese Rede rankt. Viele seiner Gerichtsreden betrafen Hetären; eine davon die berühmte Phryne, die dank ihren prominenten Liebhabern – darunter dem Bildhauer Praxiteles – so reich gewesen sein soll, dass sie das zerstörte Theben aus eigenen Mitteln hätte wieder aufbauen wollen, wenn man ihr nur die entsprechende Ehreninschrift genehmigt hätte.* Sie also war wegen Gottlosigkeit *(asebeia)* auf Tod und Leben angeklagt – die genauen Klagepunkte sind nicht völlig klar –, und Hypereides verteidigte sie, wobei er sogleich zur Rechtfertigung seiner Synegorie (S. 88) angab, dass er selbst in Phryne verliebt sei: ein ungewöhnliches, fast skandalöses Bekenntnis, da ernstliche Liebe zum anderen Geschlecht bei den Griechen eher als moralische Schwäche als für etwas Ehrenhaftes angesehen wurde.

So viel ergab sich aus der im Altertum bekannten, vielgelesenen Rede. Für den Schluss gibt es nur die Anekdote, die uns am ausführlichsten der Hetärenspezialist Athenaios erzählt:[25]

> Wie Hypereides mit seiner Rede so gar nicht Erfolg hatte
> und die Richter Miene machten, Phryne verurteilen zu wollen,
> da führte er sie leibhaftig vor, zerriss ihr das Kleid, entblößte ihre
> Brüste

---

* Ihr Textvorschlag (für die fällige Mauerinschrift) war: »Alexander hat sie niedergerissen, die Hetäre Phryne wieder aufgebaut.« – Über Phryne unterrichtet ausführlich der Artikel »Phryne« von A(ntony E.) Raubitschek, in: *Paulys Realencyclopädie der classischen Altertumswissenschaft*, XXI, 1 (1941), 893–907, bes. 906. Siehe auch: Wolfgang Schuller, *Die Welt der Hetären*, Stuttgart 2008.

und holte sich die Inspiration für das Mitleid am Redeschluss*
>> aus dem Anblick selbst:
So brachte er die Richter dazu,
>> dass sie fromm vor der Prophetin und Tempeldienerin Aphrodites erschauderten,
dass sie dem Mitleid nachgaben und sie nicht hinrichten ließen.

Dieser *coup de théâtre* der Busenentblößung muss umso wirkungsvoller gewesen sein, als sich Phryne sonst öffentlich stets in züchtiger Verhüllung, also eher wenig hetärenhaft gezeigt hatte. Gerade diesen Coup aber hat Hypereides in seiner niedergeschriebenen Rede offenbar nicht dokumentiert. War ihm vielleicht peinlich, dass sich hier die Macht des Busens als noch größer erwiesen hatte als die der Rede? Ich betone: des Busens. Denn mehr als der Sittenhistoriker Athenaios hat der Historienmaler Jean-Léon Gérôme mit seinem Gemälde *Phryne vor dem Areopag* (1861) zur heutigen Berühmtheit dieser Geschichte beigetragen: Hier entblößt Hypereides vor den ebenso entsetzten wie faszinierten Juroren von der Brust bis zu den Zehen die völlige Gestalt seiner marmorweißen Geliebten. Woraus wir nebenbei lernen, dass die frivolen Griechen mitunter doch noch etwas schamhafter waren als das vermeintlich so prüde 19. Jahrhundert.

---

* Gemeint ist der für den Epilog des Verteidigers obligate Appell an das Mitleid.

## *HELLENISMOS* – DIE WELT DEKLAMIERT GRIECHISCH

Unter »Hellenismus« verstehen wir heute in der Regel die geschichtliche Epoche von Alexander dem Großen (gest. 323 v. Chr.) bis zur Arrondierung des Römischen Weltreichs durch Einverleibung von Ägypten, dem letzten der auf Alexanders Tod folgenden griechischen Diadochenreiche (nach der Schlacht von Actium 31 v. Chr.).

Dies war nicht immer die Bedeutung des Worts. In der Zeit des Hellenismus selbst verstand man unter *hellēnismos* die erste Haupttugend des rednerischen Stils: die Sprachrichtigkeit, das »gute, korrekte Griechisch« (S. 255); so sind denn in der biblischen Apostelgeschichte »Hellenisten« (*hellēnistai*[1]) diejenigen Juden, die Griechisch und nicht, wie etwa Petrus, Aramäisch sprechen. An dies und Ähnliches konnte der selbst epochemachende Historiker Johann Gustav Droysen anknüpfen, als er in seiner *Geschichte des Hellenismus* (zuerst 1833) statuierte, der Name Alexander bezeichne das Ende einer Weltepoche und den Anfang einer neuen – und dann diese neue Epoche »Hellenismus« nannte. Denn dies vor allem war ja das Signum der neuen Zeit, die mit dem Orientfeldzug Alexanders anhob, dass alle Welt, oder vorsichtiger gesagt: die um das Mittelmeer zentrierte Welt – denn etwa Indien und China blieben ja außerhalb – nunmehr Griechisch sprach, an der griechischen Kultur als einer Weltkultur teilhatte. Auch diese selbst konnte schließlich *hellēnismos* heißen.[2]

### GRIECHISCHE WELTKULTUR

Man sprach also oder verstand zumindest Griechisch nicht nur in den alten Stammlanden, dem griechischen Mutterland, Sizilien und der Westküste Kleinasiens, vielmehr finden wir nun Zeugnisse griechischer Sprache vom Kaspischen Meer bis nach Äthiopien, vom Hindukusch bis Gallien und Spanien. Sogar die Römer mussten sich schließlich fügen. Scipio zwar ließ sich bei seiner schicksalhaften Unterredung mit Hannibal im Jahr 202 v. Chr. von Dolmetschern[3] ins Punische übersetzen, obschon beide wohl in der griechischen Bildungssprache hätten kommunizieren können. Der minder nationalstolze Cäsar aber schmeichelte der ägyptischen Kleopatra zweifellos mit griechischem Liebesgeflüster (wie Griechisch ja sogar im städtischen Rom die Sprache der Erotik war); und ein vor einigen Jahren entdecktes kleines Autograph Kleopatras[*] ist natürlich auf Griechisch, nicht in einer afrikanischen Landessprache verfasst. In griechischer Sprache muss ebenso der Jude Jesus seine Gespräche mit dem Hauptmann von Kapernaum oder dem Statthalter Pilatus geführt haben. Und als Ovid unter den »Barbaren« am Schwarzen Meer, wohin Augustus ihn verbannt hatte, keine Lateiner fand, gab es dort doch wenigstens *Graeculi*[**], die ihn verstanden.

So sagte denn Cicero noch 62 v. Chr., Griechisches werde in aller Welt gelesen, Lateinisches aber nur in Italien.[4] Und selbst er, der mehr für die Weltgeltung des Lateinischen getan hat als sonst je einer für seine Muttersprache, machte noch als erwachsener Politiker griechische Redeübungen und schwärmte von Hellas als der Wiege der Bildung und Zivilisation. Das Ostreich vollends konnte auch die spätere Weltsprache Latein nie wirklich erobern: Die Kaiser in Konstantinopel fühlten sich zwar als »Römer«, sprachen aber doch Griechisch, bis die Türken 1453 ihrer Herrlichkeit ein Ende machten.

Was war das für ein Griechisch? Durchgesetzt hatte sich der attische Dialekt, also die prestigeträchtige Sprache der großen Tragiker, der Redner und Platons; aber, zumindest in der gesprochenen internationalen Umgangssprache, die man heute *koinē* (die »allgemeine«, *lingua franca*) nennt, gab es erhebliche Modifikationen in Phonetik,

---

[*] »Papyrus Berolinensis P 25239«; Jörg Dendl, unter: www.dendlon.de/Kleopatra.html (letztes Update 9. Oktober 2008). Die Echtheit ist meines Wissens kaum bestritten; verblüffend ist allerdings eine orthographische Unkorrektheit.
[**] Mit diesem halb liebevollen, halb spöttischen Deminutiv, »Griechlein«, bedenken stolze Römer gern die Angehörigen der kulturell überlegenen Nation.

Formenlehre und Syntax. Am spektakulärsten vielleicht war der Wegfall des Optativs und der sogenannte Itazismus, das heißt, dass die Diphthonge *ei* und *oi*, schließlich auch das lange *ē* als *i* gesprochen wurden (wie im heutigen Griechisch). Das berühmteste in dieser *koinē* verfasste Werk ist natürlich das Neue Testament, wo zumindest in den älteren Evangelien das ursprünglich von Jesus gesprochene Aramäisch durchklingt. Natürlich orientierten sich andere literarische Werke mehr an den alten Autoren – bis diese am Ende der hellenistischen Epoche samt ihrer Sprache in einer Art klassizistischen Renaissance plötzlich in den Rang verbindlicher Vorbilder erhoben wurden (S. 253).

Wo man Griechisch sprach, da durften als Zeichen griechischer Kultur drei Dinge nicht fehlen: das Gymnasion (»Nacktanstalt«), wo man – zum Befremden der Barbaren – unbekleidet Sport trieb; zweitens das Theater (»Schauanstalt«), wo man sich Theaterstücke, später auch Pantomimen ansah und wo oft auch Volksversammlungen abgehalten wurden; drittens aber, und nicht zuletzt, die »Rhetorenschule«, wie wir heute sagen, also die systematische Ausbildung durch den Rhetoriklehrer. Diese Institution war weniger sichtbar als die beiden anderen, denn es gab ja keine staatlichen Schulgebäude – und erst recht keine Schulklassen und organisierten Lehrkörper –, aber sie war nicht minder wichtig. Jedes Kind der vermögenden Bildungsschicht erhielt, nachdem es Lesen, Schreiben, Rechnen und Singen gelernt hatte, Unterricht beim *grammatikos*, wo die Klassiker, besonders die großen Dichter, gelesen und erklärt wurden (nur in Letzterem bestand der Sachunterricht). Dann aber, etwa nach der Pubertät, kam jedenfalls der Junge unweigerlich zum *rhētōr:* Der las mit ihm die klassischen Redner und erläuterte sowohl an deren Beispiel als auch systematisch die Redetheorie.

Noch wichtiger waren natürlich die sprachpraktischen Übungen, durch die der zukünftige Redner bis zur Perfektion geschult wurde. Beginnend mit den sogenannten *progymnasmata* (Vorübungen) führten sie bis zu vollständigen Übungsreden, den *meletai*, lat. *declamationes*. Bis zum Ende des Altertums durchlief jeder Gebildete diese Schule, der punische Militär Hannibal wahrscheinlich ebenso wie der römische General Pompeius, der platonische Philosoph Cicero wie der pharisäische Schriftgelehrte Paulus aus dem kilikischen Tarsos, der kaiserzeitliche, aus Spanien gebürtige Epiker Lucan genauso wie noch der spätantike, afrikanische Kirchenvater Augustin – der selbst sogar Rhetoriker von Profession war (S. 502), allerdings nur noch in lateinischer Sprache.

## DIE DEKLAMATION (MELETĒ)

Die Anfänge dieser Übungen, besonders der Übungsreden bzw. *declamationes*,[*] gehen weit zurück. Schon die epideiktischen Reden des Gorgias (S. 55) hatten Übungscharakter. Die Tetralogien des Antiphon waren zu Schulungszwecken geradezu etüdenmäßig angelegt (S. 91). Auch der große Redepädagoge Isokrates muss die Anwendung seiner »Ideen« auf den *kairos* (S. 132 f.) in Übungsreden trainiert haben. Und sogar der einer praktischen Rhetorikausbildung sonst eher abholde Aristoteles soll seine Schüler in der *disputatio in utramque partem* (Diskussion nach Pro und Contra) geübt haben. »Soll der Weise heiraten? Sprechen Sie dafür – sprechen Sie dagegen!« (S. 170). Ihm ging es allerdings wohl mehr um das intellektuelle Training von Philosophen.

Als Erfinder der eigentlichen Deklamation *(meletē)* gilt Demetrios von Phaleron oder, falls er es nicht selbst war, ein Rhetoriker seiner Zeit. Dieser Demetrios war auch als Redner und Politiker ein bemerkenswerter Mann. Aus der philosophischen Schule des Aristotelesschülers Theophrast hervorgegangen, regierte er von Makedoniens Gnaden seine Heimatstadt Athen von 317 bis 307 v. Chr. mit absoluter Macht, aber mit Erfolg und großer Anerkennung – eines der seltenen Beispiele eines Philosophenkönigs, wie ihn Platon in seiner

---

[*] »Deklamiert« werden nach heutigem deutschen Sprachgebrauch vor allem Gedichte; im lateinischen Sprachgebrauch aber ist das Wort, das ursprünglich die Stimmschulung (durch »Herunterbrüllen«) bezeichnet hat, festgelegt auf die vollständige rhetorische Übungsrede, so auch weithin noch in der Frühen Neuzeit. Abwegig ist die auch in wissenschaftlichen Abhandlungen vorkommende Vorstellung, man habe in Rhetorenschulen etwa Tragödien »deklamiert«.

*Politeia* gefordert hatte, ein Vorbild hierin für Roms größten Redner Cicero (S. 298).

Die von Demetrios oder einem anderen entwickelte Form der Deklamation kam als Redeübung der politisch-forensischen Wirklichkeit am nächsten. Ihr liegt immer zugrunde ein bestimmter Fall (*hypothesis* bzw. *quaestio finita*), nicht ein allgemeines Problem (*thesis* bzw. *quaestio finita*). Allgemein wäre etwa das schon erwähnte Problem: »Soll der Weise heiraten?«, einen bestimmten Fall dagegen beträfe die Frage: »Soll Sokrates heiraten?« Allgemein wäre: »Rechtfertigt die Rachepflicht auch den Elternmord?«, konkret: »Durfte Orest seine Mutter Klytaimnestra, die Mörderin seines Vaters, töten?« Wie es bei diesen Beispielen der Fall ist, so kommen auch sonst von den aristotelischen Redegattungen (S. 178) nur das *genus deliberativum* (Wie ist zu handeln?) und das *genus iudiciale* (Wie ist zu urteilen?) in Frage. Das *genus demonstrativum*, die Lob- oder Tadelrede, gehört allenfalls in die *progymnasmata*.

Im ersten Fall, beim *genus deliberativum*, spricht man später von einer *suasoria*\* (»Beratungsrede«). In der Regel wählt man dafür einen Stoff aus der Geschichte oder der Mythologie. Der ältere Seneca liefert uns im 1. Jahrhundert n. Chr. Beispiele, die schon aus alter Schultradition stammen dürften (leider fehlen uns nämlich Originalbeispiele aus dem hellenistischen Schulbetrieb); sein erstes: »Alexander der Große überlegt (*deliberat*\*\*), ob er über den Ozean segeln solle.« Später: »Agamemnon überlegt, ob er [seine Tochter] Iphigenie opfern solle, nachdem Kalchas sagt, dass es sonst keine Möglichkeit der Seefahrt [nach Troja] gebe.«[5]

Nun galt es, vor allem nach den Kategorien des Sittlichen, Nützlichen und Möglichen, dem Betreffenden zu- oder abzuraten, wobei der Sprecher meist einen unbestimmten Zeitgenossen des jeweils zu Beratenden verkörperte (selten auch eine bestimmte Person, also etwa: »Odysseus rät Agamemnon, seine Tochter zu opfern«). Wenn der

---

\* Sonderbarerweise scheinen erst die Römer für die zwei Arten der Übungsrede verschiedene Termini, *suasoria* und *controversia*, entwickelt zu haben.

\*\* Aus diesem stereotypen *deliberat* der Schulaufgaben muss die Bezeichnung *genus deliberativum*, die ja nicht dem Griechischen entspricht, entstanden sein.

Satiriker Juvenal im 1. Jahrhundert sagt: »Auch ich gab Sulla den Rat, als Privatmann tief zu schlafen«[6], dann will er mit diesen für uns zunächst fast unverständlichen Worten seine rhetorische Bildung bezeichnen. Er hatte nämlich beim Rhetoriker deklamiert über das Thema »Der Diktator Sulla überlegt, ob er nach Wiederherstellung der Staates in den Ruhestand treten soll« – was dieser in der Tat ja auch getan hatte, ohne Juvenals Rat abzuwarten.

Moderne Kritiker mokieren sich gern über die angebliche Albernheit solcher Themen. Man darf aber doch fragen, ob sie nicht gerade in ihrer frühreifen Altklugheit und unaktuellen Lebensfremdheit jugendgemäßer und zur rein geistigen Schulung geeigneter waren als die Themen unserer Besinnungsaufsätze, die oft peinlich zu Gesinnungsprüfungen ausarten – auch wenn man nicht mehr, wie ganz früher, mit dem schneidigen Horaz die Süße des Heldentods zu loben hat.

Als schwieriger galt die Übungsrede im *genus iudiciale*, die sogenannte *controversia*, die der Gerichtsrede entsprach. Ihre Themen bestehen in seltenen Fällen aus dem bloßen Referat eines Tathergangs, wie etwa in diesem Beispiel aus der spätrepublikanischen *Herennius-Rhetorik* (S. 381):[7]

> Aiax [...] hat sich mit dem Schwert den Tod gegeben. Ulixes [Odysseus] kommt dazu, sieht den Getöteten, zieht die blutige Waffe aus dem Körper. Teucer [Bruder des Aiax] kommt seinerseits dazu, sieht seinen Bruder getötet, den Feind seines Bruders mit blutigem Schwert. Er verklagt ihn auf den Tod.

Weit häufiger aber wird zunächst ein (fiktives oder reales) Gesetz aufgestellt und diesem dann ein frei erfundener Fall zugeordnet. Ein instruktives Beispiel gibt derselbe Autor:[8]

> Gesetz sei: Wer bei Sturm das eigene Schiff verlässt, verliert alles; das Schiff und alles Übrige gehört, sofern das Schiff gerettet wird, denjenigen, die im Schiff geblieben sind. – [Fall:] Aus Erschrecken über die Größe eines Sturms haben alle ein Schiff verlassen und sind ins Rettungsboot gestiegen, mit Ausnahme eines Kranken: Er konnte

> wegen seiner Krankheit nicht aussteigen oder fliehen. Durch Zufall ist das Schiff nun unversehrt in den Hafen gelangt. Der Kranke nahm es [als sein Eigentum] in Besitz. Der frühere Eigentümer des Schiffs fordert es [zurück].

Dem Wortlaut des Gesetzes nach ist natürlich der Kranke im Recht. Der Eigentümer aber kann gegen ihn geltend machen, dass das Gesetz besondere Tapferkeit, nicht zufällige Krankheit habe belohnen wollen. Wie man in solchen und ähnlichen Fällen, wo die Fakten klar, aber die Rechtslage unklar ist, zu argumentieren hat, werden wir später noch sehen (S. 285). Aber auch hier ist, selbst wenn ein solcher Fall etwas konstruiert scheint – man denke dabei an die Kinder, die ihn traktieren! –, der Nutzen für den Redepraktiker klar: Immer wieder steht vor allem im Bereich des Privatrechts die präsumtive Absicht eines Gesetzgebers oder überhaupt Textverfassers gegen den offenbaren Wortsinn des Textes, und immer wieder lässt sich hier in prinzipiell derselben Weise argumentieren.

So ist es ein ebenso beliebter wie anfechtbarer Satz, wenn man, oft gestützt auf die Autorität des berühmten Philologen Eduard Norden, behauptet, im Hellenismus habe sich die Beredsamkeit »bei dem Mangel großer nationalgriechischer Stoffe« – manchmal sagt man auch: nach Beseitigung der Demokratie – »in die Schulstube« zurückgezogen,[9] um dort ihr scholastisches *l'art pour l'art* zu treiben. Und wenn Norden zur Stütze dieser Behauptung Ciceros Urteil über Demetrios von Phaleron[10] anführte, so steht an der betreffenden Stelle so ziemlich das Gegenteil:* nämlich dass Demetrios die unkämpferische Redeweise der Schulstube des Theophrast in die politische Öffentlichkeit getragen habe. Auch wenn Demetrios die Deklamationen erfunden haben soll, war ja doch gerade er ein erfolgreicher Politiker und Redner, der sich jedenfalls nicht in die Schulstube zurückzog.

Gewisse Entartungen des Schulbetriebs der römischen Kaiserzeit, über die witzige Köpfe wie Petron und Tacitus gelästert haben (S. 411),

---

* Nordens imposantes Wissen im Verein mit der apodiktischen Art seines Urteilens hat seinen Kraftsprüchen bis heute oft eine Autorität verschafft, die sie nicht verdienen.

bringen bis heute die ganze Deklamation in unberechtigten Misskredit. Weder war sie für die Praxis nutzlos, noch fehlte es der praktischen Redekunst in der Zeit nach Alexander an lohnenden Aufgaben: Noch wurden ja Gesetze beschlossen, noch hatten Diplomaten schwierige Missionen, noch blühte vor allem das Gerichtswesen. Wie hätte sich 800 Jahre lang ein Deklamationsbetrieb halten können, der »nur für die Schule, nicht für das Leben« *(non scholae, sed vitae)* da gewesen wäre!

## BEREDSAMKEIT ENTARTET?

Richtig ist dagegen, dass man schon im Altertum von einem gewissen Niedergang der Beredsamkeit zur Zeit des Hellenismus sprach und dass man diesen zumindest ansatzweise mit dem erwähnten Demetrios in Zusammenhang brachte, aber nicht etwa mit dessen Deklamationsübungen, auch nicht mit der allgemeinen politischen Entwicklung – man sah sie als Ergebnis seiner persönlichen Eigenart und seiner philosophischen Bildung. So sagte Cicero in seinem Abriss der Geschichte der Redekunst über diesen Schüler des Theophrast:[11] »Er war weniger in Waffen unterwiesen als in der Palaestra [Ringschule]; darum ergötzte er die Athener mehr, als dass er sie entzündete.« Sein Redestil war, könnten wir sagen, weniger forensisch als epideiktisch im alten Sinn (S. 180). »Er wollte lieber süß wirken, wie er es auch war, als kraftvoll.« Könnten wir diesen »süßen« Redner, den auch Cicero in seiner Art durchaus bewunderte,[12] nur hören! Doch leider hat gerade die spätere Verachtung der hellenistischen Redekunst dazu geführt, dass seine und seiner Nachfolger Werke so gut wie vollständig verloren sind. Man denke: Nicht einmal die wundervollen, auch in der Schule gelesenen Komödien des Dichters Menander, der Zeitgenosse des Demetrios war, haben dem späteren streng klassizistischen Urteil standgehalten. Wir kennen sie nur aus Papyrusfunden und vor allem aus den Nachbildungen der Römer Plautus und Terenz.

Während man von Demetrios noch mit einer gewissen Achtung sprach, ließ man die eigentliche Entartung der Redekunst nach ihm beginnen, wobei man sie von Athen nach Kleinasien *(Asia)* verlegte. Cicero sagt:[13]

> Sobald die Beredsamkeit aus dem Piraeus [Athens Hafen] ausgefahren war,
> wanderte sie über alle Inseln und reiste so im ganzen ›Asien‹ umher,
> dass sie sich mit fremdländischen Unarten besudelte
> und alle heilsame Kraft *(salubritas)* des attischen Stils,
> ja gewissermaßen dessen Gesundheit *(sanitas)* verlor und fast das
> Reden verlernte.
> So kam es zu den ›asiatischen‹ Rednern *(Asiatici oratores)*,
> die zwar hinsichtlich ihres Tempos und ihrer Fülle[*] einige
> Anerkennung verdienen,
> die aber zu wenig konzis und allzu überschwänglich sind.

Noch mehr ereiferte sich eine Generation nach Cicero der fanatische Klassizist Dionysios von Halikarnass. Laut ihm wurde schon gleich nach dem Tod Alexanders die »alte und philosophische[**] Redekunst in den Staub getreten«;[14] an ihre Stelle sei eine »unverschämt theatralische, unphilosophische und überhaupt von aller freien Bildung unbeleckte« Afterkunst getreten, die dann sogar überall anstelle der wahren geehrt wurde. So sei es gewesen wie in einem heruntergekommenen Haus, wo die züchtige Ehefrau von einer schamlosen Hetäre aufs Altenteil gesetzt wird:

> Die alte und eingeborene attische Muse war in Unehre gebracht
> und hatte ihre eigenen Güter verloren.
> Dafür kam aber gestern und eben erst, aus Abgründen ›Asiens‹
> aufgetaucht,
> eine Mysierin oder Phrygerin oder gar ein Ekel aus Karien,

---

[*] Gemeint muss sein, dass die einzelnen Kola der Periode viele Wörter enthalten, die also schnell auf einen einzigen Atem zu sprechen sind.

[**] Dionysios mag hier besonders an die *philosophia* des Isokrates denken (S. 129); mitschwingen mag, dass Demosthenes vielfach als Schüler Platons galt (S. 236). Doch könnte daneben auch schon das von Cicero in *De oratore* entwickelte Ideal des umfassend, vor allem philosophisch gebildeten Redners (S. 364) einwirken.

> maßte sich an, die Griechenstädte zu verwalten,
> und vertrieb die andere aus dem Gemeinwesen –
> die Dumme verjagte die Philosophin, die Rasende die Besonnene.

Erst das »alles beherrschende Rom«, so jubelt Dionysios, sei es gewesen, das kürzlich nach Jahrhunderten der Verderbnis das Hauswesen der Rhetorik wieder in Ordnung gebracht habe ...[15] – doch davon später mehr (S. 372).

Immerhin können wir schon jetzt notieren, dass es erst vom Ende der 50er Jahre v. Chr. an in Rom üblich wurde, einen bestimmten entarteten Redestil als »asianisch«, seine Vertreter als *Asiani* oder *Asiatici* zu bezeichnen und diesen die edleren *Attici* gegenüberzustellen (S. 372). Als Archeget des »Asianismus«, wie wir heute sagen, galt Hegesias von Magnesia, über dessen »Albernheit« sich besonders Cicero mit Verachtung äußerte. Die wenigen Fragmente geben uns leider nicht die Möglichkeit, diese Entrüstung voll zu teilen. Das bekannteste und wohl schlimmste lautet:[16]

> Ähnlich hast du gehandelt, Alexander, als du Theben zerstörtest,
> als wie wenn Zeus aus dem Teile des Himmels* den Mond
> vertriebe –
> denn die Sonne überlasse ich den Athenern.
> Diese zwei Städte waren ja die Augen** Griechenlands.
> Darum quäle ich mich nun auch um deren eines;
> denn das eine ihrer Augen, die Stadt der Thebaner, ist ausgehauen.

Dieser Text enthält – was bei Reden ganz selten ist – eine sogenannte »intertextuelle« Anspielung auf eine andere Rede, hier eine huldigende Erinnerung an den uns schon bekannten Epitaph des Demos-

---

\* Mit der sonderbaren Umschreibung ist natürlich der Himmel selbst gemeint. »Teil des Himmels« (= im Himmel bestehender Teil, sog. *Genetivus explicativus*) ist wohl darum gesagt, weil der Himmel »Teil« des dreiteiligen (aus Himmel, Erde, Meer bestehenden) Kosmos ist.

\*\* Hegesias gebraucht hier zunächst das Wort für »Schau, Gesicht«, ein poetischer Sprachgebrauch, den man aber auch sonst in hellenistischen Texten findet.

thenes (S. 223): Weil für jenen die attischen Gefallenen wie eine erloschene Sonne waren, stuft Hegesias nun das beklagte Theben als bloßen Mond ein und »überlässt die Sonne den Athenern«! Den Kritikern ist zuzugeben, dass dies ein Geistesblitz am falschen Platz war und dass vielleicht auch das ausgehauene Auge nicht gerade vom besten Geschmack zeugte. Und wir finden außerdem an dem Text das bestätigt, was bei Hegesias besonders registriert wurde: dass er die rednerische Periode zerschlage und kleine Kola aneinanderreihe.

Interessant ist aber, dass Hegesias selbst sich keineswegs als stilistischen Neuerer empfand, sondern ausgerechnet den schlichten Attiker Lysias sein Vorbild nannte. Dies und vieles andere zeigt uns, dass »Asianismus« nicht eine Stilrichtung in dem Sinne war, dass er ein Programm und programmatische Vertreter oder gar Schulhäupter gehabt hätte – nie hielt ein Redner sich selbst für »asianisch« –, vielmehr handelte es sich hier um ein Schimpfwort, mit dem die Anhänger einer alten »attischen« Beredsamkeit den ihnen missliebigen neueren Stil herabsetzen wollten.* Was nicht heißt, dass ihre Kritik ohne Fundament gewesen wäre. Nur muss man sich hüten, mit Eduard Norden und vielen anderen zu glauben, bei Asianismus und Attizismus handle es sich um zwei seit alters entgegengesetzte Stilrichtungen. Dies meinte zwar sogar Quintilian,[17] aber dass es unrichtig ist, hat der große Gräzist Ulrich von Wilamowitz-Moellendorff vor über hundert Jahren in einer Abhandlung gezeigt – die freilich öfter zitiert als gelesen wird.**

## RHETORISCHE STILLEHRE IM PERIPATOS

Etwas besser als über die hellenistischen Redner wissen wir über die Rhetoriker dieser Zeit Bescheid. Den von Platon und Isokrates angezettelten Streit über die richtige Jugendbildung (S. 157) hatten sie

---

\* Eine Analogie bietet der ursprünglich rein abwertend gemeinte Begriff des »Barock« (= Schwülstigkeit).
\*\* »Asianismus und Atticismus«, *Hermes* 35, 1900, 1–52, abgedruckt in: Stark/Steinmetz, *Rhetorika* (S. 537), 350–401. Ein Mangel dieses revolutionären Aufsatzes besteht nur darin, dass die Rolle Ciceros nicht richtig erkannt wurde (vgl. S. 371).

wohl vorerst für sich entschieden: Philosophie blieb fast das ganze Altertum hindurch ein eher fakultatives Zweitstudium zu einer quasi selbstverständlichen rhetorischen Grundausbildung. Eine wichtige Ausnahme immerhin bestätigt die Regel: Der große Philosoph Epikur untersagte seinen Jüngern die Beschäftigung mit Rhetorik, da sie nichts zu dem von ihm angestrebten Seelenfrieden beitrage. Er warnte ja auch vor politischer Tätigkeit. Trotzdem war der wichtigste Epikureer in Italien, der gegen die Rhetoriker polemisierende Philosoph Philodem von Gadara, ein Freund römischer Politiker.

Andere Philosophen dagegen bezogen die rhetorische Theorie durchaus in ihr Programm mit ein. Als Erster zu nennen ist der Peripatetiker Theophrast (gest. nach 289), der universalste Schüler des enzyklopädischen Aristoteles. Er, dessen Name *Theophrastos* angeblich von seiner »göttlichen Redegabe« herkam,[18] ergänzte das Werk des Meisters besonders in der Lehre vom Stil *(lexis)*, den dieser im dritten Buch seiner *Rhetorik* zwar ingeniös, aber nur etwas aphoristisch behandelt hatte (S. 182). Theophrast, dessen einschlägige Spezialschrift wir leider nur aus späteren Zeugnissen kennen, machte aus Einzelbeobachtungen des Aristoteles eine systematische Lehre vom sprachlichen Ausdruck.

Die vier Tugenden (*aretai*, lat. *virtutes*) des Stils, nach denen er sie offenbar aufbaute, wurden für die spätere Rhetorik fast ebenso kanonisch wie für die Ethik die vier Kardinaltugenden Platons* (an die er gedacht haben dürfte). Es sind 1. *hellēnismos*, die (uns schon bekannte) grammatische Korrektheit (im Lat. entspricht *Latinitas*); 2. *saphēneia*, die Klarheit, Durchsichtigkeit (lat. *perspicuitas*); 3. *prepon*, die Angemessenheit von Sprache und Inhalt (lat. *decorum*); 4. *kosmos* bzw. *kataskeuē*, der Redeschmuck (lat. *ornatus*). Ob er wie Platon diese vier Tugenden systematisch hergeleitet hat, wissen wir nicht; doch ist leicht zu erkennen, dass sie vom Elementaren zum Schwierigen aufsteigen.

Vor allem die dritte Kategorie der Angemessenheit scheint ihm wichtig gewesen zu sein. Theophrast demonstrierte sie am Stilfehler

---

* Weisheit, Tapferkeit, Besonnenheit (als Tugenden der drei Seelenteile) und Gerechtigkeit (als die alle drei umfassende).

des »Frostigen« *(psychron)*, wo nämlich der sprachliche Ausdruck unangemessen hoch ist, etwa in dem Vers: »In Bodenlosigkeit tischt der Pokal sich nicht«, was heißen soll, dass »man einen Becher ohne Boden nicht auf den Tisch stellt«.[19] Dieses Prinzip sollte in der späteren Rhetorik und besonders auch Poetik eine große Rolle spielen. Horaz in seiner *Dichtkunst (De arte poetica)* nimmt überall darauf Bezug und warnt zum Beispiel vor der Verwechslung der Sprachebenen in Tragödie und Komödie:[20]

> Komisches bringe man nie in tragischen Versen zur Sprache.
> Ebenso sträubt sich das Mahl des Thyest* gegen Dichtung im Stile,
> wie er dem Alltagsleben entspricht und dem flacheren Soccus.**

Auch Ovid hat nach diesem Prinzip die Frivolität seiner erotischen Dichtung gegen moralische Kritiker verteidigen wollen: Er habe doch seine Verse nur der dargestellten Welt leichter Mädchen angepasst[21] – was ihn aber letztlich nicht vor der Verbannung retten konnte.

Fast ebenso folgenreich war Theophrasts Gliederung der krönenden vierten Kategorie, des Redeschmucks: Er sah ihn gegeben in 1. der entsprechenden Auswahl *(eklogē)* der Wörter, wobei man besonders an Metaphern und euphonische, wohlklingende Wörter zu denken hat; 2. deren Zusammenfügung (*harmonia*, später meist *synthesis*), wo Periode und Prosarhythmus ins Spiel kommen; 3. den Figuren *(schēmata)*[22] – also dem, was heute in unseren Schulen meist als Kernstück der klassischen Rhetorik angesehen wird (»Benennen Sie die Stilmittel in Catilinarie 1,1 …«).

Umstritten ist dagegen, ob von Theophrast schon die vor allem durch Cicero berühmte Lehre von den drei Stilebenen, dem niederen, mittleren und hohen Stil stammt (wobei diese vor allem durch das

---

* Thyestes, der unwissend seine eigenen Söhne verspeist, ist der Inbegriff eines tragischen, unalltäglichen Dramenstoffs.
** *Soccus* ist der niedrige Schuh des komischen Schauspielers, im Gegensatz zum *cothurnus* des tragischen. Goethe hat beide verwechselt, als er seinen Mephisto (in der Paktszene des *Faust,* V. 1807–1809) sagen lässt: »Setz' dir Perücken auf von Millionen Locken, / Setz' deinen Fuß auf ellenhohe *Socken,* / Du bleibst doch immer, was du bist.«

Ausmaß des Figurengebrauchs unterschieden werden). Ausgeführt finden wir diese Lehre erst in der feinen, auch die schöne Literatur einbeziehenden Schrift *Über den sprachlichen Ausdruck (hermēneia)*, die fälschlich unter dem Namen des Demetrios von Phaleron überliefert ist. Dieser hat als vierte Kategorie das »furchtbar Schöne« *(deinon)* hinzugefügt – wohl um Demosthenes (S. 195) zu huldigen.

Wenn Aristoteles gerügt hatte, dass die »Vortragskunst« *(hypokrisis)* von der bisherigen Rhetorik ignoriert worden sei, so schloss Theophrast auch diese Lücke: Er behandelte sie nach den beiden Hauptstücken Stimme und Körpersprache, wobei Letztere wiederum in Mienenspiel und Gestikulation gegliedert war. Viel mehr wissen wir leider nicht davon, viel auch nicht von seiner Schrift über den rednerischen »Humor« *(geloion)*. Seinen bleibenden Ruhm in der Neuzeit verdankt Theophrast nämlich nicht diesen Leistungen, sondern einem kleinen Werk, das zum sprachlich Anspruchslosesten in der ganzen griechischen Literatur gehört, den *Charaktēres*, einer humorvollen Beschreibung von 30 »Charaktertypen« aus dem attischen Alltag. Sie ist interessant sowohl für den Komödiendichter als auch für den Redner, weniger weil hier auch der »Laberer« *(adoleschēs)* und der »Klugschwätzer« *(lalos)* erscheinen, als weil diese Schrift eine Fundgrube sein muss für den Redner, der ja verschiedene Menschentypen zu gestalten und ihr Handeln plausibel zu machen hat.

## STOISCHE TROPEN UND FIGUREN

Wie Theophrast und die Peripatetiker, also die Schule des Aristoteles, so hat wohl auch die Stoa, die von dem Phönizier Zenon (gest. 262 v. Chr.) ebenfalls in Athen begründete Schule, zwar keinen eigentlich rhetorischen Unterricht gegeben, sich aber doch um Fragen der Rhetorik bemüht. Von diesen Stoikern kennt heute auch der Bildungsbürger kaum mehr als die »stoische Ruhe«, und so denkt er sich ihre Philosophie als eine Art Anleitung zum seelischen Dickhäutertum. In Wirklichkeit betraf die stoische Lehre nicht nur die Ethik, sondern umfasste ein System der Welterklärung, das für seine Geschlossenheit berühmt war. Es beruhte auf dem Prinzip des *logos*, welches »Rede« und »Vernunft« bedeutet: Dieser göttliche *logos* durchwaltete nach der Weltsicht der Stoiker den Kosmos; er bestimmte das Handeln des Weisen und zähmte dessen Affekte bis zu deren völligem Verschwinden (*apatheia*) – er musste natürlich auch die Rede beherrschen: »Nur der Weise ist Redner« (wie auch nur der Weise König ist),[23] heißt eines der berühmten stoischen Paradoxa.

Daraus ergab sich, dass – wenn wir Cicero glauben – die Stoa dem Redner die Erregung der Affekte schlichtweg verboten hat. Einmal soll ein römischer Stoiker, P. Rutilius Rufus, berühmt für seine Sittenstrenge, sogar unschuldig verurteilt worden sein, weil er aus Prinzipientreue den vom Gerichtshof erwarteten Appell an das Mitleid unterlassen hatte – offenbar in Imitation des Sokrates (S. 84), den die Stoiker besonders verehrten. »Nicht einmal auf den Boden gestampft hat einer seiner *patroni*«, sagt Cicero – das war offenbar der mindeste Einsatz, den man von einem Anwalt erwartete –, »aus Angst, es könnte den Stoikern gepetzt werden.«[24]

Rhetorik war für diese überhaupt nur eine explizitere Form der Dialektik, das heißt der zur Wahrheitsfindung dienenden Logik:[*] Diese, so erläuterte Zenon, sei wie die geballte Faust, jene, die Rhetorik, wie die ausgebreitete Hand.[25] Und so addierten die Stoiker die Kürze *(syntomia)* als fünfte zu Theophrasts vier Tugenden der Rede. Damit muss auch ihre Neudefinition der Rhetorik als »Kunst, gut zu reden«, die wir schon behandelt haben (S. 23), zusammenhängen, ebenso ihre kühne Behauptung, die Rhetorik sei selbst eine Tugend.[26] Wie weit sich Zenon mit scheinbar so moralischen Sätzen vom Geist der echten Rhetorik, ja vom gesunden Menschenverstand entfernte, zeigt sein ungeheuerlicher Ausspruch, es sei vor Gericht nicht nötig, beide Parteien zu hören (vgl. S. 214), wenn der erste Redner seine Sache nur korrekt bewiesen habe.[27] *O Sancta Justitia!*[**]

---

[*] Nach dem Sprachgebrauch der Stoiker ist Logik der Oberbegriff von Dialektik und Rhetorik: Dialektik entspricht somit etwa dem, was wir als Logik bezeichnen, also nicht dem aristotelischen Begriff (S. 166).

[**] Diese sprichwörtliche Wendung haben nicht die Römer geschaffen, sondern der

Dennoch gilt das Erstaunliche: »Keine Philosophenschule der Antike hat sich intensiver [...] mit rhetorischen Problemen beschäftigt als die Stoa« – so urteilt ein Fachmann, Karl Barwick.[28] Zumindest auf dem Gebiet der Stilistik haben diese scharfsinnigen Männer Großes geleistet. Sie schufen, wie Barwick zeigte, eine Theorie der Wortneubildung und vor allem der sogenannten Tropen *(tropoi)* – ein Wort, das noch heute manchen unserer Kandidaten im philologischen Staatsexamen ins Schwitzen bringt. Also aufgepasst! Gemeint sind damit die Fälle, in denen ein Wort uneigentlich *(non proprie)*, also gegen seinen ursprünglichen Wortsinn gebraucht wird. Die von den Stoikern ausgehende Stilistik nennt (im Wesentlichen bis heute) deren acht:

1. die Onomatopoiia, das heißt die lautmalende Wortschöpfung wie »Muhen«, »Klirren« (die eine Sonderstellung einnimmt, da hier ja ein ursprünglicher Wortsinn nicht vorliegt);
2. die Katachresis, durch die eine Sache bezeichnet wird, die keinen eigenen Namen hat, wie »Schuss« (für das gezielte Treten des Fußballs) oder auch das Aromatisieren des Tees durch ein Quantum Rum;
3. die Metapher, Königin der Tropen, behandelt schon von Aristoteles (S. 182), bei der die Übertragung ohne Notwendigkeit erfolgt (»heiterer« für »unbewölkter Himmel« wäre nicht nötig);
4. die Metalepsis, die bewusst unpassende Verwendung von Synonymen (wofür es aber nur recht alberne Beispiele gibt)*;
5. die Synekdoche, wo der Teil für das Ganze gesetzt wird (*pars pro toto*: »Familie von fünf Köpfen« statt »Personen«) oder auch umgekehrt;
6. die Metonymie, bei der ein Übergang zu etwas sachlich Zusammenhängendem stattfindet (»Eisen« statt »Schwert«, »schlotternde

---

Komponist und geniale Librettist Albert Lortzing (*Zar und Zimmermann* I, 6: Auftrittsarie des van Bett).

* Quintilian 8,6,37: Da der Name des Kentauren Cheiron »der Geringere« bedeutet, sei es eine Metalepsis, statt Cheiron »Hesson«, das bedeutet auch »geringer«, zu sagen; zu den deutschen Bundeskanzlern würden dann die Herren »Feuer« (Brandt) und »Grünzeug« (Kohl) gehören. Mit Recht hält Quintilian von diesem Tropus nicht viel.

Angst« statt »Angst, die einen schlottern lässt«, »kalte Mamsell« statt »Mamsell am kalten Buffet«[*] – wie man sieht, ein besonders für Humoristen ergiebiger Tropus);

7. die Antonomasie, bei der ein Eigenname durch etwas ersetzt wird, was logisch sein Beiwort wäre (der »Pelide« = Achill; der »göttliche Aquinate« = Thomas von Aquin; der »Fußballkaiser« = Franz Beckenbauer);
8. die Antiphrasis als Bezeichnung durch das Gegenteil (wie ein »braves Bürschchen« für einen Verbrecher; oder, im Schwäbischen habitualisiert, »saumäßig schön«).

Kenner von Sigmund Freuds Theorien werden in diesen Spielen der Sprache manches finden, was nach ihm zur »Traumarbeit« gehört (wie sogleich die zuletzt genannte »Darstellung durch das Gegenteil«); als Schüler seines Leopoldstädter humanistischen Gymnasiums war er natürlich mit der klassischen Stilistik vertraut.[**] Die Stoiker sahen in diesen Abwandlungen drei Prinzipien am Werk, die kurz noch genannt sein sollen: die Ähnlichkeit, *similitudo* (bei der Metapher ist etwa der »Löwe Achill« in seinem Kampfesmut der Bestie ähnlich); die sachliche Nachbarschaft, *vicinitas* (bei der Metonymie wird etwa »Bacchus« für den Wein gesagt, weil er als dessen Erfinder ihm ja sachlich nahesteht); und das Gegenteil, *contrarium* (das in größerem Maßstab als Ironie auftritt).

Auch die Lehre von den eigentlichen Redefiguren, die im Gegensatz zu den Tropen aus mehreren Wörtern bestehen, scheint von den Stoikern zwar nicht begründet, aber doch systematisiert worden zu sei. So unterschieden sie, wie wir noch heute, zwischen Wortfiguren *(figurae verborum)* wie der Anapher, wo ein Wort oder eine Wortgruppe am Anfang zweier oder mehrerer Kola wiederholt wird (Schiller: »Der Mohr hat seine Schuldigkeit getan, / der Mohr kann gehn«), und Gedankenfiguren *(figurae sententiarum)*, etwa der rhetorischen Frage, die

---

[*] In diesen beiden Fällen spricht man meist von Enallage (Verschiebung) – die aber nur eine Spielart der Metonymie ist.

[**] Anregend und instruktiv zu diesem Komplex ist ein Aufsatz von Samuel Jaffe, »Freud as rhetorician: elocutio and the dream-work«, *Rhetorik* 1, 1980, 42–69.

ihre Antwort in sich schließt (»Wie lange noch, Catilina, willst du unsere Geduld missbrauchen?« – gemeint ist »Schon allzu lange«). Auch im Einzelnen scheint die spätere Rhetorik kaum über das hier Erarbeitete hinausgekommen zu sein.

Cicero, Virtuose sämtlicher Stilfiguren, hat den Stoikern ihre einschlägige Mühe leider gar nicht zugutegehalten, sondern jedenfalls die Redner vor deren Studium geradezu gewarnt: Wer sich das Reden abgewöhnen wolle, der solle nichts anderes als die Rhetorik des berühmten Stoikers Chrysipp lesen.[29] Diese Gefahr besteht heute nicht mehr – leider! Die Werke dieses großen Systematikers sind, wie restlos alle Originalschriften der hellenistischen Stoa, verlorengegangen.

## HERMAGORAS UND SEINE STASEIS

Den Glanz- und Höhepunkt der hellenistischen Rhetorik aber stellt kein Philosoph dar, sondern ein echter Rhetoriker: Hermagoras von Temnos mit seiner Lehre von den Staseis bzw. Status. Wir wissen nicht genau, wann er gelebt hat – wohl im 2. Jahrhundert v. Chr. –, denn niemand hat sich sonderlich für seine Person interessiert; umso begieriger haben aber alle Redner seine Lehre aufgegriffen und davon profitiert. Erst durch ihn entstand ein wirklich praktikables System der Argumentfindung, hauptsächlich für den Gerichtsredner. (Wir kennen es aus vielen späteren Rhetoriken, besonders Cicero und Quintilian, leider nicht aus seinen eigenen *Technai rhetorikai*).

Sehen wir uns, um seine Leistung zu verstehen, etwa an, was Aristoteles, der doch gerade auf seine Lehre vom sachlichen Beweis so stolz war (S. 174), hier dem Redner praktisch geliefert hatte. Es gab bei ihm auf der einen Seite die *topoi*, das heißt die allgemeinsten Formen, nach denen formal rhetorische Schlüsse gebildet werden konnten, so das schon erwähnte *argumentum a minori ad maius* (»Wenn schon Barbaren ein Gewissen haben, um wie viel mehr gebildete Athener«). Es gab auf der anderen Seite sogenannte »Ideen« *(eidē)*, das heißt inhaltlich plausible Gedanken, die sich dafür ebenfalls gebrauchen ließen: So erfährt der Gerichtsredner bei Aristoteles etwa, aus welchen Motiven heraus Menschen Straftaten begehen oder wie sich Gesetz, Naturrecht und Billigkeit zueinander verhalten. Das sind in der Tat auch vor Gericht nützliche Dinge, wenn man sie einmal gelernt hat; sie helfen unmittelbar jedoch nicht viel, wenn einer rasch das Testament seines erhofften Erbonkels anfechten möchte oder, um ein gefährlicheres Beispiel zu wählen, wenn man ihn mit blutigem Messer neben einem Erstochenen aufgegriffen hat. Soll er sich nun ein Argument *a minori* abquälen: »Selbst wenn man wüsste, dass dies das Blut des Erschlagenen ist, müsste ich noch nicht der Mörder sein: Um wie viel weniger ...«? Zu Recht hat man oft festgestellt, dass die Rhetorik des Aristoteles für die Praxis unmittelbar weniger ergiebig sei als die so viel anspruchslosere des Anaximenes (S. 184).

Aber erst Hermagoras mit seiner Lehre von den Staseis gibt die zugleich umfassende und rasche Argumentationshilfe. Was ist eine *stasis* (lat. *status* oder *constitutio*)? Das Wort stammt aus der Boxersprache und bezeichnet so viel wie eine der verschiedenen Ausgangspositionen, in denen sich zwei Boxer zu Beginn ihres Kampfs gegenüberstehen. Ähnlich ergibt sich im Fall der Gerichtsrede die Stasis aus der Stellung, die Ankläger und Angeklagter zueinander einnehmen.

Sagt der Ankläger: »Du hast deinen Nachbarn getötet«, so ist damit noch kein Status gegeben – ich gebrauche jetzt und im Folgenden den üblichen lateinischen Terminus –, wohl aber, wenn der Angeklagte antwortet: »Ich habe ihn nicht getötet«, denn jetzt ergibt sich der Status des *stochasmos* (lat. *coniectura*), der »Vermutung«: Die Richter müssen nun eine vernünftige Vermutung über die Tatfrage – getan oder nicht getan? – anstellen. Sagt der Angeklagte dagegen: »Ich habe ihn nicht getötet, sondern nur verwundet« (gestorben sei er in Folge unzweckmäßiger Behandlung), so entsteht der Status des *horos* (lat. *definitio*), der »Definition«, denn es gilt zu definieren, ob es sich bei der Tat um Tötung oder Körperverletzung handelt. Der Angeklagte kann aber auch sagen: »Ich habe ihn zu Recht getötet, denn er wollte mich seinerseits umbringen.« Nun handelt es sich um den Status der *poiotēs*[*]

---

[*] So der später gängige Ausdruck; Hermagoras selbst sprach von der Stasis »nach dem Accidens [der Eigenschaft]«, *kata to symbebēkos*.

(lat. *qualitas*), der »Qualität«, bei der Recht oder Unrecht der Tat zur Debatte steht. Schließlich kann der Angeklagte auch die Zulässigkeit des Verfahrens bestreiten; dann entsteht der Status der *metalēpsis* (lat. *translatio*), der »Übertragung«, denn man fragt, ob die Sache nicht einem anderen Gerichtshof zu übertragen ist.

Das war so weit noch keine große geistige Leistung, da vieles von dieser Unterteilung schon bei Anaximenes und in der Praxis der attischen Redner zu finden war. Die Leistung des Hermagoras aber bestand in der Entwicklung einer Topik, die für jeden möglichen Fall Argumente lieferte, und zwar Argumente auf einer mittleren Abstraktionsebene, die weder so inhaltlich konkret wie die *eidē* des Aristoteles waren noch so formal abstrakt wie dessen *topoi*.

Nehmen wir als einfachsten Fall den Konjekturalstatus, die Tatfrage. Hier haben Ankläger wie Angeklagter zu fragen, ob die betreffende Tat dem Charakter des Angeklagten entspricht *(argumentum e moribus)* und ob er ein plausibles Motiv dafür hatte *(argumentum e causa)*, schließlich ob die Tatumstände auf das Begehen der Tat hinweisen *(argumentum e facto)*; dazu gehören etwa Zeit, Ort, die Ereignisse nach der Tat, besonders das Verhalten des angeblichen Täters usw. Man sieht leicht, wie nützlich es für den Gerichtsredner ist, jeweils eine solche zuvor verinnerlichte Liste von Gesichtspunkten durchzugehen, um keine Möglichkeit der Argumentation auszulassen.

Schwieriger, aber noch ergiebiger ist die Topik beim Qualitätsstatus, den ich hier vereinfacht darstelle (unter Verwendung von Ciceros Terminologie in *De inventione*, wo dieser Status als *constitutio generalis* bezeichnet wird). Hier kann der Angeklagte entweder (1) behaupten, seine Tat sei »schlechtweg an sich« im Einklang mit Gesetz und Sitte erfolgt *(pars absoluta)*, oder er kann (2) anderes von außen »heranziehen«, um sie zu rechtfertigen *(pars assumptiva)*. Bei Letzterem ergeben sich wiederum mehrere Möglichkeiten: Er kann die Tat durch den »Vergleich« mit dem durch sie erzielten Vorteil rechtfertigen (2.1 *comparatio*); er kann aber auch »den Vorwurf zurückgeben«, das heißt dem angeblich Geschädigten zuschieben (2.2 *relatio criminis*) – wozu unter anderem die Fälle von Notwehr gehören. Verschieden davon ist die Verteidigung durch »Abwälzen« auf einen anderen (2.3 *remotio crimi-*

*nis*). Hilft auch diese nicht, bleibt das »Eingeständnis« (2.4 *concessio*): Dieses kann man in Form einer »Entschuldigung« (2.4.1 *purgatio*) geben, bei der die Tat auf ein »Versehen« (2.4.1.1 *imprudentia*), auf »unglücklichen Zufall« (2.4.1.2 *casus*) oder auf »Zwang« (2.4.1.3 *necessitudo*) zurückgeführt wird; oder aber man muss sich zur »Abbitte« (2.4.2 *deprecatio*) bequemen und um Gnade ersuchen – wobei freilich höchste Vorsicht zu walten hat. (Der als Steuerhinterzieher angeklagte Ex-Postchef Klaus Zumwinkel hat gerade dafür im Januar 2009 ein interessantes Beispiel gegeben.[*])

Mein geduldiger Leser, der mir so weit durch einen kleinen Teil des Labyrinths der Statuslehre gefolgt ist, wird vielleicht Verständnis haben für Kritiker, die hier mit dem großen Rhetorikspezialisten Wilhelm Kroll von »weltfremder Tüftelei« sprechen und glauben: »Das System war im Grunde nur für die Schule da«,[30] also für den Unterricht, nicht für die Praxis. Und doch könnte nichts falscher sein. Der weitaus größere Rhetorikspezialist Cicero hat mehrfach festgestellt, dass Hermagoras dem Redner überaus handliche, nützliche Waffen für den argumentativen Kampf an die Hand gebe.[31] Man muss nur lesen, welche Topoi, das heißt Argumentationsmöglichkeiten, er in *De inventione* zu jedem einzelnen der sorgsam gegliederten Unterstatus angibt, um den Nutzen des Systems einzusehen. Ich gebe ein einfaches Beispiel zur »Abwälzung« (2.3 *remotio criminis*) bzw. zur Verhinderung einer solchen:[32]

Der Ankläger wird zunächst [1] einmal denjenigen, den der Angeklagte für seine Tat schuldig macht, verteidigen, sofern das möglich ist. Wenn

---

[*] Zumwinkels Verteidigung hatte zwar die Form der *deprecatio*, insofern er ein volles Schuldbekenntnis ablegte; er versuchte jedoch, verschiedene Momente der *purgatio*, wenn nicht der *remotio criminis*, mit einzubringen: Er habe sich von anderen einreden lassen, man solle einmal Versteuertes nicht nochmals versteuern, und er habe Angst gehabt, dass eine rechtzeitige Offenlegung seiner Bankverhältnisse durch Indiskretion an die Öffentlichkeit kommen könnte. Eine solche *deprecatio* wird im modernen Prozess natürlich dadurch erleichtert, dass die Richter in der Strafzumessung fast frei sind. Cicero verwendet die Form nur einmal in einer Rede vor Caesar *(Pro Ligario)*, wo dieser ebenfalls durch kein Strafgesetz gebunden ist.

es nicht möglich ist [2], wird er sagen, die Schuld jenes Mannes gehöre nicht vor dieses Gericht, vielmehr die Schuld desjenigen, den er selbst jetzt anklage. Dann [3] wird er sagen, jeder müsse nach seiner eigenen Pflicht verfahren; und wenn jener sich verfehlt habe, sei es diesem [dem jetzt Angeklagten] darum noch nicht erlaubt, sich auch zu verfehlen. Ferner [4], wenn jener einen Fehler begangen habe, dann müsse man in getrenntem Verfahren ihn wie auch diesen anklagen und nicht mit der Verteidigung von diesem die Anklage gegen jenen vermengen.

Sind das nicht vier brauchbare Topoi? Natürlich dürfen sie in der Praxis der Rede nicht trocken abgespult werden, sondern man muss sie sorgfältig nach dem jeweiligen Fall kolorieren. Cicero hat sich selbst in seinen Reden, wie wir noch sehen werden, ungeniert aus diesem Arsenal des Hermagoras bedient.

Dabei hat diese Waffenkammer der Rhetorik noch eine zweite, ebenso große Abteilung, in der es nicht um die Beurteilung von Taten, sondern um die von Texten geht: Neben dem eigentlichen Status der »rationalen Gattung« (*genos logikon*, lat. *genus rationale*) stehen die Fragen der »legalen Gattung« (*genos nomikon*, lat. *genus legale*). Mit dieser wollen wir uns jedoch erst befassen, wenn wir nun – endlich – zum Juristenvolk der Römer kommen.

# *ELOQUENTIA* – AUCH ROM
# STUDIERT RHETORIK

Wer hätte sich da nicht empört? Romulus, »König« des neugegründeten Roms, hatte die Einwohner der umliegenden Ortschaften zu einem Götterfest mit prächtigen Spielen geladen. Vor allem die Sabiner waren gekommen, auch aus dem neugierigen Wunsch, das junge Städtchen zu besichtigen. Aber sie wurden betrogen, gegen Treu und Glauben – *per fas ac fidem*. Während die Aufmerksamkeit der Gäste von den Spielen gefesselt war, stürzten sich auf ein Signal des Königs die jungen Römer auf die sabinischen Mädchen, die unvorsichtigerweise mitgekommen waren: die Adligen auf die schöneren, die Plebejer auf die sonstigen, und schleppten sie mit Gewalt in ihre Häuser. Wütende Empörung bei den Eltern, die Rache brütend abzogen! Verzweiflung erst recht bei den jungen Mädchen, die sich von Gewaltverbrechern um ihr Lebensglück betrogen sahen. Wie wollte Romulus die Situation retten? Statt sofort zum nun unvermeidlichen Sabinerkrieg zu rüsten, erprobte er die Macht der Rede.

## ROMULUS DEBÜTIERT MIT EINER
## DAMENREDE

Auf seine kluge Anweisung hin war die Jungfernschaft der Geraubten in der ersten Nacht unversehrt geblieben. So hatte sich die Wut der am nächsten Morgen versammelten Mädchen wohl schon ein wenig gelegt. Den verbliebenen Zorn versuchte Romulus nun zunächst mit einer kühnen *relatio criminis*, »Rückwälzung des Vorwurfs« (S. 263), von den Tätern auf die Opfer zu lenken:[1]

Wer, liebe Sabinermädchen, ist schuld an den gestrigen Vorgängen,
 die ich selber bedaure und ungeschehen wünsche?
Man hat euch ja von euren Eltern getrennt, von euren Heimatstädten,
 man hat da und dort vielleicht ein wenig mehr Gewalt
  angewendet, als nötig war.
Aber wer trägt die Schuld an dem allem?
Wir Römer? O nein, o nein!
Wir sind seit Jahr und Tag auf die ehrbarste Weise bemüht,
 unser junges Volk mit guten Familien, tüchtigen Hausfrauen zu
  versehen.
Nein, es waren, ich sage das mit allem Schmerz, eure eigenen Eltern
  und Verwandten,
 die unsere Brautwerbung immer wieder aufs schnödeste
  zurückgestoßen,
 die uns euch, ihre Töchter, aus schierem Neid verweigert haben.
Wir haben die Götter zu Zeugen angerufen,
 die unser Rom so sichtbar gedeihen lassen;
wir haben an die Menschlichkeit appelliert,
 die gebietet, dass der Mensch mit dem Menschen sein Blut vermische:
Überall hat man uns verachtet, ja uns sogar den höhnischen Rat
  gegeben,
 wir sollten doch ein Frauenhaus für streunende Weiber[*] eröffnen![2]
Verzeiht uns, liebe Sabinermädchen, dass wir diesem Rat nicht gefolgt
  sind,
 dass wir mehr Gefallen an eurer Tugend und Schönheit
 als an dem schnippischen Witz eurer Eltern gefunden haben.

Das war angesichts der eklatanten Rechtsverletzung immer noch kühn; und so empfahl es sich, die Selbstverteidigung mit einer anderen Methode aus der Trickkiste des Hermagoras abzustützen, der *comparatio*, »Güterkompensation« (S. 263): Für den erlittenen Schrecken, sagte Romulus, sollten sie, die jungen Sabinerinnen, ja nun durch eine

---

[*] Eigentlich »ein Asyl für Frauen« (Livius 1,9,5). Zur Vermehrung der Einwohnerzahl hatte Romulus im neugegründeten Rom ein *asylum* eröffnet (Livius 1,8,5), das jedermann, auch etwa Sklaven oder Verbrechern, offenstand.

rechtsgültige Ehe, durch die Gemeinschaft aller Glücksgüter und des
römischen Bürgerrechts entschädigt werden ...

> Und, Sabinermädchen, denkt auch an die Kinder, die ihr diesen
> Männern schenken werdet.
> Was ist ihnen, wie euch, wie allen Menschen, süßer als eigene,
> liebe Kinder?
> Denkt daran und folgt dem, was längst euer innerster Trieb sein muss:
> Besänftigt euren Unmut, beendet euren Zorn!
> Schenkt den Männern, denen der Zufall euren Körper gegeben
> hat, auch euer Herz!
> Selbst wenn ihr meint, euch sei Unrecht geschehen:
> Wie oft ist aus Kränkung und Unrecht schon Harmonie und
> Freundschaft entstanden!
> Und um wie viel mehr könnt gerade ihr auf die Liebe eurer Männer
> rechnen!
> Wissen sie ja doch, dass sie nicht nur ihrer ehelichen Liebespflicht
> zu genügen,
> sondern euch auch Vater und Mutter zu ersetzen haben.
> Ich gebe euch mein Römerwort:
> Ihr werdet in unseren Mauern eine schönere Heimat finden,
> als ihr sie euch in euren Sabinerbergen je hättet erträumen können.
> Liebe Sabinermädchen, ich heiße euch willkommen – als Römerfrauen!

Wer konnte da widerstehen? Zumal, wie berichtet wird, »dazu noch
die Schmeicheleien der Männer kamen, die ihre Tat mit ihrer Leidenschaft und Liebe entschuldigten« – diesen Topos der »Selbstreinigung«
(*purgatio*, S. 264) hatte Romulus ausgelassen –, »denn das ist ja die Art
von Bitten, die am meisten auf das Frauenherz wirkt«.[3] Als es im folgenden, zunächst erbittert geführten Sabinerkrieg zum Äußersten
kam, lieferten die geraubten Damen selbst eine Szene, die sich kein
Filmregisseur entgehen lassen sollte.* Sie warfen sich zwischen die

---

* Die vorläufig klassische Darstellung gibt ein Historiengemälde von Jacques-Louis
David (1799) im Louvre; in der Regel haben Maler und Bildhauer nur den spektakulären Raub selbst dargestellt. Der (mir nur aus Referaten bekannte) Film von Richard

Heere ihrer Väter und Männer: »Tötet lieber uns als euch! Wir meinen euch beide. Nur wir sind ja schuld! Lieber sterben wir, als dass wir ohne euch als Witwen oder Waisen leben.«

Auch diese kurze Rede war erfolgreich: Die gerührten Kombattanten schlossen nicht nur Frieden, sondern vereinigten auch ihre Völker (mit Regierungssitz in Rom, versteht sich). Mit dieser Lösung des Nachwuchsproblems war die Grundlage für ein Römisches Reich gelegt, das zumindest seiner Idee nach zweieinhalb Jahrtausende bestanden hat.[*]

## DIE FABELHAFTEN ANFÄNGE DER RÖMISCHEN BEREDSAMKEIT

War Romulus, vor kurzem noch kaum mehr als Chef einer gehobenen Räuberbande, wirklich ein so brillanter Redner, wie er in dieser Episode erscheint? Wohl kaum. Die Rede, die ich soeben auszugsweise wiedergegeben, zum Teil auch etwas ergänzt habe, wurde mehr als 700 Jahre später verfasst, von dem Historiker Titus Livius,[**] der selbst, wie alle gebildeten Römer seiner Zeit, durch die Schule der Rhetorik gegangen war. Dort lernte man unter den *progymnasmata* (S. 246) auch die Kunst der *prosopopoiia*, der Rede in fremdem Namen: Was könnte Niobe gesagt haben beim Tod ihrer 14 Kinder? Was Scipio, als er vor den Trümmern des niedergebrannten Karthago stand? So hat Livius auch hier bei der Sabinerinnenrede des Romu-

---

Pottier, *Il Ratto delle Sabine* (1961), scheint die Versöhnungsszene nur mit erheblicher Abwandlung gegenüber Livius (1,13,1–5) zu enthalten.

[*] Das Imperium Romanum ist in der Völkerwanderungszeit zwar zerfallen, nicht aber eigentlich untergegangen – es gibt auch (wie für die Sprache Latein) kein anerkanntes Sterbedatum: Durch Kaiser Karl den Großen erneuert, lebte es fort, bis Franz II. 1806 auf Druck von Napoleon, der sich selbst zum Kaiser gekrönt hatte, die Kaiserkrone niederlegen musste.

[**] Von ihm bin ich nur darin abgewichen, dass ich in Anlehnung an den Parallelbericht des Dionysios von Halikarnass (*Römische Altertümer* 2,30) eine Sabinerinnenversammlung am Tag nach dem Raub ansetze; nach Livius wäre Romulus sofort nach der Tat in die einzelnen Häuser gegangen, um die Mädchen individuell zu bereden – ein mühseligeres Verfahren.

lus\* kräftigen Gebrauch von der rhetorischen Topik vor allem des Hermagoras gemacht: Obwohl die Rede an sich in den Bereich des *genus deliberativum*, der ratenden Rede (S. 178), gehörte – den Sabinerinnen wurde ja geraten, gute römische Hausfrauen zu werden –, verwendet Livius vor allem im ersten Teil Argumentationsweisen der Gerichtsrede *(genus iudiciale)*: Denn vor allem galt es für Romulus, sein rechtswidriges Vorgehen irgendwie zu rechtfertigen.

Aber auch wenn sich Livius bewusst war, dass Romulus als Zeitgenosse Homers noch nicht eigentlich rhetorisch gebildet sein konnte, meinte er offenbar, dass Ereignisse dieser Größenordnung wie ein so massenhaftes Kidnapping und die Vereinigung zweier ganzer Völker nicht ohne die Macht der Rede geschehen sein konnten. So ist sein ganzes Geschichtswerk sogar für die dunkelsten Jahrhunderte (bis zum Gallierbrand 387 v. Chr.) eine Geschichte besonders auch von Reden. Ich nenne nur zwei der berühmtesten, weil sie in Sternstunden der römischen Geschichte gehalten wurden.

Als die edle Römerin Lucretia vom schändlichen Königssohn Sextus.Tarquinius entehrt worden war, hielt sie, das von vielen Gemälden bekannte »dicke Tugendmensch mit dem entblößten Busen« (Heinrich Heine)[4], vor ihrem, wie sie meinte, nunmehr notwendigen Selbstmord durch Erdolchung zu ihren Angehörigen eine kurze, bittere Rede, die mit doppelter Antithese so endete:[5] »Seht ihr zu, was i h m gebührt: Ich spreche m i c h frei – von der S ü n d e , nicht von der S t r a f e ; denn keine Frau soll nach dem Vorbild Lucretias in Unzucht leben!« Sie inspirierte damit auch den jungen Lucius Brutus zu einem Schwur, der Geschichte machen sollte: Lucretias blutigen Dolch in der Hand schwor er, König Tarquinius Superbus samt Weib und Kind mit Feuer und Schwert zu verfolgen und niemals mehr zuzulassen, dass über Rom ein König herrsche. Die Trauer der Umstehenden verkehrte sich durch diese Rede in Wut, reihum wanderte

---

\* Trotz aller rhetorischen Raffinesse teilt er sie nur in indirekter Rede mit (1,9,14–16). Die ersten wörtlich mitgeteilten Reden des Romulus sind große Gebete an die Götter (1,10,6; 1,12,4–7); dagegen überlässt Livius die erste profane direkte Rede einem weniger frommen, auf Tapferkeit pochenden Sabiner (1,12,9). – Auch die älteren Redner sollen in der Regel ihre Prooemien mit einem Gebet begonnen haben.

Lucretias Dolch, und alle schworen auf die Worte des Freiheitshelden Brutus.[6]* Mit ihm begann dann das Zeitalter der römischen Republik, für viereinhalb Jahrhunderte: die große Zeit römischer Rede.

Noch berühmter, als ein Beispiel urtümlicher Beredsamkeit, ist die Geschichte von Menenius Agrippa (die in kaum einem Lateinbuch ausgelassen wird); sie hat sogar Shakespeare bei seinem *Coriolan*, danach Bertolt Brecht und noch Günter Grass inspiriert. Dessen sprichwörtlich gewordener Dramentitel *Die Plebejer proben den Aufstand* (1966) formuliert, was Livius im zweiten Buch erzählt:[7] 494 v. Chr. hätten die Angehörigen der römischen Plebs, verbittert über ihre zunehmende Verschuldung und Missachtung durch den Adel, ihren Aufstand geprobt, indem sie auf den *Mons Sacer* (den Heiligen Berg) eine Auswanderung, »Sezession«,** machten. Sehr zum Entsetzen des vornehmen Senats – Rom war von außen mit Krieg bedroht –, so dass dieser seinen redegewandtesten Mann, eben Menenius, selbst plebejischer Herkunft, als *orator* zu den Aufständischen sandte – wobei zu beachten ist, dass dieses Wort, das gewöhnlich für den »Redner« im allgemeinen verwendet wird (S. 19), ursprünglich besonders den bittenden Gesandten (von *orare*, bitten) bezeichnete.

Menenius also verwendete kein kunstvolles Prooemium, sondern begann »in seiner altertümlichen und struppigen Redeweise«[8] (Livius) sofort mit der Erzählung, die heute noch fast jeder kennt: wie sich die Glieder des menschlichen Körpers aus Wut über den nur konsumierenden Magen verschworen hätten, diesem faulen Parasiten keine Nahrung mehr zu liefern; wie sie dann aber selbst so von Kräften ka-

---

\* Die zahlreichen Behandlungen des Stoffs in der bildenden Kunst, in Dichtung (Shakespeare) und Drama (bis zu Benjamin Brittens Oper *The Rape of Lucretia*, 1946) akzentuieren meist den erotisch-psychologischen Aspekt; doch plante immerhin Lessing 1756, also Jahrzehnte vor der Französischen Revolution, ein Lucretia-Drama mit politischer Botschaft: *Das befreite Rom*. Dieses blieb freilich nur eine Vorstudie zu der dann hochpolitischen *Emilia Galotti*.

\*\* Das Wort *secessio*, *terminus technicus* für diesen und spätere »Auszüge« der Plebs, wurde 1860 von den sich absondernden amerikanischen Südstaaten aufgenommen, was bekanntlich zum »Sezessionskrieg« führte. Mit dem Namen »Sezession« benannten sich dann ab Ende des 19. Jahrhunderts bestimmte Künstlervereinigungen, die so ihre Opposition zum herrschenden ästhetischen Ideal ausdrücken wollten.

men, dass sie schließlich einsehen mussten, der Magen, indem er durch seine Verdauung sie alle nährte, sei doch nicht so untätig und unnütz. »Indem er nun im Vergleich zeigte, wie ähnlich der innere Aufstand des Körpers dem Zorn der Plebs auf die Patrizier sei, stimmte er die Gemüter der Menschen um.«[9]

Der Macht dieser schlichten, aber ingeniösen Rede verdankte nicht nur Rom seine innere Einigkeit; auch die versöhnten Plebejer konnten damals mehr als einen Prestigegewinn verbuchen: Man gestand ihnen als Vertreter und Anwälte ihrer römischen Bürgerfreiheit *(libertas)* die sakrosankten, das heißt unantastbaren Volkstribunen *(tribuni plebis)* zu. Wieder soll die Macht der Rede einen Epocheneinschnitt der römischen Geschichte herbeigeführt haben.

## ROMS ERSTE GESCHRIEBENE REDEN

Aber erst mehr als zwei Jahrhunderte später wurde aus der römischen Rede Literatur, das heißt, man erachtetete sie der Niederschrift durch *litterae* (Buchstaben) für würdig. Als im Krieg mit Pyrrhos von Epiros, der in Italien eingefallen war, der Senat zu einem voreiligen Friedensschluss tendierte (280 v. Chr.), ließ sich der uralte, politisch nicht mehr tätige Politiker Appius Claudius Caecus – den Namen gab ihm seine physische Blindheit – von seinen Sklaven in den Senat tragen, um dort mit der Autorität des gewesenen Zensors seiner Empörung Luft zu machen: »Wohin des Wegs hat euer Verstand, sonst immer richtig und gerade, im Unverstand sich verloren?«, so resümierte später der Dichter Ennius seine Worte.[10] Und Plutarch teilt uns einen brillanten Gedanken mit, der ins Prooemium dieser Rede gehört haben muss:[11]

Früher, ihr Väter, war ich unglücklich über das Missgeschick meiner
                                                  Augen,
      jetzt aber ärgere ich mich darüber, dass ich außer meiner Blindheit
                                         nicht auch taub bin,
  wo ich von euch so schimpfliche Pläne und Ansichten höre,
dass sie Roms ganzen Ruhm zugrunde richten.

Aber konnte Plutarch überhaupt wissen, was Appius gesagt hatte, oder verfasste auch er nur eine rhetorische Stilübung? Er konnte es wissen, denn, da Appius selbst – wie wir von Cicero, der die Schrift noch las,[12] erfahren – seine Rede gegen Pyrrhos publiziert, also wohl diktiert und zur Abschrift freigegeben hat. Dies wurde schon bezweifelt, und der große Latinist Friedrich Leo meinte, man habe das Konzept der Rede wohl erst im Nachlass bzw. Familienarchiv aufgefunden und von da sei es später an die Öffentlichkeit gelangt.[13] Aber erstens sprachen römische Redner in der Regel ohne vorher geschriebenes Konzept, und zweitens hätte ja gerade der blinde Appius am wenigsten mit einem solchen anfangen können.

Vielleicht war sich Appius, wenn er gerade diese Rede veröffentlichte, dabei auch eines großen literarischen Vorbilds bewusst. Die berühmtesten Reden des Demosthenes, jene gegen Philipp, waren ja ebenfalls Kriegsreden, Reden gegen einen faulen Frieden, gewesen (S. 197). Wollte schon Appius mit seiner Publikation an Demosthenes, den er kannte, erinnern? Dafür spricht auch das so demosthenisch klingende Paradoxon (S. 200) in den oben zitierten Sätzen. Appius war zweifellos der kreativste Römer seiner Zeit, ein auf vieles Zukünftige vorausweisender Außenseiter. Er war nicht nur Verfasser der ethischen Schrift *Carmen de moribus*, die noch unseren Sprichwortschatz bereichert (jeder sei seines Glückes Schmied, hieß es etwa dort); er erbaute auch Italiens größte Straße, die *via Appia*, und Roms beste Wasserleitung, die *aqua Appia*. Diesem Genius ist es durchaus zuzutrauen, dass er mit der Veröffentlichung seiner Rede auch ein römischer Demosthenes sein wollte.

Freilich, unser Gewährsmann Cicero war von der Rede dieses Pioniers nicht sonderlich angetan; er hielt sie wegen Altertümlichkeit für ebenso wenig genießbar wie einige Nachrufe auf verstorbene Römer *(laudationes funebres)*, die ebenfalls aus dieser Zeit im Umlauf waren. In seinem Dialog *Brutus*, geschrieben im Jahr 46 v. Chr., wo er eine Gesamtgeschichte der griechischen und vor allem der römischen Beredsamkeit vorlegt, ist der erste römische Redner, den er als künstlerisch bedeutsam gelten lässt, ein gewisser Cornelius Cethegus (gest. 196 v. Chr.). Zwar hat Cicero von ihm überhaupt nichts gelesen, aber

Ennius hatte ihn wegen seines »süßredenden Mundes« als »Blüte des Volks« und das »innerste Mark der Suada« (S. 23) bezeichnet, und so wollen auch wir an diesem Urteil nicht zweifeln.

## CATO, ROMS ERSTER GROSSER REDNER

Dann aber, ein Jahrhundert nach Appius, hörte Rom auf einen Mann, den auch Cicero als einen der größten Redner überhaupt bezeichnet, ja den er sogar mit dem berühmten Lysias gleichstellt und den der Ciceros Stil verschmähende Sallust um der Provokation willen sogar den »beredtesten des Römergeschlechts«[14] nennt: Marcus Porcius Cato (234–149 v. Chr.). Er, dem man wegen seiner strengen Zensur 184 v. Chr. den Beinamen »Censorius« gab, war ein Mann nichtadeliger Herkunft, der sich selbst aber für eine Verkörperung altrömischer Moral und Sittenstrenge hielt. Im Kampf für seine politischen Ideale hat er, besonders auch vor Gericht, mit vielen die Klingen gekreuzt. 44 Mal war er selbst angeklagt, und immer, man denke, wurde er freigesprochen. Cato war ein Universalgenie auf den Gebieten von Militär, Landwirtschaft, Jurisprudenz, Historiographie – und eben auch in der Redekunst, die er von Jugend an betrieb.

Seine zahlreichen Reden, von denen wir noch über 250 Fragmente haben, gab er nicht nur einzeln heraus, er brachte sie auch in seinem großen Geschichtswerk, *Origines*, zum eigenen Ruhme unter. Darin stand ihm neben dem vorherrschenden Ton ruhiger Belehrung gelegentlich auch das große Pathos der Empörung zu Gebote. So zog er los gegen einen Magistrat, der seine Gewalt gegenüber Beamten *(decemviri)* einer offenbar mit Rom verbündeten Gemeinde missbraucht hatte (190 v. Chr.):[15]

> Er behauptete, die Decemvirn hätten ihm nicht genügend Proviant besorgt.
> Er ließ ihnen die Kleider herunterziehen und sie mit Peitschen schlagen.
> Männer aus Bruttium prügelten die Decemvirn, viele Menschen sahen zu.

Wer kann diese Schmach, wer kann diese Befehlsanmaßung,
>    wer kann eine solche Sklavenbehandlung erdulden?
Kein König hat gewagt so etwas zu tun:
>    Und das geschieht guten Männern, aus gutem Hause, gut Beratenen!
>    Wo bleibt die Solidarität? Wo die Treue der Alten?
Schmähliche Kränkungen, Hiebe, Schläge, Striemen,
>    solche Schmerzen und Martern mit Schmach und größter Schande
>    vor den Augen ihrer Volksgenossen und vieler Menschen –
>    dass du so etwas gewagt hast zu tun!

Hier in der Erregung wäre eine ausgewogene Periode nicht am Platz gewesen. Cato setzt kurze Glieder parataktisch (also ohne syntaktische Unterordnung) nebeneinander und baut auf die Fülle der gehäuften Synonyma. An griechische Redner erinnert besonders das *argumentum a maiori ad minus*:\* Was sich kein König – ein böses Wort in römischen Ohren – gegen Untertanen herausnehme, dürfe sich erst recht kein Römer gegen Mitbürger leisten.

Ein vergleichbares, noch feineres Argumentieren bietet uns eine Rede des schon älteren Cato, *Für die Rhodier* (167 v. Chr.), aus der wir, weil sie dem Catoverehrer Gellius so gut gefiel,\*\* ungewöhnlich viele Stücke haben. Die Rhodier hatten während Roms Mazedonischem Krieg mit König Perseus sympathisiert, waren aber letztlich neutral geblieben. Nach Roms Sieg bei Pydna (168 v. Chr.) versuchten sie sich nun bei den Siegern wieder beliebt zu machen; man ließ sie jedoch den Ärger spüren, und viele im Senat drängten sogar auf militärische Bestrafung. Cato, mit ungewöhnlicher Humanität, machte sich zum Anwalt der Bedrohten und warnte seine Mitbürger davor, sich im Rausch des Siegs zu überheben. Wie die Rhodier gedacht hätten,

---

\* Die Argumente *a minori ad maius* und *a maiori ad minus* sind dem Namen nach konträr, der logischen Struktur nach identisch.
\*\* Gellius, ein Schüler des »Archaisten« Fronto (2. Jh., vgl. S. 466), liebte die alten vorklassischen Schriftsteller der Römer und interpretierte in seinen *Noctes Atticae* Stilproben daraus. Im Fall von Catos *Rhodierrede* setzt er sich mit einer abfälligen Beurteilung der Rede durch Ciceros Freigelassenen Tiro auseinander – ein aufschlussreiches Stück antiker Stilkritik.

so die meisten Völker; angesichts der drohenden Übermacht Roms sei das nicht einmal unbegreiflich (Hört, hört!). Cato dagegen erinnerte an die frühere Freundschaft: Sollten gerade die Römer den offenen Bruch einleiten?[16]

> Wer am heftigsten gegen sie redet, sagt: Sie w o l l t e n Feinde werden.
> Ja gibt es denn irgendjemanden unter euch,
>> der es, was seine Person angeht, für richtig hielte, dafür bestraft zu werden,
>
> dass er etwas Schlimmes habe tun w o l l e n?
> Keiner doch wohl, ich für meine Person jedenfalls nicht. […]
> Aber wenn es doch auch nicht billig ist, dass jemand dafür geehrt wird,
>> dass er angeblich etwas Gutes habe tun w o l l e n, ohne es aber getan zu h a b e n,
>
> darf dann gegen die Rhodier sprechen,
>> dass sie zwar nichts Böses getan h a b e n, es doch aber angeblich haben tun w o l l e n?

An diesem Beispiel hatte schon Aristoteles das Argumentieren *e contrario* gelehrt (S. 178). Aber wie elegant handhabt Cato die Form, und wie human und staatsmännisch ist der Inhalt! Während sonst das *debellare superbos*, »die Übermütigen niederzuzwingen«,[17] Leitsatz römischer Kriegsführung war, setzt er sich in politischer Weisheit sogar davon ab:[18] »Mir und meinen Kindern will ich den Vorwurf des Übermuts nicht machen lassen. Doch was schadet es, wenn die Rhodier übermütig *(superbi)* sind? Müssen wir uns erzürnen, wenn jemand übermütiger ist als wir?« Wahrhaftig ein Redner und Staatsmann vom Format eines Bismarck.

Aber kannte Cato überhaupt die griechischen Redner und Rhetoriker, wie wir ihm unterstellt haben? Oder war das alles auf dem eigenen Humus seiner Landwirtschaft in Tusculum gewachsen? Jeder Kenner der römischen Kulturgeschichte weiß, dass sich gerade Cato als enragierter Feind griechischer Kultur einen Namen gemacht hat. In den Jahren nach dem Sieg von Pydna, als griechische Wissenschaften und Lebensart mit Medizin, Sport, Rhetorik und Philosophie, aber vor allem auch mit der *dolce vita* von Symposien, Kochkunst, Hetären und Päderastie nach Rom drängten, da wollte er als ein Bollwerk alten Römertums gegen griechische Überfremdung erscheinen: »Wenn uns dieses Volk erst seine Bücher schickt, wird es alles ruinieren.«[19] Höhepunkt seiner Griechenfeindschaft war eine aberwitzige Verschwörungstheorie: Die griechischen Ärzte hätten sich verschworen, alle Nichtgriechen, sprich Römer, umzubringen; und ihre Honorare seien nur deshalb so hoch, damit man das nicht merke!

Und doch sagte Cato auch, dass es nützlich sei, die Schriften der Griechen zwar nicht durchzustudieren, aber doch in sie Einblick zu nehmen; und es ist uns überliefert, dass er sich zumindest im Alter intensiv mit griechischer Sprache und Literatur befasste[20] (was schon für sein literarisches Geschichtswerk notwendig war). Er hatte ja auch einen Sohn, Marcus, dem er im modernen Rom zum Lebenserfolg verhelfen wollte. Für ihn schrieb er neben Einführungen in die Landwirtschaft und in die traditionelle Heilkunde sogar eine kleine Rhetorik,* sicherlich angeregt durch die entsprechenden griechischen Schriften, schwerlich aber nach griechischem Muster. Zwei kurze, aber goldene Sätze daraus sind uns erhalten. Eine Definition des Redners: *vir bonus dicendi peritus*,[21] »ein guter Mann, erfahren im Reden«; es komme also nicht auf die Theorie an (wohl auch nicht auf schulmäßige Deklamation), sondern auf moralische Integrität und Erfahrung in der Praxis. Und ein Tipp fürs Formulieren: *rem tene, verba sequentur*,[22] »halte die Sache fest, die Worte werden folgen« – der Satz in seiner lakonischen Kürze führt vor, was er sagt. Noch Goethes Faust hat sich davon inspirieren lassen (S. 12): »Und wenn's euch Ernst ist, was zu sagen, ists nötig Worten nachzujagen?« Aber wie viele Worte braucht selbst der Wortverächter Faust im Gegensatz zu Catos vier Wörtern!

---

* Ob es sich hier um förmliche Einzelschriften oder um Ratschläge innerhalb eines inhaltlich gemischten Buches »An seinen Sohn Marcus« handelte, ist umstritten.

## RÖMISCHE REDE UND RHETORIK IM
## ZEITALTER DER STAATSKRISE

Seine letzten Senatsreden soll Cato mit dem sprichwörtlich gewordenen Satz beendet haben: *Ceterum censeo Karthaginem esse delendam,*[*] »Im Übrigen beantrage ich, dass Karthago zerstört werden soll«. Er hat dies nicht mehr erlebt. Erst drei Jahre nach seinem Tod fiel Roms gefährlichster Feind (146 v. Chr.); und weil mit diesem Wegfall des äußeren Gegners auch der Zwang zur innerrömischen Solidarität geschwunden sei, begann nach Ansicht späterer Historiker, besonders des Sallust, ein römischer Sittenzerfall, der sich zur Staatskrise auswuchs: Sie war, so meinen heute viele, nicht mehr zu beenden, bis sich Roms Republik unter Augustus endgültig zu einer Monarchie gewandelt hatte. Wie dem auch sei, diese Krise bescherte Rom eine Blüte der Rede, und sie schien die spätere, bei Tacitus diskutierte These zu bestätigen, dass große Beredsamkeit, *eloquentia*, eine »Tochter der Zügellosigkeit«, *licentia*, sei (S. 409).

Als Erster sei der Volkstribun Tiberius Sempronius Gracchus genannt (133 v. Chr. im Straßenkampf getötet). Dieser Protagonist der Krise mit seinen populistischen Gesetzesanträgen war auch ein Meister demagogischer Rede:

Die Tiere, die in Italien weiden, haben eine Höhle,
    und jedes von ihnen hat ein Lager und einen Unterschlupf;
die Männer aber, die für Italien kämpfen und sterben,
    haben gerade nur Luft und Licht – sonst nichts:
Ohne Haus und ohne Sitz irren sie umher mit Weibern und Kindern.
Die Befehlshaber aber lügen, wenn sie die Soldaten in den Schlachten
                                                ermahnen,
    sich der Feinde zu erwehren zum Schutz ihrer Gräber und
                                                            Heiligtümer.

---

[*] Das *ceterum* bezieht sich auf das Recht des römischen Senators, nicht nur zu dem vom senatsleitenden Beamten vorgelegten Thema, sondern auch zu einem beliebigen anderen einen Beschlussantrag zu stellen *(censere)*. Dieser berühmteste Satz Catos ist im Übrigen in griechischer Sprache überliefert; s. Bartels, *Veni vidi vici* (S. 163), 48 f.

Denn keiner hat einen heimischen Altar,
  keiner hat ein Grab seiner Väter von so vielen Römern –
nein, für den Luxus und den Reichtum anderer kämpfen sie und
                                                    sterben sie.*

Wohl nicht einmal in den alten Ständekämpfen hatte Rom eine so lodernde Revolutionsrhetorik erlebt. »Wäre die Gesinnung des Gracchus gegenüber einer guten Staatsregierung doch nur ebenso richtig gewesen wie sein Talent zum guten Reden!«,[23] klagte der konservative Cicero ein Jahrhundert später. Und er kennt auch die Gründe von dessen rhetorischem Erfolg: »Seine Mutter Cornelia hatte ihn unterrichtet« – wir bewundern noch heute die Briefe, die diese kluge Frau an ihren zweiten Sohn, Gaius, verfasst hat –, »und er war mit griechischer Bildung versehen; denn immer hatte er ausgezeichnete Lehrer aus Griechenland bei sich, darunter schon als junger Mann den Diophanes aus Mitylene, der damals der beredteste Mann Griechenlands war.«[24]

Tiberius Gracchus, dessen frühen Tod sogar Cicero leise bedauert, war nicht der Erste, der sich zur rhetorischen Schulung in griechische Hand begeben hatte. Zusammen mit der allgemeinen Hellenisierung der Kultur, von der soeben die Rede war, müssen auch griechische Rhetoriker nach Rom gekommen sein. Denn schon 161 v. Chr. wurden griechische *philosophi et rhetores* auf Betreiben konservativer Politiker wie Cato durch Senatsbeschluss aus Rom ausgewiesen. Damit können natürlich nur öffentliche Lehrer gemeint sein, nicht private Hauslehrer, wie Tiberius Gracchus einen bei sich hatte.

Schon der Sieger von Pydna, der hochangesehene Aemilius Paullus, eignete sich nicht nur die Bibliothek des geschlagenen Perseus von Mazedonien an, sondern ließ seine Söhne in allen Künsten, bis hin zur Malerei und Pferde-, ja Hundezucht, von griechischen Lehrern unterrichten, natürlich auch und vor allem in Rhetorik. Sein bedeutendster Sohn, Scipio, der spätere Zerstörer Karthagos, hatte kei-

---

* Wir verdanken es Plutarch, dass uns dieses gewaltigste Stück römischer Rede aus dem 2. Jahrhundert wenigstens in griechischer Fassung erhalten ist (*Tib. Gracchus* 9,5 f.).

nen Geringeren als den großen Historiker Polybios zum väterlichen Freund, später den Philosophen Panaitios. Natürlich wurde hier nur griechisch gesprochen, auch im berühmten »Scipionenkreis«, der Vereinigung gebildeter Männer um Scipio – soweit es diesen überhaupt je gegeben hat.* Bis in die 50er Jahre des ersten vorchristlichen Jahrhunderts blieb nicht nur die Sprache der Philosophie, sondern auch die der rhetorischen Lehre Griechisch (S. 360).

Wie gut man in Rom schon im 2. Jahrhundert v. Chr. Griechisch verstand, zeigt eine denkwürdige Begebenheit des Jahres 155 v. Chr. In diplomatischer Mission waren drei Philosophen aus Athen nach Rom gekommen, darunter der berühmte Karneades, Schulhaupt von Platons Akademie. Er nutzte die Gelegenheit zu Gastvorträgen für die römische Jugend, die begeistert zu ihm strömte. Weniger groß war die Begeisterung, als Karneades im Sinne der *disputatio in utramque partem* (S. 247) an einem Tag eine Lobrede auf die Gerechtigkeit hielt, am andern aber nachwies, dass die Gerechtigkeit sogar schädlich sei – wobei ihm der bedenkliche Satz entfuhr: Wenn Rom gerecht sein und alles Raubgut zurückgeben wollte, dann müssten die Römer wieder in die Hütten des Romulus zurückkehren.[25] Das hörten Leute wie Cato gar nicht gern, und man komplimentierte die Herren Philosophen rasch zur Stadt hinaus.

Wie der Anwalt sozialer Gerechtigkeit, Tiberius Gracchus, so galten auch sein Gegner Scipio und vor allem dessen Freund Laelius als vorzügliche Redner – die »Attiker der Römer«, nannte sie Quintilian.[26] Der gewaltigste Redner dieser Zeit war jedoch der jüngere Gaius Gracchus, der als Volkstribun in die Fußstapfen seines erschlagenen Bruders trat und diesen dann auch nur um zwölf Jahre überleben sollte. Am berühmtesten war eine Partie mit der Figur der *hypophora* (S. 124), die er kurz vor seinem eigenen Tod »mit solchem Mienenspiel, solcher Stimme und Gebärde sprach, dass sich auch seine Feinde nicht der Tränen erwehren konnten«:[27]

---

* Die Vorstellung eines »Scipionenkreises« stammt vor allem aus Ciceros Schrift *De re publica*. Seine Existenz wurde mit gewichtigen Gründen bestritten von Hermann Strasburger (*Hermes* 94, 1966, 60–72). Dort kann schon aus sprachlichen Gründen kaum das (erst bei Cicero fassbare) Ideal der *humanitas* entstanden sein.

> Wohin soll ich Armer mich wenden, wohin gehen?
> Zum Capitol?
> > Aber es trieft vom Blute des Bruders.
> Oder nach Hause?
> > Dass ich meine arme Mutter sehe, wie sie jammernd am Boden liegt?

Vorbild war hier aber weniger ein griechischer Redner, sondern der rhetorischste und »tragischste« der tragischen Dichter, Euripides mit seiner *Medea:*[28]

> Wo soll ich hingehn? Etwa zu des Vaters Haus? –
> Das ich mitsamt dem Vaterland für dich verriet!
> Zu den unsel'gen Peliaden? – Wahrlich schön
> empfingen die mich, ihres Vaters Mörderin!

So tragisch also präludierte Gracchus der Tragödie seines eigenen Todes.

## ANTONIUS VERTEIDIGT EINEN AUFRÜHRER

Wir überspringen viele Redner, die Cicero in seinem *Brutus* aufzählt und charakterisiert, ohne dass sie uns wirklich lebendig werden könnten. In der Generation vor ihm waren es zwei Männer, von denen er sagt, dass sie alle Bisherigen übertroffen hätten und schon nahezu vollkommen gewesen seien: Marcus Antonius (der Großvater des Triumvirn), ein eher populärer Politiker, und Lucius Licinius Crassus, ein konservativer Optimat. Beide hatte Cicero noch gehört, Letzterer war sogar Hausfreund der Familie. Beiden hat er in seiner Schrift »Vom Redner« *(De oratore)*, einem 91 v. Chr. spielenden Dialog, ein Denkmal gesetzt, das uns über den Verlust ihrer Reden trösten muss (S. 363).

Die Erinnerung an diese beiden Redner verbindet sich vor allem mit zwei Prozessreden, die wir dank Cicero genauer kennen. Im Norbanusprozess hatte Antonius einen Mann zu verteidigen, bei dem sozusagen Hopfen und Malz verloren schienen. Norbanus hatte als Volkstribun des Jahres 103 v. Chr. die fast zur Vollstreckung des Todesurteils führende Verurteilung des Consulars (das heißt gewesenen Consuls) Quintus Caepio erkämpft; dabei war ein führender Politiker mit Steinen beworfen und verletzt worden, und die interzedierenden Volkstribunen hatte man von der geheiligten Rednertribüne vertrieben. Das war glatter Verfassungsbruch bzw. Aufruhr *(seditio)*, und so wurde Norbanus im Jahr 95, als die Stimmung gegen ihn umgeschlagen war, wegen Majestätsverbrechen *(maiestas)*, das heißt wegen Verbrechens gegen die »Hoheit« des römischen Volkes, von dem jungen Redner Publius Sulpicius Rufus angeklagt.

Einige Jahre später, eben in *De oratore*, erläutert Antonius in Anwesenheit des Sulpicius Rufus seine damals eingesetzte Taktik:[29] Wie konnte er als ehemaliger Zensor diesen Rabauken verteidigen, und das gegen einen jungen Ankläger, dem alle Sympathien zuflogen? Da habe er, sagt er, keine *ars* (rhetorische Kunst) angewandt – und doch arbeitete er, wie Cicero zu verstehen gibt, nach den Kategorien des Aristoteles und (versteht sich) mit den Topoi des Hermagoras.

Wichtig war zunächst das *ēthos*, der moralische Sympathiegewinn (S. 173): Norbanus sei sein, des Antonius, Quaestor gewesen; die Loyalität gebiete es ihm also, sich für den untergebenen Mitarbeiter einzusetzen. Ein kleiner Pluspunkt. Dann folgten Argumente »aus der Sache« *(logos)*. Da die Tat nicht zu leugnen war – technisch handelte es sich um einen *status definitionis* (S. 262) –, versuchte Antonius zunächst zu zeigen, dass nicht jeder Widerstand gegen die Nobilität, nicht jede *seditio* ein Schaden für den Staat gewesen sei. Er erinnerte mit mehr oder weniger gutem Recht an die Vertreibung der Könige, die Schaffung des Volkstribunats und des Provokationsrechts. Wenn aber je das römische Volk, das er mit Norbanus solidarisierte, einen Grund zur Rebellion gehabt habe, dann damals!*

Das war so weit eine *propositio* (Inhaltsvorausschau) für die nun folgende *narratio* (Erzählung), in der Antonius alle Geschütze gegen den

---

* Die Argumentation zeigt, wie hier der *status definitionis* und der *status qualitatis* ineinander übergehen.

seinerzeit verurteilten Caepio auffuhr (eine *relatio criminis*, S. 263): wie er schuld gewesen sei am Untergang eines ganzen römischen Heers, selber schmählich aus der Schlacht von Arausio geflohen – das war berechnet auf jene, die damals Angehörige verloren hatten –, und dass er dann auch noch den römischen Rittern ihre Gerichtsbarkeit habe nehmen wollen – vor Richtern aus dem Ritterstand fand die Versammlung statt! So war nun durch die Erregung von Schmerz, *dolor*, und Hass, *odium*, bei den Richtern wie beim Volk für das nötige *pathos*, die leidenschaftliche Aufgewühltheit, gesorgt, und Antonius konnte jetzt erst so richtig das *ēthos*, also den »Part der Milde und Sanftmut«, *genus lenitatis et mansuetudinis*, ausspielen: Er spreche doch für einen Mann, der ihm nach Vätersitte wie ein Sohn sein müsse, als Freund für den Freund; das dürfe man ihm, bei seinem Alter, seinen Verdiensten nicht antun, dass er für diesen seinen Kameraden versagt habe ... Der Rabauke wurde freigesprochen.

Diese von Antonius bei Cicero gegebene, von seinem einstigen Gegner Sulpicius fachmännisch ergänzte Analyse der Rede für Norbanus ist das schönste Beispiel einer Redeninterpretation, das uns überhaupt aus dem Altertum erhalten ist. Sie soll dort nach Ciceros Absicht vor allem zeigen, wie überragend wichtig *ēthos* und *pathos* für den rednerischen Erfolg sind: Der juristische Hauptpunkt der Rede, die Definition des *crimen maiestatis*, habe gegenüber diesen Emotionen kaum eine Rolle gespielt. Vielleicht noch weniger beim Prozess des Manius Aquilius, den derselbe Antonius am Schluss seiner Rede mit einem aus der Leidenschaft geborenen Bühneneffekt verteidigte: Er riss dessen Tunika auf und ließ seine fürs Vaterland empfangenen Narben sprechen.[30] Wie römisch! Und doch könnte Antonius dabei auch an den entblößten Busen der griechischen Phryne (S. 243) gedacht haben.

## EINE REDE DES CRASSUS:
## RHETORIK GEGEN DAS RECHT?

Ganz anderer Art war der aufsehenerregendste Prozess des Crassus, die *causa Curiana* – vielleicht der berühmteste Fall der römischen Privatrechtsgeschichte;[*] er gestattet uns auch einen kleinen Blick in das, was mit Grund als größte Leistung der Römer gilt: das *ius civile*.[**]

Folgendes war geschehen. Ein Mann hatte in dem Glauben, seine Frau sei schwanger, testamentarisch verfügt, dass sein nachgeborenes Kind mit Erreichen der Volljährigkeit sein Erbe sein solle; sollte es aber noch unmündig (als *pupillus*) sterben, dann solle ein gewisser Curius das Erbe antreten. Diese sogenannte Pupillarsubstitution hätte kein Problem aufgeworfen, wäre die Frau nur wirklich schwanger gewesen. So aber wurde der potentielle Erbe gar nicht geboren und es stellte sich die Frage, ob auch in dieser Situation Curius der vom Erblasser beabsichtigte Erbe sei oder ob Intestaterbfolge gelten solle. In der Tat beanspruchte nicht nur Curius, sondern auch der legitime Intestaterbe Coponius die Hinterlassenschaft: Da der vom Erblasser ins Auge gefasste Fall nicht eingetreten sei, sei das Testament bedeutungslos.

Wohl fast jeder Nichtjurist, dem man heute diesen Fall vorlegt, wird dazu neigen, dem Pupillarsubstituten Curius recht zu geben. Denn hätte der Erblasser geahnt, dass seine Frau nicht schwanger war, so hätte er Curius natürlich zum gewöhnlichen Erben eingesetzt; dies scheint doch sein evidenter Wille gewesen zu sein, auch wenn er dem Wortlaut nach nicht klar ausgesprochen war. Anders aber dachte Roms größter Jurist dieser Zeit, Quintus Mucius Scaevola (Pontifex): Wo bliebe die Rechtssicherheit, wenn man sich so über die klare Formulierung eines Rechtstextes hinwegsetzen würde? So übernahm in dem nun anfallenden Prozess, Curius gegen Coponius, Scaevola die

---

[*] Einige neuere Literatur zu diesem unendlich oft behandelten Fall findet man etwa bei Reinhard Zimmermann, *The law of obligations*, Oxford 1996, 628.

[**] Der Name besagt, dass es für Bürger *(cives)* gilt; es bedeutet also so viel wie »römisches Recht«, jedenfalls mehr als »Zivilrecht« *(ius privatum)*.

Sache des Intestaterben; und wer wohl würde dagegenhalten? Licinius Crassus. Also: der beste Jurist gegen den besten Redner.

Das Interessante an diesem Fall war nun, dass dieses römische Rechtsproblem zugleich genau in eine der von der griechischen Rhetorik erarbeiteten Kategorien fiel: Der kluge Hermagoras hatte in seiner Statuslehre, die wir zum Teil kennengelernt haben (S. 261 ff.), neben den Tatfragen (des *genus rationale*) auch die Behandlung von Textfragen (des *genus legale*\*) analysiert. Dazu gehörte die *ambiguitas*, wenn ein Text zweideutig schien, und zum Beispiel auch die *collectio*, wenn man aus der Analogie anderer Texte (meist Gesetze) etwas in einem Text nicht klar Erfasstes erschloss. Weitaus am wichtigsten war aber der Fall von *scriptum et sententia*, wo der Wortlaut *(scriptum)* eines Textes im Gegensatz zur mutmaßlichen Absicht *(sententia)* des Verfassers stand. Von Cicero[31] und aus anderen Quellen wissen wir, wie hier zu argumentieren war. Noch heute kann jeder Advokat davon lernen.

Für das *scriptum* (unter anderem\*\*):

Zunächst muss man den Verfasser des Texts loben und den Gemeinplatz\*\*\* vorbringen, die Richter dürften auf nichts anderes als auf den Wortlaut achten. [...] Dann muss man, was am meisten wirkt, das Vorgehen oder die Absicht der Gegner mit dem Wortlaut vergleichen: Was ist geschrieben? Was geschehen? Was hat der Richter geschworen? Diesen Topos gilt es vielfach zu variieren. Bald wundere man sich bei sich selbst: Was könne man dagegen noch sagen? Bald wende man sich an den pflichtbewussten Richter und frage: Was wolle er außerdem noch hören oder erwarten? Bald führe man den Gegner selbst gleichsam als Zeugen vor, das heißt, man befrage ihn: ob er leugne, dass das so

---

\*   *Genus legale*, griech. *genos nomikon*, heißt diese *controversia*, weil es sich bei dem umstrittenen Text meist um ein Gesetz (*lex, nomos*) handelt.
\*\*  Ich gebe nur etwa den zwanzigsten Teil der von Cicero angeführten und sorgsam nach Unterschiedlichkeit der Fälle differenzierten Topoi (*De inventione* 2, 125–137).
\*\*\* Gemeinplatz, *locus communis*, hat im Lateinischen keine abwertende Bedeutung wie in unserem Sprachgebrauch. Vgl. S. 75.

geschrieben sei; ob er leugne, dass seine Tat oder Absicht damit im
Widerspruch stehe. Wenn er eines von beidem leugne, werde er selbst,
der Sprecher, sofort kein Wort mehr sagen. Wenn er keines davon
leugne und trotzdem dagegenhalte: Nie werde irgendjemand einen
unverschämteren Kerl als ihn erleben können! usw....

Gegen das *scriptum*, für die *sententia*:

Zunächst einmal wird er den Topos vorbringen, durch den er die
Billigkeit seiner Sache nachweist. [...] Dann wird er sagen, der Verfasser
selbst, wenn er erscheinen könnte, würde das Geschehene so billigen
[...]. Darum hätte ja der Gesetzgeber Richter aus bestimmtem Stande
und mit bestimmtem Alter eingesetzt, nicht damit sie seinen* Wortlaut
vorlesen sollten, was jedes Kind könne, sondern damit sie den Sinn
verstünden. Hätte der Gesetzgeber sein Geschriebenes törichten
Menschen oder barbarischen Richtern anvertraut, hätte er natürlich
alles aufs Sorgfältigste durchformuliert; nun habe er aber ja gesehen,
was für Männer richten würden, und darum das Selbstverständliche
nicht hinzugefügt. »Ihr solltet ja nicht die Vorleser seiner Worte,
sondern die Erfasser seiner Absicht sein« usw....

Es ist klar, dass sich die *causa Curiana* mit dieser Art von Argumenten
behandeln ließ. Und zumindest für die Rede des Crassus wird, auch
wenn sie uns verloren ist, aus der Überlieferung deutlich, dass er sich
dankbar der Topoi des Hermagoras bediente, um die präsumtive Absicht des Erblassers gegen den defizitären Wortlaut des Testaments
durchzusetzen. Gerühmt aber wurde vor allem sein Humor: So habe
er zum Beispiel den Scharfsinn seines Gegners Scaevola bewundert,
der doch wahrhaftig entdeckt habe, dass ein Mensch erst geboren
werden müsse, um sterben zu können; und er habe viele lustige Beispiele auch aus dem Alltagsleben gebracht, in denen es zur Katastro-

---

* Die meisten der Topoi gegen das *scriptum* beziehen sich auf den Text eines Gesetzes,
lassen sich also nicht ohne Modifikation auf einen Fall wie den der *causa Curiana* übertragen.

phe käme, wenn man Wörter allzu wörtlich nähme. Zum Glück ist wenigstens noch eine einschlägige Partie im Wortlaut erhalten:[32]

> Denn wenn kein Testament richtig verfasst ist, außer du, Scaevola, hast es geschrieben,[*]
> dann werden wir Bürger alle mit unseren Tafeln zu dir kommen und du allein wirst aller Testamente schreiben müssen.
> Ja wie? Wann wirst du dann noch politisch tätig sein?
> Wann für deine Freunde da sein? Wann für dich?
> Und wann wirst du schließlich einmal nichts tun?
> Denn der scheint mir kein freier Mann zu sein, der nicht einmal auch nichts tut.

Wie zutreffend! Die richtenden Centumviri ließen sich jedenfalls von der guten Laune des Crassus anstecken und sprachen das Erbe dem Manne zu, dessen vorgesehener Vorgänger nie geboren und eben darum leider auch nicht gestorben war. Sehr zum Ärger noch heute nicht aller, aber doch mancher Juristen, die mit ihrem Ahnherrn Scaevola die Rechtssicherheit und den Wortlaut hochhalten. So hat der hochverdiente Rechtshistoriker Fritz Schulz die Entscheidung der Centumvirn als »kühnen Husarenstreich« bezeichnet, »dem zu folgen die *iuris consulti* [die römischen Juristen] sich weigerten. [...] Sie waren nicht die Männer, die sich von gräzisierenden Redeschulmeistern und Redekünstlern imponieren ließen.«[33] Wobei er als sicher ansetzt, dass der Jurist Scaevola damals die Topoi dieser »Redeschulmeister« verschmäht habe (was mir *prima facie* durchaus nicht einleuchtet).

Umgekehrt stehen heute die Philologen wohl durchweg auf der Seite des Crassus, dessen Standpunkt sie mit dem des gesunden Menschenverstands gleichsetzen. Das für manche Juristen Ärgerlichste hat sich hier 1926 der Münchner Latinist Johannes Stroux geleistet. In einer längst klassischen Abhandlung über *Summum ius summa iniuria*[**]

---

[*] Die Abfassung korrekter Rechtstexte wie bes. Testamente gehörte neben der Erstellung von Gutachten *(responsa)* zu den wichtigsten Aufgaben des römischen Juristen.
[**] Wieder abgedruckt in: Johannes Stroux, *Römische Rechtswissenschaft und Rhetorik*, Potsdam 1949, 7–66.

(Das größte Recht ist das größte Unrecht*) behauptete er, mit dem Sieg des Crassus in der *causa Curiana* habe sich im römischen Recht ein freieres Prinzip der Textauslegung unter Beachtung der Billigkeit durchgesetzt, und so wäre ausgerechnet die Statuslehre des Hermagoras wichtig für die Entwicklung des *ius civile*. Das war stark: ein gewissenloser griechischer Rhetor als Lehrer biederer römischer Juristen! Man hätte diese Schrift des Stroux – stracks auf offenem Platze verbrennen sollen, meinte damals ein verärgerter Fachmann.

---

* Dieses altrömische Sprichwort – den »Sinnspruch der Billigkeit« (Kant) – pflegte man in ähnlichen Fällen gern zu zitieren; vgl. Bartels, *Veni vidi vici* (S. 163), 159. Zur Gegenwartsbedeutung im Zivilrecht: Peter Krebs (Hg.), *Summum ius, summa iniuria*, Stuttgart/München 1994.

# *HOMO PLATONICUS* – DER JUNGE CICERO

Wieder und wieder ist in diesem Buch der Name Cicero gefallen – auch und gerade wenn von griechischer Kultur die Rede war. Woher kommt die überragende Bedeutung dieses römischen Redners – dessen Name noch heute in der etwas spaßhaften Bezeichnung »Cicerone« für den redseligen italienischen Touristenführer fortlebt?[*] Wieder einmal hat Plutarch die Sache mit einer kleinen Anekdote auf den Punkt gebracht.[1]

### DER PROPHET VON RHODOS

Es war im Frühjahr 78 v. Chr. auf Rhodos, wo Apollonios Molon, damals weltweit bekanntester Rhetoriklehrer, Unterricht erteilte. Zu ihm kam als neuer Schüler, aber schon etwa 26-jährig, ein Römer namens Marcus Tullius Cicero. Aus früheren Tagen in Rom kannte ihn Molon schon ein wenig – und vielleicht wusste er, dass sein damaliger Alumne inzwischen schon gut zwei Jahre erfolgreich als Anwalt tätig gewesen war: Wozu er nun den Lehrer noch einmal benötige? Aus aktuellem Anlass, erklärte Cicero. Er habe bei seinen bisherigen Auftritten die Stimme so überstrapaziert, dass sein ohnehin schwächlicher Körper angegriffen sei und ihm besorgte Ärzte sogar von der Fortsetzung seiner rednerischen Laufbahn abgeraten hätten. Trotzdem wolle er jetzt, nach einem philosophischen Studienurlaub in Athen, seine rhetorischen Übungen wieder aufnehmen. Ob Molon ihm helfen könne? Dem war ein solcher Fall wohl nichts ganz Neues, und so bat er Cicero – um sich einen Eindruck von Stimme und allgemei-

---

[*] Neben Cicero haben es von den Römern sonst nur Caesar und Maecenas geschafft, ihren Eigennamen zu einer Art Markenbezeichnung werden zu lassen: jener als »Kaiser«, dieser als »Mäzen«.

nem Leistungsstand zu verschaffen –, eine der üblichen *meletai*, Deklamationen (S. 247), vorzutragen. (Etwa: Aias, tödlich blamiert, plant Selbstmord. Was raten Sie ihm?)

Cicero war bereit, sicherlich zum amüsierten Interesse seiner neuen, jüngeren Schulkameraden, die gespannt darauf warteten, wie der Halbbarbar aus der Welthauptstadt mit der Sprache des Demosthenes zurechtkäme. Aber ihr Lachen verschwand, als Cicero nun loslegte: mit einer Feinheit der Argumentation und einer Eleganz des Ausdrucks, dass man die angeblichen Mängel der Stimme glatt überhörte. Neidloser Beifall – *euge! sophōs!*\* – belohnte den Römer während und erst recht nach seiner Darbietung. Nur der eine, auf den es ankam, Molon, blieb stumm, wie in sich versunken. Ja, was denn er von *Kikerōn* halte? Ich übersetze die Antwort wörtlich: »Dich, Cicero, lobe und bewundere ich; aber ich beweine das Schicksal von Hellas, indem ich sehe, dass das, was uns von allem Schönen einzig geblieben ist, durch dich nun auch noch den Römern zufällt, *paideia kai logos* (Bildung und Rede).«

Welch ein Wort! Als echter Prophet sagte Molon voraus, was in der Tat eintreffen sollte: Vor allem durch die geistige Leistung Ciceros, nicht nur als Redner, sondern auch als Rhetoriker und Philosoph, ja nebenbei sogar als Dichter,\*\* reifte Latein zu einer Sprache, die in ihren Meisterwerken für geraume Zeit alles Griechische in den Schatten stellte. Kein zeitgenössischer Grieche konnte es in diesem Jahrhundert mehr mit den Prosaikern Cicero, Sallust und Livius, mit den Dichtern Catull, Vergil und Horaz aufnehmen. Und auch dafür, dass im darauffolgenden Jahrhundert Latein zur echten Weltsprache wurde, hat Cicero die Grundlagen geschaffen. Und dabei war er doch immer und vor allem Redner, Meister des gesprochenen, nicht nur des geschriebenen Worts – nicht nur, aber eben doch auch ein echter »Cicerone«.

---

\* Diese und ähnliche Beifallsäußerungen wurden auch von den Römern übernommen. Wie wir mit *Bravo* oder *Brava* auf Italienisch applaudieren, so sie auf Griechisch.
\*\* In der etwa dreißigjährigen Sauregurkenzeit der lateinischen Poesie, vom Tod des Accius bis zum Auftreten von Catull (also ca. 85–55 v. Chr.), ist Cicero in der Tat Roms führender Dichter. Nur durch sein lächerliches Selbstlob im Epos über sein Consulat hat er sich den eigenen Ruhm verdorben.

## EINES MEISTERS LEHRJAHRE

Ciceros Herkunft war bescheiden, jedenfalls im Hinblick auf den Beruf eines zukünftigen Politikers oder Redners (was in Rom so ziemlich auf dasselbe hinauslief). Im Jahr 106 v. Chr. im Landstädtchen Arpinum geboren, stammte er aus einer zwar begüterten, aber nicht eigentlich vornehmen Familie, nur ein römischer Ritter ohne senatorische Vorfahren, obwohl seine Eltern Beziehungen zu den besten Kreisen Roms hatten. Dorthin zog der Vater mit ihm und dem jüngeren Bruder Quintus und sorgte für die bestmögliche Ausbildung. Den »Grammatik«-Unterricht (S. 246) übernahm der griechische Dichter Archias (für den Cicero als spätes Schulgeld einmal eine berühmte Rede halten wird). Bei ihm las er vor allem den ernsten Homer und den heiteren Komödiendichter Menander, Dichter also, die jeder auf seine Weise tiefe Einblicke in die Verirrungen des Menschenherzens geben, aber auch Wege der Menschlichkeit zeigen. Dann kamen die griechischen Redelehrer, bei denen Cicero die klassischen Redner las, Theorie studierte und – am wichtigsten – Deklamationsübungen machte.

Aber das war nicht alles. Nach altem Brauch sollte der junge Redner sein Handwerk vor allem in der Praxis lernen – weswegen man heute vom *tirocinium fori,** dem »Rekrutentraining auf dem Forum«, spricht. Tacitus hat diesen rhetorischen Grundwehrdienst eindrucksvoll beschrieben.[2] In der Obhut eines älteren Hausfreunds begibt sich der Jüngling auf das Forum, wo er die Reden vor allem eines besonders vorbildlichen Redners hört; er ist auch dabei, wenn dieser sich mit seinen Klienten bespricht. Als Ciceros Mentoren kennen wir vor allem den schon erwähnten Redner Crassus und den Juristen Quintus Mucius Scaevola Augur, nach dessen Tod den gleichnamigen Scaevola Pontifex (vgl. S. 284). Noch wichtiger gerade als rednerische Vorbilder waren aber die Redner der jüngeren Generation: der mit

---

* Dieser eingebürgerte Fachausdruck, der so gut antik aussieht, dass er in *Paulys Realencyclopädie der classischen Altertumswissenschaft* sogar einen eigenen Artikel bekam, scheint überraschenderweise erst in der Neuzeit gebildet worden zu sein.

Tragödenstimme agierende Publius Sulpicius Rufus und der feinere Sprachkünstler Gaius Aurelius Cotta, daneben auch schon der wesentlich jüngere, leidenschaftliche Quintus Hortensius, dessen Rivale Cicero bald werden sollte. An ihnen vor allem konnte Cicero seinen lateinischen Ausdruck schulen.

Aber wäre es denn nicht vernünftig gewesen, auch den schulmäßigen Rhetorikunterricht in der lateinischen Muttersprache stattfinden zu lassen? So denken nicht erst wir, sondern auch schon ein innovativer und geschäftstüchtiger Römer namens Plotius Gallus: Er eröffnete eine Schule, die er großspurig *Latini rhetores*, »lateinische Rhetoriker«,[*] nannte und in der er also verhieß, auf Latein all das zu vermitteln, was man sonst nur auf Griechisch lernte. Die Begeisterung der Jugend über dieses neue Bildungsangebot war groß; auch Cicero brannte darauf, bei Plotius lateinisch deklamieren zu dürfen. Aber sein Mentor Crassus verbot es ihm, weil »griechische Studien bildender seien«.[3]

Derselbe Crassus brachte sogar als Zensor 92 v. Chr. zusammen mit seinem hierin gesinnungsgleichen Amtskollegen ein Edikt heraus, in dem die besagten *Latini rhetores* zwar nicht verboten, aber doch offiziell auf das Strengste missbilligt wurden. Als Denkmal stockkonservativen pädagogischen Römertums muss man sich dieses Edikt auf der Zunge zergehen lassen:[4]

> Es ist uns gemeldet worden, dass es Leute gibt, die eine neue Art der Unterweisung eingerichtet haben, damit die Jugend *(iuventus)* zu ihnen in eine Schule *(ludus)* kommt: Sie sollen sich den Namen *Latini rhetores* gegeben haben; dort sollen die jungen Leute *(adolescentuli)* ihre ganzen Tage versitzen *(desidere)*. Unsere Vorfahren haben festgelegt, was ihre Kinder *(liberi)* lernen und in welche Schulen sie gehen sollten. Diese Neuerungen, die der Gewohnheit und der Sitte der Vorfahren widersprechen, gefallen uns nicht und scheinen uns nicht richtig. Darum meinten wir, dafür sorgen zu sollen, dass sowohl denjenigen, die diese

---

[*] Da nirgends von einem anderen Lehrer die Rede ist, dürfte es sich trotz des Plurals um einen Einmannbetrieb gehandelt haben. So nennt sich heute etwa manch ein Guru »Yoga-Akademie«.

Schulen abhalten, als auch denjenigen, die dorthin zu gehen pflegen, unsere Meinung deutlich werde, dass wir damit nicht einverstanden sind.

Hätte Crassus auch seine Reden so hölzern und umständlich formuliert, wäre er nicht zum größten Redner seiner Zeit geworden. Aber hier spricht, fernab von aller griechisch inspirierten Redekunst, ein griesgrämiger römischer Zensor. Er notiert das Vorkommnis, vergleicht es mit der Sitte der Vorfahren, dann missbilligt er es: *Roma locuta*. Überraschend ist dabei vor allem, dass die Zensoren gar nicht auf das abheben, was uns das sensationell Neue an der verworfenen Einrichtung scheint: die lateinische Sprache. Nach dem Gesagten wäre es ja nur das Schulmäßige, das sie ärgert: Schule *(ludus)* ist nach ihrer und der Altvordern Ansicht offenbar etwas für die Kleinen, die dort Lesen, Schreiben und dergleichen lernen; der junge Mann aber – *iuventus* und *adolescentuli* sind die wichtigen Wörter – gehört nicht mehr dorthin, sondern ins Leben, auf das Forum.

Spielte also das Lateinische der neuen Schule für dieses Votum keine Rolle? So hat man schon geglaubt, aber dem widerspricht bereits Ciceros ausdrückliches, oben zitiertes Zeugnis: Gegen griechischen Unterricht hatten die Zensoren offenbar nichts einzuwenden. Eher haben also diejenigen recht, die – obschon Cicero auch davon nichts sagt – hinter der zensorischen Missbilligung vor allem ein politisches Motiv vermuten: Musste nicht lateinischer Schulunterricht, vor allem in der entscheidend wichtigen Deklamation, der praktischen Redeübung, den unbegüterten Schichten einen allzu bequemen und kostengünstigen Zugang zur Politik eröffnen? Noch mehr Redner etwa in Art der turbulenten Gracchen?

Das heißt natürlich nicht, dass die Schule des Plotius Gallus als parteipolitisch populare oder gar revolutionäre Kaderschmiede geplant gewesen wäre (wie andere annahmen*). Aber die Obrigkeit des aristokratischen Rom witterte doch offenbar Gefahren bei einer allzu großen

---

* Unter popular verstand man in Rom seit der Zeit der Gracchen Politiker, die wirklich oder angeblich die Interessen des Volks wahrnehmen und ihre Politik vor allem mit Hilfe der Volksversammlung, nicht des Senats, durchsetzen. Um eine Partei im modernen Sinn, also mit einem gemeinsamen inhaltlichen Programm, handelt es sich

»Demokratisierung« der Bildung (wie wir heute sagen würden). So scheint die neue Schule vorerst keinen Erfolg gehabt zu haben, und Plotius Gallus zog sich wohl auf Privatunterricht zurück. Noch 56 v. Chr. soll er, als »Gerstenrhetor« geschmäht, einem Prozessankläger die Rede verfasst haben.* Cicero aber musste weiterhin bei griechischen Privatlehrern griechisch deklamieren – mit Erfolg, wie wir sahen.

## IN DER SCHULE VON PLATON
## UND PHILON

Aber nicht Molon oder Crassus waren Ciceros entscheidende Lehrer. Als Sechzigjähriger bekannte er etwas, was wohl seit 300 Jahren kein Redner mehr so formuliert hatte:[5] »Ich sag es frei: Als Redner – sofern ich nur einer bin oder auch was immer als Redner ich bin – bin ich nicht aus den Werkstätten der Rhetoren, sondern aus den Bahnen der Akademie [Platons] hervorgegangen *(non ex rhetorum officinis, sed ex Academiae spatiis exstitisse)*.« Was ist damit gemeint? Platon, sagt Cicero, habe die Redner sowohl gezaust – gemeint ist sein *Gorgias* (S. 147) – als auch gefördert: »Denn alle Fülle *(ubertas)* und alles sozusagen Bauholz *(silva)* des Redens stammt von den Philosophen – freilich noch nicht genügend aufbereitet für die Fälle des Forums, die sie, wie sie sich auszudrücken pflegten, den gröberen Musen überließen.« Schon hier wird deutlich, dass es nicht nur um den Stil geht, in dem Platon ja unbestrittener Meister war, sondern vor allem um den Inhalt: »Es kann keinen wahrhaft Beredten geben ohne Philosophie.«

---

hierbei nicht (so wenig wie bei den sogenannten Optimaten). Schon darum war es schief, wenn der Latinist Friedrich Marx, dem viele folgten, die Schule des Plotius Gallus für eine Art »Parteischule« hielt und eine entsprechende Tendenz auch der sogenannten Herennius-Rhetorik (S. 381) zuschrieb. Die Forschung referiert Suerbaum, *Handbuch*, Bd. 1 (S. 545), 550–552, der mit der heute herrschenden Meinung annimmt, das zensorische Edikt sei »offenbar erfolglos« gewesen; vgl. dagegen Stroh, in: *Studium declamatorium* (S. 559), 31–33.

* Im Prozess gegen M. Caelius (S. 353), der Plotius als Ghostwriter des Anklägers Atratinus einen *hordearius rhetor* nannte, wohl in Erinnerung an den »Demosthenes aus Gerste«, Deinarchos (S. 240).

Die Keime zu diesen Gedanken wurden gelegt, als im Jahr 88 v. Chr. der Akademiker Philon von Larissa, Platons Amtsnachfolger höchstpersönlich, nach Rom kam und Cicero als Schüler gewann. Dieser hatte zuvor schon Philosophieunterricht bei einem Epikureer, Phaidros, gehabt – der Mann war ihm ebenso sympathisch, wie er seine Philosophie zeitlebens ungenießbar fand –, und mit dem Stoiker Diodotos blieb er sogar in fast lebenslanger Hausgemeinschaft verbunden. Von Philon sagte er jedoch etwas, was wir bei all seinem Überschwang sonst nicht von ihm zu hören bekommen: »Ihm gab ich mich ganz hin *(totum ei me tradidi)*, von einer ganz unglaublichen Leidenschaft für die Philosophie erfasst.«[6] Es muss ein wirklicher Zauber von diesem Philon ausgegangen sein.

Nun, das Schuloberhaupt der Akademie war für einen jungen Redner zunächst einmal schon darum interessant, weil er im Gegensatz zu Platon, aber wohl im bewussten Anschluss an Aristoteles, ja über diesen hinausgehend, seine philosophische Unterweisung mit Rhetorik verband – wahrscheinlich wurde halbtags das eine, halbtags das andere unterrichtet.[7] Dabei trainierte man nicht nur an allgemeinen *theseis* (»Ist der Tod ein Übel?«), sondern auch an konkreten *hypotheseis* (»Soll sich Sokrates der Todesstrafe entziehen?«, vgl. S. 248), was den konkreten Fällen der rednerischen Praxis schon näher kam. Vor allem aber wurde die *disputatio in utramque partem* geübt, wie sie zuerst wohl der Akademiker Karneades in Rom bekannt gemacht hatte (S. 280): »Die Gerechtigkeit ist nützlich – Die Gerechtigkeit ist schädlich«. Dies sei, sagte Cicero zu Recht, die »größte Übung für das Reden«.[8]

Doch nicht nur das! Dieses Argumentieren nach beiden Richtungen hielt Cicero zugleich für die beste Methode, der Wahrheit näher zu kommen, das zumindest Wahrscheinliche zu finden.[9] Hier kommen wir auf den tiefsten, den philosophischen Grund, warum Philon Rhetorik trieb (nämlich nicht etwa nur, um junge, ehrgeizige Römer zu ködern). Gerade das Wahrscheinliche spielte in seiner Philosophie eine entscheidende Rolle: In Übereinstimmung mit Platon, wie er glaubte – wir sehen das heute meist anders –, meinte er, dass es keine sichere Erkenntnis der Wahrheit gebe, sondern immer nur eine Annäherung daran, eben das Wahrscheinliche *(veri simile)* oder, meist, das Glaubwürdige (*probabile*, griech. *pithanon*). Wir bezeichnen diese Haltung heute mit dem Namen Skepsis (der bei den Griechen selbst weniger üblich war[*]). Hier bestand eine unleugbare Affinität der so verstandenen akademischen Philosophie zur Rhetorik, die ja schon seit Korax' Zeiten auf das Wahrscheinliche *(eikos)* zielte (S. 44).

Dennoch war es nicht nur die sozusagen rhetorische Brauchbarkeit von Philons Lehre, die Cicero anzog, es war auch seine eigene, echt philosophische Wahrheitsliebe. Auch später noch, als Philons von den Vorgängern übernommene Interpretation Platons hoffnungslos aus der Mode kam, hielt er an dessen skeptischem Standpunkt fest. Andererseits ließ er sich aber nicht davon abbringen, sich immer wieder auch für viele von Platons Gedanken, ja Lehrsätzen zu begeistern: Immer wird er glauben, dass der gerechte Mensch auch das größte Glück genießt; und immer wird er darauf hoffen, dass die Seele unsterblich ist – auch wenn er sieht, dass man das kaum beweisen kann.

## CICEROS PLATONISCHER LEBENSENTWURF

Die von Philon ausgehende Wirkung spürt man deutlich schon in Ciceros frühester rhetorischer Schrift *De inventione* (Über die Erfindung), deren Gesamtwürdigung wir auf ein späteres Kapitel verschieben müssen (S. 357). In der Vorrede zum 2. Buch legt Cicero ein förmliches Bekenntnis zum erkenntnistheoretischen Standpunkt Philons ab:[10] Er werde, und das solle für sein ganzes Leben gelten, nie eine Erkenntnis als unumstößliche Wahrheit aufstellen, sondern alles immer nur mit Vorbehalt und zweifelnd behaupten.[**]

---

[*] Meist spricht man von *epochē*, der »Zurückhaltung« (gegenüber einem unvorsichtigen Zustimmen); Skeptiker sind »Zurückhalter«, *ephektikoi* (beide Vokabeln von *epechein*, »zurückhalten«).

[**] Geradezu unglaublich ist es angesichts dieser Feststellung, dass *De inventione* immer noch von vielen vor 88 v. Chr. datiert wird; dagegen spricht auch der unvollständige Zustand der Schrift (Behandlung nur der *inventio* trotz Titels *Libri rhetorici*): Offenbar hat Cicero die Arbeit daran abgebrochen, als er (81 v. Chr.) die Möglichkeit hatte, als Redner politisch zu wirken. Auch die vorauszusetzende Arbeitsleistung (S. 358) ist einem weniger als Achtzehnjährigen kaum zuzutrauen.

Fast ebenso deutlich ist der Einfluss Platons auf die Einleitung zum Gesamtwerk.[11] Hier stellt sich Cicero ein Thema, das auch bei uns einem Besinnungsaufsatz zugrunde gelegt werden könnte: ob die Rhetorik bzw. Beredsamkeit, *eloquentia*, der Menschheit mehr Gutes oder mehr Böses gebracht habe. Die an sich banale Antwort darauf – Beredsamkeit verbunden mit Weisheit, *sapientia*, sei gut, ohne Weisheit aber sei sie schlecht – erläutert er an einem Abriss der Kultur- bzw. Rhetorikgeschichte, der zwar naiv, aber originell und für ihn sehr aufschlussreich ist.

Danach befand sich (wie nach anderen Kulturentstehungstheorien) die Menschheit ursprünglich in einem rohen Zustand, wo Gewalt statt Recht, sexuelle Promiskuität statt familiärer Bindung herrschte. Laut Cicero war es ein weiser Mann, der dann die Menschen, natürlich mit Hilfe seiner *eloquentia*, dazu brachte, sich Gesetze zu geben, Familien und Städte zu gründen usw. (ein Gedanke des Isokrates). So trat nun die Menschheit in ein glückliches Zeitalter ein, in dem weise Herrscher dank *eloquentia* regierten (Cicero dachte sicherlich\* an die sogenannten Sieben Weisen, die fast alle auch Politiker waren). Aber das dauerte nicht ewig, denn gewissenlose Kleingeister, eine Art Winkeladvokaten, die sich nur auf *eloquentia* spezialisiert hatten, vertrieben die regierenden Weisen und setzten sich selbst an die Spitze des Staats (hier muss Cicero die frühen Rhetoriker wie Korax und Tisias, wohl auch einige der attischen Redner im Auge gehabt haben). So zogen sich denn die Weisen, halb wollend, halb schmollend ins Privatleben zurück und widmeten sich der reinen Erkenntnis (Modell hierfür war sicherlich der weise Sokrates, der Vater der Philosophie, der ja nie ein öffentliches Amt innehatte).

So weit, so schlecht. Der glückliche Zustand, wo noch *sapientia* durch *eloquentia* regierte, scheint dahin. Aber nicht unbedingt für immer! Große Römer wie Cato, Scipio und – man denke! – die Gracchen hätten gezeigt, meint Cicero, wie man auch jetzt noch

---

\* Sonderbarerweise gibt es zu diesem wichtigen Text wie zur ganzen Schrift noch keinen wissenschaftlichen Kommentar. Bei meiner Identifizierung von Personen und Ereignissen stütze ich mich vor allem auf die Parallelversion von *De oratore* (S. 369).

Tugend und Redekunst vereinen kann. Ihnen gelte es zu folgen. Und damit hat er sowohl seinem rhetorischen Lehrbuch das rechte moralische Fundament gegeben als auch für sich selbst einen Lebensplan aufgestellt, nämlich: der Weisheit, zumal der bei Philon erlernten philosophischen Weisheit, mit Hilfe der Rede wieder die ihr zustehende politische Macht zurückzuerobern.

Wie kam er auf diese Idee? Weil Platon als Feind der Rhetorik gilt und es zu einem guten Stück auch war, hat man nie erkannt, dass gerade Ciceros Hauptgedanke aus der Tiefe von Platons Denken geschöpft ist – steht doch im Zentrum von Platons *Politeia* der Satz, dass die Staaten der Menschen nie Frieden finden könnten, wenn nicht entweder die Könige Philosophen oder die Philosophen Könige würden.[12] So ist es Ciceros Lebensplan, ein solcher Philosophenkönig zu werden, mit Hilfe der Rhetorik also das zu verwirklichen, was Platon gewollt und selbst erfolglos versucht hatte. Diesem Lebensziel, das er in dieser Entschiedenheit von Philon nicht gelernt haben kann – denn Philon blieb immer ein Mann der philosophischen Schulstube –, ist er bis zu seinem Tod treu geblieben. Zu Recht nannte ihn sein Bruder *homo Platonicus*,[13] einen platonischen Menschen.

## ERSTE ERFOLGE ALS ZIVILANWALT

Die bürgerkriegsähnlichen Zustände der 80er Jahre machten den Eintritt in die Politik nicht ratsam. Erst als durch den Diktator Sulla der Staat, wenn auch mit blutiger Hand, wieder geordnet und vor allem das Gerichtswesen wiederhergestellt war, begann Cicero seine Laufbahn als Gerichtsanwalt – aber durchaus nicht als Mitläufer des konservativen Diktators und der ihn stützenden Nobilität (Adelsschicht): Es scheinen im Gegenteil Opfer des neuen Regimes zu sein, denen seine ersten Reden zugutekommen. Zwei davon sind erhalten, und sie sind in ihrer Art bereits kleine Meisterwerke, in denen Cicero fast alles zeigt, was er gelernt hat.

Die Rede *Für Quinctius*, in der Cicero gegen den großen Redner Hortensius antrat, betrifft einen Fall des Privatrechts, der so hoffnungslos aus Rechts- und Tatfragen verwickelt ist, dass wir ihn heute kaum mehr entwirren können. Zwei Teilhaber einer Genossenschaft, *societas*, also einer auf Gewinn gerichteten geschäftlichen Vereinigung, waren in Streit geraten: Naevius und besagter Quinctius. Im Lauf eines miteinander geführten Prozesskriegs soll nun Quinctius einen Prozesstermin schuldhaft versäumt haben; sein Partner erwirkte darauf von dem für das Gerichtswesen zuständigen Praetor die sogenannte *missio in bona*, »Einweisung in die Güter«, eine Maßnahme der Zwangsvollstreckung, die den Betroffenen nötigen sollte, sich vor Gericht zu stellen. Waren nämlich dessen Güter dreißig oder mehr Tage lang gemäß Edikt des Praetors besetzt, so galt er als infam *(infamis)*, rufgeschädigt bzw. ehrlos, was zugleich gravierende Rechtsnachteile einschloss. Eben darum nun, ob eine solche rechtmäßige Besitznahme *(possessio)* der Güter des Quinctius durch Naevius stattgefunden habe, ging jetzt der Rechtsstreit. Quinctius behauptete nämlich, sein Prozessvertreter Alfenus habe seinerzeit durch seine Aktionen die *missio in bona* unwirksam gemacht, was Naevius bestritt. Er argumentierte vor allem damit – und hier spielt die Politik herein –, dass Naevius als Anhänger der römischen Nobilität gegenüber Alfenus, einem der damals in Rom herrschenden Marianer, hoffnungslos im Nachteil gewesen sei und nicht voll habe zu seinem Recht kommen können.

Cicero beginnt seine Rede, indem er höchst wirkungsvoll den Spieß herumdreht und nunmehr seinen Mandanten als Opfer der veränderten politischen Verhältnisse hinstellt: Jetzt vor allem gelte es, Recht gegen Macht durchzusetzen (man nennt dies gern *retorsio criminis*, Zurückschleuderung des Vorwurfs[*]). Dann legt er seine eigene Verteidigung in ingeniöser Weise so an, dass er nicht nur keine Möglichkeit des Argumentierens auslässt, sondern auch den Fall bis in die Tiefe seiner juristisch kaum erheblichen Vorgeschichte zurückverfolgt. Er beweist nämlich, dass es 1. keinen Rechtsgrund für die seinerzeitige *missio in bona* gegeben habe, dass 2. die Güter nie *ex edicto*,

---

[*] Der Ausdruck scheint in der Antike so nicht vorzukommen (obwohl man in ähnlichem Sinn gelegentlich von *retorquere* spricht). Verwandt, aber nicht identisch damit ist die *relatio criminis* (S. 263).

gemäß Edikt, des Praetors besetzt gewesen seien,* und dass sie 3. überhaupt nicht besetzt gewesen seien.

Rein logisch müsste der zweite oder auch nur der letzte Punkt ausreichen, aber Cicero benutzt vor allem den ersten, um eine Porträtstudie der beiden Kontrahenten zu geben, die eines Theophrast oder Menander würdig wäre: Der brave Quinctius ist ein römischer Nachfahre von Lysias' Biedermännern (S. 117), ein wackerer *pater familias*, auf Treu und Redlichkeit so eingeübt, dass er gegen die Gerissenheit seines Kompagnons Naevius keine Chance hat. Dabei ist dieser weniger ein schnöder Verbrecher als vielmehr ein um Moral unbesorgter Bruder Leichtfuß, ein in feinsten Kreisen verkehrender Salonlöwe, mit einem Wort ein *scurra* - was unsere Lexika mit »Possenreißer« oder dergleichen wiedergeben; richtiger wäre heute wohl »Lebemann« oder »Playboy«. Ciceros Verteidigung zieht ihre Kraft aus dem Sprichwort, wonach ein *scurra* schneller ein reicher Mann als ein guter Hausvater werden könne.[14]

Triumphiert im ersten Teil die Kunst der Erzählung, so ist es im zweiten die der juristischen Beweisführung. Die eigentlich wohl eher den Naevius begünstigende Formel *ex edicto* – nach der auch eine unvollständige Besitznahme, wenn *ex edicto* erfolgt, gültig sein konnte – wird von Cicero in virtuoser Argumentation so vereinnahmt, als sei damit eine besondere Auflage an Naevius gemeint, der, wenn er die Güter schon besetzt, dann eben nicht *ex edicto* besetzt hätte. Schon hier scheint ihm der Sieg über den Gegner zu gelingen. Doch mit unerschöpflicher Gründlichkeit verfolgt Cicero jeden Gedanken bis in seine Schlupfwinkel, wobei er immer wieder mit präzisem Gedächtnis rekapituliert und den Diskussionsstand festhält. Erst in späteren Jahren wird er lernen, minder Wichtiges wegzulassen und sich auf wenige schlagende Argumente zu konzentrieren. Ob er in diesem Fall beim Richter, dem berühmten Juristen Gaius Aquilius Gallus, Erfolg hatte,

---

* Dem Prozess lag nach eigentümlich römischer Sitte eine Prozesswette *(sponsio)* zugrunde, nach der es gerade auf diesen Punkt, ob eine *possessio ex edicto* vorliege, angekommen zu sein scheint. Nach dem System des Hermagoras (S. 262) wäre das entweder im *genus rationale* ein Fall der *definitio* oder noch eher im *genus legale* (S. 285) ein Fall der *ambiguitas*. Doch spielt ständig der *status coniecturalis* herein.

wissen wir nicht, möchten es aber schon aus der Tatsache der Veröffentlichung schließen. Es war dann sein erster kleiner Sieg über Hortensius.

Einen hat er gar nicht überzeugt. Johann Ernst Philippi, Professor der deutschen Beredsamkeit zu Halle, schrieb 1735 ein dickes Buch mit dem Titel *Cicero, ein grosser Wind-Beutel, Rabulist, und Charletan; Zur Probe aus Dessen übersetzter Schutz-Rede, die er Vor den Quintius gegen den Nervius* [!] *gehalten* [...] *Klar erwiesen*. Auf ihn hätte sich Ciceros grimmigster Feind, der Jurist und Historiker Theodor Mommsen, berufen können, als er in seiner mit dem Literaturnobelpreis ausgezeichneten *Römischen Geschichte* über Cicero den Satz wagte: »Er war nichts als Advocat, und kein guter Advocat.«[15] Aber unrecht hatte damit wohl auch er. Längst haben die Juristen Cicero vergeben, dass er sie gelegentlich einmal als »Buchstaben- und Kommataspezialisten« verspottet hat,[16] und sie sind heute bereit, ihm ein sogar ungewöhnliches Quantum an juristischem Denkvermögen zu konzedieren. Nur seiner kühnen Idee, man könne und solle das so ganz vom Charme des kasuistischen Details lebende *ius civile* in ein wissenschaftliches System platonischen Anspruchs bringen,[17] stehen sie meist reserviert gegenüber.*

## EIN SENSATIONSPROZESS: CICERO VERTEIDIGT EINEN VATERMÖRDER

»Nicht die Verteidigung des Quinctius hat Cicero als Redner groß gemacht«, sagt zu Recht Tacitus,[18] sondern, meint er, vor allem einmal seine großen Kriminalprozesse. Der erste davon, der ihm den eigentlichen Durchbruch als Strafverteidiger brachte, war der Prozess gegen einen gewissen Roscius aus dem Landstädtchen Ameria, ein echter Sensationsprozess – nicht wegen der Prominenz der beteiligten Personen, sondern weil es der erste Prozess nach dem neuen von Sulla

---

* Scharf ablehnend war besonders Fritz Schulz, *Prinzipien des römischen Rechts*, München 1934 (Ndr. 1954), 44; vgl. zur Forschung Ferdinando Bona, »L'ideale retorico ed il ›ius civile in artem redigere‹«, in: *Studia et Documenta Historiae et Iuris* 46, 1980, 282–382.

geschaffenen Mordgesetz war, dann, weil es um das scheußlichste aller Verbrechen, Vatermord, ging, vor allem aber, weil Cicero als Verteidiger des Roscius der Sache eine überraschende, ja für ihn selbst gefährliche politische Wendung gab.

Vergegenwärtigen wir uns kurz den Ablauf eines solchen römischen Kriminalverfahrens, in unserem Fall vor dem »Gerichtshof für Dolchmörder und Giftmorde« *(quaestio de sicariis et veneficiis)* – es ist typisch für das römische Recht, ein Abstractum wie hier »Mord« durch eine solche Addition zu ersetzen. Die geschworenen Richter waren aus einer eigens für Vergehen dieser Art konstituierten Liste für diesen Prozess ausgelost worden; sie waren keine Juristen, auch nicht der Gerichtsvorsitzende, der nur über den Ablauf des Verfahrens zu wachen hatte, nicht aber eingreifen durfte.

So lag alle Initiative, noch mehr als heute im (jedermann aus Filmen bekannten) angelsächsischen Kriminalprozess, bei den beiden Parteien bzw. den Anwälten. Diese trugen in der Hauptverhandlung zunächst ihre meist mehrstündigen Plädoyers vor. Dann brachten sie ihre jeweiligen Zeugen zur Vernehmung *(locus testium)*, wobei auch die Möglichkeit zum Kreuzverhör durch die Gegenseite bestand. Ohne Schlussplädoyers und ohne Beratung schritt man dann zur Urteilsfällung *(iudicium)*: Mehrheitlich entschieden die Richter hier entweder auf *Fecisse videtur* (schuldig) oder *Non fecisse videtur* (unschuldig); durch das noch heute sprichwörtliche *Non liquet* (nicht spruchreif) konnte eine Wiederholung des Verfahrens in einer zweiten *actio* (Prozessgang) herbeigeführt werden. Die Strafzumessung lag aber nicht in der Macht der Richter; sie war wie fast alles durch das Gesetz geregelt.

Nach dem Prinzip der Popularklage (vgl. S. 92) konnte jeder freie Römer als Ankläger in einem solchen Prozess auftreten, auch wenn dies meist Leute übernahmen, die irgendwie persönlich vom Angeklagten geschädigt waren. In unserem Fall war dem nicht so: Der auftretende Erucius war so etwas wie ein Berufskläger, der, so musste man annehmen, auch diesmal auf die vom Staat für eine erfolgreiche Anklage ausgesetzte Prämie spekulierte. Sein Plädoyer war überraschend lahm und temperamentlos. Vor allem argumentierte er mit dem Motiv, *e causa* (vgl. S. 263): Der seit langem mit seinem Vater hadernde junge

Roscius – Leute aus der Verwandtschaft konnten da einiges bezeugen – habe seiner drohenden Enterbung zuvorkommen wollen und so die Wirrnis der blutigen Proskriptionszeit ausgenutzt, um den eigenen Vater durch gedungene Sklaven umbringen zu lassen. Ein so grässliches Verbrechen in einer schrecklichen Zeit! Zum Glück, konnte Erucius sagen, sind nun – Verbeugung vor Sulla – Recht und Ordnung wiederhergestellt: »In eurer Hand, Geschworene, liegt es, durch ein kraftvolles Urteil das Laster für die Zukunft in seine Schranken zu weisen.«

Der Angeklagte schien dagegen nicht ganz chancenlos. Auf den Bänken bei ihm saßen nämlich demonstrativ einige Angehörige der vornehmsten römischen Familien. Aber keiner von diesen sprach, sondern der junge Cicero. Und er begann seine Rede mit einem Knalleffekt, indem er das Argument *e causa*, auf das sich der Ankläger gestützt hatte, auf die Gegenseite zurückschleuderte und es mit einer wahrhaft sensationellen Enthüllung verband: Die riesigen Güter des ermordeten Roscius (im Wert von sechs Millionen Sesterzen) waren gar nicht im Besitz des angeblich so habgierigen Sohnes, sondern, was man den Richtern wohlweislich verschwiegen hatte, in der eines gewissen Chrysogonus, eines mächtigen Freigelassenen des Diktators Sulla, der sie um ein paar lumpige Sesterzen gekauft haben wollte. Dieser, sagt Cicero, steckt hinter dem Prozess, der das einzige Ziel hat, ihm durch die Vernichtung eines Unschuldigen seinen unrechtmäßigen Raub zu sichern:[19]

> Er fordert von euch dies, ihr Richter,
> dass, nachdem er in fremdes Vermögen, ein so reiches und
> herrliches Vermögen,
> widerrechtlich eingedrungen ist,
> und nachdem das Leben des Sextus Roscius
> diesem Besitz im Wege zu stehen und hinderlich zu sein scheint,
> dass ihr aus seinem Herzen allen Argwohn und alle Angst beseitigt
> [...].
> Diesen Stachel in seinem Herzen, der ihn Tag und Nacht beunruhigt
> und quält,
> den sollt ihr ihm entfernen, verlangt er,
> um euch so zu Handlangern seiner frevelhaften Beute zu erklären!

Der Verteidiger wird zum Ankläger, hier und in der ganzen leidenschaftlichen Rede. Wobei sich die Leidenschaft, wie immer bei Cicero, vor allem durch die Fülle des Ausdrucks, der dasselbe mit immer neuen Worten sagt, darstellt. Man beachte nur in fast jedem Kolon die Doppelausdrücke: »reiches und herrliches«, »im Wege und hinderlich«, »Argwohn und Angst« ...

## ERFINDUNG UND AUFBAU DER REDE FÜR ROSCIUS

Hatte Cicero recht mit seiner Unterstellung? Zum großen Teil ja, aber doch nicht ganz. Der Name des alten Roscius war nämlich, was Cicero erst später erwähnt, auf Sullas Proskriptionslisten[*] gekommen, und zwar, wie erst beiläufig klar wird, auf die Liste derer, die im jetzigen Bürgerkrieg, im bewaffneten Kampf gegen die Sullaner, gefallen waren (höchstwahrscheinlich zu Unrecht). So wurden seine Güter verkauft bzw. versteigert, und Chrysogonus konnte sie billig erwerben. Der junge Roscius ließ sich das natürlich nicht gefallen, sondern bestand auf seinem Erbe. Das deckt sich so weit mit Ciceros völlig glaubwürdiger Version.

Kaum Glauben verdient dagegen, was Cicero über das vorgebliche und scheinbar auf der Hand liegende Motiv der Anklage sagt, nämlich die Absicht des Justizmords, um Roscius auszuschalten. Denn würde dieser jetzt als Vatermörder verurteilt, so könnte sein Vater ja nicht im Kampf gegen die Sullaner gefallen sein, und damit wäre die Unrechtmäßigkeit des Güterkaufs durch Chrysogonus als Drahtzieher des Prozesses gerichtlich anerkannt. Andere Verwandte des Ermordeten könnten Chrysogonus von jetzt an juristisch drangsalieren. So ergeben sich für das Motiv des Prozesses aus heutiger Sicht zwei Alternativen: Entweder Chrysogonus steckte gar nicht hinter der An-

---

[*] Der siegreiche Sulla ließ seine Feinde »proskribieren«, das heißt durch öffentliche namentliche »Bekanntmachung« ächten. Die Güter der Erschlagenen wurden dann zugunsten der Staatskasse versteigert.

klage oder, was viel wahrscheinlicher ist, er verfolgte überhaupt nicht die Absicht einer Verurteilung. Was konnte denn günstiger für Chrysogonus sein, als wenn Roscius, durch Zeugenaussagen unter Druck gesetzt, seinen Freispruch dadurch erreichte, dass er sich auf die notorische Proskription seines Vaters berief? Der Prozess durfte dann mit Anstand verlorengehen, denn es galt ja vor allem, Chrysogonus seinen Raub zu sichern.*

Cicero geht diesen ihm gewissermaßen angebotenen bequemen Weg der Verteidigung nicht, vielmehr verfolgt er ein doppeltes Ziel: zum einen den Freispruch seines Klienten zu erreichen, zum andern dessen Vermögensansprüche aufrechtzuerhalten. Diese zweite Absicht verbirgt er vor allem zu Anfang mit großem Geschick. Denn auf der einen Seite ist es natürlich sehr viel rührender, wenn der junge Roscius um sein nacktes Leben, als wenn er um seine ererbten Millionen kämpft; auf der anderen sind unter den durchweg senatorischen, großenteils sullanisch gesinnten Richtern sicherlich auch viele Proskriptionsgewinnler, die es nicht gern hören, wenn man überhaupt Proskriptionskäufe in Frage stellt. Darum verzichtet Cicero zu einem guten Stück darauf, die wahren Motive der Anklage zu enthüllen: nur so viel Wahrheit wie nötig.

Noch eine Kautel galt es zu beachten. Die Attacke auf den offenbar mächtigen Chrysogonus, die Mut genug erforderte, musste auf das Nötigste beschränkt werden: Statt ihm gleich auch den Mord anzuhängen – was an sich bis heute am wahrscheinlichsten ist –, ersinnt Cicero eine zugegebenermaßen recht mühsame Version, wonach zwei Verwandte des alten Roscius diesen getötet und erst nachträglich Chrysogonus ins Spiel gezogen hätten. Ebenso wichtig war es natürlich, den Diktator Sulla aus der Sache herauszuhalten: »Was Chrysogonus auch immer Schurkisches getan haben mag, der große Sulla in seiner Güte weiß von nichts.« Cicero ist mutig, aber er übertreibt den Mut nicht.

---

* Diese schon von Richard Heinze, »Ciceros politische Anfänge« (S. 548) angedeutete Auffassung des Prozesses ist von mir ausführlich begründet worden in *Taxis und Taktik* (S. 552) und hat sich weithin durchgesetzt. Die dagegen von T. E. Kinsey und Manfred Fuhrmann erhobenen Einwände wurden insgesamt weniger beachtet.

Schlichtweg genial an der Rede ist das Prooemium, aus dem wir ein Stück bereits kennengelernt haben. Unbekümmert um die übliche rhetorische Disposition spielt Cicero schon hier das entscheidende Argument *e causa* (Tatmotiv), das natürlich in die *argumentatio* gehört hätte, gegen die Anklage aus. *Cui bono?*\* Nicht dem Angeklagten ist der Mord zugutegekommen, sondern dem Hintermann des Anklägers, Chrysogonus. Das war kühn und effektvoll. Von da an aber hält sich der junge Cicero, wie schon in *Pro Quinctio*, weithin an das bewährte Schema der Schulrhetorik. Es folgt also eine *narratio*, in der erstmals die zwei Roscii, habgierige Verwandte des Erschlagenen, als angebliche Mörder in Szene gesetzt werden, abgeschlossen mit einer der *indignatio* (Empörung) dienenden *egressio* (Exkurs).\*\* In der geforderten *partitio* (Einteilung bzw. Programm der Beweisführung) wird dann die folgende *argumentatio* skizziert.

Sie ist wieder, wie in *Pro Quinctio*, dreigeteilt, wobei den ersten beiden Teilen das Schema der *anticategoria* (Gegenanklage)[20] zugrunde liegt:\*\*\* Cicero beweist zunächst glanzvoll, dass sein Klient Roscius unschuldig ist, dann (weniger schlagend), dass die zwei schlimmen Verwandten den Mord begangen hätten; schließlich deckt er in einem dritten Teil die finanziellen Machenschaften des Chrysogonus auf, wobei er – auch das wieder ingeniös – versichert, dass er Letzteres gegen den erklärten Willen seines Klienten und nur um des Staates willen vortrage (damit der Mitleidseffekt für den angeblich nur auf die Rettung seiner Haut bedachten Roscius nicht abgeschwächt wird). Diesen echt römischen, wohl nicht erst von Cicero ersonnenen Kunstgriff, Redner und Mandant voneinander zu trennen, wird er später noch oft wirkungsvoll einsetzen.

---

\*   Die heute noch sprichwörtliche Wendung, die gerade durch diese Rede Ciceros bekannt geworden ist, wird heute oft unrichtig im Sinne von »Zu welchem Nutzen?« gebraucht. Gemeint ist aber »Wem zum Nutzen?«.
\*\*  Die *egressio* gerade an dieser Stelle kennt allerdings Ciceros eigene Theorie nicht; man vergleiche aber Quintilian, *Institutio oratoria* 4,3.
\*\*\* Das Schulmäßige des Aufbaus verbirgt Cicero, indem er als zu bekämpfende Größen und somit Gliederungspunkte nennt: 1. *crimen* (Vorwurf der Anklage), 2. *audacia* (Verwegenheit der Mörder), 3. *potentia* (Macht des Chrysogonus).

Auch im Einzelnen geht der junge Cicero auf den von der gängigen Rhetorik, vor allem der Stasislehre des Hermagoras (wie er selbst sie in *De inventione* entwickelt hatte), gewiesenen Pfaden. So fragt er, wie es für die Behandlung der Tatfrage *(status coniecturalis*, vgl. S. 262) vorgeschrieben ist, neben dem Motiv *(causa)* vor allem nach dem Charakter *(vita ac mores)* des angeblichen Täters – der bei ihm als ein Muster altrömisch-bäuerlicher Sittenstrenge erscheint. Bei der Argumentation aus den Tatumständen *(e facto)* glänzt er dann mit seinen bei Philon erworbenen dialektischen Fähigkeiten, indem er in einer platonischen Dihärese alle Möglichkeiten, w i e Roscius seinen Vater umgebracht haben könnte, systematisch entwickelt (Er selbst? Oder durch andere? – Wenn durch andere, durch Freie oder durch Unfreie? – Wenn durch Freie, durch Ameriner oder durch Römer?) und dann Punkt für Punkt so widerlegt, dass die tatsächliche klägerische Behauptung wie die Verzweiflungsauskunft eines in die Enge Getriebenen erscheint. So kann er vielfach brauchen, was er gelernt hat.

Wohl fast ganz aus sich selbst hat er aber das, was nun, wie schon angedeutet, ein Leben lang alle seine Reden auszeichnet: die Fülle *(copia)*, Nachdrücklichkeit *(gravitas)* und die geradezu prangende Üppigkeit *(ornatus)* seines Stils. Gerade in dieser Rede tut er aber des Guten oft zu viel, in »jugendlichem Überschwang« *(iuvenilis redundantia)*, wie er später sagt. Ein Beispiel, das er im Alter selbst belächelt,[21] sei angeführt; es betrifft die Schrecklichkeit der traditionellen Strafe für den Vatermörder, der »gesäckt«, dass heißt eingenäht in einen Sack, ins Meer geworfen wurde: Damit habe man versucht, meint Cicero, den Delinquenten wegen der Widernatürlichkeit seines Verbrechens durch Trennung von Himmel, Erde und Wasser aus der ganzen Natur *(rerum natura)* zu entfernen:[22]

> Denn was ist so gemeinsam
> > wie die Luft den Lebenden, die Erde den Toten,
> > > das Meer den in der Flut Treibenden, das Ufer den Ausgeworfenen?
> Sie (die Gesäckten) leben, solange sie es noch können, so,
> > dass sie keine Luft mehr vom Himmel zu gewinnen vermögen,
> > sie sterben so, dass ihre Gebeine die Erde nicht berühren;

> sie werden so in Fluten gepeitscht, dass sie niemals benetzt werden;
> sie werden schließlich so ausgeworfen,
> dass sie im Tod nicht einmal an Felsen Ruhe finden.

Welches Missverhältnis zwischen dem verbalen Aufwand einer solchen hochpathetisch aufgedonnerten Partie und ihrem Ertrag für die Argumentation! Natürlich bedurfte es eines enormen Einsatzes stimmlicher Mittel, damit so etwas vor Gericht nicht aufgesetzt und lächerlich wirkte. Und so lag gerade im stilistischen Überschwang, wie Molon später erkannte,[23] der Grund dafür, dass Cicero in jungen Jahren Gefahr lief, sich die für den Politiker unentbehrliche Stimme zu ruinieren.

Denn dass er vor allem auch Politiker sein wollte, platonischer Politiker im Sinne seines Lebensplans, zeigt er schon mit dieser ersten großen Gerichtsrede. Nicht nur stellte ihn der beachtliche Mut, mit dem er hier einen Favoriten des Diktators herausforderte, sofort, wie er sagt, unter die ersten Anwälte Roms, als einen Mann, dem man nunmehr jeden Fall zutraute;[24] er hatte hier zugleich auch schon seine Visitenkarte als kommender Staatsmann, ja als staatsmännischer Pädagoge abgegeben. Am Schluss der Rede ermahnt er, die Grenzen seines Falls weit überschreitend, die senatorischen Richter, in den Gräueln dieser Zeit ihr Herz nicht gefühllos werden zu lassen, sondern sich auf die altrömischen Tugenden der Milde und Menschenfreundlichkeit zu besinnen. Dafür verwendet er jedoch nicht das traditionelle Wort *clementia*; als Zögling der Philosophen spricht er in seinen letzten Worten von *humanitas* und drückt damit aus, dass der Mensch gerade durch Mitmenschlichkeit sein Wesen erfülle:[25]

> Keiner ist unter euch, der nicht wüsste,
> dass das römische Volk, das einst als so sanftmütig gegenüber seinen
> Feinden galt,
> zu unserer Zeit an innerer Grausamkeit leidet.
> Nehmt diese Grausamkeit aus unserem Staat,
> lasst sie nicht länger in unserem Gemeinwesen weilen […].
> Denn wenn wir zu allen Stunden grässliche Ereignisse sehen und hören,

> dann verlieren auch wir, die von Natur ganz milde sind,
> durch die andauernden Schrecklichkeiten
> allen Sinn für das Menschsein *(sensus humanitatis*\*) aus unserem
> Herzen.

So hat von Cicero aus das Ideal der Humanität seinen Siegeszug durch die Geschichte Europas begonnen.

Dass seine nun bald angetretene Studienreise nach Athen, Kleinasien und Rhodos auch politische Gründe gehabt habe, munkelte man schon im Altertum, wird aber durch Ciceros eigene Äußerungen nicht bestätigt. In Athen wurde, wohl auch um die Stimme vorläufig zu schonen, Philosophie studiert, besonders bei Antiochos von Askalon, dem neben Philon zweiten großen Akademiker der Zeit, der aber Platon ganz anders, »dogmatischer« deutete als der frühere Lehrer Philon. Bei diesem Studienaufenthalt, einer der glücklichsten Zeiten in Ciceros Leben, hörte er zum ersten Mal die Stimme der Versuchung, die noch später gelegentlich an ihn herantreten sollte: Wäre es nicht wunderbar, ganz diesen intellektuellen Freuden zu leben und Philosoph in Athen zu werden? Antiochos war zum Glück Platoniker genug, um seinem talentierten Schüler dies auszureden: Er sei berufen, die griechische Philosophie aufs römische Forum zu bringen.[26] Dafür musste jedoch zuerst die Stimme wiederhergestellt werden. Cicero verließ also die Stadt Platons und ging nach Rhodos zu Molon. Aber davon haben wir ja schon gehört.

---

\* *Humanitas* ist hier noch nicht, wie später zumeist, die Tugend der Mitmenschlichkeit selbst, sondern das Menschsein des Nächsten, für das man ein Empfinden *(sensus)* haben sollte. In ähnlichem Sinn hat Arthur Schopenhauer alle Moral aus dem Innewerden einer tiefen Identität von Mensch und Mensch (Sanskrit: *Tat twam asi*, »Dieses bist du«) hergeleitet (*Welt als Wille und Vorstellung*, Bd. 1, §§ 66 f.).

# *SENATUS POPULUSQUE* – CICEROS POLITISCHE REDNERKARRIERE

Erholt an Stimme, Körper und Geist kehrte Cicero im Jahr 77 v. Chr. aus Griechenland zurück. Nun folgen Jahre emsiger Anwaltstätigkeit, durch die er sich ein Netz persönlicher Beziehungen knüpft, seine Bekanntheit und sein Vermögen mehrt – durch Vermächtnisse dankbarer Klienten – und mit der er so die Grundlagen seiner politischen Karriere legt. Deren erste große Stufe, die Quaestur,* führt ihn 75 v. Chr. nach Sizilien, wo er zu den Bewohnern dieser wichtigen Provinz ein so herzliches Verhältnis herstellt, dass man ihm zum Abschied ungewöhnliche Ehren erweist.

## DER VERRESPROZESS: CICERO WIRD ERSTER REDNER ROMS

In Rom freilich hatte man, wie er bald verdrießlich feststellte, seine großartigen Verdienste um Sizilien kaum wahrgenommen. Sie kamen ihm erst später zugute, als er sich 70 v. Chr. das Recht auf die Anklage gegen den sizilischen Propraetor Gaius Verres erstritt. Worum ging es?

Verres, der drei Jahre Sizilien verwaltet hatte, galt als ein singuläres Muster der Korruption, da er sich, weit über das gewöhnliche Maß hinaus, in seiner Provinz bereichert und durch ein brutales Willkürregime unbeliebt gemacht hatte. Für solche Amtsvergehen hatten die Römer einen Gerichtshof *(quaestio)* eingerichtet. Er betraf Repetun-

---

* Der üblichen römischen Amtskarriere nach wird man zunächst Quaestor, dann Aedil oder Volkstribun, später Praetor und schließlich Consul. Alle Amtsinhaber werden vom Volk gewählt, alle Ämter sind mehrfach oder kollegial besetzt; für alle gibt es ein gesetzliches Mindestalter. Schon die Quaestur eröffnet den Eintritt in den Senat, in dem aber die Consulare (gewesene Consuln) das maßgebliche Wort haben.

den *(res repetundae)*, wörtlich: die Wiedererstattung von (erpressten) Geldern, denn ihrem Selbstverständnis nach waren die Römer ja Schutzherren der ihnen anvertrauten Provinzen.

Die Aussichten bei diesem Prozess waren gut, da das Jahr 70 v. Chr. einen politischen Klimawechsel gebracht hatte. Zwei volksfreundlich eingestellte Consuln, Crassus und der junge Pompeius, waren dabei, die durch Sulla etablierte Senats- und Nobilitätsherrschaft zu reformieren, unter anderem dadurch, dass sie die Gerichtshöfe paritätisch besetzen wollten, indem den Senatoren nur ein Drittel der Geschworenensitze verblieb. Das war die richtige Stimmung für den Prozess gegen einen so üblen Vertreter des *ancien régime* wie Verres.

Rasch war ein Ankläger zur Stelle, Quintus Caecilius, ein Mann, der als Quaestor unter Verres von diesem persönlich geschädigt worden war. So schien bei ihm die stets zu befürchtende Gefahr der *praevaricatio*, wörtlich: der »krummen Tour«, das heißt der betrügerischen Absprache der Verteidigung mit der Anklage ausgeschlossen. Und wenn heute trotzdem eine stattliche Zahl von Historikern wähnt, Caecilius sei nur ein vorgeschobener »Strohmann« des Verres gewesen, so geht das selbst über Ciceros ärgste Unterstellungen weit hinaus.[*]
Cicero jedenfalls machte Caecilius das Recht auf die Anklageführung streitig, indem er in einem für solche Fälle vorgesehenen Verfahren namens *divinatio* (eigentlich »Gottesurteil«)[**] siegreich nachwies, dass er selbst, obwohl unbetroffen, der weit geeignetere Ankläger sei, vor allem da Verres ihn am wenigsten als Ankläger wünschen könne.

Wer den Geist des römischen Strafprozesses kennenlernen will, der lese diese geistvolle Rede, die früher auch zum Schulpensum gehörte. Hier darf Cicero einmal seine eigene rhetorische Überlegenheit herausstreichen: Mit Genuss malt er seinem Kontrahenten aus,

---

[*] Es gehört zum langfristigen Triumph von Ciceros Überredungskunst, dass man ihm nicht nur glaubt, was er behauptet, sondern sogar noch mehr, als er unterstellt.

[**] Der eigenartige Name scheint darauf hinzudeuten, dass die Entscheidung in diesem Verfahren ursprünglich durch Los oder Ähnliches gefallen sein muss. Auch zu Ciceros Zeit hatte das Verfahren die Eigenart, dass es im Gegensatz zu regelrechten Prozessen ohne Beweisaufnahme (Zeugen und Dokumente) stattfand – so dass der Redner ungewöhnliche Möglichkeiten der Erfindung hat.

wie der leibhaftige Hortensius – denn der wollte die Verteidigung übernehmen – ihn vor Gericht so zerpflücken würde, dass Caecilius selbst Zweifel bekäme, ob er nicht einem Unschuldigen den Prozess gemacht habe. Man lese und lache mit Cicero!

So hatte Caecilius keine Chance. Cicero bekam den Zuschlag, und er bereitete seinen Prozess, der auch als Reklame für seine anstehende Wahl zum Aedilen gedacht war, mit beispielloser Gründlichkeit vor. In zwei arbeitsintensiven Monaten bereiste er Sizilien, um vor Ort die Beschwerden der Provinzialen gegen ihren Blutsauger einzusammeln und die Truppen der Zeugen zu mobilisieren, die er auf dem Forum aufmarschieren lassen wollte. Doch blieben auch die Freunde des Verres nicht untätig, indem sie mit allerlei Tricks versuchten, den Prozess bzw. dessen durch die Repetundenordnung vorgeschriebenen zweiten Teil in das taktisch günstigere folgende Jahr 69 v. Chr. hinüberzuspielen.

Cicero durchkreuzte die Machenschaften, indem er zur Prozesseröffnung am 5. August – juristisch nicht ganz durchsichtig – sein obligates Eingangsplädoyer auf ein Minimum verkürzte, dadurch auch Hortensius um die Möglichkeit einer ausführlichen Entgegnung brachte und sofort am zweiten Prozesstag die Kolonnen seiner Belastungszeugen vorführte – mit solchem Erfolg, dass sogar sein gerissener Kontrahent bald die Lust am Kreuzverhör verlor. Und Verres? Er meldete sich schon am dritten Tag krank, und noch bevor der Prozess nach der vorgeschriebenen Verhandlungspause *(comperendinatio)* in seinen zweiten Durchgang eintrat, hatte er Italien verlassen und war wie ein rechtmäßig Verurteilter ins Exil gegangen.[*]

Glück und Unglück zugleich für Cicero, der ja nun nicht mehr das geplante große Plädoyer vortragen konnte. Mehrere Tage hätten ihm dafür zur Verfügung gestanden – ein Monumentalauftritt, wie er sich

---

[*] Auf Kriminalverbrechen stand in Rom zum großen Teil die Todesstrafe, die aber *de facto* in der Regel nicht ausgeführt wurde. Man ließ den Verurteilten ins »Exil«, das heißt unter Ablegung der römischen Staatsbürgerschaft, ins außeritalische Ausland entkommen und machte ihm die Rückkehr durch nachträgliche Ächtung *(aqua et igni interdictio)* unmöglich. Im rechtlichen Sinn war er damit »tot«; man spricht von einer Kapitalstrafe.

ihm noch nie geboten hatte. Papier errötet nicht:[1] In einer gewaltigen Buchrede aus fünf großen Büchern* (der sogenannten *actio secunda in Verrem*) fingiert Cicero kühn, Verres sei in Rom geblieben, »der Unverschämte«, und habe sich dem Prozess gestellt – der nun nur noch literarisch so abläuft, wie ihn sich der Redner Cicero gewünscht hätte.

Gern gönnen wir seiner Eitelkeit diesen papierenen Triumph, gibt uns doch gerade die *actio secunda* dieser Verrinen einen wunderbaren Einblick in die römische Provinzverwaltung. Nicht nur die berühmten, in der Schule gelesenen Bücher über die Kunstkriminalität des Verres *(De signis)* oder seine grausamen Hinrichtungen *(De suppliciis)* bieten fesselnde Lektüre; auch die scheinbar trockeneren Darlegungen über die Rechtsprechung und vor allem die Getreideversorgung sind Meisterwerke rednerischer Didaktik. Wer hätte gedacht, dass Cicero die Manipulationen beim sizilischen Getreidepreis nicht nur so kundig wie ein Nationalökonom analysieren, sondern auch so verständlich wie ein Grundschullehrer den Geschworenen vermitteln könnte? Hätten doch unsere Zeitungen für ihren Wirtschaftsteil solche Talente! Rhetorisch ist die *actio secunda* dagegen weniger interessant. Der Leser spürt, dass Cicero nicht mehr kämpfen muss, der Prozess längst gewonnen ist.

Immerhin kann aber das Eingangsplädoyer, die *actio prima*, als bezeichnend für Ciceros politisch-rednerisches Geschick gelten. Hier stand er vor der Schwierigkeit, vor einem Gerichtshof sprechen zu müssen, der noch immer nur aus Senatoren bestand: Mussten sie die Anklage gegen Verres nicht als weitere Attacke auf ihren in diesem Jahr so gefährdeten Stand empfinden? Cicero agitiert hier gleichsam als popularer Wolf im optimatischen** Schafspelz: Jetzt sei die letzte Chance, durch ein kraftvolles, die scheinbaren Standesinteressen überschreitendes Urteil, eine Verurteilung des schon von allen verdammten Verres, den guten Ruf der Senatsgerichte wiederherzustellen und so ihren Fortbestand zu retten. Denn er führe das Amt des Anklägers »nicht, um

---

\* Es ist nicht richtig, wenn man wie häufig von fünf Reden spricht. Die fünf Buchrollen, in denen Cicero diese *actio secunda* veröffentlichte, geben ideell nur eine Rede wieder, die man sich aber wohl als an fünf sukzessiven Tagen gehalten vorzustellen hat.
\*\* Vgl. zu diesen Begriffen Anm. zu S. 293; 322.

die Empörung gegen unseren Stand zu schüren, sondern um Hilfe gegen den bösen Ruf, der uns gemeinsam trifft, zu bringen«.[2]

Sosehr er aber mit solchen Worten den senatorischen Richtern schmeichelt, so wenig schont er seinen gegnerischen Advokaten Hortensius, den er geradezu als Exponenten einer bösen Vergangenheit hinstellt:[3]

> Immer habe ich es mit dir zu tun, Hortensius. [...]
> Denn das hätte mir meiner Mühe und Anstrengung durchaus nicht
> > wert geschienen,
> > nur diesen Menschen vor Gericht zu bringen, den aller Urteil
> > > bereits verdammt hat,
> > > wenn du nicht deine unerträgliche Macht und die egoistische
> > > > Rücksichtslosigkeit *(cupiditas),*[*]
> > die du nun schon jahrelang in Prozessen zeigst,
> > auch in der Sache dieses hoffnungslosen Menschen zur Geltung
> > > brächtest.

Eine Kampfansage wie an Verres und seinesgleichen so auch an Roms bis dato größten Redner: Wo dieser gegenüber deren Verbrechertum moralisch versagt hat, will nun Cicero seinen Platz einnehmen. Es geht hier also nicht nur um rednerische Überlegenheit. Hier meldet sich zu Wort ein platonischer Philosophenkönig im Sinne von *De inventione* (S. 298): Hortensius gehört zu den Rednern, die ihre Kunst, *eloquentia*, wie jene ominösen Winkeladvokaten verabsolutiert haben, die, weil sie nun einmal dieses Metier beherrschen, bereit sind, auch ein Scheusal wie Verres zu unterstützen: Cicero aber will einer sein, der bei allem rednerischen Können das Wohl des römischen Volkes im Auge hat. Für den Fall eines Freispruchs droht er schon mit neuen Anklagen.

---

[*] Damit meint Cicero offenbar, dass Hortensius ohne Rücksicht auf das Staatswohl, nur seiner rednerischen Eitelkeit zuliebe, Prozesse übernehme.

## CICEROS JUNGFERNREDE VOR DEM VOLK:
## EIN LIEBLING DER SCHULMEISTER

Die Selbstverurteilung des Verres enthob Cicero solcher Verpflichtungen. Seinem Wunsch gemäß konnte er von nun an nur noch als Prozessverteidiger tätig sein. Wir betrachten aber zunächst seine politische Laufbahn.

Nach der Aedilität (69 v. Chr.) war die Praetur fällig, die Cicero im Jahr 66 v. Chr. wie alle Ämter *suo anno* (im frühestmöglichen Lebensjahr) erreichte. In diesem Jahr hielt er seine erste Volksrede, genauer gesagt: seine erste Rede vor der *contio*, der Volksversammlung (denn alle politischen Reden fanden im Senat oder vor dem Volk[*] statt). Für diesen großen Moment hatte er sich ein sozusagen todsicheres Thema vorgenommen: die durch Gesetz, das heißt Volksbeschluss fällige Wahl des Pompeius[**] zum neuen Feldherrn[***] gegen König Mithridates vom Pontos, der wie seit langem niemand Rom gedemütigt hatte und bedrohte. Nachdem kein Feldherr mit diesem gefährlichen Feind fertig geworden war, ruhten nun alle Hoffnungen auf dem Volksliebling Pompeius, dem seine Genialität schon im Alter von 27 Jahren einen Triumph verschafft hatte. Nur ein paar konservative Hardliner im Senat, wie Quintus Lutatius Catulus und Hortensius, widersetzten sich noch mit dem legalistischen Argument, wonach jegliche Übertragung außerordentlicher Kommandos *(imperia extraordinaria)* an Männer, die kein regelrechtes Amt innehatten, zu verwerfen sei: ein für die meisten wohl obsoleter Standpunkt.

Hier hatte Cicero einmal das Vergnügen, nicht kämpfen zu müssen; er durfte, wie man sagte, den Herakles in Sparta loben bzw. Eulen

---

[*] *In senatu,* weil der Redner Teil des Senats ist, aber *ad populum,* weil er dem Volk auf der Rednerbühne gegenübertritt.

[**] Nur ihn, nicht einmal Caesar, haben die Römer mit dem Beinamen Alexanders »des Großen« bedacht: *Pompeius Magnus.* Seine einzige, aber entscheidende Niederlage bei Pharsalos (48 v. Chr.) verdunkelte seinen heutigen Ruhm. So ging es später dem erfolgreichsten Militär des Dreißigjährigen Krieges, Graf Tilly, durch die eine, fatale Niederlage in der Schlacht von Breitenfeld (1631).

[***] Überliefert sind als Titel für die Rede 1. *De imperio Cn. Pompei,* 2. *De lege Manilia* (wahrscheinlich korrekt), nach dem Antragsteller Manilius.

nach Athen tragen. So entfaltet er vom ersten Satz an einen Sprachzauber, wie er selbst bei ihm noch nie zu hören war.[4]

> *Quamquam mihi semper frequens conspectus vester multo iucund<u>issimus</u>,*
>     *hic autem locus <u>ad</u> <u>agend(um)</u> ampl<u>issimus</u>,*
>     *<u>ad</u> d<u>icend(um)</u> ornat<u>issimus</u> est visus, Quirites,*
>     *tamen hoc aditu laudis qui semper optimo cuique maxime patuit*
>     *non mea me voluntas adhuc*
>     *sed vit<u>ae</u> me<u>ae</u> rationes ab ineunt(e) <u>ae</u>tate susceptae prohibuerunt.*
> *Nam c(um) antea nond(um) huius auctoritatem loc(i) attinger(e) auderem*
>     *statueremque nihil huc nisi perfect(um) <u>in</u>genio*
>     *elabor<u>at(um)</u> <u>in</u>dustri(a) adferr(i) oportere,*
>     *omne meum <u>temp</u>us amicorum <u>temp</u>oribus transmittendum putavi.*

Obwohl mir immer euer zahlreicher Anblick bei weitem der lieblichste,
    dieser Ort aber zum Agieren der mächtigste,
    zum Reden der prächtigste geschienen hat, Bürger von Rom,
    so hat mich doch von diesem Weg zum Ruhm, der immer den
                             Besten am meisten offen stand,
    bisher nicht etwa mein Wille ferngehalten,
    sondern meine Lebensgrundsätze, die ich mir von Jugend an zu
                             eigen gemacht habe.
Denn da ich es zuvor nicht wagte, einen Ort solchen Anspruchs zu
                             berühren,
    und da ich mir vornahm, ich dürfe nichts hierher bringen,
    was nicht dem Geist nach vollkommen, dem Fleiß nach vollendet
                             wäre,
    glaubte ich all meine Zeit der Notzeit meiner Freunde widmen zu
                             sollen.[*]

Nun aber, so fährt er fort, nachdem ihn die Römer mit glänzendem Wahlergebnis zum Praetor gemacht und dadurch auch als Redner anerkannt hätten, könne er es wagen, von diesem Ort, von den Rostra

---

[*] Gemeint ist die Tätigkeit als *patronus* vor Gericht.

auf dem Forum aus zu ihnen zu sprechen – und worüber lieber als über Pompeius!

Das sind wahrlich keine tiefen Gedanken, aber wie wunderschön sind sie ausgedrückt. Wir notieren zwei Perioden, die jeweils zuerst steigen, dann fallen,* wobei in der ersten ein Verhältnis der Kola von 3 : 3, in der zweiten von 3 : 1 vorliegt. Die ersten drei Kola der ersten Periode sind durch Homoioteleuta und andere Klangwiederholungen miteinander verknüpft, im sechsten, abschließenden Kolon badet das Ohr im wiederholten *ae* – das man gut römisch als *ai*, nicht als *ä* auszusprechen hat! Um den Rhythmus mit seinen Kretikern _ ◡ _ und Doppeltrochäen _ ◡ _ ◡ zu genießen, muss man auch die (oben durch Klammern markierten) Verschleifungen beachten. Überall herrscht Spannung: durch die fast durchgängige, echt lateinische Endstellung der Verben und durch kleine, wohllautende Sperrungen (Hyperbata) wie in Z. 5 *mea me voluntas*. Raffiniert ist das Spiel mit der Doppelbedeutung in der Figur der *traductio*, griech. *plokē* (Z. 10): *tempus*, »Zeit«, heißt im Plural *tempora* auch so viel wie »Notlage, Bedrängnis«. Und an einer Stelle, der gorgianisch abgezirkeltsten, macht sich die Formulierungskunst selbst zu ihrem Gegenstand (Z. 8/9): *perfectum ingenio, elaboratum industria*.

Ja machte sich denn ein Praetor nicht lächerlich, wenn er mit einem solchen Kunstprodukt à la Gorgias oder besser Isokrates (S. 142) – »dem Geist nach vollkommen, dem Fleiß nach vollendet« – vor sein Volk trat? Aus Ciceros eigenen Worten lernen wir, dass das offenbar nicht der Fall war. Nur Kunstkenner haben gelegentlich an Überladenheiten seines Stils Anstoß genommen (S. 372), beim Volk kam er an, und in diesem Fall erwartete man von seiner politischen Jungfernrede offenbar ein auch stilistisches Glanzstück.

Wie der Stil, so war auch die Disposition dieser Rede gefällig und sinnfällig. Nie wieder hat Cicero eine Rede so deutlich gegliedert wie diese, indem er zuerst (1) die Art des Kriegs, dann (2) seine Größe,

---

* Unter steigender Periode versteht man in der heutigen (nicht der antiken) Stilistik ein Satzgebilde, in dem der Nebensatz oder die Nebensätze dem Hauptsatz vorangehen; bei der fallenden Periode ist es umgekehrt. Vgl. S. 80

schließlich (3) die Frage nach dem zu wählenden Feldherrn behandelt. Der erste Teil ist wiederum klar in vier Unterteile gegliedert,* von denen je zwei, auch wenn diese Stichworte nicht fallen, die sozusagen klassischen Topoi des *genus deliberativum* (S. 178) betreffen: das *honestum* (Ehrenhafte**), also hier (1a) den Ruhm und (1b) das Image Roms als Beschützer seiner Bundesgenossen, sowie das *utile* (Nützliche), hier (1c) Roms Steuereinnahmen und (1d) das Vermögen seiner im Ausland lebenden Bürger.*** Nicht minder schön untergliedert Cicero den dritten Teil nach den seither berühmten vier Feldherrntugenden – die er im Hinblick auf Pompeius wohl überhaupt erst erfunden hat: Kriegskunst *(belli scientia)*, Tugend (*virtus*, wozu nicht nur Tapferkeit gehört), Ansehen *(auctoritas)* und nicht zuletzt Glück *(felicitas)!*\*\*\*\* Cicero stellt dieses fast Wichtigste ans Ende, weil hier die Götter ins Spiel kommen. Für sein Glück kann sich niemand verbürgen, aber mit Pompeius scheint es so verbunden, dass selbst Wind und Wetter ihm zu gehorchen scheinen – kein Wort zu viel, das die Himmlischen verstimmen könnte ...

Seit der Renaissance ist die feinstilisierte, wohldisponierte Rede *De imperio Cn. Pompei* bei allen Pädagogen und Philologen immer die beliebteste geblieben – zumal man ja auch schöne Parallelen etwa zu Alexander, Friedrich dem Großen oder Kaiser Wilhelm herstellen konnte. Zu keiner anderen Rede gibt es so viele Kommentare, und da man aus ihr ja auch viel über römische Außenpolitik lernen kann, ist nichts dagegen zu sagen. Nur wer wähnt, hier Ciceros rednerische

---

\* Quintilian, *Institutio oratoria* 4,5,4 rät, *partitiones* gelegentlich wegzulassen, um den Schein der Spontaneität zu erwecken; vgl. 4,5,24 f.

\*\* Wenn man *honestus* mit »sittlich« übersetzt, geht viel verloren: zumal im außerphilosophischen Sprachgebrauch etwas verloren: »Sittlich« in unserem Sinn kann man auch im Verborgenen handeln; als *honestum* bezeichnet man aber vor allem das, was »Ehre« (*honor*) einbringt, was sichtbar »schön« ist.

\*\*\* *Honestum* und *utile* als Hauptkategorien des *genus deliberativum: De inventione*, 2,155–176 u. ö. Vgl. S. 363.

\*\*\*\* Auch wir betrachten Glück fast als Eigenschaft, wenn wir jemanden als Glückspilz bezeichnen. Im Sinne Ciceros soll (der mit Cicero wohlvertraute) Friedrich der Große, wenn ihm ein Militär empfohlen wurde, angeblich gefragt haben: »Hat er auch Fortune?«

Größe fassen zu können, der irrt: Große Rede ist »Meisterin der Überredung« (S. 20), davon aber kann man hier, wo Cicero auf längst erobertem Terrain operiert, nicht sprechen. Eigentlich ist es gerade das rhetorisch Mangelhafte, das dieser Rede ihren Ruhm verschafft hat. Der große Redenspezialist Quintilian hat sie fast unbeachtet gelassen.

## DER WEG ZUM CONSULAT

Schon mit der Praetur begann Ciceros Kampf um das offiziell höchste Ziel jeder römischen Karriere, den Consulat. Die Römer sind die eigentlichen Erfinder des Wahlkampfs (*petitio* oder *ambitio*), der gerade in Athen, der »Wiege der Demokratie«, keine Rolle spielte. Er beherrschte ihr öffentliches Leben nicht nur in gelegentlichen Hochzeiten wie unserem »Superwahljahr 2009«, in dem ich dies niederschreibe, sondern war bei ihnen pausenlos präsent: Jedes Jahr mussten (zur Zeit Ciceros) über 30 führende Beamte, vom Quaestor bis zum Consul, gewählt werden. Und diese Wahl war keine Formsache. Zwar sorgten die vornehmen Familien dafür, dass die wichtigsten Ämter in ihren Reihen blieben – Cicero bildete eine Ausnahme –, aber wer von deren Vertretern es tatsächlich bis zum Consulat schaffte, darüber hatte das souveräne römische Volk zu entscheiden: wohl ein Grund für Roms Welterfolg. Für die konkurrierenden Politiker hieß das: Die Leistungen in jedem Amt, Quaestur, Aedilität usw., mussten der Öffentlichkeit bewusst gemacht werden, damit es als Sprungbrett für das nächste dienen konnte. Dann, noch vor dem jeweiligen Wahljahr, begann der gezielte Kampf um die Wählerstimmen.

Für kein Jahr der römischen Geschichte kennen wir diese Vorgänge besser als für 64 v. Chr., als sich Cicero um das Consulat für 63 v. Chr. bewarb. Sein eigener Bruder, der etwas jüngere Quintus, schrieb ihm damals, als erster uns bekannter *spin doctor* der Geschichte, ein Handbuch für den Wahlkampf, das *Commentariolum petitionis*. Quintus teilt seine Überlegungen in drei Punkte ein, die der Bruder zu bedenken habe: Wer bin ich? Was will ich? Wo bin ich? 1. Cicero ist ohne Adel, *homo novus*: Das kann er ausgleichen durch seinen Rednerruhm, seine Sympathisanten, die Minderwertigkeit seiner Gegner. 2. Cicero will den Consulat erreichen, was allen Neid auf sich zieht. Dieser lässt sich unschädlich machen, indem Cicero (a) Freunde bzw. Unterstützer gewinnt, (b) die Sympathie des Volks erobert. 3. Cicero kämpft in Rom, dem Schmelztiegel aller Völker – und Bosheiten. Diese Niedertracht wird er durch die Macht der Rede, indem ja seine Feinde gerichtliche Verfolgung fürchten müssen, in Schranken halten können.

Vor allem im großen zweiten Abschnitt gibt Quintus eine anschauliche Analyse der Methode, mit der ein Wahlkampf in Rom und Italien zu organisieren ist. Ein feinmaschiges Netz hierarchisch geordneter Wahlhelfer überzieht den ganzen Bereich der potentiellen Wähler; jeder erhält seine klare Aufgabe im Bereich der Stimmungsmache, nichts bleibt dem Zufall überlassen. Der Kandidat selbst aber muss dabei als etwas vager Hoffnungsträger und Vertreter des Guten\* auftreten und sich – wie modern! – vor allem davor hüten, ein inhaltliches Programm aufzustellen; vielmehr soll Senatoren, Rittern und dem Volk jeweils der Eindruck vermittelt werden, dass Cicero der Anwalt gerade ihrer Interessen sei: »Im Wahlkampf darf man keine Politik machen.«[5]

Es ist klar, dass ein solches Insiderhandbuch nicht für die Öffentlichkeit bestimmt gewesen sein kann. Dennoch ist es verkehrt, wenn der neueste althistorische Kommentator (Günter Laser) die Pointe der Broschüre darin sieht, dass hier Cicero zu allen, auch den schmutzigsten Mitteln im Dienste des Machterwerbs ermuntert werde. Im Einklang mit den durchweg legalen Ratschlägen des Quintus blieb Ciceros Wahlkampf sauber. Nicht so der seiner Konkurrenten, Catilina und Antonius, die sich verbündet hatten, indem sie sich Wählerstimmen zuschanzten und dabei – hier begann die Illegalität – Bestechungsgelder einsetzten (angeblich unterstützt vom reichen Marcus Licinius Crassus und Gaius Iulius Caesar).

---

\* So verstehe ich *Commentariolum petitionis*, 53: ... *ut spes rei publicae bona de te sit et honesta opinio*. Man könnte vom »Obama-Effekt« sprechen.

## DER *CONSUL POPULARIS*:
## ETWAS NEUES IN ROM

Ciceros Wahlsieg war wiederum triumphal: Schon vor der Stimmabgabe gefeiert, erhielt er die Stimmenmehrheit in sämtlichen Centurien (Stimmabteilungen). Nun galt es, sich als Consul zu bewähren. Schon am 1. Januar 63 v. Chr. bot sich im Senat die Gelegenheit. Ein Volkstribun hatte den Vorschlag für ein Ackergesetz *(lex agraria)* promulgiert, das heißt durch öffentlichen Anschlag publik gemacht: Dadurch sollte das unvermögende Stadtvolk *(plebs urbana)* zu Grund und Boden kommen. Ein gutes und populäres Ziel – woher aber das Land nehmen? Aus Käufen zu Lasten der Staatskasse, so war es geplant, durchgeführt von einer Kommission aus zehn Männern mit großen, fast diktatorischen Vollmachten. Hier setzen nun Ciceros zumindest vorgebliche Bedenken ein: Sprengte ein solches Regiment nicht die Verfassung? Und welche dunklen Hintermänner steckten wohl hinter diesem Plan? Die historische Forschung hat diese Fragen bis zur Stunde nicht klären können.

Sicher ist, dass ein solches Ackergesetz seit der Zeit der Gracchen (S. 278) bei der mit den Großgrundbesitzern identischen Nobilität unbeliebt war. Und so war es für Cicero nicht schwer, sich im Senat in einer ersten Rede *De lege agraria* als neuer Consul beliebt zu machen. Das Problem lag beim Volk, das ja letztlich über das Gesetz zu entscheiden hatte. Wieder hält Cicero eine ähnlich fein disponierte Rede wie *De imperio Cn. Pompei*. Aber doch liegen Welten zwischen beiden Reden: Während dort die Gliederung durch ständige *partitiones* (Unterteilungen) und *enumerationes* (Rekapitulationen) ostentativ vor Augen gestellt wurde, wird hier die Disposition vor dem Hörer geradezu verborgen; dieser hat den Eindruck, als würde er unbefangen zusammen mit Cicero das Gesetz durchgehen und Punkt um Punkt bedenken. Alles wirkt improvisiert, nichts vorbereitet.

Wunderbar ist zu Beginn die *captatio benevolentiae*: Cicero, so sagt er, könne keiner von denen sein, die zu Beginn ihres Consulats den fälligen Dank an das Volk mit dem Lob ihrer Vorfahren verknüpfen, in der Hoffnung, dass davon auf sie selbst etwas abfärbe (Heiterkeit!).

Ihn hätten sie ja als *homo novus* aus ihrer eigenen Mitte gewählt. Darum wolle er auch ein *popularis consul* (popularer Consul) sein.[6] Hier ruft noch der heutige Leser: Hört, hört! Ist Cicero nicht gerade in dieser Rede ein höchst optimatischer Vertreter der um ihre Besitzstände und die Staatskasse fürchtenden Nobilität? Er aber kommt dem Einwand zuvor, indem er den rechten Wortsinn erläutert: *populares* sind diejenigen, die die wirklichen Interessen des Volks vertreten, sein Bedürfnis nach Frieden, Freiheit und Eintracht im Auge haben – zum ersten Mal prägt Cicero andeutungsweise die Zauberformel *otium cum dignitate*\* –, nicht aber jene, die Radau machen, Gerichtsverhandlungen sprengen oder etwa dem Volk Grund und Boden versprechen und dabei ganz anderes im Schilde führen ...[7] Womit man denn beim Thema wäre.

Seit Plinius mit Bewunderung davon sprach, wie Cicero hier dem Volk »die eigenen Nahrungsmittel ausgeredet« habe,[8] und seit Quintilian gerade in Bezug auf diese Rede seine »göttliche Beredsamkeit« *(divina eloquentia)*[9] rühmte, steht ihr Rang unter Kennern fest. Berühmt ist sie trotzdem nie geworden, denn vor allem die Schulmänner haben sie verschmäht. So spröde schien ihr Stoff – und so ungerecht ist die Welt.

*Popularis consul* bleibt das paradoxe Stichwort auch für die folgenden Reden. Ein gewisser Otho hatte ein unpopuläres Gesetz durchgebracht, wonach die römischen Ritter hinter den Senatoren die ersten 14 Sperrsitzreihen im Theater für sich beanspruchen durften. Als er sich dann selbst einmal ins Theater wagte, entstand im empörten Publikum solcher Tumult, dass Cicero das Volk in einer rasch improvisierten Versammlung beruhigen musste. Dabei überzeugte er sie so gründlich von der Bedeutung des Ritterstands und vom Sinn solcher

---

\* Hauptstelle: *Pro Sestio*, 98 (Deutung umstritten). Dabei ist *otium* die von jedem Bürger ersehnte »Ruhe«, *dignitas* die den Besten (durch Ehrenämter), aber auch dem römischen Volk (durch sein Imperium) zustehende »Würde«. In den zwei Begriffen spiegeln sich (so Jürgen Leonhardt mündlich) die Leitworte *utile* und *honestum* (vgl. S. 363). Unsere Verwendung der Formel im Sinne von »ehrenvoller Ruhestand« bei der Verabschiedung würdiger Honoratioren (vgl. Georg Büchmann, *Geflügelte Worte*, Berlin [31]1967, 504) ist nicht völlig im Sinne Ciceros.

sichtbaren Stufungen der Würde, dass der eben noch böse Otho bald darauf mit Chören gefeiert wurde. Leider ist uns gerade diese vielgelesene Rede, die Plutarch als Muster für Ciceros »Zauber des Wortes« hervorhob,[10] verloren. Cicero hat sie nach den beiden Reden *De lege agraria* als dritte in seine Sammlung der im Jahr 60 v. Chr. herausgegebenen zwölf *Orationes consulares* (Consularische Reden) aufgenommen: Somit hatte er dort in den ersten drei Reden zunächst den Senat, dann das Volk, dann die Ritter für sich eingenommen.

Nummer vier, die erhaltene Rede *Pro Rabirio perduellionis reo* (wegen Hochverrats), betraf einen eigenartigen, vor dem Volk und nicht vor Geschworenen geführten Mordprozess mit brisanten politischen Implikationen (darum *oratio consularis*). Der mittlerweile greise Rabirius hatte angeblich im Jahr 100 v. Chr. einen aufständischen popularen Volkstribun getötet. Nach Ciceros Verteidigung wäre dies gedeckt gewesen durch den damals vom Consul ausgerufenen Staatsnotstand: eine verfassungsrechtlich heikle Sache. Hier präsentiert sich nun Cicero als strenger, seine legalen Mittel voll ausschöpfender Consul – der dennoch das Volk zu überzeugen weiß. Sollte, wie die Historiker heute glauben, Caesar hinter dem Prozess gesteckt haben, hätte der sich verkalkuliert.

In dieselbe Richtung ging die fünfte (verlorene) Rede, in der sich Cicero um des Friedens willen für die Erhaltung eines besonders empörenden Gesetzes von Sulla einsetzte: Die Söhne der Proskribierten sollten weiterhin von der Ämterbewerbung ausgeschlossen bleiben. In der sechsten (ebenfalls verlorenen) Rede demonstrierte er seine Uneigennützigkeit, indem er auf die ihm nach seinem Amtsjahr zustehende Provinz verzichtete. Mit dieser wohl persönlichsten Rede schloss die erste Hälfte des Zyklus ab. Die darauf folgenden vier Reden reißen uns in die dramatischen Vorgänge der zweiten Hälfte von Ciceros Amtsjahr: den Putsch des Catilina.

## QUO USQUE TANDEM?

Dank Ciceros Reden und der Schrift des Sallust ist die *Coniuratio Catilinae* (Catilinarische Verschwörung) zum bekanntesten Kriminalstück der römischen Geschichte geworden. Kein Lateinlehrer, der sie nicht traktieren würde, kaum ein Schüler, dem sie nicht fast zu den Ohren herauswüchse.

*Quo usque tandem?* Wie lange noch? Der Anfang von Ciceros erster Catilinarie hat einen bedenklichen Nebensinn bekommen. In einer *Catilina*-Oper (1792) von Antonio Salieri[*] erlebt der Zuschauer, wie Cicero seine berühmte Rede zu Hause quasi vor dem Spiegel einstudiert, nicht ohne immer wieder in Entzücken über die eigene Kunstleistung auszubrechen (»O wie schön!«). Als er dann aber mit der Rede hinaustritt aufs Forum, versagt er kläglich und muss abbrechen. Welche Freude für alle Schüler, die Cicero zum leidigen Vorbild für ihre lateinischen Aufsätze nehmen mussten! Aber die Wirklichkeit war anders. Gerade diese Rede war eine höchst erfolgreiche Improvisation – die ihren Ruhm zu Recht erhielt. Stellen wir uns die Situation vor.

Im Sommer 63 v. Chr. war Catilina zum zweiten Mal bei der Consulwahl durchgefallen. Um an die Macht zu kommen, blieb nur noch Gewalt, erleichtert dadurch, dass Pompeius im fernen Osten war. In Absprache mit einem anderen Desperado namens Manlius, der in Etrurien ein Freiwilligenheer mobilisierte, plante Catilina mit seinen Verschworenen, in Rom durch Attentate und Brandanschläge missliebige Personen auszuschalten, Angst und Verwirrung zu stiften. Cicero, durch ein privat organisiertes Spitzelsystem über die terroristischen Pläne informiert, hatte dennoch keine klaren Beweise für die unterstellte Absicht des Hochverrats in der Hand, so dass die Stimmung im Senat gespalten war.

Am 8. November aber glaubte der Consul über neue, sensationelle Evidenz zu verfügen. Er berichtete dem Senat[11] von einem nächtlichen Verschwörertreffen im Haus eines gewissen Laeca, wo

---

[*] Mir bekannt aus der detaillierten Kritik der Uraufführung (!), Darmstadt 1994, durch Eleonore Büning, *Die Zeit*, 22. April 1994.

man sich über das weitere Vorgehen verständigt habe: Unter anderem solle Cicero, der Consul, von zwei Mitverschworenen in Rom umgebracht werden; dann würde Catilina zum Heer in Etrurien aufbrechen. Ihm selbst, Cicero, so referierte er weiter, sei es soeben gelungen, seinen Mördern zu entkommen; Catilina aber werde wohl trotzdem auf dem Weg nach Etrurien zu Manlius sein (und sich damit dekuvrieren).

Doch dem war nicht so. Denn es trat auf im Senat, verspätet, aber dennoch, der leibhaftige Catilina, in der weißen Weste der Unschuld, um sich wieder einmal gegen die Verleumdungen des, wie er jetzt wohl sagen würde, »phantasievollen Consuls« zur Wehr zu setzen. Sein Auftritt als solcher war wirkungsvoller als alle Argumentation: Lag es nicht auf der Hand, dass Catilina, der sich nach Standespflicht in den Senat begeben hatte, in der Tat unschuldig war?

Cicero sieht sich unerwartet in die Defensive gedrängt. Was tun? Blitzschnell erfasst er, dass der Angriff hier die beste Verteidigung ist: Wenn wirklich Catilina der Mann ist, der ihn soeben ermorden lassen wollte, der drauf und dran ist, mit einem Heer Rom zu bekriegen, dann kann sein Erscheinen im Senat nur die unverschämteste, wahnwitzigste Frechheit sein, dann gibt es für den Consul nur die eine Reaktion der fassungslosen Empörung – einer Empörung, die bekanntlich eine Sternstunde der lateinischen Literaturgeschichte auslöste; denn nun rief ja Cicero sein berühmtes, schon im Altertum sprichwörtliches *Quo usque tandem!*[12]

> *Qu(o) usque tand(em) abutere, Catilina, patientia nostra?*
> *Quam di(u) etiam furor iste tuus nos eludet?*
> *Qu(em) ad finem ses(e) effrenata iactabit audacia?*
>
> Wie lange noch, Catilina, willst du unsere Geduld missbrauchen?
> Wie lange willst du uns noch in deinem Aberwitz verhöhnen?
> Wie weit willst du es noch treiben mit deiner hemmungslosen
> Verwegenheit?

Als Cicero die Wirkung seiner Worte spürt, setzt er nach, wird kühner: Längst hätte er, heißt es jetzt, Catilina sogar hinrichten lassen können – natürlich ist das unwahr, aber muss Catilina nicht fürchten, dass dem Consul sozusagen die Hand ausrutscht? Eben diese Angst will Cicero in Catilina schüren, denn zunehmend wird ihm klar, dass es nun seine Absicht sein muss, ihn wirklich aus der Stadt zu treiben, ihn vom geheimen zum offenen Feind Roms zu machen.

Und Catilina lässt sich in der Tat einschüchtern. Als ihm der Consul die Ereignisse der vergangenen Nacht auf den Kopf zusagt: »Ich sage, dass du im Haus des Laeca warst ...« – »Wagst du es zu leugnen? Warum schweigst du?«[13] – da hätte Catilina zwar die Möglichkeit zu widersprechen, er wird jedoch von der Redegewalt und Erregtheit Ciceros so überfahren, dass es ihm die Sprache verschlägt.[14] Er verhält sich fast schon wie ein überführter Verbrecher, und so wagt es Cicero, der den Senat wieder hinter sich fühlt, etwas zu tun, was unserer Kenntnis nach vor ihm noch kein Consul getan hat: Er fordert Catilina auf, die Stadt zu verlassen:[15]

> Mach dich auf den begonnenen Weg, verlasse die Stadt!
> Die Tore stehen offen: Geh fort!
> Schon allzu lang wartet das Heerlager des Manlius auf dich als seinen
> Befehlshaber. [...]
> Länger darfst du unter uns nicht bleiben.
> Ich leide es nicht, ich dulde es nicht, ich lasse es nicht zu. [...]
> Der Consul befiehlt dem Feind, die Stadt zu verlassen.

Vergeblich versuchte Catilina, um noch einmal Unwillen zu schüren, dies so hinzudrehen, als wolle Cicero ihn damit ins Exil schicken (ihm also die römische Bürgerschaft, *civitas*, aberkennen).[16] Wiederum konterte der Consul geschickt: »Befehlen will ich das Exil dir nicht« (das wäre ja auch empörend), »wohl aber«, sagt er mit Ironie, »rate ich es dir«. In der Tat: kein schlechter Rat. Wäre Catilina ihm gefolgt, hätte er überleben können; so aber blieben ihm gerade noch drei Monate, bis ihn sein Schicksal ereilte. Denn Ciceros berühmte Rede, deren Fortgang wir jetzt nicht weiter verfolgen, hatte letztlich den gewünschten Erfolg: Catilina, der seine Unschuld hatte demonstrieren wollen, verließ die Stadt und entlarvte sich als Hochverräter. So galt diese Rede zu Recht als Meisterwerk mutiger und kühner Rhetorik. Und wenn es heute Historiker gibt, die meinen, erst Cicero habe damals Catilina quasi in die Illegalität getrieben, so wären sie mit dieser Ansicht sogar von Ciceros damaligen Feinden verlacht worden.

## DIE NONEN DES DEZEMBER

Einen Monat später, am 5. Dezember 63 v. Chr., fand die berühmteste Senatssitzung aller Zeiten statt. Inzwischen waren die in Rom verbliebenen Anhänger Catilinas des Landesverrats durch Konspiration mit Galliern überführt worden (dokumentiert in der dritten Catilinarie*): Da sie nach ihrem Geständnis inhaftiert worden waren und Gefahr bestand, sie könnten gewaltsam befreit werden, dachte niemand mehr an eine Gerichtsverhandlung; vielmehr ging es nun um eine rasche Bestrafung. Der Senat, an sich ja ein beratendes Gremium, wurde hier geradezu selbst zum Gerichtshof, freilich unter Wahrung der Gepflogenheiten, wonach die Senatoren nach Ordnung einzeln nach ihrer Ansicht zu befragen waren.

Der erste, Decimus Iulius Silanus, designierter Consul, stimmte, wenn auch etwas verklausuliert, für die Todesstrafe (die in Rom sonst seit langem unüblich geworden war); ihm schlossen sich die Nachfolgenden an, bis die Reihe an Iulius Caesar, den designierten Praetor, kam. Auch dieser wagte zwar nicht, die Catilinarier als schuldlos hinzustellen oder die Todesstrafe als illegal zu bezeichnen (diese Ansicht legen ihm erst moderne Althistoriker in den Mund),** aber er warnte den Senat vor dem zu erwartenden Unmut des römischen Volks. Sein

---

\* Von den mit *In Catilinam I–IV* überschriebenen Reden passt dieser Titel nur auf die erste. Für die zweite bis vierte hat Cicero ihn sicherlich nicht verwendet.
\*\* Aus *In Catilinam IV* 10 (»Caesar sieht ein, dass sich die *lex Sempronia* auf römische Bürger bezieht«, sc. und nicht auf Staatsfeinde) geht zwingend hervor, dass sich Caesar auf dieses Gesetz, das die Hinrichtung von Bürgern ohne Ermächtigung durch das Volk verbot, nicht berufen hat.

Vorschlag: Man solle die Verbrecher in verschiedenen Städten Italiens lebenslänglich einkerkern. Das Odium einer Hinrichtung möge der Consul lieber nicht auf den Senat ziehen.[17]

Caesars Rede machte Eindruck, die Stimmung kippte, sogar Silanus schien sein früheres Votum uminterpretieren zu wollen; so fühlte sich Cicero, der als Consul die Debatte eigentlich nur zu leiten hatte, zu einer eigenen, vorsichtigen Stellungnahme aufgerufen. Ohne förmlich für die Todesstrafe zu plädieren und ohne Caesar, den Volksliebling, irgendwie anzugreifen, suggerierte er den Senatoren vor allem, dass ein etwaiger Unmut des Volks in Zukunft nur ihn selbst, den Consul, nicht aber etwa den ganzen Senat treffen werde: Er seinerseits sei aber bereit, dies auf sich zu nehmen. Man solle also nicht an ihn, sondern an das bedrohte Staatswohl denken.[18]

Das war eine höchst diplomatische Rede, in der Cicero äußerlich beide vorgeschlagenen Strafen als gleichermaßen schrecklich und durchführbar bezeichnete und dabei doch insgeheim auf die Todesstrafe drängte (nach der antiken Redetheorie: eine »figurierte Rede« [S. 33][19]). Es lag in der Natur dieser (vierten) Catilinarie, dass sie nicht wie die erste sofortigen Erfolg hatte, vielmehr nur die Vorbereitung schuf für eine andere, entscheidende Rede.

An den Nonen des Dezember wurde zum Star der Debatte ein jüngerer Politiker, der Hinterbänkler Marcus Porcius Cato, ein bekennender Urenkel des alten Cato Censorius (S. 274). In feuriger Rede (die leider nicht erhalten ist) bot er Caesar Paroli, indem er ihn geradezu der Komplizenschaft mit den Verbrechern bezichtigte. Den Senat aber rief er dazu auf, sich auf die alte Strenge der Vorfahren zu besinnen und die Catilinarier mit dem Tode zu bestrafen. Der Senat ließ sich hinreißen, kippte erneut um und folgte Cato – was wohl nicht ganz klug war.

Vorerst aber war man befriedigt, Stärke gezeigt zu haben. Und als Cicero den Vollzug der Todesstrafe mit einem lapidaren *Vixerunt* (Sie haben gelebt) dem Volk verkündete – seine kürzeste und meistapplaudierte Volksrede –, brachte man ihm beispiellose Ovationen dar. Schon vorher hatte ihn der Senatsälteste zum *parens patriae*, Vater des Vaterlands, ernannt; so groß schien allen die Gefahr, der man entronnen war. Dies sollten auch heute jene bedenken, die Ciceros Niederwerfung der Verschwörung für nicht mehr als eine geglückte, vielleicht kaum notwendige Polizeiaktion halten.

## STURZ, REHABILITATION UND ENTMACHTUNG

Ciceros Versprechen, er allein wolle für die Hinrichtung der Catilinarier einstehen, war nur allzu prophetisch. Gut vier Jahre später, Anfang 58, bedrohte ihn der Volkstribun Publius Clodius Pulcher, ein unberechenbarer popularer Teufelskerl, mit dem er sich tödlich verfeindet hatte, durch ein Gesetz, wonach derjenige »geächtet sein sollte, der römische Bürger ohne Gerichtsurteil getötet« habe. Das war für Cicero verhängnisvoll, weil er sich 60 v. Chr. dem bedenklichen Bündnis (»Triumvirat«) der drei Mächtigsten, Pompeius, Crassus und Caesar, nicht angeschlossen, sondern vor allem gegen Caesars Consulat im Jahr 59 deutlich opponiert hatte. So ließ ihn nun in Absprache mit Caesar vor allem sein Freund Pompeius im Stich, und Cicero hätte sein Leben und vielleicht einen Bürgerkrieg riskiert, wenn er in Rom geblieben wäre. Stattdessen ging er für anderthalb Jahre nach Griechenland, ins »Exil«, wie seine Feinde sagten – die furchtbarste Zeit seines Lebens. Denn wie zur Euphorie neigte Cicero auch zur fürchterlichsten Depression.

Einer Initiative des Pompeius verdankte er es, dass auch Caesar sein Placet zu einer Rückberufung und Rehabilitation gab. Im August 57 v. Chr. war Cicero zurück, dankte Senat und Volk in überschwänglichen Reden für ihre »Wohltat« und begann, den eigenen Fortgang, den er eben noch als feige beklagt hatte, zur Heldentat, ja zur zweiten »Rettung des Staats« (wie im Jahr des Consulats) zu stilisieren: eine peinliche Retusche. Die Selbstverklärung erreichte ihren Höhepunkt in der vor der römischen Priesterschaft gehaltenen Rede *De domo sua*, in der Cicero sich selbst als Schmerzensmann und stellvertretenden Sündenbock für das römische Volk hinstellt. Im Übrigen ist gerade diese unter dem Namen *Pro domo* sprichwörtlich gewordene Rede, mit der er den Wiederaufbau seines Hauses auf dem religiös konsekrierten, als Bauplatz damit tabuisierten Grundstück durchsetzte, ein Glanzstück staats- und sakralrechtlicher Argumentationskunst, auf das er mit Recht stolz war – vor allem auch wegen der hier geradezu einzigartigen Leidenschaftlichkeit des Tons.

Leider ermunterten ihn nun seine rednerischen Erfolge, sich politisch zu übernehmen. Als er in der Hoffnung, seinen Freund Pompeius aus dem Bündnis mit Crassus und besonders Caesar herauslösen zu können, in einem Prozess im Jahr 56 v. Chr. Attacken gegen Caesars treuesten Gefolgsmann Vatinius richtete, in Anwesenheit von Pompeius, und bald darauf auch noch ein von Caesar erlassenes Ackergesetz in Frage stellte, beschlossen die drei Mächtigen, ihn wiederum an die Leine zu legen. Sie verständigten sich in der sogenannten Konferenz von Luca und verpassten Cicero geradezu einen Maulkorb: Sein Bruder Quintus, der bei Caesar im Heer diente, sollte für sein Wohlverhalten bürgen. Cicero sah ein, dass er ein »rechtschaffener Esel«[20] gewesen sei und durch sein Exil im Rückgrat geschwächt, knickte er stärker ein als je in seinem Leben: Seine Rede *De provinciis consularibus*, mit der er sich 55 v. Chr. im Senat für die Verlängerung von Caesars gallischem Kommando einsetzte, in ihrer Art ein Meisterstück procaesarischer Propaganda, galt ihm selbst als *turpicula palinodia*, »ein recht genierlicher Widerruf«.[21]

Nun folgte eine Zeit, in der Cicero zwar nicht gerade ohnmächtig war, als Redner aber doch im Wesentlichen auf das Gericht reduziert wurde. Auf manche Reden dieser Zeit konnte er durchaus stolz sein – hätte er nur nicht auch Schufte wie Vatinius oder gar Gabinius, der ihn als Consul des Jahres 58 v. Chr. verraten hatte, verteidigen müssen! Immerhin hatte er einmal die Chance, sich dessen damaligen Amtsbruder, den ebenso verhassten Lucius Calpurnius Piso, Caesars Schwiegervater, vorzuknöpfen. Ciceros Senatsrede, besser Schimpfkanonade, *In Pisonem* (Gegen Piso) ist eines der übelsten Stücke von Ehrabschneiderei in der hierin ja nicht zimperlichen Antike.

Die größte Befriedigung gewährte Cicero jedenfalls sein Einsatz im Prozess gegen seinen Freund Milo 52 v. Chr. (S. 336). Dieses Verfahren, unter Militäreinsatz durchgeführt von Pompeius als Consul ohne Kollegen, also fast schon als Diktator, zeigte schon die ersten Wetterzeichen eines Bürgerkriegs zwischen Pompeius und Caesar (Crassus war gefallen). Als Cicero von einer längst fälligen Provinzverwaltung in Kilikien (51/50 v. Chr.) nach Rom zurückkehrte, war der Krieg schon unvermeidlich: Bald überschritt Caesar den Rubikon. Trotz aller Bedenken entschloss sich Cicero zur Parteinahme für seinen Freund Pompeius, dessen Partei er aber nach der Schlacht von Pharsalos (48 v. Chr.) und der Ermordung des Freunds recht überhastet wieder verließ. Caesar begnadigte ihn zwar – seine *clementia* (Milde) war ja ein zu Recht propagandawirksames Schlagwort –, aber unter dessen Diktatur war an politisches oder rednerisches Wirken nicht zu denken: Den Senat wollte Cicero noch besuchen, jedoch nur stumm.

Ein Ereignis riss ihn dann doch aus seiner Untätigkeit.[22] Es ging um Marcus Marcellus, Caesars früher erbittersten Gegner, der mittlerweile in Mytilene lebte. Um seine Begnadigung und Rückberufung wurde Caesar im September 46 v. Chr. im Senat gebeten, zunächst ausgerechnet von Piso, dann von einem Vetter des Marcellus, der sich Caesar malerisch und unter Tränen zu Füßen warf. Jetzt wie auf Verabredung erhob sich der Senat zu einer Solidaritätskundgebung, wie man sie lange nicht erlebt hatte. Und Caesar? Er beklagte sich, wie erwartet, über die »Ungenießbarkeit« *(acerbitas)* des Marcellus, lenkte dann aber unvermittelt ein: Er könne gerade dem Senat diese Bitte nicht abschlagen. Welch neuer Caesar! Ein Caesar, der auf den Senat hört! »So schön schien mir dieser Tag, als glaubte ich, eine Art von Bild des wieder zum Leben erweckten Staats zu sehen.«[23]

Aus dieser überschwänglichen Begeisterung heraus singt Cicero nun Caesars Lobpreis in einer Rede, die uns unter dem Titel *Pro Marcello*\* überliefert ist. Sie ist kein Produkt reiner Schmeichelei – obwohl mit ihr schon die oft peinliche Herrscherpanegyrik der Kaiserzeit beginnt\*\* –, denn neben dem berechtigten Lob der *clementia* Caesars enthält sie eine neue Deutung des Bürgerkriegs als eines im Sinn des Aristoteles »tragischen« Ereignisses, sie ermahnt Caesar zur fälligen

---

\* Richtiger ist *De Marcello* (wie auch einige antike Grammatiker zitieren).
\*\* Seit der große Philologe Friedrich August Wolf (1802) Cicero die Rede als seiner unwürdig abgesprochen hat, wird sie, auch wenn man die Echtheit anerkennt, weit unterschätzt.

Reform des Staats: Neuordnung der Gerichte, Beendigung der Finanzkrise, Einschränkung des Privatluxus, Förderung bevölkerungspolitischer Maßnahmen. Jetzt erst sei der große Caesar für die größte Aufgabe seines Lebens gefordert!

Das war aus dem Munde Ciceros, wie der Historiker Hermann Strasburger feststellte, ein ehrliches Angebot der alten Republik, sich dem Herrscher zur Verfügung zu stellen.[24] Leider hat aber Caesar, wie schon der ärgerliche Rummel seiner bald folgenden, die Gegner kränkenden Triumphfeierlichkeiten zeigte, dieses Angebot nicht wahrgenommen. Und so waren denn die Iden des März nicht mehr weit. – Mit ihnen begann ein neues, letztes Kapitel in Ciceros politischer Rednerkarriere.

## *OMNIUM PATRONUS* – AUS DEN TAGEBÜCHERN EINES STRAFVERTEIDIGERS

*Disertissime Romuli nepotum,*
*quot sunt quotque fuere, Marce Tulli,*
*quotque post aliis erunt in annis,*
*gratias tibi maximas Catullus*
*agit pessimus omnium poeta,*
*tanto pessimus omnium poeta*
*quanto tu optimus omnium patronus.*

Du, der Romulusenkel, Star im Reden,
Marcus Tullius, aller, die da waren,
die sein werden in Zukunft und die jetzt sind,
dir sagt mächtiges Dankeschön Catullus,
der der schlechteste ist von allen Dichtern,
so der schlechteste ist von allen Dichtern,
wie der trefflichste du der Advokaten.

Cicero, der sich sogar selbst in Epen besungen hat, ist hier einmal Adressat eines Gedichts, verfasst von dem jungen Catull (Gaius Valerius Catullus).[1] Diesen kennt man heute fast nur als Liebesdichter; er verstand es aber auch, wie sein Geistesverwandter Heinrich Heine, eine sehr spitze politische Feder zu führen und dabei vor allem die Machthaber der 50er Jahre, Caesar und Pompeius, nicht zu schonen: *socer generque perdidistis omnia*[2] – »Ihr, Schwiegervater, Schwiegersohn,* macht alles hin«, war ein geflügeltes Wort.

---

* In Caesars Consulatsjahr 59 v. Chr. hatte Pompeius dessen Tochter Julia geheiratet. Ihr Tod 54 v. Chr. unterminierte das Bündnis der beiden Politiker.

Wie stand er zu Cicero? Sicherlich verdross es ihn wie seinen Freund, den Redner und Dichter Licinius Calvus, einen konservativen Heißsporn, dass sich Cicero in den Jahren nach 56 v. Chr. zum Handlanger der Mächtigen machte, besonders als Gerichtsanwalt (S. 330): So verteidigte er etwa den ihm selbst verhassten Caesarfreund Vatinius, den Calvus in berühmten Reden attackierte. Darum hat man längst vermutet, dass in diesem kleinen Dankgedicht,\* das mit seiner langen Periode von sieben Versen und seinen fünf hochtrabenden Superlativen Ciceros Redestil zu parodieren scheint, zumindest der letzte Vers fast boshaft doppeldeutig ist. Natürlich muss in *optimus omnium patronus* das *omnium* zunächst als ein Genitivus partitivus mit *optimus* verbunden werden: »der beste Patron von allen« (wie *pessimus* in V. 5/6); wenn man will, kann man aber auch so lesen: Cicero ist »der beste Patron – für alle«, das heißt, für keinen ist er sich zu gut, selbst für den ärgsten Kerl nicht. In der Tat nennt ihn ein späterer Brieffreund einmal in ähnlichem Sinn (aber natürlich nicht abwertend), als sei dies ein gängiger Ausdruck: *omnium patronus*.[3]

## DIE MORAL DES ADVOKATEN

Cicero konnte wenig dagegen haben, wenn man ihn so bezeichnete. In einer seiner Gerichtsreden heißt es, er pflege sich nicht dafür zu rechtfertigen, dass er jemanden verteidige,\*\* da ihm die Not eines angeklagten Mitbürgers dafür Grund genug sei.[4] Auch wenn dieser ein Verbrecher ist? Dann allerdings nicht. In seiner Schrift *De officiis* (Von den Pflichten), wo Cicero stoische Moral mit römischem Empfinden

---

\* Wofür Catull dankt, wissen wir nicht, da er keinen Hinweis gibt. Im Gegensatz etwa zur Lyrik des Horaz sind seine Gedichte nicht durchweg (auch) für die Öffentlichkeit bestimmt. Dass er (in jungen Jahren) die uns vorliegende Gedichtsammlung als »Gesammelte Werke« veröffentlicht hätte, wie vielfach angenommen, scheint mir auch darum unmöglich.

\*\* Ich lasse in diesem Kapitel die Reden des jungen Zivilanwalts Cicero, von denen mit *Pro Quinctio* (S. 298) eine kleine Probe gegeben wurde, beiseite, obwohl sie als geistige Leistung den Kriminalprozessreden zumindest ebenbürtig sind. Ihre kurze Darstellung im Rahmen dieses Überblicks wäre nicht möglich.

auszugleichen sucht, legt er bei Behandlung dieses heiklen Punkts seine Worte auf die Goldwaage:[4a] Unschuldige vor Gericht in Existenzgefahr zu bringen sei immer verwerflich, da dies dem Wesen der Beredsamkeit widerspreche (die doch der Mitmenschlichkeit dienen solle). »Nicht ebenso muss man aber davor Hemmung haben, gelegentlich einen Schuldigen *(nocens)* zu verteidigen, sofern er nur nicht ruchlos *(nefarius)* und ein Unhold *(impius)* ist.[*] So will es die Mehrheit der Menschen, so duldet es die Gewohnheit, so bringt es sogar die Humanität mit sich. Aufgabe des Richters in Prozessen ist es, immer auf die Wahrheit auszugehen, der Verteidiger darf gelegentlich auch das Wahrscheinliche, selbst wenn es weniger wahr ist, verteidigen.« Wofür sich Cicero nicht etwa auf die Autorität sophistischer Rhetoriker, angefangen mit Korax, beruft, sondern auf den »strengen Stoiker« Panaitios.

Diese Ansicht wird umso verständlicher, wenn man bedenkt, dass im Prozess ja nur Richter und Zeugen, nicht dagegen die Anwälte vereidigt werden. Unsere Vorstellung von einem »Rechtsanwalt« (der in der Tat nicht wissentlich lügen darf) liegt Griechen und Römern fern. So hat in der rhetorischen Theorie der Römer, ebenso wie in der der Griechen, sogar die Unwahrheit ihren legitimen Platz. Nach Ciceros Schrift *De inventione* ist die *narratio* eine Darstellung von Dingen, »die geschehen sind oder wie sie hätten geschehen sein können«; der Verfasser der Herennius-Rhetorik und Quintilian mahnen, dass man besonders bei Erdichtetem in der Erzählung auf die Wahrscheinlichkeit achten müsse.[5] Und Quintilian liefert sogar eine allgemeine Rechtfertigung des Lügens vor Gericht: Schließlich habe man es bei den Richtern nicht mit Weisen zu tun, und darum müssten sie um einer höheren Wahrheit willen gelegentlich betrogen werden.[6]

So weit die Rhetoriker. Noch ungenierter äußert sich Cicero einmal sogar in einer Rede, *Pro Cluentio*, wo er sich darüber wundert, dass ihm der Ankläger Äußerungen aus einer früheren Rede, die seinen jetzigen widersprächen, vorhalte:[7] »Der Mann irrt gewaltig, der glaubt,

---

[*] Durch beide (im Deutschen kaum übersetzbare) Vokabeln kommt der Bereich des Religiösen *(fas, pietas)* ins Spiel.

in unseren Reden, die wir vor Gericht halten,* seien unsere verbürgten Meinungen wie mit Siegel verbrieft enthalten. Alle diese Reden hängen ab von den Prozessfällen und den Umständen, nicht von den Menschen selbst und den Anwälten.« Nun folgt ein kühnes Enthymem: »Denn wenn die Fälle selbst für sich sprechen könnten, würde niemand einen Redner heranziehen. Jetzt aber zieht man uns heran, nicht um das zu sagen, was auf unserer Autorität beruht, sondern was die Sachlage und der Prozessfall ergeben.« Ist das nicht fein? Der Redner darf also gar nicht sagen, was er selbst denkt, sonst hätte er seine Aufgabe verfehlt, nämlich durch seinen Mund gewissermaßen die *causa* reden zu lassen. Und just von dieser Rede, *Pro Cluentio*, hat Cicero später privat gesagt, er habe mit ihr den Richtern »Sand in die Augen gestreut«![8] Was aber, zu seiner Ehre bemerkt, Ciceros einzige eitle Äußerung dieser Art gewesen zu sein scheint.

So hat er also in seinen Gerichtsreden vielfach die Unwahrheit gesagt (wie wir noch nachweisen können), und er hat manche fragwürdigen Gestalten verteidigt – nicht nur aus »Humanität« und auch nicht nur, um den Kreis seiner Freunde zu mehren, sondern häufig umgekehrt: um Freunden für frühere Wohltaten zu danken. Anstößig war dies im Falle Sullas (62 v. Chr.), der Cicero einen üppigen Kredit für seinen Hauskauf auf dem Palatin gegeben hatte – Anwaltshonorare waren gesetzlich verboten –; höchst ehrenwert dagegen bei Flaccus (59), der ihm gegen Catilina tapfer beigestanden hatte, bei Plancius (54), der ihn in der Not seines griechischen »Exils« vor Mördern beschützt hatte, und ähnlich bei Sestius (56) und Milo, die in Straßenschlachten mit Leib und Leben für ihn eingetreten waren.

Als Letzterer später (in recht hässlicher Weise) Ciceros Erzfeind Clodius umbrachte (52), hatte Cicero keine Hemmungen, den Freund zu verteidigen: »Ich richte mich nach der Wohltat *(beneficium)*, nicht nach der Sache *(causa)*.«[9] Wenn uns das bedenklich scheint, so hat gerade hier das Altertum anders geurteilt: Man bewunderte Cicero dafür, dass er gegen die Sympathien des aufgehetzten Volks und den

---

* Cicero spricht hier mit Wohlbedacht nicht von politischen Reden, »von denen man vielleicht größere Konsequenz erwartet« (*Pro Cluentio*, 141).

Wunsch des Pompeius, ja trotz der klaren Schuld Milos seinen Freund getreulich verteidigte. Und die von ihm herausgegebene Rede »kann mit Recht als sein Meisterwerk gelten« (Asconius)[10] – auch wenn Milo verurteilt wurde.

## KENNEN WIR DIE VON CICERO GEHALTENEN GERICHTSREDEN?

Aber wurde diese vielgerühmte Rede überhaupt je gehalten? Nein, mit diesem Wortlaut tatsächlich nicht; vielmehr wissen wir, dass Cicero gerade die Rede *Pro Milone* in wesentlich veränderter Form herausgegeben hat. Und schon der cicerofeindliche griechische Historiker Dio Cassius schloss daraus, Ciceros Reden seien generell Schreibtischprodukte, die eine Beredsamkeit simulierten, die er nie gehabt habe.[11] So dachten später viele, bis zu Antonio Salieri (S. 324) und anderen. Aber dieser Schluss geht zu weit, denn der Miloprozess war ein Sonderfall, den wir dank dem Cicero-Kommentator Asconius und dem Cicero-Interpreten Quintilian recht genau kennen.[12]

Die damals von Pompeius zum Prozessschutz aufgebotenen Truppen konnten oder wollten nicht verhindern, dass Sprechchöre aus Anhängern des erschlagenen Clodius die Rede Ciceros störten, so dass er von Beginn an zu improvisierten Kontern genötigt war und schließlich sein geplantes Konzept nicht durchziehen konnte.\* Wenn er also am Anfang der später veröffentlichten Rede seine Zuversicht ausspricht, dass die Soldaten des Pompeius für Ruhe sorgen würden,[13] was (wie er inzwischen wusste) nicht der Fall sein sollte, dann ist klar, worum es sich bei dieser veröffentlichten Rede handelt: nicht um ein »traurig nachhinkendes Produkt der Studierstube«, wie der Historiker Eduard Meyer höhnte,[14] sondern um die ursprünglich von ihm ge-

---

\* Plutarchs (*Cicero* 35 e; vgl. Dio Cassius a. a. O.) Behauptung, dass der Zivilist Cicero durch den Anblick der Soldaten außer Fassung gekommen sei – zwei Jahre später wurde er selbst von seinen Soldaten wegen militärischen Erfolgs zum Imperator ausgerufen! –, ist aus einer eklatanten Fehlinterpretation des Prooemiums der Rede herausgesponnen.

plante Fassung. Natürlich war sie also »besser« als die gehaltene Rede, von der es im Altertum noch eine Nachschrift gab. Und so konnte Milo im Exil von Marseille ein Bonmot machen, das man Cicero immer wieder gern unter die Nase gerieben hat: »Ein Glück, lieber Cicero, dass du diese Rede so nicht gehalten hast. Sonst könnte ich hier nicht die guten Seebarben essen.«[15]

Milos Bouillabaisse provençale sollte uns nicht den Appetit auf Ciceros Gerichtsreden verderben. Natürlich hat er an ihnen, wie wir noch sehen, gelegentlich bei kleinen sachlichen Versehen retuschiert; aber die verbreitete Vorstellung, dass er sie regelmäßig zum Zweck der Veröffentlichung einer grundlegenden schriftlichen »Redaktion« unterzogen habe, geht an den Tatsachen vorbei. Man muss sich das Zustandekommen einer Rede klarmachen. Cicero studiert zuerst den Fall zusammen mit seinem Klienten und vielleicht den Entlastungszeugen. Dann macht er sich für sein Plädoyer einen Entwurf, der großenteils aus Stichpunkten besteht; nur der Anfang der Rede wird durchformuliert und auswendig gelernt. Somit ist klar, dass eine Rede, die Cicero »redigieren« könnte, in schriftlicher Form gar nicht existierte, es gab nur Konzeptnotizen (*commentarii*[16]).*

Wenn Cicero nun nach einem Prozess entschied, die Rede zu veröffentlichen, arbeitete er sie nunmehr erst schriftlich aus, natürlich anhand der Notizen, vor allem aber aufgrund seiner Erinnerung. Von Sigmund Freud wissen wir, dass er seine frei gehaltenen Vorlesungen dank der »Gabe eines phonographischen Gedächtnisses« wörtlich nachschreiben konnte.[17] Auch Cicero mit seiner professionell trainierten Memoriertechnik (S. 383) könnte dazu sehr wohl in der Lage gewesen sein: Den Zeugnissen[18] und auch seinen Redezeiten** nach

---

\* Eine einzige Ausnahme ist die Rede *Post reditum in senatu*, die Cicero vorgelesen hat, um nicht versehentlich eine der zu bedankenden Personen zu vergessen. Quintilian gestattet dem Redner auch sonst einen kleinen Spickzettel (*Institutio* 10,7,31, etwas anders 11,2,45).

\*\* Leider wissen wir darüber noch weniger Bescheid als bei den Griechen. Nur im Fall des Milo-Prozesses ist überliefert, dass die Anklage zwei, die Verteidigung drei Stunden hatte (so wohl die übliche Proportion). Ciceros überlieferte Rede *Pro Milone* ist dafür zu kurz wie fast alle seine Kriminalplädoyers.

zu urteilen, hat er dabei aber eher weggelassen als – wie man meist annimmt – hinzugefügt.

Vergebens versucht man also seit 200 Jahren immer wieder Partien zu finden, die Cicero so nicht gesprochen haben könne.* Nicht einmal im Fall von *Pro Milone* ist das möglich! Da verdächtigt man etwa den großen Redeteil, in dem Cicero darlegt, dass Milo als Tyrannenmörder sogar öffentliches Lob verdiene. Wie vertrage sich das mit Ciceros sonstiger Version, wonach Milo aus Notwehr gehandelt habe? Also schließt man daraus: spätere Hinzufügung. Sieht man jedoch genauer hin, so führt Cicero jenes Argument immer nur irreal hypothetisch ein: »Hätte [!] Milo den Clodius vorsätzlich umgebracht, dann wäre [!] er als Tyrannenmörder sogar zu belobigen.« Mitnichten hat Cicero hier also einen Widerspruch in seine schriftliche Rede gebracht, den die ursprüngliche nicht gehabt hätte.

Verdächtiger dagegen wirkt auf den ersten Blick eine andere Partie, in der Cicero mit eigens erhobener Stimme den in einiger Entfernung thronenden Pompeius anspricht: Der Tag könne einmal kommen, an dem er einen tapferen Freund wie Milo nötig haben werde.[19] Klingt das nicht nach einem *vaticinium ex eventu* (vgl. S. 156), einer nachträglichen Prophezeiung? Darum meinen manche, so etwas könne Cicero erst nach der fatalen Niederlage des Pompeius bei Pharsalos (48 v. Chr.) geschrieben haben, vier Jahre nach dem Milo-Prozess. Aber welches Interesse sollte Cicero in dieser Zeit noch haben, *Pro Milone* zu redigieren? Vor allem war Milo, der die Rede ja (beim Bouillabaisseschlürfen) noch las, damals bereits gestorben! Nein, Cicero war hier ein echter, kein nachträglicher Prophet.

Ein letztes, berühmtestes Beispiel aus Ciceros berühmtester Rede, der ersten Catilinarie: Hier sagt Cicero gegen Ende, dass, wenn Catilina tatsächlich ins Exil ginge (vgl. S. 326), dies seinem eigenen, Ciceros Image schaden würde: »Wenn du das tust, werde ich das Gerede der Menschen kaum ertragen; wenn du auf Befehl des Consuls ins

---

* Ich gehe hier nicht mehr ein auf die früher vielgeglaubte, inzwischen aber sicher widerlegte These von Jules Humbert, dass Ciceros Gerichtsreden aus verschiedenen im Laufe des Prozesses gemachten Äußerungen zusammengesetzt seien.

Exil gehst, werde ich die Woge des Unwillens *(invidia)* kaum aushalten können.«[20] Da heute fast alle Welt annimmt, Cicero habe diese Rede wie alle consularischen erst im Jahr 60 v. Chr. ediert und redigiert,* glaubt man auch in dieser für die Zukunft erwarteten *invidia* ein *vaticinium ex eventu* zu erkennen:[21] In der Tat hatte ja Ciceros Catilina-Politik in den Jahren seit 63 v. Chr. für erheblichen Unwillen gesorgt. Nur übersieht man dabei, dass Catilina ja keineswegs ins Exil gegangen ist und dass der Unwille gegen Cicero nie Catilinas Vertreibung aus der Stadt (oder gar Italien), sondern immer nur die Hinrichtung der Catilinarier betraf. Wir haben hier also nicht nur keine nachträgliche, sondern gar keine Prophezeiung.

Wie wenig Cicero bei der Herausgabe gerade dieser Rede geändert bzw. geglättet hat, zeigt außerdem eine andere Vorhersage: Er lasse, sagt Cicero, Catilina trotz erwiesener Schuld entkommen, weil er annehme, dass dieser dann das Gesindel seiner Anhänger mit sich nehmen werde.[22] Wie sich bald zeigte, war das eben nicht der Fall: Catilina war allein gegangen. Cicero aber, obwohl er hier einmal ein falscher Prophet war, ließ den Fehler stehen, statt ihn aus Eitelkeit auszubügeln.

Dazu ein Letztes. Warum hat Cicero seine Reden überhaupt niedergeschrieben und herausgegeben? Nicht nur aus Literateneitelkeit und auch weniger, um damit nachträglich Politik zu machen (wie dies wohl bei Demosthenes der Fall war). Der einzige Grund, den er selbst in seinen Briefen nennt,[23] ist ein pädagogischer (und echt römischer): Die Begeisterung der jungen Leute, gemeint sind die Rhetorikstudenten, treibe ihn zur Niederschrift; von einer bestimmten Rede wünscht er sogar, sie möge einmal von den Schulbuben wie nach Diktat auswendig gelernt werden.[24] So sind Ciceros Reden wohl die einzigen Texte des klassischen Altertums, die man zu Schulbüchern nicht nachträglich gemacht hat, sondern die von Anfang an als solche gedacht waren – ein Grund mehr, sie in der Schule zu lesen!

---

* Zuletzt (mit Vorsicht) Dyck in der Einleitung seines Kommentars (S. 550), anders jetzt aber Cape (S. 551).

## GRIECHISCHE RHETORIK UND RÖMISCHE PROZESSVERTEIDIGUNG

Wer Ciceros Gerichtsreden verstehen will, sollte nicht nur ein rhetorisches Handbuch, sei es von Cicero selbst, sei es von Heinrich Lausberg (S. 13), zu Rate ziehen. Indem diese Rhetoriken ursprünglich von Griechen konzipiert sind, zielen sie auf griechische Verhältnisse und passen nicht immer ganz nach Rom. Denken wir etwa nur daran, welchen Unterschied es macht, dass sich in Athen der Angeklagte selbst verteidigt, während er in Rom fast stets einen *patronus* in Anspruch nimmt (was auch in römischen Handbüchern wie Ciceros *De inventione* kaum beachtet wird). Natürlich gibt diese Trennung von Klient und Patron der Verteidigung ganz andere Möglichkeiten.[*]

Damit mag auch zusammenhängen, dass in römischen Strafprozessen die Persönlichkeit des Angeklagten vom Ankläger, besonders aber vom Verteidiger ausführlich vorgestellt, getadelt bzw. gelobt wird. Das heißt, was bei den Griechen als *locus e vita ac moribus* (Leben und Charakter) einen relativ bescheidenen Stellenwert im Rahmen der *argumentatio* hat, wird bei den Römern regelmäßig zu einem eigenen, gewichtigen Redeteil, der meist nach dem *prooemium* der *narratio*, sofern es eine gibt, vorangestellt wird. Ein solcher dem Vorleben gewidmeter Abschnitt steht unter der unausgesprochenen Frage: »Ist dieser Mann es wert, in der Bürgerschaft zu bleiben? Oder braucht sie ihn gar?« Denn die meisten Verurteilungen sind ja kapital, das heißt, durch sie verliert der Angeklagte unwiderruflich Vaterland und Bürgerrecht.

So spricht Cicero von diesem Wühlen im Vorleben geradezu als von einem Gesetz der Anklage *(lex accusatoria).* Und wenn diese etwa eine solche *reprehensio vitae* (Tadel der Lebensführung) auslässt, kann der Verteidiger sie fast wie ein Recht einklagen: Erst wenn die Lasterhaftigkeit des Angeklagten auf allen Stufen seines Lebens nachgewiesen sei, sagt Cicero im Fall des Flaccus (59 v. Chr.), sei er bereit sich anzuhören, was irgendwelche kleinasiatischen Griechen gegen ihn als Zeugen zu sagen hätten. Umgekehrt ist klar, dass man auch von ihm

---

[*] Vgl. S. 282 f. zum Norbanus-Prozess, S. 306 zum Roscius-Prozess.

zuallererst ein strahlendes Porträt seines Klienten erwartet. Ist er dazu einmal nicht in der Lage, wie im Fall des vorbestraften Sulla (62 v. Chr.), so verschiebt er die Partie ans Ende der Rede, rechtfertigt sich aber eigens dafür. Und immer ist es ihm erlaubt, Lobzeugen *(laudatores)* auftreten zu lassen, die nichts zu den Vorwürfen der Anklage, wohl aber vieles zum Charakter des Angeklagten zu sagen haben.

## CICEROS REPETUNDENVERTEIDIGUNGEN

Wir lassen weitere Unterschiede zwischen griechischer Rhetorik und römischem Gerichtswesen beiseite* und konzentrieren uns auf bestimmte echt römische Prozesstypen, die zum Teil ihre eigenen Formen ausgebildet haben. Das ist zunächst besonders der Repetundenprozess, der uns aus dem Beispiel von Ciceros *Verrinen*, bei denen er ausnahmsweise die Rolle des Klägers innehatte, schon stückweise bekannt ist. Der dafür eingesetzte Schwurgerichtshof *(quaestio)* ist Stammvater und Vorbild aller römischen Gerichtshöfe, verkörpert er doch auch sinnbildhaft römische Gerechtigkeit *(iustitia)* und Treue *(fides)*, hier im Verhalten zum Ausland: Die unterworfene, also sich römischer *fides* ergebende Provinz, Sizilien, Sardinien usw., hat Anspruch auf Schutz und Schonung durch ihren Eroberer: *parcere subiectis et debellare superbos* – »Unterworfne zu schonen und niederzuringen die Stolzen«, so hat Vergil dies klassisch formuliert[25] (und man sollte es nicht als schiere Ideologie abtun). Dem gemäß erscheint der Repetundenkläger als Anwalt seiner hilfsbedürftigen Provinzialen, deren Delegationen sich schon Tage vor dem Prozess in Roms Straßen

---

* Ich nenne nur stichwortartig: 1. die Behandlung der Zeugen, die in Athen während der Rede, in Rom nach der Rede (bzw. der ersten Rede in Repetundenprozessen) auftreten; 2. die sich in Rom verbreitende Gewohnheit, Anklage und Verteidigung von mehreren (bis zu sechs) Rednern führen zu lassen; 3. den griechischen *status translationis* (S. 263), der in Rom wegen der Vorverhandlung beim Praetor gegenstandslos wird. Analoges gilt für manches an der stilistischen Figurenlehre, die nicht ganz auf die lateinische Sprache zugeschnitten ist: So fehlt darin z. B. die »Alliteration« (so benannt erst im 15. Jh.!), weil diese im Griechischen keine Rolle spielt, während sie im Lateinischen ein uraltes Kunstmittel ist.

sichtbar tummeln: die Griechen erkennbar an ihren Chitones, die Sarden an Fellen, die Gallier, o Schreck, in Lederhosen ... (ich wähle die Beispiele aus Ciceros Reden).

Diesen Exoten gegenüber hat nun der Repetundenverteidiger die Aufgabe, Roms legitime Herrschaftsinteressen geltend zu machen und das Aufbegehren der Provinz als ein Stück gefährlichen Hochmuts zu deuten. Am deutlichsten sagt es Cicero zu Beginn seiner Rede *Pro Fonteio* (nach 70 v. Chr.) für den Propraetor von Gallien (der jetzigen Provence): »Es geht in diesem Prozess um nichts anderes, als dass die Magistrate in den Provinzen es nicht mehr wagen, den Bundesgenossen das zu befehlen, was dem Nutzen des Staates dient.«[26] Also sei es kein Wunder, meint er, wenn diese hartnäckigen Feinde des römischen Volks (Gallier!) nun gegen Fonteius aussagen, der sie gegen ihren Willen zu hohen, aber notwendigen Abgaben gezwungen habe.

So enthält jede Repetundenverteidigung, unbeschadet aller sonstigen von der Theorie geforderten Redeteile – eine zusammenhängende *narratio* fehlt angesichts der Vielzahl der Vorwürfe immer –, eine Beschimpfung des Charakters der jeweiligen Provinzbevölkerung. Etwa von den ein barbarisches Kauderwelsch redenden Galliern heißt es in *Pro Fonteio*, sie hätten ja keine Ahnung von der Heiligkeit des Zeugeneids, sie, die durch ihre Menschenopfer sogar die Religion der Götter befleckten: »Wollt ihr, Richter, mit diesen zusammen den Fonteius abschlachten?«[27]

So scharf kann Cicero, der Philhellene, mit der griechischen Provinzbevölkerung in *Pro Flacco* (59 v. Chr. für den Propraetor von Asia) natürlich nicht umgehen. Er mildert: »Ich gestehe ihnen [den Griechen] Bildung und Kenntnisse vieler Wissenschaften zu, ich bestreite ihnen nicht den Witz der Sprache, den Scharfsinn des Geistes, die Gewalt der Rede [...], aber die Heiligkeit und Glaubwürdigkeit von Zeugnissen hat diese Nation nie gepflegt, ja sie wissen nicht einmal, welche Bedeutung, welches Ansehen und Gewicht diese ganze Sache hat.«[28] Auch der Ungebildete kenne in der Originalsprache\* das grie-

---

\* Umso bezeichnender ist, dass Cicero als lateinischer Sprachpurist in der öffentlichen Rede das griechische Zitat vermeidet.

chische Sprichwort: »Streck mir doch ein Zeugnis vor« (als wäre dieses ein rückzahlbarer Kredit). Und ergötzlich schildert Cicero, wie hitzig und geradezu übersprudelnd die Griechen ihre Zeugnisse vor Gericht ablegen – wie würdevoll und verantwortungsbewusst dagegen ein Römer!

Was schließlich die Sarden angeht, die Cicero in *Pro Scauro* (54 v. Chr. für den Propraetor von Sardinien) attackiert, so ist uns leider der größere Teil seiner Ausführungen verlorengegangen. Immerhin erfahren wir, dass die Sarden, ein »schmutziges, nichtiges, leichtsinniges Volk«, von den Phöniziern, einer »höchst betrügerischen Nation«, abstammen, einem Gemisch aus Afrikanern und Puniern[29] – leicht kann man sich also ergänzen, was Cicero hier über die altbekannte »punische Perfidie«, *Punica fides*, zu sagen hatte.

Bezüglich der Einordnung dieser Völkerbeschimpfung in die jeweilige Rede folgt Cicero keinem festen Schema, sondern lässt sich von der Natur des jeweiligen Falls leiten. In *Pro Flacco* stellt er sie hinter die Behandlung des Vorlebens *(vita anteacta)*: Alle von Flaccus als Magistrat, Legat und Militärtribun erbrachten Leistungen legen als Dokumente seiner Tüchtigkeit Zeugnis ab gegen die dubiosen Zeugenaussagen der asiatischen Griechen: »Worüber ihr anderen gegenüber Zeugen sein müsst, darüber wollt ihr selber andere Zeugen hören?«[30] In *Pro Scauro* dagegen verschiebt er die entsprechende Partie an den Punkt der Vorwürfe, wo Scaurus durch eine Fülle einhelliger Zeugenaussagen am meisten belastet wurde.[31]

Diese zwei Reden haben jeweils ein rührend grandioses, ganz auf die Person des Angeklagten zugeschnittenes Finale *(peroratio)*. Bei Flaccus ist es der tapfere Einsatz bei der Ergreifung der Catilinarier: »O du Nacht, die du diese Stadt beinahe in ewige Finsternis getaucht hättest ...!«;[32] bei Scaurus lässt Cicero dessen berühmten, schon verstorbenen Vater wie in einer Totenbeschwörung zugunsten des Sohnes erscheinen: »Ich sehe dich, Marcus Scaurus, ja, ich sehe dich, es ist nicht nur eine Vorstellung ...«[33]

Dagegen schien ihm die Person des Fonteius bzw. seiner Angehörigen zum Finale nicht auszureichen, und so bezog er hier die feindlichen Gallier in sein Stage Setting mit ein: Er stellt die (oben in Umrissen skizzierte) »Gallierbeschimpfung« ans Ende der *argumentatio* und lässt sie in der Gefahr eines neuen Gallienkriegs gipfeln. Nun wird das Tribunal zur Szene, die Szene aber bietet eine Völkerschlacht:[34] Schon »bedrohen und bedrängen« nämlich die menschenmordenden Gallier, die beim Prozess ja anwesend sind, den Fonteius »fast mit feindlichen Feldzeichen«. Aber zum Glück ist Cicero als Feldherr auch noch da und lässt aus Makedonien, Spanien und Marseille die Hilfstruppen seiner Lobzeugen aufmarschieren. Und, o Wunder, wie einst im Sabinerkrieg greifen dazu noch edle Damen ein: Seine Mutter umarmt Fonteius von der einen Seite – das ist keine imaginäre Vision wie bei Scaurus, sondern wohl sichtbare Inszenierung Ciceros –, von der andern seine Schwester, und diese ist – welch glücklicher Zufall für den Regisseur! – auch noch vestalische Jungfrau, die über das ewige Herdfeuer, das Unterpfand der Größe Roms, zu wachen hat: Ist nicht zu fürchten, dass es unter ihren Tränen erlischt? Doch nicht nur die Frauen weinen:

> Seht ihr es, ihr Richter, wie da plötzlich Marcus Fonteius, dieser
> tapferste Held,
> als ich von seiner Mutter sprach und seiner Schwester, in Tränen
> ausbrach?
> Er, der in der Schlacht nie Furcht zeigte,
> der sich in Waffen oft mitten in die zahlreiche Schar der Feinde
> stürzte […],
> er ist nun verwirrt und voller Angst […],
> dass er den Seinen, den Unglücklichen, ewige Schmach und
> Schande hinterlassen könnte.
> O Marcus Fonteius, wie ganz verschieden wäre dein Schicksal gewesen,
> wenn du hättest die Wahl treffen können,
> ob du lieber an den Waffen der Gallier oder ihren Meineiden
> sterben wolltest. […]
> Ihr Richter aber, achtet auf das,
> was entscheidend wichtig ist für die Würde des römischen Volkes:
> dass man sieht, dass die Bitten einer vestalischen Jungfrau
> bei euch mehr vermögen als die Drohungen von Galliern.

Ciceros Bühne weitet sich zum Welttheater: Die Völker sehen zu, wie das fromme Rom sein Ansehen und seinen Herrschaftsanspruch gegen aufsässige Barbaren zu behaupten weiß. So grandios können römische Repetundenverteidigungen enden.

## VERTEIDIGUNGEN WEGEN WÄHLERBESTECHUNG (*AMBITUS*)

Wie den Wahlkampf (S. 319) haben die Römer auch die Wählerbestechung fast zur Wissenschaft entwickelt: *Ambitus* heißt dem Wortsinn nach so viel wie das »herumgehende« Umwerben der Wähler, deren Gunst man gewinnen will. Später wird es zum Fachausdruck für die unerlaubte »Wählerbestechung«, besser: den illegalen Wahlkampf. Zum *ambitus* zählt nämlich nicht nur die Bestechung wichtiger Multiplikatoren – an einen flächendeckenden Stimmenkauf war aus Kostengründen nie zu denken –, sondern auch etwa das Anmieten von Gefolgsleuten oder die Veranstaltung großer öffentlicher Mähler. Es war schwer, nicht in Verdacht zu kommen; über jedem Wahlsieger hing das Damoklesschwert eines solchen Prozesses und manche Karriere fand so ihr jähes Ende. Zwar war die Verurteilung hier nicht kapital, aber seit der von Cicero selbst eingebrachten *lex Tullia* aus dem Jahr 63 v. Chr. standen dem Schuldigen immerhin zehn Jahre Exil bevor – von der Schande abgesehen.

Hier kam es nun für den Kläger, der in der Regel mit dem bei der Wahl Unterlegenen identisch war, darauf an zu zeigen, dass er selbst, wenn es mit rechten Dingen zugegangen wäre, hätte gewinnen müssen. Umgekehrt durfte sich der Verteidiger nicht auf die Widerlegung der Vorwürfe beschränken, sondern hatte seinerseits plausibel zu machen, dass sein Mandant auch ohne unerlaubte Tricks zum Sieg kommen konnte und musste.

Eine schöne Aufgabe für Cicero, der, wie wir sehen, auch ein trefflicher Wählerpsychologe ist. In beiden einschlägigen Reden, *Pro Murena* (63 v. Chr.) und *Pro Plancio* (54 v. Chr.), findet sich eine mit *contentio dignitatis* (Vergleich der Würde) bezeichnete Partie,[35] in der

Cicero die Überlegenheit des Wahlsiegers, seines Mandanten, weniger im absoluten Sinn als im Hinblick auf seine öffentliche Einschätzung, sein Prestige beim Wählervolk, dartut. Auch diese so wichtigen Partien sind in dem von den Handbüchern empfohlenen Aufbauschema nicht vorgesehen. Sie stehen offenbar regelmäßig am Beginn, jedenfalls vor Behandlung der *crimina*, der technischen Klagepunkte.

In *Pro Murena*, wo Cicero in seinem Consulatsjahr den gewählten Consul, seinen Amtsnachfolger, verteidigt, lässt er die *contentio dignitatis* auf einen kurzen Abriss des »Vorlebens« folgen: An der Stelle, wo der junge Mann ins öffentliche Leben eintritt, beginnt er den Vergleich mit dem unterlegenen Kandidaten, in diesem Fall Servius Sulpicius Rufus, einem berühmten Juristen. Dieser hatte gute Pluspunkte: Unter anderem war er, was für die Popularität wichtig ist, immer in Rom gewesen, während Murena kriegshalber meist im Ausland sein musste. Hier setzt Ciceros Widerlegung an: Wer wüsste denn nicht, dass »der militärische Ruhm viel mehr *dignitas* verleiht als der eines Rechtsgelehrten«?[36] Aus der *contentio dignitatis* wird nun ein Vergleich des beruflichen Sozialprestiges:

> Du wachst vor Tagesbeginn, um deinen Fragestellern Gutachten
> zu geben,
> er, um rechtzeitig mit dem Heer an sein Ziel zu kommen.
> Dich weckt der Hahnenschrei, ihn der Trompetenstoß.
> Du leitest eine Aktion ein, er stellt eine Schlachtreihe auf.
> Du wachst darüber, dass deine Fragesteller nicht hereingelegt werden,
> er, dass nicht Städte und Kriegslager eingenommen werden.
> Er versteht es, wie man die Truppen der Feinde in Schach hält,
> du, wie man Regenwasser [vom Grundstück] fernhält.

Und in einer köstlichen, theatralisch belebten Szene schildert Cicero, wie die Juristen (beim sogenannten Vindikationsprozess) die Klärung eines Eigentumsstreits durch ihren umständlichen Formelkram mehr behindern als fördern. Kein Wunder also, dass die Jurisprudenz an Prestige weit unter der angesehenen Redekunst, unendlich weit unter dem Militär rangiert. Sobald nämlich Krieg ausbricht, sind Redner und Jurist vergessen; nur noch der Soldat zählt: »Wenn es denn so ist, Sulpicius, dann, meine ich, weiche das Forum dem Lager, die Muße dem Militär!«

Nicht, dass Cicero je einem so militaristischen Grundsatz wirklich gehuldigt hätte! Er widersprach dem Hauptgedanken seines Consulatsjahrs, der in anderen Reden immer wiederkehrt: dass in diesem Jahr, bei der Bezwingung Catilinas, die friedliche Kunst des Redners allen Waffen überlegen gewesen sei: *cedant arma togae, concedat laurea linguae!*\* (Weiche dem Frieden der Krieg, der Lorbeer weiche der Zunge!) Man hat oft gefragt, warum Cicero die geistsprühende Rede *Pro Murena* nicht in seine *Consularischen Reden* (S. 323) aufgenommen habe: Dies, meine ich, war der Grund dafür.

Vor einer noch schwierigeren Aufgabe stand Cicero im Plancius-Prozess, der nicht nach dem gewöhnlichen *Ambitus*-Gesetz, sondern in einem verschärfteren Verfahren (wegen des sogenannten Sodalizienvergehens\*\*) geführt wurde. Der Ankläger, ein bei der Aedilenwahl durchgefallener Iuventius Laterensis, hatte hier nämlich die Möglichkeit, die Zusammensetzung des Gerichts in einer für ihn günstigen Weise zu beeinflussen. So war die überwiegende Mehrzahl der Richter von der größeren *dignitas* des Anklägers überzeugt: Sie selbst dürften ihn gewählt haben.

Cicero ergreift den Stier bei den Hörnern und beginnt fast sofort mit der *contentio dignitatis*. Statt nun aber nachzuweisen, dass Plancius, sein Klient, wegen seiner größeren *dignitas* gewählt worden wäre – angesichts des Richterkollegiums ein gefährliches Unterfangen –, stellt er sich, als ob er, schon wegen seiner angeblichen Freundschaft mit Laterensis, von dessen großer *dignitas* überzeugt sei, und baut seine Ver-

---

\* So zitierten Ciceros Gegner diesen Vers, der Anstoß erregte. Er selbst gebraucht später eine gemilderte Fassung: ... *concedat laurea laudi* – wodurch aber die Pointe unscharf wird.

\*\* Im Gegensatz zur Meinung der Rechtshistoriker beziehe ich die hier verfolgten *sodalicia* nicht auf die Bildung von »Banden« *(sodalitates)* zur Wählerbeeinflussung, sondern auf die »Kumpanei« von Kandidaten, die sich untereinander Wählerstimmen zuspielten, wobei vor allem die Bestechungsgelder wechselseitig deponiert wurden. Dies bedarf noch ausführlicher Darstellung.

teidigung darauf auf, dass das Volk eben nicht immer nach *dignitas* entscheide, sondern dass es umworben, umschmeichelt sein wolle – woran es leider Laterensis, im allzu großen Vertrauen auf seinen Wert, habe fehlen lassen. In einer *prosopopoiia* (fiktiven Rede) lässt er das Volk selbst zu ihm sprechen:[37]

> »Ich habe den Plancius dir, lieber Laterensis, doch gar nicht vorgezogen,
> sondern, nachdem ihr beide gleich gute Männer wart,
> habe ich meine Wohltat eher dem erwiesen, der mich inständig
> ersucht hatte,
> als dem, der mich nicht so demütig gebeten hatte.«

Schließlich deutet das Volk an, dass ihm Laterensis als Volkstribun – die Wahl steht bald an – noch viel nützlicher sein könnte denn als Aedil. Vielleicht wäre also diese kleine Niederlage seiner Karriere sogar förderlich gewesen ... Auch der eingeschworenste Laterensis-Freund unter den Richtern konnte jetzt Plancius freisprechen.

## CICEROS MORDPROZESSE

Wie der Mord als furchtbarstes Verbrechen schon im Zentrum der frühesten griechischen Rhetorik stand (S. 90), spielt er auch in Ciceros rednerischer Laufbahn eine wichtige Rolle: von der spektakulären Rede *Pro S. Roscio* (80 v. Chr.) bis zu dem in Caesars Privatgemächern gehaltenen Kammerplädoyer *Pro rege Deiotaro* (für König Deiotarus, 45 v. Chr.). Die Klienten reichten also vom toskanischen Bauernsohn bis zum orientalischen Despoten: *omnium patronus*. Verhandelt wurde nur zum Teil vor dem eigentlich für Mordsachen zuständigen Gerichtshof, *de sicariis* (S. 302); viele Mordfälle wurden, wenn es sich um politische Vergehen handelte, vor einem Gerichtshof *de vi* (öffentliche Gewalt bzw. Terrorismus) ausgetragen, so vor allem der berühmte Milo-Prozess, in dem Cicero sein Meisterstück lieferte (S. 337). Auch eine Mordverteidigung unter der Rubrik des Hochverrats *(perduellio)* haben wir schon kennengelernt (*Pro Rabirio*, S. 323), und sogar in Repetundenprozessen können Mordvorwürfe eine Rolle spielen (wie in *Pro Scauro*).

Die Rhetorik gibt auch hier keine spezifische Hilfestellung, sondern verweist uns auf die allgemeineren Status. Wir machen uns also ein Stück weit selbständig und stellen fest, dass der Mordvorwurf entweder den durchgeführten (I) oder den nur geplanten Mord (II) betrifft. Im ersteren Fall (I) kann die Tat entweder geleugnet (I A) oder als notwendige Tötung gerechtfertigt werden (I B); im anderen Fall (II) ist natürlich nur Leugnen möglich.

Nun beginnen wir uns den realen Fällen Ciceros zu nähern. Wird der begangene Mord geleugnet – liegt also ein *status coniecturalis* vor (S. 262) –, benötigt der Strafverteidiger in der Regel einen Ersatztäter (I A 1), da sozusagen jede Leiche nach ihrem Mörder ruft. In *Pro S. Roscio* sind das, mühsam genug, die beiden Roscii, die herhalten müssen (S. 306). In *Pro Scauro*, wo der Angeklagte aus Habgier einen jungen Sarden vergiftet haben sollte, macht Cicero statt seiner die mannstolle Mutter des Opfers zur Täterin; deren Buhle soll dann auch noch seine eigene, stockhässliche Ehefrau umgebracht haben, um die Mörderin heiraten zu können: ein aus wenigen Indizien zusammengestrickter Doppelmord, durch den Cicero vor allem zwei Belastungszeugen diskreditiert.

Gibt es keinen Ersatztäter, dann muss der angeblich Ermordete eines natürlichen Todes gestorben sein (I A 2). So in *Pro Cluentio*, wo der Angeklagte seinen Stiefvater Oppianicus vergiftet haben soll. Und wie? Durch in Brot verstecktes Gift – leichtes Spiel für Cicero, der wie ein Gerichtsmediziner sämtliche Vorteile flüssig verabreichten Giftes nur so aus dem Ärmel schüttelt:[38]

> Wie unwahrscheinlich, wie ungewöhnlich, wie neu: Gift in Brot
> dargeboten!
> Ging das denn leichter als in einem Becher?
> Ließ es sich unauffälliger verstecken in einem Teil des Brots,
> als wenn es ganz in einem Getränk aufgelöst worden wäre?
> Konnte es denn durch Essen schneller als durch Trinken
> sich in den Adern und allen Teilen des Körpers ausbreiten?

Nach Ciceros ohne Zeugen vorgebrachter Version ist Oppianicus angeblich vom Pferd gefallen; schuld an den Mordvorwürfen gegen den Stiefsohn ist seine Witwe, die leibliche Rabenmutter des Cluentius. Ruchloser als sie war nur noch das vermeintliche Mordopfer, Oppianicus, der aus Habgier zwölf seiner Verwandten und Bekannten, meist Frauen, umgebracht haben soll – ein gnadenloser Ritter Blaubart, dessen Verbrechen Cicero mit so detaillierter Hingabe schildert, dass selbst abgebrühte Historiker die Fassung verlieren: »Die Criminalstatistik aller Zeiten und Länder wird schwerlich ein Seitenstück bieten zu einem Schauergemälde so mannichfaltiger, so entsetzlicher und so widernatürlicher Verbrechen« (Theodor Mommsen).[39] Moderner formuliert: »Auch Hitchcocks Leichen sind nicht immer die besten.« Ihren Ruhm freilich verdankt diese Rede der Behandlung nicht der ordinären Morde, sondern der eines üblen Justizmords. Aber der gehört jetzt nicht zum Thema.

Etwas kürzer behandeln wir die Prozesse, in denen Cicero die Tötung zugibt (I B), aber im *status qualitatis* (S. 262) rechtfertigt. In der schon erwähnten Rede *Pro Rabirio perduellionis reo* (S. 323) hatte zwar Hortensius schon vor Cicero zu zeigen versucht, dass Rabirius gar nicht der Täter gewesen sei. Dennoch rechtfertigt Cicero die Tat: Hätte Rabirius sie getan, hätte er im notwendigen Staatsinteresse gehandelt.

Raffinierter ist *Pro Milone* angelegt (vgl. S. 336). Clodius, der Ermordete, und Milo waren, jeweils mit Gefolge, zufällig auf der Via Appia aneinandergeraten. Bei einem Handgemenge unter ihren Begleitern wurde Clodius verwundet und in ein nahe gelegenes Wirtshaus gebracht. Milo sah offenbar eine günstige Gelegenheit, seinen und Ciceros Erzfeind, dessentwegen er ohnehin Ärger bekommen würde, zu erledigen: Er ließ das Wirtshaus stürmen und Clodius niedermachen – ein so gut wie eindeutiger Mord. Milos Freunde waren geteilter Meinung, wie man ihn verteidigen solle: Sollte man es wagen, eine Tötung im Staatsinteresse geltend zu machen? Cicero ist Realist genug, um nicht allein darauf zu bauen. Er versucht auf Notwehr zu plädieren (*relatio criminis*, S. 263), indem er den Fokus seiner Erzählung und Beweisführung auf die Ereignisse vor der Tötung richtet, zieht aber den Gedanken, dass Milo ein absichtlicher Tyrannenmörder zum Staatswohl sei (*comparatio*, a. a. O.), wenigstens hypothetisch heran (S. 339). In einem virtuosen, theologisch überhöhten Schluss vereinigen sich beide Rechtfertigungen: Die Götter wollten den Staat vom Tyrannen Clodius befreien; so verblendeten sie ihn, dass er in seinem Wahnsinn den tapferen Milo angriff – und, dann natürlich in Notwehr, getötet wurde:[40]

> Aber den Dank für diese Wohltat, ihr Richter,
>   wollen die Fortuna des römischen Volkes und euer Glück
>   und die unsterblichen Götter s i c h selbst zuschreiben lassen.
> Und niemand kann anders urteilen als nur einer, der glaubt,
>   es gebe überhaupt keine göttliche Kraft und Macht. […]*
> Eben jene Kraft, die oft unglaubliches Glück und Segen dieser Stadt
>   geschenkt hat,
>   hat jenen Unhold ausgelöscht und vernichtet:
>   indem sie ihm anfangs den Plan eingab,
>   verwegen mit Waffengewalt den tapferen Helden herauszufordern –
>   und er so von dem besiegt wurde, der ihm, wäre er besiegt worden,
>   einen ewigen Freibrief und dauernde Straflosigkeit verschafft hätte.
> Nicht menschlicher Plan, ihr Richter, hat das vollbracht, auch kein
>   bisschen,
>   das war das Werk der unsterblichen Götter.

Gern gehen wir von diesem theologischen Finale für den Mörder Milo zu den beiden Reden über, in denen Cicero den seinem Mandanten unterstellten, aber nicht durchgeführten Mordplan rundweg leugnet (II). In *Pro Caelio* (56 v. Chr.), dem Meisterwerk von Ciceros Humor, war es die Consulwitwe und Lebedame Clodia, die Schwester des erwähnten Clodius,** die als Starzeugin der Anklage auftrat:

---

\* Cicero als Philosoph kann hier mit Leichtigkeit zwei Gottesbeweise, einen griechischen und einen römischen, skizzieren.
\*\* Sie gilt mit wenig Grund (und gegen die Chronologie) als die Geliebte Catulls, die er als *Lesbia* besungen habe. Etwas besser bezeugt ist, dass sie, die (wie die Göttin Juno) »Kuhäugige«, auch Cicero schöne Augen gemacht und dessen Frau Terentia verstimmt habe. Sollte das wahr sein, müsste Terentia viel Freude an unserer Rede gehabt haben.

Zufällig sei sie Mitwisserin eines von dem Angeklagten, Caelius, inszenierten politischen Mords geworden – so erklärt sich die Anklage *de vi* –; darum habe dieser versucht, sie mit Gift aus der Welt zu schaffen.

Ciceros Verteidigung ist eine doppelte: Auf der einen Seite diskreditiert er die Zeugin, erstens wegen ihres Lebenswandels, zweitens weil sie, wie er suggeriert, eine Affäre mit Caelius selbst gehabt habe und sich jetzt als verlassene Geliebte an ihm rächen wolle – eine bis heute von fast allen Historikern willig geglaubte Unterstellung. Auf der anderen Seite versucht er die Mordversion selbst ins Lächerliche zu ziehen. Das für Clodia bestimmte Gift sollte nämlich in einem öffentlichen Bad an die für den Mord gedungenen Sklaven übergeben werden. Sie habe davon Wind bekommen und Zeugen im Bad postiert – die sich allerdings vor der Übergabe der tödlichen Büchse verraten hätten, so dass der Überbringer Licinius samt Corpus Delicti entkommen konnte. Ein gefundenes Fressen für Cicero, der sich sogleich über die für diesen Prozess angekündigten, noch nicht namentlich genannten Augenzeugen lustig macht:[41]

> Dies müssen ja zweifellos höchst gewichtige Zeugen sein,
>   wo sie zunächst einmal Freunde einer solchen Frau sind [Heiterkeit]
>   und dann dies als Amt übernommen haben, sich in ein Bad stecken
>     zu lassen [Heiterkeit],
>   was sie, bei allem Einfluss, nur von den ehrbarsten und würdigsten
>     Männern erreichen konnte. […]
> Das erdichtet ihr ja:
> Als Licinius gekommen sei, die Büchse in der Hand gehalten habe,
>   wie er da versucht habe, sie zu übergeben, sie aber immer noch
>     nicht übergeben hatte [Heiterkeit] –
>   da seien plötzlich diese trefflichen, namenlosen Zeugen
>     hervorgesprungen;
>   Licinius aber, als er die Hand schon zum Überreichen der Büchse
>     ausgestreckt habe [Heiterkeit],
>   habe sie zurückgezogen und vor diesem plötzlichen Ansturm von
>     Menschen die Flucht ergriffen.

O große Macht der Wahrheit, die sich gegen alle menschliche
	Schlauheit [...] selbst verteidigt!
So hat ja diese ganze Komödie der alten Dichter in vieler Dramen
	überhaupt keinen Inhalt, kann gar keinen Schluss finden. [...]
So endet eine Posse, kein Drama:
Findet man kein Ende, so flieht einer aus den Händen,
	es klappern die Kastagnetten, und der Vorhang fällt.*

[Große Heiterkeit]

Es bedurfte schon Ciceros Kunst, um durch das bloße Nacherzählen der gegnerischen Version (in indirekter Rede) ihre Unglaubwürdigkeit zu zeigen und dann das literarische Kunstwerk auch noch durch einen Vergleich mit Literarischem zu krönen.

Ciceros letzte Mordverteidigung, die Rede *Pro rege Deiotaro*, findet nicht in einem eigentlichen Strafprozess statt, da der König von Galatien römischer Gerichtsbarkeit natürlich nicht unterworfen war. Er hatte Pompeius bei Pharsalos unterstützt, was ihm Caesar aber verzieh – gegen diverse Hilfeleistungen. Dann brauchte Deiotarus selbst Caesars Hilfe gegen einen aggressiven Nachbarfürsten. Prompt war Caesar aus Ägypten kommend im Jahr 47 v. Chr. zur Stelle, und – *Veni vidi vici* hieß die Parole – bei Zela war der Feind geschlagen. Diese Waffenbrüderschaft brachte Deiotarus weniger ein als erhofft: Bei einer in Nikaia durchgeführten Neuordnung der asiatischen Verhältnisse verkleinerte Caesar sein Gebiet. Doch versuchte Deiotarus auch in den beiden folgenden Jahren, durch diplomatische Anstrengungen seine Position bei Caesar zu verbessern. Diese Bemühungen wurden nun durchkreuzt von seinem leiblichen Enkel, einem gewissen Castor, der den Großvater bei Caesar anschwärzte, vor allem mit der Beschuldigung, dieser habe nach der Schlacht bei Zela auf der gemeinsamen Reise nach Nikaia verschiedene Versuche gemacht, Caesar umzubringen. Dies ließ sich nun Caesar in Prozessform so vortragen, als sei Deiotarus, der nicht einmal anwesend war, tatsächlich auf Tod

---

* Wörtlich: »er geht hoch«. Der römische Bühnenvorhang, am Boden gelagert, hebt sich am Ende des Stücks.

und Leben verklagt. Castor machte den Ankläger – und auch Cicero ließ sich ein auf das Spiel, um bei Caesar etwas für seinen alten Gastfreund Deiotarus auszurichten.

Die ganze Raffinesse der Rede,* in der Cicero auf Caesars Liebäugeln mit dem Königstitel *(rex)* spekuliert und so etwas wie eine Solidarität der »Könige« fordert, kann hier nicht gewürdigt werden. Was den Mordvorwurf angeht, so arbeitet Cicero zunächst geradezu schulmäßig mit den Argumenten *e causa* (Motiv) und *e moribus* (Charakter), legt dann aber wie in *Pro Caelio* das Hauptgewicht auf die Argumentation *e facto* (Tatumstände) – die natürlich umso dankbarer ist, wenn der Mord gar nicht stattgefunden hat, sondern quasi im Sande verläuft.

Wieder lässt er den Gegner erzählen, diesmal in direkter Rede. Das erste Mal sei der Versuch fehlgeschlagen, als Caesar die Schatzkammer, in der die Meuchelmörder versteckt waren, nicht besichtigen wollte: »Wie so oft hat dein Glück dich gerettet.«[42] (Geschickt spielte also der Ankläger mit Caesars selbstmörderischem Glauben an seine *fortuna*.) So habe man den Anschlag auf den folgenden Tag verschoben. Zeuge der Anklage war immerhin der Leibarzt des Deiotarus (den Cicero als untreuen Sklaven diskreditiert):[43]

»Als du nach dem Abendessen dich erbrechen wolltest,
  begannen sie dich ins Bad zu führen – denn dort war der Hinterhalt.
Aber wieder rettete dich dein Glück:
  Du sagtest, du wollest lieber im Schlafzimmer.«
Dass dich doch die Götter vernichten, entlaufener Galgenstrick!
Du bist ja nicht nur ein Nichtsnutz und Schurke,
  sondern auch blöd und verrückt.
Wie? Hatte er denn Erzstandbilder in seinem Bad postiert,
  so dass sie aus dem Bad keinen Weg ins Schlafzimmer finden
    konnten?

---

* Wenn Cicero selbst sie als »grob gestrickt« heruntergespielt (*Ad familiares* 9,12,2), ist das eine bewusste Irreführung gegenüber dem Briefadressaten Dolabella, der ein enragierter Caesarianer war.

Weniger als diese Art von Argumenten überzeugt uns Nachgeborene, was Cicero über die schiere Unmöglichkeit eines Attentats auf Caesar sagt: Wie »ungeheuerlich wäre es gewesen, den strahlendsten Stern aller Völker und aller Geschichte auslöschen zu wollen, wie verwegen, vor dem Sieger über den Erdkreis nicht zu erzittern«?[44] Das sagt und schreibt Cicero wenige Monate vor den Iden des März, offenbar in der Meinung, dass Caesar ihm so etwas glaubt. Sehr zu seinem Schaden hat er es ja wohl auch geglaubt.

# *ORATOR PERFECTUS* – CICERO SUCHT DIE PLATONISCHE IDEE DES REDNERS

Kann man sich Aristoteles auf der Rednerbühne in Athen agitierend vorstellen? Oder Demosthenes als Rhetoriker dozierend im Klassenzimmer? Seit dem 4. Jahrhundert v. Chr. trennen sich in der Regel die rednerischen Praktiker von den rhetorischen Theoretikern – wobei Ausnahmen wie Molon die Regel bestätigen. Besonders die römischen Redner, die sich doch ab dem 2. Jahrhundert v. Chr. die Rhetorik der Griechen für ihre Praxis zunutze machen, sind an der Theorie als solcher so wenig interessiert, dass sie ihr die griechische Sprache belassen. Nur Cato (S. 277) verlor einige Worte über Rhetorik, und immerhin schrieb zwei Generationen später der Redner M. Antonius in lateinischer Sprache ein »ganz schmales Büchlein«[1] zum Thema, worin er die Statuslehre des Hermagoras (S. 261) für Römer vereinfachte und umstrukturierte. Man könne nur fragen: geschehen oder nicht? *(status coniecturalis)*, zu Recht oder nicht? *(status qualitatis* I), gut oder schlecht? *(status qualitatis* II).[2] Nicht übel! Eine genauere Topik zu diesen drei Status scheint er jedoch nicht gegeben zu haben; zudem verwendete er keine Fachtermini.

## DIE SCHÖNE HELENA DER RHETORIK: CICEROS *DE INVENTIONE*

Erst der auch hier bahnbrechende Cicero vereinigte die praktische und theoretische Redekunst so umfassend, wie es vielleicht sogar bis heute einmalig ist. Schon bevor er seine Karriere als Redner eröffnete, hatte er das Bedürfnis, das von Griechen Erlernte in der eigenen Sprache zusammenzufassen. Seine zwei Bücher *De inventione*, wohl unter dem Titel *Libri rhetorici* (vor 81 v. Chr.) verfasst, behandeln diesen ersten und wichtigsten Teil der Rhetorik mit beispielloser Gründlichkeit. Denn nach eigenem Zeugnis hat sich Cicero nicht damit begnügt, einer oder wenigen Autoritäten zu folgen: Er habe, sagt er, alles gelesen, was es je an Rhetoriken gegeben habe, und daraus das Beste kritisch ausgewählt.

Eine köstliche Anekdote veranschaulicht diesen »Eklektizismus« (bzw. Ciceros *Reader's-Digest*-Prinzip): Als der berühmte Maler Zeuxis für den Heratempel der Stadt Kroton die schöne Helena zu malen hatte, suchte er unter den lokalen Schönheiten nach einem Modell – aber keine Miss Kroton war auch eine Helena. Diese musste vielmehr aus den besten Einzelteilen der schönsten Modelle zusammengestellt werden. Fazit:[3]

> Da nun also auch wir eine Rhetorik *(ars dicendi)* verfassen wollten,
> setzten wir uns nicht irgend e i n Vorbild vor Augen,
> um dessen sämtliche Teile, auf welchem Gebiet auch, peinlich
> genau nachzubilden,
> vielmehr brachten wir alle Autoren an einen Ort
> und entnahmen ihnen jeweils die Vorschriften, die bei jedem die
> treffendsten schienen,
> und kosteten so von den verschiedenen Geistern je das Köstlichste ...

Und wie um einen Eindruck von der Gründlichkeit zu geben, mit der er seine Modelle inspiziert hat, skizziert er eine Gesamtgeschichte aller Rhetorik nach ihren vorherrschenden Tendenzen.[4] Der erste Strang beginnt mit Aristoteles und dürfte – Namen werden nicht genannt – die Peripatetiker, vielleicht auch die Stoiker umfassen; dann nennt er als zweiten Stammvater den mit Aristoteles gleichzeitigen Isokrates samt seiner Schule, die sich, im Gegensatz zu jenem, ausschließlich mit Rhetorik befasst habe (im Unterschied zu Isokrates' eigenem Selbstverständnis!).* Aus beiden sei eine dritte, gemischte

---

* Den Hauptunterschied der beiden Richtungen dürfte Cicero darin gesehen haben, dass Aristoteles seine Rhetorik systematisch nach den Teilen der Rhetorik (*inventio* usw., vgl. S. 181) und Überzeugungsmitteln (S. 182) aufbaut, die unphilosophische Schule nach den Redeteilen (S. 50; 181).

Tradition entstanden. Er selbst habe aber Modelle aller drei Richtungen für sein Werk herangezogen.

## FLUNKERT CICERO?

Aber ist das auch wahr? Wer die gelehrte Literatur zu Cicero kennt, der weiß, dass heute niemand daran denkt, ihm hier zu glauben. Vielmehr gilt seit langem als ausgemacht, dass die Bücher *De inventione* eine unreife Schülerarbeit seien, in der Cicero dem Handbuch irgendeines römischen Rhetorikers gefolgt sei. Diese Ansicht beruht auf zwei Dingen: 1. einer späteren Äußerung Ciceros, 2. den Übereinstimmungen von *De inventione* mit der sogenannten Herennius-Rhetorik.

Zum Ersten: In der Vorrede zu seinem späteren Werk *De oratore* (55 v. Chr.) hat Cicero, um sein neues Opus ins Licht zu setzen, die eigene Jugendschrift abgewertet: Sie sei ihm »als Knaben oder Jüngelchen skizzenhaft und roh aus seinen Kladden [*commentarii*, das heißt für den Hausgebrauch bestimmte Aufzeichnungen] versehentlich an die Öffentlichkeit gepurzelt«.[5] Wirklich? Schon am Stil der Schrift hätte man erkennen müssen, dass dies keine Kladden waren* und Cicero durchaus eine Öffentlichkeit im Blick hatte.** Aber weil er sonst bekanntlich eher zum Prahlen neigt, glaubt man ihm umso mehr, wenn er einmal untertreibt. Leider.

Zum Zweiten: Unter Ciceros Werken ist eine einem gewissen Herennius gewidmete Rhetorik überliefert, in vier Büchern (mit allen fünf Redeteilen), die, wie man seit langem weiß, nicht von Cicero stammen kann.*** Mit *De inventione* hat sie jedoch solche Ähnlichkeit, dass auch an eine völlige Unabhängigkeit der Werke nicht zu

---

\* *De inventione* 1,1 ff. bietet eine ausgefeilte Periodenprosa, wie wir sie nirgends vor Cicero im Lateinischen nachweisen können.

\*\* In *De inventione* 2,8 bittet Cicero seine zukünftigen Leser um Kritik.

\*\*\* Der Kirchenvater Hieronymus, unser erster Zeuge (um 396), hält Cicero für den Verfasser der Schrift; in den mittelalterlichen Handschriften wird sie nach *De inventione* als Ciceros *Rhetorica secunda* oder dgl. überliefert; die Unechtheit erkannte Raphael Regius 1491.

denken ist. Da nun die historischen Beispiele dieses »Auctor ad Herennium« nur bis 86 v. Chr. reichen, wird heute zumeist angenommen, dass dessen Schrift in den Jahren bald nach diesem Datum verfasst sei, also kurz vor oder gleichzeitig mit der Jugendschrift Ciceros. Die Übereinstimmungen erklärt man dann durch eine von beiden benutzte lateinische Vorlage. Aber gegen diese heute herrschende Hypothese erheben sich schwerste Bedenken, die hier wenigstens knapp skizziert sein sollen:

– Quintilian, unser Experte für lateinische Rhetorikgeschichte, nennt keine lateinsprachigen Rhetoriker dieser älteren Zeit: Nach Antonius scheint für ihn gleich Cicero zu kommen.[*]

– Auch Cicero in *De oratore* kennt keinen Vorgänger außer Antonius (und sich selbst), ebenso wenig ist in *De inventione* die Rede von einem früheren lateinischen Rhetoriker.

– Der genaue Vergleich von Ciceros *De inventione* mit dem »Auctor« hat ergeben, dass Cicero die gemeinsamen Lehren beider jeweils richtiger und genauer wiedergibt:[**] Also dürfte wohl eher der »Auctor« Cicero benutzt haben, als dass beide einer gemeinsamen Quelle gefolgt wären.

– Die Stillehre des »Auctor« stimmt in vielem mit der eines (uns aus Quintilian) bekannten Cornificius überein, der, wenn er nicht gar selbst der »Auctor« ist (wie viele glauben), von diesem benutzt sein dürfte. Dieser scheint aber in die Generation nach Cicero zu gehören.[***]

– An der Stelle, wo der »Auctor« die Methoden behandelt, mit denen der Redner ein ermüdetes Publikum erheitern könne, stammen fast alle 17 angeführten Tricks aus Ciceros *De oratore*.[6] Während sie dort aber erläutert werden, bleiben sie beim »Auctor«, weil

---

[*] Unter den auf Antonius »folgenden weniger Berühmten« (*Institutio oratoria* 3,1,19) sind m. E. alle späteren römischen Rhetoriker (mit Ausnahme Ciceros) zu verstehen, nicht Rhetoriker zwischen Antonius und Cicero. Der einzige rhetorische Schriftsteller dieser Zeit, Plotius Gallus (S. 292), hat nur die Gestikulation behandelt.

[**] So Adamietz (S. 555); die von ihm geltend gemachten Gegenbeispiele halten der Überprüfung nicht stand.

[***] So nach den Erwähnungen bei Quintilian; vgl. etwa Caplan (S. 355), XII.

nur mit Namen genannt, geradezu unverständlich: Auch hier schöpft also offenbar der »Auctor« – diesmal recht ungeschickt – aus Cicero.

So scheint mir plausibel, dass die Herennius-Rhetorik trotz ihrer scheinbaren Zeitindizien erst nach, vielleicht sogar erst geraume Zeit nach Ciceros *De oratore* (55 v. Chr.) geschrieben wurde. Manches deutet darauf hin, dass ihr Verfasser als der junge Cicero posieren wollte – aber das kann hier nicht weiter ausgeführt werden. Genug, dass wir Cicero, was seine behaupteten Quellen angeht, vom Vorwurf des Flunkerns freisprechen können. Es entspricht auch seiner sonstigen Gründlichkeit, wenn er wirklich alle ihm verfügbaren Rhetoriken durchgearbeitet hat.

Noch ein schlagendes Indiz gibt es für seine Wahrhaftigkeit in diesem Punkt. An der zitierten Stelle, wo er von Isokrates und dessen Wirkung spricht, erwähnt er, dass es ihm nicht gelungen sei, die von Isokrates stammende *Technē* (Handbuch der Rhetorik) aufzutreiben.[7] Wir wissen heute, warum: Eine solche *Technē* hat nie existiert (S. 534). Obwohl nun aber Cicero, wie damals jedermann, an die Existenz der Isokrateischen *Technē* glaubte, tat er doch nicht etwa großspurig so, als habe er sie gelesen, sondern er gab sein Manko an dieser Stelle ehrlich zu. Auch darum sollten wir ihm Glauben schenken.

## FRÜH KRÜMMT SICH, WAS EIN HÄKCHEN WERDEN WILL

Erstaunlich ist jedenfalls die Selbständigkeit, mit der Cicero seine Autoritäten kritisierte. Obwohl er in der Statuslehre (und damit der Gesamtanlage seiner Schrift) dem gängigen System des Hermagoras (S. 261) folgte, spürt man schon im Definitionskapitel sein Bemühen um philosophische bzw. aristotelische Exaktheit (und Bescheidenheit): Zwar sei Ziel *(finis)* der Redekunst die Überredung *(persuadere)*, ihre Aufgabe *(officium)* aber sei es, »in einer der Überredung dienlichen Weise zu sprechen« *(dicere adposite ad persuadendum)*. Dass ihn dazu der vorsichtige Aristoteles (S. 171) inspiriert hat,* zeigt das sogleich angeführte Beispiel des Arztes, dessen Aufgabe es sei, »in einer der Heilung dienlichen Weise zu kurieren«.[8]

Nach Aristoteles teilt er dann auch die drei *genera* der Rede ein** und verwirft in dessen Geist die Lehre des Hermagoras, wonach Gegenstand der Rhetorik sowohl bestimmte Fragen (*hypotheseis* bzw. *causae*) als auch unbestimmte Fragen (*theseis* bzw. *quaestiones*) seien, etwa: »Gibt es ein Gut außer dem Sittlichen?«, »Sind die Sinneswahrnehmungen wahr?« usw. (vgl. S. 248). Hier empört sich der Zögling Philons: Wie könne man Dinge, »mit denen sich die größten philosophischen Genies mühevoll abgeplagt hätten«, so einfach, »als wären es Kleinigkeiten, dem Redner zuweisen«?[9]***

Da kaum ein Mensch heute *De inventione* liest, ahnt man wenig vom Reichtum dieser Schrift, die zwar meist traditionelles Gut, dieses aber in geistreicher, detaillierter Darstellung darbietet. Im ersten Buch ist der Stoff, trotz Berufung auf Aristoteles, bequem nach den Redeteilen geordnet. Hier wird bei Behandlung des Prooemiums mit seinen drei Aufgaben (S. 25; 186) unterschieden zwischen dem normalen Prooemium *(principium)*, bei dem diese Ziele direkt angesteuert werden, und der »Erschleichung« *(insinuatio)*, bei der wegen ungünstiger Einstellung des Publikums ein Umweg eingeschlagen werden muss.[10] Niemand hat unseres Wissens gerade die hier nötigen Techniken feiner beschrieben als Cicero. Und so bei vielem anderen. Gäbe es nur einen modernen Kommentar, um dies alles verstehen, einordnen und mit Ciceros späterer Praxis vergleichen zu können!

Für den Redner praktisch noch wichtiger ist das zweite Buch: die Topik der einzelnen Status, die Cicero wiederum ausführlicher als sonst jemand und sehr verständlich wiedergibt. Ein Beispiel daraus für

---

\* Eine Bibliothek mit den Lehrschriften des Aristoteles scheint 86 v. Chr. nach Rom gekommen zu sein; s. Düring (S. 538), 38–40.

\*\* Auch das gegen Hermagoras, der die aristotelischen *genera* dem Qualitätsstatus untergeordnet hatte: *De inventione* 1,12.

\*\*\* Hier denkt Cicero natürlich nur an den normalen, philosophisch ungebildeten Redner (wie ihn seiner Auffassung nach Hermagoras ausbildete). Sein Programm einer Wiedervereinigung von Weisheit (Philosophie) und Beredsamkeit (S. 297) hat er damit keineswegs aufgegeben.

die *remotio criminis* (im Qualitätsstatus*) haben wir beiläufig schon kennengelernt (S. 264). Als ein anderes, für Ciceros Praxis besonders wichtiges Beispiel sei die Topik des *genus deliberativum* (der beratenden Rede) genannt. Hier bot Aristoteles nur die Kategorie »nützlich – schädlich« (S. 179) und dazu eine Reihe von *eidē*, plausiblen Gemeinplätzen. Cicero gibt dagegen, im Einklang mit seinen späteren politischen Reden, zwei grundlegende Kategorien des Erstrebenswerten: das »Nützliche« *(utile)* und das »Sittliche« bzw. »Schöne« *(honestum)*, wobei gelegentlich beides zusammenfallen kann.[11]

Diese zwei Kategorien waren zwar schon in der Rhetorik des Anaximenes erschienen, dort aber nur in einer Aufzählung zusammen mit anderen.** Philosophischer Ursprung liegt also näher: Der Stoiker Panaitios hat seine Schrift *Über die Pflicht*, der Cicero in *De officiis* (Über die Pflichten) gefolgt ist, nach eben diesen beiden Gesichtspunkten aufgebaut. Sie erscheinen auch in Ciceros Rede *De imperio Cn. Pompei* (S. 318), in der 7. *Philippica* und den beiden Reden *De lege agraria* – wo das *honestum* mehr in der Senatsrede, das *utile* mehr in der Volksrede ausgeführt wird. Warum? In der späteren Schrift *Partitiones oratoriae* nennt Cicero den Grund: Ungebildete und rohe Menschen ziehen den Nutzen der Sittlichkeit vor, Humane und Gebildete votieren für das Schöne, die *dignitas*.[12] Nun prüfe jeder sein Herz!

## VON DER VOLLKOMMENEN RHETORIK ZUM VOLLKOMMENEN REDNER

Erst fast dreißig Jahre später, in politisch unerquicklichen Zeiten, kommt Cicero wieder zur theoretischen Schriftstellerei. Als ersten Teil einer platonischen Werktrias (in Dialogen) verfasst er 55 v. Chr. die Schrift *De oratore* (Über den Redner) in drei Büchern – das erste Werk philosophischer Kunstprosa in Rom. Wie schon der Titel andeutet,

---

\* Bei Cicero *constitutio generalis*, als dritter Status nach *constitutio coniecturalis* und *constitutio definitiva*; das Kunstwort *qualitas* bildete erst der spätere Cicero.

\** Anaximenes, *Rhetorik* 1: »gerecht, gesetzlich, nützlich, sittlich (schön), angenehm, bequem, notwendig«.

hat sich Ciceros Interesse verändert. Kein Wunder. Damals, vor Beginn seiner Karriere, suchte er sich das verfügbare rhetorische Wissen so vollständig wie möglich anzueignen; jetzt dagegen ist er längst Roms führender Redner – aber warum gerade er? War es seine überreiche Begabung? Sein fleißiges Training bei Meistern wie Molon? Sein minutiöses Studium der Theorie? *Natura, exercitatio* oder *ars*?

Keiner der drei Bildungsfaktoren (vgl. S. 133) schien ihm auszureichen. Entscheidend für seinen Erfolg war, meinte er, seine enzyklopädische Allgemeinbildung, die neben Geschichte und Jurisprudenz auch Geographie, Militärwesen, Politologie und als Krönung aller Wissenschaften Philosophie mit Dialektik, Ethik und Physik umfasste. Wer konnte so wie er logisch einteilen? Ethische Spezialfragen auf ihren allgemeinen Kern reduzieren? Über Gott und die Welt, positives Gesetz und Naturrecht disputieren? Nun wollte er auch junge Redner für ein solches Ideal begeistern. Platons Dialog *Phaidros*, an den er sich formal etwas anlehnt, liefert dazu nur einige Stichworte.

Schon in der Wahl der Personen zeigt sich, dass Cicero an die Jugend denkt. Zwei Vertreter einer älteren Generation, Crassus und Antonius – Cicero hat sie noch erlebt (S. 281), wie einst Platon den Sokrates –, debattieren im Jahr 91 v. Chr. über den vollkommenen Redner *(orator perfectus)*, wobei zwei jüngere Redner, die für Cicero vorbildlichen Sulpicius und Cotta (S. 292), in der Schülerrolle zuhören und Kommentare abgeben. Dabei scheint die Hauptfrage des Dialogs relativ bald gelöst. Schon in der Vorrede zum ersten Buch wird klar, welche umfassenden Anforderungen an den Redner gestellt werden und dass seine Beredsamkeit darum »auf den Künsten der gebildetsten Männer beruhen« müsse.[13] Fast dasselbe ergibt sich bei den Disputen im ersten Buch. Hier geraten, nach längerem Vorgeplänkel, der »Ideologe« Crassus und der »Pragmatiker« Antonius über das Problem der Allgemeinbildung aneinander, wobei besonders Jurisprudenz und philosophisch fundierte Psychologie Brennpunkte der Diskussion sind: Beider Notwendigkeit für den Redner wird von Antonius nicht ohne plausible Gründe bestritten; Crassus hält ihm vor, er degradiere damit den Redner zum Handwerker *(operarius)*. Dies verdirbt jedoch nicht die gute Laune und man trennt sich, um am nächsten Tag weiter zu debattieren.

## EINE RHETORIK AUS RÖMISCHER PRAXIS

Über Nacht hat sich das Thema ein wenig verschoben. Statt eine These zu erörtern, wollen beide Kontrahenten nun eine Art Gesamtdarstellung der Rhetorik geben, aber vom römischen Standpunkt aus und aus der Sicht gereifter Praktiker (die über griechische Schulweisheit mitunter die Nase rümpfen). Trotz diesem Nationalstolz bleibt man jedoch grundsätzlich in den Bahnen der griechischen Rhetorik. Und Antonius, der das Gebiet der *inventio* übernommen hat, beginnt gut systematisch mit einem Thema, das seit der Kontroverse von Platon und Aristoteles (S. 166) alle Rhetoriker umtreibt: Ist die Rhetorik eine Wissenschaft?[14]

> »Ich meine, die Sache ist ihrem Vermögen *(facultas)* nach grandios,
>     ihrer Wissenschaftlichkeit *(ars)* nach aber bescheiden.
> Denn eine Wissenschaft bezieht sich auf Dinge, die man weiß;
>     was aber der Redner tut, beruht alles auf Meinungen, nicht auf
>         Wissen.
> Denn wir reden bei Leuten, die nicht wissen;
>     und wir reden das, was wir selbst nicht wissen.
> Darum denken und urteilen sie über dieselben Dinge bald das eine,
>         bald das andere,
>     und wir vertreten oft die entgegengesetzten Standpunkte ...«

So setzt sich Antonius von der üblichen Rhetoriker-Reklame ab, indem er den Wissenschaftsanspruch der Rhetorik herunterspielt. Er benutzt dazu Gedanken des Aristoteles, macht aber einen kleinen Denkfehler – den zum Beispiel Platon im *Phaidros* vermieden hatte (S. 160): Auch wenn sich die Gegenstände der Rede im Bereich des Meinens befinden, kann es doch eine Wissenschaft geben, deren Gegenstand eben die Rede selbst ist: Sogar das Betrügen kann grundsätzlich wissenschaftlich betrieben werden (vgl. S. 167).

Wie Antonius die Rhetorik generell abwertet, so kritisiert er in der folgenden langen Einleitung über Grundfragen eine Reihe gängiger griechischer Schulregeln. Dann gibt er eine ungewöhnliche Darstellung der *inventio*. Zunächst folgt er nämlich nicht den bekannten Redeteilen, sondern hält sich kühn an das, was Cicero in *De inventione* wahrscheinlich mit der Tradition des Aristoteles meinte: die Einteilung nach den drei Überredungsmitteln, *docere* (lehren: *logos*), *conciliare* (für sich einnehmen: *ēthos*), *commovere* (erschüttern: *pathos*). Was Antonius hier im Einzelnen ausführt, ist gesättigt von praktischer römischer Erfahrung, weshalb die Akzente ganz anders als bei Aristoteles gesetzt werden.

Während dieser besonders stolz war auf den »logischen« Beweis, betont Antonius die überwältigende Bedeutung gerade des Irrationalen. Besonders in der Behandlung seiner Rede *Pro Norbano* (S. 282) zeigt sich, wie relativ unerheblich die sachliche Kernfrage gegenüber den Faktoren war, die sich aus der Selbstdarstellung des Redners *(ēthos)* und der Empörung über bestimmte Gegner *(pathos)* ergaben. Hier kommt Cicero in der Tat weit über seine an der üblichen Schulrhetorik orientierte Schrift *De inventione* hinaus. Die Erfahrungen, die er seit *Pro S. Roscio* gemacht hat, zeigen sich besonders in den originellen Hinweisen zur Affekterzeugung:[15]

»Es ist unmöglich, dass der Hörer Schmerz, Hass, Neid, Furcht
                              empfindet,
    dass er zu Tränen und Mitleid gestimmt wird,
    wenn er nicht den Eindruck hat,
    dass alle die Seelenbewegungen, die er dem Richter vermitteln will,
    im Redner selbst tief eingeprägt und eingebrannt sind.«

Affekterregung muss Affektübertragung sein: Das hat man oft nachgesprochen, in Kenntnis Ciceros (wie Quintilian)* oder auch ohne sie (wie Adolf Hitler).** Doch selten wohl hat sich ein Redner so freimütig wie Antonius bzw. Cicero darüber geäußert, wie der Redner selbst zu seiner Empfindung kommt:

---

\* *Institutio* 6,2,25 ff.: Wenn Quintilian behauptet, dies nur eigener Erfahrung zu verdanken, unterläuft ihm wohl ein Gedächtnisfehler.
\*\* *Mein Kampf*, Bd. 1, München [20]1933, 116. – Mehr bei Wilfried Stroh, »Rhetorik und Erotik […]«, *Würzburger Jahrbücher für die Altertumswissenschaft* 5 (1979), 117–132, dort 122 ff..

»Und man glaube ja nicht, es sei etwas so Großes und Wunderbares,
dass ein Mensch so oft in Zorn gerät, so oft Schmerz empfindet,
so oft von allen Affekten erschüttert wird, besonders wo es um
fremde Dinge geht:
Die Gedanken und Topoi, die wir in der Rede vorbringen und
behandeln,
haben selber eine solche Kraft, dass Vortäuschung und Betrug gar
nicht nötig sind.
Denn die Natur der Rede, die andere erschüttern soll,
erschüttert den Redner selbst noch mehr als irgendeinen der
Zuhörer.«

Weinen und zürnen nicht auch die Schauspieler wirklich, wenn sie einen Verzweifelten oder Empörten darstellen? Man sieht, Antonius kommt hier auf Probleme, die weit über die Rhetorik hinausführen. Sie haben noch den Widerspruch von Denis Diderot herausgefordert,* der wiederum Bertolt Brecht zu seinem »epischen Theater« inspiriert haben soll.

Auch ein Antonius beherrscht nicht gleichmäßig alle Gebiete der Rhetorik. Für die *dispositio* (Redeaufbau), unter deren Rubrik nun endlich die Redeteile behandelt werden, fühlt er sich noch kompetent, ebenso für die Topik des *genus deliberativum* (Senats- und Volkrede) und des *genus demonstrativum* (Lobrede), auch für die *memoria* (Gedächtnis) – deren Technik wenigstens andeutungsweise dargestellt wird (vgl. S. 383). Ein weiteres wichtiges Gebiet der Rhetorik aber, das noch zur *inventio* gehört, nämlich den Humor *(iocus et facetiae)*, überlässt er einem Spezialisten: dem im zweiten Buch anwesenden Iulius Caesar Strabo[16] – denn dieser war, wie Cicero später urteilt, »an Heiterkeit und Witz allen überlegen«.[17] Freilich ziert sich Strabo zunächst, über solche Dinge zu reden, die theoretisch ja nicht erfassbar seien, und über die einschlägigen Schriften der Griechen macht er sich lustig – sie böten so wenig zum Lachen, dass man nur über ihre Abgeschmacktheit lachen könne –; dann aber gibt er doch eine recht systematische Dar-

---

* *Paradoxe sur le comédien* (1777/78), wohl Diderots berühmteste Schrift.

stellung seines Gegenstands: die detaillierteste Theorie des Komischen *(ridiculum)*, die uns aus dem Altertum erhalten ist.\*

Fundamental ist die Einteilung in einen durchgängigen Sachwitz *(perpetuae facetiae)* und einen punktuellen Sprachwitz *(dicacitas)*, der wiederum entweder auf dem Sinn (*res* bzw. *sententia*) oder dem Wort *(verbum)* beruht. Viele der hier für 10 + 24 Typen des Komischen angeführten Beispiele reizen uns auch heute noch spontan zum Lachen, manche brauchen allerdings einen Kommentar. Wichtig für den Redner ist der Hinweis, dass er umso komischer wirkt, je ernster sein Gesicht ist. Noch interessanter ist die Feststellung, dass das Komische zum Teil auf einer Freude am eigenen Irrtum beruht.[18] Hier konnten neuere Theoretiker wie Arthur Schopenhauer und Sigmund Freud weiterdenken.

## CRASSUS GEGEN SOKRATES:
## ES LEBE DIE SOPHISTIK!

Das Hauptthema unserer Schrift, das rednerische Bildungsideal, scheint über so viel Detail schon fast aus den Augen verloren. Crassus aber, der am Nachmittag des zweiten Tages (und damit im 3. Buch) an der Reihe ist, sorgt nun dafür, dass wir wieder zu dieser Hauptsache kommen – überraschenderweise unter dem Stichwort *elocutio* (sprachlicher Ausdruck), wofür er ja zuständig ist. (Die Behandlung der *actio*, des Vortrags, bildet nur noch einen Anhang.)

Crassus bereitet sich gründlich vor, zwei Stunden lang: Großes ist zu erwarten. Und er beginnt sogleich wie ein Philosoph mit Gedanken, welche die Schulrhetorik weit übersteigen. Erstens: Form und Inhalt, *elocutio* und *inventio*, ließen sich nicht voneinander trennen. Zweitens: Es gebe keinen schlechtweg vorbildlichen Stil, sondern nur eine Reihe nebeneinander gleichberechtigter Individualstile, z. B. Iso-

---

\* Verloren ist uns ja leider das einschlägige 2. Buch von Aristoteles' *Poetik* (Näheres bekanntlich bei Umberto Eco, *Der Name der Rose*). Sonst findet man Literatur in dem (für das Altertum ganz unbefriedigenden) Artikel »Lächerliche (das)« von A(nton) Hügli, in: Ritter, *Historisches Wörterbuch der Philosophie*, Bd. 5, 1980, 1–8.

krates, Lysias, Demosthenes ... Er, Crassus, könne also nur sein eigenes Stilideal beschreiben. Dann beginnt er jedoch ganz konventionell, indem er die vier von Theophrast kanonisierten (S. 255) Tugenden des Stils *(virtutes dicendi)* vorstellt und erläutert: 1. Sprachkorrektheit *(Latinitas)*, mit einem aufschlussreichen Exkurs über stadtrömische Aussprache; 2. Klarheit *(planum)*; 3. Schmuck *(ornatus)* und 4. Angemessenheit *(aptum)*.

Der dritte Punkt gibt Anlass zu einer zunächst überraschenden Abschweifung:[19] Die Beredsamkeit selbst, sagt er, sei eine hohe Tugend, zu der immer auch Sittlichkeit *(probitas)* und Klugheit *(prudentia)* gehörten. Jene Einheit von richtigem Denken und Reden, wie Crassus sie postuliert, hätten die Griechen *sapientia* (gemeint: *sophia*) genannt; sie sei verkörpert gewesen in Männern wie dem Staatsgründer Lykurgos, den Staatsmännern Pittakos und Solon, aber auch in Römern wie Coruncanius, Fabricius, Cato, Scipio. Ihnen entsprachen laut Crassus Lehrer wie der Phoinix des Homer, der seinen Achill »zum Redner und Täter« ausbildete (S. 29), ebenso noch in späterer Zeit (gemeint im 5. Jahrhundert v. Chr.) Gorgias, Thrasymachos, Isokrates.[*]

Hier müssen wir kurz innehalten. Was Crassus so weit dargelegt hat, ist, erweitert um einige Eigennamen, kaum etwas anderes als die Konstruktion, die Cicero in *De inventione* vorgetragen hat: eine ursprüngliche Einheit von *eloquentia* und *sapientia* bis ins 5. Jahrhundert v. Chr. (S. 297). Überraschend ist allerdings für einen Platoniker wie Cicero, dass nun auch die von Platon verspotteten Sophisten wie Gorgias und Thrasymachos zu den Vorbildern gerechnet werden. Aber es kommt noch schlimmer. Nicht irgendwelche unmoralischen Winkeladvokaten wie in *De inventione* waren es, die jenen schönen Bund von Weisheit und Redekunst zerstörten, sondern – Sokrates! Also Platons verehrter Lehrer, den auch Cicero sonst als Vater der Moralphilosophie und des kritischen Denkens so bewunderte, ist Urheber der Ver-

---

[*] Da Isokrates eine Generation nach Sokrates lebte, passt sein Name nicht in Ciceros Konstruktion (wonach Sokrates Rhetorik und Philosophie endgültig zerschlagen hätte). Fast ebenso wenig scheint der später genannte Name des Demosthenes zu passen: Crassus spricht hier nicht mit der Akribie, die wir sonst in Ciceros philosophischen Schriften finden.

derbnis (Cicero denkt natürlich an Platons *Gorgias*): Sokrates habe, heißt es, den Namen *philosophia*, den bisher die philosophisch-rhetorischen Einheitslehrer getragen hatten, nur noch für sich selbst beansprucht und für alle, die ihm folgten (vgl. S. 157): »So entstand jener Zwiespalt gewissermaßen von Herz* und Zunge, ein unsinniger, nutzloser und verwerflicher Zwiespalt, wonach die einen uns das Denken, die anderen das Reden lehren.«[20] Wenn ein Redner heute diese Trennung überwinden wolle, müsse er neben dem Rhetoriklehrer auch zu jenen gehen, welche die Rhetorik einst »ausgeplündert« hätten, zu den Philosophen, am besten den Akademikern oder Peripatetikern. Aber es bleibe ein unnatürlicher Zustand.

Oberflächliche Leser könnten annehmen, hier habe Cicero im Grunde nur seine alte Vorstellung einer Wiedervereinigung von Weisheit und Beredsamkeit erneuert. Aber nicht nur die historische Einschätzung des Sokrates und der Sophisten ist eine entgegengesetzte: Das ganze Ideal hat sich gewandelt. Der ideale Redner des jungen Cicero war der platonische Philosophenkönig, der sich der Rede bediente, um dem Wohl des Staats zu dienen. Der Idealredner des Crassus bedient sich umgekehrt der Philosophie, um möglichst effektvoll reden zu können: »Wir dürfen nicht nur unsere Zunge schleifen und schärfen, wir müssen unsre Brust belasten und füllen mit der Süße, Fülle und Vielfalt der meisten und größten Dinge.«[21] Warum? Nicht, damit uns die Philosophie zum Guten anleite – die moralische Verpflichtung des Redners wird nur beiläufig erwähnt –, sondern weil sie ein Arsenal von Gedanken bereitstellt, die der Redner gebrauchen kann. Und weil sie – und damit kommen wir endlich wieder zum Stil *(elocutio)* – dank ihrem Reichtum ihm auch »alle Zurüstung und allen Schmuck« für die Rede liefert: »Denn die Fülle der Dinge erzeugt die Fülle der Worte«;[22] dies ist der zentrale Satz in der ganzen langen Stillehre des Crassus.

Hat Cicero also sein platonisches Ideal des Philosophenkönigs aufgegeben? Nein, schon die ersten Kapitel seiner nächsten Schrift *De re publica* beweisen das Gegenteil. In *De oratore* aber wollte er gerade kein,

---

* Das Herz, nicht das Hirn gilt in der Antike für gewöhnlich als Sitz des Denkens.

auch kein nur einseitiges Bild des idealen Staatsmanns geben; er wollte absolut und für sich gesetzt nur nach dem besten, das heißt erfolgreichsten Redner fragen. So gesehen musste Sokrates allerdings als ein Verderber und die Sophisten als Vorbilder erscheinen.* Nie war Cicero so ausschließlich Rhetoriker wie hier. – Wer nicht *De oratore* liest, kennt Cicero wenig; wer nur *De oratore* liest, kennt ihn allerdings noch weniger.

## CICEROS STIL WIRD ANGEGRIFFEN: IST ER EIN »ASIANER«?

Wenn Cicero von den drei Büchern *De oratore* sagte, er habe sie in der »Art des Aristoteles« *(Aristotelio more)* geschrieben,[23] meinte er damit, wie er selbst erläutert, dass er unter Vermeidung der üblichen schulrhetorischen Vorschriften – ganz war das nicht möglich – »die gesamte alte rednerische Wissenschaft *(ratio oratoria)* des Aristoteles und Isokrates umfasst habe«. Aristotelisch war weithin der Aufbau des Werks und vor allem seine philosophische Grundausrichtung. Letzteres galt auch für Isokrates, dessen Bildungsideal einer Einheit von »gut reden und denken« (S. 135) zumindest äußerlich dem ciceronischen nahekam.

Ciceros spätere Schriften zur Rhetorik haben diesen umfassenden Anspruch nicht mehr. Wohl gegen Ende der 50er Jahre hat er den eigenartigen Versuch unternommen, die gesamte Schulrhetorik nach streng platonischer Methode, das heißt in einer dihäretisch gegliederten Begrifflichkeit (S. 160), darzustellen. Diese seinem Sohn Marcus gewidmeten *Partitiones oratoriae* (Rhetorische Gliederungen) haben die Form eines Katechismus, wobei der Sohn den Vater abfragt (statt wie normalerweise umgekehrt), und zwar auf Lateinisch (statt wie üblich auf Griechisch).

Die späteren Schriften stehen im Zeichen der Polemik gegen eine neu aufkommende Stilrichtung. Vielleicht war es Ciceros in *De oratore* aufgestellte Definition des vollkommenen Redners als desjenigen, der »über jede Sache mit Schmuck *(ornate)* und Fülle *(copiose)* reden

---

* So ausdrücklich Catulus (*De oratore* 3, 126 ff.): Crassus erneuere die alte Sophistik.

könne«,[24] die Widerspruch und Spott hervorrief; jedenfalls erhoben sich Ende der 50er Jahre in der jüngeren Rednergeneration Stimmen, die ihm just die Fülle bzw. Abundanz seines Redestils zum Vorwurf machten: Er sei »fülliger« als die doch vorbildlichen großen attischen Redner, zu denen man neben Lysias, Hypereides, Demosthenes und anderen gelegentlich auch Thukydides rechnete. Diese jungen Redner, deren prominentester Vertreter Gaius Licinius Calvus (S. 334) war, Freund Catulls, bezeichneten sich selbst als *Attici* – wir nennen sie heute in der Regel »Attizisten«.

Früher nahm man meist an, dass diese Richtung des »Attizismus«, durch welche die attischen Redner solche modellhafte Bedeutung bekamen, aus der griechischen Rhetorik stammen müsse – Eduard Norden, einst Papst in Stilfragen, datierte ihren Beginn *ex cathedra* schon bald nach 200 v. Chr.;[25] in neuerer Zeit aber setzt sich mit besserem Grund die Meinung durch, dass die Bewegung erst damals von Römern ausgegangen ist. Wir haben schon an anderer Stelle gehört, wie bald nach Cicero der in Rom lebende Dionysios von Halikarnass die Reinigung der Redekunst von der Entartung des »Asianismus« dem »alles beherrschenden Rom« zuschreibt (S. 253), »das sämtliche Städte nötigte, auf diese Stadt zu blicken«; entscheidend seien gewesen Roms »Mächtige, die mit Tugend und Kraft das Gemeinwesen verwalteten und höchst gebildet waren«.[26] Ohne Zweifel hat Dionysios hier römische Politiker und nicht griechische Rhetoriker im Blick. Und er sagt klar, dass dieser Umschwung erst vor kurzem eingesetzt habe.

Was also hielten diese Bewunderer alles Attischen nun Cicero im Einzelnen vor? Zum Glück wissen wir das nicht nur von ihm, sondern auch von Quintilian und Tacitus.[27] Die Kritik betraf vor allem zwei Punkte:

1. Er sei geschwollen (*inflatus, tumidus*), unmäßig (*redundans, superfluens*), zu unnötigen Wiederholungen neigend *(in repetitionibus nimius)*;
2. er sei in der Wortfügung kraftlos *(in compositione fractus)*, schlaff und schlapp (*solutus, enervis, elumbis*), fast unmännlich weich *(paene viro mollior)*.

Beim ersten Punkt geht es um verschiedene Erscheinungsformen der Ausdrucksfülle. Der zweite betrifft vor allem den Periodenbau: Cicero neigt zu ausladenden Satzperioden mit wachsenden Gliedern, die regelmäßig auf dieselben wenigen rhythmischen Satzklauseln enden (besonders Ditrochaeus _ ◡ _ ◡ und Creticus _ ◡ _ ◡). Dieses wohlige Ausklingen und Zur-Ruhe-Kommen klingt in der Tat »weichlicher« als die oft geradezu hart abreißenden Kolon- und Satzschlüsse des Demosthenes.

Hatten die »Attizisten« insgesamt recht mit ihrer Kritik an Cicero? Im Verhältnis zu den Attikern, ja. Gerade wenn man Partien Ciceros, in denen er etwa Demosthenes nachahmt, mit dem Original vergleicht, sieht man, wie viel üppiger und gefälliger der Römer formuliert. Beispielsweise hatte Demosthenes in seiner *Kranzrede* seinem Gegner Aischines die Schuld am Ausbruch des Kriegs mit Philipp zugeschrieben (ich übersetze so weit möglich im Rhythmus des Originals):[28]

> Denn wer den Samen gesät hat, der ist auch an den Pflanzen schuld.

Ebenso macht Cicero den Gegner Antonius zum Auslöser des Bürgerkriegs (der Rhythmus lässt sich hier nur für die Klauseln nachbilden):[29]

> *Ut igitur in seminibus est causa arbor(um) et stirpium,*
> *sic huius luctuosissimi belli semen tu fuisti.*

> Wie also in den Samen die Ursache für Bäume und Sträucher liegt,
> so bist dieses unsäglich traurigen Krieges Samen du gewesen.

Sogleich fühlt man die Redundanz. Was bei Demosthenes Pflanzen waren, wird hier aufgefächert zu Bäumen und Sträuchern. Der Krieg erhält das Beiwort *luctuosissimi*, sicherlich das traurigste Adjektiv, das die lateinische Sprache zu bieten hatte. Und wie viel künstlicher ist das Ganze! Bei Demosthenes wurde Aischines mit einem Sämann nur verglichen; Cicero macht daraus eine kühne Metapher, fast schon

Allegorie: Aischines w a r der Sämann – noch kühner: Er war der Samen dieses Krieges. Natürlich kommen dazu die üblichen klingenden Klauseln: *arbor(um) et stirpium* (Dicreticus _ ◡ _ _ ◡ _ *), *tu fuisti* (Ditrochaeus _ ◡ _ _): Demosthenes war weniger berechenbar.

Woher hatte Cicero diesen Stil, den ja auch wir noch als »ciceronisch« empfinden? Die »Attizisten« glaubten es zu wissen: aus *Asia*, also Kleinasien, wo in der Tat die Lehrer zu Hause waren, bei denen Cicero entweder vor Ort oder in Rom studiert hatte. Daher bezeichneten sie ihn mit einem neu aufkommenden Schimpfwort als *Asianus*, »Asiate« bzw. »Asianer«.** Vielleicht wurde dieses Wort überhaupt erst im Hinblick auf Cicero erfunden.

## CICERO VERTEIDIGT SICH:
### SEINE SELBSTDARSTELLUNG IM *BRUTUS*

Cicero musste diese Kritik ernst nehmen, da es dem Anführer der Bewegung, Calvus, offenbar gelang, als quasi neuer Demosthenes Erfolg zu haben: »Seine Wortfügung ist kraftvoll nach dem Vorbild des Demosthenes, nichts ist an ihr gefällig, nichts sanft, alles erregt und flutend.« Und so, heißt es, »führte er lange Zeit mit Cicero einen erbitterten Streit über die Position des führenden Redners«.[30] Wir wissen, wodurch der Streit beendet wurde: nicht durch Ciceros Sieg, sondern durch den frühen Tod des Calvus. Dass dessen Werke heute verloren sind, gehört zu den schmerzlichsten Verlusten der lateinischen Literatur.

Cicero führte den Streit mit ihm nicht nur auf dem Forum, sondern auch auf dem Papier. Das spätere Altertum kannte einen Briefwechsel, in dem er mit Calvus und Marcus Iunius Brutus, der den »Attizisten« nahestand, über Stilfragen diskutierte.[31] Darin soll er Calvus

---

* Man beachte, dass im letzten Element der Klausel wie am Ende des Verses (wegen der folgenden Pause) die Unterscheidung von Länge und Kürze neutralisiert wird; es handelt sich nach heutiger Terminologie um ein *elementum anceps* (kurz oder lang).
** Offenbar der Erste, der Kritik in dieser Richtung äußerte, war Iuventius Laterensis im Plancius-Prozess (54 v. Chr.); vgl. Stroh, in: Schröder, *Studium declamatorium* (S. 559), 25 f.

»blutlos« *(exsanguis)* genannt und zu größerer »Kraft« *(vis)* ermahnt haben – diese Briefe waren aber offenbar nicht für die Öffentlichkeit bestimmt. Erst nach dem Tod seines Hauptwidersachers entschloss sich Cicero zu einer öffentlichen Stellungnahme gegenüber den verbliebenen »Attizisten«, vor allem in zwei zur Zeit von Caesars Diktatur 46 v. Chr. verfassten Schriften: *Brutus* und *Orator*. Ciceros Grundidee in der hier geführten Diskussion ist die, dass er die Unterscheidung seiner Widersacher zwischen »attisch« und »asianisch«, auch hinsichtlich der Wertung, voll anerkennt – obwohl zuvor bei ihm von dergleichen nie die Rede war –, dass er aber zu zeigen versucht: erstens, dass er selbst nicht »asianisch« sei, zweitens, dass seine Gegner nicht »attisch« seien. Vor allem dem ersten Punkt dient der *Brutus*, dem zweiten der *Orator*.

Der Dialog *Brutus* ist, sagt man, eine Geschichte der römischen Beredsamkeit – als solche kennen wir ihn ja schon (S. 273) –, die auf Cicero als den Gipfel der Kunst hinausläuft. Das ist richtig, jedoch nicht alles. Zunächst ist diese Schrift ein Grabgesang auf die Beredsamkeit der freien Republik. Mit *Brutus*, dem Namen des berühmten Tyrannenmörders überschrieben, übt das Werk erstaunlich offen Kritik an den gegenwärtigen Zuständen, unter denen sich ein Talent wie das des jungen Brutus nicht mehr entfalten könne.

Den eigentlich historischen Teil beginnt Cicero bei den alten Griechen, wo er zügig zu den attischen Rednern kommt. Von acht namentlich genannten hebt er mit Wohlbedacht drei hervor: Isokrates, den angeblichen Erfinder von Periode und Prosarhythmus, Lysias, der wegen seiner Feinheit schon fast, aber doch noch nicht perfekt gewesen sei, und Demosthenes, der die Vollkommenheit selbst verkörpere. Warum? Weil er sowohl fein *(enucleate)* und schlau *(subdole)* als auch pathetisch *(incitate)* und mit Ausdrucksfülle *(ornate)* zu reden gewusst habe. Das war neu. Auch in *De oratore* war Demosthenes ein Vorbild gewesen, dort jedoch wegen seiner Vereinigung von Einsicht und Rede;[32] nun verleiht ihm seine stilistische Vielfalt den Rang des schlechtweg idealen Redners. Wie bald zu sehen ist, denkt Cicero hier vor allem auch an sich selbst.

Was die spätere Zeit angeht, scheint Cicero der Geschichtsvorstellung der »Attizisten« zu folgen (S. 252): Sobald die Beredsamkeit

Athen verließ und sich über die Inseln und Asien ausbreitete, entartete sie und wurde »asianisch«, das heißt »allzu wenig fein und allzu üppig«.[33] Eine Wirkung auf die Römer schreibt er dieser Richtung zunächst nicht zu. Und obwohl er bei der Behandlung der römischen Beredsamkeit, die den Großteil der Schrift ausmacht, zunehmend griechischen Einfluss konstatiert, ist dort auch von einer Nachahmung der großen Attiker nicht eigentlich die Rede. Bis er schließlich zu Calvus kommt,[34] der ja offenbar wirklich ein »römischer Demosthenes« sein wollte. Cicero sieht aber auch bei seiner Kritik dieses Gegners von dessen Nachahmung der attischen Redner ab, schreibt vielmehr die angebliche »Blutlosigkeit« des Calvus nur einer übermäßigen Selbstkritik und Angst vor Fehlern zu.

Das Wort *Atticus* bringt erst der Dialogpartner Brutus ins Spiel, der sagt, Calvus habe eben ein »Attiker« sein wollen – was Anlass zu einem großen polemischen Exkurs über die (jetzt noch vorhandenen) »Attizisten« gibt. Wen von den alten Attikern wollten sie denn nachahmen? Jeder sei doch anders. Manche dächten jetzt allen Ernstes an Thukydides – der doch ein Historiker und viel zu herb und altmodisch sei! »Also wollen wir den Demosthenes nachahmen«, sagen sie.[35] (Was Calvus sich vorgenommen hat, erscheint wie eine Ausflucht.) Doch Cicero lacht darüber:

> O ihr guten Götter!
> Was anderes, bitte sehr, betreiben wir oder was anderes wünschen wir?
> Aber wir erreichen es nicht – denn diese unsere »Attiker« erreichen,
>                                                   was sie wollen.*
> Und nicht einmal das verstehen sie,
>     dass es nicht nur so überliefert ist,
>     sondern notwendig so gewesen sein muss:
>     dass wenn Demosthenes reden sollte,
>         die Leute aus ganz Griechenland zusammenliefen, um ihn zu hören –
>     aber wenn diese »Attiker« reden,

---

* Ironisch zu verstehen: Sie imitieren erfolgreich »ihren« Demosthenes, d. h., was sie für demosthenisch halten; richtig zur Erklärung Lebek, *Verba prisca* (S. 556), 92 f.

werden sie nicht nur von ihren Zuhörern (was erbärmlich genug ist), sondern auch von ihren Prozessbeiständen verlassen.

*The proof of the pudding is in the eating.* Damit waren in der Tat die »Attizisten« gemaßregelt – aber Cicero noch nicht ganz gerechtfertigt. War er nicht doch, bei all seinem Erfolg, ein »Asianer«? Cicero weist das implizit zurück, indem er nun seinen eigenen Werdegang als Redner darstellt, bis zu seiner Stimmkrise und der folgenden Studienreise nach Athen, Kleinasien und Rhodos (S. 289). Sehr bewusst setzt er hier die Akzente, und man muss immer auch mitlesen, was er nicht sagt (aber andere von ihm behaupten). Nicht etwa um seinen Stil zu schulen, ging er nach Kleinasien, sondern um seine Stimme zu kurieren. Und Molon brachte ihm nicht etwa »asianische« Überfülle bei, sondern im Gegenteil: »Er bemühte sich, unsere […] aus jugendlicher Freizügigkeit und Keckheit stammende Überschwänglichkeit zu beschränken und uns, wenn wir gleichsam über die Ufer traten, einzudämmen.«[36] Das bezog sich zunächst auf die Stimme, daneben aber auch auf den damit zusammenhängenden Stil, der jetzt »ausgegoren war« *(oratio defervuerat)* – wir denken an die Stilproben aus *Pro S. Roscio* (S. 307). War Molon also nicht »asianisch«? Nein, schon an früherer Stelle hatte Cicero ganz nebenbei einfließen lassen, dass die Rhodier erheblich »gesünder« seien als die eigentlichen »Asiaten«.[37] Eben das, was an ihm selbst früher asianisch gewesen sein mochte, hatte Molon ihm abtrainiert. Es war also genau umgekehrt, als seine Kritiker behaupteten.

Noch einen kleinen Trumpf hat Cicero im Ärmel. Wie kam es, dass Hortensius im Lauf der Zeit immer mehr gegen Cicero unterlag? Nicht nur davon, dass er im Alter bequemer wurde, sondern vor allem durch seinen – »Asianismus«! Dieser Stil passe nämlich allenfalls zur Jugend, nicht zum reiferen Alter.[38] Wie könnte also, soll man offenbar denken, Cicero selbst ein »Asianer« sein, da er Hortensius doch den Rang ablief? Bis heute blieb der Schwarze Peter des »Asianismus« an Hortensius hängen. Gerne wüssten wir, ob zu Recht.*

---

* Verdacht erregt, dass Cicero, nur er, zwei konträr verschiedene Richtungen des

## ARISTOTELES GEGEN DIE »ATTIZISTEN«:
## DAS REDNERIDEAL DES *ORATOR*

Die historische Widerlegung sollte durch eine systematische Diskussion ergänzt werden. In seiner Lehrschrift *Orator* gelingt es Cicero, seine Kritik am »Attizismus« so zu fundieren, dass daraus geradezu ein neues System der Stillehre wird – sein wichtigster, wenn auch nicht unproblematischer Beitrag zur rhetorischen Theorie. Diese Schrift gilt erneut der Frage nach dem *orator perfectus*, der, wie Cicero nun ausdrücklich sagt, platonischen »Idee« des Redners[39] als einem Ideal, das unabhängig davon existiert, ob es in der Realität je verwirklicht wurde. Schon zu Beginn werden zwei Dinge genannt: Der ideale Redner müsse philosophisch gebildet sein und, wie Demosthenes, die drei Stilarten beherrschen: Letzteres war neu – wenn auch im *Brutus* schon angedeutet.

Die Erklärung folgt, indem Cicero nach kurzer Behandlung von *inventio* und *dispositio* zur Stillehre *(elocutio)* übergeht, die nun fast die ganze Schrift füllt. Hier wird die Lehre von den drei Redestilen bzw. Stilebenen, die bisher in der Rhetorik – abgesehen vom *Auctor ad Herennium* – keine große Rolle spielte, breit ausgeführt:[40] Demnach gibt es einen schlichten Stil (*genus tenue, summissum, subtile*) ohne Rhythmus, ohne viel Redeschmuck, oft witzig und pointiert. Der mittlere Stil (*genus medium, modicum, temperatum*) dagegen liebt jede Art des Schmucks, besonders in Form von Metaphern bzw. »Tropen« (S. 259), wobei aber Süße oder Lieblichkeit (*suavitas*) angestrebt wird. Anders beim großen Stil (*genus vehemens, grave, amplum*), der ebenfalls über den vollen Figurenapparat *(ornatus)* und die entsprechende Ausdrucksfülle *(copia)* verfügt, diese aber zum Zweck der Erschütterung (*permovere, flectere*) einsetzt.

Damit kommen wir zum eigentlichen Clou von Ciceros Stillehre. Die Lehre von den drei Stilen hatte bisher wohl dazu gedient, bestimmte Rednertypen zu charakterisieren: Lysias war schlicht, Isokra-

---

»Asianismus« (die eine pathetisch, die andere sentenziös) ansetzt, offenbar um Hortensius, der beides vereint habe, dort unterbringen zu können.

tes gemäßigt, Demosthenes gewaltig ... Cicero aber möchte auf einen Idealredner hinaus, der alle drei Stilarten beherrscht – weil er nur so die »Attizisten« widerlegen kann, die seiner Meinung nach nur den niederen Stil gelten lassen. Das erreicht er durch eine kühne, echt platonische Matrix: Die drei Stilarten sind nicht nur drei verschiedenen Objektklassen zugeordnet, kleinen, mittleren und großen Dingen, sondern vor allem den drei aristotelischen Überredungsmitteln (S. 173), die er zur Betonung ihrer Verbindlichkeit auch Pflichten des Redners (*officia oratoris*) nennt:[41] Der schlichte Stil belehrt (*docere*), der große Stil erschüttert (*flectere*) – und der mittlere? Nach Aristoteles (und *De oratore*) müsste er dem *ēthos* (*conciliare*) dienen (S. 173; 366), doch das hätte hier nicht ganz gepasst; so retuschiert Cicero, indem er dafür das halbwegs verwandte *delectare* (erfreuen) einsetzt.

Damit ist klar: Es steht dem Redner nicht frei, sich für dieses oder jenes Stilideal zu entscheiden. Er muss vielmehr, um seiner »Pflicht« als Redner zu genügen, jede der drei Stilarten nach Bedarf einsetzen. Wenn also die Attizisten ihm, Cicero, seine Ausdrucksfülle beschneiden und seinen Rhythmus nehmen wollten, so haben sie ihn auf das Ideal eines bloß belehrenden Lysias reduziert.* Sein Vorbild aber sei der Meister aller Stile: Demosthenes! So war denn endlich Calvus als römischer Demosthenes entthront und Cicero an seine Stelle gesetzt. Und wie jener vor allem in der *Kranzrede* sein Virtuosenstück auf der Klaviatur der drei Stile geliefert hatte, kann nun auch Cicero Muster aller drei Stile vorweisen: die lehrhafte Zivilprozessrede *Pro Caecina* für den schlichten Stil, den Ohrenschmaus von *De imperio Cn. Pompei* für die Süße des mittleren Stils und die mitreißende Gewalt von *Pro Rabirio perduellionis reo* für den großen Stil. Mit Demosthenes wie mit Cicero hat die »Idee« des Redners, soweit das nur möglich war, Gestalt angenommen.

Mehr noch als diese etwas gewalttätige Konstruktion fesselt uns jedoch am *Orator* der große Abschnitt, den Cicero dem Prosarhythmus widmet – dieser war ja einer der zwischen ihm und den »Attizis-

---

* Aus solchen Äußerungen Ciceros entstand der zählebige Irrtum, dass die Attizisten »den Demosthenes verpönten« (Norden, *Antike Kunstprosa* [S. 527], 221).

ten« strittigen Punkte. Ausgehend von dem fundamentalen Satz des Aristoteles, dass die Rede Rhythmus haben müsse, aber keinen Vers bzw. Metrum (S. 183),[42] analysiert er nun an Beispielen auch älterer Redner die verschiedenen Klauselrhythmen in einer Genauigkeit, wie sie vor ihm nie ein Rhetoriker auch nur erstrebt hat. Dass er dabei gelegentlich Fehler macht, hat ihm fast 2000 Jahre später ein berühmter polnischer Philologe, Tadeusz Zieliński, nachgewiesen.[43] Erstaunlich bleibt jedoch, dass ein großer Staatsmann, der bald darauf wieder Roms Geschicke lenken sollte, für solche minutiösen sprachlichen Dinge überhaupt Zeit, Muße – und Talent gehabt hat. Für ihn jedoch gehörten sie ins Zentrum der »Humanität«:[44]

> Menschen, die das [die Schönheit des Rhythmus] nicht empfinden,
> von denen weiß ich nicht,
> was sie für Ohren haben oder was an ihnen überhaupt
> menschenähnlich sein soll.
> Meine Ohren jedenfalls freuen sich an einer vollkommenen und
> abgerundeten Periode;
> sie fühlen, was verstümmelt ist, und lieben nicht, was überfließt.
> Aber was spreche ich von meinen?
> Oft habe ich es erlebt, wie ganze Volksversammlungen aufjubelten,
> wenn die Wörter ihre richtige Kadenz fanden.

Diese Sätze sollten alle bedenken, die in den Römern nur amusische Bauern, Legionäre, Bankiers und Juristen sehen. Sie haben doch auch die herrlichsten Foren gebaut und das unpraktischste aller Kleidungsstücke, die Toga, wegen seiner schieren Schönheit zum Nationalgewand gemacht – und sie haben Prosaklauseln beklatscht. Ciceros *Orator* aber bleibt ein Grundbuch der römischen Ästhetik. Wer es liest, versteht besser, warum Latein zur Weltsprache wurde.

## DER »AUCTOR AD HERENNIUM«:
## EINE BRAUCHBARE LATEINISCHE RHETORIK

Was der junge Cicero nicht vollenden konnte und was dem reiferen nicht mehr der Mühe wert schien, das leistete ein anderer, vielleicht ein gewisser Cornificius (S. 360): Heute meist »Auctor ad Herennium« genannt, schuf er die erste uns erhaltene vollständige lateinische Schulrhetorik. Dieses Werk hat für manche Teile der Rhetorik, nicht nur der römischen, geradezu unschätzbaren Wert. Weniger für die *inventio*, in der er die von Hermagoras festgelegten Status des *genus rationale* und des *genus legale* (S. 265) zusammenwirft und völlig neu ordnet (ohne darin sehr überzeugend zu sein).* Umso wichtiger ist seine Behandlung der *dispositio*: Hier legt er dar, was bei Cicero nur angedeutet sein konnte:[45] dass es grundsätzlich zwei Arten gibt, den Stoff zu gliedern, entweder *ex institutione artis*, nach der Normalregel der Rhetorik, oder *ad tempus*, mit Angleichung an den jeweiligen Fall.** Dies betrifft vor allem die Anordnung, gelegentlich auch Auslassung der von der Theorie geforderten Redeteile. Hier finden wir wichtige Hinweise zur Interpretation nicht nur von Ciceros Reden.

Die *elocutio* stellt der »Auctor« kühn ans Ende und widmet ihr ein ganzes Buch, auf das er mit Grund stolz ist. Vielleicht inspiriert von Ciceros *Orator* - wenn wir zu Recht den »Auctor« spät datieren –, entwickelte er wohl als erster Rhetoriker eine Stillehre, die ganz auf den drei Stilebenen, genannt *figurae*, basiert: *gravis, mediocris, adtenuata*, groß, mittelgroß, klein. Er unterscheidet sie sauber nach dem Maß der jeweils angewandten Wort- und Gedankenfiguren (was wohl dem ursprünglichen Sinn der Lehre entspricht) – die *figura gravis* ist also die reichste usw.; nicht die Rede ist aber von den Überredungsmitteln, im Gegen-

---

\* *Auctor ad Her.* 1,1–3,15. Quintilian (*Institutio oratoria* 3,6,45 f.) schreibt eben diese Einteilung »Nachfolgern des Antonius« *(secuti Antonium)* zu; der »Auctor« spricht von seinem Lehrer (1,18: *noster doctor*), den man darum zu eben diesen »Nachfolgern« zu zählen pflegt (Calboli Montefusco, *La dottrina* [S. 545], 200–202). Auch wenn das richtig sein sollte, besagt es nichts über eine zeitliche Nähe des »Auctor« zu Antonius.

\*\* *Auctor ad Her.* 3,16–18. Spätere lateinische Rhetoriker vertauschen die Begriffe: »Künstlich« *(artificialis)* ist dann, was von der Normalregel abweicht, »natürlich«, was ihr entspricht.

satz zu Cicero (S. 379). Nur um der Abwechslung willen fordert auch der »Auctor« eine Benutzung aller drei *figurae*. Instruktiv sind die Stilbeispiele, die er jeweils selbst erfunden hat – sogar für die jeder *figura* zugeordneten Entartungsformen: Der niedere Stil entartet nämlich zum »dünnen« *(exilis)*, der mittlere zum »schlappen« *(dissoluta)*, der große zum »aufgeblasenen« *(sufflata)*. Ein köstliches Beispiel für Letzteres:

> *Nam qui perduellionibus venditat patriam,*
>     *non satis subplicii dederit, si praeceps in Neptunias depultus erit lacunas.*
> *Poenite igitur istum qui montis belli fabricatus est,*
>     *campos sustulit pacis.*\*

> Denn wer mit Landesverrätereien sein Vaterland verschachert,
>     ist nicht genug bestraft, wenn er jäh in Neptuns Schlünde
>                                                             hinabgestoßen wird.
> Strafet also den Mann, der Berge des Krieges erstellt hat,
>     der Ebenen zerstört hat des Friedens!

Hier darf gelacht werden. – Ebenso wertvoll ist der im Anschluss gegebene Katalog von Wort- und Gedankenfiguren – der größte bis dahin –, zu denen der »Auctor« wiederum lehrreiche und zum Teil amüsante Beispiele gibt.

Neue Pfade beschreitet er nach eigener Angabe bei der Behandlung des Vortrags *(pronuntiatio)*, über den noch keiner vor ihm »sorgfältig geschrieben« habe[46] (obwohl doch alle Welt sagt, er sei das Wichtigste). Armer Theophrast! Wir müssen jedoch dem »Auctor« glauben, der hier drei Tugenden der menschlichen Stimme unterscheidet (Stärke, Ausdauer, Flexibilität) und sie in verschiedenem Umfang der Natur, der medizinischen Stimmpflege *(adcuratio)* und dem rhetori-

---

\* Um erhaben zu wirken, verwendet der Verfasser poetische Ausdrücke wie *Neptunias lacunas* (mit Sperrung) und gequälte Metaphern: *montis belli, campos pacis;* auch der verquere Plural *perduellionibus* soll wohl poetisch sein. Auffällig sind auch die archaischen Wortformen, besonders *depultus* (statt *depulsus*). – Der übliche rhetorische Ausdruck für diese Art der Verirrung wäre *kakozēlia*.

schen Stimmtraining *(declamatio)* zuschreibt: alles detailliert und anschaulich. Wie bestimmte Modulationen werden auch bestimmte Gesten *(gestus)* und Mienen *(vultus)* einzelnen Redeteilen und Ausdrucksformen zugeordnet. Das Wichtigste dabei: »Ein guter Vortrag bewirkt, dass einem die Sache von Herzen zu kommen scheint.«[47] Erst Quintilian bietet hier mehr.

Das Beste aber ist seine Behandlung der *memoria* (des Gedächtnisses).[48] Ohne den »Auctor« wüssten wir tatsächlich nicht genau, mit welcher Technik sich die antiken Redner oder viele von ihnen die enormen Stoffmassen langer Reden eingeprägt haben. Der Redner verinnerlicht zunächst ein Raster von Orten *(loci)*, etwa ein bestimmtes Gebäude mit seinen Teilen, das ihm für die verschiedensten Reden zur Verfügung steht. Hier plaziert er nun in einer festgelegten, bei jeder Rede gleichbleibenden Folge die einzelnen Gedanken seiner Rede in Form von Bildern *(imagines)*, die er dann, die *loci* während der Rede im Geist durchlaufend, abrufen kann.

Beispiel für eine solche *imago*: Wenn der Ankläger Giftmord um einer Erbschaft willen behaupten will, stellt er sich vor: einen Kranken im Bett, den Angeklagten neben dem Bett mit Becher und Testamenttäfelchen. Gibt es dafür seiner Behauptung nach Zeugen, *testes*, so hält der Angeklagte außerdem die Hoden eines Widders in der Hand – denn auf Lateinisch heißen auch Hoden *testes*! Ist das Unsinn? Nein. Nach eben dieser Methode arbeiten noch heute Gedächtniskünstler, die gelegentlich zur allgemeinen Bewunderung sogar Geistesolympiaden austragen. Man verachte also nicht den »Auctor«! Der Praktiker dürfte mehr von ihm profitiert haben als von Ciceros berühmten Schriften.

## *PHILIPPICAE* – CICERO GEGEN DEN FEIND DER FREIHEIT

Wenn es zu einem guten Drama gehört, dass im letzten Akt die Fäden der Handlung zusammenlaufen, dann war der Genius Ciceros, der dessen Lebensdrama schrieb, ein Meister seines Fachs. Denn in den letzten knapp zwei Jahren seines Lebens konnte Cicero all das vereinen, was ihn von Jugend an beflügelt hatte: Er wurde nicht nur, endlich, als *grand old statesman* der führende Senator Roms, sondern er durfte dabei auch ein *homo Platonicus* sein, der für seinen Idealstaat Rom gegen einen »Tyrannen« (Antonius) kämpfte,[*] jenen Menschen also, der für Platon geradezu der Unmensch war.[**] Schließlich glich er sich in diesen Jahren deutlicher als je jenem Redner an, der als Platons Schüler galt und von Cicero selbst als vollkommen gepriesen wurde: Demosthenes. Dieser, ursprünglich für ihn ja kaum mehr als ein Trumpf, den er gegen die »Attizisten« ausspielte (S. 379), wurde nun zur Rolle seines Lebens – freilich auch zum Omen seines Todes.

### CAESAR IST TOT – ABER ANTONIUS LEBT

»Auch du, mein Kind«,[***] soll Caesar geseufzt haben, als er an den Iden des März 44 v. Chr. unter seinen Mördern auch Brutus erkannte.

---

[*] Es ist der Hauptgedanke von Ciceros *De re publica* (Über den Staat), dass der Idealstaat, den Platon konstruieren wollte, in Rom schon verwirklicht sei.

[**] Platon, *Politeia*, 9; vgl. Cicero, *De re publica* 2,48: Kein scheußlicheres Lebewesen könne man sich vorstellen als den Tyrannen. – Auch der Caesarmörder Brutus rechnete sich zur platonischen Akademie, ebenso der junge Dichter Horaz, der für Brutus noch bei Philippi kämpfte.

[***] Bei Sueton, *Iulius* 82,2 überliefert (als griech. Zitat), vielleicht mit Anspielung darauf, dass Brutus gerüchteweise als illegitimer Sohn Caesars galt. Wir zitieren: »Auch du, mein Sohn Brutus«.

Dieser antwortete seinem »Vater« nicht, aber dafür rief er, als er mit der blutigen Waffe hinaus aufs Forum trat, den Namen eines anderen, seines geistigen Vaters: »Cicero!«[1] Nun war offenbar dessen Stunde gekommen. Vielleicht hatte man ihn auch darum aus der Verschwörung herausgehalten, damit er, Symbol der befreiten Republik, unbelastet vom Odium des Attentäters den Staat wiederherstellen könne – wie er es immer gefordert hatte.

Cicero entzog sich dieser Aufgabe zunächst nicht. Zwei Tage später hielt er auf einer vom Consul Antonius einberufenen Senatssitzung eine staatsmännische Rede, in der er die Todesangst dieses intimsten Caesarfreunds geschickt ausnutzte, um *amnestia* vor allem für die Caesarmörder, deren Tat er lobte, durchzusetzen. In den folgenden Monaten bestätigten sich jedoch allmählich die ärgsten Befürchtungen. Antonius begann gegen die Caesarmörder zu hetzen (die schließlich Italien verließen); er regierte am Senat vorbei durch Volksbeschlüsse, gestützt auf »Verfügungen« Caesars, die er nach Belieben interpretierte.

Cicero sah für dieses Jahr bald keine Möglichkeit des Widerstands mehr und beschloss im Sommer, nach Griechenland zu reisen: Sein Sohn Marcus, der in Athen Philosophie studierte, dabei aber auch gern dem attischen Wein zusprach, bedurfte väterlichen Zuspruchs. Doch Cicero bummelt mit der Abreise, Anfang August ist er noch in Reggio – dort erhält er eine aufregende Botschaft: Piso, ausgerechnet Piso, sein Erzfeind seit anderthalb Jahrzehnten (S. 330), habe im Senat eine tapfere Rede gegen Antonius gehalten. Piso spricht und Cicero sollte schweigen? Nein, am 31. August ist er wieder in Rom.

Kommt es nun zum großen Duell zwischen Caesars Nachfolger und dem geistigen Vater von Caesars Mördern? Zunächst erleben wir stattdessen ein rednerisches Schattenboxen: Zum 1. September beruft Antonius den Senat ein; Cicero, der um sein Leben fürchtet, lässt sich wegen reisebedingter Unpässlichkeit entschuldigen. Der nervöse Antonius gibt sich wütend, will sogar Ciceros Haus einreißen lassen. Die nächste Senatssitzung am 2. September wird von Cornelius Dolabella, inzwischen Antonius' Mitconsul, einberufen. Nun, da Antonius fort ist, spricht Cicero, das heißt, er hält die Rede, die uns als *1. Philippica* überliefert ist – mit Sicherheit aber so nicht geheißen hat (S. 396). Darin kämpft Cicero noch nicht gegen Antonius als Feind des Staats, er spricht zu dem Abwesenden in mahnendem Tonfall als zu einem zwar zeitweise gestrauchelten, aber doch noch belehrbaren Politiker. Dabei lobt er ihn sogar gegen besseres Gewissen (das wir aus seinen Briefen gut kennen): vom 17. März bis Ende Mai sei seine und Dolabellas Politik durchaus die richtige gewesen:[2]

> Woher also plötzlich dieser Wandel? [...]
> Ich fürchte, dass du den wahren Weg des Ruhmes nicht kennst
>     und es für ruhmreich hältst, als Einzelner mehr Macht zu haben
>         als alle andern,
>     und von deinen Mitbürgern lieber gefürchtet sein willst als geliebt. [...]
> Ein beliebter Mitbürger sein, sich um den Staat verdient machen,
>     gelobt werden, verehrt werden, geliebt werden: Das ist ruhmreich.
> Aber gefürchtet und gehasst werden: Das ist widerlich, abscheulich,
>         schwach, nichtig.

So redet der besorgte Schüler Platons, der kurz zuvor einen Dialog *De gloria* (»Über den Ruhm«) geschrieben hat, zu einem, der in Gefahr ist, zum Tyrannen entartet, seinen wahren Ruhm zu verwirken. Cicero spricht in diesem Punkt aus tiefstem Empfinden: Er selbst suchte ja stets Liebe und Anerkennung; Machtmenschen wie Caesar und Antonius waren ihm fast unverständlich. So mahnt er Antonius beinahe im Ton eines alttestamentarischen Bußpropheten:

> Darum kehre um, ich bitte dich, schaue zurück auf deine Vorfahren
>         und lenke so den Staat,
>     dass sich deine Mitbürger darüber freuen, dass du geboren bist.
> Ohne dies kann keiner glücklich oder berühmt oder seines Lebens
>             sicher sein.

Es ist schwer zu verstehen, dass viele Interpreten in dieser wohlbedachten, durchaus nicht unversöhnlichen Rede einen Wutausbruch Ciceros oder eine kaum verhüllte Kampfansage finden wollen.

## ANTONIUS BRICHT MIT CICERO

Doch Antonius war schon das zu viel. Zwei Wochen zog er sich mit seinem Rhetoriklehrer – heute würde man von einem Mediencoach sprechen – in Klausur zurück, um Cicero verbal, mit dessen eigenen Waffen, zu vernichten. Am 19. September bekam der Senat, diesmal in Abwesenheit Ciceros, sein Elaborat zu hören: eine Abrechnung mit Cicero, wie Rom sie noch nicht erlebt hatte. Für alles Unglück der vergangenen zwanzig Jahre, von der Tötung der Catilinarier bis zum Attentat auf Caesar, wurde nun der eine Cicero verantwortlich gemacht: Roms böser Dämon. Dabei schonte Antonius noch immer die eigentlichen Caesarmörder. Seine stereotype, von Cicero mit empörter Verwunderung referierte Formel *Brutus quem ego honoris causa nomino* (Brutus, den ich ehrenhalber nenne)[3] hat den Refrain von Shakespeares hintergründiger Antoniusrede, »And Brutus is an honourable man« angeregt.[4]

Aber mit Cicero war nun das Tischtuch zerschnitten. Sollte dieser zurückschlagen? Er tat es und tat es nicht. Die als *2. Philippica* überlieferte Rede, in der er seinerseits mit Antonius abrechnet – bis heute ein Muster aller Invektiven und Schmähreden, das den Namen »Philippika« zum Markenzeichen gemacht hat –, ist mit Sicherheit nie gehalten, von ihm selbst wohl auch nie veröffentlicht worden. Grandios ist sogleich die Einleitung. Antonius hatte seinen Angriff damit begründet, dass Cicero die zwischen beiden bestehende Freundschaft gebrochen habe (was nicht ganz stimmte). Bevor er das widerlegt, enthüllt er mit bissiger Ironie den angeblich wahren Grund für die Attacke: Durch die offene Feindschaft mit ihm habe Antonius aller Welt zeigen wollen, dass er selbst Feind des Vaterlands sei – wie einst Catilina und Clodius. Mit dieser Rede wollte er sozusagen seine Visitenkarte als Staatsfeind abgeben. Und zugleich, hofft Cicero, ist sie auch sein Todesurteil.

Bei der Widerlegung der einzelnen Vorwürfe im ersten, verteidigenden Teil der Rede wird die Ermordung Caesars nicht gerechtfertigt, sondern als herrlichste Tat aller Zeiten gepriesen* – wobei jedoch

---

* Das kann Cicero kaum veröffentlicht haben in einer Zeit, wo er mit so vielen Caesarianern im Senat und vor allem mit Octavian verbündet war.

auch dem Ermordeten viele gewinnende Eigenschaften zugestanden werden: Mit ihm sei Antonius nur in der Herrschsucht gleich. Im zweiten, anklagenden Teil – wieder einmal eine *anticategoria* (S. 306) – prangert Cicero vor allem die Leichtfertigkeit und den theatralischen Unernst seines Gegners an. Hier gelingen ihm eindrucksvolle Szenenbilder: wie etwa Antonius im Jahr 49 v. Chr., als leibhaftiger Propraetor umgeben von Liktoren, seine Geliebte Cytheris, Roms berühmteste Kurtisane, in offener Sänfte durch Italien tragen lässt, oder wie er als fast nackter Lupercuspriester im Februar seinem purpurgewandeten Mitconsul Caesar wiederholt das Königsdiadem offeriert – so dass nur der Aufschrei des Volks das Skandalöseste verhindert. Am berühmtesten aber wurde, vor allem dank der Begeisterung Quintilians,* das öffentliche Erbrechen, das sich Antonius als *Magister equitum* im Jahr 48 v. Chr. geleistet haben soll:[5]

> Du mit dieser deiner Kehle, deinem Körper, deiner ganzen
> > Gladiatorenkonstitution,
> hattest bei der Hochzeit des Hippias so viel Wein ausgesoffen,
> dass du dich am Tag darauf vor den Augen des römischen Volkes
> > erbrechen musstest.
> O wie abscheulich, nicht nur zu sehen, sondern auch zu hören!
> Wäre dir das während des Abendessens bei deinen Riesenhumpen
> > passiert,
> > wer hätte es nicht für schmählich gehalten!
> Aber nun hat vor den Augen des römischen Volkes der Träger eines
> > öffentlichen Amtes,
> > ein Magister equitum, für den schon das Rülpsen eine Schande
> > > gewesen wäre,
> > ein solcher hat, Speisebrocken speiend, die nach Wein stanken,
> > > seinen Schoß und die ganze Bühne vollgemacht.**

---

\* Keine Stelle zitiert der große Lehrmeister der Rhetorik so häufig wie diese, insgesamt neun Mal! (Man bedenke, dass er Kinder bzw. Jugendliche unterrichtete.) Die eindringlichste rhetorische Würdigung findet sich in *Institutio oratoria* 8,4,8 f.
\*\* Ein Muster dafür, wie man das Empörende einer Sache durch stufenweise »Steigerung« *(incrementum)* vermehrt: Speien an sich ist schlimm, dazu kommt hier aber,

Schon diese wenigen Highlights lassen uns spüren, was vor allem Cicero an der Person des Antonius so verstört und irritiert hat: dessen provokative Frechheit der Selbstdarstellung, die rücksichtslos über das Empfinden des Normalrömers, dessen Sinn für Würde *(dignitas)*, hinwegging. »O liederlicher Bursche!« – *O hominem nequam!*,[6] sagt Cicero zu einem dieser Auftritte, wobei sein Abscheu nicht nur rational begründet ist.

Diese Buchrede hatte jedoch auch eine literarische Bedeutung. Im Streit mit den »Attizisten« (S. 371) hatte Cicero den Plan gefasst, die Reden des Aischines und Demosthenes beim *Kranzprozess* (S. 226) ins Lateinische zu übertragen, um so die Affinität seines Redestils mit dem dieser beiden Meister *ad oculos* zu demonstrieren. Die programmatische Vorrede dazu, überliefert als *De optimo genere oratorum* (Über die beste Art von Rednern),* wurde noch fertig, zur Ausführung fehlte dann wohl Zeit oder Lust. Aber durch diese zweite Rede gegen Antonius ließ sich Ersatz schaffen. Längst hat die Forschung nachgewiesen, dass die Rede nicht nur durch Nachahmung einzelner Stellen, sondern auch im Gesamtaufbau der *Kranzrede* des Demosthenes nachgestaltet ist: eine Selbstdarstellung des Redners als des großen Patrioten. Eine echte *Philippica* war sie allerdings noch nicht. Zumindest der Form nach versucht Cicero ja noch, auf Antonius einzuwirken: »Versöhne dich mit dem Staat!«,[7] heißt es nachdrücklich am Ende. Aber das sollte sich ändern.

---

dass es im Beisein anderer, ja des römischen Volkes stattfand und dass ein hoher Beamter sich so verging.

* Sie zeigt, wie sich Ciceros Denken über *Brutus* und *Orator* hinaus weiter radikalisiert hat: Nunmehr lehnt er die Vorstellung gleichberechtigter Individualstile im Bereich der Rede ab; das Vollkommene könne, anders als in der Dichtung, nur eines sein (*De optimo genere* 1–3, vgl. bes. *De oratore* 3,27 ff.). Kaum denkbar, dass es sich hier, wie oft angenommen, um eine Fälschung handelt.

## DER 20. DEZEMBER 44 V. CHR.:
## MIT CAESARS SOHN GEGEN DEN CONSUL

Katalysator aller nun folgenden Ereignisse ist ein knapp 19-jähriger junger Mann mit großem Namen und nicht kleineren Ambitionen: Gaius Iulius Caesar (Octavianus), von uns bequem »Octavian« genannt,* der Adoptivsohn und Erbe des Diktators Caesar. Schon bald nach dessen Tod ist er in Rom, um gegen Antonius als junger »Caesar« beim Volk für sich Stimmung zu machen. Ein höflicher Antrittsbesuch bei Cicero am 21. April bleibt vorläufig ohne Folgen. Erst im Herbst, nach dem Bruch mit Antonius, muss Cicero sich näher mit dem »Knaben« beschäftigen.

Dieser sammelt nämlich – ohne Legitimation, versteht sich – auf eigene Faust Truppen, vor allem aus den Veteranen seines »Vaters«, um Antonius Paroli zu bieten. Damit hat er dank seiner Freigebigkeit solchen Erfolg, dass ganze Legionen des Consuls Antonius zu ihm überlaufen. Gleichzeitig wirbt Octavian, schon jetzt Meister der Diplomatie, seit Anfang November um das Wohlwollen Ciceros, den er mit Briefen überschüttet und bittet, ihm guten Rat zu geben und – welch süßes Wort! – »wieder den Staat zu retten«.[8] Cicero ist hin- und hergerissen: Hier hätte er in der Tat einen hochbegabten und populären Bundesgenossen. Aber als dann einmal der junge Caesar in aller Öffentlichkeit vor einer Statue seines »Vaters« schwört, auch er hoffe, einmal zu solchen Ehren wie jener zu kommen, notiert Cicero grimmig: »Von dem möchte ich nicht einmal gerettet werden.«[9] Und doch kam es anders.

Die Lage spitzte sich zu, als Antonius Ende November in das ihm für 43 v. Chr. längst zugewiesene diesseitige Gallien aufbrach, um sich zumindest diese (militärisch wichtige) Provinz zu sichern. Statthalter bzw. Propraetor dort war einer der Caesarmörder, Decimus Brutus. Würde dieser dem legitimen Nachfolger die Provinz übergeben? Oder wagt er, wie Cicero ihn beschwört, die Rebellion? Am 20. De-

---

* Er selbst tilgt die Erinnerung an seinen natürlichen Vater Octavius, indem er sich kurz »Caesar« nennt, bald auch »Caesar Divi filius« (Sohn des Göttlichen; Adoptivsohn klänge nicht so gut). »Augustus« heißt er dann ab 27 v. Chr.

zember trifft ein Edikt aus Gallien ein: Der Propraetor übergibt nicht, sondern hält seine Provinz »dem Senat zur Verfügung«. Das war mehr als ein Signal: eine Wende.

Oft hat Cicero in seinem Leben gezaudert. Nun aber handelt er mit Blitzesschnelle und traumwandlerischer Sicherheit. Die Volkstribunen beriefen eben den Senat ein, um über Sicherheitsvorkehrungen am 1. Januar 43 v. Chr. zu beraten. Cicero, vorher fest entschlossen, in diesem Jahr dem Senat fernzubleiben, geht sogleich dorthin, reißt andere mit sich, ergreift das Recht der ersten Rede, das ihm zufällt, um die Tagesordnung wegzufegen und im Sinn des jüngsten Ereignisses neu zu definieren. Die Rede, die er hält, uns als *3. Philippica* überliefert, ist die kühnste und folgenreichste, die er je gehalten hat, an dramatischer Kraft sogar der 1. Rede *In Catilinam* ebenbürtig.

Dabei sagt Cicero nicht sofort, worauf er hinauswill. Auch seine Hörer können kaum ahnen, was er genau meint, wenn er am Anfang zu energischem, unverzüglichem Handeln gegen Antonius mahnt, der nun die Provinz Gallia Cisalpina bedrohe, bald aber auch Rom heimsuchen werde. Will Cicero den Senat auffordern, die Rebellion des Brutus zu unterstützen? Ja, in der Tat – aber nicht nur das. Mit einem *Quo usque?* (Wie lange noch?) erinnert Cicero, gewollt oder ungewollt, an seine berühmteste Rede:[10]

> Wie lange nämlich noch wird dieser große, grausame, ruchlose Krieg nur durch private Planungen verhindert?
> Warum werden sie nicht so rasch als möglich durch staatliche Autorität gestützt?

Bei diesen »privaten Planungen« kann schwerlich an den Propraetor gedacht sein. Cicero hatte einen anderen im Auge, einen, den man aus seinem, des Republikaners Mund nicht erwartet hätte:

> Es war Gaius Caesar, der Jüngling, eher fast noch ein Knabe,
> der mit geradezu unglaublicher und göttlicher Einsicht und Tapferkeit,
> als die Raserei des Antonius auf dem Höhepunkt war,

> als man seine grausame und tödliche Rückkehr aus Brundisium
> fürchtete,
> ohne unser Fordern, ohne unser Denken,
> ohne dass wir es auch nur gewünscht hätten – weil es ja unmöglich
> schien –,
> ein kraftvolles Heer aus dem unbesiegbaren Geschlecht der
> Veteranen sich verschafft
> und dafür sein väterliches Vermögen verschwendet hat –
> nein, ich habe nicht das richtige Wort gebraucht:
> denn er hat es nicht verschwendet, sondern zum Heil des Staates
> angelegt.

In dieser gewaltigen, ihrem Gegenstand wahrlich angemessenen Periode hält der spätere Kaiser Augustus, wichtigster Mann der römischen Geschichte seit Romulus, seinen Einzug in die Literatur; und er erscheint hier schon so, wie er bis zu seinem Tod immer wieder bildlich dargestellt sein wollte, als »Jüngling, fast eher noch ein Knabe«.[*] In seinen großen, späten Rechenschaftsberichten, die *Res gestae*, hat er sogar Ciceros Worte nahezu wörtlich aufgenommen und behauptet, er habe nach »privater Planung und mit privatem Vermögen sich ein Heer verschafft und damit den [...] unterdrückten Staat befreit«.[**] Wobei er jedoch nicht hinzufügte, dass er sich bald nach dieser Befreiung mit dem »Unterdrücker« bestens arrangieren wollte. Vorläufig aber hatte er bei Cicero das erreicht, wovor dieser lange zurückgeschreckt war: Der Catilinabezwinger hatte sich mit Caesars Sohn, fast einem neuen Catilina, verbündet; und in hinreißender Rede sorgte er dafür, dass der Senat diesen nachträglich autorisierte, lobte und am 1. Januar sogar mit einem propraetorischen Imperium ausstattete. So schnell hatte in Rom noch keiner Karriere gemacht.

---

[*] Vgl. Erika Simon, *Augustus: Kunst und Leben in Rom um die Zeitenwende*, München 1986, 64 (wobei hereinspielen mag, dass man früh den »Jüngling« in Vergils 1. Ekloge auf Augustus deutete). Wichtig zum Thema auch Paul Zanker, *Augustus und die Macht der Bilder*, München (1987) $^5$2008.

[**] Vgl. auch hierzu Cicero, *Philippica* 3,5: *privato consilio rem publicam* [...] *Caesar liberavit*.

Auch sonst hatte Cicero an diesem Tag Glück mit seinen Anträgen. Nicht nur wurde Decimus Brutus, für den er sich erwartungsgemäß einsetzte, vom Senat für sein illegales Verhalten belobigt; man fasste darüber hinaus den Beschluss, sämtliche Statthalter sollten nach dessen Vorbild ihre Provinzen »dem Senat zur Verfügung halten« – womit die bisherige Provinzverlosung annulliert und eine weltweite militärische Basis gegen Antonius geschaffen wurde.

So feierte Cicero einen beispiellosen rednerischen Triumph: Mit seiner Rede hatte er eine unglaubliche, fast widernatürliche Koalition geschmiedet zwischen dem Sohn Caesars, einem weithin noch caesarianisch gesonnenen Senat und einem der leibhaftigen Caesarmörder (zu dem bald ein weiterer kam). Dass dieses Bündnis später zerbrechen sollte, ist weniger sonderbar, als dass es ein halbes Jahr zusammenhielt.

## CICERO WIRD NUN ERST RÖMISCHER DEMOSTHENES

Ebenso sonderbar ist jedoch etwas ganz anderes. Auch diese Rede, die so ganz aus dem Moment des 20. Dezember geboren wurde, ist ein Dokument von Ciceros Ringen um Demosthenes. Nie war eine Rede Ciceros entfernt so demosthenisch wie diese, in der er im Geist der *Philippikoi logoi* den Senat und die Welt auf den Krieg mit dem Staatsfeind einschwor. Das betrifft sowohl ihren Aufbau, der in seiner klaren A-B-A-Form (Drängen zum Handeln – Programm – Drängen zum Handeln) die Disposition vieler *Philippikoi* (S. 202) widerspiegelt, als auch fast alle grundlegenden Motive:

— Wie Demosthenes stellt Cicero fest, dass man sich bereits im Krieg befinde (S. 217), dieser also nicht etwa erst begonnen werden müsse.[11]
— Wie Demosthenes immer wieder betont, dass Philipp von Makedonien »Feind« sei, so Cicero: Antonius sei der Sache nach nicht *consul*, sondern *hostis* (Feind).[12]
— Wie Demosthenes die Auseinandersetzung Athens mit Philipp ideologisch zu einem Kampf zwischen Tyrannei und Freiheit über-

höht (S. 217), so Cicero den Krieg Roms gegen Antonius: Auch er meint, dass gerade sein Volk zur Freiheit *(libertas)* geboren sei.[13]
- Wie Demosthenes, besonders in den *Olynthien*, immer wieder von der Gunst der Götter spricht, die Athen einen *kairos* schenken (S. 205), so interpretiert Cicero das unerwartete Eingreifen des jungen Caesar als eine von den Unsterblichen Rom erwiesene Wohltat *(beneficium)*.[14]
- Wie Demosthenes darum zum raschen Ergreifen der Gelegenheit mahnt, ja seine Hörer wegen Trägheit schilt (S. 202), so mahnt und tadelt Cicero die Senatoren buchstäblich von den ersten Worten seiner Rede an: *Serius omnino ...* – »Zwar später als nötig ...«; am Schluss heißt es lapidar: *Nullum erit tempus* [= *kairos*] *hoc amisso.* – »Wenn diese Chance verpasst ist, gibt es keine mehr.«[15]

Weitaus deutlicher und inhaltlich bedeutsamer als in der Buchrede der sogenannten *2. Philippica* hat Cicero hier sein griechisches Vorbild nachgestaltet.

Aber wie soll man sich das konkret vorstellen? Cicero hatte doch unmöglich Zeit, sein Werk wie bei der Nachahmung der *Kranzrede* im Hinblick auf den attischen Meister auszuarbeiten. Am Morgen des 20. Dezember war das Edikt des Brutus gekommen, sofort handelte Cicero. Sollte er erst jetzt begonnen haben, die *Philippiken* des Demosthenes zu studieren? Undenkbar. Oder hat er eine andere Rede improvisiert und alles Demosthenische später schriftlich eingearbeitet? Ebenso undenkbar: Bis in den Kern ist diese Rede vom Geist der *Philippikoi logoi* durchtränkt.

Wir müssen es uns anders denken. In der Auseinandersetzung mit den »Attizisten« hatte sich Cicero erneut in die Werke des Demosthenes hineingelesen, weil er ihn ja nicht nur bewunderte, sondern auch als Bundesgenossen brauchte. Und als dann am Morgen des 20. Dezember dank Brutus sich endlich der ersehnte Krieg mit Antonius abzeichnete, erfasste er die Möglichkeit, den jungen Caesar als Göttergeschenk in die Koalition mit dem Caesarmörder einzubinden und – langes Studium trug seine Früchte – in der Kampfansage gegen den Tyrannen sichtbarer als je zuvor *Demosthenes Romanus* zu werden.

## DIE PHILIPPIKEN, CICEROS MEISTERWERK

Die Senatsrede vom 20. Dezember blieb nicht die letzte ihrer Art. Schon eine Volksrede desselben Tages (die sogenannte *4. Philippica*), in der Cicero in echt demosthenischer Weise Zwischenrufe der Hörer provoziert und einbezieht, wiederholt dieselben Gedanken (und zum Teil die Struktur). Und dann sind es vom 1. Januar bis zum 21. April 43 v. Chr. zehn weitere Reden, in denen Cicero trotz genauestem Eingehen auf die jeweilige Situation die Gedanken und Motive des Demosthenes weiterführt: zugleich ein Kommentar zum »Mutinensischen Krieg«[*] und ein Variationenwerk über das von Demosthenes gestellte Thema des Kriegs gegen den Feind der Freiheit. Noch die letzte Rede, in der Cicero den vorentscheidenden Sieg über Antonius bei Forum Gallorum (Castelfranco) feiert, hält diesen Gattungscharakter der *Philippica* als einer Kriegsrede fest. Gegen die Stimmen anderer Senatoren, die meinten, man könne jetzt wieder Friedenskleider anlegen, mahnt nämlich Cicero, dass erst Brutus befreit werden müsse: »Das Ende dieses Kriegs ist die Rettung des Brutus.«[16] Noch in der Siegesfreude hören wir eine *Philippica*.

Was wissen wir von Titel und Veröffentlichung dieser Reden? Klar ist aus manchen Zeugnissen, dass Cicero einzelne wichtige Reden bald, nachdem er sie gehalten hatte, an Freunde versandte, die sie weiterverbreiten konnten; das waren vor allem die weichenstellenden Senatsreden vom 20. Dezember (*Phil. 3*) und vom 1. Januar 43 v. Chr. (*Phil. 4*), dann die Rede von Mitte Februar, durch die der Caesarmörder Marcus Brutus, der Makedonien und Illyricum okkupiert hatte, bestätigt und so in die Koalition einbezogen wurde (*Phil. 10*). Aber auch wenn Cicero das klare Bewusstsein davon hatte, dass diese Reden echt demosthenische *Philippicae* waren, wagte er zunächst nicht, sie mit dem anspruchsvollen Namen zu versehen. Erst Marcus Brutus, Freund der »Attizisten« und leidenschaftlicher Demosthenesverehrer, mit dem er so viel über Stilfragen diskutiert hatte, musste ihn dazu autorisieren.

---

[*] In Mutina (Modena) wurde Brutus von Antonius belagert; Octavian und die beiden Consuln sollten ihn entsetzen (das heißt befreien).

Im Vertrauen auf dessen Feingefühl sprach Cicero in der Korrespondenz zunächst nur neckisch *(iocans)* von seinen *Philippikoi*. Brutus aber spürte den dahintersteckenden Anspruch und gab sein Plazet: »Schon bin ich damit einverstanden, sie sogar [!] *Philippici* zu nennen«[17] – Gütesiegel eines Kenners, auf das Cicero stolz ist: »Ich sehe, dass dir meine *Philippiken* Freude machen.«[18] Der Name war abgesegnet.

Als dann mit der Schlacht bei Mutina (am 21. April 43 v. Chr.) der Krieg vorläufig beendet war, traf Cicero eine Auswahl seiner seit dem 20. Dezember gehaltenen Reden und gab sie, wie einst seine *Orationes consulares* (S. 323), als *Philippicae orationes* heraus: wiederum eine Zyklusedition von zwölf Reden (denn so viele Nummern hatte auch das demosthenische Corpus der *Philippikoi*). Jene Reden, die wir heute als 1. und 2. *Philippica* lesen, gehörten nicht dazu, da sie vor Kriegsausbruch gehalten waren und wenigstens formal noch auf eine Verständigung mit Antonius zielten: also keine Philippiken im demosthenischen Sinn.* Noch Quintilian (Ende des 1. Jahrhunderts) kennt die zweite als Rede *In Antonium*,[19] während er die späteren *Philippicae* nennt;[20] erst Juvenal im 2. Jahrhundert bezieht die *»2. Philippica«* als *divina Philippica* in den Zyklus mit ein,[21] vielleicht einer neueren damaligen Ciceroausgabe folgend. Diese mag dann auch die Reden enthalten haben, die spätere Grammatiker als 16. und 17. *Philippica* erwähnen. Denn natürlich war Cicero nach dem 21. April nicht verstummt.

Der Aufbau der *Philippicae orationes*, dieses künstlerisch wohl vollkommensten Werks Ciceros, ist einfach. Während die *Orationes consulares* achsensymmetrisch (2 + 4 + 4 + 2 Reden) angeordnet waren, zum Teil auch gegen die Chronologie, ergibt nun die streng chronologische Folge eine Anordnung von 2 + 5 + 5 Reden. Zwei Reden (*Phil.* 3 und 4, eigentlich: 1 und 2) stammen vom 20. Dezember 44 v. Chr.: Mit ihnen hat Cicero, wie er immer wieder betont, »die Fundamente des Staats gelegt« (also das getan, wozu ihn Brutus an den Iden des März wohl auffordern wollte).

---

* Darum entspricht unsere (an der »zweiten« Rede gebildete) Vorstellung von einer Philippika als einer Gardinenpredigt (S. 387) nicht den Vorstellungen von Demosthenes und Cicero.

Dann folgen unter den neuen, Cicero wohlgesinnten Consuln Hirtius und Pansa die Reden des Jahres 43 v. Chr., organisiert nach zwei Binnenzyklen von je fünf Reden. Der erste (2 + 1 + 2) betrifft einen partiellen Misserfolg Ciceros. Es gelingt ihm zwar am 1. Januar, für den jungen Caesar ein propraetorisches Imperium zu erwirken, der Senat beschließt jedoch gegen seinen leidenschaftlichen Protest (*Phil. 5*) eine Gesandtschaft an Antonius. Mit dem Volk dagegen weiß Cicero sich einig (*Phil. 6*). Während der mittleren Rede des Binnenzyklus (*Phil. 7*) sind die Gesandten abwesend, so dass er hier ohne äußeren Anlass die Stimmung im Senat bearbeitet. Dann protestiert er gegen das unbefriedigende Ergebnis der Gesandtschaft (*Phil. 8*), und schließlich beendet er diesen Teil mit einem warmen Nachruf auf Servius Sulpicius Rufus, seinen alten Freund (S. 347), der bei der Gesandtschaft ums Leben gekommen war (*Phil. 9*): ein wohltuend verhaltenes Stück im Fortissimo der sonstigen Kriegspropaganda Ciceros.

Der zweite Binnenzyklus reißt zunächst den Horizont nach Osten hin auf, nach Makedonien und Syrien. Zwei formaljuristisch bedenkliche militärische Unternehmungen der (durch den 20. Dezember ermutigten) Caesarmörder Marcus Brutus und Cassius sind zu legalisieren; das gelingt Cicero für Brutus (*Phil. 10*), misslingt aber für Cassius (*Phil. 11*). Die folgende Rede führt zurück zum Mutinensischen Krieg: Hier zeigt Cicero einmal staatsmännisches Zaudern, indem er sich einer von ihm selbst angeregten erneuten Gesandtschaft an Antonius widersetzt (*Phil. 12*).

Umso deutlicher präsentiert ihn die vorletzte Rede als Unversöhnlichen: Antonius hatte an beide Consuln, ursprünglich zwei Caesarianer, und an Octavian einen offenen Brief geschrieben, um deren unnatürliches Bündnis mit dem »Gladiatorentrainer Cicero«[22] zu sprengen (*Phil. 13*). In Ciceros gegen diesen Brief gerichteter Rede hören wir endlich beide Kontrahenten im verbalen Schlagabtausch – ein dramatischer Höhepunkt des Corpus. Dann schließt wieder ein Nachruf auch den zweiten Binnenzyklus: In einer Preisrede auf die bei Forum Gallorum Gefallenen der *legio Martia* (*Phil. 14*) gebraucht Cicero wohl zum ersten und einzigen Mal in der römischen Literatur die Topoi der attischen Kriegerdenkrede, des *logos epitaphios*, wie ihn Demosthenes und andere gestaltet haben (S. 223) – ein würdiger Schluss, in dem nur wenige, gezielte Ausbrüche der Gehässigkeit schmerzen.

## OCTAVIAN VERRÄT CICERO: DAS ENDE EINER TRAGÖDIE

Auch wenn wir vom Künstlerischen absehen: Es gibt in der römischen Literatur wohl kein Werk, das rein stofflich so spannend wäre wie diese zwölf echten Philippiken, die man in einem Zug lesen sollte, möglichst unter Heranziehung der zahlreichen Briefzeugnisse, die dazu jeden nötigen Kommentar abgeben. Wir Nachgeborenen lesen sie freilich auch als eine Tragödie, deren Ausgang wir im Gegensatz zum tragischen Helden kennen. Wir sehen, dass es Ciceros verhängnisvoller Fehler war, sich im übergroßen Hass auf Antonius mit dem Mann zu verbünden, der sich als weit gefährlicherer Feind der Freiheit entpuppen sollte: Octavian.

Wie konnte er dazu kommen, sich am 1. Januar 43 v. Chr. vor dem Senat in geradezu selbstmörderischer Gewissheit für diesen Hasardeur, der auch noch Caesar hieß, zu verbürgen?[23]

> Alle Empfindungen des Jünglings sind mir bekannt. [...]
> Ich wage es sogar, Senatoren, mich für ihn zu verbürgen
>   vor euch, vor dem römischen Volk und dem ganzen Staat [...]:
> Ich verspreche, gelobe, verbürge mich, Senatoren,
>   dass Gaius Caesar immer ein solcher Bürger sein wird wie heute
>   und so wie wir am meisten wollen und wünschen müssen, dass er sei.

Wie konnte ein Philosoph wähnen, so die Zukunft zu kennen? Im letzten Brief, den wir von Cicero haben, bereut er das Gelöbnis: Es sei sein »größter Schmerz«, dass er nun »für dieses Versprechen kaum mehr einstehen« könne.[24] Was war inzwischen geschehen?

Octavian hatte den Sieg bei Mutina miterfochten; nun glaubte er sich dem alten Rivalen Antonius, der mit dem Leben und Resten des Heers davongekommen war, ebenbürtig. Zeit also für einen Bündniswechsel, diktiert nach neuen Bedingungen. Zunächst aber provozierte Octavian den Senat, indem er als 19-Jähriger für sich den Consulat verlangte (beide Consuln waren gefallen). Der entsetzte Cicero versuchte noch, ihm das auszureden, hatte aber nicht lange Erfolg. Eine Gesandtschaft von Soldaten Octavians erscheint vor dem Senat, der frechste von ihnen zückt sein Schwert und ruft: *Hic faciet, si vos non feceritis* (Dieses wird's machen, wenn ihr's nicht macht).[25] Das war die Geburtsurkunde für die spätere Militärdiktatur des Kaisers Augustus – und eine Quittung für Cicero, der selbst gegen den legalen Consul auf das Schwert gesetzt hatte.

Als nun Octavian wie einst sein »Vater« den Rubikon überschreitet und auf Rom marschiert, versucht Cicero vergebens, eine Abwehr zu organisieren. Dann muss er, nach vielen anderen, den einziehenden jungen Caesar – formal noch immer Feldherr gegen Antonius – begrüßen. »Da kommt ja der letzte meiner Freunde«,[26] soll dieser halb pikiert, halb verlegen gesagt haben. Doch erst, als er zum Consul gewählt war, ließ er völlig die Maske fallen: Ein Gesetz gegen die Caesarmörder wurde erlassen, und bald darauf war Octavian mit Antonius und dem längst zu diesem abgefallenen Lepidus zum offiziellen Triumvirat verbündet. Und da sich ja Caesars berühmte Milde, *clementia* (S. 331), wie die Iden des März zeigten, nicht bewährt hatte, sollten diesmal Köpfe rollen. Auf die Proskriptionslisten, die man nach dem schrecklichen Vorbild Sullas anfertigte, kam auch der Name Ciceros. Drei Tage als Schamfrist soll Octavian sich geziert haben; dann war er schnöde bereit, den Mann ermorden zu lassen, dem er außer seinem Namen fast alles verdankte und den er selbst »Vater« genannt hatte – ein nie zu tilgender Schandfleck.

Von Cicero, der sich auf seine Güter zurückzog, hören wir nun einige Wochen nichts mehr. Seine Depression nach dem Rausch des Frühjahrs muss fürchterlich gewesen sein; dennoch zeigt ihn sein Tod dann in voller Größe. Am 7. Dezember 43 v. Chr. erreichen ihn die Häscher. Der Historiker Livius weiß, wie es war:[27] Cicero lässt die Sänfte, in der er getragen wird, niedersetzen, verbietet Widerstand, streckt seinen Kopf aus dem Fenster und lässt ihn abschlagen. »Ich bin ja nicht euer Erster«, soll er noch ironisch ermunternd gesagt haben. Auf jeden Fall bewies er mit diesem Tod den Gladiatorenmut, den er am 20. Dezember in seiner verhängnisvollsten Rede gefordert hatte:[28]

> Falls aber schon – doch mögen die Götter dieses Omen abwenden! –
> für den Staat die letzte Schicksalsstunde gekommen ist,
> dann wollen wir handeln wie edle Gladiatoren, die in Schönheit sterben;[*]
> so wollen auch wir, die Fürsten der Welt und aller Völker,
> lieber mit Würde fallen, als mit Schmach Knechte sein.[**]

Unwürdig war erst, was folgte. Aufgespießt auf den Rostra, der Bühne, auf der er so oft agiert hatte, sah man Haupt und Hände des großen Redners ausgestellt. Und Fulvia, die Frau des Antonius, soll sogar die Zunge des Verhassten mit ihrer Nadel durchbohrt haben.

---

[*] Anders als dies in heutigen Sandalenfilmen, etwa Ridley Scotts *Gladiator*, meist dargestellt wird, fällt der Gladiator nicht im Kampf, sondern bietet sich, wenn es verlangt wird, ohne Widerstreben einer Art Hinrichtung dar. Man lese Marcus Junkelmann, *Gladiatoren: Das Spiel mit dem Tode*, Mainz 2008, 13 f., 21 f. (der Gladiator als auch philosophisches Vorbild der Tapferkeit).

[**] Dieser Gedanke, der sich so in den *Philippikoi* des Demosthenes nicht findet, ist aus dessen *Kranzrede* (201–205, vgl. S. 235) abgeleitet.

# CORRUPTA ELOQUENTIA –
# ENDET DIE REDEKUNST MIT CICERO?

Autorenlesungen konnten schon im Rom des Kaisers Augustus eine Plage sein. Das empfand sogar Asinius Pollio, der selbst diesen Veranstaltungstyp ins Leben gerufen hatte (als Dramatiker, Historiker und Redner gehörte er ja zu den führenden Literaten). Nicht immer konnte er sich entziehen, wenn er von einem Schriftstellerkollegen zu einer solchen *recitatio* eingeladen war, die dazu diente, ein noch unveröffentlichtes *work in progress* vorläufig bekannt zu machen und rechtzeitig die Kritik kompetenter Freunde einzuholen.

Diesmal war es der Spanier Sextilius Ena, der ins Haus des Literaturmäzens Messalla Corvinus geladen hatte, um ein Gedicht zu präsentieren, das mit dem Vers begann:[1] *Deflendus Cicero est Latiaeque silentia linguae!* (Weinet um Cicero, weint um lateinischer Zunge Verstummen!) Schon hier gab es Applaus, denn Ena hatte vielen aus der Seele gedichtet – einem aber nicht, Pollio. Verärgert rief dieser dem Gastgeber zu (wörtlich): »Messalla, was in deinem Haus erlaubt sein soll, ist deine Sache: Ich jedenfalls werde mir keinen Mann anhören, der mich für stumm hält.« Sprach's und ging. Natürlich, er meinte, durch ihn sei die Kontinuität der Redekunst auf Ciceros Niveau gesichert.

## NIEDERGANG ODER FORTSCHRITT
## DER REDEKUNST?

Die in diesem Literaturskandälchen berührte Frage war eine, die das Jahrhundert beschäftigte. Schon der ältere Seneca,* der alle Redner

---

* Man unterscheidet den älteren Seneca (maior), Verfasser der *Controversiae et suasoriae*, von seinem Sohn, dem jüngeren Seneca (minor), dem Philosophen und Tragödiendichter.

der frühesten Kaiserzeit gehört hatte, meinte (um das Jahr 40 n. Chr.), dass nach Ciceros Generation die römische Beredsamkeit heruntergekommen sei. Zwei Generationen später\* greift der als Historiker berühmte Cornelius Tacitus in seinem *Dialogus de oratoribus* (Dialog über die Redner) das Thema auf: Warum ist die Beredsamkeit entartet? Und lässt darüber verschiedene Ansichten zu Worte kommen.

Doch auch hier fehlt nicht ein Anwalt der Gegenwart: Ein gewisser Marcus Aper, Erfolgsredner seiner Zeit, meint, es habe sich seit Cicero nur der Geschmack gewandelt – und nicht einmal zum Schlechteren. Wie Cicero seine Vorgänger durch Feinheit der Sprache übertroffen habe, so kämen ihrerseits die Redner der Gegenwart über Ciceros Schwerfälligkeit und die seiner Zeitgenossen hinaus. Von dieser malt er ein fast satirisches Bild:[2]

> Das Volk von damals, roh und ungebildet, wie es war,
> > ertrug gern die längsten und verwickeltsten Reden,
> > > ja lobte es sogar, wenn einer den Tag mit Reden erschöpfte.\*\*
>
> Und dann erst: das lange Vorbereiten in den Prooemien,
> > das weite Zurückgehen in der Folge der Erzählung,
> > > das demonstrative Vorführen vieler Gliederungen,
> > > > das Abstufen von tausend Argumenten\*\*\*

---

\* Der *Dialogus* entstand Anfang des 2. Jahrhunderts, spielt aber noch in der Regierungszeit von Vespasian, den 70er Jahren.

\*\* Mit diesem *diem dicendo eximere* wird die römische Technik der Blockaderede, heute Filibustern, bezeichnet. Da der römische Senator unbegrenzte Redezeit hatte, konnte er durch Dauerreden eine Beschlussfassung verhindern: Dieser musste nämlich vor Anbruch der Nacht gefasst werden. So wurde »durch Reden der Tag erschöpft« (berüchtigt dafür war der jüngere Cato). Natürlich war das ein politischer Trick und galt nicht als rednerische Tugend, wie Aper in satirischer Laune unterstellt.

\*\*\* Für alle diese angeblichen Untugenden lassen sich Beispiele aus Cicero angeben. Ich nenne nur je eines. Für »Prooemien«: *Pro Sulla*, 1–35 (hier verteidigt sich Cicero umständlich dafür, dass er den Fall übernommen hat; der Vorwurf Apers ist übrigens, wie auch sonst bei Cicero, unberechtigt); »Erzählung«: *Pro Quinctio*, 11 ff. (s. S. 300); »Gliederungen«: *De imperio Cn. Pompei* (s. S. 317). Die »tausend Argumente« sind wohl zusammen mit dem Folgenden auf die unzähligen Topoi der Statuslehre (S. 263) zu beziehen. Sie werden vor allem in Ciceros frühen Reden ausgeschöpft.

und was sonst in den staubtrockenen Büchern des Hermagoras und
Apollodor\* gelehrt wird –
das stand in Ehre.
Schien aber einer erst gar in die Philosophie hineingerochen zu haben
und hatte er von dort einen Gedanken in seine Rede verpflanzt,
dann stieg sein Ruhm bis zum Himmel.

Heute dagegen, sagt er, wollten sich die gleichfalls rhetorisch und philosophisch gebildeten Richter solche Umständlichkeiten nicht mehr anhören, gäben vielmehr zu verstehen, dass sie es eilig hätten. Soll man also nur ganz kurze und sachliche Statements abgeben? Durchaus nicht! Auf etwas anderes kommt es an:

Sogar die Masse der Beistehenden, die kommenden und gehenden Hörer,
sind gewohnt, größere Üppigkeit *(laetitia)* und Prächtigkeit
*(pulchritudo)* der Rede zu verlangen […].
Und vollends die jungen Leute, die sozusagen noch in der
Schmiedewerkstatt der Rhetorik sind
und zum Zweck ihrer Fortbildung bestimmten Rednern nachfolgen,
wollen nicht nur etwas Besonderes hören, sondern sogar mit nach
Hause nehmen können,
etwas, das glanzvoll und memorierenswert ist.
Und sie teilen es sich dann untereinander mit und schreiben es oft in
ihre Kolonien und Provinzen,
wenn etwa ein Geistesblitz besonders witzig und pointiert war
oder wenn ein Gedanke in ungewöhnlich dichterischem Glanz
erstrahlte.
Heute verlangt man nämlich vom Redner sogar dichterische
Anmut …

---

\* Zu Hermagoras s. S. 261; 285. Apollodor von Pergamon, Rhetoriklehrer des jungen Octavian, galt als Verfechter unverbrüchlicher Schulregeln. Seine leicht anachronistische Nennung verdankt er hier wohl seiner besonderen Langweiligkeit. Über Hermagoras hatte schon Cicero gelästert (*De inventione* 1, 8).

Von den drei Dingen, die Aper hier als Gütezeichen zeitgemäßer Rhetorik nennt, resultiert das erste eigentlich nur aus einer Fortentwicklung des ciceronischen Stils: Gerade diesem Meister hatten ja seine Kritiker allzu üppigen Redeschmuck angekreidet (S. 372). Neu sind dagegen die beiden anderen Forderungen: Die Rede solle fein zugespitzte Pointen *(argutae et breves sententiae)* haben und sich durch einen Hauch von Poesie einschmeicheln. Dazu gab es in der Tat bei Cicero nur Ansätze; eine scharfe Pointe wie das berühmte *Cum tacent, clamant*[3] (Sie schreien, indem sie schweigen) war bei ihm eher die Ausnahme.

## EINE PROBE KAISERZEITLICHER REDE: PLINIUS

Hätten wir doch nur eine einzige der Reden, die Aper im Auge hat! Aber wie schon für die Zeit des Hellenismus (S. 251) fehlen uns hier die Beispiele. Denn wie damals die großen Attiker Lysias, Demosthenes usw. ihren Schatten über die Nachwelt warfen, so verdunkelte nun der Glanz des einen Cicero nicht nur Zeitgenossen, sondern auch Spätere. Aus der frühen Kaiserzeit ist uns nur eine einzige echte Rede erhalten: der im Jahr 100 gehaltene *Panegyricus* (Preisrede) des jüngeren Plinius, Muster aller späteren Lobreden auf die römischen Kaiser. Leider ist gerade diese Rede weniger typisch.

Zunächst einmal ist sie epideiktisch im doppelten Sinn, des Preisens und der Selbstdarstellung (S. 179): Vorgetragen am 1. Januar von Plinius als Consul, setzt sie zugleich ihren Gegenstand, Kaiser Traian, und die Redekunst des Sprechers ins Licht – ohne dass hier Überredungskunst, also das Herzstück der Rhetorik, angewandt würde. Da der Verfasser zudem bekennender Ciceronianer ist – »nicht zufrieden mit der Beredsamkeit unseres Jahrhunderts«[4] –, klingt das Ergebnis kaum anders als eine der Dankreden Ciceros (vgl. S. 329) oder auch dessen panegyrische Senatsrede *Pro Marcello* (S. 331). So beginnt Plinius:

> Gut und weise, ihr Senatoren, haben die Vorfahren es eingerichtet,
>   dass man, wie bei allen Handlungen, so beim Reden,
>     den Anfang mit Gebeten machen solle […].
> Doch niemand muss diesen Brauch eher achten als der Consul […].
> Umso mehr ist es recht und fromm, dich, bester und größter Jupiter,
>   einst Gründer unseres Reiches, jetzt sein Erhalter, darum zu bitten,
>     dass mir eine Rede geschenkt werde, die des Consuls, des Senats,
>       des Kaisers würdig sei, […]
>   und dass meine Danksagung ebenso weit vom Schein *(species)* der
>                                                                Schmeichelei
> wie von deren Notwendigkeit *(necessitas)* entfernt sei.

Plinius denkt natürlich an gelegentliche Gebetseingänge Ciceros und anderer;[*] dieser ist sein Vorbild auch im prächtigen Faltenwurf der Perioden, in der Fülle des Ausdrucks und dem Wohllaut der rhythmischen Klauseln.

Wenig aber finden wir hier von dem, was Aper als das Neue und sozusagen typisch Kaiserzeitliche bezeichnet hat. Einzig die Götteranrufung als solche erinnert an Poesie – für den epischen Dichter ist sie ja verpflichtend –; sonst ist die Wortwahl bei allem Streben nach Erhabenheit durchaus prosaisch. Dafür enthält wenigstens der Abschluss des Gebets die von Aper gewünschte Pointe *(sententia)*: Plinius will andeuten, dass eine Danksagungsrede wie die seine bei manchen früheren Kaisern unter dem Zwang *(necessitas)* der Schmeichelei gestanden hätte; bei seiner Rede ist das angesichts von Traians Wahrheitsliebe zwar natürlich nicht der Fall, aber sie könnte doch, gerade wenn sie den herrlichen Traian wahrheitsgemäß darstellt, den Anschein *(species)* der Schmeichelei erwecken und damit verstimmen. O wie viele Worte braucht man, um eine so knappe *sententia*[**] zu erläutern!

---

[*] Cicero, *Pro Murena*, 1 f.; *Pro Rabirio perd.*, 5; *Pro Cornelio* I, s. Crawford, *Fragmentary speeches* (S. 548), 77. Berühmt war vor allem der Beginn von Demosthenes' Kranzrede.

[**] Zu einer *sententia* gehören wohl zwei Dinge: 1. mit wenigen Worten viel zu sagen, 2. Dinge zusammenzubringen, die man nicht zusammenzudenken pflegt (hier *species* und *necessitas* der Schmeichelei).

## SENECA ALS MEISTER DES
## NEUEN REDESTILS

Wenn wir größere Texte suchen, die in diesem neuen, pointierten, fast poetischen Stil verfasst sind, müssen wir die Bühnen der öffentlichen Rede verlassen und in die Schule der Philosophen gehen. Der jüngere Seneca (gest. 65 n. Chr.) wurde zwar nicht wegen seiner Morallehren zum Präzeptor des jungen Nero ernannt, sondern weil er mit seinem Pointenstil der führende Redner seiner Zeit und Liebling der Jugend war – aber eben diesen Stil kennen wir nun einmal nur aus seinen philosophischen Büchern (und den Tragödien). Man lese etwa seine früheste Schrift, mit der er seinen Ruhm als Philosoph begründet haben dürfte, die Trostschrift *Ad Marciam*, an eine Frau, deren geliebter Sohn gestorben ist:[5]

> Mögen andere mit dir sanft verfahren und schmeicheln:
> Ich habe beschlossen, mit deiner Trauer zu kämpfen,
>> und ich werde deinen müden und erschöpften Augen,
> die, wenn du die Wahrheit hören willst,
> schon mehr aus Gewohnheit als aus Sehnsuchtsschmerz fließen,
>>> Einhalt gebieten.
> Dabei mögest du, wenn möglich, an deiner Heilung wohlwollend
>>> mitwirken,
>> wenn aber das nicht geht, verfahre ich selbst gegen deinen Willen,
> magst du auch deinen Schmerz festhalten und umarmen,
> den du dir an Stelle deines Sohns zum Überlebenden gemacht hast.

Wie geistreich, paradox – und wahr zugleich! Wir sehen jetzt von den Pointen ab[*] und achten auf die poetischen Stileigentümlichkeiten. Diese bestehen hier vor allem in kühnen, aber frappanten Metaphern

---

[*] Gerade der erste Teil dieser Schrift ist voller psychologischer Pointen, die sich auf das Willentliche des (scheinbar irrationalen) Traueraffekts beziehen, etwa: »Der Schmerz wird zur perversen Lust eines unglücklichen Gemüts« (1,7). »Ihre Tränen zu verlieren, hielt sie [Octavia] für den zweiten Tod eines Sohnes« (2,4). »Suche nicht den verkehrtesten Ruhm, die Unglücklichste sein zu wollen« (5,4). »Der Mensch unter-

und bildlichen Wendungen. Statt zu »trösten«, will der Therapeut Seneca »mit der Trauer kämpfen« bzw. die »fließenden Augen aufhalten«; die Hartnäckigkeit des schon habitualisierten Seelenschmerzes wird kühn mit der Umarmung des Sohnes verglichen, ja der Schmerz selbst als Substitut des Sohnes gedeutet. Gerade dieser Text aber ist in seinem beschwörenden Charakter auch hochrhetorisch, gibt uns also einen gewissen Eindruck davon, wie die Reden des jungen Seneca geklungen haben mögen.

Noch entschiedener poetisch ist eine spätere Partie in *Ad Marciam*, in der Seneca die mannigfachen Gefährdungen des menschlichen Lebens mit denen einer Schifffahrt nach Syrakus vergleicht. Bei dieser »Sizilianischen Reise« führt er seinen Leser zunächst wie in einem dichterisch beschwingten Tourismusprospekt von der Meerenge und der schaurigen Charybdis über den vielbesungenen Arethusaquell zum berühmten Hafen von Syrakus und zu den noch berüchtigteren Latomien (Steinbrüchen), um schließlich in jene herrliche Stadt selbst zu kommen, wo auch im Winter kein Tag ohne Sonne ist. Freilich, wenn der Reisende all diese Baedekersterne hinter sich gebracht hat, ...[6]

> ... wird dort auch der Tyrann Dionysios sein,
> der Todfeind der Gerechtigkeit, der Freiheit und der Gesetze,
> der Mann, der auch nach Platon noch machtgierig ist,
> nach dem Exil noch lebensgierig:[*]
> Er wird die einen verbrennen, die andern verprügeln,
> manche wird er wegen eines kleinen Vergehens enthaupten lassen.
> Männlein und Weiblein wird er sich zur Wollust herbeiholen,
> und unter den Herden für seine despotische Geilheit
> wird noch das Wenigste sein, wenn eines mit zweien kopulieren muss.

---

stützt seinen Schmerz und leidet nicht, was er fühlt, sondern was er zu fühlen beschlossen hat« (7,2) usw. Hier konvergiert die paradoxe stoische Seelenlehre mit der aufs Überraschende gerichteten Pointenrhetorik.

[*] Gedacht sein muss an Dionysios II., Tyrann von Syrakus (367–344 v. Chr.), der als grausam und ausschweifend galt: Platon hatte auf ihn eine Zeitlang einen gewissen Einfluss, musste aber schließlich froh sein, mit heiler Haut ihm zu entkommen. Seneca behandelt den Tyrannen als quasi überzeitliche Gefahr.

Aber, lieber Seneca, möchten wir rufen, wie soll ausgerechnet dieser Wüstling die verhärmte Marcia trösten? Einen Augenblick, schon findet er zum Thema zurück. Die Reise nach Syrakus mit allen Freuden und Schrecken sollte ja nur ein Gleichnis sein für das Leben mit seinen Verlockungen und Gefahren. So kommt der Touristikberater Seneca wieder zur Hauptsache: Wer sich auf die Fahrt ins Leben einlässt, hat viel Schönes zu gewärtigen, aber keine Reiseversicherung schützt ihn vor dem Schlimmsten. Wer Söhne bekommt, darf hoffen, dass sie ihm einmal den Nachruf sprechen – doch er muss auch damit rechnen, dass er sie selbst auf den Scheiterhaufen wird legen müssen ...

Gut, Seneca hat sein rednerisches bzw. therapeutisches Ziel nicht ganz aus den Augen verloren. Dennoch geht diese hochpoetische *periegesis*, Sightseeing-Tour, weit über das hinaus, was hier zur Tröstung nötig gewesen wäre. Dies ist eben eine jener dichterischen Glanzstellen, von denen der Aper des Tacitus sprach. Wie kein anderer Autor verkörperte gerade der junge Seneca dessen Stilideal, das ihn zum Liebling seiner Zeit machte. Kaiser Caligula jedenfalls war auf seinen Rednerruhm so eifersüchtig, dass er ihn sogar umbringen lassen wollte und davon erst abließ, als man ihm versicherte, der Junge werde ohnehin bald an der Schwindsucht sterben (was zum Glück dann nicht der Fall war).

### WARUM VERFIEL DIE REDEKUNST?

Trotz alledem steht der Redner Aper mit seiner Ansicht, wonach die Beredsamkeit seit Cicero sogar Fortschritte mache, so gut wie allein da. Schon bei Tacitus wirkt er wie ein gewitzter *advocatus diaboli*, denn niemand macht sich die Mühe, ihn zu widerlegen, vielmehr gehen alle weiterhin davon aus, dass die *eloquentia* seit langem im Niedergang begriffen sei. Wo hatte es schließlich in diesem Jahrhundert Meisterwerke wie *Pro Milone* gegeben? Etwa achtzig Jahre nach Ciceros Tod resümiert der ältere Seneca: »Was immer römische Redekunst besitzt, um es dem übermütigen Griechenland entgegenzusetzen oder vorzuziehen, das blühte in der Zeit um Cicero. Alle Talente, die unserer

Literatur Glanz gegeben haben, wurden damals geboren. Danach ging es täglich bergab.«[7]

Woher diese Talfahrt? Für die meisten heutigen Literarhistoriker ist die Tatsache ebenso klar wie die Ursache: Große Redekunst habe nur in der freien Republik gedeihen können. Nachdem sie also im Prinzipat bzw. der monarchischen Kaiserzeit seit Augustus keine öffentliche Rolle mehr spielte, sei sie vom Forum in die Hörsäle der Rhetoriker umgezogen: »Aus dem Orator wurde jetzt der Deklamator«, ein Redner, der nicht mehr »überzeugen«, sondern nur noch »gefallen« will; während jener »aus tiefer innerer Überzeugung seine siegreiche Kraft schöpft«, hat dieser nur »die künstliche Aufregung, das hohle Pathos« (Martin Schanz).[8] Und über diesen in die »trübe Welt des Scheins« eingesponnenen Stubenredner gießt man gern seinen Spott aus.

Eine Ansicht ist nicht darum falsch, weil sie von allen oder den meisten vertreten wird. Für diese sprechen zum Teil auch antike Autoritäten – zumal ja schon Aristoteles auf den Zusammenhang von Republik und Rhetorik aufmerksam gemacht hatte (S. 43). Der soeben zitierte Seneca, der auf achtzig Jahre selbst erlebter römischer Rhetorikgeschichte zurückblickt, erwägt als eine mögliche Ursache des Niedergangs, dass, »nachdem der Preis für die herrlichste Sache gefallen war, aller Wettstreit sich auf schändliche Dinge, die aber viel Ehre und Gewinn versprachen, richtete«.[9] Was kann mit jenem »Preis« anderes gemeint sein, als dass etwa über die Wahl zum Consul weniger die Redefertigkeit des Kandidaten als die Gunst des Princeps entschied?

Deutlicher sagt dasselbe der Dichter Maternus im zitierten *Dialogus* des Tacitus: All jene heftigen Auseinandersetzungen der alten Republik »zerrissen zwar den Staat, trainierten aber die Beredsamkeit jener Zeiten und krönten sie sichtbar mit großen Belohnungen, da, je besser einer im Reden war, umso leichter er zu Ehrenämtern kam, umso mehr er in diesen Ämtern selbst sich vor seinen Kollegen auszeichnete« usw.[*] Ja der anonyme Verfasser der geistreichen Schrift

---

[*] *Dialogus de oratoribus* 36,4. Nach der paradoxen Schlusspointe seiner Rede ist die große Beredsamkeit eine »Ziehtochter der Zügellosigkeit« gewesen, und man lebe darum besser ohne Beredsamkeit im geruhsamen Prinzipat. Ob das Tacitus wirklich geglaubt hat?

»Vom Erhabenen« *(Peri hypsus)*, den man in das 2. Jahrhundert datiert (S. 473), scheint diese Ansicht gar für die übliche zu halten. Woher komme es, fragt er, dass seine Zeit so wenige Genies für das Erhabene hervorbringe? Müsse man nicht »der landläufigen Meinung glauben, dass die Demokratie die Amme von allem Großen ist und dass fast mit ihr zusammen die gewaltigen Redner blühen und sterben«? Die Frage scheint geklärt.

Und sie ist es doch nicht ganz. Denn alle diese und weitere Autoritäten nennen zumindest auch andere Erklärungen für den Niedergang der Beredsamkeit, zum Teil sogar als die einzigen. Der ältere Seneca rechnet damit, dass entweder der zunehmende Luxus die Geister habe erschlaffen lassen oder dass nach einem allgemeinen Gesetz der Geschichte alles Große auch wieder vergehen müsse. Bei Tacitus vertritt der Redner Messalla die Ansicht, das ganze Unheil rühre nur von einer unzweckmäßigen rednerischen Ausbildung her; dasselbe meinten schon Encolpius und Agamemnon in den *Satyrica* des Petron. Der Autor »Vom Erhabenen« sieht die wahren Ursachen sogar ausdrücklich nicht in mangelnder Demokratie, sondern im moralischen Verfall, in Geldgier und Genusssucht. Ähnlich urteilt der jüngere Seneca, der sich in späten Jahren als strenger Kritiker auch des sprachlichen Niedergangs darstellt.[10] Wieder anders urteilt Velleius Paterculus, die früheste Stimme, die wir hören: Nur der Konkurrenzneid habe zu solchen Höchstleistungen wie zur Zeit Ciceros geführt, man sei dann aber daran verzweifelt, wieder vergleichbar Großartiges hervorzubringen.[11] Schließlich Quintilian als größte rhetorische Autorität dieses Jahrhunderts, der dem Thema eine eigene (uns verlorene) Schrift gewidmet hat (S. 431): Er verwirft zwar den damaligen (von Aper propagierten) Modestil und preist den unübertrefflichen Cicero, stellt aber keinen Zusammenhang zu den politischen Verhältnissen her. Also fast: *Quot capita, tot sensus* (Wie viele Köpfe, so viele Meinungen), jedoch die heute gängige Erklärung war damals alles andere als selbstverständlich.

Dies wird etwas begreiflicher, wenn wir zwei Dinge bedenken. 1. Neben Cicero hatten auch Vergil und Horaz, diese größten römischen Dichter, im »Jahrhundert der Epigonen« (Ludwig Bieler)[12] keine ebenbürtigen Nachfolger gefunden – dabei gehörten sie schon nicht mehr zur Republik, sondern in die Zeit des Augustus. 2. Zwar hatte die Volksversammlung in der Kaiserzeit ihre Bedeutung verloren und auch der Senat büßte an Gewicht ein, aber noch immer gab es große politische Gerichts-, ja Skandalprozesse: Etwa Plinius und Tacitus verdankten die politische Karriere vor allem ihren Prozessreden, und gerade das Beispiel des taciteischen Aper zeigt, wie wichtig die Redekunst weiterhin war: Dank seinen Prozessverteidigungen, die zum Teil vor dem Kaiser persönlich stattfanden, sei er aus bescheidensten Verhältnissen bis zum Tribunat und zur Praetur aufgestiegen, fast ebenso erfolgreich wie seine Rednerkollegen Marcellus und Crispus, die von »Fürsten des Forums« sogar zu »Fürsten in der Freundschaft des Kaisers« geworden seien, von diesem wie von allen, auch dem ungebildeten Volk bewundert:[13] Man sage nicht, die Rhetorik habe in der Kaiserzeit jeglichen Sitz im Leben eingebüßt!

## KRITIKER UND VERTEIDIGER DER DEKLAMATION

Noch etwas fällt auf. Nirgends in den antiken Zeugnissen finden wir den heute so beliebten Gedanken, die Redekunst habe sich in der Kaiserzeit vom Forum in die rhetorische Schulstube zurückgezogen.\*
Zu Unrecht schließt man dies offenbar aus den gelegentlichen Klagen, die kluge Bildungskritiker über den Deklamationsbetrieb der kaiserzeitlichen Rhetorikschulen\*\* anhoben. Zwei davon wurden schon genannt: Der Redner Encolpius bei Petron geißelt vor allem die Weltfremdheit der deklamierenden Rhetoren:[14]

---

\* Diese stereotype Formulierung wurde durch Eduard Norden (*Antike Kunstprosa* [S. 527], 248) eingebürgert; sie findet sich aber auch schon in Goethes *Geschichte der Farbenlehre* (Ernst Grumach, *Goethe und die Antike*, Berlin 1949, 895).
\*\* Eine Rhetorenschule, also öffentlichen Rhetorikunterricht in lateinischer Sprache, scheint es, nachdem der Pionierversuch des Plotius Gallus gescheitert war (S. 294), erst wieder Ende der 50er Jahre in Rom gegeben zu haben; s. Stroh, in: *Studium declamatorium* (S. 559), 31–33.

> Ich meine, dass unsere jungen Leute darum in den Schulen völlig verblöden,
> weil sie nichts von dem, was wir in der Praxis erleben, hören oder sehen,
> sondern Piraten, die am Ufer mit Ketten stehen,
> Tyrannen, die Edikte schreiben für Söhne, dass sie ihren Vätern die Köpfe abhacken,
> Orakelsprüche gegen die Pestilenz, wonach drei oder mehr Jungfrauen zu opfern sind –
> alles nur Honiggebäck aus Worten und Sprüche, die man mit Mohn und Sesam bestreut! […]
> Mit Verlaub gesagt: Ihr (Redelehrer) habt als Erste die Beredsamkeit verdorben.

Geht das gegen die Deklamation, die Schulübungsrede\* im Allgemeinen? Diese war doch, wie wir gesehen haben (S. 247), eine hauptsächlich im Hellenismus herausgebildete, im Kern vernünftige Methode, durch Übung an fiktiven Themen auf Fälle der gerichtlichen und politischen Rede vorzubereiten. Was bei Petron verdammt wird, sind offenbar nur allzu phantastische Themen, die statt aus dem Leben aus Tragödien und Schauerromanen geschöpft sind.

In fast dieselbe Kerbe schlägt auch Messalla im *Dialogus* des Tacitus.[15] Er schwärmt für die gute alte Praxis des »*tirocinium fori*« (S. 291), verbunden mit der von Cicero geforderten Universalbildung des Redners (S. 364). Rhetorenschulen scheint er ganz abzulehnen, da »Kinder unter Kindern, Jüngelchen unter Jüngelchen« nicht viel lernen könnten – ein zeitloses Problem der Pädagogik – und die Deklamationen geradezu schädlich seien. Auch er beklagt die dort traktierten »Belohnungen von Tyrannen, Wahlen geschändeter Frauen,

---

\* Die Geschichte des Worts *declamatio*, wodurch griech. *meletē* übersetzt wird, lässt sich nur zum Teil aufklären. Ursprünglich wurde damit die bloße »Stimmübung« bezeichnet; Cicero verwendete das Wort dann pauschal abwertend für die ganze übliche rhetorische Ausbildung. Erst zwischen 54 und 46 v. Chr. dürfte ein lateinischer Rhetoriker die pejorative Vokabel in trotziger Umwertung (wie etwa bei »Tories« oder »Schwulen«) für seine Übungsreden usurpiert haben. Vgl. Stroh, in: *Studium declamatorium* (S. 559) 33.

Heilmittel gegen Pest, Blutschande von Müttern«. – Hand aufs Herz: Bekommt man heute als Zögling eines modernen Deutschunterrichts nicht fast Lust, so unterhaltsamen Übungen wenigstens als Zaungast beiwohnen zu dürfen? Bei diesem Wunsch würden wir sogar ein wenig unterstützt von dem großen Redepädagogen Quintilian, welcher der Deklamation ein höchst lesenswertes, differenziertes Kapitel gewidmet hat. Auch er meint zwar, dass ihre Entartung zum Niedergang der Beredsamkeit* beigetragen habe, ...[16]

> Aber was von Natur aus gut ist, kann man auch gut benutzen.**
> Sollen denn also zum einen die fiktiven Stoffe der Wirklichkeit
> möglichst nahekommen,
> zum andern die Deklamation, so eng es geht, diejenigen Aktionen
> nachbilden,
> zu deren Einübung sie erfunden wurde.
> Denn Zauberer, Pestilenz, Orakelsprüche, schlimmere Stiefmütter als in
> der Tragödie
> und andere Dinge, die noch phantastischer sind,
> werden wir unter Sponsionen und Interdikten vergeblich suchen.

So weit scheint Quintilian ins allgemeine Horn der Bildungskritiker zu stoßen. Aber dann mildert er als erfahrener Jugendpädagoge:

> Also wie? Sollen wir niemals erlauben, dass die jungen Leute
> solche unglaublichen und, offen gesagt, poetischen Themen
> behandeln,
> dass sie sich darin ergehen, sich am Stoff erfreuen und dabei
> gewissermaßen Fleisch ansetzen?
> Das wäre wohl das Beste gewesen*** –

---

\* Der bei ihm aber nie als generell gilt (S. 444).
\*\* Dem Sinn nach identisch mit dem heutigen lateinischen Sprichwort *Abusus non tollit usum* (Missbrauch hebt den Gebrauch nicht auf).
\*\*\* *Optimum erat:* Das Imperfekt ist in solchen Fällen nach deutschem (!) Sprachgefühl irreal; durch die Vergangenheit wird ausgedrückt, dass die Chance nicht mehr besteht. Unrichtig ist jedenfalls die überall vertretene Behauptung, Quintilian habe fiktive Themen rundweg abgelehnt.

> aber jedenfalls dürfen die Themen zwar groß und geschwollen,
> nicht aber dumm sein
> und nicht so, dass sie bei schärferem Zusehen lächerlich wirken.

Denken wir also, wenn wir manche der Deklamationsthemen belächeln, auch an unsere Kinder, die im Fasching lieber Zauberer und Seeräuber als Pfarrer oder Studienräte spielen.

Noch mehr erfahren wir bei Quintilian. Es gab zu seiner Zeit auch unkritische Bewunderer des Deklamationsbetriebs, die meinten, dass diese völlig eigene Gesetze habe und nicht der Vorbereitung auf die Praxis dienen müsse. Das lehnt Quintilian mit scharfen Worten als »theatralische Vorführung« ab. Dennoch macht er auch hier ein Zugeständnis: Es gebe tatsächlich auch Deklamationen, die nicht um der rhetorischen Bildung willen *(profectus causa)*, sondern der Show halber *(in ostentationem)* stattfänden. Diese dürften, ähnlich wie die epideiktischen Reden, dem Vergnügungsbedürfnis des Zuschauers größere Zugeständnisse machen.

## PROBEN DER DEKLAMATIONSRHETORIK

Dies ist ein wichtiger Punkt, der uns zeigt, dass sich im ersten Jahrhundert nach Christus in der Welt der Rede doch tatsächlich etwas Wichtiges verändert hatte. Die Deklamation hat ihre alte Aufgabe behalten, aber eine neue dazugewonnen, indem sie Teil des kaiserzeitlichen Unterhaltungsprogramms ist – wie auch die eingangs erwähnten »Rezitationen« (die aber davon ganz verschieden sind[*]).

Über die näheren Details belehrt uns zunächst wieder der ältere Seneca, der Vater des Philosophen, ein kluger, witziger, gelegentlich bärbeißiger steinalter Herr, der zum Nutzen seiner drei Söhne mit offenbar untrüglichem Gedächtnis zusammenstellt, was er in fast einem Jahrhundert auf diesem Gebiet erlebt hat: zehn Bücher *Controversiae*,

---

[*] Nur dann scheinen beide gelegentlich ineinander überzugehen, wenn ein Redner eine schriftliche (aber noch unpublizierte) Rede »rezitiert«.

ein Buch *Suasoriae*. Leider teilt er uns nicht ganze Reden mit,* sondern nur deren rhetorische Höhepunkte, eben die Pointen *(sententiae)*, auf welche die Söhne besonders erpicht sind, dann die *divisiones* (Einteilungen), womit die verschiedenen Gesichtspunkte gemeint sind, nach denen der jeweilige Fall behandelt wurde (fast deckungsgleich mit den sonst sogenannten *partitiones*), und schließlich öfter auch die *colores* (Färbungen), das heißt die eigenmächtigen Modifikationen, die der Deklamator an dem gestellten Thema vornimmt.

Diese Dinge pflegte der deklamierende Rhetoriklehrer, wie wir aus anderen Quellen wissen, in einem dem Vortrag vorausgeschickten *sermo* (eigentlich »Gespräch«) zu erläutern. Fast noch interessanter aber als die den Deklamationen entnommenen Texte sind die literarhistorischen Anekdoten und Personencharakteristiken, die Seneca seinen Büchern voranstellt: ein *Who's who* der römischen Rhetorik seiner Zeit.

Doch zunächst zu den Texten selbst. Acht Controversien umfasst das erste Buch. Ich nenne das Thema sogleich der ersten, das wie alle aus einem Gesetz und einem Fall besteht (vgl. S. 249):

[Gesetz:] Kinder sollen ihre Eltern unterstützen [wörtlich: »ernähren«] oder kommen ins Gefängnis.
[Fall:] Zwei Brüder waren zerstritten. Einer hatte einen Sohn. Sein Onkel geriet in Armut. Gegen den Willen seines Vaters unterstützte ihn der Junge. Als ihn der Vater verstieß [bzw. enterbte], hielt er still [d. h., er prozessierte nicht dagegen]. Sein Onkel adoptierte ihn. Nun machte der Onkel eine Erbschaft und wurde reich. Der Vater dagegen verarmte. Gegen den Willen seines Onkels unterstützte ihn der Sohn. Er wird verstoßen.

---

* Der Idee nach vollständige, wenn auch wohl gekürzte lateinische Deklamationen haben wir erst aus späterer Zeit: Unter dem Namen Quintilians sind überliefert 145 *Declamationes minores*, 19 *Declamationes maiores*; erhalten sind ferner Auszüge aus 53 Deklamationen eines Calpurnius Flaccus. Kurios sind die Deklamationen des späteren christlichen Bischofs Ennodius (5./6. Jh.).

Es kommt nun zum Prozess – griechisches, nicht römisches Recht ist vorausgesetzt –, in dem der edle Jüngling seinem Onkel bzw. Adoptivvater das Recht auf Enterbung streitig macht. Für und gegen ihn ist zu argumentieren.

Wie heute die meisten Pianisten Chopins »Barcarole« im Repertoire haben, so scheint in Rom dieser von seinen Vätern hin und her gehandelte Sohn fast sämtlichen Redelehrern Stoff für ihre Deklamationen geliefert zu haben. Von 15 verschiedenen Rhetoren zitiert Seneca hier einschlägige *sentientiae*, von vieren analysiert er die *divisio*; außerdem notiert er 14 verschiedene *colores* und einiges mehr. Wohl weil Seneca die einzelnen Rhetoren abwechselnd mit Textpröbchen nennt und vergleicht, meinen heutige Literarhistoriker, diese hätten damals rhetorische Deklamationswettkämpfe veranstaltet. Aber davon ist meines Wissens nichts überliefert.\* Vielmehr dürfte Seneca die Professoren reihum bei ihren Vorträgen besucht und sie erst aus der Erinnerung zusammengestellt haben – vergleichbar etwa einem heutigen Musikkritiker, der im Rundfunk verschiedene Einspielungen derselben Symphonie auszugsweise vorstellt und würdigt.

Beginnen wir also mit einigen *sententiae*. Am Anfang stehen Auszüge aus der Deklamation des Porcius Latro, den Seneca besonders bewundert. Manche von diesen Sprüchen versteht der heutige Leser gut, bei anderen muss man etwas nachdenken – und wundert sich über das Geistestempo der Römer. Ich gebe drei relativ gut verständliche Proben aus Latros insgesamt 13 *sententiae*. Es spricht jeweils der Klage führende Jüngling; angeredet ist der enterbende Onkel:

> Jeder, den er anbettelt, wird sagen: Solch ein reicher Bruder kann ihn nicht unterstützen?
> Dank deinem Reichtum hat der unselige Greis auch noch die Möglichkeit verloren, sich ein Almosen zu erschmeicheln.

---

\* Zweimal spricht Seneca davon, dass nach einem Rhetor ein anderer »am folgenden Tag« dasselbe Thema variiert habe – was aber noch nicht auf einen Wettkampf schließen lässt: Die beiden dürften jeweils in ihrem Hörsaal deklamiert haben.

Du sagst: »Er selbst wollte nicht, dass ich unterstützt werde.«
Nennst du die Nachahmung fremder Schuld Unschuld?

Du weißt, dass du dies [mich verstoßen] ohne Gefahr tun kannst:
Auch wenn du mich verstößt, werde ich dich unterstützen.

Schwerer war es, die Sache des schnöden Onkels zu vertreten. Ein gewisser Vallius Syriacus ließ sich dazu unter anderem Folgendes einfallen:

Er [mein Bruder] ließ mich zu Boden werfen und schmähte mich dazu:
Zum Himmel hob er die Hände auf und bekannte,
    dass er ihm dieses Schauspiel verdanke.
Und zum ersten Mal wünschte er seinem Bruder das Leben.[*]

Ich habe dich adoptiert, als du enterbt wurdest:
    Nun wo du adoptierst,[**] enterbe ich dich.[***]

Aber eine solche Rede war nicht nur eine kontinuierliche Pointenjägerei; auch auf die geistige Arbeit bei der Analyse des Falls kam es an. Latro gliederte ihn in seiner *divisio* nach den Gesichtspunkten *(quaestiones)* 1. des Rechts *(ius)* und 2. der Billigkeit *(aequitas)*, das heißt, 1. ob die Verstoßung rechtlich möglich *(an abdicari possit)* und 2. ob sie moralisch vertretbar sei *(an debeat* sc. *abdicari)*. Unter dem ersten Aspekt, bei dem es auf das Gesetz ankam, stellten sich wiederum zwei Fragen: 1 a. ob ein Verstoßener damit aufhöre, Sohn zu sein, und 1b. ob er dann aufhöre, Sohn zu sein, wenn er verstoßen und von einem anderen adoptiert sei usw. – Auch wenn der Fall konstruiert scheint, solche Überlegungen sind wohl nicht weit entfernt von denen, die ein heutiger Anwalt für Familienrecht anstellen würde.

---

[*] Würde der Bruder sterben, müsste er nicht mehr leiden – aber das soll der Hörer dazudenken.
[**] Durch die Unterstützung des Vaters, der ihn verstoßen hat, »adoptiert« er diesen gewissermaßen – sehr gesucht!
[***] Figur der sogenannten *antimetabolē* (heute dank Derrida sehr beliebt), wie: »Wir leben nicht, um zu essen, sondern essen, um zu leben.«

Aber wo bleiben die Piraten, Tyrannen und geschändeten Jungfrauen? Habe ich meinem Leser zu viel an Sensation versprochen? Ich lasse also die *colores* der ersten *controversia* unerläutert und versuche, durch die nun folgenden vier Themen (*Controversiae* 1,2–5) ein wenig auch zur pikanten Unterhaltung beizutragen. Es geht jeweils um Sexualdelikte.

II. [Gesetz:] Eine Priesterin muss keusch und von keuschen Eltern, rein und von reinen Eltern sein.
[Fall:] Eine Jungfrau wurde von Seeräubern gefangen und verkauft.* Von einem Zuhälter wurde sie gekauft und prostituiert. Die zu ihr Kommenden bat sie um ein Almosen. Als sie einen Soldaten, der zu ihr kam, dazu nicht bringen konnte, dieser vielmehr mit ihr rang und ihr Gewalt antun wollte, tötete sie ihn. Sie wurde angeklagt, freigesprochen und zu den Ihrigen zurückgeschickt. – Sie bewirbt sich um ein Priesteramt.

III. [Gesetz:] Eine unkeusche Frau soll vom Felsen gestürzt werden.
[Fall:] Eine Frau, wegen Unkeuschheit verurteilt, rief, bevor sie vom Felsen gestoßen wurde, die [Göttin] Vesta an.** Sie wurde herabgestürzt und überlebte. – Man fordert sie erneut zur Bestrafung.

IV. [1. Gesetz:] Wer einen Ehebrecher mitsamt der Ehebrecherin ergreift, soll, sofern er beide tötet, straflos sein. [2. Gesetz:] Den Ehebruch der Mutter soll auch der Sohn rächen dürfen.
[Fall:] Ein tapferer Mann verlor seine Hände im Krieg. Er ergreift einen Ehebrecher mit seiner Frau, von der er einen noch jugendlichen Sohn hat. Er befahl dem Sohn zu töten. Der tötete nicht. Der Ehebrecher entkam. – Er enterbt den Sohn.

---

\* Erinnert an Fälle der griechisch-römischen Komödie. Die Seeräubergefahr war aber auch im Rom der Kaiserzeit nicht völlig gebannt.
\*\* Alle Deklamatoren verstanden darunter eine Vestalin, also eine der Vestapriesterinnen, die zur Jungfräulichkeit verpflichtet waren. Deren Strafe bestand allerdings darin, dass sie lebendig begraben wurden.

> V. [Gesetz:] Ein vergewaltigtes Mädchen soll entweder den Tod ihres Vergewaltigers oder die Hochzeit mit ihm und zwar ohne Mitgift wünschen dürfen.
> [Fall:] Ein Mann vergewaltigte zwei Mädchen in einer Nacht. – Die eine wünscht seinen Tod, die andere die Hochzeit.

Dieser letzte Fall ist nicht singulär: Von den insgesamt 74 Controversien, die Seneca uns mitteilt, geht es in insgesamt sieben um Vergewaltigung (wobei übrigens zwei Mal junge Männer betroffen sind), ebenso oft um Ehebruch. Die weitaus meisten Fälle betreffen sonstige Familienkonflikte, besonders zwischen Vätern und Söhnen. Das bleibt so weit durchaus im Rahmen des Alltags. Immerhin treten auch sieben Mal »Tyrannen« auf, die in der Regel getötet werden. Die von den Kritikern besonders angeprangerten »Piraten« kommen sechs Mal vor, böse »Stiefmütter« nur drei Mal. Zauberer, Orakel und rituell gemordete Jungfrauen sucht man bei Seneca vergebens. Man sollte also wohl die Lebensfremdheit der Themen nicht übertreiben. Heute geradezu aktuell sind zwei Fälle von verweigerter Sterbehilfe.[17]

## VON DER SCHULSTUBE ZUM KONZERTSAAL

Zurück zur Hauptfrage: Wann und wie kam es also dazu, dass aus solchen Schulübungen Gegenstände der öffentlichen Unterhaltung wurden? Cicero deklamierte allein, mit Lehrern oder Freunden (noch in den Wochen nach Caesars Tod mit den designierten Consuln Hirtius und Pansa, seinen »Seniorenstudenten«). Sogar der schon erwähnte eitle Asinius Pollio ließ niemanden zu seinen Deklamationen zu, ebenso wenig der streitlustige Titus Labienus: Beide galten übrigens auch im Stil als altmodisch. Aber auch der erste Redner, den man als Vertreter des modernen Stils ansah, Cassius Severus, »deklamierte selten und nur, wenn er von seinen Freunden dazu genötigt wurde«.[18] Der ältere Seneca begründet dies damit, dass Cassius als Deklamator schwach gewesen sei; aber ebenso ist wohl daran zu denken, dass er es wie die vorher Genannten als vornehmer Römer verschmähte, Rhetorikunterricht zu erteilen.* So konnte er es sich durchaus leisten, den gesamten öffentlichen Deklamationsbetrieb für unnütz zu erklären: »Einen Redner kannst du in dieser Kinderübung nicht erproben. Das ist, als wolltest du einen Steuermann nach seinen Leistungen im Fischteich beurteilen.«[19]

So spricht ein reiner Redner. Die Deklamatoren aber, die Seneca zitiert, sind zumeist professionelle Rhetoriklehrer. Wenn sie öffentlich deklamieren, dann nicht aus Liebe zu einer »Welt des Scheins«, zunächst auch gar nicht, um zum gehobenen Freizeitprogramm der Römer beizutragen, sondern um für ihren Unterricht zu werben (nicht viel anders als schon die alten Sophisten). Dazu sollten natürlich nicht nur die Kinder ihre Vorträge hören, sondern auch die Eltern, die das Schulgeld zu bezahlen hatten.** Also musste zumindest gelegentlich die Öffentlichkeit zugelassen werden.

Sehen wir uns wenigstens die prominentesten Lehrer kurz an. Am berühmtesten war der schon zitierte Spanier Porcius Latro, der allerdings ein fragwürdiger Pädagoge gewesen sein muss: Er ließ seine Schüler überhaupt nicht deklamieren, sondern nur bei seinen eigenen Deklamationen zuhören, da er »kein Lehrer *(magister)*, sondern ein Vorbild *(exemplum)*« sei.[20] Als praktischer Redner auf dem Forum soll er kläglich versagt haben, da ihn schon die Örtlichkeit unter freiem Himmel verwirrt habe. Aber seine öffentlichen Deklamationen waren so hörenswert, dass sogar Augustus und Agrippa sich die Ehre gaben.

Zurückhaltender ist das Lob, mit dem Arellius Fuscus von Seneca bedacht wird. Trotz lateinischen Namens stammte dieser aus Kleinasien, so dass er lieber griechisch als lateinisch deklamierte. Seneca schreibt ihm großen stilistischen Glanz zu, bemängelt aber eine über-

---

\* Der erste vornehmere Römer, der Rhetorik lehrte, war ein gewisser Blandus, ein Ritter: »Vor ihm blieben die schönsten Künste im Bereich von Freigelassenen als Lehrern, und so herrschte die verwerfliche Sitte, dass es schändlich war, das zu lehren, was zu lernen anständig war« (Seneca, *Controversiae* 2 praef. 5).
\*\* Der ältere Seneca war ein reicher Mann und kümmerte sich um solche Dinge nicht: In den Kultur- und Literaturgeschichten sollten sie aber nicht vernachlässigt werden.

mäßige Weichlichkeit und Unausgeglichenheit. Berühmt machen ihn heute vor allem zwei Schüler, der Dichter Ovid und der Philosoph Papirius Fabianus, der den Pointenstil der Deklamation in die Philosophie trug, darin Vorläufer des jüngeren Seneca.

Es folgt Albucius Silus aus Oberitalien, der auf eigenartigem Wege zu seiner Profession kam. Der vornehme Munatius Plancus, Gründer Basels, zog ihn zu seinen Deklamationsübungen als Sparringspartner heran, um selbst in Stimmung zu kommen. Der Erfolg dabei ermutigte Albucius zur Eröffnung einer eigenen Schule. Gleich dreimal wird uns von römischen Autoren die folgende Anekdote als Beispiel für die Lebensfremdheit dieses echten Schulmanns erzählt:[21] Bei einem Prozess richtete Albucius an den Gegner, dem er Pietätlosigkeit gegen seine Eltern vorwarf, die pathetische Forderung, er solle einen ihn desavouierenden Eid ablegen: »Schwöre bei der Asche deines Vaters, die noch unbestattet ist« usw. Da nun der Eid im antiken Prozess grundsätzlich als Beweismittel gelten kann, tat der gegnerische Anwalt Arruntius, als sei die Aufforderung ernst gemeint: »Wir nehmen das Angebot an: Er wird schwören.« Albucius: »Das war kein Angebot, ich habe eine [rhetorische] Figur gebraucht.« Keine Chance. Als die Richter zum Schluss drängten, rief Albucius verzweifelt: »Auf diese Weise werden noch alle Figuren aus der Welt verschwinden!« Arruntius: »Sollen sie doch verschwinden. Wir werden auch ohne sie leben können.« – Diese Geschichte sollte man, wenn Feinde der Rhetorik in der Nähe sind, vielleicht besser hinter vorgehaltener Hand erzählen.

Der Abgott der Jugend aber war Cestius Pius, wiederum ein Grieche, der als solcher gelegentlich »an Worten, nie aber an Gedanken Mangel hatte«.[22] Die Vorträge anderer störte er gern mit hämischen Zwischenrufen und Kommentaren; seinen eigenen Patzern gegenüber war er großzügig: Er sage ja manches Schlechte nur, weil es den Hörern gefalle![23] Zu einigen Reden Ciceros schrieb er Gegenreden, was zur Folge hatte, dass seine Anhänger von Cicero nur noch eben diese Reden lasen; diejenigen ihres Meisters aber lernten sie auswendig. Einmal verstieg sich Cestius zu dem Satz, Cicero habe nicht einmal »das ABC der Rede verstanden«; aber das bekam ihm dann doch übel. Als er bei einem Symposion von Ciceros Sohn eingeladen war und der

Gastgeber erfuhr, dies sei der Mann, der seinen Vater so gröblich beleidigt habe, ließ er ihn kraft Hausrechts ausprügeln. Was Seneca übrigens angemessen findet.

## OVID, DER RHETOR UNTER ROMS DICHTERN

Nur von einem Deklamator teilt uns Seneca fast eine ganze *controversia* mit, aber von keinem der Lehrer, sondern von einem Rhetorikschüler: Publius Ovidius Naso[24] – dessen Dichterglanz freilich den bescheidenen Ruhm aller Magister bald in den Schatten stellte. Wie diese Deklamation über das Recht auf leidenschaftliche, ja vernunftwidrige Liebe schon den künftigen erotischen Dichter ahnen lässt – Seneca nennt sie ein »Gedicht in Prosa« –, so atmet ein großer Teil von Ovids späterer Poesie etwas vom Geist der Rhetorenschule, aber im besten Sinn. Die Gedichte funkeln nicht nur von Pointen, die immer überraschend, nie gequält oder obskur sind, sie zeigen auch eine Freude am persuasiven Argumentieren, die ans Professionelle grenzt. Nur wenige Hinweise müssen hier genügen.

So beginnen seine *Amores*, das früheste Werk, mit einem kleinen Diebstahlsprozess. Der Liebesgott Amor stiehlt dem Dichter Ovid\* aus jedem zweiten Hexameter (Sechsfüßler) einen Versfuß, wodurch dieser zum Pentameter (Fünffüßler) wird, das geplante Epos also zur Elegie, das heißt Liebeselegie.\*\* Ovid betrachtet dies als Rechtsverletzung, da er qua Dichter unter der Herrschaft nicht Amors, sondern der Musen stehe: Wo käme man hin, wenn andere Götter in ähnlicher Weise ihre Kompetenzen überschritten? Wenn sich Venus den Spinnrocken der Minerva, Apoll den Spieß des Mars aneignen würde (und

---

\* Der zurzeit in der Philologie übliche Pedanterie zufolge müsste man hier und sonst statt von Ovid vom »dichterischen Ich« sprechen. Da diesem körperlosen Abstractum aber schlecht etwas gestohlen werden kann, baue ich auf die Intelligenz meiner Leser, die von selbst wissen, dass Dichter gern flunkern.

\*\* Epen bestehen aus einem Kontinuum von Hexametern, Elegien aus einem Wechsel von Hexameter und Pentameter.

vice versa)! So weit eine hübsche *declamatio* (die dabei implizit die paradoxe Existenz des Liebesdichters zum Thema macht), doch am Schluss begeht Ovid einen Fehler. Er weist darauf hin, dass er schon darum kein Liebeselegiker sein könne, weil er ja gar nicht verliebt sei. Das kann Amor widerlegen, nicht durch Gegenrede, sondern durch einen Pfeilschuss: »Hier, Dichter, hast du etwas, um zu lieben.«[25] Und Ovid kapituliert. Mit Göttern sollte man weder rechten noch Controversien deklamieren.

Eine geradezu schulmäßige Gerichtsrede, diesmal im *status coniecturalis* (Tatfrage), ist Ovids an die Geliebte Corinna gerichtetes Gedicht, in dem er sich über deren fortwährende grundlose Eifersüchtelei beklagt:[26] Nun werde ihm auch noch ein angebliches Verhältnis mit ihrer Zofe Cypassis vorgeworfen! Ovid verteidigt sich mit Wahrscheinlichkeitsargumenten in gut sophistischer Tradition: Wer würde mit einer Frau so niederen Standes intim sein wollen? Und dann noch mit der Sklavin der Geliebten, die einen entsprechenden Antrag doch sogleich der Herrin petzen müsste? Auf diese »künstlichen« Beweise folgt ein »unkünstlicher«, der Eid (S. 173): »Bei Venus und Amor, ich bin unschuldig.«

Und er hat es doch getan. Die folgende Elegie ist formal wieder eine *suasoria*, in der er bewusste Cypassis zu einem erneuten Schäferstündchen überredet. Dabei rühmt er sich schamlos der Kunst und Geistesgegenwart, mit der er in der vorigen Rede seine Geliebte hereingelegt habe, und unterzieht diese Rede geradezu einer rhetorischen Manöverkritik – wie wenn etwa ein Rhetoriklehrer sein eigenes oder ein fremdes Kunstprodukt würdigt. Nicht nur in der römischen Liebesdichtung dürfte ein solches Gedicht einzigartig sein.

Dieses rhetorische Interesse Ovids bleibt oder steigert sich noch in den folgenden Werken. Die *Epistulae* (Heroidenbriefe) sind großenteils *suasoriae* in der Sonderform der *prosopopoeia*, also des Sprechens in fremder Person: 15 Damen des griechischen Mythos versuchen ihre Ehemänner bzw. Liebhaber meist zu einer Rückkehr zu bereden. Und in der berühmten *Ars amatoria* (Liebeskunst) wird die Kunst, Frauen zu verführen oder zu erobern, vor allem als rhetorische Aufgabe angesehen:[27]

> Lerne Rhetorik, die nützliche Kunst, o römische Jugend,
>   nicht nur für das Gericht, zitternden Sündern zum Schutz:
> Gleichwie das Volk, der erhabne Senat und der strenge Geschworne,
>   so vor der Rede Gewalt schmelzen die Frauen dahin.

An diesen Formen realer forensischer Beredsamkeit habe sich der Liebhaber zu orientieren, nicht an den Deklamationen – wo jeder spürt, dass alles nur fingiert ist, weil der Redner sein Können zur Schau stellt:

> Aber verbirg deine Kunst, zeig nicht die Beredsamkeit offen,*
>   lass deine Zunge verschmähn jedes zu heftige Wort!
> Nur ein törichter Narr deklamiert vor der zarten Geliebten …

Das Hohelied der Beredsamkeit singt Ovid jedoch im 13. Buch seiner *Metamorphoses* (Verwandlungen). Achill ist tot. Wer soll seine Waffen, vor allem den berühmten Schild, erben? Aiax, der tapferste Grieche, und Ulixes (Odysseus), der schlaueste, bewerben sich darum, indem jeder vor den maßgeblichen Heerführern eine Rede *pro domo* hält. Das Ganze ähnelt so einer zweiteiligen *controversia* (obwohl es genau genommen zwei *suasoriae* sind). Aiax hat fast alle Trümpfe in der Hand, und so lässt Ovid deutlich erkennen, dass dieser Kämpfer eigentlich die Waffen verdient. Dennoch siegt Ulixes – warum? Weil er brillanter argumentieren und formulieren kann? Eigentlich nein: Gerade Aiax hält eine Rede, die nur so funkelt von den Blitzen zeitgenössischer Pointenrhetorik. Quintilian persönlich bewundert den brillanten Einstieg, ein Argument *a loco* (Schauplatz):[28]

> Bei Jupiter, hier vor den Schiffen
> Führen wir unsern Prozess – und mir vergleicht sich Ulixes!

Die Verteidigung der Schiffe, die der trojanische Hektor mit Feuer bedroht hatte, war ein Hauptverdienst des Aiax – Ulixes war damals wie

---

* Zum aristotelischen Prinzip der *dissimulatio artis* s. S. 182.

andere geflohen. Sollte dieser, nur weil er die geläufigere Zunge hat, die Waffen bekommen?²⁹

> ... schon ist es kein Ruhm mehr für mich, d e n Preis zu gewinnen,
> sei er auch noch so groß, den sich ein Ulixes erhofft hat.
> E r hat schon jetzt seinen Lohn sich erkämpft für das Wagnis des Zweikampfs,
> weil es dann heißt, nachdem er verliert, dass mit m i r er gekämpft hat.

So Aiax zu Beginn der Rede im siegesgewissen Vollgefühl seiner Überlegenheit; an anderer Stelle heißt es: »Nicht Aiax verlangt nach den Waffen, die Waffen verlangen nach einem Aiax«³⁰ (mit einer bei den Rhetoren beliebten Figur)\*. Als Schlusspointe seiner Rede veranstaltet er, um den Würdigen zu ermitteln, ein Gedankenexperiment: Man werfe die Waffen unter die Feinde – von dort hole sie sich, wer kann!

Erst wenn man die Gegenrede des Ulixes liest, merkt man als moderner Leser allmählich, welchen Fehler Aiax gemacht hat. Indem er überall darauf abzielte, seine Taten als möglichst groß erscheinen zu lassen, vergaß er ganz, dass unter den Preisrichtern auch tapfere Männer saßen, die ihren eigenen Anteil an den Erfolgen hatten – gerade auch bei der Verteidigung der Schiffe. So hebt Ulixes (mit der Methode des Demosthenes in der *Kranzrede*, S. 232) darauf ab, dass er alle seine Taten nur aus Liebe zu seinen Mitbürgern und oft mit ihnen vollbracht habe. Gleich zu Beginn³¹ wischt er sich eine (ebenso fromme wie geheuchelte) Träne aus dem Auge, weil nun Achill, das Bollwerk der Hellenen, nicht mehr am Leben sei: Wie gern würde er andernfalls auf die Waffen verzichten. Keine Frage, hier spricht nicht der ruhmbegierige Einzelkämpe, sondern der selbstlose Patriot. Und als solcher macht er am Schluss gar den Vorschlag, die Waffen, wenn schon nicht ihm, dann der Göttin Minerva zu geben – ihr, deren Standbild er kurz zuvor mit List und Tücke aus Troja geraubt hat, um die Stadt ihrem Schutz zu entziehen. So krönt, wie oft bei Cicero, ein religiöser

---

\* S. Anm. zu S. 417.

Schluss eine ganz von Eigennutz inspirierte Rede. Und es »zeigte sich«, sagt Ovid, »die Macht der Rede: Die Waffen des Tapferen bekam der Beredte.«[32]

Auch wenn diese Entscheidung nicht richtig war, sie war doch nicht unberechtigt. Die Fähigkeit des Ulixes, die jeder große Redner haben muss: in die Herzen seiner Hörer zu blicken und so das richtige Wort zu finden, ohne sich (wie Aiax) vom Affekt und der eigenen Formulierungskunst hinreißen zu lassen, ist ja keine äußere Fertigkeit, sondern notwendige Voraussetzung für einen Staatsmann, der Menschen zu führen hat. So hat Ovid mit Ulixes einen großen Redner, das heißt einen Redepraktiker in Art von Cicero und Demosthenes dargestellt. Ihm gegenüber wirkt Aiax wie ein auf effektvolle Pointen ausgerichteter Rhetorenzögling. Somit ist es wohl kein Zufall, dass die Schlusspointe seiner Rede wortwörtlich aus einer Deklamation des von Ovid bewunderten Porcius Latro stammt,[33] jenes Rhetors also, der auf dem Forum ein notorischer Versager war. Ovid war in der Schule, nach Aussage Senecas, ein guter Deklamator. Vielleicht hätte er ein noch besserer Redner sein können – glücklicherweise ist er dann aber doch Dichter geworden.

## *INSTITUTIO ORATORIA* – EIN SPANIER LEHRT DIE RÖMER REDEN

Wer die Autorenliste der römischen Literaturgeschichte durchmustert, vermisst vor allem eines: Römer. Schon als die lateinische Sprache über die Grenzen Latiums hinaus zur Sprache Gesamtitaliens wurde, waren es fast durchweg Nichtrömer, die Roms Literatur bereicherten: vom alten Naevius aus Campanien bis zu Vergil aus der Lombardei. Nachdem dann, etwa von der Zeitenwende an, Latein allmählich die Welt eroberte, bekam man bald sogar ausländische Literaten in Rom zu hören, allen voran Spanier, deren Sprache ja noch heute so große Ähnlichkeit mit ihrer lateinischen Muttersprache hat. Sie dominieren geradezu in der Literatur des ersten nachchristlichen Jahrhunderts – ihr erstes »goldenes Zeitalter« *(siglo de oro)* –, und fast alle von ihnen haben einen Hang zur Rhetorik.

Der Spanier Porcius Latro (S. 420) war in Rom König der Deklamationsrhetoren. Seneca der Ältere, den wir als deren Kritiker kennen, war ein Freund Latros aus Corduba (Córdoba). Dort wurde sein Sohn, der als Stilist und Philosoph berühmte Seneca geboren; dort auch sein Enkel Lucan, der in allen Farben der Redekunst brillierende Epiker. Aus Bilbilis in Nordspanien stammte Martial, der mit seiner rhetorischen Pointierung bis heute der Gattung des Epigramms ihr Merkmal gegeben hat. Genug der Namen, deren Aufzählung sich fortsetzen ließe: Was wäre damals Rom gewesen ohne seine Spanier!

Sie alle aber, mit Ausnahme des jüngeren Seneca, überragt an Bedeutung ein Mann aus der alten Baskenstadt Calagurris (Calahorra): Marcus Fabius Quintilianus. Er hat der Welt das größte und durchdachteste rhetorische Lehrbuch des Altertums geschenkt, die uns vollständig erhaltene *Institutio oratoria* (Unterweisung des Redners) in zwölf Büchern – ein fast ebenbürtiges Gegenstück zu den zwölf Büchern der *Aeneis* Vergils, ganz gewiss jedenfalls »die Perle der spanisch-lateinischen Schriftstellerei« und überhaupt »eine der vorzüglichsten Schriften, die wir aus dem römischen Alterthum besitzen« (Theodor Mommsen[1]).

## EIN UMJUBELTER KLASSIKER

Leider ist Quintilians Ruhm heute nur auf relativ wenige Kenner beschränkt, ja unter allen klassischen Prosaikern dürfte er der am meisten Unterschätzte sein. Aber dem war nicht immer so. Sein Stern strahlte nicht nur im Altertum, sondern vor allem auch in der Frühen Neuzeit. Francesco Petrarca (gest. 1374), den man »Vater des Humanismus« nennt, widmete ihm, obwohl er sein Werk nur bruchstückhaft kannte, einen begeisterten Brief, in dem er ihn neben Cicero stellte.[2] Nachdem dann 1416 der berühmte Humanist und Bücherjäger Poggio die erste vollständige Handschrift Quintilians im Kloster von St. Gallen gefunden hatte, ging eine Welle des Enthusiasmus für diesen Meister der Rhetorik und, wohlgemerkt, der Pädagogik über Europa. In zahlreichen Schriften über Kindererziehung folgte man seinen Spuren. Und Lorenzo Valla, Papst des eleganten Lateins, pries ihn als Orakel und bekannte, ihn fast auswendig gelernt zu haben.[3]

Bald kannten ihn auch die Deutschen. Der Bildhauer Jörg Syrlin setzte ihn im Chorgestühl des Ulmer Münsters (um 1470) als vierten großen römischen Weisen neben Terenz, Cicero und Seneca.[*] Man sehe dort sich seine Züge an: hellwach, energisch, fast jugendlich, kurz: so wie sich ein junger Mensch den Lehrer nur wünschen kann. Dass ihn Erasmus in seinen pädagogischen Traktaten wie keinen anderen zitiert, versteht sich wie von selbst. Verblüffend ist aber, dass auch der junge Luther ihn nach eigenem Zeugnis (1519) »so gut wie allen Autoren vorzieht« *(fere omnibus auctoribus praefero)* und noch später bekennt, Quintilian reiße ihn so hin, dass er fast gezwungen sei, ihn im-

---

[*] Eine weitere Büste, die auch als Selbstbildnis Syrlins gilt, deutet man als Vergil; sie ist aber unbeschriftet. – Terenz verdankt seine (uns) überraschende Aufnahme seiner überragenden Position im Lateinunterricht, als Lehrer der Umgangssprache und (durch seine Moralsprüche) der guten Sitte.

mer weiter zu lesen, denn – und das sagt Luther auf Deutsch – »er dringt einem ins herz hinein«.[4]

Erst in den folgenden Jahrhunderten wird es ein wenig stiller um ihn, ohne dass die Kenner je an seiner Bedeutung zweifeln würden. Der berühmteste Literarkritiker Englands, Alexander Pope, findet in seinem Werk, *The justest Rules, and clearest Method join'd*.[5] Sogar Johann Sebastian Bach scheint diese Regeln zu kennen und großen Kompositionen zugrunde zu legen.[6] Friedrich der Große statuiert, er müsse »verteutscht und in allen Schulen informiert werden«, und in den letzten Tagen vor seinem Tod liest er Quintilian, um in seinen sich schon trübenden Sinn Ordnung zu bringen.[7] Goethe exzerpiert und studiert ihn lebenslang immer wieder.[8]

Vor allem die Philologen vergessen ihn nicht, auch wenn seit nun mehr als 200 Jahren niemand mehr die Kraft zu einem Gesamtkommentar aufgebracht hat. Als der junge Richard Volkmann, 1861 von seinem Lehrer zu einer »Bearbeitung der gesammten alten Rhetorik« aufgefordert, sich im Labyrinth der Schriften zwischen Aristoteles und Hermogenes verirrt hatte, gab ihm, wie er bekennt, erst die Lektüre von Quintilian den »erwünschten Ariadnefaden in dem krausen Gewirre rhetorischer Begriffe und Kunstausdrücke«[9] und so verfasste er seine *Rhetorik der Griechen und Römer* (S. 521), die von 1872 bis heute unentbehrlich geblieben ist. Und nicht viel anders hielt es fast ein Jahrhundert später der Romanist Heinrich Lausberg. Sein jetzt schon fast klassisches *Handbuch der literarischen Rhetorik* (zuerst 1960, S. 13) ist nach dem Schema der *Institutio oratoria* angelegt. Es gab wohl einfach nichts Besseres.

Dabei war Quintilian weder so systematisch wie Hermagoras noch so tiefschürfend wie Aristoteles noch so leidenschaftlich wie Cicero: Er ist einfach nur gediegen, anschaulich, lebhaft, nie langweilig und, vor allem, immer verständlich. Er ist das didaktische Genie in der Geschichte der Rhetorik.

## EIN BEGNADETER UND SOGAR BEAMTETER LEHRER

Zu seinem Leben muss weniges genügen. Um 35 n. Chr. geboren, scheint er schon in seiner Jugend nach Rom gekommen zu sein, zum Grammatik- und Rhetorikunterricht sowie um den bekanntesten Redner der Zeit, Domitius Afer, zu hören. Nach Spanien zurückgekehrt, wo er wohl schon als Redner tätig ist, holt ihn im Jahr 68 der kurzzeitige Kaiser Galba erneut nach Rom. Dort lehrt er neben fortgesetzter Rednerpraxis auch Rhetorik, und das mit größtmöglichem Erfolg. Auf Veranlassung Kaiser Vespasians »erhielt er«, wie Hieronymus in seiner Weltchronik berichtet,[*] »eine öffentliche Schule und ein Gehalt *(salarium)* aus der Staatskasse«. Das war eine Novität – die zwar wohl nicht bedeutete, dass die gutbetuchten Eleven Quintilians ihrem Lehrer kein Schulgeld mehr hätten zahlen müssen, wohl aber, dass dieses nunmehr für ihn nur noch ein Zubrot war. (Er soll damit beachtliche Reichtümer erworben haben.) So wurde also dieser spanische Rhetor quasi als Staatsbeamter zum Vorfahren aller heutigen Studienräte und Professoren. Als »größten Lenker der irrenden Jugend« und »Ruhm der römischen Toga« *(gloria Romanae togae)* begrüßte ihn, stolz wie nur je ein Spanier, sein Landsmann Martial.[10]

Nicht genug der lukrativen Ehren. Quintilian wird etwa im Jahr 90, wie einst Seneca bei Nero, Prinzenerzieher im kaiserlichen Hause Domitians; er erhält dann sogar noch die Amtsinsignien eines Consuls ehrenhalber. Was konnte der Mann vom Ebro mehr erreichen? »Wenn es dem Schicksal beliebt, so wirst du vom Rhetor zum Consul« *(si fortuna volet, fies de rhetore consul)*, dichtete Juvenal mit leichter satirischer Übertreibung.[11] Der Brotberuf des Rhetors war, wie man hier und sonst spürt, für vornehme Römer noch immer nicht so ganz *gentlemanlike*.

Doch zu dieser Zeit war Quintilian schon kein öffentlicher Lehrer mehr. Frühzeitig, etwa 88 n. Chr., ging er in den Ruhestand, um diesen für die Schriftstellerei zu nutzen, besser gesagt: um seiner Lehr-

---

[*] Zum Jahr 88, was nicht stimmen kann.

tätigkeit breitere Wirkung zu verschaffen. Zuerst widmete er sich einem Modethema (S. 401): *De causis corruptae eloquentiae* (»Über die Ursachen der Entartung der Beredsamkeit«; vgl. S. 444). Dann ging er an die Ausarbeitung der *Institutio oratoria* als Summe seiner Lehrerfahrung. Da er darin wiederholt Kaiser Domitian huldigt, der nach seiner Ermordung im Jahr 96 in Verachtung fiel, ist anzunehmen, dass das Ganze noch zu Lebzeiten des Herrschers abgeschlossen wurde. Schon vor Beginn der Arbeit daran hatte Quintilian seine junge Ehefrau und ein Söhnchen verloren; in die Zeit der Abfassung des großen Werks fiel auch, von ihm selbst fast allzu pathetisch beklagt,* der Tod des zweiten, neunjährigen Sohns, auf den er nun alle Hoffnung gesetzt hatte. Wie lange er selbst die Vollendung seines Hauptwerks überlebt hat, wissen wir nicht.

## WAS BRINGT DIE
## *INSTITUTIO ORATORIA* NEUES?

Wie schon der Titel *Institutio oratoria* sagt, gibt dieses riesige Werk mehr als eine Darstellung des rhetorischen Systems *(ars oratoria)*. Es geht um die gesamte Bildung des Redners – und die könne nicht früh genug beginnen. Hier vor allem fühlt sich Quintilian als Neuerer: Alle früheren Rhetoriker hätten die notwendige Vorschulung des Redners, besonders in der Grammatik, als unter ihrer Würde liegend übergangen. Er aber wolle »dessen Ausbildung von der frühesten Kindheit an in die Hand nehmen«.**

Das bezieht sich vor allem auf das erste Buch, das ganz der sozusagen vorrhetorischen Kindererziehung gewidmet ist, aber auch auf

---

\* In der Einleitung zum 6. Buch. Quintilian meinte offenbar, dass man sich von ihm als Rhetorikmeister ein Äußerstes an Schmerzensausdruck erhoffte, und, wie um der Erwartung standzuhalten, übertreibt er in Deklamatorenart bis zur Apostrophe (Wendung an den Abwesenden); *Institutio* 6 pr. 12: »Musste ich sehn, o meine leeren Hoffnungen!, wie deine Augen brachen, wie dein Atem dich floh?« usw.
\*\* *Institutio* 1 pr. 5. Diese Vorstellung, wonach im Lauf des Lehrbuchs ein modellhafter Redner gewissermaßen herangebildet wird, dürfte inspiriert sein von Cicero, *De*

die sogenannten *progymnasmata*, die rednerischen »Vorübungen«, die einen Teil des zweiten Buchs ausmachen. Und wie die Vorschulzeit, so vergisst Quintilian auch nicht das Pensionsalter: Am Ende des letzten Buches rät er, sozusagen als Abschluss eines lebenslangen Lehrgangs, dem betagten Redner, bevor er sich wegen Altersschwäche lächerlich mache, mit öffentlichen Auftritten aufzuhören und sich mit der Beratung der Jugend oder Schriftstellerei zu »begnügen« – aber was heißt schon begnügen?[12]

> Vielleicht muss man ihn dann sogar für am glücklichsten halten,
> wenn er in heiliger Einsamkeit, frei vom Neid und fern aller
> Streitigkeiten
> seinen Ruhm in Sicherheit gebracht hat,
> und wenn er schon zu Lebzeiten die Verehrung fühlt, die sonst eher
> nach dem Tode kommt,
> und so jetzt bereits wahrnimmt, was er einmal bei der Nachwelt
> sein wird.

Hier hat uns der alte Quintilian so ganz nebenbei ein Bild seines eigenen, besonnten Lebensabends gegeben.

Aber etwas anderes ist ihm noch wichtiger als die intellektuelle Vorschulung des Redners: Vor allem muss dieser ein guter Mensch, *vir bonus*, sein. Gleich im Prooemium wird dies betont, wobei Quintilian scharf gegen die Philosophen polemisiert, die sich ein Monopol auf Ethik anmaßen: Unter Berufung auf Cicero statuiert er, dass *sapientia* und *eloquentia*, Weisheit und Redekunst, ursprünglich eine Einheit waren, die wiederhergestellt werden müsse (S. 297; 370) – jedoch fühlbar anders als Cicero, besonders in *De oratore*, interpretiert er dabei *sapientia* nicht als intellektuelle, sondern fast nur als moralische Größe. Wenn er diesem Thema in seinem letzten Buch einen großen

---

*oratore* 2,123, wo Antonius von dem Redner spricht, den er jetzt, also in seinen Darlegungen, »bilde« und den er »schaffen«, »aufziehen« und »kräftigen« wolle. Ein anderes wichtiges Vorbild scheint der uns nicht näher kenntliche *Studiosus* (Der Student) des älteren Plinius zu sein: Dieser schilderte in drei Büchern den Studiengang eines Redners.

Abschnitt widmet, indem er Catos Definition des Redners, *vir bonus dicendi peritus* (S. 277), ausführlich interpretiert und zu neuem Leben bringt, füllt er eine ihm offenbar schmerzliche Lücke, die der von ihm sonst so verehrte Cicero gelassen hatte.* Und dabei ist er nicht damit zufrieden, dem Redner Moral zu predigen – vielmehr behauptet er kühn, dass überhaupt nur der gute Mensch ein Redner sein k ö n n e !

Ja, wenn das so wäre, dann hätten Gorgias und Aristoteles geirrt, insofern sie meinten, dass man die Rhetorik zum Guten wie zum Schlechten verwenden könne (S. 171); dann wäre ebenso auch die Kritik der Rhetorik durch den platonischen Sokrates (S. 150) ins Leere gegangen: Es gäbe dann ja gar keine bösen Redner! Aber gibt es sie denn nicht? Der eine Stalin mag gerade noch zu Quintilians These stimmen, da er ebenso brutal als Massenmörder wie anerkannt fade als Redner war;** aber Adolf Hitler und sein sonorer Paladin Josef Goebbels waren doch wirkungsvolle, nur allzu suggestive Redner – und zugleich grässliche Verbrecher. Wären sie gar keine Redner gewesen?

Quintilian überschüttet uns geradezu mit Argumenten, die seine These beweisen sollen: Der böse Mensch, meint er, müsse immer auch dumm sein (da Tugend in rechter Einsicht bestehe***); er lebe ständig in Angst, könne somit nie die geistige Konzentration für eine Rede aufbringen; er habe nicht die Liebe zum Ruhm, die doch zum Redner gehöre; er könne über ethische Fragen nicht überzeugend spre-

---

\* Quintilian selbst stellt dies fest, wenn er sagt (*Institutio* 12 praef. 4), dass sich Cicero bezüglich des »vollkommenen« Redners mit dem Redestil begnügt habe (im *Orator*): »Meine Verwegenheit wird aber auch versuchen, ihm einen Charakter [oder: Moral] zu verpassen.« – Die einzige Ausnahme bei Cicero macht die ganz isolierte Äußerung *De oratore* 3,55.

\*\* Ich urteile nach Filmaufnahmen, ohne Russisch zu verstehen, und berufe mich auch auf Leo Trotzki: »Er [Stalin] ist weder ein Denker, noch ein Schriftsteller, noch ein Redner«; L. Trotzky [sic], *Stalin*, Köln u. a. 1952, 11.

\*\*\* Hier ist Quintilian ganz im Banne des sogenannten griechischen »Intellektualismus« (Max Wundt), der mit Sokrates beginnt und in den Stoikern gipfelt (die sogar die Affekte für irrtümliche Urteile hielten). Etwas anders, »römischer«, urteilt er in seiner Schlussparänese zum Rhetorikstudium (12,11,11): »Denn das, was [für den Redner] das Erste und das Größere ist, dass wir gute Menschen sind, beruht meistenteils auf dem Willen« (ein Lieblingsgedanke Senecas, der Quintilian hier offenbar überzeugt hat).

chen; ja er werde vor Gericht selbst einer guten Sache schaden, da er den heuchlerischen Anschein des Anstands auf Dauer nicht durchhalten könne …

Wen soll dieser Schwall von Gründen überzeugen? Zumal, wie Quintilian zugibt, viele sogar an der Rechtschaffenheit gerade der größten Redner, Demosthenes und Cicero, erhebliche Zweifel hatten. Hier nimmt Quintilian nach einigen Finten Zuflucht zu einer Neudefinition, die an Etikettenschwindel grenzt – nach Palmströms Prinzip, dass nicht sein kann, was nicht sein darf. Selbst angenommen den unmöglichen Fall, dass es einen bösen Menschen gäbe, der doch überaus beredt wäre, dann wäre er eben kein »Redner«. Denn zu diesem gehöre *per definitionem* nun einmal, dass ihn keine Leidenschaft vom Guten abbringe, so dass er nie ein Verräter oder betrügerischer Advokat sein könne:[13]

> Denn wir suchen hier keinen Dienstmann vom Forum und keine um
> Lohn verdingte Stimme […],
> sondern […] einen einzigartigen Mann, der in jeder Hinsicht
> vollendet ist,
> der das Beste denkt und das Beste sagt.
> Wie wenig wird bei ihm dann noch das eine Rolle spielen,
> dass er Unschuldige beschützt oder die Verbrechen von Schurken
> bekämpft
> oder in Geldsachen der Wahrheit gegen den Betrug zu Hilfe kommt!\*
> Auch in diesen Aufgaben dürfte er wohl vorzüglich sein,
> aber in Größerem wird sein Licht noch heller leuchten,
> wenn es nämlich gilt, die Beschlüsse des Senats zu lenken
> und den Irrtum des Volkes zum Besseren zu wenden.

Die Begeisterung für seinen idealen Redner *(perfectus orator)* lenkt Quintilian hier weit ab von seinem ursprünglichen Beweisziel und reißt ihn hin zu einer Vorstellung, von der er selbst erkennen musste,

---

\* Gedacht ist also an die Tätigkeit zuerst als Verteidiger und Ankläger in Strafprozessen, dann als Zivilanwalt.

dass sie damals schlechterdings zu verwirklichen war. Wo gäbe es in der Kaiserzeit, und erst gar unter dem Tyrannen Domitian, noch die Möglichkeit, durch Volksreden große Politik zu machen (von den beschränkten Handlungsmöglichkeiten des Senats abgesehen)?

Wir brechen das Referat von Quintilians Beweisführung ab und fragen uns, warum er überhaupt eine so paradoxe These wie die der notwendigen Personalunion von *orator* und *vir bonus* mit solcher Hingabe verteidigt. Man verschiebt die Erklärung, wenn man sagt, dass er hier von den Stoikern beeinflusst sei (die in der Tat behauptet hatten, dass nur der Weise Redner sein könne[14] – wie auch nur der Weise reich sei, König sei usw.): Quintilians Engagement an dieser Stelle muss wohl auch aus seiner Zeit verstanden werden.

Michael Winterbottom, bester Kenner der kaiserzeitlichen Rhetorik, hat den Finger darauf gelegt, dass der Rednerberuf gerade in dieser Zeit nicht im besten Ruf gestanden haben kann:[15] Die meisten der berühmten Redner, darunter sogar Quintilians frühes Vorbild, Domitius Aper, waren seit der Zeit des Tiberius als *delatores*, das heißt, wenn wir es freundlich übersetzen, als »Hinterbringer«, sonst als »Denunzianten«, zu Geld und Ansehen gelangt; sie hatten Mitbürger meist wegen Majestätsverbrechen gegen den Kaiser öffentlich angeklagt und waren dafür belohnt worden – was zumindest moralisch anrüchig war. Gerade die von Aper im *Dialogus* des Tacitus (S. 411) als Erfolgsredner ihrer Zeit gepriesenen Marcellus und Crispus[16] waren solche sattsam bekannten *delatores*; und Apers Gegenredner Maternus beschreibt die ganze neuere Beredsamkeit als »gewinnsüchtig und bluttriefend, aus der Unmoral *(ex malis moribus)* geboren«.[17]

Dass Quintilian, Haushofmeister am Kaiserhof, dergleichen nicht offen anprangern konnte, ist klar – gerade in den letzten Jahren von Domitians Regiment soll das Denunziantentum geblüht haben –, seine stumme Erbitterung darüber könnte jedoch verständlich machen, warum es ihm so am Herzen lag, den Redner, zu dem er erziehen wollte, als sittlich makellos erscheinen zu lassen. Er war mutig genug, als er schrieb: »Das Leben eines Anklägers zu führen und Angeklagte um des Gewinns willen zu denunzieren *(deferre)*, das ist schon fast Räuberei.«[18] Auch sein berühmtester Schüler Plinius hat sich so geäußert[19] – vorsichtigerweise aber erst unter dem milden Traian, der von sich aus das Delatorenwesen bekämpfte.

Aber wurde denn Quintilian selbst seinem Anspruch gerecht? Durfte er seinen *vir bonus* alle die Künste lehren, die dazu dienen, den Hörer hinters Licht zu führen oder zumindest vom springenden Punkt einer Sache abzulenken? Dies hat man gern eingewendet – damit aber das antike Moralverständnis nicht berücksichtigt: Lüge war selbst für Platon keine arge Sünde, sofern sie einer guten Sache diente (S. 163); und auch Quintilian kam es, wie er ausführlich darlegte,[20] immer nur auf den Endzweck an, der alle Mittel nicht nur heiligt, sondern eventuell sogar notwendig macht.

## DER REDELEHRER IM KINDER- UND IM KLASSENZIMMER (BUCH I)

Genug der Vorreden. Schon der Blick auf Quintilians Nachruhm hat uns gezeigt, welche Wirkung gerade seinem ersten Buch beschieden war: der feinsten, warmherzigsten Schrift über Kindererziehung, die uns aus der Antike erhalten ist. Vom Moment der Geburt an wird der Vater (!) in die Pflicht genommen, sich für den künftigen *perfectus orator* verantwortlich zu fühlen. Zwar wickeln muss er den Säugling nicht, wohl aber sogleich dafür sorgen, »dass die Sprache der Ammen ohne Fehler ist«.[21] Denn schon hat das Curriculum des künftigen Cicero begonnen. Bald führt es über das Erlernen des Griechischen – »Latein lernt das Kind ja auch, ohne dass wir es wollen«[22] – über den noch privaten Schreib- und Leseunterricht bis in die öffentliche Schule. Alles ohne Zwang und spielerisch! Nichts sei schlimmer, als wenn das Kind, »das die Studien noch nicht lieben kann, sie hasst«.[23] Auch der Reformpädagoge Rousseau hat diesen Satz beifällig zitiert.[24]

Privat- oder Schulerziehung? Mit fulminanten Argumenten, die nichts an Aktualität verloren haben, plädiert Quintilian für die Schule – denn der Redner soll ja hinaus ins Leben und unter Menschen. Auch unter diesem Gesichtspunkt wird die Prügelstrafe abgelehnt: Sie beschäme das Kind und raube ihm das nötige Selbstbewusstsein. Wie könnten außerdem unsittliche Pädagogen dieses Recht missbrauchen: »Ich will das nicht weiter ausführen: Man versteht mich nur allzu gut.«[25]

Was nun folgt, ist die früheste und vielleicht schönste Darstellung der lateinischen Grammatik bzw. Philologie *(grammatica)*. Mit mehr als professioneller Exaktheit behandelt Quintilian hier die kleinsten Feinheiten der Sprache, von den Einzellauten bis zur Wortwahl, dann aber auch das so wichtige Lesen, vom nur sinn- und sprachrichtigen Vortrag bis zur künstlerischen Gestaltung (vor allem der Verse) und schließlich zur allseitigen Interpretation der großen Texte.

Doch auch das reicht noch nicht für die vorrhetorische Früherziehung. Vielmehr brauche der Redner »jenen Kreis des Wissens, den die Griechen *encyclios paedia* [abgerundete Allgemeinbildung] nennen«.[*] Kein heutiger Pädagoge käme sofort darauf, was hier das Wichtigste ist, nämlich Musik (wegen Rhythmus und Melodie der Rede) und Geometrie, das heißt Mathematik (vor allem wegen des logischen Beweisverfahrens). Hinzu kommen Schauspielunterricht und natürlich Sport. Aber können wir Menschen überhaupt so viel zugleich erlernen? *Yes, we can*, sagt Quintilian und stellt uns einen Kitharöden (Sänger mit Cithara) vor Augen, der gleichzeitig an Text und Melodie, linke wie rechte Hand und zugleich noch an die Rhythmusmarkierung durch den Fuß zu denken hat.

Eine große Leistung? Nicht sonderlich imponierte das dem berühmten Latinisten Johann Matthias Gesner, der einst als Schulrektor Vorgesetzter von Johann Sebastian Bach war:[**] »Dies alles, lieber

---

[*] *Institutio* 1,10,1. Dieses folgenreiche Schlagwort (»Enzyklopädie«) bezeichnet kein altgriechisches oder auch hellenistisches Erziehungsideal, wie weithin angenommen wird: Es ist Cicero noch unbekannt, ist aber vielleicht unter seinem Einfluss in augusteischer Zeit aufgekommen: Die Vorstellung dabei ist, dass alle Wissenschaften in einem quasi kreisförmigen (»Zyklus«) Zusammenhang stehen; sie geht auf Platon zurück. Dazu am besten (wenn auch nicht völlig überzeugend): Ilsetraut Hadot, »enkyklios paideia«, in: Fritz Graf (Hg.), *Einleitung in die lateinische Philologie*, Stuttgart/Leipzig 1997, 25–28.

[**] Im Kommentar zur *Institutio oratoria*, Göttingen 1738, 61 (zu 1,12,3). Gesner, der als Großvater des »Neuhumanismus« gilt, leitete von 1730 bis 1734 die Leipziger Thomasschule. Das referierte Zeugnis gilt als das vielleicht wichtigste Dokument für Bachs

Fabius [Quintilian], würdest du für sehr wenig halten, wenn du aus der Unterwelt zurückgekehrt unseren Bach [...] erleben könntest« – und nun folgt eine der längsten lateinischen Satzperioden, die je verfasst wurden; denn der enthusiastische Gesner beschreibt geradezu atemlos die Tonkaskaden, die Bach mit Händen und Füßen auf der Orgel erzeugt, nicht ohne zugleich bis zu vierzig Orchestermusiker mit Blick, Fuß und Finger im Takt zu halten, ja den einzelnen immer wieder ihren Ton anzugeben, wobei er untrüglich merke, wenn im Getöse der Stimmen auch nur irgendwo ein Missklang sei ... Selbst der »größte Bewunderer des Altertums« müsse zugeben, dass in diesem einen Bach mehrfach der berühmte Orpheus stecke.

Laut Gesner wusste Quintilian also selbst noch nicht, wie sehr er recht hatte mit seiner These von der Belastbarkeit des Menschen! Dies sei denn doch all den Elternverbänden, die heute die schulische Überbürdung unserer Kinder bejammern, zu bedenken gegeben.

## ENDLICH IN DER SCHULE DES RHETORS
## (BUCH II–VII)

Im zweiten Buch wird es ernster. Nun gilt es, den passenden Rhetoriklehrer zu finden, wobei nur gerade der beste gut genug sein könne, und das heißt der klarste, verständlichste. Denn ein Kluger spreize sich nicht mit leeren Worten, um zu imponieren, vielmehr: »Je schlechter einer ist, umso dunkler ist er auch« (aufgemerkt, Geisteswissenschaftler!). Es folgen die Trainingseinheiten der berühmten *progymnasmata*, das heißt Vorübungen vor der Deklamation: verschiedene Arten der Erzählung (mit denen auch wir den Aufsatzunterricht beginnen), Lob und Tadel von Personen und Gesetzen, Gemeinplätze, »Thesen« (S. 248) und Ähnliches – dies alles unterstützt von passender Lektüre, besonders der großen Redner, durch deren Vorbild man mehr lerne als aus allen Handbüchern.

Wirkung auf die Zeitgenossen. Es ist im Faksimile abgedruckt bei Hildebrecht Hommel, »Quintilian und Johann Sebastian Bach«, *Antike und Abendland* 34 (1988), 89–96 (mit Übers.).

Bevor er zu den eigentlichen Deklamationen kommt, richtet Quintilian zwei wichtige Appelle an Lehrer und Schüler: Die Lehrer müssen die individuelle Eigenart jedes Schülers erkennen, dürfen aber nicht in dem Maße darauf eingehen, dass diese einseitig werden; denn der Redner muss nun einmal universal sein. Für die Schüler genügt ein einziger Rat: Sie sollen ihre Lehrer lieben, denn Liebe ist die Grundlage des Erfolgs. Wie wahr – aber manchmal wie schwierig!

Quintilians ausgewogene Stellungnahme zur Deklamation kennen wir bereits (S. 413). Sie beschließt den praktischen Teil des Buches, denn nun werden mit Gründlichkeit die seit Gorgias und Sokrates immer wieder verhandelten theoretischen Grundfragen des Fachs erörtert. Mit seiner Definition der Rhetorik schließt Quintilian an die Stoiker an: Nicht »Meisterin der Persuasion« solle sie sein – »persuasiv« seien schließlich auch Huren und Speichellecker –, sondern die »Wissenschaft vom guten Reden« *(bene dicendi scientia)*, wobei dieses im Sinne des moralisch Guten zu verstehen ist (vgl. S. 23).[26] Man lasse sich dadurch nicht irreführen: Quintilians *Institutio* ist an keiner Stelle eine Moralpredigt, sondern, selbstverständlich, eine Anleitung zum Überreden; nur möchte er immer wieder klarstellen, dass dieses nicht Selbstzweck werden darf.

Zwei charakteristische Gedanken seien herausgehoben. Noch bevor Quintilian die Rhetorik definiert, gibt er eine Grundsatzerklärung über die Grenzen seiner Kunst ab: Es gebe keine allgemein verbindlichen rhetorischen Gesetze, sondern nur Faustregeln, die von Fall zu Fall modifiziert werden dürften und müssten.* Entscheidend sei jeweils der Nutzen *(utilitas)*, den der Redner im Auge zu behalten habe – weswegen seine wichtigste Eigenschaft das schöpferische Planungsvermögen *(consilium)* sei.[27] Hier scheint Quintilian Gedanken des Theodoros von Gadara, Redelehrer des Kaisers Tiberius, auszubauen. Diese waren bei den Griechen nicht unumstritten.**

---

\* Zu vergleichen ist immerhin, was schon Gorgias und (deutlicher) Isokrates (S. 69; 133) über den *kairos* gelehrt haben.

\*\* Über die Verbindlichkeit der Schulregeln besonders bezüglich der Disposition gab es einen heftigen Streit zwischen den Anhängern des Theodoros und eines gewissen Apollodoros. Klassisch dazu Martin Schanz, »Die Apollodoreer und die Theodoreer«,

Noch »quintilianischer« ist ein anderes. Im System der Wissenschaften zählt die Rhetorik zu den praktischen, nicht zu den theoretischen Künsten. Und doch habe sie, meint Quintilian, etwas auch von diesen:[28]

> Denn bisweilen kann sie auch mit der bloßen Betrachtung einer Sache
> > an sich zufrieden sein.
> Es gibt nämlich eine Rhetorik im Redner, auch wenn er schweigt
> > *(in oratore etiam tacente)*,
> und wenn er aufgehört hat aufzutreten, aus Vorsatz oder weil ihn
> > ein Unglück hindert,
> wird er genauso wenig aufhören, ein Redner zu sein,
> > wie ein Arzt, der seine Praxis geschlossen hat.
> Denn es gibt einen Genuss auch der Studien, die im Verborgenen sind,
> > und er ist vielleicht der größte;
> > und dann ist das Vergnügen an den Wissenschaften des Geistes ganz
> > > rein,
> wenn sie sich von der Tätigkeit, das heißt der Arbeit, entfernt haben
> und nur noch die Betrachtung ihrer selbst genießen.

Klar, dass hier der längst in den Ruhestand getretene Redner spricht. Aber das Gesagte gilt nicht nur für Pensionäre: Jedem Redner kann auch die stumme Meditation über seine Kunst intensive Freude bereiten, die »Rhetorik des schweigenden Redners«. Das hätte der Aktivist Cicero niemals sagen können.

Otto Seel, ein Sonderling unter den Latinisten, spürte, dass Quintilian hier wie sonst einen Herzenswunsch verriet: Rhetorik auch als rein geistiges Spiel zu betreiben, als »stumme Rhetorik«. Doch hat er dies in seinem Buch *Quintilian oder die Kunst des Redens und des Schweigens* (1977) so einseitig übertrieben, dass seine Gedanken kaum zur Kenntnis genommen wurden: Redekunst, meinte er, sei für Quintilian, wie für den Tacitus des *Dialogus*, eine unter dem Kaiserregime

---

*Hermes* 25 (1890), 36–53; vgl. bes. den Abschnitt »Ars und prudentia« bei Neumeister, *Grundsätze* (S. 552), 56–59.

längst obsolete Sache, nicht mehr ein für die Auseinandersetzung mit der Wirklichkeit geeignetes Wissen;* dafür würden aber die »zu lernenden Qualitäten des ›Redners‹ autonomer Gehalt des Lebens selbst«. Was immer das genau heißen mag, fast jede Seite von Quintilians Werk beweist: Er schrieb für Redner und er begeisterte sie für den Rednerberuf.

Von der Mitte des 3. Buches an behandelt Quintilian den eigentlichen Lernstoff. In der gründlich dargelegten Statuslehre verwirft er die »allzu pedantische Sorgfalt« des sonst respektablen Hermagoras; dann wird vom 4. bis zum 6. Buch nur die *inventio* traktiert. Vernünftigerweise folgt Quintilian hier nicht der philosophisch-systematischen Methode des Aristoteles und des 2. Buchs von *De oratore* (S. 366), sondern hält sich nach der praktischen Art der meisten Handbücher an die Teile der Gerichtsrede (was der Bedeutung gerade der Prozessrhetorik in seiner Zeit entspricht): *exordium*, Prooemium (das auch fehlen kann); *narratio*, Erzählung (die manchmal zerteilt werden muss); *egressio*, Digression (die an dieser Stelle fakultativ ist), *propositio* und *partitio*, Nennung des Beweisziels und Aufzählung der Beweispunkte (die auch absichtlich irreführend sein können); *probatio*, Beweisführung, gegliedert nach unkünstlichen und künstlichen Beweisen (vgl. S. 173); *refutatio*, Widerlegung (sofern sie einen selbständigen Redeteil und nicht die ganze Rede ausmacht); schließlich *peroratio*, Redeschluss (der Anlass zur Behandlung der Affekte und, als Gegensatz, des Humors gibt).

Wie jeder, der die *inventio* seiner Rhetorik nach den Redeteilen anlegt, steht Quintilian vor dem Problem: Was bleibt noch für die *dispositio*? Im als langweilig geltenden, aber gehaltvollen 7. Buch gibt er (vor allem aus Ciceros Reden gewonnene) Ratschläge, in welcher Reihenfolge man verschiedene Status und innerhalb dieser Status verschiedene Topoi zu behandeln habe. Nochmals schärft er dabei seinen Grundsatz ein:[29] Die »wahrhaft ökonomisch zu nennende Disposition« könne sich nie aus der schulmäßigen Regel, nur aus der Sache ergeben: Wann nämlich welcher Redeteil wo zu plazieren oder weg-

---

* Da Quintilian dies nirgendwo sagt, schreibt Seel den Gedanken der Schrift *De causis corruptae eloquentiae* zu (S. 52).

zulassen und wie er zu gliedern ist, das zu sehen, sei die wahre »Feldherrntugend« *(imperatoria virtus)* – eine Fähigkeit der Taktik im doppelten Sinn des Aufstellens *(taktikē)* und des Taktierens.

## MIT CICERO GEGEN DIE MODE!
## (BUCH VIII–XI)

Mehr als drei Bücher sind dem Stil, der *elocutio*, gewidmet: vom 8. bis zum Anfang des 11. Buchs, denn kaum etwas liegt Quintilian mehr am Herzen. Zu Beginn ordnet er ihn, gut traditionell, nach den vier theophrastischen Stiltugenden (S. 255): Sprachrichtigkeit *(Latinitas)*, Klarheit *(perspicuitas)*, Redeschmuck *(ornatus)* – die Angemessenheit *(aptum)* wird auf Buch 11 aufgeschoben. Alles konzentriert sich zunächst auf den Schmuck *(ornatus)*.

Hier vor allem bekämpft Quintilian, was er als Liebhaber Ciceros für die Modetorheiten seines Saeculums hält, die Affektiertheit *(cacozēlia)* in Wörtern und Satzfügung,[30] die maßlose Übertreibung *(hyperbolē)*,[31] die Sucht nach Pointen *(sententiae)*[32] – auch für uns das auffälligste Stilmerkmal der Zeit. Manche meinten ja, gar nicht atmen zu dürfen, bevor sie nicht mit einem Bonmot »die Ohren gekitzelt« und »nach Applaus gehascht« hätten. Dabei könne es doch in der Welt »nie so viele gute Sentenzen wie Atempausen geben«! Zurück also zu dem mit Pointen geizenden Cicero? Entgegen manchen strengen Leuten weiß aber Quintilian, was er seiner Zeit und damit seinen Schülern und deren Eltern schuldig ist: Gut verteilt dürften diese »Augen der Beredsamkeit« durchaus zum Glanz der Rede beitragen – nur sollten sie nicht eines neben dem andern auf dem ganzen Körper stehen: »Es gibt ja einen Mittelweg.«

Diesen beschreitet Quintilian auch, wenn es um die »Fügung« *(compositio)* geht, den zweiten großen Teil des *ornatus*: Wortverbindung, Periodenbau und Rhythmisierung. Mancher Altertumsfanatiker hielt, sogar hinter Cicero zurückgreifend, eine »ungepflegte, quasi spontan fließende Redeweise« für besser, weil »natürlich« und »männlich«.[33] Dem hält Quintilian entgegen, dass Schönheit und Kraft meist zusammengingen, warnt aber wiederum vor zu deutlichem Streben nach Wohllaut. Bezeichnend ist seine Schlussbemerkung: Er »wundere sich nicht, dass die Lateiner mehr Wert auf die ›Fügung‹ gelegt haben als die Attiker, da ja die Wörter ihrer [lateinischen] Sprache weniger Anmut und Liebreiz haben«, und so habe sich Cicero nicht grundlos »in diesem Punkt ein wenig von Demosthenes entfernt«.[34] Die »Attizisten« hatten Cicero ja vorgeworfen, er sei »weicher« als Demosthenes (S. 372) – was er jedoch bestritten hatte. Quintilian gibt, so salomonisch wie möglich, beiden recht und unrecht: Der Vorwurf der Attizisten sei richtig, aber nicht berechtigt; das rauere Latein verlange die weichere »Fügung«.

Ein Großteil von Quintilians Stillehre besteht in einer Auffächerung und Erläuterung der Tropen und Figuren (S. 259), wie wir sie nirgendwo sonst in dieser Anschaulichkeit erhalten. Ihren Höhepunkt aber bildet eine Literaturgeschichte, die in der Antike schlichtweg einzigartig ist und die jeder Klassische Philologe kennen muss. Cicero hatte im *Brutus* die Geschichte der römischen Redner geschrieben (S. 375), Quintilian aber gibt einen Abriss der gesamten griechisch-römischen Literatur, von Homer bis Seneca und darüber hinaus.[35]

Äußerlich gesehen handelt es sich um eine Lektüreliste für den angehenden Redner, dazu bestimmt, dessen stilistische Palette um viele wirkungsvolle Farben (gerade auch aus passenden Dichtern) zu erweitern. So erklärt sich etwa, warum die Lyrikerin Sappho fehlt oder warum Liebesdichter wie Properz und Ovid mit wenigen Worten abgefertigt werden. Doch Quintilians Freude an universaler literarischer Bildung geht ein gutes Stück über diese Absicht hinaus. Man lese nur Sätze wie »Auch in der Elegie nehmen wir [Lateiner] es mit den Griechen auf« oder »Die Satire erst gehört ganz uns«. Immer geht es auch darum, die eigene Literatur als der griechischen ebenbürtig zu erweisen oder auch verbliebene Mängel aufzuzeigen, wie hier: »In der Komödie hinken wir am meisten nach.«[36]

Das gilt auch für die Redner, die in unserem Zusammenhang interessieren. Bei den Griechen steht Demosthenes natürlich oben an, als *lex orandi*, »Maßstab des Redens«, dann folgen einige Kleinere. Die Behandlung der römischen Redner beginnt mit einem Vergleich von Cicero und Demosthenes[37] – dem ersten in einer langen Reihe, die bis ins 19., ja 20. Jahrhundert führt.* Nie hat einer treffender geurteilt: In den Künsten des Erfindens und des schlauen Disponierens seien beide sich gleich. Etwas verschieden sei ihr Stil. Demosthenes sei schlanker, Cicero fülliger; jener kämpfe mit der Schneide, dieser oft auch mit dem Gewicht des Säbels. Und dann wie zum Hohn auf viele heutige Literarhistoriker, die in den Griechen die Originalgenies, in den Römern die Kunsthandwerker sehen: »In jenem ist mehr Sorgfalt *(cura)*, in diesem mehr Natur *(natura)*.« Und im Humor sowie in der Kunst der Mitleiderregung sei der Römer ohnehin überlegen.

Cicero also größer als Demosthenes? Das ergäbe sich in der Tat aus dem Gesagten. Aber der diplomatische Quintilian findet mit genialem Rückzieher auch hier einen Mittelweg: »Darin müssen wir Demosthenes den ersten Platz überlassen, einmal weil er früher war, zum andern weil meistenteils er Cicero so groß gemacht hat, wie er ist.«** Dieser Abschnitt endet jedoch mit einem Lobgesang auf Cicero, wie er prächtiger nie gesungen wurde. Wir zitieren nur die Schlusspointen: »Ciceros Name ist nicht mehr der eines Menschen, sondern der der Beredsamkeit selbst.« Und an die Schüler: »Dann soll einer wissen, dass er Fortschritte gemacht hat, wenn Cicero ihm sehr gefällt« *(ille se profecisse sciat, cui Cicero valde placebit).*

Das heißt aber nicht, dass Quintilian an seiner eigenen Zeit nichts zu loben fände. Er konstatiert hier vielmehr glänzende Begabungen, perfekte Gerichtsanwälte und ehrgeizige Jungredner.[38] Wenn er also einmal *De causis corruptae eloquentiae* schrieb (S. 431), kann er damit unmöglich gemeint haben, wie Otto Seel und viele andere ihm unterstellen, dass die gegenwärtige Beredsamkeit schlechthin entartet wäre,

---

\* Am ausführlichsten David Jenisch, *Aesthetisch-kritische Parallele der beyden größten Redner, Demosthenes und Cicero*, Berlin 1801 (aus der Sicht des Kanzelredners); vgl. Ulrich Schindel, *Demosthenes im 18. Jahrhundert*, München 1963; Wilfried Stroh, »De Ciceronis Demosthenisque eloquentia quid Germani critici iudicauerint quaeritur« (zuerst 1988), in: W. Stroh, *Apocrypha*, Stuttgart 2000, 217–233.
\*\* Wohl der Ursprung des Voltaire zugeschriebenen Bonmots: »Homère a fait Virgile dit-on; si cela est, c'est sans doute son plus bel ouvrage«; zitiert nach Ernst Vogt in: Nesselrath, *Einleitung in die griechische Philologie*, (S. 530), 124 (ohne Fundstelle).

sondern nur, dass es eine entartete Beredsamkeit gebe, für die er die Ursachen aufzeige. Diese *corrupta eloquentia* verkörpert für ihn keiner so idealtypisch wie der jüngere Seneca (vgl. S. 406), mit dessen vorsichtiger Abkanzelung Quintilians Literaturgeschichte schließt.[39]

Mit sauersüßer Pharisäermiene verwahrt er sich zunächst gegen den ihm angedichteten Ruf, er habe Seneca je verworfen oder gehasst. Wo er der Jugend doch nur habe zeigen wollen, dass es noch bessere Vorbilder gebe als diesen ihren gehätschelten Lieblingsautor! Denn bei allen Vorzügen des Inhalts – auch Quintilian konnte sich Senecas moralischem Impetus nicht entziehen: »In seinem Stil war das meiste verdorben und umso verderblicher, als es voll war von süßen Lastern. [...] Hätte er doch nur beim Reden seine Kreativität mit dem Urteilsvermögen eines anderen vereinigt!« Und »hätte er sich nicht in all seine Einfälle verliebt und den gewichtigsten Dingen durch seine neckischen Sentenzlein ihre Kraft genommen«! Dies war ohne Zweifel der Hauptpunkt der Kritik: die ewigen Pointen – deretwegen ein witziger Engländer einmal sagte, Seneca in einem Strich weg zu lesen sei, als ob man zu Mittag nur Sardellensoße speisen wolle.[40] Aber wir schließen mit Quintilians Pointe: »Seine [Senecas] Natur hätte es verdient, Besseres zu wollen: Was er gewollt hat, das hat er erreicht *(quae voluit effecit)*«, will sagen: das hat er ja nun leider erreicht.

Wir überspringen Quintilians höchst innovative Bemerkungen zur Nachahmung von Vorbildern und seine abschließende Behandlung der Stiltugenden (Stichwort *aptum*, Angemessenheit). Einzigartig ist, was Quintilian, den *Auctor ad Herennium* weiterführend (S. 382), am Schluss des 11. Buches über die *pronuntiatio*, die Kunst des rednerischen Vortrags, zu sagen hat. Hier gibt er unter anderem eine genaue Analyse der Art und Weise, wie man den ersten Abschnitt von Ciceros Rede *Pro Milone* vorzutragen habe. Ich zitiere die Bemerkungen zum Beginn der ersten Periode:[41]

> Müssen wir hier nicht, auch wenn wir dasselbe Gesicht zeigen, dennoch gleichsam unseren Gesichtsausdruck fast bei den kleinsten Redeeinschnitten *(distinctiones)* ändern?
> *Zwar fürchte ich, ihr Richter, dass es schimpflich ist,*

> *wenn man für einen so überaus tapferen Mann zu reden beginnt, Angst zu zeigen ...*
>
> Dies ist zwar seiner ganzen Absicht nach gedämpft und verhalten, weil es ja ein Prooemium und das Prooemium eines Besorgten ist; es muss aber dennoch etwas voller und mannhafter geklungen haben, wenn Cicero sagte: *für einen so überaus tapferen Mann*, als bei *Zwar fürchte ich* und bei *schimpflich ist* und bei *Angst zu zeigen*.

Mehr Kraft, meint er dann, brauche die zweite Atemeinheit; bei der dritten müsse ein Ton des Vorwurfs durchklingen, bei der vierten einer der argwöhnischen Unterstellung; am Schluss der Periode aber dürfe der Redner endlich *apertis tibiis* reden, das heißt in die vollen Register gehen. So also hat man in Quintilians Schule analysiert und geübt.

Noch frappierender sind seine minutiösen Anweisungen zur Körpersprache. Allein für die Fingerstellung – gedacht ist immer an die frei agierende rechte Hand – werden zwanzig und mehr verschiedene Möglichkeiten unterschieden. Als gebräuchlichste gilt dabei jene, bei der »der Mittelfinger zum Daumen hin gekrümmt wird, während die drei [übrigen Finger] ausgestreckt sind«.[42] Wenn man sie in Prooemien verwende, solle die Hand dabei sanft nach beiden Richtungen bewegt werden, wobei Kopf und Schultern diese Bewegung unmerklich nachzeichnen; in *narrationes* solle man die Hand etwas weiter vorstrecken usw. Falsch sei es, die Bewegung bis zur linken Schulter auszudehnen, noch fehlerhafter, wenn man dabei den Unterarm so quer halte, dass man »mit dem Ellbogen redet«. (Ich bitte meine Leser, dies selbst auszuprobieren.) Dies alles und mehr gilt nur für eine der vielen Fingerstellungen, die Quintilian mit Liebe zum Detail ausmalt.* – Wer auch nur diese Partie liest, bekommt eine Ahnung davon, was rednerische Kultur in der Kaiserzeit oder überhaupt der Antike war. Schon Lessing staunte darüber (1767): Von der Vollkommenheit dieser »Chironomie der Alten« hätten »unsere Redner nichts als ein unartikuliertes Geschrei behalten«.[43]

---

* Um einen Eindruck auch von den übrigen zu bekommen, lese man die Dissertation meiner Schülerin Ursula Maier-Eichhorn (S. 560), die von allen Fingerstellungen vor allem auch anschauliche Fotografien gibt (S. 137–143).

## DAS RÄTSEL VON BUCH XII

Das Werk scheint damit beendet, und doch folgt noch ein ganzes langes 12. Buch: zunächst über die moralischen Eigenschaften des Redners (davon war zum Teil schon die Rede), seine Bildung in Philosophie, Jurisprudenz und Geschichte, sein Verhalten bei der Übernahme und Abwicklung von Prozessmandaten. Noch überraschender ist ein weiterer, verbindungslos angefügter Teil über die *genera dicendi*, die verschiedenen Stilhöhen (S. 378), wozu auch Bemerkungen über »attisch« und »asianisch« (S. 372) gehören. Hätte das nicht in die Bücher über den Stil, *elocutio*, gehört? Fast hat man den Eindruck, als habe Quintilian hier alles, was ihm gerade noch einfiel, nachgetragen.

Aber dieser Eindruck trügt. Schon im 2. Buch hatte Quintilian angekündigt, er werde nach Behandlung der eigentlichen Rhetorik, *ars*, auch noch den *artifex*, »Künstler« bzw. Redner, sowie das *opus*, dessen »Werk« behandeln.[44] Und eben das tut er hier: In den Büchern III bis XI geht es um die *ars*, in Buch XII 1–9 um den *artifex*, in XII 10 um das *opus* (XII 11 ist ein Rückblick). Doch woher rührt diese Einteilung? In früheren Zeiten, wo man glaubte – allen voran der berühmte Eduard Norden –, in der Antike sei alle Literatur nach strengen Gattungsgesetzen und Schemata ausgerichtet, meinte man auch hier eine solche Gliederung, nämlich die einer »Einführungsschrift« zu finden: die Einteilung zumindest nach *ars* und *artifex*.[45] Das hat sich nicht halten lassen und es könnte auch nicht die größte Sonderbarkeit erklären, den Nachtrag von Stilvorschriften unter dem Stichwort *opus*.

Der wahre Grund liegt wieder einmal bei Cicero. Das fünfteilige Schema der *ars*, von *inventio* bis *pronuntiatio*, war seit hellenistischer Zeit verbindlich; auch Cicero wollte es ja noch seinen *Rhetorici libri* zugrunde legen. Dann aber stellte er in seinen beiden rhetorischen Hauptschriften zwei neue Themen in den Vordergrund: in *De oratore* die umfassende, vor allem auch philosophische Bildung des Redners und im *Orator* die Lehre von den drei Stilarten, die er benötigte, um die Kritik der Attizisten zurückzuweisen. Natürlich hatte es diese Lehre auch früher schon gegeben, aber sie gehörte ja in die Stilkritik, das heißt die Beurteilung einzelner Redner, und nicht eigentlich zum

Lehrgebäude der Rhetorik. (Schwerlich nahm sich ein Redner vor, im niederen, mittleren usw. Stil zu reden; das ergab sich allenfalls von selbst aus der Forderung nach dem *aptum*.)

So konnte Quintilian mit dieser Lehre in seiner *ars* nicht viel anfangen; er wollte sie aber, nachdem Cicero sie nun einmal nachdrücklich einbezogen hatte, auch nicht weglassen. Daher brachte er sie, ohne Ciceros gewaltsame Konstruktion (S. 379) zu übernehmen, als Nachtrag unter *opus*, naturgemäß verknüpft mit der Attizismuskontroverse (wo er völlig Ciceros Spuren folgt) und einigem anderen, das im Schema der *elocutio* keinen Platz gefunden hatte.

Ein wenig anders ist es im *Artifex*-Teil. Dass Quintilian philosophische und andere Bildung vom Redner fordert, deckt sich offensichtlich mit dem Hauptanliegen von *De oratore*; auch die praktischen Hinweise für den Redneralltag finden dort eine Entsprechung. Neu dagegen ist, dass Quintilian all dies dem Ideal des *vir bonus* unterordnet, gerade auch die philosophische Schulung. Er erhofft darum die ethische Bildung nicht nur, wie Cicero, von der griechischen Philosophie, sondern gerade auch von der römischen Tradition, von Männern wie den fabulösen, altrömischen Moralhelden Fabricius, Curius, Regulus …: »Denn so viel die Griechen mit Lehren *(praecepta)* ausrichten, so viel wir Römer – und das ist wichtiger – mit Beispielen *(exempla)*.«[46] Und sein rednerisches Ideal ist weniger der enzyklopädisch gebildete Philosoph Ciceros als vielmehr »eine Art von römischem Weisen, der nicht in weltabgewandten Disputationen, sondern in praktischen Erfahrungen und Taten einen wahrhaften Politiker *(vir vere civilis)* verkörpert«.[47] Dennoch gilt, dass dieses 12. Buch all das enthält, von dem Quintilian glaubte, dass es in einer nach Cicero verfassten Rhetorik nicht mehr fehlen dürfe.

Immer wieder Cicero! War Quintilian mit dieser Schwärmerei für den republikanischen Redner nicht ein Illusionär? Einer, der nicht sah oder nicht sehen wollte, dass die große Zeit der Rede und mit ihr das ciceronische Stilideal, das so ganz auf politische Menschenführung zielte, damals unter den Kaisern für Rom vorbei war? So hat man oft gesagt. Aber man muss auch bedenken, dass das Kaiserreich damals gerade erst ein gutes Jahrhundert alt war und dass schon die Nachfolger

Domitians, die humaneren Adoptivkaiser, bald versuchen sollten, neue Zeichen zu setzen: Wer konnte wissen, ob Rom nicht wieder einen Redner wie Cicero brauchen würde? Und lohnte es sich nicht allemal, den Glauben an ein solches Ideal wach zu halten? Quintilians Idealredner, wie er ihn in seiner *Institutio* heranbildet, der »wahrhafte Politiker«, »wie ihn noch keine Vorzeit erlebt hat«, war wohl weniger eine Illusion als eine Utopie wie Platons Idealstaat – wenn nicht realisierbar, so doch wertvoll als Orientierungshilfe in einer unvollkommenen Welt.[48] Uns jedenfalls, auch wenn wir an Quintilians *artifex* nicht glauben, bietet seine *ars* bis heute unendliche Belehrung.

## *DEUTERA SOPHISTIKE* – NACHSOMMER DER KLASSISCHEN REDEKUNST

Wie lange haben wir nun schon nichts mehr von den Griechen gehört? Deinarchos, der jüngste unter den zehn »attischen Rednern« (gest. um 290), ist für viele Jahrhunderte der letzte Grieche, von dem uns heute noch vollständige Reden erhalten sind. Alle griechische Redekunst scheint lange Zeit überstrahlt von dem großen Rom, das seine Weltmacht auch im Reich des Geistes errichtet. Dann aber, vom Ende des 1. nachchristlichen Jahrhunderts an, und mehr noch vom 2. bis zum 4. Jahrhundert, sind uns plötzlich wieder griechische Reden überliefert, ja wir werden davon geradezu überschwemmt. Jedoch nicht so sehr Gericht oder Volksversammlung sind nun die Orte dieser im Osten des römischen Imperiums neu aufblühenden Redekunst, sie gehören auch weniger in die Hörsäle der Rhetorenschule, wo die römischen Deklamatoren ihre Pointen setzten: Ihr Platz ist vor allem in der Festversammlung, wenn nicht im Theater, wo man die Kunst der Redner beklatscht.* Denn Rhetorik wird nun wieder ganz epideiktisch, im voraristotelischen Sinn (S. 179); ihre Vertreter sind auch in ihrer quirligen Reisefreudigkeit und ihrem glanzvollen Auftreten Nachfahren des alten Gorgias mit seinen Schaureden (S. 65). Nicht ohne Grund also nennen sie sich wieder »Sophisten«, als wollten sie im Trotz gegen Platons Diskreditierung den alten Glanz dieses »erhabensten und hochgeehrten Namens«[1] wieder aufpolieren. Die weniger freundlichen Philologen heute sprechen dagegen gern von »Konzertrednern«,[2] die es auf nichts als einen gehaltlosen Ohrenschmaus abgesehen hätten.

---

* Dennoch gilt, dass die meisten von ihnen als Gerichtsredner und besonders auch Gesandte praktisch tätig sind, dass sie Rhetorikunterricht erteilen und dabei natürlich auch deklamieren.

Wie kam es dazu? Waren philhellenische Kaiser die Ursache dieses neuen Aufschwungs griechischer Redekunst? Wir denken besonders an Hadrian, der, statt sich römisch rasieren zu lassen, einen griechischen Philosophenbart trug und überall im Reich Lehrstühle für griechische Literatur einrichtete, oder besser noch an Marc Aurel, der seine Reden *An sich selbst*[*] auf Griechisch verfasste – weil er wohl in der Tat mit sich selbst über ernstere Themen meist griechisch sprach. Und selbst der weniger gebildete Kaiser Traian war so bezaubert von griechischer Sprachkultur, dass er angeblich zu dem berühmten Redner Dion von Prusa, als dieser mit ihm griechisch sprach, sagte: »Ich verstehe zwar nicht, was du sagst, aber ich liebe dich wie mich selbst.«[3][**] So wünscht man sich seine Mäzene! Freilich, nicht erst Traian hat Dion berühmt gemacht, und so ist es wohl eher umgekehrt so, dass gerade diese sich an prominentester römischer Stelle zeigende Griechenliebe einem damals neu erstarkten Selbstbewusstsein der griechischen Kultur entsprungen ist. Das wiederum ist nicht zu trennen von der großen patriotisch-literarischen Bewegung, die wir heute als »Attizismus« bezeichnen, der Rückbesinnung auf Sprache und Literatur des alten Athen.

## DAS LITERARISCHE ATTIKA ERSTEHT AUFS NEUE

Sie begann offenbar im Bereich der Literatur. Junge römische Redner, politische Gegner Caesars und Ciceros, hatten sich als »Attiker« für das Stilideal der klassischen *rhētores* begeistert und dieses dem »Asianer« Cicero vorgehalten (S. 372) – worauf sich dieser rasch selbst

---

[*] Die Übersetzung von *Eis heauton* mit *Selbstbetrachtungen* ist wenig treffend; ganz abwegig ist die modische Wiedergabe durch *Wege zu sich selbst*. Gemeint ist, dass Marc Aurel mit sich selbst, nicht mit einem anderen spricht. So bezeichnete man auch ein Gedicht Solons, das ohne Anrede war, als *Elegie an sich selbst*.

[**] Ähnliche, noch breitere Wirkung hatte der Redner Favorinus (zur Zeit Hadrians): »Als er in Rom sprach, [...] hörten ihn auch diejenigen, die kein Griechisch verstanden, nicht ohne Genuss, vielmehr bezauberte er auch sie durch den Klang seiner Stimme, die Ausdruckskraft seines Blicks und den Rhythmus seiner Sprache« (Philostrat, *Leben der Sophisten* 491).

zu klassischen Idealen bekannte und bald als römischer Demosthenes auftrat (S. 379; 394). Das blieb, wie es scheint, nicht ohne Rückwirkung auf die Griechen, die nun ebenfalls und erst recht »Attiker« sein wollten. Der zur Zeit des Augustus in Rom lebende Dionysios von Halikarnass schwärmt von der durch Rom eingeleiteten Reinigung der asianisch verdorbten Redekunst, die bald den Rest der Welt erobert haben werde (S. 372), und verfasst Abhandlungen über die »*Alten Redner*« bzw. deren Stil sowie, im selben Sinn, eine eindringliche Schrift über die *Fügung der Wörter*. Einer seiner Gesinnungsgenossen war Caecilius aus dem sizilischen Kalakte, der unter anderem ein uns verlorenes Werk über die *Zehn Redner* schrieb und damit vielleicht erst deren Kanon verbindlich machte. Dass er (noch vor Quintilian, S. 443) sogar einen *Vergleich des Demosthenes und Cicero* wagte, trug ihm, da er nicht genug Latein konnte, Spott ein: Plutarch meinte, er habe gezappelt »wie ein Delphin auf dem Trockenen«.[4]

Dieser literarische »Attizismus« musste sich, wenn er von Griechen vertreten wurde, auch in der Sprache niederschlagen; an diese denkt man vor allem, wenn man heute die etwas zweideutige Vokabel gebraucht. Die Jahrhunderte waren ja am Griechischen nicht spurlos vorübergegangen. Mit der Weltkultur des Hellenismus hatte sich eine griechische Gemeinsprache ausgebildet, die sogenannte *koinē*, die man etwa dem Vulgärlatein vergleichen kann: eine schlichte Umgangssprache, in der altgriechische Köstlichkeiten wie etwa der Optativ weggefallen waren. Das wirkte sich auch auf die Literatursprache aus (obgleich die Klassiker nie ganz an Einfluss verloren); ein extremes Beispiel sind die Evangelien des Neuen Testaments, in denen sogar das Aramäische von Jesus und seinen Jüngern durchklingt. Nun aber, zusammen mit der neuen Begeisterung für die griechischen Klassiker, neben Demosthenes besonders auch Platon und Thukydides, wurde die Sprache der Gebildeten von Grund auf wieder »attisch« aufgemöbelt und zu altem Glanz gebracht. Das wirkt bis ins heutige Griechenland nach, wo man ja fast von einer Diglossie (Zweisprachigkeit) sprechen kann: Von der landläufigen *dimotiki* (Volkssprache) hebt sich die immer wieder erneuerte *katharevusa* (Hochsprache) ab, die zwar gewiss kein altes Attisch darstellt, sich diesem aber doch ein Stück weit annähert.

Neben dem obsoleten Optativ begannen die »Attizisten« jetzt wieder den noch vergesseneren Dual zu gebrauchen. Und besonders der Wortschatz musste archaisch erneuert werden. Nicht nur die großen Prosaiker, vor allem auch die vokabelreichen Komödiendichter wie Aristophanes wurden in allen Details ausgebeutet. Lexika entstanden, in denen die attischen Schätze gehortet und den Gebildeten gut sortiert zur Verfügung gestellt wurden. Man stelle sich vor, eine plötzliche Mode zwänge uns, nur noch in der Sprache Goethes, nein: Martin Luthers zu reden!

Das reine Attisch also war also zumindest der Absicht nach die Grundausstattung jedes erfolgreichen Sophisten, der meist Redelehrer und Konzertvirtuose in einem war. Lukian von Samosata, als Sophist und zugleich Sophistenspötter heute der bekannteste Literat des 2. Jahrhunderts, gab einem jungen Redner in satirischer Laune folgende Ratschläge:[5]

> Wähle dir von irgendwoher fünfzehn oder höchstens zwanzig
> > Wörter aus,
> > lerne sie genau auswendig und halte sie einsatzbereit auf der
> > > Zungenspitze –
> > Wörter wie *atta, kāta, mōn, hamēgepē, lōste* und Ähnliches mehr[*] –
> und bei jeder Rede streue davon wie ein Gewürz etwas darüber. […]
> Und jage nach ungewöhnlichen und seltsamen Wörtern,
> > nach solchen, die auch von den Alten nur selten gebraucht wurden;
> > und hast du sie zusammengetragen, so nimm sie zur Hand
> > und schieße sie ab auf deine Zuhörer.
> So wird das breite Volk dich anstaunen,
> > dich für wundervoll und an Bildung für überlegen halten –
> > wenn du statt »abschaben« »hinabstriegeln« sagst
> > und statt »sonnenbaden« »strahlenwärmen« …

---

[*] Hier handelt es sich nicht um seltene Ausdrücke (Glossen) wie nachher, sondern um gängiges Kleinzeug der alten attischen Umgangssprache.

Ausgesprochen hübsch ist auch die Vorschrift, der Redner solle selbst neue Wörter bilden, um zu imponieren – weil ja ohnehin niemand auf Anhieb beurteilen konnte, ob so etwas nicht doch bei einem Klassiker belegt war. Apropos: Einem der fanatischsten Attizisten gab man den Spitznamen »Belegtodernicht« (*Keitukeitos* von *Keitai ē u keitai?*); denn dies war die Frage, die er an jede Vokabel zu stellen pflegte.[6]

## AUS DEM *WHO'S WHO* DER ZWEITEN SOPHISTIK

Dass wir diese Sophisten so gut kennen, verdanken wir besonders einem gewissen Philostrat, der am Anfang des 3. Jahrhunderts zwei umfangreiche Bücher mit dem Titel *Leben der Sophisten* schrieb, eine Schatzkammer für Kulturgeschichtler. Darin unterschied er zwei Traditionsstränge der Sophistik: Der erste ging von Gorgias als »Vater« der Bewegung aus, und seine Träger waren weniger Sophisten in Philostrats Sinn als vielmehr Philosophen, die besonders geläufig reden konnten. Dazu gehörten die uns schon als Sophisten bekannten Protagoras, Prodikos usw. (S. 70) bis hin zu Isokrates. Die nicht »neue«, sondern, wie Philostrat betont, »zweite *sophistikē*«, beginnt dann überraschenderweise schon mit Aischines, dem Rivalen des Demosthenes, der ja nach seinem Athener Debakel auf Rhodos Rhetorik gelehrt haben soll (S. 236). Als dessen Besonderheit nennt Philostrat das Vermögen der »leichtflüssigen Improvisation«, zu der ihn ein »gottinspirierter Schwung« getrieben habe, wie er den früheren Sophisten noch unbekannt gewesen sei.[7]

Die drei angeblichen Nachfolger des Aischines waren dann aber so unbedeutend, dass Philostrat über sie hinweg- und sogleich zu dem Mann übergeht, der heute in den Literaturgeschichten als Gründervater der zweiten Sophistik im ersten nachchristlichen Jahrhundert gilt, Niketes von Smyrna – womit zugleich ein großes neues Zentrum der sophistischen Rhetorik genannt ist. Mit Aischines verbindet ihn offenbar das »Bakchische und Dithyrambische« seines begeisterten Redestils, den er als Sophist und auch als Advokat pflegte. Ein schierer »Konzertredner« war er nämlich nicht. Als er sich auf Geheiß Neros (oder Nervas) vor dem ihm verfeindeten Statthalter von Gallien verantworten musste, soll er ein so erschütterndes Plädoyer in eigener Sache gehalten haben, dass der anfangs ungnädige Richter schließlich mehr Wasser an Tränen vergossen habe, als er dem Angeklagten in der Klepsydra (vgl. S. 213) zugemessen hatte.[8]

Von den Reden des Niketes ist uns leider nichts erhalten, wie auch von denen der nachfolgenden Sophisten, die Philostrat als die größten rühmte: Skopelianos, die aus Klazomenai stammende »Nachtigall von Smyrna«,\* und vor allem Polemon aus Laodikeia, der Smyrna ebenfalls zu Glanz und (dank diplomatischer Tätigkeit) auch zu materiellen Vorteilen verhalf. An Berühmtheit überstrahlte sie jedoch der von Philostrat zutiefst bewunderte Herodes Atticus, der sogar römischer Consul (im Jahr 143) und Lehrer Marc Aurels wurde und an dem auch heute kein Athenbesucher vorbeikommt: Sein Odeion, nur eine von vielen baulichen Großtaten dieses panhellenischen Wohltäters, hat noch Herbert von Karajan und Maria Callas durch perfekte Akustik erfreut.

Die rednerischen Anfänge des Herodes sollen freilich minder prächtig gewesen sein. Sein steinreicher Vater hatte durchgesetzt, dass er mit nur 17 Jahren an der Spitze einer athenischen Delegation den neuen Kaiser Hadrian begrüßen durfte. Doch blieb er beim Vortrag der studierten Rede kläglich hängen und dachte in seiner Verzweiflung schon an Selbstmord – bis der große Skopelianos sich des jungen Manns erbarmte und ihn in die Geheimnisse der Improvisation einweihte.[9] So wurde denn der Versager Herodes zum »Fürst der Reden« und zur »Zunge von Hellas«. Denn der eine, sagt Philostrat, sei exzellent im Stegreif, der andere in der präparierten Rede, Herodes aber »behandelte alles am besten von den Sophisten, und die Kraft der Leidenschaft holte er nicht nur aus der Tragödie, sondern auch aus dem Menschenleben«.[10] Wie schade, dass die einzige Rede, die wir von ihm

---

\* Als ihn die Bürger seiner Heimatstadt darum baten, auch bei ihnen statt immer nur in Smyrna zu deklamieren, antwortete er, »auch die Nachtigall singe nicht im Käfig – indem er Smyrna als den seinem Wohlklang gemäßen Hain betrachtete und das dortige Echo für das wertvollste hielt« (Philostrat, *Leben der Sophisten*, 516).

haben, *Über die Staatsverfassung*, merkwürdig blass wirkt; manche haben sie ihm auch abgesprochen.

Weit besser kennen wir heute einen seiner Schüler, den aus Mysien stammenden Aelius Aristides, der später als der überragende Redner seiner Zeit galt. Philostrat scheint ihn weniger zu schätzen, da er kein Improvisator war, sondern, wenn man ihm ein Thema stellte, mindestens eine Nacht zur Ausarbeitung der Rede benötigte. Auch unternahm er ungern Vortragsreisen, weil er es nicht ertragen konnte, wenn irgendwo der Applaus zu dürftig ausfiel. Dafür war, was er schrieb, umso packender. Als seine Wahlheimat Smyrna durch ein Erdbeben zerstört war, »führte er in einer Rede an Marc Aurel solche Wehklagen darüber, dass der Kaiser bei dieser ›Arie‹ öfter seufzte; wie aber die Stelle kam: ›Zephyrn wehen über die Wüste‹, da vergoss er seine Tränen über das Buch und gewährte der Stadt den Wiederaufbau«.[11]

Von den 55 seiner erhaltenen Reden gilt als prächtigste eine *Panathenaikos* überschriebene Preisrede auf das durch die Gunst der Kaiser neu erblühte Athen; schon durch ihren Titel fordert sie den Vergleich mit einer gleichnamigen Rede des Klassikers Isokrates heraus. Hier spricht Aristides anfangs noch zu den Athenern, vor denen im Jahr 155 die Rede wohl vorgetragen wurde, und preist sie als die wahren Eltern und Ernährer von Griechenland, stamme doch von ihnen nicht nur das Getreide, das ja dank Triptolemos aus Attika in die Welt exportiert worden sein soll, sondern vor allem auch jene Nahrung, die »wahrhaft rein und dem Menschen eigentümlich ist«, nämlich die, »die in Studien und Reden besteht«. Da somit alle Kultur aus Athen komme, appelliert er zum Schluss an sämtliche Griechen, sie sollten diese Stadt als »Akropolis und Gipfel Griechenlands in Wort und Tat ehren und so an ihrem Ruhm teilhaben«.[12] Das gab Applaus!

Mehr Leser findet heute natürlich die Preisrede *Auf Rom*, möchten wir doch wissen, wie die noch immer auf ihre Kultur so stolzen Griechen mit der Weltmacht Rom umgegangen sind. Nun, aufsässige Untertöne wird man bei Aristides vergebens suchen – er lebte ja auch in dem Jahrhundert, das Edward Gibbon als das glücklichste der gesamten Menschheitsgeschichte bezeichnet hat.[13] Vielmehr ist Rom für Aristides nun zum Über-Athen geworden:[14]

> Ihr [Römer] habt durch Kultur und Ordnung alles zivilisiert.
> Und darum meine ich, dass das Leben vor euch so war,
>   wie man sich die Zeit vor Triptolemos vorstellt,
>     hart und roh und kaum unterschieden von einem Leben auf den Bergen.
> Aber mit dem jetzigen, dem zivilisierten Leben hat die Stadt der Athener zwar den Anfang gemacht,
> ihr aber habt es befestigt als die zweiten, die, wie man sagt, die besseren sind.

Im Übrigen besingt er die Großartigkeit von Roms Herrschaft und die in deren Ausübung sich zeigende Klugheit: Wie die Griechen es verstanden hätten, sich gegen Herrschaft zu wehren, so hätten erst die Römer das Herrschen selbst zur Kunst entwickelt. Konnte sich ein Römer da noch über mangelnde Anerkennung beklagen? O ja. Denn wo blieben, um nur diese zu nennen, Cicero, Vergil und Quintilian? Hatte nicht Molon schon vor zweieinhalb Jahrhunderten geweissagt, dass »Bildung und Rede« nun zu den Römern übergingen (S. 290)? Aristides scheint davon nichts zu ahnen oder ahnen zu wollen. Für ihn gilt: Die Griechen reden, die Römer regieren.

## PHILOSOPHIE GEGEN RHETORIK: EIN ALTER UND WIEDER NEUER ZANK

Weniger beschränkt zeigte er sich in anderer Hinsicht. Im Gegensatz zu anderen Sophisten nahm Aristides wahr, dass die Rhetorik gerade bei den Intelligentesten auch ihre Feinde hatte. So schrieb, vielleicht noch zu seinen Lebzeiten, der gegenüber allen Wissenschaften skeptische Philosoph Sextus Empiricus[*] ein Buch *Gegen die Redner (rhētores)* bzw. Rhetoriker, in dem er, an Platons *Gorgias* anknüpfend, wieder einmal zu beweisen suchte, dass die Rhetorik keine Wissenschaft *(technē)* und unnütz sei. Aristides nahm den Fehdehandschuh, den ihm

---

[*] Sextus Empiricus wird ins 2., manchmal auch ins 3. Jahrhundert datiert.

dieser und vielleicht andere Philosophen hingeworfen hatten, auf, indem er gegen Platon eine Verteidigungsschrift *Für die Rhetorik* schrieb: Die Rhetorik sei laut Platon keine Wissenschaft? Und wenn dem so wäre? Gebe Platon nicht selbst zu, dass die Menschen auch ohne Wissenschaft viel Gutes von den Göttern bekommen haben? Aber natürlich sei Rhetorik eine Wissenschaft, wie sich wiederum aus Platons eigenen Äußerungen zeigen lasse.

Eben in diesem Verfahren, Platon aus sich selbst zu widerlegen, besteht die Methode des advokatischen Aristides. Ein Beispiel: Platon hatte zugestimmt, dass die Rhetorik im Überreden bestehe. Wie könne er dann behaupten, dass die Redner dem Volk immer nur zu Gefallen redeten (S. 152)? Aristides schmiedet daraus ein eindrucksvolles Dilemma:[15]

> Wenn die Rhetorik ›Meisterin der Überredung‹ ist [S. 20] und das
> Überreden Aufgabe der Redner,
>   dann können die Redner nicht schmeicheln;
>   denn sie dienen ja nicht der Menge, sondern überreden sie.
> Wenn aber die Redner das sagen, was die Menge denkt,
>   dann ist die Rhetorik nicht ›Meisterin der Überredung‹;
>   denn dann macht sie, dass die Redner von der Menge überredet
>       werden, nicht, dass sie überreden.
> Schau her und wähle aus, wo der Fehler liegt:
>   Platon widerlegt hier Platon.

Man muss wohl kein enragierter Platoniker sein, um zu fühlen, dass diese Widerlegung, so effektvoll sie ist, doch etwas äußerlich bleibt: Auch der Redner, der den Willen der Menschen ummodeln möchte, kann ja nicht darauf verzichten, ihnen zu »schmeicheln«, also an ihre Wünsche und auch Vorurteile zu appellieren.

Aristides versucht nicht, Philosophen zur Rhetorik zu bekehren oder zu beweisen, dass die Rhetoren, die für ihn »Lehrer und Erzieher der Volksmassen«[16] sind, den Primat auch in der Jugendbildung haben müssten. Diese Schlacht war wohl längst geschlagen. Seit der Zeit des Hellenismus galt, dass jeder Jugendliche der Führungsschicht die

Schule des Rhetors zu durchlaufen habe, wozu nur bei einigen Aufgeweckten ein philosophisches Zusatzstudium kam, das in der Regel mit der Entscheidung für eine der existierenden Philosophenschulen verbunden war (die Rhetorik war ja weltanschaulich neutral).

Oft hört man, durch den Eintritt Roms in die hellenistische Welt sei der Streit von Rhetorik und Philosophie neu entfacht worden, indem sich die Griechen nunmehr gegenseitig ihre römischen Schüler hätten abspenstig machen wollen. Aber was Cicero in *De oratore* (I) über die Katzbalgereien athenischer Intellektueller in Anwesenheit des Redners Antonius erzählt (oder erfindet),[17] reicht zum Beweis schwerlich aus. Dass andererseits die Angriffe der Philosophen auf die Rhetorik weitergingen, bezeugen die halbverkohlten Papyrusrollen des im 1. vorchristlichen Jahrhundert am Golf von Neapel philosophierenden, mit prominenten Römern befreundeten Epikureers Philodem.

## DION CHRYSOSTOMOS: VOM RHETOR ZUM PHILOSOPHEN?

In der Zeit unserer Sophisten scheint nun doch eben dieser Zwiespalt von Rhetorik und Philosophie wenigstens punktuell wieder aufzubrechen. Unter Kaiser Domitian, als Quintilian seine große Rhetorik mit einer Attacke auf die Arroganz der Philosophen eröffnete,[18] erlebte ein griechischer Rhetor geradezu eine Bekehrung zur Philosophie: Dion aus Prusa in Bithynien, den man später Chrysostomos (»Goldmund«) nannte, soll offenbar als junger Rhetoriklehrer eine (nicht erhaltene) Schrift *Gegen die Philosophen* verfasst haben. Dann verbannte ihn im Jahr 82 oder später Kaiser Domitian (wegen seiner Freundschaft mit einem in Ungnade gefallenen Höfling) aus seiner Heimat und Italien. Dion durfte aber weiterhin ausgedehnte Reisen im griechischen Ausland machen – und fand dabei, so wird überliefert, den Weg zur Philosophie, der er auch, als er nach dem Regierungsantritt Nervas im Jahr 96 rehabilitiert wurde, treu blieb.

Die Reden, die er vielerorts während und nach seiner Verbannung hielt, unterschieden sich von denen anderer Sophisten durch ihren entschieden moralischen, ja predigenden Charakter, dem auch sein äußerer Habitus entsprach: Dion ließ sich Bart und Kopfhaar lang wachsen, trug einen schäbigen Mantel nebst Ranzen; kurz: er verkörperte, nach dem Vorbild des berühmten Diogenes (im Fass), den Typus des durch seine Bedürfnislosigkeit ausgezeichneten Kynikers *(kynikos)*[*], »Hundephilosophen«.[**] Und »Philosoph« ließ er sich auch nennen, wobei er vor allem stoische Ansichten vertrat (die mit den kynischen weithin harmonierten). Zentral war das vielen Philosophen gemeinsame Bekenntnis zum »einfachen Leben«.[***]

Was wir hier über die Bekehrung eines Rhetors zur Philosophie referiert haben, ist nun allerdings keineswegs unumstritten. Es beruht auf der Darstellung eines im 5. Jahrhundert lebenden neuplatonischen Philosophen, Synesios von Kyrene, der später christlicher Bischof wurde: Während Philostrat in Dion durchweg einen Philosophen gesehen hatte, der nur wegen seiner rednerischen Brillanz den äußeren Anschein eines Sophisten gehabt hätte,[19] machte Synesios in einer Schrift über *Dion* aus diesem Zugleich ein Nacheinander. Die neueren Historiker folgen teils ihm, teils Philostrat, und die Frage der historischen Wahrheit der Bekehrung teilt die Dion-Forschung in zwei geradezu unversöhnliche Lager.[****]

---

[*] Der antike Kyniker darf nicht verwechselt werden mit dem modernen Zyniker, obwohl dieser von jenem, durch das Lateinische vermittelt, seinen Namen hat. Der Kyniker heißt so, weil er wie ein Hund *(kyōn)* nur seine natürlichen Bedürfnisse befriedigen will – deren er sich dafür aber auch, bis zum Geschlechtsverkehr, nicht schämt. Der Zyniker dagegen ist darin schamlos, dass er offen zugibt, jeden Menschen, sich inklusive, nur niedriger Beweggründe für fähig zu halten.

[**] Der Kyniker ist unter den antiken Philosophen der einzige, der äußerlich als solcher zu erkennen war. So erkannte man bei uns in der Nachkriegszeit die Existentialisten an ihren Bärten, später die Marxisten an ihren langen Haaren.

[***] Der von den Kynikern stammende Begriff wurde besonders durch Epikur und Horaz *(vita tenuis)* bekannt; in Deutschland wurde er noch vor der ökologischen Bewegung (die auch *Simple living* genannt wird) durch den Titel eines Bestsellers von Ernst Wiechert (1939) eingebürgert. Zu Dion s. bes. Rüdiger Vischer, *Das einfache Leben*, Göttingen 1965, 157–170, und die von dessen Lehrer Hildebrecht Hommel übersetzte *Euböische Idylle*, Zürich/Stuttgart 1959. Mir noch unbekannt ist Simone Kroschel, *»Wenig verlangt die Natur«*, Frankfurt/M. u. a. 2008.

[****] Wobei die Bekehrungsgegner umso mehr Zulauf haben, als heute, wo weder Religion noch Philosophie sehr lebensbestimmend sind, Bekehrungsberichte über-

Zum Glück sagt uns Dion in seiner 13. Rede, *Über das Exil,* selbst, wie es war. Als er in der Verbannung Apollon, den Gott von Delphi, befragte und dieser ihn dazu beschied, sein Exil »als eine schöne und nützliche Handlung mit Hingabe zu betreiben, bis er ans Ende der Welt gewandert sei«, da zog er als sozusagen professioneller Exulant schlechte Kleider an und schränkte sich auch sonst standesgemäß ein. So sei er zum Ansehen teils eines Landstreichers, teils aber auch eines Philosophen gelangt (wofür er sich selbst nie ausgegeben hatte). Der Ruf des Philosophen wurde ihm nun sogar zum Vorteil:[20]

> Denn viele kamen zu mir mit der Frage, was mir gut oder schlecht
> scheine,
> so dass ich gezwungen wurde, über diese Dinge nachzudenken,
> um den Fragenden Antwort geben zu können.
> Und dann befahlen sie mir, vor die Öffentlichkeit zu treten und es
> noch einmal zu sagen.
> Also war ich auch so dazu gezwungen, zu sagen, was ich dachte über das,
> was den Menschen zukomme und wovon sie Nutzen hätten.
> Ich meinte aber, sie seien alle, kurz gesagt, wahnsinnig
> und keiner tue das, was er solle, und achte nicht darauf,
> wie er sich von dem Unglück, in dem er sich befinde,
> und der großen Unwissenheit und Verwirrung befreien könne,
> um ein anständigeres und besseres Leben zu führen.

Klingt das nicht überzeugend? Nein, sagen die Ungläubigen, das sei doch alles literarisch schablonenhaft stilisiert nach dem Vorbild eines Sokrates oder Diogenes, die auch den Orakelgott befragt hätten, und nach manch anderem. Aber sie haben wohl unrecht. Der Clou dieser Geschichte, dass einer zum Philosophen wird, nicht weil er plötzlich die Nichtigkeit seiner bisherigen Weltanschauung durchschaut, sondern weil ihn die Leute zunächst für einen Philosophen nur halten

---

haupt zunehmend skeptisch betrachtet werden. Auch den Bekehrungen etwa von Paulus, Augustin und Luther misstraut man ja seit über hundert Jahren. Dagegen musste zu den Zeiten meiner pietistischen Vorfahren jeder Fromme ein (möglichst datierbares) Bekehrungserlebnis vorweisen können.

und er dadurch, gewissermaßen durch Rollenzwang, genötigt wird, über das menschliche Leben nachzudenken und schließlich auch zu predigen – das ist wahrlich höchst originell, fast paradox und, bei aller unverkennbaren Ironie, im Grunde doch ernst gemeint und ernst zu nehmen.

Aber auch wenn die Bekehrungsgeschichte im Kern wahr ist, heißt das noch lange nicht, dass Dion als Philosoph der Rhetorik entsagt hätte: Gerade die zitierte Rede zeigt ihn ja als Prediger und damit Redner; und wenn er sich auch ausdrücklich nicht zu den »Sophisten« zählt, tritt er doch unter ihnen auf und konkurriert mit ihnen. In dem Werk, das unter seinen 80 erhaltenen Reden als sein schönstes gilt, der *Olympischen Rede* (Nr. 12),[21] vergleicht er, der Langmähnige, sich selbst mit einer hässlichen Eule, der aber alle wegen ihrer zu vermutenden Weisheit zuhören wollen, obgleich doch »gewaltige Redner [...] und viele Sophisten, die so bunt sind wie Pfauen und die von ihren Schülern wie von Federn in die Luft gehoben werden«,[22] in Olympia sich vernehmen lassen.

Obwohl sich Dion gleich darauf mit dem nichts wissenden Sokrates unter den Sophisten vergleicht, »von denen jeder sich selbst am meisten bewundert«, ist seine Rede im Glanz der Worte und ihres wahrhaft olympischen Themas – der Göttervater Zeus und seine Darstellung bei Phidias und Homer – eine echt epideiktische Sophistenrede, nur nicht ohne Gehalt und Geist, da man sich ja, sagt er, »gerade in der Vorlesung eines Philosophen« befinde.[23] Mit grandioser Beredsamkeit entwirft Dion hier die Idee der Götter, die allen Menschen eingeboren ist und genährt wird durch den Anblick des Kosmos, der wie ein Mysterientempel seine Betrachter fesselt. Dazu kommen als weitere Quellen der Gottesvorstellung die Werke der Dichter und der Gesetzgeber, der bildenden Künstler und – natürlich – des Philosophen, »des vielleicht wahrhaftigsten und vollkommensten Auslegers und Propheten der unsterblichen Natur«.[24]

Den Hauptteil macht jedoch eine Art Gerichtsrede aus (bei der der Redner naturgemäß in seinem Element ist): Der Bildhauer Phidias wird angeklagt wegen seiner Darstellung des Zeus, die bei all ihrer zugestandenen Großartigkeit der Vollkommenheit des Gottes doch nicht gerecht werde und die Menschen auf eine allzu konkrete Vorstellung festlege. Er verteidigt sich vor allem mit Berufung auf Homer, der ähnlich verfahren sei, obwohl er doch als Dichter unendlich größere Möglichkeiten des Ausdrucks gehabt habe. Und indem Phidias all das nennt, was er nicht habe darstellen können, wandelt sich seine Apologie zu einem großen Hymnus auf Zeus (der nun nicht mehr der homerische, sondern der stoische Schöpfergott ist): »Mit ihm aber, der die ganze Welt erschafft, darf man keinen Sterblichen vergleichen.«[25] Dion prämiiert sich selbst, wenn er zum Schluss sagt, dass Phidias für eine solche Rede einen Kranz bekommen hätte müssen. Beide dürfen ja auf ihre Kunst stolz sein, Dion sogar auf eine doppelte: Philosophie und Rhetorik.

## LUKIAN: VOM SOPHISTEN ZUM PHILOSOPHISCHEN SPOTTVOGEL

Ein anderer, in dem sich Philosophie und Rhetorik vereinen oder auch wieder entzweien, war der schon zitierte Lukian (S. 453, gest. nach 180) aus Samosata, einer Stadt am Euphrat. Er ließ sich als Sophist ausbilden, reiste als solcher bis nach Italien und Gallien, blieb aber schließlich in Athen hängen, wo er sich, dem *genius loci* angemessen, mit Philosophie befasste. Angetan hatte es ihm besonders der Kyniker Menippos von Gadara, der schon im 3. Jahrhundert v. Chr. gelebt und seine philosophischen Gedanken in allerlei phantastische Erzählungen, Prosa mit Versen würzend,* verpackt hatte.

Trotz vielen Spotts auf die Philosophen (vor allem wegen ihrer allzu menschlichen Laster) betrachtete Lukian sich als zu ihnen gehörig und behauptete, in seinen Werken nach Vorbild des Menippos populäre Komödie und seriösen philosophischen Dialog zu vereinen. Ohne die Rhetorik? In seinem Dialog *Der doppelt Angeklagte* macht

---

* Diese Mischung ist das Gattungsmerkmal der »menippeischen« Satire. Sie wurde in Rom als erste Trägerin einer philosophischen Botschaft gepflegt von dem Gelehrten Varro, später von Seneca und besonders Boethius in seiner *Consolatio philosophiae*.

er sein eigenes vielgestaltiges Wesen zum Gegenstand eines regelrechten Gerichtsprozesses, der vor Göttern stattfindet. Zuerst tritt – ein Novum offenbar in der antiken Literatur – Frau *Rhetorik* in Person[*] vor das Gericht, um den »Syrer« zu verklagen, so recht nach keifender Matronenart:[26] Nachdem sie ihn als seine rechtmäßige Gattin getreulich begleitet und gefördert, ja zu Ruhm gebracht habe, habe er sich nun in das Bürschchen *Dialogos*, den Sohn der *Philosophie*, verknallt und sie schnöde verlassen. Worauf der Angeklagte kontert, dass seine Gattin im Lauf der Jahre selbst zur Hetäre entartet sei (wohl ein Hieb auf die sich beim Publikum anbiedernde zeitgenössische Sophistik): Denn anders als zu Zeiten des edlen Demosthenes lege sie nun Schminke auf, lasse sich Serenaden singen und empfange heimlich Liebhaber. Abgesehen davon stehe es seinen nun schon fast vierzig Lebensjahren – wir denken an das sprichwörtliche Schwabenalter – durchaus an, sich in Lykeion und Akademie mit ernsteren Themen zu befassen. Freispruch.

Aber kaum hat Lukian sich hier aus der Affäre gezogen, verklagt ihn von der anderen Seite auch schon sein neuer Geliebter wegen Misshandlung.[27] Einst sei er, mit erhabensten Themen befasst, »über den Wolken geschwebt, wo der große Zeus im Himmel seinen gefiederten Wagen fährt«, nun aber habe ihn sein Liebhaber »herabgezerrt«, »ihm die Flügel beschnitten«, ein Leben unter dem Pöbel zugewiesen und ihm auch noch eine Komödien-, ja Satyrnmaske statt des tragischen Outfits verpasst. Lukian verteidigt sich, indem er darauf hinweist, einen wie unerfreulich finsteren Anblick doch der *Dialogos*, sprich die Philosophie, früher geboten habe. Die Leute hätten vor seinen distelgleichen Spitzfindigkeiten Angst gehabt und ihn wie einen Igel nicht anrühren mögen; jetzt aber, dank ihm, Lukian, stehe er fest auf dem Boden der Wirklichkeit, lächle ohne elitäres Gehabe und sei

---

[*] Meines Wissens ist sie vor Lukian nie eigentlich personifiziert worden, obwohl Dionysios von Halikarnass dem nahekam (S. 252). Berühmt und wichtig für die spätere Bildtradition wurde die personifizierte *Rhetorica* in der *Hochzeit der Philologie und des Mercur* von Martianus Capella (5. Jh.), wo alle Sieben freien Künste auftreten; s. jetzt Stephan Brakensiek, »Rhetorikikonographie«, in: Ueding, *Rhetorik* (S. 522), 300–307. Auch in der Gestalt des *Hercules Gallicus* hat Lukian die Rhetorik versinnbildlicht (a. a. O. 306).

überall beliebt. Und immerhin habe er ihm ja auch sein schönes Attisch gelassen!*

Als ein Sonderfall war Lukian in dem Dreieck von Rhetorik, Philosophie und Unterhaltungsliteratur nicht so recht unterzubringen. Rhetor bzw. Sophist blieb er trotz Verstoßung seiner »Gattin« immer noch insoweit, als er seine Werke öffentlich darbot und davon wohl auch lebte. Und das adrette Äußere, das er seinem geliebten *Dialogos* verschafft hatte, war wohl auch nicht so ganz verschieden von dem Hetärenaufzug, den er seiner entarteten Gemahlin *Rhetorik* ankreidete. (Schließlich scheint Lukian selbst im Alter noch, wenn ihn die Lust überkam, sophistische Schaureden verfasst zu haben.) Und was soll man dazu sagen, wenn er in einem anderen Dialog, *Über den Parasiten*, einen Vertreter dieses »Standes« den stringenten Nachweis führen lässt, dass die edle Schmarotzerkunst eine echte *technē* (Wissenschaft) sei, systematisch aus festen Begriffen aufgebaut und für das Leben nützlich,** ja weit nützlicher als Philosophie und Rhetorik? Man weiß nicht, ob Lukian in diesem Kabinettstück wissenschaftstheoretischer Seifensiederei mehr die als unnütz attackierte Philosophie oder die mit ihrem Wissenschaftsanspruch parodierte Rhetorik oder sich selbst veräppelt. Jedenfalls hat dieser kaum zu fassende, von seinen Zeitgenossen totgeschwiegene Spottvogel es geschafft, sich, im Gegensatz zu allen Sophisten seiner Zeit, in die Weltliteratur hineinzuschmarotzen – und sogar so feine Köpfe wie Erasmus und Wieland zu seinen Bewunderern und Übersetzern zu machen.

---

\* Trotz seines Spotts über den dilettantischen Attizismus (S. 453) war Lukian selbst lupenreiner Attizist.
\*\* Zugrunde liegt die stoische Definition der Wissenschaft, wonach diese besteht »aus Begriffen, die übereinstimmen und auf ein nützliches Lebensziel ausgerichtet sind«; so z. B. bei Quintilian, *Institutio oratoria* 2,17,41.

## DER REDNER FRONTO UND
## SEIN STOISCHER SCHÜLER MARC AUREL

Aber das eindrucksvollste Beispiel für den in diesem Jahrhundert immer wieder ausbrechenden Konflikt zwischen Rhetorik und Philosophie bietet uns ein prominenter Zeitgenosse, Kaiser Marc Aurel (161–180). Er war in seiner Jugend nicht nur, wie erwähnt, Schüler des griechischen Sophisten Herodes Atticus, sondern auch des im lateinischen Westen ebenso berühmten Redners Marcus Cornelius Fronto – der sonst keinen öffentlichen Unterricht erteilte, den seine Reden aber zum Teil in den Kreis der zweiten Sophistik rücken. In dem großenteils erhaltenen Briefwechsel des Lehrers mit seinem Schüler versucht er immer wieder, die Wichtigkeit der *eloquentia* gerade für den führenden Politiker herauszustreichen, erlebt aber, wie der Zögling sein Herz der Philosophie zuwendet. In seinen später verfassten Meditationen *An sich selbst* dankt Marc Aurel einem gewissen Rusticus dafür, dass er ihn von Rhetorik, Poesie und »Feuilletonismus« *(asteiologia)* abgebracht und dafür mit den Schriften des Stoikers Epiktet bekannt gemacht habe. Und den Göttern schreibt er als Verdienst zu, »dass ich in Rhetorik, Poesie und den übrigen Studien keine allzu großen Fortschritte gemacht habe; denn vielleicht wäre ich hängen geblieben, hätte ich gemerkt, dass ich in ihnen zügig vorankomme«.[28] Das ist stoischer Glaube an die Vorsehung: Sogar schulischer Misserfolg kann ein Werk und Wink der Götter sein – vielleicht ein Trost für manchen Hochschulabbrecher.

Eine gewisse Distanzierung von seinem Rhetoriklehrer Fronto zeigt sich besonders in einem berühmten Brief des 25-Jährigen.[29] Fronto hatte ihm ein rhetorisches Thema aufgegeben, offenbar eine *controversia* (Gerichtsrede). Marc Aurel aber entschuldigt sich dafür, dass er erst allzu spät, als der Lehrer fast schon zur nächsten Lektion anrückt, an die Ausarbeitung geht. Die Schriften des Ariston, eines besonders strengen Stoikers, hätten ihn abgehalten, indem sie ihm zu seinem Kummer gezeigt hätten, wie weit er noch von echt philosophischer Lebenshaltung entfernt sei:

> Darum muss dein Schüler nur allzu oft erröten und sich selbst zürnen,
> dass ich im Alter von fünfundzwanzig Jahren in meinem Sinn
> noch so gar nichts an guten Ansichten und reineren Grundsätzen
> angenommen habe.
> So werde ich bestraft, zürne, bin traurig, eifersüchtig, esse nichts mehr.
> Von diesen Sorgen gefesselt, habe ich meine Pflicht zu schreiben nun
> von Tag zu Tag aufgeschoben.
> Aber jetzt werde ich etwas ausarbeiten;
> und wie einst ein attischer Redner die athenische Volksversammlung
> daran erinnerte:
> bisweilen müsse man es den Gesetzen auch erlauben zu schlafen –[*]
> so will ich die Bücher des Ariston besänftigen, ihnen ein Weilchen
> Ruhe gönnen
> und mich ganz diesem »Dichter von Schauspielern«[**] zuwenden,
> nachdem ich zuvor ein paar kleine Reden Ciceros gelesen habe.

So weit scheint alles in Ordnung. Obwohl Marc Aurel in aller Deutlichkeit hat durchblicken lassen, dass ihm die »Sorge um die Seele«, seit Sokrates Hauptanliegen der Philosophen, wichtiger ist als Frontos Redeübungen, schickt er sich nun doch an, eingestimmt durch ein wenig Cicerolektüre, brav seine Hausaufgaben zu machen. Oder doch nicht? Sein letzter Satz unterminiert die gestellte Aufgabe: Er werde nur eine der beiden Seiten, also die Anklage oder die Verteidigung, schriftlich ausführen, »denn über dasselbe nach beiden Richtungen zu argumentieren – nein, so tief kann Ariston gar nicht schlafen, dass er das gestatten würde«. Die Kunst des *in utramque partem disserere*, der Argumentation pro und contra, war seit Protagoras (S. 75) ein Herzstück der Rhetorik. Ein strenger Stoiker aber, für den es immer nur die eine, mit Sicherheit nachweisbare Wahrheit gab, musste sie ablehnen (vgl. S. 258). Marc Aurel sucht also einen Kompromiss zwischen

---

[*] Dieser bedenkliche Ausspruch erinnert an den Satz des CSU-Ministers Hermann Höcherl (Abhöraffäre, 1963), man könne »nicht immer mit dem Grundgesetz unter dem Arm herumlaufen«.
[**] Dies muss wohl das Thema seiner Hausaufgabe gewesen sein; wir können uns nichts darunter vorstellen.

Rhetorik und Stoa, wenn er sich qua Rhetoriker zu einer *controversia* versteht, in der er dann aber qua Philosoph doch nur die eine Seite zu Wort kommen lässt.

Und dabei schreibt er das alles so charmant und unpolemisch, dass ihm sein Lehrer über die nur halb erledigte Aufgabe kaum böse sein konnte. Immerhin war dieser ja auch später noch stolz auf seinen mittlerweile Kaiser gewordenen Schüler, der, wie er einmal an ihn schreibt, »mich so liebte, wie ich es wollte, und so beredt war, wie du selbst es wolltest«.[30] Man konnte auch das kaum schöner sagen.

Dieses heiter-ernste Stück zeigt uns, wie der alte Zwiespalt von Philosophie und Rhetorik in diesem Jahrhundert auch im lateinischen Westen des Reichs gefühlt wurde. Warum gerade damals? Waren die Philosophen eifersüchtig auf die in Ruhmesglanz und Herrschergunst sich sonnenden Sophisten? Dion und Marc Aurel scheinen eher das Umgekehrte nahezulegen: Viele, die den schillernden »Pfau« satthatten, gingen damals wohl zur grauen »Eule« der Weisheit. Vor allem die imponierend rigorose stoische Philosophie, die ihre Anhänger bis in den Widerstand gegen Tyrannei und in den Märtyrertod trieb – Seneca ist ein erstes, allerdings etwas zwielichtiges Beispiel* –, scheint damals große Anziehungskraft gehabt zu haben. Darauf lassen wohl auch die Philosophenvertreibungen unter Domitian, ja schon Vespasian, schließen. Die Vertreter der alten, auf die Beherrschung des Worts gegründeten *paideia*, die das ganze kulturelle Erbe des Griechentums mit einschloss, mussten sich wohl gegen diese gesinnungsstarken Konkurrenten wehren.

Sie taten es immerhin mit solchem Erfolg, dass ihre Kunst bis weit in die christliche Ära hinein fortgedauert hat. Noch im 4. Jahrhundert blüht in Antiochia »der größte griechische Redner der Kaiserzeit«,[31] der Neuheide und strenge Attizist Libanios, bei dem wiederum der größte Prediger der Christen, Johannes Chrysostomos, studiert. Und noch um 500 schreibt in Gallien ein gebildeter Christ, der es bis zum Bischof bringt, Ennodius, neben diversen Schaureden zum Beispiel

---

* Für philosophisches Märtyrertum müssen im Übrigen die Namen Thrasea Paetus, Helvidius Priscus und Iunius Rusticus genügen. Ob Dions Verbannung mit der Verfolgung unter Domitian zu tun hatte, ist umstritten.

eine Deklamation *Gegen den Mann, der eine Statue der Minerva im Bordell aufstellte.*[32] Leider auch er ohne Rede der Gegenseite.

## DER ARCHAIST FRONTO UND
## DER ZAUBERER APULEIUS

Zurück zu Fronto. Wie Quintilian war er von der überragenden Bedeutung Ciceros überzeugt, nannte diesen gar »Haupt und Quelle der römischen Beredsamkeit«.[33] Und neuere Stilisten wie Seneca lehnte er dementsprechend ab. Aber auch an Cicero hat er etwas auszusetzen – nicht die zu große Üppigkeit, die ihm einst vorgehalten wurde (S. 372), sondern die nicht ausreichend peinlich genaue Suche nach dem exquisit richtigen Wort: »Du findest in all seinen Reden nur höchst selten unerwartete und unerhoffte Wörter, die man nur mit Eifer, mit Hingabe, mit wacher Aufmerksamkeit und genauer Erinnerung an die alten Dichter aufspüren kann.« Wie viele heutige Sprachpfleger stellte er fest, dass die Sprache im Lauf der Zeit nicht nur reicher, sondern auch ärmer wird, dass vor allem viele Bedeutungsunterschiede sich verlieren: Wann sage man für »spülen« *pelluere*, wann *colluere, abluere, eluere* ...? Dass das für den Normalhörer ohne Bedeutung ist, habe nicht zu kümmern, »da wir uns zum Dienst an den Ohren der Gebildeten verdingt haben«. Wie anders dachte hier Cicero!

Die Suche nach dem exakt passenden Wort führte mit Notwendigkeit zum Studium der altlateinischen Autoren, deren Schätze nun, beginnend mit Plautus und Cato, ausgegraben und als Edelsteine der Rede eingefügt wurden. So nennt man diese zunächst vor allem durch Fronto repräsentierte Richtung heute »Archaismus«. In seiner auf die Vergangenheit gerichteten Haltung entspricht er dem griechischen Attizismus, mit dem man ihn oft in Zusammenhang gebracht hat. Aber die Ähnlichkeit ist doch eher äußerlich. Während der griechische Attizist den Anschluss an klassische Werke einer großen Vergangenheit suchte, wie um seine Kulturhoheit im Römerreich zu behaupten, hatte der römische Archaist solches Auftrumpfen nicht nötig: Er freute sich, wie ein Antiquar in der Schatzkiste des liebevoll gepflegten Altlateins stöbern zu dürfen. Dass das mit echter Kennerschaft Hand in Hand ging, zeigt Frontos Schüler Aulus Gellius, der in seiner philologischen Feuilletonsammlung *Noctes Atticae* (Attische Nächte) wertvolle Stücke der ältesten lateinischen Literatur aufbewahrt und mit Sachverstand kommentiert hat.

Der berühmteste aller Archaisten, wenn auch nicht nur als solcher bedeutend, ist Frontos glanzvoller Zeitgenosse Apuleius, die eigentliche Verkörperung der zweiten Sophistik im Westreich. Wie Fronto aus Afrika stammend, verlagerte er als erster lateinischer Literat das Zentrum seiner Tätigkeit von Rom in seine Heimat, wo er mit universaler Bildung brillierte: Nicht nur aus den »Mischkrügen« des *litterator* (Schreiblehrer), *grammaticus* und *rhetor* habe er getrunken, sondern auch aus »dem geschmückten der Poesie, dem hellklaren der Geometrie, dem süßen der Musik, dem gar ernsten der Dialektik und schließlich dem unerschöpflichen und nektargleichen der gesamten Philosophie«.[34] Kein Wunder, dass man dieser wandelnden Enzyklopädie in Karthago und anderswo Statuen errichtete – wobei man freilich noch von einem weiteren, bedenklichen Studienfach raunte: der Magie.

Diese durchzieht sein Werk. In seinem berühmten Roman *Metamorphoses* (Verwandlungen) geht es um die Schicksale eines Mannes, der durch Magie in einen Esel verwandelt wurde. Kein Wunder, dass man auch Apuleius selbst dergleichen zutraute. Als er etwa 30-jährig die betuchte Witwe Pudentilla heiratet, ziehen ihn deren Verwandte vor Gericht: Durch Zaubermittel habe er sich um des Geldes willen die ältere Dame gefügig gemacht. Im Jahr 158/59 verteidigt er sich vor dem römischen Proconsul glanzvoll mit der Rede *De magia* (Über die Magie). Diese uns als einzige aus der Kaiserzeit erhaltene lateinische Gerichtsrede ist nach der dafür üblichen Form aufgebaut. Was den Stil angeht, fällt neben manchen seltenen Vokabeln und exquisiten Bildern vor allem eine an Gorgias erinnernde Kurzatmigkeit der parallel gebauten *commata* (kleinen Satzglieder) auf.

In der folgenden Partie etwa, wo Apuleius von der üblichen Vorbemerkung (*e vita ac moribus*, vgl. S. 341) zum Hauptteil der Rede übergeht, beginnt er mit einer größer gespannten Periode, löst die nächstfolgende dann aber in kleine, parallel klingelnde Teile auf:[35]

> Ich komme jetzt nämlich zum eigentlichen Vorwurf der Magie,
> > der, nachdem er mit großem Getöse zu meiner Verleumdung
> > > entfacht war,
> > zur Enttäuschung aller Erwartungen in irgendwelchen
> > > Altweiberschnurren abgebrannt ist.
> Hast du, Maximus, einmal gesehen, wie eine Flamme sich aus Stroh
> > > erhebt:
> > mit lautem Geknister, mit leuchtendem Schein, mit raschem
> > > Zuwachs,
> > aber bei geringem Brennstoff mit verglimmendem Brand, ohne
> > > Überreste?
> Da hast du sie, jene Anklage:
> > begonnen aus Zank, aufgebläht mit Worten, entblößt von
> > > Argumenten,
> > so dass nach deinem Urteil keine Reste der Verleumdung mehr
> > > übrig sein werden.

Wir spüren, dass man von dem berühmten Apuleius mehr als bloß eine gediegene Widerlegung der gegnerischen Vorwürfe erwartet: Sein Wortkunstwerk lodert hier so blendend wie das Strohfeuer, das die Widersacher angeblich abgebrannt haben. Dabei weiß er natürlich in seine abgezirkelten *commata* auch sachlich Treffendes zu packen, etwa: Es sei doch keine Magie nötig, »dass eine als Frau einen Mann heiratet, als Witwe einen Ledigen, als Ältere einen Jüngeren«[36] – letzteres mit schelmischem Augenaufschlag.

Die ganze Rede dient überall auch dazu, die eigene Bildung, die sprachliche wie die allgemein geistige, gegenüber der krassen Unwissenheit des Gegners ins Licht zu setzen. Denn was jener in seinem rohen Verstand als böse Magie attackiere, sei in Wahrheit nichts als die Philosophie selbst, so dass er, Apuleius, nicht nur seine persönliche Verteidigung, sondern auch die der Philosophie zu führen habe. Gemeint ist damit natürlich nicht die primitiv-kynische Lebensweisheit gewisser Wanderphilosophen, sondern die edle Lehre des großen Platon, als dessen Schüler er sich fühlt und den er gegen zwanzig Mal zitiert. Würde der Gegner etwa die wundervollen Liebesgedichte Platons kennen, ganz zu schweigen von der tiefsinnigen Konzeption des platonischen Eros, hätte er ihm doch nicht seine unschuldigen Verse auf schöne Knaben als eines Philosophen unwürdig vorgehalten. Diese seien wie die Platons gerade nicht schlüpfrig, sondern »umso heiliger, je offenherziger sie sind, umso schamhafter verfasst, je schlichter sie sich aussprechen«[37] (eine feine Bemerkung).

Wie vielgestaltig ist das Verhältnis von Rhetorik und Philosophie in diesem 2. Jahrhundert! Während der Grieche Aelius Aristides mit allen Mitteln seiner advokatischen Kunst die in Platons *Gorgias* gegen die Rhetorik vorgebrachten Argumente niederringt, kann der Afrikaner Apuleius die Philosophie desselben Platon mühelos in sein rhetorisches Werk einbeziehen. Neben Auszügen aus rein sophistischen Prunkreden in den *Florida* (Blüten) stehen philosophische Werke wie ein Lehrbuch des Platonismus *De Platone et eius dogmate* (Über Platon und seine Lehre) und das in die Magie hinüberspielende Handbuch der Dämonenkunde *De deo Socratis* (Über den Gott des Sokrates), das mit einem moralischen Appell zum richtigen Leben endet. Nicht vergessen sei, dass wir diesem schöpferischen Genie die erste und durchaus solide lateinische Darstellung der formalen Logik verdanken. Solch ein Mann konnte problemlos Sophist und Platoniker in einem sein, und nicht nur die christlichen Kirchenväter waren überzeugt davon, dass er auch Zauberer gewesen sei.

## ZWEI RHETORIKER: PEDANT UND GENIE?

Ein letzter Blick sei auf die rhetorische Theorie dieses Jahrhunderts geworfen. Ihr griechischer Meister war Hermogenes von Tarsos, der größte Wirkung auf die folgenden Jahrhunderte hatte, heute aber beinahe vergessen ist. Als 15-jähriger Wunderknabe entzückte er im Jahr 161 Kaiser Marc Aurel mit seinen Schauvorträgen; dann warf er sich schon in jungen Jahren auf den rhetorischen Unterricht nebst Theorie. Dabei entstand ein Lebenswerk, das, ähnlich wie die *Institutio* Quintilians, fast den ganzen Bereich der Rhetorik abdeckte: Es beginnt mit den Progymnasmata; denen folgt ein großes Buch über die

Stasislehre, eine Neubearbeitung des Systems des Hermagoras; angeschlossen sind vier Bücher über die Erfindung *(heuresis)* und zwei Bücher über die *Ideen*, die bedeutendste Leistung des Hermogenes. Letztere sind weder im platonischen noch im aristotelischen Sinn zu verstehen, sie betreffen verschiedene Tugenden des Stils nach folgenden überraschenden Hauptkategorien: Klarheit *(saphēneia)*, Größe *(megethos)*, Schönheit *(kallos)*, Heftigkeit *(gorgotēs)*, Charakter *(ēthos)*, Wahrhaftigkeit *(alētheia)*, Gewalt *(deinotēs)*.[38] Für alle diese und ihre zahlreichen Unterarten hat Hermogenes Methoden parat, wobei er seine Beispiele fast nur von »dem Redner« Demosthenes bezieht: Es gebe nichts Vollkommenes, das jener nicht hätte.[39]

Ein Beispiel. Teil der »Größe« ist die »Würde« *(semnotēs)*. Wie man sie durch »tropischen [metaphorischen] Ausdruck« erzielt, zeigt Demosthenes in: »mit guter Hoffnung sich wappnend«.[40] »Rauer« wird er, wenn er sagt: »Die Städte krankten«, denn hier bedarf die Metapher der Erklärung. Geradezu »schroff« ist etwa sein »Kleiderdieb Griechenlands«. Ginge man weiter in dieser Richtung, würde die Rede »fett und allzu vulgär«: »Ein Beispiel bei Demosthenes kannst du dafür nicht bekommen, denn es gibt keines. Aber bei diesen gleisnerischen Sophisten wirst du massenhaft dergleichen finden. Denn sie nennen die Geier ›lebende Gräber‹« – schade, dass ihm bei diesem Seitenhieb auf einige Zeitgenossen nichts Besseres einfällt als das alte Paradebeispiel für die Frostigkeit des Gorgias (S. 63).

Hermogenes ist mit seiner Leistung zufrieden: »Keiner hat meines Wissens bis zum heutigen Tag etwas Genaues über diese Dinge dargelegt, und so viele sie angepackt haben, sie haben sich nur verworren und mit allzu wenig Selbstvertrauen geäußert.«[41] An Letzterem wenigstens mangelte es diesem Rhetoriker nicht, und wenn er heute nur eine kleine Zahl Bewunderer hat, könnte dies auch daran liegen, dass wir die Begeisterung für das treffende Wort weniger aufbringen als die Literaten jenes schönheitstrunkenen Jahrhunderts.

Das vollkommene Gegenstück zum trockenen Hermogenes ist der unter dem Namen »Longinus« verborgene namenlose Verfasser der Abhandlung *Über das Erhabene (Peri hypsus)*, den man teils etwa in diese Zeit, meist aber ein Jahrhundert früher datiert (vgl. S. 409). Seit ihn der berühmte Dichter und Dichtungstheoretiker Boileau 1674 in seiner Übersetzung *Traité sur le sublime* europaweit wieder bekannt gemacht hat, ist die Welt voller Bewunderung für dieses Genie, das zudem geradezu eine Theorie des Genialen zu bieten scheint. »Erhabenheit« (*hypsos* bzw. *hypsēlon*) – eine Kategorie, die bei Hermogenes fehlt – ist nämlich für »Longin« etwas, das die Dimensionen des nur Rhetorischen zu sprengen scheint und eben darum den größten Meisterwerken der Sprachkunst eigen ist:[42] »Denn das Erhabene [eigentlich: Übergroße] führt die Hörer nicht zur Überredung *(peithō)*, sondern zur Verzückung *(ekstasis)*. [...] Mit Entsetzensgewalt *(ekplēxis)* ist es allemal stärker als das Überzeugende und bloß Gefällige.« Die Feinheit in Erfindung *(heuresis)* und Anordnung *(taxis)* eines Werks erkenne man nur mühsam, »wenn aber das Erhabene im rechten Moment erscheint, dann zerteilt es alles wie ein Blitz und offenbart augenblicklich die gesammelte Kraft des Redners.«

Dieser letzte Satz weist vor allem auf die Theorie des Stils, der ja traditionell nach Erfindung *(inventio)* und Anordnung *(dispositio)* behandelt wird. Auf jeden Fall führt er uns zurück in den Bereich der Rhetorik, denn nun verwahrt sich »Longin« sogleich gegen eine Genieästhetik, die das Erhabene als unerlernbare Sache nur der Naturanlage ausgeben möchte: Gerade der Höchstbegabte brauche »wie den Sporn so den Zügel« der Unterweisung. So verspricht uns denn dieser Mann ein Unterrichtswerk, ein »Handbuch des Erhabenen«.[43]

Er beginnt mit den Stilfehlern, bei denen jeweils die Erhabenheit verfehlt wird: dem Geschwollenen, dem Kindischen bzw. Frostigen, dem Überpathetischen. (Die ersten beiden gehören zu den bekannten Vorwürfen gegen Gorgias, S. 63). Um sie zu meiden, bedürfe es einer klaren Erkenntnis dessen, was das Erhabene ist. Mit dessen Bestimmung tut »Longin« sich dann aber schwer; er kann eigentlich nur zwei Merkmale nennen: »Durch das wahrhaft Erhabene wird die Seele emporgehoben [...] und mit Freude und Stolz erfüllt, als hätte sie selbst erzeugt, was sie gehört hat.«[44] Und: »Die schönen, wahrhaft erhabenen Dinge gefallen immer und allen«, sie sind nicht nur ein kurzer Ohrenschmaus für wenige.[45] Mit Recht gibt »Longin« zu: »Die Sache ist schwer zu fassen.«[46]

Immerhin weiß er fünf »Quellen« des Erhabenen zu nennen. Es stamme 1. aus den großen Gedanken, 2. aus dem heftigen Affekt *(pathos)*, 3. aus den Redefiguren *(schēmata)* in Wörtern und Gedanken, 4. aus der gehobenen Ausdrucksweise *(phrasis)* in Wortwahl und Tropen, 5. aus der würdevollen Wort- und Satzfügung *(synthesis)*. Die letzten drei Kategorien entsprechen, wie man sieht, genau der Einteilung der klassischen Stillehre, wie sie etwa Quintilian unter der Rubrik *ornatus* (Redeschmuck) vorgetragen hat (S. 442): *figurae* (mit ihren Unterteilungen) und *compositio*. Sie seien, sagt »Longin«, eher erlernbar als die ersten beiden. Diese scheinen in die traditionelle Rhetorik nicht zu passen – haben sie vielleicht eine Beziehung zum Römer Cicero? Genauer gesagt: zu dessen eigenwilliger Stillehre im *Orator* (S. 379)? Der »große Stil«, in dem sich nach Cicero vor allem die Kraft des Redners zeigt, verlange die »großen Gegenstände« und das große »Pathos«. Durch ihn vor allem sei Demosthenes mit seinen zuckenden Blitzen *(fulmina)* – dasselbe Bild wie soeben bei »Longin« – so mitreißend gewesen. Dass »Longin« Cicero kannte, steht fest: In Konkurrenz mit Caecilius stellte er die Redner Demosthenes und Cicero nebeneinander und verglich dabei – »soweit ich als Grieche hier urteilen darf« – Demosthenes mit einem Blitz- und Donnerschlag, Cicero mit einem um sich greifenden Flächenbrand.[47]

Aber weder solche frappanten Urteile noch die theoretische Ausarbeitung seiner fünf »Quellen« haben diesen Rhetoriker so über alles berühmt gemacht, vielmehr eine Partie seines Werks,[48] in der er dem großen Genie das Recht auf Fehler zuerkennt. Denn das Erhabene stehe über dem bloß Korrekten, und darum sei Homer größer als Apollonios, Demosthenes größer als Hypereides (was breit ausgeführt wird). Warum? Weil der Mensch, zu Höherem geboren, eine unwiderstehliche Bewunderung für das Grandiose, das Übermenschliche habe, das uns »fast in die Nähe der Großgesinntheit Gottes rückt«.[49] Darum »bewundern wir Nil, Donau, Rhein oder noch mehr den Ozean«[50] und nicht den Bach von nebenan, der klares Wasser liefert; der feuerspeiende Ätna fasziniert uns mehr als die häusliche Lampe. Hier musste sich das 18. Jahrhundert, das die Schönheit der Alpen entdeckte, angesprochen fühlen. Und so wollte man »Longin«

gar zu gern für die Vorstellung in Anspruch nehmen, dass das große Genie sich um keine Regeln zu kümmern brauche.* Aber so weit ist »Longin« nie gegangen; dazu war er wohl zu sehr Rhetoriklehrer.

Ein besonderer Wert dieser immer fesselnden Schrift liegt in den vielen Zitaten, die der Verfasser uns aus sonst verlorenen Werken der Poesie und Prosa bewahrt und geistreich kommentiert hat. Auch für Ausgefallenes zeigt er Sinn. So kennt er, ungewöhnlich bei heidnischen Autoren, die jüdische Bibel, natürlich in der griechischen Übersetzung, der *Septuaginta*. Nach aus Homer geschöpften Beispielen für die Darstellung der göttlichen Erhabenheit zitiert er aus dem Buch *Genesis*, wobei die abgezirkelte Periode des Rhetorikers eindrucksvoll mit den lapidaren Brocken des biblischen Schöpfungsberichts kontrastiert:[51]

> So verfuhr auch der Gesetzgeber der Juden, nicht gerade irgendein
> beliebiger Mann,
> dass er, nachdem er die Gewalt des Göttlichen gebührend erfasst hatte,
> sie auch sofort am Eingang seiner Gesetze sichtbar werden ließ,
> indem er schrieb:[52]
> »Sprach Gott«. Was?
> »Es werde Licht. – Und es ward.
> Es werde Land. – Und es ward.«

Aber die Behandlung dieser wichtigen Rede gehört bereits in unser nächstes und letztes Kapitel.

---

* So schreibt der vorzügliche Kenner Ulrich von Wilamowitz-Moellendorff (*Griechisches Lesebuch*, I 2, Berlin 1902, 378): »Es ist eine Ironie der Weltgeschichte, dass der Verfechter der auf die Raison und die Regel gegründeten Poetik, Boileau, dazu berufen gewesen ist, diese Schrift zu übersetzen und dadurch seiner Zeit allgemein bekannt zu machen.« So hätten die »Befreier von der starren Regel und der flachen Raison« (gemeint die Deutschen und Schweizer des 18. Jh.) ihren »Eideshelfer« nicht erkannt. Ähnlich resümiert Albin Lesky (*Geschichte der griechischen Literatur*³ [S. 524], 928): »Für ihn ist das Erhabene nicht durch Regelwerk zu erreichen«.

## *PNEUMA* – GOTTES GEIST
## UND DIE RHETORIK

*Fiat lux*, »Es werde Licht« – diese älteste Rede der eben beginnenden Weltgeschichte war keine rhetorische im Sinn der klassischen Definition; denn der allmächtige Gott, der die Welt soeben erst *ex nihilo* geschaffen hatte, musste zur Hervorbringung des Lichts niemanden überreden. Sein Sprechakt war Wort und Tat in einem. Erst nachdem er den mit Sprache und eigenem Willen begabten Menschen erschaffen hatte, bekam er ein Gegenüber, mit dem er sich auseinandersetzen musste. Aber auch dies tat er zumeist in der Form des Gebots (zunächst: »Seid fruchtbar und mehret euch ...«), nicht durch Überredung.

### RHETORIK UND SÜNDENFALL

So stammt denn die erste persuasive Rede nicht von Gott, sondern von der Schlange, »die listiger war denn alle Tiere auf dem Felde«.\*
Gott hatte Adam und Eva verboten, vom Baum der Erkenntnis zu essen, sonst müssten sie sterben. Die Schlange versucht, sie zur Missachtung dieses Verbots zu verleiten, ohne dies direkt auszusprechen (fast schon eine figurierte Rede, vgl. S. 33). Zuerst unterstellt sie Gott die Absicht, die Menschen vom Genuss aller Früchte im Garten abhalten zu wollen. Als Eva dies treuherzig richtigstellt, behauptet die Schlange, Lüge und Wahrheit schlau vermischend: »Ihr werdet mitnichten des Todes sterben; sondern Gott weiß, dass welches Tages ihr davon esset, so werden eure Augen aufgetan, und ihr werdet sein wie Gott und

---

\* *Genesis* 3,1 ff.: Ich gebe alle Bibelzitate nach der klassischen Übersetzung von Martin Luther, meist in der älteren revidierten Fassung von 1912 (Stuttgart 1952), gelegentlich (um der Verständlichkeit willen) in der neuen Revision von 1984 (Stuttgart 1999).

wissen, was gut und böse ist.« Damit weckt sie in Eva den verbrecherischsten aller Wünsche, Gott gleich sein zu wollen – leider mit Erfolg, wie wir wissen: Eva isst von der verbotenen Frucht, verführt auch Adam dazu – und seitdem kennen wir Enkel Evas das Paradies nur noch vom Hörensagen.

Nach diesem Beispiel einer erfolgreichen Überredung im *genus deliberativum* (S. 178) gibt uns der Erzähler der Urgeschichte noch ein kleines Probestück aus dem *genus iudiciale*. Gott, zunächst in der Rolle des Ermittlers, ruft nach Adam, der sich versteckt hält, angeblich weil er nackt sei. Schon diese Entschuldigung legt nahe, dass er vom Baum der Erkenntnis gegessen hat. Als Gott, nunmehr Ankläger, dies Adam vorhält, kann dieser die Tat nicht mehr im *status coniecturalis* (S. 262) abstreiten, er versucht es vielmehr im *status qualitatis* mit einer doppelten Verteidigung: »Das Weib, das du mir zugesellt hast, gab mir von dem Baum, und ich aß.« Dass er die Schuld auf Eva abwälzt, ist eine *remotio criminis* (S. 263); dass er dabei frech genug Gott selbst als Schöpfer Evas ins Spiel bringt, ist zumindest andeutungsweise eine *relatio criminis*. Gott lässt sich davon nicht beeindrucken. Von der Anklage zum Richteramt übergehend, bestraft er beide Schuldigen durch einen Fluch: Die Arbeit des Mannes soll hinkünftig ebenso leidvoll sein wie das Kindergebären der Frau. (Berufstätige Frauen sind hier noch nicht im Blick.) Ähnlich wird später vom richtenden Gott der Brudermörder Kain verflucht, nachdem er mit patziger Lüge (diesmal im *status coniecturalis*) seine Untat zu vertuschen suchte: »Wo ist dein Bruder Abel?« – »Ich weiß nicht. Soll ich meines Bruders Hüter sein?«[1] Dreister noch als Adam.

Soll sich aus dieser Nacherzählung der berühmten Geschichte etwa ergeben, dass der biblische Erzähler die Statuslehre des Hermagoras oder etwas Ähnliches gekannt hätte? Nichts weniger als das. Die *status* des Hermagoras sind Naturformen des Argumentierens, wenn es um schuldig und unschuldig geht: Hermagoras hat sie nur systematisiert und ihnen eine nützliche Topik gegeben (S. 263), die der biblische Erzähler nicht kennt. An diesen Erzählungen ist für uns etwas anderes wichtig. Anders als im ältesten Gedicht der Griechen, der *Ilias*, wo die Macht der menschlichen Rede stets mit Bewunderung dargestellt ist, scheint in diesen frühen jüdischen Dichtungen eine Skepsis gegenüber Peitho, der

»Meisterin der Überredung« gegeben: Gott braucht sie nicht, Schlange und Adam missbrauchen sie. Immerhin das eine Wort Ciceros behält auch hier recht: dass Beredsamkeit ohne Weisheit verderblich sei (S. 297).

## MOSE, PROPHET OHNE REDEKRAFT

Für die andere Hälfte von Ciceros Satz: dass nämlich Beredsamkeit im Verein mit Weisheit größten Nutzen bringe, bietet das Alte Testament wenig Belege. Die Erzväter des alten Bundes, von Abraham bis Joseph, werden nicht eigentlich als gewaltige Redner dargestellt. Und der sonst so kluge Joseph verstummt sogar, als ihn die dreiste Frau des Potiphar wegen versuchter Vergewaltigung in frecher, aber geschickter Rede anklagt.[2] Und was hätte sich da zur Entlastung alles vorbringen lassen! Man vergleiche den Hippolytos des Euripides in der entsprechenden Situation.*

Der Erste, der von Gott in die Rolle des durch Rede wirkenden Staatsmanns gedrängt wird, Mose, mit dem ja die eigentliche Geschichte Israels beginnt, ist von Natur gerade kein Redner und möchte sich eben darum seiner Berufung zum Führer entziehen:[3]

> Mose aber sprach zu dem Herrn:
> »Ach mein Herr, ich bin je und je nicht wohl beredt gewesen,
>   auch nicht seit der Zeit, da du mit deinem Knecht geredet hast;
>   denn ich habe eine schwere Sprache und eine schwere Zunge.«
> Der Herr sprach zu ihm:
> »Wer hat dem Menschen den Mund geschaffen?
> Oder wer hat den Stummen oder Tauben oder Sehenden oder Blinden
>   gemacht?
> Habe ich's nicht getan, der Herr?
> So gehe nun hin:
> Ich will mit deinem Munde sein und dich lehren, was du sagen sollst.«

---

* Euripides, *Hippolytos* 983–1035. Von Phaidra gegenüber Theseus verleumdet, bedient er sich der damals neu aufgekommenen Argumentation mit dem *eikos* (S. 41).

Eigentlich sollte die Berufungsgeschichte hier zu Ende sein. Aber Mose traut der Verheißung nicht und versucht noch immer, sich zu drücken: »Mein Herr, sende, welchen du senden willst.« Über diesen Ungehorsam wird Gott zornig, sieht aber nun offenbar selbst ein, dass es ganz ohne menschliche Rhetorik hier nicht geht: Zum Glück gibt es ja noch Moses redegewandten Bruder Aaron. Ihm soll Mose seine Worte »in den Mund legen«, so dass Aaron für ihn zum Volk rede: »Er soll dein Mund sein, und du sollst sein Gott sein.« Eine kühne Formulierung.

So sind hier, entsprechend Ciceros Forderung, Redekunst und Weisheit vereint, aber gerade nicht in Personalunion: Der Redner dient ja dem Weisen. Der Komponist Arnold Schönberg, im amerikanischen Exil zum jüdischen Glauben seiner Jugend zurückgekehrt, hat aus dem Gegensatz der beiden Brüder die tiefsinnige Oper *Moses und Aaron* gemacht, in der Mose nur eine Sprechstimme erhält, während Aaron als Belcantotenor strahlen darf. Daraus wird bei Schönberg, deutlicher als in der Bibel, ein Gegensatz der Theologien: Der strenge Denker Mose hält an Gottes reiner Geistigkeit fest, der gefällige Redner Aaron macht dem Bedürfnis des Volks nach Greifbarem Konzessionen. Wie in der Bibel kommt es zur Katastrophe beim Tanz um das Goldene Kalb, einem heidnischen Fruchtbarkeitsgötzen,* zu dessen Verehrung sich Aaron in Abwesenheit des Bruders hinreißen lässt – statt zu führen ein Verführter! So ist Aaron, der erste quasi professionelle Redner in der Geschichte Israels, eine zwielichtige Gestalt. Auch seine Rede vermag bei weitem nicht alles: Das Größte, den Auszug aus Ägypten, erzwingt Gott selbst beim Pharao durch seine Plagen.

Und die späteren Propheten? Sie sind wie Mose Sprachrohr Gottes, die von ihm manchmal auch gegen ihren Wunsch berufen werden. Von Aarons Gefälligkeit haben sie nichts an sich; vielmehr ist es eher ihre Aufgabe, dem Volk gerade unangenehme Wahrheiten zu sagen. Bei den Griechen könnte man sie in dieser Hinsicht nur gerade mit Demosthenes vergleichen (dem aber ein spezifisch religiöses Sendungsbewusstsein fehlte).

---

* Gemeint ist ein goldener Stier. Die heutige Verwendung des »goldenen Kalbs« als Sinnbild von Mammon und Geldgier ist nicht im Blick.

Von wenigstens einem rhetorisch geschickteren Propheten kündet immerhin die ältere Geschichte:[4] Als König David sich schwer versündigt hat, indem er seinem Untergebenen Uria die Frau wegnahm und dessen Tod anzettelte, erzählt ihm, von Gott beauftragt, der Prophet Nathan die Geschichte vom reichen Mann, der aus Geiz dem armen Mann sein einziges, geliebtes Schäflein schlachtet. David braust auf vor Empörung, bekommt aber zu hören: »Du bist der Mann« – worauf er bereut. Ein seltenes Beispiel kluger, wenn auch schlichter Rhetorik. Nicht ohne Grund hat David diesen Nathan zum Lehrer des künftigen weisen Salomo gemacht.

## JESUS, EIN ANTIRHETORIKER

Nach dürrer, prophetenloser Zeit war dem Volk Israel in Johannes dem Täufer endlich wieder ein Mann erstanden, der mit göttlicher Vollmacht predigte und angesichts des nahenden Reiches Gottes zur Buße rief – darin und auch gerade in seiner Schroffheit ein echter Prophet: Wenn er die zur Taufe drängenden Hörer sogleich als »Otterngezücht« begrüßte,[5] zeigt dies, dass ihm die *captatio benevolentiae* recht egal war.

Auch Jesus, der dem Täufer und den alten Propheten offenbar nachfolgen wollte, war kein Redner im Sinn der klassischen Rhetorik; ja dieser begnadete Meister des Wortes war fast ein Antirhetoriker, der das Bemühen um wirkungsvolle Rede geradezu als ein Stück Unglauben ansah. Als er seine Jünger aussandte, um das Himmelreich zu predigen, sagte er ihnen viel Ungemach und Verfolgung voraus:[6]

> Und man wird euch vor Fürsten und Könige führen um meinetwillen,
>   zum Zeugnis über sie und über die Heiden.
> Wenn sie euch nun überantworten werden,
>   so sorget nicht, wie oder was ihr reden sollt.
> Denn es soll euch zu der Stunde gegeben werden, was ihr reden sollt.
> Denn ihr seid es nicht, die da reden,
>   sondern eures Vaters Geist *(pneuma)* ist es, der durch euch redet.

Die Erfahrung des Propheten, dass nicht er selbst, sondern Gott durch ihn spreche, wird hier zu einer Vorschrift, die jeden Rhetoriklehrer arbeitslos macht: War doch die sorgfältige Vorbereitung sonst immer Grundlage des rednerischen Erfolgs. Aber im Vertrauen auf das *pneuma*, den göttlichen Geist, sollen die Jünger Jesu davon absehen. Jesus selbst ging in seinem Rhetorikverzicht noch weiter, als er bei seinem eigenen Prozess vor dem Hohepriester und dem Statthalter Pilatus nichts zu seiner Verteidigung vorbrachte oder gar Dinge sagte, die ihn noch mehr belasten mussten. Auch in dieser Hinsicht ähnelt er Sokrates (S. 84).

Die Predigt Jesu scheint sich zum Teil an die herkömmliche Synagogenpraxis anzuschließen. Als er in Nazareth zuerst auftritt, lässt er sich beim Gottesdienst zur Prophetenlektion das Buch Jesaja reichen, liest daraus vor und deutet die Worte so eigenwillig auf sich selbst, dass man ihn schließlich voller Empörung fortjagt und töten will.[7] Dies ist das erste Beispiel dessen, was später zur Hauptform der christlichen Predigt wird: die Homilie, *homilia*, das heißt die Predigt zur Auslegung eines gegebenen biblischen Textes.* Hier hat auf jüdischer Grundlage das spätere Christentum ein neues *genus* der Rede geschaffen, das seitdem neben den klassischen Gattungen des *genus iudiciale* usw. (S. 178) stehen kann.

Etwas anderer Art ist die »Bergpredigt«, trotz Cicero und Shakespeare immer noch die berühmteste Rede aller Zeiten. Falls Jesus sie so gesprochen hat, wie sie von Matthäus überliefert wird – die heutigen Theologen halten sie ja für eine spätere Kompilation von Jesussprüchen** –, machte er darin keinen Versuch, persuasiv zu wirken, musste dies auch gar nicht, da er zu seinen gläubigen Jüngern sprach (wobei das Volk nur gerade mithören durfte). Immerhin erregt er (im Sinn des *attentum facere*, S. 25) Aufmerksamkeit, indem er mit Paradoxa

---

\* Wenn es in der *Apostelgeschichte* von Paulus auf seinen Missionsreisen häufig heißt, dass er zunächst in den Synagogen gelehrt habe (dann auch außerhalb dieser), muss an diese Form der exegetischen Predigt gedacht sein (so explizit in *Apostelgeschichte* 13,15).
\*\* Eine Gesamtdisposition ist schwer zu erkennen, nur zeichnen sich in der ersten Hälfte bestimmte Themengruppen ab: *Matthäus* 5,3–16: Seligpreisungen mit Apostrophe der Jünger; 5,17–48: Gesetz und Erfüllung (mit einer Art *propositio* in 5,17); 6,1–16:

beginnt, den sogenannten Seligpreisungen *(makarismoi)*, die jedem Normalempfinden widersprechen: »Selig sind, die da geistlich arm* sind …; Selig sind, die da Leid tragen …« usw. Unter »selig« *(makarios)* ist hier zu verstehen, was die antiken Philosophen »glücklich« (meist: *eudaimōn, beatus*) nennen und als anerkanntes Ziel des menschlichen Lebens bezeichnen. Jesus beginnt also seine Predigt wie ein philosophischer Ethiker mit einer Lehre vom Glück, nur dass er dieses nicht definiert, sondern stattdessen jene Menschen nennt, die glücklich sind, ohne es zu scheinen. Fast die gesamte Rede beruht auf solchen paradoxen Behauptungen, die kaum begründet,** sondern wie aus göttlicher Autorität dekretiert werden. So heißt es refrainartig in einer längeren Partie:[8] »Ihr habt gehört …; – Ich aber sage euch …« Nicht ohne Grund also »entsetzte sich das Volk über seine Lehre; denn er predigte gewaltig und nicht wie die Schriftgelehrten«.[9] Den großen Zulauf brachten ihm wohl auch mehr seine Wunderzeichen als solche kühnen Reden.

---

Warnung vor Heuchelei (mit Vaterunser). Natürlich könnte gerade dies Jesu Art zu sprechen gewesen sein. – Eine raffinierte Disposition (aus um das Vaterunser herumgelagerten konzentrischen Kreisen) konstruiert etwa Ulrich Luz, *Das Evangelium nach Matthäus*, 1. Teilband, Zürich u. a. 1985, 186.

\* Gemeint sein muss paradoxerweise die Armut am Geist Gottes, der den Menschen auch zum Hochmut verführen kann. Vor der Bergpredigt hatte Jesus bei seiner Berufung zum Sohn Gottes den »Geist Gottes« auf sich niedersteigen sehen (*Matthaeus* 3,16); zwei Verse später (4,1) treibt ihn der »Geist« in die Wüste, wo ihn der Teufel versucht, das heißt, dazu verleiten will, die eigene Gottessohnschaft zu testen. Gottes Geist kann also auch gefährlich sein. Im Vaterunser der Bergpredigt bittet der Christ nicht um den Geist, sondern: »Führe uns nicht in Versuchung« (6,13).

\*\* Fast überraschend ist das geradezu klassische *argumentum a minori ad maius* (*Matthäus* 7,9–11): »Welcher ist unter euch Menschen, so ihn sein Sohn bittet ums Brot, der ihm einen Stein biete? […] Wenn nun ihr, die ihr doch böse seid, dennoch euren Kindern gute Gaben geben könnt, wie viel mehr wird euer Vater im Himmel Gutes geben denen, die ihn bitten!« Man vergleiche auch das hübsche Enthymem *Matthaeus* 5,46 f.

## RHETORIK IM ZEITALTER DER APOSTEL

So war es auch nach der Hinrichtung Jesu offenbar weniger seine Lehre, die den Fortbestand, ja das Aufblühen einer christlichen Gemeinde zunächst in Jerusalem herbeiführte, als das größte seiner Wunder, die Auferstehung. Durch wiederholte Erscheinungen vor bis zu fünfhundert Personen* versuchte er offenbar dieses Unglaubliche seinen Jüngern, die nach dem Tod des Herrn zunächst wie gelähmt waren, *ad oculos* zu demonstrieren, um sie so zu seinen Zeugen zu machen, »bis an das Ende der Erde«.[10] Aber auch die durch das Pfingstwunder befeuerten elf Apostel waren noch nicht die Richtigen für eine Mission dieses Ausmaßes:** Petrus hatte alle Hände voll zu tun, um die Eintracht der Jerusalemer Gemeinde, wo »Griechen« gegen »Hebräer« standen, aufrechtzuerhalten: Er selbst konnte anscheinend kein Griechisch.[11] Die eindrucksvollste Rede aus dieser ersten Zeit des Christentums stammt daher auch nicht von ihm, der doch zum Fels der Kirche vorgesehen war, sondern von dem Nichtapostel Stephanos. Vor dem Rat des Hohenpriesters wegen Gotteslästerung angeklagt, gestaltete dieser seine Verteidigungsrede zu einer großen historischen Predigt, in der er die Geschichte Israels und seines Gottes von Abraham bis zu König Salomo aufrollte, um schließlich seine Richter als böse Erben böser Ahnen zu brüskieren:[12]

> Ihr Halsstarrigen und Unbeschnittenen an Herzen und Ohren,
> > ihr widerstrebt allezeit dem heiligen Geist,
> > > wie eure Väter also auch ihr.
> > Welchen Propheten haben eure Väter nicht verfolgt?
> > Und sie haben getötet, die da zuvor verkündigten die Zukunft
> > > > > dieses Gerechten,
> > > dessen Verräter und Mörder ihr nun geworden seid.

---

\* Eine eindrucksvolle Liste gibt Paulus im *1. Korintherbrief* 15,5–8.

\*\* Generell über die rhetorische Befähigung der Apostel sagt Justinos, *1. Apologie* 39,2: »Aus Jerusalem gingen zwölf Männer an der Zahl in die Welt hinaus, die waren Laien, nicht fähig zu reden, aber durch die Kraft Gottes verkündigten sie dem ganzen Menschengeschlecht, dass sie von Christus gesandt seien, die Lehre von Gott zu lehren.«

Dies war das Urbild einer Märtyrerrede, durch die noch Sokrates und Jesus selbst überboten wurden. Weniger rhetorisch ging es nicht, aber Stephanos war eben im Sinne Jesu »voll heiligen Geistes«.[13]

Seine Steinigung wurde zum Ausgangspunkt der Berufung dessen, der endlich das Christentum zur Weltreligion machen sollte: Paulus. Er stammte aus Tarsos, einem Zentrum hellenischer Bildung, die er neben seinem Studium der jüdischen, das heißt pharisäischen Theologie wohl gründlich in sich aufgenommen hatte. An der Hinrichtung des Stephanos war er als treibende Kraft beteiligt. Von Schlimmerem hielt ihn dann Jesus persönlich ab, indem er dieses Genie geistlicher Leidenschaft auf seine Seite brachte. Sein »Damaskuserlebnis« ist sprichwörtlich geworden:[14] Vor den Toren der Stadt umleuchtet ihn ein Licht, er stürzt vom Pferd und hört die Stimme Jesu: »Saul, Saul, was verfolgst du mich?« Und dann: »Ich bin Jesus, den du verfolgst.« Da Paulus diese Begegnung später als Beweis für die Auferstehung Christi anführt, ist klar, dass er nicht etwa nur eine Stimme vom Himmel gehört zu haben glaubte, sondern der Meinung war, Jesus sei leibhaftig bei ihm gewesen (die Vorstellung der Himmelfahrt dürfte ihm also noch unbekannt gewesen sein).

Bald darauf ist Paulus getauft und entpuppt sich rasch als der kommende christliche Redner: Schon in den Synagogen von Damaskus hält er so machtvolle Predigten, dass erbitterte Juden ihm nach dem Leben trachten. Er entkommt unter dramatischen Umständen und begibt sich nach Jerusalem, wo er bei echten Aposteln Gelegenheit hat, sich über das Leben Jesu erst einmal zu informieren. Viel darüber spricht er später nie, auch die Lehre Jesu scheint ihm wenig bedeutet zu haben. Sein Leben lang ist ihm Jesus vor allem der Christus (Gesalbte), also der Gottessohn, in dem Gott Fleisch geworden ist, um die Menschheit von der Erbsünde und durch seine Auferstehung vom Tod zu erlösen. Auch die diffizileren Feinheiten seiner oft schwer verständlichen Theologie, für die er sich eine eigene Sprache schafft, mindern nicht die Kraft seiner Verkündigung – selbst unter heidnischen Griechen. Als er zusammen mit seinem Missionskollegen Barnabas in Lystra einen Gelähmten heilt, glauben die Einwohner an eine Epiphanie ihrer leibhaftigen Götter: Sie halten Barnabas für Zeus, Paulus aber,

»dieweil er das Wort führte«,[15] für Hermes, den Gott der Rede, und sie wollen ihnen sogar ausgewachsene Stiere opfern – so dass Paulus diesmal seine Eloquenz bemüht, um die ihm zugedachte Ehrung zu verhindern.

## CLASH OF CULTURES:
## PAULUS SPRICHT IN ATHEN

Von seinen Reden, über die uns die *Apostelgeschichte* des Lukas berichtet, ist keine so berühmt geworden wie die, die er im »Intelligenzzentrum Griechenlands« gehalten hat: in Athen, auf dem Areopag. Diese Sternstunde der Begegnung von griechischer Kultur und christlicher Verkündigung zeigt uns Paulus deutlich als den Rhetorenschüler, der er in Tarsos gewesen sein dürfte. Als er von philosophisch neugierigen Athenern befragt wird, was er denn an neuer Lehre zu bieten habe, beginnt er mit einer geradezu mustergültigen *captatio benevolentiae*:[16]

> Ihr Männer von Athen, ich sehe,
>> dass ihr in allen Stücken gar sehr die Götter fürchtet.
> Ich bin umhergegangen und habe eure Heiligtümer gesehen,
>> und fand einen Altar, darauf war geschrieben:
> DEM UNBEKANNTEN GOTT.
> Nun verkündige ich euch denselben,
>> dem ihr unwissend Gottesdienst tut.*

Ähnlich wie Papst Johannes Paul II. im Einklang mit dem zweiten Vatikanum scheint auch Paulus zu meinen, dass alle Religionen »Spuren der Wahrheit« enthalten.[17] Bei ihm aber ist das größtenteils rhetorische Simulation. Er war nämlich keineswegs beeindruckt von der Frömmigkeit der Athener, sondern »sein Geist ergrimmte in ihm«,

---

* Wenn eine solche Inschrift wirklich existierte, sollte sie im Sinn des Polytheismus den Stifter des Altars dagegen absichern, irgendeinen wichtigen Gott übersehen zu haben. Paulus münzt das geschickt um im monotheistischen Sinn.

heißt es vorher, über die Masse der in Athen vorhandenen Götzenbilder. Aber anders als Stephanos suchte Paulus nicht als Bekenner die Konfrontation, sondern zunächst einmal als guter Redner die gemeinsame Basis, um seine Hörer zu gewinnen.

Der »unbekannte Gott«, den er nun also verkündet, ist der Sache nach natürlich der Gott der Juden, der die Welt geschaffen hat, als solcher nicht in Tempeln wohnt und keiner Verehrung durch Menschenhände bedarf. Doch gerade dieses Jüdische hebt Paulus nicht hervor, und zumindest für die intellektuell versierten Hörer, zu denen er ja vor allem spricht – Epikureer und Stoiker werden ausdrücklich genannt –, war seine Botschaft durchaus nicht überraschend. Besonders den Stoikern war klar, dass die kultisch verehrten Götter der Volksreligion keine wahre Existenz hatten gegenüber dem einen göttlichen *logos*, der die Welt durchdrang und lenkte und der selbstverständlich bedürfnislos war (Letzteres waren sogar die Götter der Epikureer).

Auch die folgende Botschaft, dass alle Menschen irgendwie von Gott abstammen, so dass dieser ihnen überall nahe ist, war den Gebildeten vertraut. Zu allem Überfluss zitiert Paulus, wohl in Erinnerung an seinen Grammatikunterricht, den stoisch angehauchten Dichter Arat, der gesagt hatte: »Denn wir sind ja auch seines [des Zeus] Geschlechts ...« Aus diesen Philosophemen zieht er dann jedoch nicht nur den Schluss, dass die Verehrung der Götterbilder falsch sei, er knüpft daran als Höhepunkt seiner Botschaft die Mahnung zur Buße bzw. zum Umdenken, *metanoein* (mit der einst Johannes der Täufer seine Verkündigung eröffnet hatte) und die Ankündigung eines großen Weltgerichts:

> Zwar hat Gott über die Zeit der Unwissenheit hinweggesehen;[*]
> > nun aber gebietet er allen Menschen an allen Enden, Buße zu tun,
> > darum dass er einen Tag gesetzt hat,
> > an welchem er richten will den Kreis des Erdbodens mit
> > > Gerechtigkeit

---

[*] Das heißt, er vergibt den Menschen ihre bisherige falsche Gottesverehrung (obwohl sie das Richtige hätten sehen können und müssen).

> durch einen Mann, den er dazu bestimmt hat,
> wobei er den Beweis *(pistis)*\* gab dadurch, dass er ihn von den Toten
> auferweckt hat.

Dieser Kern der Predigt war wohl recht knapp formuliert. Jedenfalls schien das Publikum hier doch etwas überrascht: Ein Teil der Hörer machte sich über diese Auferstehung eines Toten lustig, andere immerhin wollten mehr über die Sache hören. War das für Paulus, wie man schon gesagt hat, ein »Fiasko«? Eher wohl ein bescheidener Teilerfolg.

Und doch zeigt uns diese insgesamt geschickte Rede nicht den ganzen Paulus. Ihr fehlt die Leidenschaft und, mit ihr verbunden, die rhetorische Sprachgestaltung. Damit glänzt Paulus, wenn er in den Briefen an die Seinen diese auf die Wahrheit seines Evangeliums einschwört, wobei er wie einst Jesus gern in antithetischen Paradoxen spricht. Im ersten Brief an die Gemeinde des reichen Korinth scheint ihm seine ärgerliche Begegnung mit den Athener Intellektuellen noch vor Augen zu stehen:[18]

> Denn das Wort vom Kreuz ist eine Torheit denen, die verloren werden;
> uns aber, die wir selig werden, ist's eine Gotteskraft. […]
> Wo sind die Klugen? Wo sind die Schriftgelehrten? Wo sind die
> Weltweisen?
> Hat nicht Gott die Weisheit dieser Welt zur Torheit gemacht? […]
> Sintemal die Juden Zeichen fordern und die Griechen nach Weisheit
> fragen,
> wir aber predigen den gekreuzigten Christus,
> den Juden ein Ärgernis und den Griechen eine Torheit […].
> Denn die göttliche Torheit ist weiser, als die Menschen sind;
> und die göttliche Schwachheit ist stärker, als die Menschen sind.

---

\* Hier weiche ich ab von Luther und vielen Erklärern: Anders als sonst im Neuen Testament ist *pistis* hier nicht der Glaube, sondern ein Beweismittel im rhetorischen (aristotelischen) Sinn: Jesu Auferstehung beweist, dass das Weltgericht kommt und er der Richter ist.

Kaum Gorgias hätte die Antithesen schöner auszirkeln können; aber die passionierte Wucht des Paulus hatte er ja nie angestrebt. Wie hier die Weisheit der Welt, so relativiert Paulus an noch berühmterer Stelle dieses Briefs die Gabe der Rede, ja sogar der Prophetie und Zungenrede (auf die sich manche in der Korinthergemeinde etwas zugutehielten), und zwar mit Hilfe sogenannter *hyperbolai* (Übertreibungen) bzw. *adynata* (Dinge, die nicht geschehen können) und brillanter Metaphern. Nur der Anfang dieses berühmtesten aller Paulustexte sei zitiert:[19]

> Wenn ich mit Menschen- und mit Engelzungen redete,
> > und hätte der Liebe nicht,
> > > so wäre ich ein tönend Erz oder eine klingende Schelle.
> > Und wenn ich weissagen könnte und wüsste alle Geheimnisse und alle Erkenntnis
> > > und hätte allen Glauben, also dass ich Berge versetzte,
> > und hätte der Liebe nicht,
> > > so wäre ich nichts.

Man beachte, wie das Kolon der dritten Zeile mit Schellengetön breit ausklingt, wogegen das parallele Kolon der siebten Zeile zum Inhalt passend in demosthenischer Schroffheit abbricht: »... so wäre ich nichts«. Auch durch diese stilistische Kunst[*] hat Paulus etwas von der antiken Rhetorik in die christliche Predigt gebracht. Später wird ihn Augustin dem Kanzelredner als das vollkommene Muster aller drei Stilarten präsentieren (S. 503) – so wie einst Cicero den Demosthenes.

---

[*] Allein aus dieser einen kurzen Partie sind drei Wendungen im Deutschen sprichwörtlich geworden; s. Büchmann (S. 322) 91, der insgesamt 67 »geflügelte Worte« von Paulus herleitet. Das ist nicht nur der Autorität der Kirche geschuldet.

## CHRISTLICHE REDE ZUR ZEIT DER
## VERFOLGUNG: JUSTINOS

Außer den Referaten in der *Apostelgeschichte* sind uns aus der frühesten Zeit des Christentums keine Reden oder Predigten erhalten. Später jedoch ruft die seit Kaiser Traian mit einer gewissen Systematik betriebene Christenverfolgung Buchreden hervor, in denen Christen die gegen sie erhobenen Vorwürfe zurückweisen. Man nennt diese Autoren wegen der Analogie zur Gerichtsverteidigung »Apologeten«.

Zwei Dinge stehen im Vordergrund: Man hält die Christen, weil sie die üblichen Götter ablehnen, für Atheisten; und man glaubt, dass sie bei ihren geheimen Zusammenkünften Kinder töten und verspeisen sowie Blutschande treiben. (So wie man heute religiösen Sekten gern alles zutraut.) Dies und anderes galt es zu widerlegen – was mit unterschiedlichem Einsatz rhetorischer Mittel geschah. Wir betrachten kurz drei wichtige griechische Apologeten.

Justinos, genannt »der Märtyrer«, war ein Nichtjude, der in vielen Philosophenschulen ohne Befriedigung gastiert hatte, sich dann aber zum Christentum bekehrte. Auch danach trug er (wie etwa Dio Chrysostomos, S. 460) noch den Philosophenmantel – ein symbolträchtiges Novum! Der Glaube an den Auferstandenen wird bei Justinos und den Apologeten zu einer Art philosophischen Lehre, die somit nicht nur mit anderen Religionen, sondern auch mit den verschiedenen Dogmen der Philosophen konkurriert. So machen sie aus der »Torheit des Kreuzes« eine vernünftige Weltanschauung, die eigentlich jedem Menschen einleuchten müsste.

Die erste der zwei miteinander zusammenhängenden *Apologien* des Justinos (verfasst um 150) ist nicht sehr übersichtlich aufgebaut, da zahlreiche *egressiones* (Exkurse) den Gedankenfortschritt verdunkeln;[*]

---

[*] Der jüngste Herausgeber, Munier (S. 565), meint, dass beide Apologien des Justinos zusammen der Form einer klassischen Gerichtsrede entsprächen (S. 32 f., 33–38). Dies beruht aber auf deutlichen Missverständnissen der rhetorischen Terminologie. – Erkennbar ist, dass Justinos in der *1. Apologie* zunächst (1–12) jene Dinge vorbringt, die für sich allein ausreichen, um die Christen von Schuld freizusprechen (deutlich markiert durch 12,11; vergleichbar ist Cicero, *Pro Balbo*, 15, vgl. auch *Pro Cluentio*, 145); der Rest

nur gelegentlich finden sich Formen der klassischen Gerichtsrede.*
Adressaten sind vor allem Kaiser Antoninus Pius mit seinen Adoptivsöhnen Marc Aurel und Lucius Verus. Ihnen tritt Justinos nicht in der Demut des Angeklagten, sondern mit der kühnen Sprache des philosophischen Predigers gegenüber.[20]

> Dass die wirklich Frommen und Weisheitsliebenden [Philosophen]
> nur die Wahrheit ehren und lieben, gebietet die Vernunft […].
> Denn die gesunde Vernunft […] verlangt von dem, der die Wahrheit liebt,
> dass er in jeglicher Weise und unter Hintansetzung seines eigenen
> Lebens,
> es vorzieht, auch wenn ihm der Tod angedroht wird,
> das Rechte zu tun und zu sagen.

Er beginnt, als wolle er an die Frömmigkeit und Wahrheitsliebe der philosophischen Herrscher appellieren – das wäre eine naheliegende *captatio benevolentiae* –; wenn er dann aber die Wahrheitsliebe mit der Bereitschaft, für die Wahrheit zu sterben, verknüpft, wird klar, dass er an sich selbst und seinen Bekennermut denkt. (Im Jahr 165 wird er als Märtyrer sterben.) Dann aber bezieht er den Gedanken doch noch auf die Herrscher – aber nun im Sinn einer fast drohenden Mahnung:

> Dass ihr nun für fromm und weisheitsliebend,
> für Wächter der Gerechtigkeit und Liebhaber der Bildung *(paideia)*
> g e l t e t ,
> das hört ihr an allen Orten;
> ob ihr es aber auch s e i d, wird sich zeigen.
> Denn nicht um euch mit dieser Schrift zu schmeicheln oder schönzutun,
> sondern um von euch zu verlangen,

---

(13–68) soll weitere »Wahrheitsfreunde« von der Richtigkeit der christlichen Lehre überzeugen. Andere detaillierte Dispositionsversuche geben Rauschen (S. 565) u. a.

* Der klassischen Rhetorik entsprechen die *praemunitiones* (»Damit niemand einwende …«) *1. Apologie* 7,1; 30,1; 46,1; *2. Apologie* 3,1; 4,1. Auch die *narratio* der 2. Apologie wird mit einer herkömmlichen Formel eingeleitet (1,3).

> dass ihr nach genauer und vernünftiger Prüfung euer Urteil fällt, dazu sind wir zu euch gekommen ...

Sein Hauptvorwurf gegen die bisherigen Richter betrifft das Verfahren der Christenprozesse (der Vorwurf fast aller Apologeten): Man verurteile die Christen um ihres bloßen Namens willen, ohne ihre Taten geprüft zu haben.* Statt nun diesen angeblichen Widersinn der Christenverfolgung nur aufzuzeigen, führt Justinos ihn auf einen »unvernünftigen Affekt und eine Geißel der Dämonen« zurück – was sogleich Anlass gibt zu einem Exkurs über den Polytheismus: Diese Dämonen seien nämlich nichts anderes als die gefallenen Engel, von denen die Bibel[21] erzählt. Sie hätten es verstanden, die Menschen so in Furcht zu versetzen, dass diese sie für Götter hielten und unter verschiedenen Namen verehrten. Sokrates nun habe einst mit Hilfe des *logos* (der Vernunft) ihren Schwindel aufgedeckt, wie auch jetzt der in Christus verkörperte *logos* (das Wort) die Dämonen entzaubere; aber wie sie einst jenen zum Tode hätten verurteilen lassen, betrieben sie auch jetzt die Verfolgung der Christen!

So wunderlich mischen sich in diesem Kopf heidnische, meist platonische Philosophie und christliche Verkündigung. Wir referieren nicht weiter, bezweifeln aber schon hier, dass diese Rede auf die Adressaten große Wirkung gehabt haben könnte. Man stelle sich vor, was der der Vernunft *(logos)* ergebene Stoiker Marc Aurel gedacht haben muss, wenn ihm erklärt wurde, dass er nur Werkzeug vernunftwidriger Dämonen sei! – Oder war eine solche Schrift mehr für die Mitgläubigen als für die Herrscher bestimmt?

---

* In der Tat war durch eine uns im Briefwechsel des jüngeren Plinius (*Epistulae* 10,97) erhaltene Verfügung Traians festgelegt, dass das Christsein als solches zu bestrafen sei. Doch konnte der Beschuldigte, wenn er leugnete, seine »Schuldlosigkeit« durch ein Opfer vor den römischen Göttern dokumentieren. Informativ zu diesen heißdiskutierten Fragen ist besonders die gut dokumentierte (für Gymnasiallehrer bestimmte) Abhandlung von Antonie Wlosok, *Rom und die Christen*, Stuttgart 1970.

## PUBLIKUMSBESCHIMPFUNG UND REDEKUNST: TATIAN UND ATHENAGORAS

Diese Frage stellt sich in noch höherem Maße bei dem Syrer Tatian (Tatianos), Schüler des Justinos. Seine *Rede an die Griechen* ist weniger eine Apologie als eine Schmähschrift gegen die gesamte griechisch-heidnische Kultur. Eine Disposition lässt sich kaum erkennen: In einem Rundumschlag wird sozusagen alles niedergemacht, worauf sich die Griechen etwas zugutehielten. All ihre kulturellen Errungenschaften[*] hätten sie bei den »Barbaren«, zu denen sich Tatian stolz rechnet, gestohlen – und verdorben. Ihre Götter seien, wie bei Justinos, gefallene Dämonen (mit sämtlichen bekannten Scheußlichkeiten der Mythologie). Ihre Medizin tauge ebenso wenig wie ihre Philosophie. Widerwärtig seien ihre Schauspiele, nicht nur die Gladiatorenkämpfe, sondern auch die Bühnendramen mit ihrer Musik. Das Allerschrecklichste aber leisteten sich die Bildhauer, welche Tyrannen und liederliche Weiber verewigten:[22]

> Sappho war ein liebestolles, verbuhltes Frauenzimmer,
>   und sie besingt ihre eigene Unzucht.
> Bei uns aber sind alle Frauen züchtig,
>   und die Mädchen singen an ihren Spinnrocken die Lieder auf Gott,
>   mit besserem Erfolg als die Dirne bei euch.

Denn gar herrlich leuchtet vor dieser Folie des verdorbenen Heidentums die immer wieder eingeblendete wahre Lehre des Christentums, die nun völlig zur Philosophie verdampft ist: Fünfmal wird Aristoteles genannt, dreimal Platon (beide natürlich abwertend) – der Name Christi fehlt.[**] Ohne ihn rühmt Tatian die christliche Lehre von der Weltschöpfung und der Auferstehung. Seine Rede gipfelt im Lobpreis

---

[*] Dass er speziell die Rhetorik nicht mag, versteht sich nebenbei: »Ihr verkauft um Geld eure Redefreiheit und stellt oft, was jetzt gerecht ist, ein andermal als schlecht hin« (1,5).

[**] Seine Person erscheint nur andeutungsweise noch in der Form des *logos*, der nach dem Johannesevangelium im Anfang bei Gott war, und bei flüchtiger Erwähnung der Menschwerdung Gottes (21,1).

des Bibelverfassers Mose, der älter und wahrer sei als Homer und alle Dichter vor ihm.

Glücklicherweise haben sich die Ansichten dieses Überzeugungsbarbaren in der Geschichte der Christenheit nicht durchgesetzt: Nie hätte es ein humanistisches Gymnasium, sondern nur eine christlich-fundamentalistische Klippschule gegeben. Aber konnte Tatian denn damals hoffen, irgendjemanden zu überzeugen? Vielfach wird angenommen, es handle sich hier um eine tatsächlich gehaltene Rede, wobei man sich auf zwei Stellen beruft, an denen Tatian zu seinen Hörern sagt, das Lachen werde ihnen noch vergehen.[23] Aber es fällt nicht leicht, sich ein griechisches Publikum vorzustellen, das es hinnehmen würde, mitsamt seinen heiligsten Bildungsgütern in dieser Weise beschimpft zu werden. Gleich zu Beginn sagt ja Tatian von allen Griechen, sie seien »in Worten gewandt, im Denken verrückt«; später ist von der »frostigen Geschwätzigkeit der Athener« die Rede.[24] Welcher Unterschied zu der einfühlsamen Art, mit der Paulus seine Athener behandelt hat!

Gab es also keinen Apologeten, der die Kunst der Rede zweckentsprechend verwendete? Doch, einen gewissen Athenagoras. Wir kennen ihn fast nur aus einer »Gesandtenrede« *(presbeia)* bzw. Bittschrift, die er an Kaiser Marc Aurel und dessen Sohn Commodus wahrscheinlich 177 gerichtet hat. Er baut seine Verteidigung der Christen mit aller für einen Untertan zweckmäßigen Höflichkeit darauf auf, dass beide Herrscher »Philosophenkönige« seien[25] – was zumindest bezüglich Marc Aurels richtig war – und dass sie »an Einsicht und Frömmigkeit gegenüber dem wahrhaft Göttlichen alle überragen«[26] – so dass sie sich, hofft er, der Schlüssigkeit der Argumentation nicht entziehen könnten.

Hier wird ihnen denn auch einiges abverlangt. Die Wahrheit des Monotheismus etwa demonstriert Athenagoras nicht nur wie üblich aus der Harmonie der Welt, aus verstreuten Äußerungen griechischer Dichter und Denker sowie dem Zeugnis der biblischen Propheten, sondern vor allem mit einem höchst scharfsinnigen, ausführlichen Beweis, in dem gezeigt wird, dass es unmöglich sei, sich mehrere Götter im Raume zu denken (man spricht heute vom »topologischen Gottesbeweis«).

Der Sorgfalt der Argumentation entsprechen die gewählte Sprache und die Übersichtlichkeit der Disposition, deren Hauptpunkte gleich zu Beginn in einer *partitio* angekündigt werden. Immer wieder werden gegnerische Einwände in *praemunitiones* (Vorwegnahmen) entschärft oder in *concessiones* (hypothetischen Zugeständnissen) relativiert; wo Athenagoras Anstößiges bringt, bedient er sich des Topos der *parrēsia* (also der Bitte, Freimut zu gestatten). Nur einmal biedert sich dieser christliche Diplomat gar zu sehr an, wenn er »die von oben empfangene Herrschaft« von Marc Aurel und Commodus mit der Allmacht von Gott Vater und Sohn vergleicht. Schön dagegen ist der abschließende, (in Art Ciceros) hochreligiöse Epilog, in dem Athenagoras schon die künftige Versöhnung von Thron und Altar, Staat und Kirche herbeizubeten scheint:[27]

> Ihr aber [...] neigt mir,
>     nachdem ich alle Beschuldigungen widerlegt habe [...],
> gnädig euer kaiserliches Haupt.
> Denn welche Menschen verdienten es mehr, die Erhörung ihrer
>     Bitten zu erlangen,
> als diejenigen, die für eure Herrschaft beten:
>     dass der Sohn vom Vater nach Fug und Recht das Regiment erhalte
> und euer Reich wachse und gedeihe und alles ihm untertan werde?

Dies war der würdige Abschluss eines ersten Musters echter christlicher Rhetorik.\*

## NEUES AUS AFRIKA: TERTULLIAN

Zu den Apologeten gehört auch der erste christliche Schriftsteller, den der lateinische Westen hervorbrachte: Tertullian (Quintus Septimius Florens Tertullianus) – ein Mann freilich von einem Temperament, demgegenüber alle seine griechischen Vorgänger dünnblütig schei-

---

\* Diese wurde umso notwendiger, als zur Zeit der Schrift des Athenagoras auch schon das erste christenfeindliche Werk eines Philosophen erschien: die »Wahre Rede« *(Alē thēs logos)* des Celsus. Immerhin wurden die Christen inzwischen nicht nur von ihren Henkern ernst genommen.

nen. Wie Fronto und Apuleius – später Cyprian, Laktanz und Augustinus – stammte er aus Afrika, der neuen Heimat klassischer Bildung und nun auch christlicher Sprachkultur. Dass er Rhetorik studiert hat, ist evident; wegen seiner rhetorischen und juristischen Gewandtheit nimmt man meist an, dass er auch als Anwalt tätig gewesen sei – jedenfalls bis er sich zum Christentum bekannte. Sein *Apologeticum*, auf 197 datierbar, wendet sich nicht wie bisher üblich an den Kaiser, sondern an alle unmittelbar mit der Christenverfolgung befassten Statthalter des Reichs: also eine in fiktiver Situation gehaltene, damit offen als solche deklarierte Buchrede – die aber an Lebhaftigkeit keiner ciceronischen Rede nachsteht.

Die Disposition des Hauptteils ist klar markiert: Tertullian bestreitet zunächst die heimlichen Gräuel, die den Christen nachgesagt werden, dann ihre öffentlichen Vergehen, nämlich mangelnde Götterverehrung und Verweigerung des Kaiserkults (was Gelegenheit zu einer ausführlichen Darstellung der christlichen Theologie gibt). Vorausgeschickt ist das Standardargument der Apologeten, wonach nicht der Christenname, sondern nur Taten bestraft werden dürften. Tertullian führt es jedoch aus mit besonderer Brillanz und Freude am Scharfsinn: »Warum will man bei anderen Verbrechern sogar mit Foltern ein Geständnis erreichen, bei den Christen ein Leugnen?« Der Gedanke lässt sich unter anderem in Form einer dramatischen Szene *(sermocinatio)* variieren. Es agieren: ein verhörter Christ, ein verhörender Statthalter, Tertullian als Kommentator:[28]

»Ich bin ein Christ.«
Er sagt die Wahrheit; du [der Richter] willst hören, was nicht wahr ist.
Ihr, die ihr die Aufgabe habt, durch Foltern die Wahrheit zu ermitteln,
    gebt nur bei uns euch Mühe, die Unwahrheit zu hören.
»Ich bin das«, sagt er, »wovon du fragst, ob ich es sei.
    Warum folterst du mich widersinnig?
    Ich gestehe, und doch folterst du – was tätest du, wenn ich leugnete?«[*]

---

[*] Im Gegensatz zu Tertullian, der die Szene kommentiert, durchschaut der verhörte, ganz naive Christ offenbar noch nicht, dass man ihn zum Leugnen bringen will.

> Ja, wenn andere leugnen, schenkt ihr ihnen nicht leicht Glauben,
>> uns, wenn wir leugnen, glaubt ihr sofort.

Noch weniger als ein Justinos versucht Tertullian im Prooemium, das Wohlwollen der Richter zu gewinnen – insofern ist er bei aller Gerissenheit der Argumentation ganz unrhetorisch. Dafür weiß er mit dem, was er sagt, zumindest Aufmerksamkeit zu erregen: Die Wahrheit selbst, sagt er zu Beginn, die bisher stets unterdrückte Wahrheit erhebe durch ihn ihre Stimme. Und um seiner Wahrheit willen schreckt er in drastischer Argumentation vor keiner Schrecklichkeit zurück. Die Christen sollen angeblich Kinder schlachten und verzehren – wie könne man so etwas glauben? Tertullian unternimmt ein Gedankenexperiment, um zu zeigen, dass überhaupt kein Mensch zu so etwas in der Lage sei:[29]

> Bitte, nehmen wir an, es wäre für solche Untaten eine hohe Belohnung
>> ausgesetzt!
> Nehmen wir an, es wäre dem Täter dafür sogar das ewige Leben
>> versprochen!
> Glaubt das zunächst einmal!
> Darauf will ich nämlich hinaus mit meiner Frage:
>> ob denn dir, wenn du das glaubst, so viel am ewigen Leben läge,
>> dass du dorthin mit dem schlechten Gewissen über diese Tat
>>> kommen wolltest?

Und dann sarkastisch mit der Figur der *evidentia* (Veranschaulichung, griech. *enargeia*), durch die ein (hier fiktives) Geschehen wie real vor Augen gestellt wird:

> Komm, stoße doch dein Messer hinein in ein Kind, das niemandes
>> Feind ist,
>> das niemandem etwas zuleide getan hat, das aller Sohn ist!
> Oder, falls ein anderer diese Aufgabe hat,
>> dann stehe du dabei, während ein Mensch stirbt, noch bevor er
>>> gelebt hat,

> warte darauf, dass seine junge Seele entflieht,
> fang auf sein rohes Blut,
> sättige damit dein Brot,
> genieß es gern!

Man beachte, wie hier die letzten 5 Kola zur Steigerung der Scheußlichkeit immer kürzer werden (im Lateinischen von 16 auf 6 Silben). Selbst in Ciceros pathetischsten Partien ist diese Redefigur nicht so drastisch für einen Horroreffekt verwendet worden. Sonderbar bleibt dabei, wieso sich der um Publikumswirksamkeit bemühte Tertullian einer so schwierigen, gesuchten Sprache bedient. Schon im Altertum hatte man Mühe, ihn zu verstehen[30] – aber dieser fesselnde Autor lohnt die Anstrengung, die man auf ihn verwendet.

## CHRISTLICHE RHETORIK
## IM CHRISTLICHEN IMPERIUM

Zur Zeit Tertullians standen die schlimmsten Zeiten der Christenverfolgung noch bevor: Die Stimme des im Jahr 258 enthaupteten Bischofs und Märtyrers Cyprian, der ein bewunderter Prediger und Stilist war – den rhetorischen Sprachkünsten ebenso abschwörend wie zugeneigt[*] –, ist die letzte, die wir im chaotischen 3. Jahrhundert vernehmen. Dann kam mit Kaiser Konstantin und seinem Toleranzedikt 313 die große, für die Geschichte des Christentums entscheidende Wende: Das römische Reich konnte christlich werden. Der Christ Laktanz (Lucius Caecilius Firmianus Lactantius), Rhetoriklehrer in Nikomedien, wurde als Prinzenerzieher in die gallische Residenzstadt

---

[*] *Ad Donatum* 2: »Vor Gericht, vor dem Volk auf der Rednertribüne, da brüste sich eine üppige Beredsamkeit in zungenfertigem Ehrgeiz. Ist aber die Rede vom Herrn und Gott, stützt sich eine reine Aufrichtigkeit der Rede zum Beweis des Glaubens nicht auf die Kräfte der Redekunst, sondern auf die Wahrheit.« Dieser hochstilisierte Text mit seinen rhythmischen Klauseln widerlegt sich fast selbst. Augustin hat eine Äußerung des jüngeren Cyprian als Beispiel für übermäßig gefällige Stilisierung getadelt, notiert aber, dass Cyprian später davon abgekommen sei (*De doctrina Christiana* 4, 31).

Trier geholt und durfte die größte Gesamtdarstellung der christlichen Lehre, *Divinae institutiones*, schreiben: ein Werk, das ihm wegen seiner wundervollen Klarheit und Eleganz der Sprache zu Recht den Ehrentitel des *Cicero Christianus* eingebracht hat: Vielleicht hat bis Melanchthon kein Theologe mehr so schönes Latein geschrieben. Jedenfalls konnte Laktanz vollenden, was die Apologeten begonnen hatten: das Christentum als die wahre Philosophie darzustellen. Der von ihm selbst professionell gelehrten Rhetorik, deren wohl auch sein Eleve, der »Caesar« Crispus, bedurfte, scheint er mit Distanz gegenüberzustehen: Gott habe gewollt, dass die »Wahrheit einfach und nackt« überzeuge.[31] »Die Beredsamkeit dient der Welt *(saeculum)*, sie will sich vor dem Volk brüsten und buhlt in schlimmen Sachen um Beifall«[32] – die alten Vorwürfe gegen die Sophisten. An anderer Stelle aber besinnt er sich eines Besseren:

> Dennoch hat uns viel jene Übung an fiktiven Gerichtsfällen[*] genutzt,
> so dass wir jetzt mit größerer Fülle und Beredsamkeit für die Sache
> der Wahrheit plädieren.
> Diese mag zwar auch ohne Redekunst verteidigt werden können –
> und so haben das ja auch viele oft gemacht –,
> dennoch muss man sie mit Klarheit und Glanz der Sprache ins
> Licht setzen
> und sie gewissermaßen verteidigen,
> damit sie umso machtvoller in die Herzen fließe,
> sowohl dank der eigenen Kraft als auch durch den Zauber der Rede.

Hier ist nun also die alte »Meisterin der Überredung« endlich getauft worden. Nie zuvor, wenn ich richtig sehe, hat sich der christliche Glaube so explizit mit der doch von den Heiden stammenden Redekunst verbündet: die Stiftungsurkunde einer christlichen Rhetorik.

Schon im 4. Jahrhundert hatte diese Rhetorik, die ihre klassische Schulung nicht verleugnete, ihre großen Vertreter in der Praxis der

---

[*] Gemeint sind natürlich die den Rhetorikunterricht dominierenden *controversiae* (S. 248 f.).

Predigt. Voran stehen im Osten die drei »Kappadokier«. Da ist zum einen Basileios von Caesarea (gest. um 378), genannt »der Große«, der mit seiner Schrift *Wie die Jugend aus der griechischen Literatur Nutzen ziehen kann* Teile des traditionellen heidnischen Schulsacks für den christlichen Moralunterricht rettete – mit großer Wirkung auch auf den Literaturunterricht der Neuzeit. Sein Meisterstück, die Predigten über Gottes »Sechstagewerk«, *Hexaēmeron*, inspirierte mit seiner Liebe zur Schönheit der Natur den damals größten Prediger des Westens, Bischof Ambrosius, sogleich zu einer kongenialen lateinischen Bearbeitung. Neben Basileios steht sein Freund Gregor von Nazianz (gest. um 390), den man wegen seiner Redegewalt später auch den »christlichen Demosthenes« nannte: Die Freude an der eigenen Predigtkunst riss ihn einmal so hin, dass er seine Zuhörer zum Applaus aufforderte (der auch sonst bei christlichen Predigten nicht selten war). Von ihm zu unterscheiden ist als Dritter Gregor von Nyssa, ein jüngerer Bruder des Basileios und wie dieser ursprünglich Redelehrer; seine sprachlich schwierigen Predigten sind heute allerdings weniger beliebt.

Als Krönung christlicher Rhetorik gilt wohl mit Recht und vielleicht nicht nur für das Altertum, Johannes Chrysostomos (gest. 407), der seinen Zunamen »Goldmund« nicht weniger als sein Namensvetter Dion (S. 459) verdiente, obwohl er von den Philologen seit langem schmählich vernachlässigt wird. Er war Schüler des berühmten – dezidiert heidnischen – Rhetors Libanios, wirkte als Prediger vor allem in Antiochien und wurde schließlich ein politisch aktiver, freilich umstrittener Bischof von Konstantinopel. Mehr als 700 Predigten sind von ihm erhalten – und seine Schriften insgesamt könne überhaupt nur Gott zählen, sagte ein Bewunderer. Hören wir hier den Beginn seiner Predigtserie über das Matthäusevangelium, wo er den alten Prooemientopos »Das Beste wäre es ja, wenn …, nun aber leider …« (S. 80) schön ins Christliche transformiert – indem er das wahre *pneuma* sogar gegen die Heilige Schrift, die er doch zu erklären hat, ausspielt:[33]

> Eigentlich sollten wir ja gar nicht der Hilfe aus Schriften bedürfen,
> sondern unser Leben so rein gestalten,
> dass unseren Seelen die Gnade des Geistes anstelle von Büchern
> zuteil würde,
> damit wie diese mit Tinte, so unsere Herzen mit dem Geist
> beschrieben wären.
> Da wir nun aber diese Gnade verwirkt haben,
> ach so lasst uns doch gern wenigstens diesen zweiten Weg
> einschlagen!
> Denn dass an sich jener erste besser gewesen wäre,
> das hat Gott durch Worte wie durch Taten gezeigt.

Und Chrysostomos demonstriert dies nicht nur an Noah, Abraham, Hiob und Moses, zu denen Gott ja ohne Vermittlung der Schrift sprach, sondern auch noch an Paulus, der sein Gesetz empfing »nicht auf Steintafeln, sondern auf den Fleischtafeln des Herzens«.[34] Jedoch will der Prediger nicht auf die Herabsetzung des Schriftlichen hinaus, sondern auf ein gerade gegenteiliges *argumentum a minori*, mit dem er seine Hörer eindringlich zur Aufmerksamkeit auf die Bibel nötigt: Wenn es denn schon sündhaft sei, überhaupt der Schrift zu bedürfen, um wie viel schlimmer dann, sie nicht einmal zu achten! Also: Was die Schrift abwertet, wertet sie auf.

Wie zauberhaft seine in schönstem Attisch stilisierte Rede auf die Menschen wirkte, entnehmen wir beiläufig seiner Klage, dass die Menschen zur Predigt wie zu einem Schauspiel oder Konzert kämen, wobei diverse Prediger sogar je eigene Fanclubs hätten. Da sei es die große Aufgabe, zwei Tugenden zugleich zu zeigen: völlige Uneitelkeit, um nicht vom Beifall korrumpiert zu werden, und Redegewalt, um mit »Anmut und Salz« das Publikum fesseln und so auch belehren zu können. (Dementsprechend verbat er sich im Gegensatz zu anderen den Applaus in seinen Predigten.) Das und einiges mehr war ein erster Ansatz zu einer expliziten christlichen Redetheorie.[35]

## AUGUSTIN, DER REDELEHRER DES CHRISTLICHEN ABENDLANDES

Doch nicht Chrysostomos, sondern ein Mann aus dem lateinischen Afrika wurde der maßgebliche christliche Rhetoriker: Augustin (Aurelius Augustinus), der größte Theologe des Westens. Erst als Presbyter, dann als Bischof im afrikanischen Hippo Regius wurde er ein gewaltiger Prediger – und er war gut darauf vorbereitet, denn zuvor hatte er wie viele Kirchenmänner lange als Rhetoriklehrer sein Brot verdient. Gegen Ende seines literarisch so fruchtbaren Lebens (354–430) krönte er seine rhetorische Tätigkeit mit der Vollendung einer in früheren Jahren begonnenen Schrift *De doctrina Christiana* (Über die christliche Lehre), die nichts anderes ist als eine christliche Predigtlehre, wie es sie zuvor nicht gegeben hatte.

Im Aufbau des Werks sieht man das Handbuchschema der klassischen Rhetorik noch durchschimmern: Die Bücher 1 bis 3 gelten, der *inventio* entsprechend, dem Was der Predigt (also dem Verständnis des Bibeltextes), Buch 4 dem Wie der Predigt – worunter Augustin ausschließlich den Sprachstil, die *elocutio*, versteht.* Vor allem in diesem vierten Buch findet die für alle Zeiten fast verbindliche Auseinandersetzung zwischen klassischer Überredung und christlicher Verkündigung statt.

Fundament der »Rhetorik« Augustins, die keine sein will – denn die üblichen Vorschriften, *praecepta rhetorica*, übergeht er in der Hoffnung, dass man sie schon kenne –, ist ausdrücklich das Lebensbekenntnis des jungen Cicero (S. 297): Wichtiger noch als die Redekunst, *eloquentia*, ist Weisheit, *sapientia* – nur dass diese, was Cicero natürlich nicht ahnen konnte, in der Kenntnis der Heiligen Schrift bestehe. Aber diese, heißt es weiter, biete ihre Weisheit auch in sprachlich kunstvoller Gestalt. Dies zeigt Augustin vorläufig an rhetorischen Figuren beim Apostel Paulus und an der Diktion des Propheten Amos. So ist die Bibel auch schon für das Wie der Rede ein Vorbild – mit

---

* Die *dispositio* wird also nicht für sich, sondern nur in gelegentlichen Einzelbemerkungen behandelt.

einer wichtigen Ausnahme: Die Dunkelheit *(obscuritas)* der Bibel, die ja oft allegorisch gedeutet werden muss, dürfe vom Prediger nicht nachgeahmt werden.

Augustin legt seinen weiteren ausführlichen Darlegungen nicht die klassische Einteilung in Figurenlehre und *compositio verborum* (besonders Periodenbau) zugrunde, sondern hält sich an die eigenwillige Stillehre, die sein verehrter Cicero, »der Urheber römischer Redekunst«,[36] im *Orator* gegeben hat (S. 379): Der Redner, hieß es dort, müsse allen drei Stilarten, dem kleinen, mittleren und großen, gerecht werden, denn sie entsprächen den drei (im Kern aristotelischen) Aufgaben des Redners: belehren *(docere)*, erfreuen *(delectare)*, erschüttern *(movere)*. Das übernimmt Augustin ohne Abstriche. Nicht nur belehren solle der Prediger, damit man ihn mit Verständnis *(intellegenter)* hört; er müsse auch erfreuen, damit man ihm gerne *(libenter)* zuhört – Kampf dem Predigtschlaf! Zugleich müsse er erschüttern, damit man seine Worte folgsam *(oboedienter)* vernimmt und damit so die zur Predigt gehörende moralische Mahnung nicht nur akzeptiert, sondern auch in die Tat umgesetzt wird.

Also reiner Cicero? In einem Punkt weicht Augustin von seinem Meister ab: Der kleine und der mittlere Stil dürfen nicht, wie Cicero wollte, kleinen und mittelgroßen Gegenständen zugeordnet werden. Der christliche Prediger spricht ja grundsätzlich nur über große Themen, geht es ihm doch um das Seelenheil seiner Hörer! Die Wahl der Stilebene richtet sich also nur nach der jeweiligen Aufgabe des Redners.

Wie einst Cicero Beispiele von Reden des Demosthenes und sich selbst anführte, um die verschiedenen Stilarten und deren Mischung zu demonstrieren, gibt nun Augustin – teils noch ausführlicher – Stilbeispiele, die er analysiert: zunächst aus den Briefen des Apostels Paulus (deren rhetorische Stilisierung schön erfasst ist), dann von den Kirchenvätern Cyprian und Ambrosius. Hier ist der einstige Rhetoriklehrer in seinem Element. Wir glauben einer seiner früheren Schulstunden beizuwohnen, wenn er eine Partie aus dem Römerbrief im Hinblick auf die *compositio verborum* analysiert:[37]

Und wie schön wird dies alles, das sich so ergossen hat,
> durch eine Periode aus zwei Gliedern abgeschlossen:[38]

*Trachtet nicht nach Hohem,*
> *sondern haltet euch zu dem Niedrigen.*[*]

Und etwas später:[39]

*So gebet nun jedermann, was ihr schuldig seid,*
> *Steuer, dem die Steuer gebührt,*
> *Zoll, dem der Zoll gebührt,*
> *Furcht, dem die Furcht gebührt,*
> *Ehre, dem die Ehre gebührt.*

Das strömt hin, Glied um Glied, und wird durch eine Periode
> abgeschlossen,
> die aus zwei Gliedern besteht:

*Seid niemand nichts schuldig,*
> *als dass ihr euch untereinander liebet.*

Augustin übernimmt sich allerdings, wenn er an dieser Stelle auch noch über den Prosarhythmus bei Paulus urteilen will – denn leider hat er weder als Rhetoriklehrer noch als Bischof die Zeit gefunden, anständig Griechisch zu lernen. Aber von sich selbst sagt er zutreffend: »So weit es in Maßen möglich ist, beachte ich die Klauselrhythmen.«[40] Er war doch ein echter Rhetoriker.

Hat Augustin, haben die anderen großen Prediger des christlichen Zeitalters den Auftrag Jesu vergessen, dem göttlichen *pneuma* und nicht ihrem rhetorischen Können zu vertrauen? Augustin gewiss nicht: Auch der gründlichst präparierte Redner, sagt er, werde das richtige Wort im richtigen Moment nicht finden, wenn es ihm nicht der eingebe, »der aller Herzen sieht«, vor allem wohl die Herzen seiner jeweiligen Hörer. Darum müsse er »ein Beter (*orator!*) sein, bevor er ein Redner *(dictor)* wird«:[41] Im sichtbaren stummen Gebet des Geistlichen vor der Predigt, das für evangelische Pastoren früher eine Selbstverständlichkeit war, bleibt etwas von jener alten Forderung Jesu

---

* Luthers Übersetzung musste aus stilistischen Gründen hier etwas abgeändert werden.

erhalten. Im Übrigen aber, meint Augustin, sei eine gute Vorbereitung durchaus notwendig und erlaubt.* Schließlich bitten wir Gott ja um vieles, obgleich wir wissen: »Euer Vater weiß, was ihr bedürfet, ehe denn ihr ihn bittet.«[42]

Augustins Mahnung, rhetorische Gewissenhaftigkeit mit christlichem Gottvertrauen zu vereinen, symbolisiert die in vier Jahrhunderten allmählich vollzogene Verschmelzung der griechisch-römischen Kultur, in der das Wort des Menschen als das eigentliche Humanum im Mittelpunkt stand, mit der jüdisch-christlichen, in der Geist und Wort Gottes A und O bedeuteten. Weder hat die antike Rhetorik die christliche Botschaft vergiftet – da lese man die Predigten der Väter –, noch hat das Christentum das Wesen der Rhetorik verändern müssen: Auch Augustin hält daran fest, dass die Predigt die *persuasio* zur Aufgabe hat, und auch er, wohlgemerkt, unterscheidet dabei nicht zwischen Überreden und Überzeugen. So konnte die Rhetorik im Bildungsgebäude auch der christlichen Welt eine starke Säule bleiben.

---

* Gern referiere ich eine in evangelischen Pfarrhäusern kolportierte Anekdote: Ein junger Pfarrer, dessen Predigt der zuständige Oberkirchenrat zwecks Beurteilung visitierte, wurde nach dem Gottesdienst befragt, wie er denn seine Predigten vorzubereiten pflege. Sehr einfach: Den ersten Teil arbeite er wörtlich aus, den zweiten halte er nach Stichworten und im dritten lasse er ohne Vorbereitung den Heiligen Geist sprechen. Der Oberkirchenrat beglückwünschte ihn: »Sie waren besser als der Heilige Geist.«

## *EPILOGOS* – RHETORISCHE BILDUNG, EINST UND HEUTE

In den fast 1200 Jahren, die wir bei unserem Gang durch die alte Welt durchschritten haben, vom Dichtervater Homer bis zum Kirchenvater Augustin, ist bei allem Wechsel in Staatsform, Gesellschaft, Religion und Sitte eines fast kontinuierlich erhalten geblieben: die Rhetorik in der Jugendbildung.

### DIE RHETORISCHE PÄDAGOGIK DER GRIECHEN

Es begann mit Homers Achill, der von seinem Lehrer dazu erzogen wurde, nicht nur »Täter von Taten«, sondern auch »Redner von Worten« zu sein. Eine systematische Schulung im Reden scheint jedoch erst erfolgt zu sein, nachdem die sizilianischen Väter der Rhetorik gewisse theoretische Grundbegriffe ihrer Kunst, die sich dann auch in Handbüchern niederschlugen, entwickelt hatten: Vor allem lehrten sie ihre Adepten, mit Wahrscheinlichkeiten zu argumentieren und eine Rede zweckmäßig aufzubauen. Die exorbitanten Honorare, die der Sizilianer Gorgias für seine Rhetorikkurse verlangte, sind ein sichtbares Zeichen für die Wertschätzung, welche die Redekunst insbesondere im demokratischen Athen genoss – auch wenn der Meister offenbar mehr auswendig lernen ließ, als dass er sein Fach systematisch durchdrang. Nach und neben ihm wirkten die aus allen Teilen Griechenlands stammenden vielbewunderten Sophisten wie Protagoras, Prodikos und Hippias, die der athenischen Jugend je nach den eigenen individuellen Fähigkeiten ein breites Bildungsangebot machten, dabei aber stets die allseits begehrte Rhetorik in den Mittelpunkt stellten. Sogar Sokrates, Vater der Moralphilosophie, galt manchen als Sophist und Rhetoriklehrer – weil er ja junge Leute um sich scharte.

Aus der Schule der Sophisten gingen dann die ersten einheimischen attischen Redner hervor, die zum Teil auch selbst als Redelehrer tätig waren (etwa Antiphon, Lysias, Isaios): Die *Tetralogien* des Antiphon, in denen an drei Rechtsfällen fast alle Möglichkeiten des forensischen Argumentierens durchexerziert werden, geben uns einen Eindruck davon, wie ein anspruchsvoller Unterricht damals ausgesehen haben dürfte. Ihren Höhepunkt hatte diese sophistische Bewegung in der Schule des Isokrates, der sein Bildungsprogramm zwar stolz *philosophia* nannte, aber – nach allem, was uns bekannt ist – im Wesentlichen ein gegenüber den älteren Lehrern verfeinertes rhetorisches Übungsprogramm anbot, bei dem es ohne viel Theorie vor allem darauf ankam, erlernte Formen und Gedanken an konkrete Fälle anzupassen.

Platon, als seiner Einschätzung nach wahrer *philosophos*, stellte dieser Redeschule seine auf Mathematik und logischem Training basierende *Akademie* gegenüber. Trotz dieser geistesmächtigen Konkurrenz war aber Isokrates' Erfolg gewaltig: Platons wichtigster Schüler, Aristoteles, musste sich dazu verstehen, die Rhetorik nicht nur in Vorlesungen zu behandeln (die bis heute Grundlage wissenschaftlicher Redekunst sind), sondern auch praktische Übungen zumindest in der Kunst des Argumentierens nach beiden Richtungen *(disserere in utramque partem)* zu veranstalten. Die asketischen Redeübungen des jungen, mit Kieseln im Mund deklamierenden Demosthenes sind wie ein Symbol für die überragende Bedeutung, welche die Griechen damals und später der rhetorischen Schulung beimaßen.

Auch als in der Zeit des Hellenismus die Rhetorik in Athen und anderswo an politischer Bedeutung verlor, florierte weiterhin, und dies weltweit, der rhetorische Unterricht, der im System des Hermagoras von Temnos mit seiner Statuslehre einen didaktischen Höhepunkt erreichte. Damals bildete sich die für das gesamte folgende Altertum konstitutive Dreiphasigkeit der Jugenderziehung heraus: Das Kind lernte zuerst Lesen und Schreiben beim *grammatistēs*; es las dann, vor allem die Dichter, beim *grammatikos*, und krönte schließlich seine Studien beim *rhētōr*, wo es von den Vorübungen der *progymnasmata* zu den auf fiktiven Themen beruhenden Deklamationen aufstieg. Fachstudien spielten dabei eine recht geringe Rolle; auch die Philosophie begleitete nur nach persönlichem Interesse des Einzelnen dieses ganz auf sprachlich-rhetorischer Bildung beruhende Programm. So blieb es im westlichen Europa bis mindestens 500 n. Chr., im Ostreich noch länger.

## WAS DIE RÖMISCHE JUGEND VON DEN GRIECHEN LERNTE

Auch die Römer begannen vom 2. Jahrhundert v. Chr. an, dieses System der Erziehung zusammen mit der griechischen Rhetorik zu übernehmen. Und so wichtig war ihnen die rhetorische Bildung, dass sie zu ihrem Erwerb den Umweg über die fremde Sprache nicht scheuten: Bei griechischen Privatlehrern lernten die, die es sich leisten konnten, die Redetheorie; sie deklamierten sogar griechisch in der Hoffnung, das Erlernte in der eigenen Sprache reproduzieren zu können. Erst gegen Ende der 80er Jahre v. Chr. stellte der junge Cicero das größte Teilgebiet der Rhetorik, die *inventio*, in seiner lateinischen Muttersprache dar; Ende der 50er Jahre hören wir, nachdem ein früherer Versuch des Plotius Gallus ohne Wirkung geblieben war, von schulmäßig betriebenen lateinischen Deklamationsübungen.

Cicero bekämpfte zwar den nur rhetorisch gebildeten »Fachidioten« in seiner Schrift *De oratore*, wo er vom Redner zusätzliche Bildung in Geschichte und Recht, vor allem aber in Philosophie verlangt. Er scheint damit jedoch keine Revolution des Erziehungswesens erreicht zu haben, und an der Vorrangstellung des Rhetorischen wird gerade in dieser Schrift nicht gezweifelt. Im Übrigen erteilte Cicero selbst keinen formellen rhetorischen Unterricht, was auch nicht ganz standesgemäß gewesen wäre, übte sich aber gern zusammen mit Freunden im Deklamieren. Und auch diejenigen Schriften, in denen er die rhetorische Theorie schöpferisch bereicherte, waren vor allem für die lernende Jugend bestimmt – wie auch seine schriftlich herausgegebenen Reden (die man heute fälschlich für politische Denkschriften hält).

Wie einst der Niedergang des freien Athen, so tat auch Roms Übergang zur Monarchie der rhetorischen Bildung keinen Abbruch. Die Rhetoriklehrer gewannen damals sogar an Bedeutung, indem ihre Vorträge nun anfingen, auch der gesellschaftlichen Unterhaltung zu dienen. Neben diesem heute gern belächelten rhetorischen Showbusiness ging der normale, praxisbezogene Unterricht, privat oder schulmäßig, weiter, und selbst die Mächtigsten konnten sich ihm nicht entziehen: Wir kennen die Rhetoriklehrer der Kaiser Augustus und Tiberius; Seneca wurde vor allem als Rhetoriker zum Prinzenerzieher beim jungen Nero bestellt (wie einst Aristoteles bei Alexander, bevor dieser »der Große« wurde); Marc Aurel hatte nicht nur Philosophen als Lehrer, sondern auch die berühmtesten Redner der Zeit, den Römer Fronto und den Griechen Herodes Atticus. Denn auch der Monarch war ja nicht entbunden von der Aufgabe, seine Untertanen als Mitbürger auf Latein oder Griechisch zu überreden und zu überzeugen.

Nun erst entstand das wohl beste rhetorische Unterrichtswerk aller Zeiten, die *Institutio oratoria* des Quintilian. Kein Rhetoriker hat so dezidiert für die Jugend geschrieben wie dieser begnadete Lehrer, der den zukünftigen Redner von der Wiege an bei der Hand nimmt und ihn durch die Spracherziehung erst der Kinderstube, dann des *grammaticus* sowie durch die rhetorischen *progymnasmata*, *suasoriae* und *controversiae* zu den höheren Mysterien der Statuslehre, der Tropen und Figuren geleitet. Wobei er sich nicht beirren ließ von der modischen Kritik, die in den Deklamationen mit ihren allzu phantastischen Themen nur ein Zeichen des Verfalls sah: Der gute Pädagoge wird ein Kind auch dann rednerisch fördern können, wenn er es zum Spaß einmal über blutige Piraten und geschändete Priesterinnen deklamieren lässt. Er wird vor allem dafür Sorge tragen, dass aus dem Redner zugleich ein guter Mensch wird – obwohl dies ja, so glaubt Quintilian, von Natur aus gar nicht anders sein könne. Offenbar hoffte er, dass aus seiner Schule, aus einem Unterricht in seinem Geiste, einmal wieder ein großer, integrer Staatsmann erstehe, der wie einst der philosophische Consul Cicero die Menschen lenkt.

Im römischen Kaiserreich gelangte auch die Rhetorenschule der

Griechen zu neuer Blüte. Die Prunkredner, die sich stolz wieder Sophisten nannten und auf ihren Tourneen vor allem als Improvisationskünstler die Menschen begeisterten, waren fast alle auch Redelehrer. Ihre Deklamationen im künstlich erneuerten reinen Attisch der großen Redeklassiker vermittelten dem Schüler nicht nur nützliche Fähigkeiten, um sich im zivilen Leben durchzusetzen, sondern vor allem auch das Bewusstsein, Träger einer alten, großen hellenischen Kultur zu sein: Die Römer verstehen zu herrschen, die Griechen zu reden. So blieb unter etwas verschiedenen Vorzeichen die Jugendbildung in Ost und West im Wesentlichen rhetorisch.

## KEIN DAUERNDER WIDERSTAND VON PLATONIKERN UND CHRISTEN

Aber wurde denn diese Vorherrschaft der Rhetoren im Jugendunterricht widerstandslos hingenommen? Nicht ganz, wie hier schon angedeutet wurde. Platon, der ein Gegenmodell der Bildung aufbaute, kritisierte die Rhetorik scharf, einmal, weil der Redner durch seine Anpassung an den Hörer notwendig das Gute als eigentliches Ziel des Handelns verfehle, zum andern, weil die Rhetorik viel zu unwissenschaftlich sei, um ihr Ziel der Überredung mit Sicherheit erreichen zu können. Für den zweiten Punkt schuf sein Schüler Aristoteles zumindest partiell Abhilfe; für den ersten zog er sich auf den sophistischen Standpunkt zurück, dass die Rhetorik an sich wertneutral sei: Man könne sie eben so oder so verwenden.

Dagegen setzte sich der erfolgreichste Lehrer des Jahrhunderts, Isokrates, mit seinem Konkurrenten Platon nie wirklich intensiv und schon gar nicht explizit auseinander – er hatte es vielleicht gar nicht nötig. Es grenzt ans Unglaubliche: Die von Platon im *Gorgias* vorgetragene scharfe Kritik an der Rhetorik als Schmeichelkunst und Anwältin eines letztlich schrankenlosen Immoralismus ist ganze 500 Jahre lang ohne ausdrückliche Entgegnung vonseiten der angegriffenen Rhetoriklehrer geblieben. Zu wenige Eltern hielten offenbar Platons Sondervotum überhaupt für sonderlich wichtig. Erst im 2., kaiserzeitlichen Jahrhundert verfasste der große Sophist Aelius Aristides die längst überfällige Verteidigung der Rhetorik. Wahrscheinlich hatte damals die Philosophie an Boden gewonnen, weniger in Gestalt akademischer Dozenten als in der von Wanderlehrern, die mit den Sophisten konkurrierten. Aber wirklich verdrängen konnten die Philosophen die Rhetorik als Bildungsmacht nie.

Ein mächtiger Gegner schien der Rhetorik in Gestalt des aus der jüdischen Religion hervorgegangenen Christentums zu erwachsen. Wie Mose und die Propheten war ja der Religionsstifter Jesus gerade kein Redner, der planmäßig die Mittel des Überredens zur Verbreitung seiner Lehre einsetzte. Er sprach aus der Vollmacht des Geistes *(pneuma)*. Ebenso verschmähte der erste Märtyrer der jungen Kirche, Stephanos, fast mutwillig alle rhetorischen Mittel, um sich gegen den Vorwurf der Gotteslästerung zu verteidigen; so hielten es, trotz ihres Namens, zum Teil auch noch die Apologeten, die im 2. Jahrhundert die neue Religion als wahre Philosophie gegen ihre Verächter in Schutz nahmen. Undenkbar wäre solchen Männern eine christliche Rhetorenschule.

Aber schon der wahrscheinlich durch die klassischen Bildungseinrichtungen gegangene Paulus von Tarsos scheint in seiner Missionspredigt auf Mittel der Rhetorik nicht verzichtet zu haben. So hält es auch der Apologet Athenagoras, und schließlich ist der erste große lateinische Schriftsteller der Christen, der Afrikaner Tertullian, unverkennbar ein gelernter Advokat, der alle Künste spielen lässt, um die Wahrheit seines Glaubens mit Leidenschaft und brillanten Pointen ins Licht zu setzen. Der zweite Große, der afrikanische Märtyrer Cyprian, war nachweislich schon professioneller Rhetoriklehrer, bevor er Christ und Bischof wurde; und das spürt man in seinen Schriften.

Nach der Anerkennung des Christentums durch Konstantin vollzog sich quasi offiziell die Versöhnung der nunmehr etablierten neuen Kirche mit der alten Bildungsmacht. Der größte Prediger des christlichen Altertums, Johannes Chrysostomos, studierte beim größten heidnischen Rhetoriklehrer der Zeit, Libanios; von den anderen berühmten griechischen Kirchenvätern waren sowohl Basileios der Große als auch Gregor von Nyssa zeitweise praktizierende Rhetoriker. So auch Laktanz, der vielleicht sogar Rhetoriklehrer Konstantins war, sicherlich aber von dessen Sohn Crispus. Laktanz hat *expressis verbis* anerkannt, dass die rhetorische Schulung, insbesondere durch die Deklamationen, der Verkündigung der »wahren Philosophie« sogar förderlich sei. Und so konnte der größte Kirchenvater Augustin, der sich von einer lange innegehabten rhetorischen Professur erst lossagen musste, um getaufter Christ und schließlich Bischof zu werden, gegen Ende seines Lebens in *De doctrina Christiana* eine echte christliche Rhetorik schreiben, in der die Dreistil- und Dreiaufgabenlehre von Ciceros *Orator* mit leichten Retuschen dem christlichen Prediger angepasst wird. Dieses Werk hat wie wohl kein anderes dafür gesorgt, dass die Rhetorik als dritte der freien Künste *(artes liberales)* im christlichen Abendland eine führende Bildungsmacht geblieben ist.

## RHETORIK IM SCHULUNTERRICHT
## DER NEUZEIT

Freilich nicht gerade bis in unsere Tage. Schauen wir auf unser heutiges Bildungswesen, zumal in Deutschland, sehen wir die Rhetorik meist in ein Schattendasein gedrängt, das einen Gorgias oder Quintilian hätte überraschen müssen. Zwar sind durchaus gewisse Reste dieser alten *regina artium* (Königin der Künste) im heutigen Deutschaufsatz erhalten geblieben; zumindest wird hier der Schüler angehalten, eine Einleitung *(prooemium)* und einen Schluss *(peroratio)* zu verfassen und vielleicht im Hauptteil seiner Erörterung die positiven Argumente *(confirmatio)* von den negativen Widerlegungen *(refutatio* oder *praemunitio)* abzuheben. Aber beispielsweise von den Künsten der Argumentfindung erfährt er nichts, und die Einführung etwa in die rhetorische Figurenlehre überlässt man in der Regel dem Lateinunterricht.

Und wo bleibt erst die wirkliche, im Sinne der *peithō* überzeugende Rede? Dass sie in der Schule ganz unbeachtet bliebe, kann man seit geraumer Zeit nicht mehr sagen. Die Sprengung des klassischen Lektürekanons im Deutschunterricht – die Älteren entsinnen sich des Streits um die Hessischen Rahmenrichtlinien – hat dazu geführt, dass heute zumal politische Reden gern gelesen und rhetorisch bzw., wie man früher sagte, ideologiekritisch analysiert werden. Auch die Rhetorik der Werbung findet zunehmend Interesse. Dies alles bleibt jedoch weit entfernt von der rhetorischen Selbsttätigkeit, wie sie der antike Rhetor seinem Schüler vermittelt hat. Die entsprechende Schulung kann auch durch die gelegentlichen Referate, die vor allem in der Oberstufe des deutschen Gymnasiums üblicherweise verfertigt und verlesen werden, unmöglich zustande kommen. Und die heute zu diesen Referaten oft geforderte PowerPoint-Präsentation, so nützlich sie sein mag, lenkt gerade den Redenden im Vertrauen auf seine technischen Künste leicht vom Wichtigsten ab. Wie selten an unseren Schulen lernt der junge Mensch nicht nur zu diskutieren, sondern mit dem vollen Einsatz seines Gedächtnisses *(memoria)*, seines Körpers *(gestus)* und der Stimme *(vox)* vor größerem Publikum zu agieren und sich durchzusetzen?

Dass hier ein Defizit besteht, empfinden die Didaktiker seit geraumer Zeit, und ein die Rhetorik einbeziehender »praxisorientierter Deutschunterricht« ist fast schon zum Schlagwort geworden – was sich neuerdings sogar in Lehrplänen niederzuschlagen beginnt. So nennt der soeben am Gymnasium in Bayern für das Fach Deutsch erstellte Lehrplan[1] unter vielem anderen auch dies als generell geltendes Lernziel: »Systematisch und gezielt erlernen die Schüler die Grundlagen einer praxisbezogenen Rhetorik und werden befähigt, vor einem Publikum frei, adressaten- und themenbezogen zu sprechen.« Aber selbst wenn sich dies nicht nur, wie mancher schon befürchten mag, als »Lehrplanlyrik« entpuppt,[*] bleibt doch das hier beabsichtigte freie, dem Hörer zugewandte Sprechen eigentlich noch immer im Rahmen eines lebendigen Referierens, also einer bloßen Vorübung *(progymnasma)* zur wirklichen, überredenden Rede *(flexanima oratio)*[**] – ist von dieser jedenfalls weiter entfernt als die antike Deklamation. Was man-

---

[*] Schon jetzt hört man, dass die im Rahmen der Gymnasialzeitverkürzung nötige Stundenreduzierung auch im Fach Deutsch die geplante Verstärkung der Mündlichkeit im Unterricht unmöglich mache.

[**] Nur für die Jahrgangsstufe 9 werden die »rhetorischen Fertigkeiten« durch folgende echt rhetorischen Stichworte beschrieben: »Standpunkte begründen; auf Gegen-

che Lehrer dennoch nicht hindert, auch im Bereich echter Rhetorik Vortreffliches zu leisten.*

Rhetorische Schulübungen waren auch in der Neuzeit lange ein üblicher, ja zentraler Bestandteil des Lehrplans. Sowohl in dem von Philipp Melanchthon geformten deutschen Gymnasium der Protestanten als auch im international normierten der Jesuiten wurden Schuljahr und Ausbildung von der lateinischen *declamatio* gekrönt. Auch wenn diese nicht mehr völlig den alten Suasorien und Controversien entsprach, hatte sie als Höhepunkt des Rhetorikunterrichts doch immer noch etwas von deren antiker Herrlichkeit an sich. Das Zeitalter der Aufklärung dann, dessen großer Rhetoriker in Deutschland Johann Christoph Gottsched hieß, ging nur von der lateinischen Sprache zur deutschen über, nicht von der Deklamation zum Fachreferat. Selbst Immanuel Kants berühmtes Verdammungsurteil über die Beredsamkeit (S. 12) hat daran für die Folgezeit nichts geändert. Neuere Forschungen zur Schulgeschichte haben im Gegensatz zu früheren Annahmen gezeigt, dass das deutsche Gymnasium des 19. Jahrhunderts Rhetorik weiterhin intensiv auch in der Form praktischer Übungen betrieb.

Erst mit dem allmählichen, 1900 beginnenden Niedergang des traditionellen Gymnasiums, das vor allem sein Griechisch an die noch verbleibenden Reste des »humanistischen Gymnasiums« verlor,** endeten auch die Rhetorikstudien, die offenbar wie der lateinische Aufsatz als Teil eines alten Zopfs empfunden wurden. Seitdem man in der Schule keinen Demosthenes mehr liest – oder nur noch in homöopathischen Dosen –, praktiziert man auch keine Redeübungen mehr.

---

positionen eingehen; Redestrategien einsetzen«. In welcher Form das geschehen soll, wird aber auch hier nicht gesagt, bleibt offenbar dem Lehrer überlassen.

* Ich nenne nur beispielhalber das Albertus-Magnus-Gymnasium in Rottweil, wo seit langem Rhetorikkurse angeboten werden. Soeben höre ich von einem Münchner Gymnasium, dass dort schon im 9. Jahrgang Debatten nach den Regeln von »Jugend debattiert« (s. S. 519 Anm.) erprobt werden.

** Die Preußische Schulkonferenz von 1900 beschloss, dass die Schulabschlüsse des Realgymnasiums und der Oberrealschule wie die des Gymnasiums (mit obligatem Griechisch) zum Universitätsstudium berechtigen sollten. Schon 1890 war der lateinische Aufsatz gestrichen worden.

Es war eine bissige Ironie der Bildungsgeschichte, dass das rhetorisch so ungeschulte Deutschland im 20. Jahrhundert dem ärgsten aller Demagogen zum Opfer fiel.

## POLITISCHE RHETORIK HEUTE

Wir müssen jedenfalls nicht gleich völlig in die Antike zurücktauchen, wenn wir der Rhetorik in der Jugendbildung wieder ihren vernünftigen, angestammten Platz einräumen wollen. Denn dass Rhetorik heute weniger wichtig wäre als damals, wird sich nicht behaupten lassen. Zwar scheint sich die Bedeutung der politischen Rede etwas verringert zu haben, wenn man sieht, wie selten noch unsere Zeitungen, Rundfunk- und Fernsehanstalten von großen Parlamentsdebatten berichten – ich denke zum Kontrast an die leidenschaftlichen, von uns Älteren mit glühenden Ohren am Radio verfolgten Redeschlachten um Wiederbewaffnung und EVG-Beitritt in den 50er Jahren. Hier hat sicherlich der lange Vorlauf, den politische Entscheidungen durch diverse Gremien, Ausschüsse und Kabinettssitzungen anzutreten haben, bevor sie endlich im Plenum ankommen, zur Entaktualisierung der Parlamente beigetragen. Auch die Medien fördern diese, wenn sie jedes Thema, bevor es noch in den Landtag oder Bundestag gelangt, nach allen Richtungen durchdebattieren – was zwar der Meinungsbildung zugutekommt, aber eben nicht der Spannung auf die offizielle Debatte.

Zudem macht die zunehmende Parteidisziplin das Stimmverhalten des einzelnen Abgeordneten, bis auf Ausnahmen in ethischen Grenzfragen (wie Stammzellenforschung oder Sterbehilfe), so im Voraus berechenbar, dass die schlussendliche Diskussion an Interesse verlieren muss. Eine Rede, die wirklich schwankende Herzen umstimmt, wie Wolfgang Schäubles Plädoyer für die Bundeshauptstadt Berlin (1991), war jedenfalls im Deutschen Bundestag der letzten Jahrzehnte selten zu hören. Als *exemplum e contrario* kann etwa das Verhalten der Abgeordneten beim Misstrauensvotum von Rainer Barzel gegen Willy Brandt (1972) dienen: Als dieses entgegen den klaren Stimmenverhältnissen im Bundestag abgeschmettert wurde, dachte und denkt bis heute niemand, eine der für Brandt gehaltenen Reden könnte einen CDU-Mann verunsichert und umgestimmt haben. Für ausgemacht gilt vielmehr, dass Bestechung im Spiel war – obwohl das nie nachgewiesen werden konnte. Macht des Geldes! Ohnmacht der Rede?

Nein, es gibt ja auch in der Politik nicht nur die Parlamentsrede.* Zumal auf den Parteitagen wird lebhaft gefochten: Schon eingangs haben wir ein Beispiel von Joschka Fischer genannt (S. 21); ein fast noch eklatanteres Musterstück gab Oskar Lafontaines mitreißende Rede auf dem Mannheimer Parteitag (1995), durch die er eine desperate SPD zur Hoffnungsträgerin und sich selbst zum Parteivorsitzenden machte.

Vor allem aber ist es heute der Wahlkampf, der den Rednern aller Couleur Möglichkeiten bietet, um die sogar das Altertum sie zu beneiden hätte. Denn, von Athen ganz zu schweigen, selbst Rom mit seinen exzessiven Wahlkämpfen kennt nicht oder nur andeutungsweise die eigentliche, uns wohl vertraute Wahlrede, in welcher der Kandidat sich selbst und sein Programm den Wählern ans Herz legt. Vielleicht sind das heute überhaupt die Sternstunden der politischen Rhetorik. Zwar nicht die Auseinandersetzung von Barack Obama mit dem klobigen Kämpen John McCain um die amerikanische Präsidentschaft 2008 – die beiden erinnerten ein wenig an Odysseus und Aiax (S. 424) –; wohl aber das vorausgegangene Duell Obamas mit der anfangs hochfavorisierten Hillary Clinton ließ nicht nur in Amerika die Herzen der Redefreunde höher schlagen: Eleganter Beachvolleyball habe über kraftvollen Football gesiegt, schrieb die amerikanische Presse. Und ohne Zweifel offenbarte der junge Obama gerade wegen seines rhetorischen Plus jene Fähigkeiten, die er nun auch im Amt

---

* Von den elf Reden, die das Seminar für Allgemeine Rhetorik der Universität Tübingen (unter Gert Ueding) in den Jahren 1998 bis 2008 als »Rede des Jahres« ausgezeichnet hat, waren nur zwei Parlamentsreden (www.uni-tuebingen.de/uni/nas/rede/rede01.htm). Beide hatten übrigens nur »deklamatorischen« Wert, das heißt, sie waren von vornherein aussichtslos: die des Grünen Werner Schulz 2005 zur Vertrauensfrage, die des Linken Oskar Lafontaine 2007 zum Bundeshaushalt. Cicero hätte sich gewundert: Sollte man nicht erfolgreiche Reden auszeichnen?

weltweit wird nötig haben. Wie innovativ im Übrigen der neue Präsident gerade auf dem Gebiet der Rhetorik ist, zeigt die von ihm erst so recht entdeckte Möglichkeit, sich über »YouTube« im Internet direkt an sein Volk zu wenden, ohne dabei von einem Interviewpartner gesteuert zu werden.

Andere Reden des vergangenen Jahrhunderts, oft im Parlament, meist aber nicht in Parlamentsdebatten gehalten, haben bewusstseinsbildend gewirkt und Geschichte gemacht. Wir denken an Kaiser Wilhelm II., der am 4. August 1914, nachdem auch die SPD den fatalen Kriegskrediten zugestimmt hatte, »keine Parteien mehr«, sondern »nur noch Deutsche« kannte; an Winston Churchill, der am 13. Mai 1940 als neuer Premierminister seinem Volk im Kampf gegen Hitler nur »blood, toil, tears and sweat« anbot und damit einen Sturm weltweiter Zustimmung auslöste; an John F. Kennedys Berliner Rede vom 26. Juni 1963, wo er mit »Ish bin ein bearleener«[*] die Herzen der Insulaner so bezauberte, dass sie ihm nachträglich sogar die Duldung des Mauerbaus verziehen; an Willy Brandts Regierungserklärung vom 28. Oktober 1969, in der er die damalige verdrossene APO-Stimmung mit dem Satz unterlief »Wir wollen mehr Demokratie wagen«; und nicht zuletzt an Richard von Weizsäckers Rede zur deutschen Kapitulation am 8. Mai 1985, in der er deutlicher als irgendeiner zuvor nationalen Revanchegedanken abschwor und – vier Jahre vor Perestroika – auf die Freundschaftssignale aus Moskau hinwies. Man sage nicht, es gebe keine großen politischen Reden mehr!

## RHETORIK IST ÜBERALL

Aber natürlich bedarf nicht nur die Politik der Rhetorik. In der Familie und im Beruf, wo immer wir mit Menschen zu tun haben, sind wir auf sie angewiesen, und dass Rhetorik wiederum Schulung braucht, weiß zumindest jeder, der im öffentlichen Leben steht. Denn wenn es auch leider zu wenig Schulbildung in Rhetorik gibt, heißt

---

[*] Die Orthographie nach Kennedys Originalmanuskript.

das ja nicht, dass überhaupt keine Rhetorik mehr gelehrt würde. Selbstverständlich haben die Parteien, die Unternehmen und die Gewerkschaften ihre rhetorischen Bildungsinstitutionen und bieten entsprechende Kurse an. Darüber hinaus gibt es eine Fülle von Psychologen und Sprecherziehern – vielleicht sogar Altphilologen –, die privat oder in Schulform Redeunterricht erteilen. Man sehe nur im Internet, was unter »Rede« oder »Rhetorik« meist zu horrenden Preisen, oft in Form von Wochenendseminaren angeboten wird. Ein »Einzelcoaching«, das ein etwa beim Unterschlagen ertappter Manager vor dem fatalen Fernsehauftritt benötigt, soll pro Tag, heißt es, bis zu 20 000 Euro kosten; beim Gruppenunterricht hat der Einzelne bis zu 4000 aufzubringen! Diese Honorare hätten sich selbst Gorgias und Isokrates nicht träumen lassen.

Wie in den Tagen der alten Sophistik fühlt man sich auch, wenn man die Zahl der täglich pilzgleich aus dem Boden schießenden Rhetorikratgeber betrachtet, von der praktischen Sammlung verschiedener Festansprachen (Kindstaufe, Tod des Filialleiters, Verleihung der goldenen Betriebsnadel), die nur noch auswendig gelernt werden müssen, bis zu systematisch angelegten und theoretisch gehaltvolleren Werken. Wie stark das Bedürfnis nach solchen Hilfen ist, zeigt die Tatsache, dass die insgesamt doch seichten Rhetorikbücher des Amerikaners Dale Carnegie (etwa *How to win friends and influence people*) in sämtlichen Sprachen eine Auflagenhöhe erreicht haben, die bald nach der Bibel und Agatha Christie kommt.* So ist der Buchmarkt, so der freie Bildungsmarkt.

Doch dies alles vollzieht sich meist fernab der Bildungsinstutionen, in einer didaktischen Grauzone, als habe man sich der Sache beinahe zu schämen. Ist das nicht bedenklich, fast ein Skandal? Müsste es nicht selbstverständlich sein, dass Rhetorik Teil der allgemeinen, öffentlichen Bildung an Schulen und Universitäten ist? Wenn es das unbestrittene Prinzip der Schule in der Demokratie ist, dass sie nicht nur

---

* Allein von dem einen oben zitierten Buch sollen schon im Todesjahr des Verfassers (1955) 5 Millionen Exemplare verkauft gewesen sein. Heute spricht man von insgesamt 50 Millionen.

Bildung zu geben, sondern auch Chancengleichheit zu schaffen hat, dann muss doch unter diesen beiden Gesichtspunkten Rhetorik ein Fach für alle sein, nicht nur für wenige hochbetuchte Manager und Steuerhinterzieher. Zumindest in diesem Punkt könnten und sollten wir über das aristokratische Bildungssystem der Antike hinauskommen. Und, wer dieses Buch gelesen hat, weiß auch, dass der größte Gegner, den die Rhetorik je hatte, Platon, zwar ein überragender Geist, aber gerade kein Demokrat war.

## WAS SOLLEN WIR TUN?

Hier können uns die alten Demokratien in England und besonders Amerika Vorbild sein. Dort gibt es *Speech Departments* an den Universitäten, *Debate Clubs*, ja *Debate Teams* schon an den Highschools. John F. Kennedy, der aus einem solchen Team hervorgegangen ist, wird gern zitiert mit seinem Satz: »The give and take of debating, the testing of ideas is essential to democracy.«[2] So sind bereits in den letzten Jahren auch in Deutschland aus studentischer, nicht etwa professoraler Initiative Debattierclubs entstanden, die ihren Mitgliedern außerhalb der Bildungsinstitutionen eine wirkliche rhetorische Schulung vermitteln und regelrechte Wettbewerbe veranstalten. Die antike Deklamation ist dabei das ausdrücklich genannte Vorbild – auch wenn heute in der Regel nicht mehr an fiktiven Themen geübt wird.[*]

Auch das von Walter Jens gegründete Tübinger *Seminar für Allgemeine Rhetorik*, seit diesem Jahr 2009 geleitet von Joachim Knape, scheint sich neben der theoretischen Selbstvergewisserung[**] auch

---

[*] Am 16. November 2008 hatte ich Gelegenheit, den Abschlusswettbewerb des ZEIT DEBATTEN-Auftaktturniers, veranstaltet vom Debattierclub München e. V., im überfüllten Münchner Rathaussaal zu erleben. Debattiert wurde (nach den Regeln von »Jugend debattiert«) von acht Rednerinnen und Rednern zum Thema »Deutscher Truppenrückzug aus Afghanistan?«. Bei der trotz gebotener Improvisation niveauvollen Debatte fiel auf, dass der als bester Redner ausgezeichnete Jan Papsch stärker als andere gorgianische Figuren verwendete und diese durch Körpersprache betonte.

[**] Zum inzwischen herausgebildeten »Tübinger Wissenschaftsbegriff der Rhetorik«

praktischen Aufgaben der rhetorischen Bildung zuzuwenden.* So enthält das Vorlesungsverzeichnis für das Sommersemester 2009 unter anderem »Praxisseminare« zu Themen wie »Reden – Überzeugen – Gewinnen«, »Der Redenschreiber als Stratege hinter den Kulissen«, »Bausteine wirkungsvoller Unternehmenskommunikation«. Das klingt doch immerhin verheißungsvoll. Knapes Vorgänger, Gert Ueding, hat schon vor sieben Jahren ein »Curriculum für den Rhetorikunterricht« entworfen, das von Klasse 5 bis 13 Unterrichtsmodelle, auch mit praktischen Übungen, für das Gymnasium bereitstellt.³

An der Rhetorik führt kein Weg vorbei. Nachdem Platon sie verworfen hatte, hat sein Schüler Aristoteles sie trotz aller Bedenken unterrichtet; und just ein Platoniker, Cicero, wurde gar zum vielleicht größten Redner aller Zeiten. Solange es Menschen gibt, werden sie sich gegenseitig überreden; und der wird dies am überzeugendsten tun, der sich, wie eben Cicero, mit der feinsten Empfindung in die Seele seiner Mitmenschen einfühlen und zugleich das Gefühl vermitteln kann, dass er mit ganzem Herzen hinter dem steht, was er sagt. So hat auch der immer beargwöhnte, aber durchaus notwendige und unabdingbare Einsatz der Emotionen, *ēthos* und *pathos*, seine tiefe Berechtigung. Und obgleich Quintilians Meinung, dass der Redner notwendig ein guter Mensch sein müsse, wohl ein Irrglaube war: Redekunst hat, schon weil sie um der schieren Überredung willen auf Mitgefühl angewiesen ist, zumeist auch humaner gemacht. Auch darum sollten wir von der Antike lernen und die Rhetorik wieder ins Zentrum der Bildung rücken.

Cicero sagte: »Nur ein träger Geist spürt den Kanälen nach: Es gilt die Quellen zu sehen.«**

*Ad fontes!*

---

lese man Gert Ueding, in: ders., *Rhetorik* (S. 522), 5–11: Er enthält von Aristoteles bis Derrida alles, was gut und teuer ist.

* Mit Rhetorik befassen sich sonst von (nichtphilologischen) deutschen Universitätsinstituten das Institut für Psycholinguistik der LMU München (Gerd Kegel) und das Institut für Publizistik der Universität Mainz (Nikolaus Jackob). An manchen Universitäten werden praktische rhetorische Übungen auch im Rahmen der Sprecherziehung angeboten (Informationen bei www.dgss.de/studienmoeglichkeiten.php).

** Cicero, *De oratore* 2,117: ... *tardi ingeni est rivulos consectari, fontes rerum non videre.*

## CATALOGUS LIBRORUM – LITERATURHINWEISE*

### PEITHO – DIE RHETORISCHE KULTUR DER ANTIKE

Das Gesamtgebiet der **antiken Redetheorie** wird für den Fachmann immer noch erschlossen durch Richard Volkmann, *Die Rhetorik der Griechen und Römer in systematischer Übersicht dargestellt*, Stuttgart ²1885, Ndr. 1963. Trotz Schwergewicht auf der Theorie ist dort auch die Praxis der Redner berücksichtigt. Kein völliger Ersatz ist das heute gängige, nicht fehlerfreie Handbuch von Josef Martin, *Antike Rhetorik: Technik und Methode*, München 1974. Vor allem als Nachschlagewerk nützlich ist das im Text zitierte *Handbuch der literarischen Rhetorik* von Heinrich Lausberg, 2 Bde., München 1960 (mit vorzüglichen Registern), resümiert in: ders., *Elemente der literarischen Rhetorik*, München ²1963. Im Unterschied zu diesen systematischen Werken gibt Wilhelm Kroll im Artikel »Rhetorik« von *Paulys Realencyclopädie der klassischen Altertumswissenschaft* (Suppl. VII [1940], 1039–1138) einen wertvollen historischen Abriss. Eine meisterhafte Skizze unter beiden Aspekten bietet der Artikel »Rhetorik« von Hildebrecht Hommel (*Lexikon der alten Welt* [1965], 2611–2626, eine Kurzfassung in: *Der Kleine Pauly*, Bd. 4 [1972], 1396–1414; öfter nachgedruckt oder kopiert wurde Hommels unübertroffene »Schematische Übersicht«). Eine empfehlenswerte Gesamtdarstellung der Theorie gibt Manfred Fuhrmann, *Die antike Rhetorik, eine Einführung*, München / Zürich 1984, ⁴1995; noch knapper Gert Ueding, *Klassische Rhetorik*, München 1995, ⁴2004. Weniger systematisch, mehr spaziergangartig ist Øivind Andersen, *Im Garten der Rhetorik: Die Kunst der Rede in der Antike* (zuerst norw. 1995), Darmstadt 2001. Vgl. auch Jeffrey Walker, *Rhetoric and poetics in antiquity*, Oxford 2000.

Gleichermaßen **Theorie und Praxis** der antiken Rede sind solide darge-

---

* Diese Hinweise sind grundsätzlich nicht für den philologisch-historischen Fachmann, sondern in erster Linie für den Laien bestimmt, der sich weiter orientieren möchte. So sind keine rein wissenschaftlichen, kritischen Textausgaben aufgenommen, sondern soweit möglich zweisprachige Ausgaben, gelegentlich auch reine Übersetzungen. Auch manches Alte, »Überholte« ist verzeichnet, wenn es gerade für den Laien gut lesbar und wissenschaftsgeschichtlich wichtig ist. Um Platz zu sparen, ist die bibliographische Genauigkeit auf das Nötigste beschränkt. So sind Untertitel von Büchern nur angegeben, wenn sie zum Verständnis des Titels unentbehrlich sind; Titel wissenschaftlicher Reihen u. Ä. wurden stets weggelassen.

stellt in den Büchern von George A. Kennedy (dem international wohl besten Kenner der letzten Jahrzehnte): *The art of persuasion in Greece*, Princeton N. J. 1963; *The art of rhetoric in the Roman world 300 B. C.–A. D. 300*, Princeton N. J. 1972; *Classical rhetoric and its Christian and secular tradition from ancient to modern times*, London 1980. Vgl. auch: Ders., *A new history of classical rhetoric*, Princeton N. J. 1994; *Comparative rhetoric: An historical and cross-cultural introduction*, New York u. a. 1998. Eine vielseitige Festschrift für Kennedy gab heraus Cecil W. Wooten (Hg.), *The orator in action and theory in Greece and Rome*, Leiden u. a. 2001. Noch reichhaltiger (durch Einbeziehung der Archäologie) ist Christoff Neumeister und Wulf Raeck (Hg.), *Rede und Redner: Bewertung und Darstellung in den antiken Kulturen*, Bibliopolis 2000. Eine Sammlung von fünf Essays enthält Thomas Habinek, *Ancient rhetoric and oratory*, Malden MA u. a., 2005 (erschließt neuere Lit.). Von Homer bis Libanios (darunter auch einige Redner und Rednerinnen) gehen die 61 Beiträge in Michelle Ballif und Michael G. Moran, *Classical rhetorics and rhetoricians*, Westport, Conn./London 2005 (wertvoll!).

Von Älterem ist besonders lesenswert das Kapitel »Die Redekunst« in Jacob Burckhardts berühmter *Griechische[r] Kulturgeschichte* (1898–1902), Bd. 3, München (dtv) 1977, 302–338; geistreich sind auch die Vorlesungen von Burckhardts Basler Kollegen (und Hörer) Friedrich Nietzsche, in: Nietzsche, *Werke, Krit. Gesamtausgabe*, Abt. II 4, Berlin u. a. 1995, 363–611; vgl. Joachim Goth, *Nietzsche und die Rhetorik*, Tübingen 1970; Josef Kopperschmidt/Helmut Schanze (Hg.), *Nietzsche oder »Die Sprache ist Rhetorik«*, München 1994.

Bis in die **Rhetorik der Neuzeit** gehen Gert Ueding und Bernd Steinbrink, *Grundriß der Rhetorik: Geschichte, Technik, Methode* (1986), Stuttgart/Weimar $^{4}$2005. Speziell zur Neuzeit: Gert Ueding, *Moderne Rhetorik: Von der Aufklärung bis zur Gegenwart*, München 2000 (beruht zum Teil auf dem problematischen Konzept einer Konsensrhetorik im Sinne etwa von Habermas, s. S. 15). Den umfassendsten Überblick zur Geschichte der Redetheorie gibt jetzt der von 41 Autoren verfasste Artikel »Rhetorik« in: Gert Ueding (Hg.), *Historisches Wörterbuch der Rhetorik*, Tübingen 1992 ff., Bd. 7, 2005; dieser ist als »profundes Nachschlagewerk für Lehre und Forschung, Schule und Praxis« (Ueding, S. VI) separat gedruckt unter dem Titel *Rhetorik: Begriff – Geschichte – Internationalität*, Tübingen 2005 (hiernach wird künftig stets zitiert: Ueding, *Rhetorik*). Aus derselben Schule: Joachim Knape, *Allgemeine Rhetorik: Stationen der Theoriegeschichte*, Stuttgart (Reclam) 2000 (Aristoteles bis Perelman). Neuere Standardwerke sind sonst: Thomas M. Conley, *Rhetoric in the European tradition*, Chicago Ill. 1990 (nur Theorie, bis zur Gegenwart); Marc Fumaroli, *L' âge de l'éloquence*, Genf (1980) $^{3}$2002 (bis 1700); ders. (Hg.), *Histoire de la rhétorique dans l'Europe moderne: 1450–1950*, Paris 1999 (1359 S.: fast nur Theorie). Ein wertvolles Lexikon (leider ohne neuzeitliche Redner): Theresa Enos (Hg.), *Encyclopedia of rhetoric and composition*, New York/London 1996; ähnlich Thomas O.

Sloane (Hg.), *Encyclopedia of rhetoric*, Oxford 2001. Wichtig bleibt der im Text (S. 14) zitierte Artikel von Walter Jens; eine noch immer nützliche Aufsatzsammlung (von den Anfängen bis zur sog. *New Rhetoric*) geben Lionel Crocker und Paul A. Carmack (Hg.), *Readings in rhetoric*, Springfield Ill. 1965. Sonstige neuere Literatur bei Ueding, *Rhetorik* (s. oben) 11; 29 f., 33, 38.

Zur Geschichte der **Kritik an der Rhetorik** sind besonders lesenswert Barner (S. 566), 12 ff., und Goth, *Nietzsche* (s. oben), 4 ff.; außerdem Fuhrmann, *Rhetorik und öffentliche Rede*, Konstanz 1983, 9 ff., und Brian Vickers, *In defense of rhetoric*, Oxford 1988 (darin auch zur Wirkung der Rhetorik auf Musik und bildende Künste); zuletzt bes. knapp und wertvoll Peter Schnyder in: Ueding, *Rhetorik* (s. oben), 67–71. Die neuere philosophische Diskussion um die Rhetorik erschließt vor allem das im Text (S. 15) zitierte Buch von Garsten. Besonders einflussreich war Jürgen Habermas, »Der Universalitätsanspruch der Hermeneutik«, in: Karl-Otto Apel u. a., *Hermeneutik und Ideologiekritik*, Frankfurt/M. 1971, 120–159, dort auch Hans-Georg Gadamer, »Rhetorik, Hermeneutik und Ideologiekritik«, 57–82 (bes. S. 60 ff.).

## *MYTHOI* – DIE REDEN BEI HOMER UND HESIOD

Die **griechische Rhetorik** in Theorie und Praxis ist im Überblick dargestellt von Hildebrecht Hommel, »Griechische Rhetorik und Beredsamkeit«, in: Ernst Vogt (Hg.), *Griechische Literatur*, Wiesbaden 1981, 337–376. Ebenfalls umfassend angelegt sind die von Ian Worthington herausgegebenen Sammelbände: *Persuasion: Greek rhetoric in action*, London u. a. 1994; *A companion to Greek rhetoric*, Malden MA u. a. 2007. Eine Gesamtdarstellung enthalten auch (trotz Titel) die ersten, zum Teil von George A. Kennedy verfassten Kapitel in Stanley F. Porter (Hg.), *A handbook of classical rhetoric in the hellenistic period 330 B. C.- A. D. 400*, Leiden u. a. 1997, 3–167.

**Homers** Epen genießt man noch immer in den klangschönen **Übersetzungen** von Johann Heinrich Voss (*Odyssee* 1781, *Ilias* 1793), die den deutschen Hexameter (von Goethe bis Brecht) eingebürgert haben. Sie werden bis heute ständig neu aufgelegt (z. B. München [dtv] 2002, [4]2008; zuletzt zweispr. mit Nachwort von Joachim Latacz bei Zweitausendeins, Frankfurt a. M. 2008). Anspruchsvoll, aber recht geziert sind die Übersetzungen von Rudolf Alexander Schröder (*Odyssee* 1923, Ndr. 1966; *Ilias* 1942, Ndr. 1963). Unter den vielen anderen Versuchen ragen wegen ihrer Präzision hervor die Prosaübersetzungen von Wolfgang Schadewaldt (*Odyssee*, Rowohlts Klassiker 1958, [4]2004; *Ilias*, Inseltaschenbuch 1975, [15]2009). Genauigkeit und Versschönheit sucht jetzt (mit leichten Einbußen bei Letzterer) zu vereinen Kurt Steinmann, *Odyssee*, Zürich 2007 (Manesse, Prachtausgabe). Raoul Schrotts neue *Ilias* (München 2008) ist in ihrer Mischung von Slang und Patina nicht verständlicher als ältere Übersetzungen. – Bequeme zweisprachige Ausgaben bietet auch die Tusculumbücherei.

Mehr als ein Jahrhundert lang stand die **Homerforschung** im Bann der zunächst verstörenden *Prolegomena ad Homerum* (1795, engl. Princeton N. J. 1985) von Friedrich August Wolf, dem Begründer der modernen Altertumswissenschaft: Statt des einen genialen Homer sah er viele Dichter am Werk, deren Gesänge erst spät zur Einheit redigiert worden seien. Der damit als Aufgabe gesetzten und vielfach praktizierten »Analyse« Homers widersprach für die *Ilias* besonders erfolgreich Wolfgang Schadewaldt in seinen *Iliasstudien*, Leipzig 1938; vgl. zur Einführung zu Homer auch seine populäre Aufsatzsammlung *Von Homers Welt und Werk*, Stuttgart $^3$1959.

Der Streit zwischen »Unitariern« und »Analytikern« wurde im 20. Jahrhundert unterlaufen von der sog. **Oral-poetry-Forschung,** vertreten besonders durch Milman Parry (seit 1928). Die »neue homerische Frage« hieß nun: Ist Homer ein mündlicher Volksdichter, der nach handwerklich erlernten Formeln und Mustern improvisierte? Die ältere Forschung dazu ist aufgearbeitet in der immer noch fundamentalen *Geschichte der griechischen Literatur* von Albin Lesky (Bern/München [1958] $^3$1971, 50–59) und in dessen Artikel »Homeros« (*Realencyclopädie der classischen Altertumswissenschaft* Suppl. XI [1968], dort Sp. 693–709). Neuere Forschung wird referiert in der Einleitung zu dem wertvollen Sammelband von Douglas L. Cairns (Hg.), *Oxford readings in Homer's Iliad*, Oxford 2001 (enthält auch ausländische Beiträge, in Übers.); anderes, auch Älteres, bei Joachim Latacz (Hg.), *Homer: Die Dichtung und ihre Deutung*, Darmstadt 1991.

In der **jüngsten Homerforschung** geht es, teils angeregt durch die Grabungen des 2005 verstorbenen Manfred Korfmann, vor allem um die Geschichtlichkeit und Lokalisierung des Trojanischen Krieges. Dazu besonders Joachim Latacz, *Troia und Homer: Der Weg zur Lösung eines alten Rätsels*, München/Berlin 2001 ($^5$2005); vgl. von demselben (allgemeiner) *Homer: Der erste Dichter des Abendlandes*, Düsseldorf/Zürich (1989) $^4$2003. Viel diskutiert wird auch Homers Verhältnis zu möglichen orientalischen Quellen (Martin L. West, *The east face of Helicon*, Oxford 1997; Walter Burkert, *Die Griechen und der Orient*, München 2003, $^2$2004). Davon angeregt hat der viel Aufsehen erregende Außenseiter Raoul Schrott (*Homers Heimat*, München 2008) sensationelle Thesen über die Person Homers entwickelt.

Die **Reden** der *Ilias* wurden grundlegend behandelt von dem Jens-Schüler Dieter Lohmann, *Die Komposition der Reden in der Ilias*, Berlin 1970; eine entsprechende Untersuchung zur Odyssee scheint zu fehlen (vgl. aber Carlos J. Larrain, *Struktur der Reden in der Odyssee 1–8*, Hildesheim u. a. 1987). Die antike Diskussion der Frage, ob Homer Vater der Rhetorik sei, referiert George A. Kennedy, »The ancient dispute over rhetoric in Homer«, *American Journal of Philology* 78, 1957, 23–35 (in andere Richtung geht Andrew J. Karp, »Homeric origins of ancient rhetoric«, *Arethusa* 10, 1977, 237–258: will eine implizite »theory of persuasion« bei Homer nachweisen; manches auch zu den Reden selbst findet man in seinen Büchern *Art of persuasion* und *Classical rhetoric* (S. 522). Beiträge zu den Reden enthalten ferner die Sammelbände von Robert Fowler (Hg.), *The Cambridge companion to Homer*, Cambridge 2004 (dort Jasper Griffin); Worthington, *Companion to Greek rhetoric* (S. 523; dort Hanna M. Roisman); Neumeister/Raeck (Hg.), *Rede und Redner* (S. 522; dort Oliver Primavesi zu vier Reden Nestors). Vgl. auch Jasper Griffin, »Homeric words and speakers«, *The Journal of Hellenic Studies* 106, 1986, 36–57 (zur Sprache der Reden, besonders Achills), zudem dessen Kommentar zu *Ilias*, Buch 9, Oxford 1995. Wertvoll sind besonders die Hinweise in dem meisterhaften Kommentar zur *Ilias* von Geoffrey St. Kirk, 6 Bde., Cambridge u. a. 1985–1993; noch unvollständig ist der »Basler Kommentar« von Joachim Latacz u. a., München/Leipzig 2000 ff.

Zur kaum gewürdigten **oratio figurata** ist jetzt einschlägig Michael Hillgruber, »Die Kunst der verstellten Rede […]«, *Philologus* 144, 2000, 3–21; vgl. Wilfried Stroh, »Marc Anton ironisch? Zur Form und Erfindung seiner Leichenrede in Shakespeares ›Julius Caesar‹«, in: Karl Enenkel u. a. (Hg.), *Recreating ancient history*, Leiden u. a. 2001, 253–267; D.A. Russell, »Figured speeches: ›Dionysius‹, Art of rhetoric VIII–IX«, in: Wooten, *The orator* (S. 522) 156–168. Speziell zur »Trugrede« Agamemnons siehe besonders Alfred Heubeck, *Kleine Schriften zur griechischen Sprache und Literatur*, Erlangen 1984, 73–83 (zuerst 1981); andere Arbeiten hierzu bei Latacz, *Homer* (1991, s. oben), 85–169.

Als zweisprachige Ausgabe **Hesiods** ist zu empfehlen jene von Albert von Schirnding, München (Artemis) 1991, Ndr. 1997; sonst *Theogonie*, griech.-dt. von Otto Schönberger, Stuttgart (Reclam) 1999, und ders., *Werke und Tage*, ebd. 1996. Für das Verständnis des Dichters sind grundlegend die kommentierten Ausgaben von Martin L. West, *Theogony*, Oxford 1966; *Works and Days*, Oxford 1978 (West will Hesiod vor Homer ansetzen.). Die oben vorgetragene Auffassung von Hesiods rhetorisch konzipierter Dichtung ist ausgeführt in Wilfried Stroh, »Hesiods lügende Musen«, in: Herwig Görgemanns/Ernst A. Schmidt (Hg.), *Studien zum antiken Epos*, Meisenheim/Gl. 1976, 85–112.

## *EIKOS* – HERMES UND DIE SIZILISCHEN ANFÄNGE DER RHETORIK

Die **Anfänge der Rhetorik** wurden, in Nachfolge des Aristoteles (vgl. S. 43, Anm.), wissenschaftlich zuerst aufgearbeitet von Leonhard Spengel, *Synagoge technon sive Artium scriptores*, Stuttgart 1828 (Ndr. 1974). Die Zeugnisse sind übersichtlich gesammelt und (lat.) kommentiert bei Ludwig Radermacher (Hg.), *Artium scriptores (Reste der voraristotelischen Rhetorik)*, Wien 1951, leider ohne Übersetzung. An neuerer Literatur sind lesenswert die einschlägigen Kapitel in den Büchern von Kennedy (S. 522), besonders *Art of persuasion*, 52–61 (40 f. nicht glücklich zum Hermeshymnus). Besonders wertvoll Konrad Heldmann, *Antike Theorien über Entwicklung und Verfall der Redekunst*, München 1982, 13–24; Michael Gagarin, »Probability and persuasion: Plato and early Greek rhetoric«, in: Worthington, *Persuasion* (S. 523), 46–68. Eigenwillig in der Darstellung und nicht immer leicht zu verstehen ist Thomas Cole, *The origins of rhetoric in ancient Greece*, Baltimore / London 1991: Er will »Rhetorik«, als Teil eines philosophischen Konzepts, erst mit Platon und Aristoteles beginnen lassen, doch dass das Wort *rhētorikē* von Platon erfunden wäre (S. 2), scheint durch Platon, *Gorgias*, 448 D (»die sogenannte *rhētorikē*«), ausgeschlossen. In ähnliche Richtung geht Edward Schiappa in seinem stärker argumentierenden Buch *The beginnings of rhetorical theory in classical Greece*, New Haven / London 1999: Er versucht vor allem die Existenz voraristotelischer Handbücher zu leugnen (vgl. schon Cole, 22 ff.), setzt sich damit aber in Widerspruch zu eindeutigen, übereinstimmenden Zeugnissen. Vorsichtiger ist Michael Gagarin, »Background and origins: Oratory and rhetoric before the sophists«, in: Worthington, *Companion to Greek rhetoric* (S. 523), 29–36 (Lit.).

Die auf die Anfänge zurückgehende Theorie der **Redeteile** behandelt eindringlich (für die ganze Antike) Lucia Calboli Montefusco, *Exordium narratio epilogus*, Bologna 1988.

Der »homerische« **Hermeshymnus** wurde ansprechend übersetzt von Thassilo von Scheffer, in: *Die homerischen Götterhymnen*, Jena 1927 (Ndr. mit Einl. von Ernst Günther Schmidt, Leipzig 1974 u. ö.). Eine zweispr. Ausgabe der Hymnen mit der Odyssee stammt von Anton Weiher, München (dtv) 1990. Die Bedeutung des Hermeshymnus für die Geschichte der Rhetorik wurde erschlossen besonders durch Herwig Görgemanns, »Rhetorik und Poetik im homerischen Hermeshymnus«, in: Görgemanns / Schmidt, *Studien* (S. 525), 113–128 (mit ält. Lit.).

## *SCHEMATA* – DER RHETORISCHE HEXENMEISTER GORGIAS

Die **Zeugnisse** zu Gorgias sind bequem gesammelt und kommentiert bei Thomas Buchheim (Hg.), *Gorgias von Leontinoi: Reden, Fragmente und Testimonien*, Hamburg 1989 (mit oft eigenwilliger Übersetzung und anspruchsvoller Einleitung). Eine ältere Sammlung: Hermann Diels / Walther Kranz (Hg.), *Die Fragmente der Vorsokratiker*, Bd. 2, Berlin [6]1952, 271–307 (Texte meist nicht übersetzt); Radermacher, *Artium scriptores* (S. 526), B VII 42–66 (teils mit lateinischen Kommentaren, ohne Übers.). Umfassend sind die Zeugnisse aufgearbeitet in der knappen Darstellung von Wilhelm Schmid/(Otto Stählin), *Geschichte der griechischen Literatur*, I 3, München 1940, 57–79.

Der **Stil** des Gorgias wird klassisch gewürdigt in dem zitierten Werk von Eduard Norden, *Die antike Kunstprosa*, 2 Bde., Leipzig (1898) ²1909 (Ndr. ⁵1958), 18–71; zu vergleichen ist immer noch Friedrich Blass, *Die attische Beredsamkeit*, Bd. 1, Leipzig ²1887, 47–82; Friedrich Zucker, *Der Stil des Gorgias nach seiner inneren Form* (zuerst 1956), in: ders., *Semantica, Rhetorica, Ethica*, Berlin 1963, 85–95. Kennedy, *Art of persuasion* (oben S. 522), 61–68. Zur Einordnung in die Geschichte der Kunstprosa und zur Figurentheorie überhaupt ist wichtig das fesselnde Buch von Detlev Fehling, *Die Wiederholungsfiguren und ihr Gebrauch bei den Griechen vor Gorgias*, Berlin 1969.

Zum sachlichen **Verständnis der Reden** bzw. Schriften war bahnbrechend Heinrich Gomperz, *Sophistik und Rhetorik*, Leipzig/Berlin 1912 (Ndr. 1965), 1–49; er vor allem wandte sich gegen den angeblichen »Nihilismus« – so die Philosophiegeschichten etwa von Ueberweg und Zeller – in *Peri physeōs* des Gorgias, wodurch freilich die Diskussion mehr entfacht als beendet wurde. Einflussreich war die vermittelnde Darstellung von W. K. C. Guthrie, *A history of Greek philosophy*, Bd. 3, Cambridge 1969, 192–200, 269–274. Vielfach wirkt noch nach die Konstruktion von Hermann Diels (*Gorgias und Empedokles* [zuerst 1884], in: Classen, *Sophistik* [s. unten], 351–383), der eine Entwicklung des Gorgias vom Naturphilosophen über den »Eristiker« zum Rhetoriker ansetzte. So etwa auch in der wohl ausführlichsten Analyse von Hans-Joachim Newiger, *Untersuchungen zu Gorgias' Schrift Über das Nichtseiende*, Berlin/New York 1973: Die Schrift gebe eine Rechtfertigung der eigenen Hinwendung weg von der Spekulation zur »praktische(n) Wirksamkeit« (S. 186). Eine postmoderne Lösung des Problems gab Robert Wardy, *The birth of rhetoric: Gorgias, Plato and their successors*, London/New York 1996, 6–24 (»Much ado about nothing«): Danach ist nicht feststellbar, ob die Schrift ernst oder unerst gemeint sei, aber gerade in dieser Nichtfeststellbarkeit liege die Botschaft (bzw. Nichtbotschaft) der Schrift …

Neuere Literatur referieren George B. Kerferd und Hellmuth Flashar, »Gorgias aus Leontinoi«, in: Hellmut Flashar (Hg.), *Die Philosophie der Antike*, Bd. 2/1: *Sophistik – Sokrates – Sokratik – Mathematik – Medizin*, Basel 1998, 44–53, 123–127 (bester Überblick); Giuseppe Mazzara, *Gorgia: La retorica del verosimile*, Sankt Augustin 1999 (mit Texten und ital. Übers.). Neuestes erschließt Jeroen A. E. Bons, »Gorgias the sophist and early rhetoric«, in: Worthington, *Companion to Greek rhetoric* (S. 523), 37–46. Älteres besonders bei Classen, *Sophistik* (S. 527). Zu vergleichen sind auch die Bücher von Cole, *The origins* (S. 526), bes. 146–152, und Schiappa, *The beginnings* (S. 526), 114–152 (bes. auch zu Stil und Prosarhythmus).

## *PAIDEIA* – DIE SOPHISTEN ALS PÄDAGOGEN GRIECHENLANDS

Die Fragmente der **Sophisten** findet man bei Diels/Kranz, *Vorsokratiker* (S. 526) Bd. 2, bes. 252–416, 425–428 (mit dt. Übersetzung, außer bei den Testimonien); eine Auswahl daraus in Wilhelm Kranz (Hg.), *Vorsokratische Denker*, Berlin (1939) ³1959, bes. 212–235. Nur deutsch Wilhelm Nestle (Hg.), *Die Vorsokratiker*, Düsseldorf ⁴1956 (Ndr. 1969). Eine kommentierte Gesamtausgabe mit ital. Übersetzung gibt Mario Untersteiner u. a. (Hg.), *Sofisti*, 4 Bde., Florenz 1949–1962.

Bahnbrechend für eine neue **Bewertung** der Sophisten waren vor allem die *Vorlesungen über die Geschichte der Philosophie* von Georg Friedrich W. Hegel (gehalten 1805/06), in: *Sämtliche Werke*, hg. von Hermann Glockner, Bd. 18, Stuttgart ²1941, 5–42 (Sophistik als »Aufklärung« [S. 9], notwendige Antithese zur früheren Naturphilosophie; dann George Grote, *History of Greece* (berühmtes, populäres Werk), Bd. 8, London 1850, 479–544 (moralische Ehrenrettung aus demokratischer Perspektive); schließlich das erwähnte Werk von Werner Jaeger, *Paideia: Die Formung des griechischen Menschen*, 3 Bde., Berlin (/Leipzig) 1934–1947 (Ndr.), dort bes. Bd. 1, 364–418 (mit Unterbewertung der Rhetorik: Sophisten alle nur »Lehrer der politischen Arete« [S. 372], Entdecker von »Geistesbildung« und »Humanismus«) – um die damit intendierte Grundlegung eines »dritte(n) Humanismus« (Bd. 1, 16) ist es bald still geworden. Die Geschichte der Beurteilung der Sophisten skizziert Carl Joachim Classen in der Einleitung (1–18) seines Sammelbands *Sophistik*, Darmstadt 1976 (mit Bibliographie älterer Lit., speziell zur Rhetorik S. 669–673).

Einen Überblick über die neuere Forschung zur **Sophistik allgemein** geben G(eorge)B. Kerferd und Hellmut Flashar in: Flashar (Hg.), *Die Philosophie der Antike*, Bd. 2/1 (S. 527), 3–137 (mit umfassender Bibliographie); dort werden (S. 32–43) etwa gegen hundert Deutungen des *Homo-mensura*-Satzes diskutiert. (Zur Rhetorik generell nur knapp S. 20 f.) Für minder professionelle Ansprüche sei verwiesen auf die gut verständliche Darstellung von Wilhelm Nestle, *Vom Mythos zum Logos: Die Selbstentfaltung des griechischen Denkens [...]*, Stuttgart (1940) ²1941 (Ndr. 1975), 249–447, ein etwas einseitiger Gegenentwurf zu Gomperz, *Sophistik und Rhetorik* (S. 527). Vor allem das Verhältnis zur älteren Philosophie behandelt geistvoll Kurt von Fritz, *Grundprobleme der antiken Wissenschaft*, Berlin/New York 1971, 221–230; von ihm stammen auch die wichtigen Artikel »Protagoras«, *Realencyclopädie der classischen Altertumswissenschaft* XXIII 1 (1957), 908–921, und »Prodikos«, a. a. O., 85–89. Rasch informiert Albin Lesky, *Geschichte der griechischen Literatur*³ (S. 524), 387–408. Ausführlicher Schmid/Stählin (S. 527) I 3, 1940, 12–216. Knapp und klug Karl Vorländer/Erwin Metzke, *Geschichte der Philosophie*, Bd. 1, Hamburg ⁹1949, 77–90; gekürzt in *rowohlts deutsche enzyklopädie*, 1963 u. ö., 50–60. Ganz kurz Friedo

Ricken, *Philosophie der Antike*, Stuttgart u. a. 1988 (Urban-Taschenbücher), 48–50. Sonstige Gesamtdarstellungen: Eduard Zeller, *Die Philosophie der Griechen in ihrer geschichtlichen Entwicklung*, Bd. 1, Darmstadt $^7$1963 ($^6$1929, hg. von Wilhelm Nestle; $^2$1855/6), 1278–1459 (zur Rhetorik S. 1410–1423, vorzüglich dokumentiert, aber überholt); W. K. C. Guthrie, *A history of Greek philosophy*, Bd. 3: *The fifth-century enlightenment*, Cambridge 1969 (immer noch Standardwerk); G(eorge) B. Kerferd, *The sophistic movement*, Cambridge 1981; eigenwillig ist Thomas Buchheim, *Die Sophistik als Avantgarde normalen Lebens*, Hamburg 1986 (konstruiert eine gemeinsame »sophistische Denkweise« als die eines »praktischen Denkens«); ders./R. H. Arning, »Sophistik, sophistisch, Sophist«, in: Ritter, *Historisches Wörterbuch der Philosophie*, Bd. 9 (1995), 1075–1086 (wichtig zum Fortleben der Vokabeln). Eine letzte, sehr gründliche Gesamtdarstellung gibt Helga Scholten, *Die Sophistik: Eine Bedrohung für die Religion und Politik der Polis?*, Berlin 2003.

Speziell zur **Rhetorik der Sophisten**, die in den von Philosophiehistorikern verfassten Gesamtdarstellungen wenig gewürdigt wird, findet man die Fragmente bei Radermacher, *Artium scriptores* (S. 526), bes. 35–147; dazu die Darstellungen von Blass, *Die attische Beredsamkeit* (S. 527), Bd. 1, 23–33; Gomperz (S. 527); Kennedy, *Art of persuasion* (S. 522), 52–70; Otto A. Baumhauer, *Die sophistische Rhetorik: Eine Theorie sprachlicher Kommunikation*, Stuttgart 1986 (aus der Sicht des Kommunikationswissenschaftlers). Eigenwillig ist John Poulakos, *Sophistical rhetoric in classical Greece*, Columbia 1995 (historisch-soziologisch ausgerichtet). Vieles findet man in neueren Schriften zu den Anfängen der Rhetorik: Cole, *The origins* (S. 526); Wardy, *Birth of rhetoric* (S. 527); Schiappa (S. 526), bes. 48–65 (mit Forschungsreferaten; provokativ S. 65: »Sophistic rhetoric is a construct that we can do without«). Der meist unterschätzte Thrasymachos wurde als Redner gewürdigt von Engelbert Drerup, *Die Anfänge der rhetorischen Kunstprosa*, in: *Jahrbücher für classische Philologie*, Suppl. 27, 1902, 219–351), dort 225–251. Die Leistungen der Sophisten zur Poetik kommentiert Giuliana Lanata (Hg.), *Poetica pre-platonica*, Florenz 1963, 184–225. Ihre literatur- und sprachwissenschaftlichen Verdienste stellt eindringlich dar Rudolf Pfeiffer, *Geschichte der klassischen Philologie: Von den Anfängen bis zum Ende des Hellenismus* (zuerst engl. 1968), Reinbek (rde) 1970, München $^2$1978, 33–80.

Die Frage nach dem Verhältnis von **Sokrates** zur Sophistik führt zum Problem des historischen Sokrates überhaupt; dieses wurde kaum weniger heftig diskutiert als das des historischen Jesus. Einen wertvollen Überblick über die Forschungsgeschichte gibt Andreas Patzer in der Einleitung seines Sammelbandes *Der historische Sokrates*, Darmstadt 1987, 1–40 (mit eigenem, wichtigem Beitrag S. 434–452). Von ihm stammt auch eine umfassende *Bibliographia Socratica*, Freiburg/München 1985; jetzt zu ergänzen durch Klaus Döring, in: Flashar (Hg.), *Die Philosophie der Antike*, Bd. 2/1 (S. 527), 141–178, 324–341 (Lit.). Umfassendst informiert jetzt über neue Forschungen Sara Ahbel-Rappe/Rachana Kamtekar, *A Companion to Socrates*, Malden u. a. 2006. Neue Beiträge zur Sokratesrezeption findet man bei Herbert Kessler (Hg.), *Sokrates: Geschichte, Legende, Spiegelungen*, Kusterdingen 1995, und *Sokrates: Bruchstücke zu einem Porträt*, ebd., 1997; Karl Pestalozzi (Hg.), *Der fragende Sokrates*, Stuttgart u. a. 1999.

Die *Wolken* des **Aristophanes** liest der deutsche Nichtgräzist am bequemsten in der (zuerst 1845 ff. erschienenen) Übersetzung von Ludwig Seeger, *Aristophanes: Komödien*, Bd. 1 (Goldmanns Gelbe Taschenbücher 919), München o. J., dasselbe bei Artemis, Zürich ²1968; eine bühnentaugliche Travestie des Stücks (im Jargon der 70er Jahre) gibt Manfred Fuhrmann, Zürich/München 1977. Überragend ist der Kommentar von K. J. Dover, Oxford 1968 (dazu jetzt der von Giulio Guidorizzi, [Mondadori] 1996). Berühmt wurde die 7. Doktorthese von Sören Kierkegaard (der 1841 *Über den Begriff der Ironie mit ständiger Rücksicht auf Sokrates* [deutsch zuletzt Hamburg 1976] promovierte), wonach die Darstellung des Aristophanes der historischen Wahrheit am nächsten käme (Lesky, a. a. O., 489). Ältere Literatur bei Patzer, *Bibliographia* (s. oben), 206–211.

Das lebendigste und wohl authentischste Bild von Sokrates gibt die in seinem Sinn verfasste ***Apologie*** (Verteidigungsrede) Platons, die zur Pflichtlektüre des Griechischunterrichts gehört. Eine neue deutsche Übersetzung mit ausführlichem Kommentar stammt von Ernst Heitsch, Göttingen 2002. Zur Würdigung der *Apologie* als »Entwurf einer neuen Rhetorik« ist lesenswert Andreas Patzer, in: Martin Hose (Hg.), *Meisterwerke der antiken Literatur*, München 2000, 54–74 (mit Lit.). Einen Longseller aus christlicher Sicht schrieb Romano Guardini, *Der Tod des Sokrates* (zuerst 1947), in: *rowohlts deutsche enzyklopädie*, 1956 u. ö., 37–77. Frisch und überraschend ist die althistorische Stellungnahme von Peter Scholz, »Der Prozeß gegen Sokrates: Ein ›Sündenfall‹ der athenischen Demokratie?«, in: Leonhard Burckhardt/Jürgen von Ungern-Sternberg (Hg.), *Große Prozesse im antiken Athen*, München 2000, 157–173, 276–279 (mit Lit.). Zur sonstigen Platonliteratur s. unten S. 535.

## *AGON* – REDNER UND GHOSTWRITER IM DEMOKRATISCHEN ATHEN

Über die Einrichtungen des **demokratischen Athen** informiert kurz Victor Ehrenberg, *Der Staat der Griechen*, 2 Teile, Leipzig 1960 (zuerst engl. 1957 [Ndr.]), bes. I, 41–77; ausführlicher Robert K. Sinclair, *Democracy and participation in Athens*, Cambridge u. a. 1988; vgl. Karl-Wilhelm Welwei, *Die griechische Polis*, Stuttgart u. a. 1983, 150–270; Jochen Bleicken, *Die athenische Demokratie*, München ⁴1995 (²1994); Arlene W. Saxonhouse, *Free speech and democracy in ancient Athens*, Cambridge 2006. Weitere Lit. bei Gustav Adolf Lehmann, in: Heinz-

Günther Nesselrath (Hg.), *Einleitung in die griechische Philologie*, Stuttgart/Leipzig 1997, 392 f. Wichtigste Quellenschrift ist (erst 1880 entdeckt) Aristoteles, *Der Staat der Athener (Athenaiōn politeia)*, übers. und hg. von Martin Dreher, Stuttgart (Reclam) 1993. Über das Verhältnis zu heute: Christian Meier und Paul Veyne, *Kannten die Griechen die Demokratie?*, Berlin 1988.

Altes Standardwerk zum **Gerichtswesen** ist Justus Hermann Lipsius, *Das attische Recht und Rechtsverfahren*, 3 Bde., Leipzig 1905–1915 (Ndr. 1966); eine neuere Zusammenfassung bei A. R. W. Harrison, *The law of Athens* II: *Procedure*, Oxford 1971, [2]1998; kürzer Douglas M. MacDowell, *The law in classical Athens*, London 1978, 203–259 (bes. 235 ff.); S. C. Todd, *The shape of Athenian law*, Oxford 1993. Zur Rekonstruktion des Verfahrens sind die archäologischen Zeugnisse grundlegend aufgearbeitet von Alan L. Boegehold: *The lawcourts at Athens*, Princeton N. J. 1995. Über neuere Forschungen unterrichten die rechtshistorischen Beiträge zu Burckhardt/von Ungern-Sternberg, *Große Prozesse* (S. 530), bes. Karl-Wilhelm Welwei, »Die Entwicklung des Gerichtswesens im antiken Athen [...]«, dort 15–29, und (sehr instruktiv und anschaulich) Gerhard Thür, »Das Gerichtswesen Athens im 4. Jahrhundert v. Chr.«, dort 30–49 (beide mit Lit.). Noch aktueller ist der umfassend informierende Sammelband von Michael Gagarin/David Cohen (Hg.), *The Cambridge Companion to ancient Greek law*, Cambridge 2005, 97 ff.; vgl. dort speziell zur Gerichtsrede die Beiträge von C. S. Todd, Adriaan Lanni, Lene Rubinstein, Gerhard Thür, Harvey Yunis. Sonstige wichtige Einzeluntersuchungen: Gerhard Thür, *Beweisführung vor den Schwurgerichtshöfen Athens*, Wien 1977, und Lene Rubinstein, *Litigation and cooperation*, Stuttgart 2000 (zur Rolle des *synēgoros*). An älteren Arbeiten sind wichtig Franz Lämmli, *Das attische Prozeßverfahren in seiner Wirkung auf die Gerichtsrede*, Paderborn 1938; Erik Wolf, *Griechisches Rechtsdenken*, III 2, Frankfurt/Main 1956, 157–413 (zu Gerichtsrhetorik aus juristischer Sicht). Den Unterschied zwischen attischem und heutigem deutschen Strafprozess erläutert sehr instruktiv Heitsch, *Antiphon* (s. unten), 6–8, und Heitsch, *Recht und Argumentation* (s. unten), 12–18.

Am wichtigsten zu **Antiphon** ist jetzt die umfassende Monographie von Michael Gagarin, *Antiphon the Athenian*, Austin 2002 (mit Lit.), von ihm stammt auch ein vollständiger (engl.) Kommentar, Cambridge 1997 (der erste seit 1838); und eine Übersetzung (verfasst mit D. M. MacDowell, Austin 1998). Gerard J. Pendrick (Hg.), *Antiphon the sophist: The fragments*, Cambridge 2002, ediert (mit engl. Übers.) und kommentiert ausführlich die Fragmente des »Sophisten« Antiphon (s. S. 100). Der deutsche Leser wird hier schlechter bedient. Die zweisprachigen *Vorsokratiker* von Diels/Kranz (S. 526) enthalten nur Fragmente des »Sophisten« (Bd. 2, 334–370). Immerhin die 1. Prozessrede ist übersetzt von Kai Brodersen (Hg.), *Antiphon gegen die Stiefmutter* [...], Darmstadt 2004. – Eine immer noch wertvolle Gesamtwürdigung stammt von Blass, *Attische Beredsamkeit*

(S. 527), Bd. 1, 91–203; dazu Schmid/Stählin I 3 (S. 527), 97–126. Problematisch ist das bekannte Buch von Friedrich Solmsen, *Antiphonstudien*, Berlin 1931. Lesenswert bleibt R. C. Jebb, *The Attic orators from Antiphon to Isaeos*, 2 Bde., London 1876; zu Antiphon Bd. 1, 1–70. Von Antiphon bis Demosthenes: Stephen Usher, *Greek oratory*, Oxford 1999. – Zu einzelnen Reden: Ulrich Schindel, *Der Mordfall Herodes*, Göttingen 1979; Ernst Heitsch, *Recht und Argumentation in Antiphons 6. Rede*, Mainz 1980. Derselbe interpretiert alle drei Mordprozessreden in: *Antiphon aus Rhamnus*, Mainz 1984, dort zur 1. Rede 21–32 (mit älterer Lit.); vgl. Gagarin, *Antiphon* (s. oben), 146–152 (mit stark abweichender Auffassung), und Stroh, *Taxis und Taktik* (S. 552), 13–15. Sonstiges findet man in dem Sammelband von Anargyros Anastassiou/Dieter Irmer (Hg.), *Kleinere attische Redner*, Darmstadt 1977, 9–65.

Zu **Andokides** gibt es eine kommentierte Ausgabe aller Reden von Michael Edwards, Warminster 1995 (mit engl. Übers. und neuerer Lit.). Klassisch ist der Kommentar von Douglas MacDowell zu *De mysteriis*, Oxford 1962. Auch hier bleibt lesenswert Blass, *Attische Beredsamkeit* (S. 527), Bd. 1, 280–339 (auf ihn geht die gängige Beurteilung des Redners zurück: viel »natürliche Beredsamkeit«, wenig »Kunst«); vgl. Schmid/Stählin, I 3 (S. 527), 126–143. »Die Redekunst des Andokides« behandelt George A. Kennedy (zuerst engl. 1958), in: Anastassiou/Irmer (s. oben), 94–107 (vgl. aber S. 105). Zu *Über die Mysterien* William D. Furley, *Andokides and the Herms*, London 1996. Dem aristokratischen, antidemokratischen Politiker Andokides gilt das Buch der Historikerin Anna Missiou, *The subversive oratory of Andokides*, Cambridge u. a. 1992. – Dringend zu wünschen ist eine moderne deutsche Übersetzung.

Kurze zweisprachige **Auszüge** aus mehreren attischen Reden (Antiphon, Lysias, Isokrates, Demosthenes, Aischines) und Texten zur Rhetorik (Isokrates, Alkidamas, Platon, Anaximenes, Aristoteles) bietet Herwig Görgemanns (Hg.), *Die griechische Literatur in Text und Darstellung*, Bd. 3, Stuttgart (Reclam) 1987, 76–211.

## *ETHOS* – LYSIAS UND SEINE BIEDERMÄNNER

Sämtliche Reden des **Lysias** übersetzt (mit leider nur minimalem Kommentar) Ingeborg Huber (Hg.), *Lysias Reden*, griech./deutsch, 2 Bde., Darmstadt 2004/05. Drei der berühmtesten Gerichtsreden (or. 24, 1, 7) sind zweisprachig hg. und erläutert von Georg Wöhrle, Stuttgart (Reclam) 1995 (mit Lit.). Eine engl., kommentierte Gesamtübersetzung (zusammen mit Antiphon) stammt von M. Edwards/Stephen Usher, Warminster 1985. Für den Schulgebrauch bestimmt waren einst in der Hochblüte des deutschen Gymnasiums die immer noch brauchbaren Ausgaben (in Auswahl) von Hermann Frohberger/Theodor

Thalheim, Leipzig ³1895, und Rudolf Rauchenstein/Karl Fuhr, Berlin ¹²1917 (Ndr. 1963). Vorzüglich ist die kommentierte Ausgabe von C. Carey, *Lysias: Selected speeches*, Cambridge u. a. 1989 (or. 1, 3, 7, 14, 31, 32). Überragend jetzt (auch durch die literarische Würdigung) S. C. Todd (Hg.), *A commentary on Lysias, Speeches 1–11*, Oxford 2007 (konnte nicht mehr berücksichtigt werden).

Als umfangreichste rhetorische Gesamtwürdigung bleibt neben Todd immer noch beachtlich Blass, *Die attische Beredsamkeit* (S. 527) Bd. 1, 339–644. Eigenwilliger ist Kennedy, *Art of persuasion* (S. 522), 133–140. Von den mittelalterlichen Handschriften zurück bis zur Mandantenberatung des Lysias geht das geistreiche Buch von Kenneth J. Dover, *Lysias and the Corpus Lysiacum*, Berkeley/Los Angeles 1968 (zum Problem der umstrittenen Echtheit vieler bzw. aller Reden). Zur »Ethopoiie« Ivo Bruns, *Das literarische Porträt der Griechen im fünften und vierten Jahrhundert vor Christi Geburt*, Berlin 1896 (Ndr. 1961), 438–474; Stephen Usher, »Die individuelle Charakterdarstellung bei Lysias« (zuerst engl. 1965), in: Anastassiou/Irmer (S. 532), 218–241 (nicht immer überzeugend). Zum Begriff: Friedrich Zucker, *Anethopoietos: Eine semasiologische Untersuchung aus der antiken Rhetorik und Ethik*, Berlin 1953. Zu einzelnen der oben behandelten Reden: Ugo Enrico Paoli, »Die Gattin des Euphiletos«, in: Ders., *Die Geschichte der Neaira* […], Bern 1953 (aus dem Ital.), 28–38 (populärer juristischer und kulturgeschichtlicher Kommentar zur 1. Rede); Ernst Heitsch, »Recht und Taktik in der 7. Rede des Lysias« (zuerst 1961), in: Anastassiou/Irmer (S. 532), 194–217 (zum Prozessverfahren in seiner Auswirkung auf die Rede). Dieser Sammelband enthält weitere wichtige Arbeiten zu L. – Leider gibt es offenbar keine deutsche Übersetzung der Abhandlung des Dionysios von Halikarnass über Lysias (griechisch in Bd. 1 der *Opuscula*, hg. von Hermann Usener/Ludwig Radermacher, Stuttgart 1899, Ndr. 1965, 8 ff.; zu Isaios S. 93 ff.).

Zu **Isaios** existiert eine gute (leider schwer zugängliche) deutsche Gesamtübersetzung von Karl Münscher, in: *Zeitschrift für vergleichende Rechtswissenschaft* 37, 1920, 32–328 (mit wertvollen Erläuterungen); griech./engl. E. S. Forster, Cambridge, Mass./London (Loeb) 1933 u. ö. Der überragende wissenschaftliche Kommentar stammt von William Wyse, Cambridge 1904, Ndr. 1967 (fast überkritisch in der Beurteilung von Isaios' Rechtsstandpunkt). Sachlich weniger tiefdringend, aber für den Redestil wertvoll ist auch hier Blass, *Attische Beredsamkeit* (S. 527), Bd. 2, ²1892, 452–541. Die oben behandelte 2. Rede analysiert (aus der Sicht einer DDR-Marxistin, aber förderlich) Liselot Huchthausen, »Zur II. Rede des Isaios« (zuerst 1965), in: Anastassiou/Irmer, *Kleinere attische Redner* (S. 532), 294–324.

## *PHILOSOPHIA* – DIE HUMANISTISCHE RHETORIKSCHULE DES ISOKRATES

Eine zweisprachige Gesamtausgabe der Werke von **Isokrates** verdanken wir Christine Ley-Hutton, 2 Bde., Stuttgart 1993/97. Die umfangreichste, immer noch wertvolle Gesamtdarstellung gibt Blass, *Attische Beredsamkeit* (S. 527), Bd. 2, ²1892, 1–485 (beste Darstellung des Lebens mit Einbeziehung der Schüler); eigenwilliger Kennedy, *Art of persuasion* (S. 522), 174–203, vgl. 70–74; ohne Sympathie, aber um Verständnis bemüht: Lesky, *Geschichte der griechischen Literatur*³ (S. 524), 653–663. Einen Überblick über die ältere Forschung geben die Aufsätze in Friedrich Seck (Hg.), *Isokrates*, Darmstadt 1976. Neuestes erschließt die gleichmäßig informative Darstellung von Terry L. Papillon, »Isocrates«, in: Worthington, *Companion to Greek rhetoric* (S. 523), 58–74. Ein interdisziplinäres Colloquium ist dokumentiert in: Wolfgang Orth (Hg.), *Isokrates: Neue Ansätze zur Bewertung eines politischen Schriftstellers*, Trier 2003. Eine umfassende Bibliographie enthält die Teubner-Ausgabe von Basilius G. Mandilaras, Bd. 1, München/Leipzig 2003.

Überragend zur Rhetorik bzw. **rhetorischen Pädagogik**: Wolf Steidle, »Redekunst und Bildung bei Isokrates«, *Hermes* 80, 1952, 257–296. Vorausgegangen war August Burk, *Die Pädagogik des Isokrates als Grundlegung des humanistischen Bildungsideals*, Würzburg 1923, und bes. Jaeger, *Paideia* (S. 528), II, 1947, 105–225. Sehr wertvoll: Henri-Irénée Marrou, *Geschichte der Erziehung im klassischen Altertum* (franz. ³1955), Freiburg/München 1957, 121–138. Eine Zusammenstellung von Isokrates' eigenen einschlägigen Äußerungen gibt Radermacher, *Artium scriptores* (S. 526), B XXIV, 41, S. 163–187. Manches Neuere in dem gründlichen Buch von Christoph Eucken, *Isokrates: Seine Positionen in der Auseinandersetzung mit den zeitgenössischen Philosophen*, Berlin/New York 1983 (leider nur bis zu den »kyprischen Reden«); vgl. jetzt auch Yun Lee Too, *The rhetoric of identity in Isocrates*, Cambridge 1995, 151–199 (bes. zu *Gegen die Sophisten*, mit neuerer Lit.). Aus der Sicht amerikanischer Rhetoriker: Takis Poulakos/David Depew (Hg.), *Isocrates and civic education*, Austin 2004; Ekaterina V. Haskins, *Logos and power in Isocrates and Aristotle*, Columbia, SC 2004. – Die umstrittene Nachricht, dass Isokrates ein rhetorisches Handbuch geschrieben habe, wurde wohl endgültig widerlegt von Karl Barwick, »Das Problem der isokrateischen Techne« (zuerst 1963), in: Seck, *Isokrates* (s. oben), 275–295. Modisch überzogen formuliert Michael Cahn, »Der Ort des rhetorischen Wissens: Kunst und Natur bei Isokrates«, *Berichte zur Wissenschaftsgeschichte* 10, 1987, 217–228: Isokrates »dekonstruiere« die Rhetorik in einer »Antirhetorik«.

Besonderes Interesse hat immer die aus den Schriften zu erschließende **Auseinandersetzung mit Platon** erregt, beginnend mit Friedrich Schleiermacher und bes. Leonhard Spengel, *Isokrates und Platon*, München 1855. Ihrer These, dass einer frühen Freundschaft der beiden die spätere Gegnerschaft gefolgt sei, widersprach zuerst Gustav Teichmüller, *Literarische Fehden im vierten Jahrhundert v. Chr.*, Breslau 1881, Ndr. 1978 (entscheidend war die Spätdatierung von Platons *Phaidros*, der ein explizites Lob des Isokrates enthält). Die Geschichte der älteren Forschung ist aufgearbeitet in der wertvollen Dissertation von Klaus Ries, *Isokrates und Platon im Ringen um die Philosophie*, München 1959; wirkungsreich und (trotz sonderbarem Gesamturteil) lesenswert: Ulrich von Wilamowitz-Moellendorff, »Platon und Isokrates«, in: ders., *Platon*, Bd. 2, Berlin $^2$1920, 106–125. Leider nur schwer zugänglich ist der tiefdringende Vortrag von Herwig Görgemanns, »Der Erziehungsgedanke bei Isokrates und Platon«, Gaienhofen 1989. Mehr in dem Sammelband von Poulakos/Depew (s. oben).

Die mit Isokrates beginnende Kontroverse von **Rhetorik und Philosophie** ist umfassend dargestellt in: Hans von Arnim, »Sophistik, Rhetorik, Philosophie in ihrem Kampf um die Jugendbildung«, in: ders., *Leben und Werke des Dion von Prusa*, Berlin 1898, 1–114 (unersetzt, aber nur für Fachleute) und (populärer) im Einleitungskapitel von Christoph Tobias Kasulke, *Fronto, Marc Aurel und kein Konflikt zwischen Rhetorik und Philosophie im 2. Jh. n. Chr.*, München 2005, 1–48.

Isokrates als **Stilist** und »Vollender der griechischen Kunstprosa« wird gewürdigt von Norden, *Antike Kunstprosa* (S. 527), I 113–119; auch hier ist natürlich ein eindringlicher Essay des Dionysios von Halikarnass (*Opuscula* I 54–92, Usener/Radermacher) zu nennen. Einzelne der oben behandelten Werke sind bearbeitet von Ludwig Braun, »Die schöne Helena wie Gorgias und Isokrates sie sehen«, *Hermes* 110, 1982, 158–174 (mit älterer Lit.); Edmund Buchner, *Der Panegyrikos des Isokrates*, Wiesbaden 1958. Kommentare: Sandra Zajonz (Hg.), *Isokrates' Enkomion auf Helena*, Göttingen 2002; Niall Livingstone (Hg.), *A commentary to Isocrates' Busiris*, Leiden u. a. 2001; Yun Lee Too, *A commentary on Isocrates' Antidosis*, Oxford 2008. Mehr bei Papillon (s. oben).

## *DIALEKTIKE* – PLATONS KRITIK DER RHETORIK

Den schönsten Zugang zur Zauberwelt der platonischen Dialoge findet man als deutscher Leser immer noch über die altmodisch wörtliche **Übersetzung** des Theologen Friedrich Schleiermacher (zuerst 1804–1828), mit dem auch die moderne Platonforschung beginnt. Sie wurde zuletzt nachgedruckt: Hamburg (Rowohlt), 6 Bde., 1957–1959; 3 Bde., $^{29}$2004 (dass. zweispr., 8 Bde., Darmstadt 1977). Sprachlich modernere Gesamtübersetzungen stammen von Otto Apelt, Leipzig 1916–1926 (Ndr. 1988) und Rudolf Rufener, Zürich/München (Artemis) 1948–1965. Jeweils mit deutscher Übersetzung versehen (ohne griechischen Text) sind die von Ernst Heitsch und Carl Werner Müller herausgegebenen *Werke – Übersetzung und Kommentar*, Göttingen 1993 ff.: Der in dieser Reihe erschienene Kommentar zum *Gorgias* von Joachim Dalfen (Werke VI 3,

2004) ist auch für Nichtgräzisten gut verständlich, schwerer der von Heitsch zum *Phaidros* (*Werke* III 4, 1993). Für die Wissenschaft unentbehrlich ist die kommentierte Ausgabe des *Gorgias* von E. R. Dodds, Oxford 1959. Einige zur Rhetorik wichtige Texte Platons findet man zweisprachig bei Görgemanns (Hg.), *Griechische Literatur* (S. 532), Bd. 3, 180–195.

Eine ebenso verständliche wie knappe **Einführung** in Platons Werke (mit Forschungsreferaten und Literaturhinweisen) gibt Herwig Görgemanns, *Platon*, Heidelberg 1994. Einführenden Charakter haben auch die Lexika von Christian Schäfer (Hg.), *Platon-Lexikon*, Darmstadt 2007 (der neuere Literatur erschließt), Hugo Perls, *Lexikon der Platonischen Begriffe*, Bern/München 1973 (subjektiver, aber nahe an den Texten) und der Sammelband von Theo Kobusch/Burkhard Mojsisch (Hg.), *Platon: Seine Dialoge in der Sicht neuer Forschungen*, Darmstadt 1996; vgl. dieselben (Hg.), *Platon in der abendländischen Geistesgeschichte*, Darmstadt 1997. Zur Einführung weniger geeignet ist der etwas disparate Sammelband von Marcel van Ackeren (Hg.), *Platon verstehen*, Darmstadt 2004. Auf die Literaturgeschichte von Lesky (S. 524) kann nur pauschal verwiesen werden, ebenso auf Philosophiegeschichten wie die von Vorländer/Metzke und Ricken (S. 528).

Die sonstige **philologische Platonliteratur** ist unüberschaubar, wobei das Neueste nicht immer das Beste ist. Die ältere Forschung, die sich vor allem um die Entwicklung von Platons Denken und die Chronologie der Dialoge bemühte, ist aufgehoben in den Monographien von Constantin Ritter, *Platon*, 2 Bde., München 1910/23 und Ulrich von Wilamowitz-Moellendorff, *Platon*, 2 Bde., Berlin (1919) $^2$1920 (Ndr. $^3$1962; vorzüglich zum historischen und kulturellen Hintergrund); die Platonkritik Friedrich Nietzsches (beginnend nicht erst mit *Jenseits von Gut und Böse*) blieb darin noch ohne Echo. Neue Impulse zu geben versuchten Werner Jaeger, *Paideia* (S. 528), Bd. 2, 130–360, 382–418; Bd. 3, 1–104, 375–395 (Platon ist die Zentralgestalt seines »dritten Humanismus«), und Paul Friedländer, *Platon*, 3 Bde., Berlin 1928–1930, (verbessert) $^3$1964–1975 (mit Bezügen zur neueren Philosophie). Das philologische Gegenwartsinteresse richtet sich vor allem auf das Problem einer hinter den Dialogen stehenden, in der Akademie diskutierten esoterischen Lehre Platons (verfochten vor allem von der sog. Tübinger Schule). Ausgelöst wurde diese Diskussion durch Arbeiten von Konrad Gaiser und bes. Hans Joachim Krämer, *Arete bei Platon und Aristoteles*, Heidelberg 1959; vgl. jetzt Thomas A. Szlezák, *Platon lesen*, Stuttgart-Bad Cannstatt 1993. Den heutigen Stand der Forschung insgesamt referiert Michael Erler, »Platon«, in: Hellmut Flashar (Hg.), *Die Philosophie der Antike*, Bd. 2/2, Basel 2007, zur Rhetorik bes. 498–506, 719–721.

Das neuere **philosophische Interesse** bezeugen Titel wie der des dunklen, aber berühmten Buches von Martin Heidegger, *Platons Lehre von der Wahrheit*, Bern 1947 (= $^3$1975) oder (aus dem Blickpunkt der modernen Physik) Carl

Friedrich von Weizsäcker, *Ein Blick auf Platon*, Stuttgart (Reclam) 1981. Noch weit wirkungsvoller war die antiplatonische Kampfschrift von Karl Popper, *The spell of Plato* (Anm. zu S. 163). Über Platons Versuch, in Syrakus politisch zu wirken, schrieb der Philosoph Ludwig Marcuse einen packenden Roman: *Der Philosoph und der Diktator* (Berlin 1950, zuerst engl. 1947), später unter dem Titel *Plato und Dionys*, Berlin 1968.

Gediegenste Auskunft über Platons **Verhältnis zur Rhetorik** gibt Antje Hellwig, *Untersuchungen zur Theorie der Rhetorik bei Platon und Aristoteles*, Göttingen 1973; wichtig daneben noch Rudolf Hirzel, *Über das Rhetorische und seine Bedeutung bei Platon*, Leipzig 1871. Weithin eine (von Popper beeinflusste) Streitschrift gegen »Plato's attack on rhetoric« ist das bekannte Buch von Vickers, *In defence of rhetoric* (S. 523), 83–147 (vgl. S. 148–213 »Philosophy versus rhetoric«: zur späteren Auseinandersetzung mit Platon). Fast ganz auf den ersten Teil des *Gorgias* beschränkt sich Wardy, *The birth of rhetoric* (S. 527), 52–85. Etwas oberflächlich sind hier die Bemerkungen von Kennedy, *Art of persuasion* (S. 522), 15–17, 74–79; noch weniger erhellend: Martin F. Meyer, »Platon als Erfinder und Kritiker der Rhetorik«, in: van Ackeren (s. oben), 210–235. Neueste Literatur erschließt Harvey Yunis, »Plato's rhetoric«, in: Worthington, *Companion to Greek rhetoric* (S. 523), 75–88 (der viele Dialoge heranzieht). Vgl. auch Heinrich Niehues-Pröbsting, *Überredung zur Einsicht: Der Zusammenhang von Philosophie und Rhetorik bei Platon und in der Phänomenologie*, Frankfurt a. M. 1987; Keith V. Erickson (Hg.), *Plato: True and sophistic rhetoric*, Amsterdam 1979 (auch zum *Symposion*). Weiteres in den Literaturhinweisen zu Kap. 8 (Isokrates) und 10 (Aristoteles).

## *PISTEIS* – ARISTOTELES DURCHDENKT DIE RHETORIK

Eine deutsche **Übersetzung der *Rhetorik*** mit ausführlicher Einleitung und Kommentar gibt Christof Rapp, Berlin (Darmstadt) 2002 (im Rahmen der dt. Gesamtausgabe des Aristoteles, hg. von Hellmut Flashar); vgl. auch Rapps Beiträge in: Knape/Schirren [s. unten], 51–71, und in *Rhetorik* 18, 1999, 94–113); eine andere Übersetzung mit kurzen Erläuterungen lieferte Franz G. Sieveke, München (UTB 159) 1980. Der klassische, immer noch wertvolle Kommentar stammt von Edward Meredith Cope und John Edwin Sandys, 3 Bde., Cambridge $^2$1877 (Ndr.); dazu (zum Verständnis des Kommentars wichtig) E. M. Cope, *An introduction to Aristotle's Rhetoric*, London/Cambridge 1867. Weniger ergiebig ist der Kommentar von W. M. A. Grimaldi, 2 Bde., New York 1980/1988. Neuere Übersetzung mit Erläuterungen: George A. Kennedy, *Aristotle on rhetoric: A theory of civic discourse*, New York u. a. (1991) $^2$2007.

Ältere und neuere Literatur erschließen die **Sammelbände** von: Rudolf Stark und Peter Steinmetz (Hg.), *Rhetorica: Schriften zur aristotelischen und helle-*

*nistischen Rhetorik*, Hildesheim 1968 (ältere Arbeiten, sehr wertvoll); Keith V. Erickson (Hg.), *Aristotle: The classical heritage of rhetoric*, Metuchen N. J. 1974 (Aufsätze seit 1936); David J. Furley und Alexander Nehamas, *Aristotle's Rhetoric: Philosophical essays*, Princeton 1994; Amélie Oksenberg Rorty (Hg.), *Essays on Aristotle's Rhetoric*, Berkeley u. a. 1996 (thematisch umfassend, mit ausführlicher Bibliographie); Joachim Knape und Thomas Schirren (Hg.), *Aristotelische Rhetoriktradition*, Stuttgart 2005 (bis zu Heidegger, Perelman und Neueren); William W. Fortenbaugh, *Aristotle's practical side: On his psychology, ethics, politics and rhetoric*, Leiden u. a. 2006; David C. Mirhady (Hg.), *Influences on peripatetic rhetoric*, Leiden u. a. 2007.

Das **Verhältnis zu Platon** wurde grundlegend behandelt von dem klassischen Philologen Leonhard Spengel, *Über die Rhetorik des Aristoteles*, München 1851: Aristoteles vollende, was Platon gefordert habe. Die Gegenposition vertrat temperamentvoll der amerikanische Rhetorikprofessor Everett Lee Hunt, »Plato and Aristotle on rhetoric and rhetoricians« (zuerst 1925), in: Crocker/Carmack, *Readings in rhetoric* (S. 523), 100–159 (mit auch sonst lesenswerten, in Deutschland kaum bekannten Beiträgen). Zur angeblichen Entwicklung des Aristoteles vgl. bes. Friedrich Solmsen, *Die Entwicklung der aristotelischen Logik und Rhetorik*, Berlin 1929. Besonders informativ (nicht abschließend) zum Thema ist das Standardwerk von Hellwig (S. 537). Zuletzt Gernot Krapinger, »Das Platonische in der aristotelischen Rhetorik«, in: Knape/Schirren (s. oben), 38–50 (ohne ganz Neues, erschließt Lit.).

Eine gut verständliche, umfassende **Einführung zu Aristoteles** überhaupt gibt Ingemar Düring, *Aristoteles*, Heidelberg 1966 (zur Rhetorik S. 126–159). Vgl. an neueren Einführungen: Otfried Höffe, *Aristoteles*, München (1996) [3]2006; Luciano Canfora, *Ach Aristoteles! Anleitung zum Umgang mit Philosophen* (zuerst ital.), Hamburg 2000, 93–143 (anekdotisch); Christof Rapp, *Aristoteles zur Einführung*, Hamburg (2001) [2]2004. Die neuere Forschung resümiert kompetent Hellmut Flashar, »Aristoteles«, in: ders. (Hg.), *Die Philosophie der Antike*, Bd. 3: Ältere Akademie, Aristoteles, Peripatos, Basel [2]2004, 167–492 (zur Rhetorik S. 196, 236–238, 324–333, 438–440). Letzte Gesamtdarstellung: Georgios Anagnostopoulos (Hg.), *A companion to Aristotle*, Malden, MA 2009.

Die ps.-aristotelische »Alexander-Rhetorik« hat der Humanist Petrus Victorius **Anaximenes** von Lampsakos zugeschrieben; dafür setzte sich vor allem auch Leonhard Spengel in seiner (lat.) kommentierten Ausgabe (Leipzig [2]1850, Ndr. 1981) ein. Widersprochen hat in neuerer Zeit Vinzenz Buchheit, *Untersuchungen zur Theorie des Genos Epideiktikon von Gorgias bis Aristoteles*, München 1960, 189–207. Skeptisch bleibt Pierre Chiron in seiner zweisprachigen, kommentierten Ausgabe, Paris (Budé) 2002. Neben dieser franz. Übersetzung gibt es eine engl. von H[arris] Rackham, London/Cambridge Mass. (Loeb) 1937; leider scheint keine dt. zu existieren. Eine vorzügliche Einführung in Inhalt und Forschungsprobleme (mit neuester Lit.) gibt Pierre Chiron, »The Rhetoric to Alexander«, in: Worthington, *Companion to Greek rhetoric* (S. 523), 90–106. Den knappsten Inhaltsüberblick hat man (auf einer Seite) bei Fuhrmann, *Antike Rhetorik* (S. 521), 146.

## *ASKESIS* – DEMOSTHENES UND DER TRIUMPH DES WILLENS

Die erste **Übersetzung** des Demosthenes (Olynthie I) ins Deutsche wagte schon 1495 der große Humanist Johannes Reuchlin. Die letzten deutschen Gesamtübersetzungen (61 Reden überliefert, davon viele unecht) stammen von Johann Jakob Reiske, 5 Bde., Lemgo 1764–1769 (mit Aischines) und von Heinrich A. Pabst, 19 Bde., Stuttgart 1839–1841. Oft auch in Teilen wieder aufgelegt wurde die kommentierte Übersetzung *Staatsreden nebst der Rede für die Krone*, von Friedrich W. Jacobs, Leipzig (1805) $^2$1833. Nach dem 19. Jahrhundert lässt in Deutschland das Interesse auch der Übersetzer spürbar nach. Eine engl. zweisprachige Gesamtausgabe bietet die Loeb-Library (von J. H. Vince u. a.), 7 Bde., 1926–1949. Ebenso zweisprachig gibt es bei Reclam (unter »Politische Reden«) die *Philippischen Reden*, Nr. 1–10 (ohne 7) von Wolfhart Unte, 1985, $^2$2002 (mit wertvoller Bibliographie und Nachwort). Die frühen drei *Reden zur Finanzierung der Kriegsflotte* sind zweisprachig herausgegeben und kommentiert von Christos Karvounis, Darmstadt 2008. Siehe auch Literaturangaben zu den folgenden beiden Kapiteln.

Bleibenden Wert für den Kenner haben die einfühlsam kommentierten **Schulausgaben** der »Ausgewählte[n] Rede[n]« von Carl Rehdantz, Friedrich Blass, Karl Fuhr, 2 Teile, Leipzig 1886–1910 (ND 1973) und von Anton Westermann, 3 Bde., 3.–10. Aufl., Berlin 1890–1903. Heute wird der Redner im Griechischunterricht des deutschen Gymnasiums kaum mehr gelesen.

**Leben und Politik** des Demosthenes erschließen jetzt zwei gleichermaßen wertvolle neuere Bücher: Gustav Adolf Lehmann, *Demosthenes von Athen: ein Leben für die Freiheit*, München 2004 (populär, aber gut dokumentiert) und Raphael Sealey, *Demosthenes and his time: a study in defeat*, New York u. a. 1993 (auch zu Philologischem). Alle Forschung beruht auf dem unentbehrlichen Werk von Arnold Schaefer, *Demosthenes und seine Zeit*, 3 Bde., Leipzig (1856) $^2$1885-$^2$1887, das aus einer noch bis in die Freiheitskriege zurückreichenden Demosthenesbegeisterung gespeist ist. Das deutsche Kaiserreich brachte bei den Althistorikern bald den Rückschlag: Demosthenes, schon von Johann G. Droysen (*Geschichte Alexanders des Großen*, 1833) abgewertet, erschien nun als kurzsichtiger Opponent der von der geschichtlichen Notwendigkeit vorgesehenen griechischen Einigung (so neben anderen besonders Julius Beloch, *Griechische*

*Geschichte*, 4 Bde., zuerst 1893–1904, Bd. III 1, ²1922, 498 ff.). Im Ersten Weltkrieg wurde er, der einst gegen Napoleon als neuen Philipp für Deutschland zu stehen schien, zum Typus der verhassten Kriegsgegner (Engelbert Drerup, *Aus einer alten Advokatenrepublik: Demosthenes und seine Zeit*, Paderborn 1916). Naturgemäß stand Demosthenes in den westlichen Demokratien höher im Kurs als im kaiserzeitlichen oder konservativen Deutschland (vgl. neben dem oben [S. 237] erwähnten Pamphlet von Clémenceau das Buch von Charles Darwin Adams, *Demosthenes and his influence*, New York 1927, Ndr. 2006). Eine Rehabilitation des Demosthenes als Träger vor allem einer panhellenischen Idee (heute meist abgelehnt) versuchte der Philologe Werner Jaeger, *Demosthenes: Der Staatsmann und sein Werden*, Berlin 1939, zuerst engl. 1938 (Ndr. 1963; trotz Einseitigkeit noch immer lesenswert).

Auch in der **neueren Forschung** setzt sich gewissermaßen der Streit zwischen der antimakedonischen und der promakedonischen »Partei« in Athen – Demosthenes gegen Aischines – wie überhaupt die extrem gegensätzliche Beurteilung des Redners in der Antike fort (vgl. immer noch Engelbert Drerup, *Demosthenes im Urteile des Altertums*, Würzburg 1923 und besonders Ulrich Schindel, *Demosthenes im 18. Jahrhundert*, München 1963). Darüber informiert neben den oben zitierten Büchern von Lehmann und Sealey vor allem auch die Einleitung zu dem wertvollen Sammelband von Ulrich Schindel (Hg.), *Demosthenes*, Darmstadt 1987 (Arbeiten 1862/63–1977, mit Bibliographie bes. seit 1966). Neuere repräsentative Arbeiten enthält Ian Worthington (Hg.), *Demosthenes: Statesman and orator*, London/New York 2000 (mit Bibliographie). Dort zu Demosthenes' politischen Anfängen E. Badian, »The road to prominence«, 9–44.

Weniger Aufmerksamkeit als der Politiker erhielt in den letzten 100 Jahren der eigentliche **Redner** Demosthenes. Ein Klassiker bleibt die monumentale Darstellung von Blass (S. 527), *Attische Beredsamkeit*, Bd. 3, Leipzig ²1893 (644 S.!). Viel erörtert wird seit dem 19. Jahrhundert die Frage nach dem Textcharakter der politischen Reden: Wie stark sind sie bei der Veröffentlichung bearbeitet worden? Sind es überhaupt Reden und nicht eher politische Pamphlete (so etwa Paul Wendland bei Schindel [1987, s. o.], 100 ff., dagegen Ch. D. Adams bei Schindel a. a. O., 139 ff.). Oder (umgekehrt): Handelt es sich etwa um Manuskripte von Reden, die so z. T. gar nicht gehalten und erst aus dem Nachlass veröffentlicht wurden (Jeremy Trevett, »Did Demosthenes publish his deliberative speeches?«, *Hermes* 124, 1996, 425–441; dazu Hajdú [541], 48 f., und R. D. Milns, in: Worthington, *Demosthenes* (s. oben), 208 f. – Rhetorische Analysen einzelner Reden enthält der zitierte Sammelband von Schindel; zu den Reden gegen Aischines siehe die Angaben zu den folgenden Kapiteln. Umfassendere Würdigungen von Demosthenes' Redekunst findet man bei Kennedy, *Art of persuasion* (S. 522), 206–236 (oft etwas nichtssagend), und bei Lionel Pearson, *The art of Demosthenes*, Meisenheim/Gl. 1976 (bes. zur Stilentwicklung). Die Privatprozessreden und die politischen Reden sind zusammenfassend behandelt in zwei Arbeiten bei Worthington (s. o.); dort auch Neueres zum Nachleben.

## *KAIROS* – DEMOSTHENES UND DAS RECHTE WORT ZUR RECHTEN ZEIT

Von den drei erhaltenen Reden des Aischines existiert keine deutsche Gesamtübersetzung, dafür eine zweisprachige engl. Ausgabe von Charles D. Adams, London u. a. (Loeb) 1919, sowie eine engl. Übersetzung mit wertvollem Kommentar von Chris Carey, Austin 2000.– Die 1. Rede *(gegen Timarchos)* wurde ausführlich kommentiert von Nick Fisher, Oxford 2001; kürzer die 2. Rede *(Truggesandtschaft)* von George L. Greaney, Lewiston 2005 (mit Übers.). Zum Rededuell über die »Truggesandtschaft« gibt es einen Kommentar von Thomas Paulsen, *Die Parapresbeiareden des Demosthenes und des Aischines*, Trier 1999 (ohne Übers.); nur zur Rede des Demosthenes einen Kommentar von Douglas M. MacDowell, *Demosthenes »On the false embassy«*, Oxford 2000. – Zum Ktesiphonprozess s. die Literaturangaben zum folgenden Kapitel.

Eine Rehabilitation des Politikers Aischines versuchten Günter Ramming, *Die politischen Ziele und Wege des Aischines*, Diss. Erlangen 1965, und Edward M. Harris, *Aeschines and Athenian politics*, New York u. a. 1995. Auf das Politische ausgerichtet ist auch John Buckler, »Demosthenes and Aeschines«, in: Worthington, *Demosthenes* (S. 540), 114–158. Zur Würdigung des Redners bleibt man angewiesen auf Blass, *Attische Beredsamkeit* (S. 527), III 2, [2]1898, 153–266, der in ihm den Vorläufer des »asianischen« Redestils (S. 252) sehen wollte; vgl. Kennedy, *Art of persuasion* (S. 522), 236–245. Einige kleinere Arbeiten zu Aischines enthält der Sammelband von Anastassiou / Irmer (S. 532).

Die Jahre vom Philokratesfrieden bis zur Niederlage von Chaironeia sind jetzt im Hinblick auf Demosthenes' Reden eindringlich behandelt in der Einleitung von István Hajdú, *Kommentar zur 4. philippischen Rede des Demosthenes*, Berlin / New York 2002.

## *STEPHANOS* – DEM REDNER FLECHTEN MIT- UND NACHWELT KRÄNZE

Zur **Politik** der letzten Jahre des Demosthenes ist instruktiv Ian Worthington, »Demosthenes' (in)activity during the reign of Alexander the Great«, in: Worthington, *Demosthenes* (S. 540), 90–113 (mit neuerer Lit.).

Immerhin zur **Kranzrede** gibt es eine praktische zweisprachige Ausgabe von Walter Zürcher, *Demosthenes, Rede für Ktesiphon über den Kranz*, gr.-dt.,

Darmstadt 1983 (es fehlt eine entsprechende Behandlung der Anklagerede des Aischines). Berühmt war früher vor allem die Übersetzung von Friedrich W. Jacobs (S. 539), in: *Staatsreden*, 2. Teil, ²1833, die oft nachgedruckt und bearbeitet wurde (etwa bei Reclam, wo sie ab 1968 ersetzt wurde durch eine Übersetzung von Wilhelm Waldvogel). Sonstige ältere Übersetzungen nennt Hermann Wankel in seinem monumentalen Kommentarwerk *Demosthenes' Rede für Ktesiphon über den Kranz*, Heidelberg 1976 (dort S. 89 f.): Es dürfte dies auf insgesamt 1376 Seiten die umfangreichste Erläuterungsschrift sein, die überhaupt je zu einer Rede verfasst wurde, eine Fundgrube für den Forscher. Von Wankel wird auch gewürdigt der tiefdringende Kommentar von Wilhelm Fox S. J., *Die Kranzrede des Demosthenes: das Meisterwerk der antiken Redekunst*, Leipzig 1880 (bes. S. 56 ff. zur Disposition), der das fortdauernde Interesse des Jesuitenordens an Rhetorik bezeugt. Zur kürzeren Information dient die kommentierte Ausgabe von Harvey Yunis, *Demosthenes' On the crown*, Cambridge 2001. Aus der Sphäre der amerikanischen Speech Departments stammt der nützliche, von James J. Murphy herausgegebene Sammelband *Demosthenes' On the crown*, New York 1967 (mit engl. Übers.).

Einzeluntersuchungen zu den **Rednern um Demosthenes** bietet der Sammelband von Anastassiou / Irmer (S. 532). Kaum auszuschöpfen ist immer noch Blass, *Attische Beredsamkeit* (S. 527), III 2: *Demosthenes' Genossen und Gegner*, ²1898 (422 S.).

**Zweisprachige Ausgaben und Übersetzungen**: Wilhelm S. Teuffel (Hg.), *Hypereides' erhaltene Reden*, Stuttgart 1865; J. O. Burtt (Hg.), *Minor Attic Orators II*, London, / Cambridge Mass, (Loeb) 1954 (Lykurgos, Deinarchos, Demades, Hypereides); Ian Worthington (Hg.), *Greek Orators II* (Deinarchos 1, Hypereides 5/6), Warminster 1999; ders. u. a. (Hg.), *Dinarchus, Hyperides, and Lycurgus* (Bd. 5 der Serie *The oratory of Classical Greece*, Austin 2001); Johannes Engels (Hg.), *Lykurg: Rede gegen Leokrates*, Darmstadt 2008 (zweispr. mit Übers.). Vgl. auch Worthington, *A historical commentary on Dinarchus*, Ann Arbor. 1992 Vgl. Johannes Engels, *Studien zur politischen Biographie des Hypereides*, München (1989) ²1993.

## *HELLENISMOS* – DIE WELT DEKLAMIERT GRIECHISCH

Über die Wortgeschichte informiert sorgfältig der Übersichtsartikel »**Hellenismus**« im *Lexikon des Hellenismus*, hg. von Hatto H. Schmitt und Ernst Vogt, Wiesbaden 2005 (dort Sp. 1–8), wo man im Übrigen vieles zur Rhetorik findet; vgl. auch die althistorischen Sammelbände von Andrew Erskine (Hg.), *Blackwell Companion to the Hellenistic world*, Oxford 2003, und Glenn R. Bugh (Hg.), *The Cambridge companion to the Hellenistic world*, Cambridge 2006 (beide wenig speziell zur Rhetorik). Zur **Sprachgeschichte** s. bei Schmitt / Vogt, *Lexikon des Hel-*

*lenismus* (wie oben): Wolfgang P. Schmid und Brita Kotratsch, »Sprache«, 1002–1010; dies., »Koine«, 565–567. Detaillierter ist Francisco R. Adrados, *Geschichte der griechischen Sprache* (zuerst span. 1999), Tübingen/Basel (UTB) 2002, 169–218; eine klassische Spezialdarstellung: Friedrich Blass und Albert Debrunner, *Grammatik des neutestamentlichen Griechisch*, Göttingen (1896) [14]1976 (u. ö.).

Einen Überblick über die **hellenistische Rhetorik** unter verschiedenen Aspekten gibt John Vanderspoel, »Hellenistic rhetoric in theory and practice«, in: Worthington, *Companion to Greek rhetoric* (S. 523), 124–138 (mit Lit.). Zur (oft nicht erkannten) praktischen Bedeutung: Andrew Erskine, »Rhetoric and persuasion in the hellenistic world: speaking up for the polis«, a. a. O., 272–285 (mit wichtiger Literatur). Nicht einschlägig ist das Kapitel »Oratory and declamation« von D. H. Berry und Malcolm Heath in: Stanley E. Porter (Hg.), *Handbook of classical rhetoric in the hellenistic period 330 B. C.–A. D. 400* [!], Leiden u. a. 1997, 393–420 (beginnt erst im 2. Jh. mit Cato! Dieser Sammelband enthält überhaupt wenig zum Hellenismus im engeren Sinn, dafür viel zur Rhetorik im Allgemeinen).

Den **Rhetorikunterricht** im Rahmen des ganzen griechisch-römischen Bildungswesens behandelt das schöne Buch von Marrou, *Geschichte der Erziehung im klassischen Altertum* (S. 534). Ausführlicher jetzt Yun Lee Too (Hg.), *Education in Greek and Roman antiquity*, Leiden u. a. 2001. Speziell zum Rhetorikunterricht Donald L. Clark, *Rhetoric in Greco-Roman education*, New York 1957, Ndr. 1977; D. A. Russell, *Greek declamation*, Cambridge u. a. 1983; Teresa Morgan, *Literate education in the Hellenistic and Roman worlds*, Cambridge 1998, 190–239 (vgl. dies., »Rhetoric and education«, in: Warmington, *Companion to Greek rhetoric* [S. 523], 303–319); George A. Kennedy, *Progymnasmata: Greek textbooks of prose composition and rhetoric*, Leiden 2003 (Übers. kaiserzeitlicher Texte von Theon, Aphthonios u. a.); besonders gut zu lesen ist Raffaella Cribiore: *Gymnastics of the mind: Greek education in Hellenistic and Roman Egypt*, Princeton N. J. 2001, 220–244. Siehe auch Literatur zu Kap. *Corrupta eloquentia?* (S. 558 ff.).

Die angebliche Entartung im sogenannten **Asianismus** wurde mit den spärlichen Dokumenten dargestellt von Friedrich Blass, *Die griechische Beredsamkeit in dem Zeitraum von Alexander bis auf Augustus*, Berlin 1865 (nicht völlig ersetzt). Eduard Norden versuchte, das Material durch eine Kultinschrift von Kommagene zu erweitern, in: *Antike Kunstprosa* (S. 527), 126–149 (weiteres Inschriftenmaterial bei Helmut Waldmann, *Die kommagenischen Kultreformen* […], Leiden 1973). Eine entscheidende Korrektur brachte Ulrich von Wilamowitz-Moellendorff in dem oben erwähnten (S. 254) Aufsatz »Asianismus und Atticismus« (1900); danach sehr besonnen Joachim Adamietz, »Asianismus«, *Historisches Wörterbuch der Rhetorik* 1 (1992), 1114–1120. Wertvoll durch die Beseitigung vieler moderner Vorurteile ist Heldmann, *Antike Theorien* (S. 526), bes. S. 98 ff. Vgl. auch William W. Fortenbaugh und Eckart Schütrumpf (Hg.), *Demetrius of*

*Phalerum*, New Brunswick 2000 (Texte und Quellen). Siehe auch Literatur zu Kap. *Orator perfectus* (S. 554 ff.).

Die rhetorischen Fragmente des **Theophrast** liest man jetzt bequem mit engl. Übersetzung bei William W. Fortenbaugh u. a. (Hg.), *Theophrastus of Eresus: Sources for his life, writings, thought and influence*, Leiden u. a. 1992, Bd. 2, Nr. 666–713. Die klassische Abhandlung hierzu ist Johannes Stroux, *De Theophrasti virtutibus dicendi*, Leipzig 1912, aufgearbeitet in dem immer noch grundlegenden Artikel von Otto Regenbogen, »Theophrastos«, in: *Paulys Realencyclopädie der classischen Altertumswissenschaft*, Suppl. VII (1940), 1354–1562 (dort 1522–1532). Vgl. auch Doreen C. Innes, »Theophrastus and the theory of style«, *Rutgers University Studies in Classical Humanities* 2, 1985, 251–267; William W. Fortenbaugh und David C. Mirhady (Hg.), *Peripatetic rhetoric after Aristotle*, New Brunswick N. J. 1994 (weniger zu Theophrast). – Zur Schrift *Über den Ausdruck (Peri hermēneias)* siehe Pierre Chiron, *Un rhéteur méconnu: Démétrios (Ps.-Démétrios de Phalère)*, Paris 2001; eine dt. Übersetzung stammt von Emil Orth, Saarbrücken 1923.

Die sonst wenig behandelte Einstellung der **Stoiker** zur Rhetorik skizziert kurz Max Pohlenz, *Die Stoa*, Göttingen (1959) [4]1970, I, 52–54; II, 31. Die Zeugnisse sind gesammelt (mit dt. Übersetzung) bei Karlheinz Hülser (Hg.), *Die Fragmente zur Dialektik der Stoiker*, Stuttgart 1987/88, Bd. 1, fr. 35–54. Mir noch nicht zugänglich: Maria Protopapas-Marneli, *La rhétorique des Stoïciens*, Paris 2002. Grundlegend ist im Übrigen die zitierte Abhandlung von Barwick (S. 580 Anm. 28).

Das von der Stoa entwickelte System der **Tropen und Figuren**, fassbar zuerst in der Herennius-Rhetorik (S. 381) und bei Cicero, *De oratore*, ist in die Auflistungen vieler auch neuerer Nachschlagewerke eingegangen. Neben dem bekannten Standardwerk von Lausberg (S. 521), I, 277–455, vgl. etwa Leonid Arbusow, *Colores rhetorici*, Göttingen 1963. Am beliebtesten unter deutschen Studenten der Klassischen Philologie war stets Hermann Menge, *Repetitorium der lateinischen Syntax und Stilistik*, Leverkusen [12]1955 (= [7]1900) u. ö., 376–390. Knappe, verlässliche Erläuterungen gibt Herwig Görgemanns, *Tropen und Figuren*, Heidelberg [12]1995 (erhältlich über das dortige Seminar für Klassische Philologie). Zuletzt Galen O. Rowe, »Style«, in: Porter, *Handbook of classical rhetoric* (S. 543), 121–157 (dort 124–150). Wegen der vorzüglichen Beispiele bleibt unentbehrlich die Darstellung von Volkmann (S. 521), 410–505. Wissenschaftlich anspruchsvoll: Roger D. Anderson jr., *Glossary of Greek rhetorical terms* […], Löwen 2000. – Eine grundlegende Neuorganisation der klassischen Figurenlehre versuchten Jacques Dubois u. a., *Allgemeine Rhetorik* (zuerst franz. 1970), München (UTB) 1974.

Die Erforschung des **Hermagoras**, des heute unbekanntesten aller großen griechischen Rhetoriker, hat vorläufig einen gewissen Abschluss gefunden in der Ausgabe seiner Fragmente von Dieter Matthes (bei Teubner) und dessen ergänzendem Forschungsbericht »Hermagoras von Temnos 1904–1955«, in: *Lustrum* 3, 1958, 58–278; weitergeführt wurde sie in verschiedenen Aufsätzen von Karl Barwick (zuletzt in *Philologus* 109, 1965, 186–218). Eine sorgfältige Darstellung des Systems und seiner Geschichte gibt Lucia Calboli Montefusco, *La dottrina degli ›status‹ nella retorica greca e romana*, Bologna 1984; eine gute Zusammenfassung Fuhrmann, *Antike Rhetorik* (S. 521), 99–113.

## *ELOQUENTIA* – AUCH ROM STUDIERT RHETORIK

Den umfassendsten Überblick über die **römische Literatur** gibt immer noch die im *Handbuch der Altertumswissenschaft* erschienene riesige *Geschichte der römischen Literatur* von Martin Schanz, Carl Hosius (und Gustav Krüger), 4 Teile, München [1]1920–[4]1935. Sie ist mittlerweile zum Teil ersetzt durch das von Reinhart Herzog und Peter Lebrecht Schmidt herausgegebene *Handbuch der lateinischen Literatur der Antike*, Bd. 1 (hg. von Werner Suerbaum): Literatur bis 78 v. Chr., München 2002; Bd. 4 (hg. von Klaus Sallmann): 117–284 n. Chr., München 1997; Bd. 5 (hg. von Reinhart Herzog): 284–374 n. Chr., München 1989. Eine kurze Übersicht geben die Darstellungen von Manfred Fuhrmann, *Geschichte der römischen Literatur*, Stuttgart 1999; ergänzend: *Rom in der Spätantike*, Zürich 1994, Ndr.; noch knapper ist Eduard Norden, *Die römische Literatur*, Stuttgart/Leipzig [7]1998 (mit Ergänzungen nach [3]1927, zuerst 1910), und Ludwig Bieler, *Geschichte der römischen Literatur*, 2 Bde., Berlin 1961. Zum Schmökern, nicht zum Nachschlagen: Karl Büchner, *Römische Literaturgeschichte*, Stuttgart 1957, [5]1980. Originell und geistreich (ohne Handbuchcharakter) ist Michael von Albrecht, *Geschichte der römischen Literatur*, 2 Bde., München u. a. [2]1994 (auch bei dtv). Von Albrecht ist auch Herausgeber der nützlichen zweisprachigen Textsammlung *Die römische Literatur in Text und Darstellung*, 5 Bde. (versch. Einzelherausgeber), Stuttgart (Reclam) 1985–2001 (in Bd. 1 fehlen die älteren Redner; einiges aus Cato aber in Bd. 2).

Die **älteren Redner** sind behandelt von Friedrich Leo in seiner meisterhaften *Geschichte der römischen Literatur*, Bd. 1: *Die archaische Literatur* (mehr nicht erschienen), Berlin 1913 (Ndr. 1967). Zu Appius Claudius Caecus wertvoll jetzt Suerbaum, *Handbuch*, Bd. 1 (s. o.), 80–83, sonst dort zu den Rednern S. 459–523 (mit Lit.). Bes. nützlich ist G. V. Sumner, *The orators in Cicero's Brutus: prosopography and chronology*, Toronto 1973. Zur Kenntnis der griechischen Rhetorik in Rom: Gualtiero Calboli, »La retorica preciceroniana e la politica a Roma«, in: Walther Ludwig (Hg.), *Éloquence et rhétorique chez Cicéron*, Vandœuvres/Genève 1982, 41–99 (mit sehr kontroverser Diskussion S. 100–108). – In größerem Zusammenhang informiert George Kennedy, *The art of rhetoric in the Roman world* (S. 522), 3–102); kürzer M. L. Clarke, *Die Rhetorik bei den Römern* (zuerst engl.

1953; rev. D. H. Berry, London 1996), Göttingen 1968, 55–69; ganz knapp (nicht ohne Versehen): D. H. Berry, »Oratory«, in: Stephen Harrison (Hg.), *A companion to Latin literature*, Malden, MA u. a. 2005, 257–269. Zur Sprache: Norden, *Antike Kunstprosa* (S. 527), 164–175; A. D. Leeman, *Orationis ratio: The stylistic theories and practice of the Roman orators, historians and philosophers*, 2 Bde., Amsterdam 1963, 19–66, 385–400. Unterschiedlichen Werts sind die 32 Einzelbeiträge zu dem anspruchsvollen Sammelband von William Dominik / Jon Hall (Hg.), *A companion to Roman rhetoric*, Malden u. a. 2007; dort Sarah C. Stroup zum Eindringen der griechischen Rhetorik (S. 23–37), Enrica Sciarrino zu den Rednern vor Cicero (S. 54–66), Anthony Corbeill zum rhetorischen Unterricht (S. 69–82), Michael C. Alexander über die politische Bedeutung der Rhetorik in der Republik (S. 98–108). W. Dominik war Herausgeber auch des älteren wertvollen Sammelbandes *Roman eloquence: Rhetoric in society and literature*, London / New York 1997 (weniger umfassend angelegt als *Companion*). Von Michael C. Alexander stammt auch das nützliche Handbuch *Trials in the late Roman republic: 149 BC to 50 BC*, Toronto 1990. Allgemeiner: Jean-Michel David, *Le patronat judiciaire au dernier siècle de la république romaine*, Rom 1992.

Die **Fragmente** und Testimonien der Redner sind (leider unvollständig) gesammelt von Enrica Malcovati, *Oratorum Romanorum fragmenta liberae rei publicae*, Turin ⁴1976. Es fehlen Übersetzungen (vgl. aber oben und unten zu Cato). Dafür existiert eine zweisprachige, gut kommentierte Ausgabe der wichtigsten (leider unvollständigen) Quellenschrift: Robert A. Kaster (Hg.), *C. Suetonius Tranquillus. De grammaticis et rhetoribus*, Oxford 1995.

Zur überragenden Gestalt des **Cato Censorius** ist noch immer lesenswert der Essay von Friedrich Klingner, »Cato Censorius und die Krise Roms« (zuerst 1934), in: ders., *Römische Geisteswelt*, München ⁵1965, 34–65. Sonst grundlegend Alan E. Astin, *Cato the Censor*, Oxford 1978; eigenwilliger ist Dietmar Kienast, *Cato der Zensor* (zuerst 1954), Darmstadt ²1979 (leugnet die Griechenfeindschaft). Umfassend unterrichtet Werner Suerbaum, *Cato Censorius in der Forschung des 20. Jahrhunderts*, Hildesheim u. a. 2004 (Bibliographie und Monographie zum schriftstellerischen Werk); vgl. auch *Handbuch*, Bd. 1 (wie oben), 380–413. Eine kommentierte Ausgabe der Fragmente der Rhodierrede (mit ital. Übers.) gab Gualtiero Calboli, *M. P. Catonis Oratio pro Rhodiensibus*, Bologna 1978 (mit Einführung in die »retorica di Catone« S. 11–39). Die Fragmente sind vollständig gesammelt (mit Komm.) bei Maria T. Sblendorio Cugusi, Turin u. a. 1982. Für die sonstigen Redner ist kaum Vergleichbares geleistet, vgl. immerhin Udo W. Scholz, *Der Redner M. Antonius*, Diss. Erlangen 1962. Siehe auch die Literaturangaben zum folgenden Kapitel.

## *HOMO PLATONICUS* – DER JUNGE CICERO

Die vielseitige, reich dokumentierte **Persönlichkeit Ciceros** als Redner, Politiker, Philosoph, Rhetoriker und nicht zuletzt Familienvater hat ihren adäquaten Darsteller noch nicht gefunden: eine Lebensaufgabe. Plutarch, Ciceros erster Biograph (Übers. in: Konrat Ziegler [Hg.]: *Große Griechen und Römer*, 6 Bde., Zürich 1954–1965, dort Bd. 4), konnte als Nichtlateiner den Redner nicht würdigen. Die umfassendste Darstellung gibt immer noch der von vier Spezialisten (Matthias Gelzer, Robert Philippson, Wilhelm Kroll und Karl Büchner) verfasste Artikel in *Paulys Realencyclopädie der classischen Altertumswissenschaft*, VII A 1 (1939), 827–1274), dazu kam (1973) ein Beitrag von Michael von Albrecht, jetzt bearbeitet: *Cicero's style*, Leiden/Boston 2003. An kürzeren Gesamtdarstellungen sind zu nennen Otto Plasberg, *Cicero in seinen Werken und Briefen*, Leipzig 1926 (Ndr. 1962; populär, aber wertvoll); Karl Büchner, *Cicero: Bestand und Wandel seiner geistigen Welt*, Heidelberg 1964 (eigenwillig); D. R. Shackleton Bailey, *Cicero*, London 1971 (bes. zum Privatleben); Elizabeth Rawson, *Cicero: a portrait*, Ithaca, N.Y. 1975 (Ndr. 1994); Marion Giebel, *M. T. Cicero mit Selbstzeugnissen und Bilddokumenten*, Reinbek 1977, [15]2004; Pierre Grimal, *Cicero: Philosoph, Politiker, Rhetor*, München 1988 (zuerst franz. 1986); Manfred Fuhrmann, *Cicero und die römische Republik*, München/Zürich 1989, [4]1994; Wilfried Stroh, *Cicero: Redner – Staatsmann – Philosoph*, München 2008 (bes. zur Bedeutung der Philosophie). Ein wichtiges Hilfsmittel ist Nino Marinones *Cronologia Ciceroniana*, seconda edizione [...] a cura di Ermanno Malaspina, Bologna 2004 (nach Jahren bzw. Tagen). Auszüge aus Ciceros Werken (zweispr.) in: von Albrecht, *Die röm. Literatur* (S. 545), Bd. 2 (hg. von Antony D. Leeman), 1985 (Ndr.); Otto Seel (Hg.), *Vox humana*, Stuttgart 1949 (645 Textabschnitte).

**Cicero als Politiker** wurde (mit vernichtender Wertung) dargestellt von Wilhelm Drumann, *Geschichte Roms* [...], zuerst 1841/1844, 2. Aufl. hg. von Paul Groebe, Bd. 5, 230–697; Bd. 6, 1–604, Leipzig 1919/1929 (Ndr. 1964; als Materialsammlung nicht ersetzt). Mehr um Gerechtigkeit bemüht war Gelzer im zitierten grundlegenden Artikel in der *Realencyclopädie*, neu bearbeitet in: *Cicero, ein biographischer Versuch*, Wiesbaden 1969. Dessen Spuren folgt ein geistreicher Essay von Christian Meier, in: *Die Ohnmacht des allmächtigen Dictators Caesar*, Frankfurt a. M. 1980, 101–222. Wichtige Korrekturen dazu gab Christian Habicht, *Cicero der Politiker*, München 1990. Besonders detailliert ist Thomas N. Mitchell, *Cicero, the ascending years*, New Haven/London 1979; ders., *Cicero the senior statesman*, a. a. O. 1991. Einseitig ist die Betrachtungsweise von Stephanie Kurczyk, *Cicero und die Inszenierung der eigenen Vergangenheit* [...], Köln u. a. 2006 (wird den einzelnen Reden kaum gerecht). – Eine überragende Darstellung der Zeit bleibt (trotz Irrtümern) Eduard Meyer, *Caesars Monarchie und das Principat des Pompeius*, Stuttgart/Berlin [3]1922 (Ndr. 1963). Die vielen romanhaften Darstellungen von Ciceros Leben (zuletzt Robert Harris, *Imperium*, 2006 u. ö.) können hier nicht genannt werden. Als Dramenfigur wurde Cicero überraschenderweise kaum in Szene gesetzt (allenfalls, wie bei Ibsen, im Zusammenhang mit Catilina); er schien wohl zu literatenhaft für tragische Größe.

**Ciceros Reden** wurden vollständig übersetzt von Manfred Fuhrmann, 7 Bde., Zürich/Stuttgart bzw. Zürich/München 1970–1982 (teilweise 2. Aufl. 1982–1985; in Teilen zweispr.); viele Reden findet man zweispr. bei Reclam (übers. meist von Marion Giebel). Zur Ergänzung: Jane W. Crawford (Hg.), *M. Tullius Cicero: The lost and unpublished orations*, Göttingen 1984; dies. (Hg.), *M. Tullius Cicero: The fragmentary speeches*, Atlanta $^2$1994. Eine Gesamtdarstellung des Redners fehlt. Manches Nützliche in: Walther Ludwig (Hg.), *Éloquence et rhétorique chez Cicéron*, Vandœuvres/Genève 1982; vgl. auch Kennedy, *Art of rhetoric* (S. 522), 126–282. Allgemeiner: Wilfried Stroh, »Worauf beruht die Wirkung ciceronischer Reden?« (zuerst 1992), in: ders., *Apocrypha*, Stuttgart 2000, 43–63; Andrew Lintott, *Cicero as evidence*, Oxford 2008 (wertvoll). Neuere Literatur erschließt James M. May (Hg.), *Brill's Companion to Cicero: Oratory and rhetoric*, Leiden u. a. 2002. Ein neuester Beitrag aus der Sicht der Kommunikationswissenschaft: Nikolaus Jackob, *Öffentliche Kommunikation bei Cicero*, Baden-Baden 2005 (nicht sehr ertragreich). Ein wichtiges Hilfsmittel zum Studium ist D. R. Shackleton Bailey, *Onomasticon to Cicero's speeches,* Norman u. a. 1988, Stuttgart $^2$1992. – Kritischer Lektüre bedarf (hier, wie immer, hinreißend) Norden, *Antike Kunstprosa*, (S. 527), 212–233.

Grundlegend zu Ciceros **frühen Reden** ist Richard Heinze, »Ciceros politische Anfänge« (zuerst 1909), in: ders., *Vom Geist des Römertums*, Darmstadt $^3$1960, 87–140; weniger erhellend die bekannte Abhandlung von Friedrich Solmsen, »Cicero's first speeches: A rhetorical analysis«, in: *Transactions of the American Philological Association* 69, 1938, 542–556; fast ohne Kenntnis der sachlichen Probleme jetzt: Ann Vasaly, »Cicero's early speeches«, in: May, *Companion* (s. o.), 71–111 (bis z. J. 66). Die (frühen) Privatprozessreden hat mustergültig erschlossen der Jurist Friedrich L. Keller, *Semestrium ad M. Tullium Ciceronem libri sex*, Zürich 1842–1851 (nur drei Bücher erschienen); dazu auch Wilfried Stroh, *Taxis und Taktik* (S. 552), 80–173. Relativ wenig zu den Reden jetzt bei Jill Harries, *Cicero and the jurists*, London 2006.

Ebenfalls juristisch orientiert ist Johannes Platschek, *Studien zu Ciceros Rede für P. Quinctius*, München 2005 (gründliche Aufarbeitung der Forschung); dazu der Kommentar von T. E. Kinsey, Sydney 1971. Die Rede *Pro S. Roscio* wird behandelt bei Stroh, May, Loutsch, Craig (S. 552) sowie in dem Sammelband von Manthe/v. Ungern-Sternberg (S. 552) durch Manfred Fuhrmann; überholt, aber nicht ersetzt ist der aufs Sprachliche ausgerichtete Kommentar von Gustav Landgraf, Leipzig/Berlin $^2$1914 (Ndr. 1966); kürzere Erläuterungen gibt E. Longi in der zweispr. Ausg. bei Mondadori (Mailand) 1964. Sonst behandelt den Stil der früheren Reden A. D. Leeman, *Orationis ratio* (S. 546), 91–111, 407–414.

Einen Zugang nicht nur zu **Cicero als Philosoph** gibt das Meisterwerk von T[adeusz] Zieliński, *Cicero im Wandel der Jahrhunderte*, Leipzig/Berlin 1897, ⁴1929 (Ndr. 1973). Die neuere Forschung bes. zu Ciceros philosophischem Standpunkt erschließen vorzüglich Günther Gawlick und Woldemar Görler, »Cicero«, in: Hellmuth Flashar (Hg.), *Die Philosophie der Antike*, Bd. 4/2, Basel 1994, 991–1168. Vgl. Jürgen Leonhardt, *Ciceros Kritik der Philosophenschulen*, München 1999. Einzelaufsätze in: Jonathan G. F. Powell (Hg.), *Cicero the philosopher*, Oxford 1995.

## *SENATUS POPULUSQUE* – CICEROS POLITISCHE REDNERKARRIERE

Grundlegend zum Prozess gegen **Verres** ist Nino Marinone, *Quaestiones Verrinae* (zuerst 1950), in: ders., *Analecta Graeco-latina*, Bologna 1990, 3–66. Einen Inhaltsüberblick über die Reden gibt (Helmut) Habermehl, »C. Verres«, *Paulys Realencyclopädie der classischen Altertumswissenschaft* VIII A 2 (1958), 1561–1633. Ältere, noch brauchbare Schulkommentare von Karl Halm (und G. Laubmann) existieren zu *Divinatio* und *Verrinen II 4/5*, Berlin ¹⁰1900. *Verrinnen II 1* wurde kommentiert von Thomas N. Mitchell, Warminster 1986; zu *Verrinnen II 4* existieren riesige Kommentare von Gianluigi Baldo, Florenz 2004, und Alessandra Lazzeretti, Pisa 2006 (archäologisch), sowie ein Schülerkommentar von Sheila K. Dickison, Detroit 1992. Kommentare zu *Verrinen II 2* und *II 3* werden schmerzlich vermisst. Viele Einzelabhandlungen enthält der Sammelband *Ciceroniana, nuova serie* IV, Rom 1980. Die Beziehung der Reden zur rhetorischen Theorie (und Übungspraxis) behandelt Thomas D. Frazel, *The rhetoric of Cicero's In Verrem*, Göttingen 2009. Wertvoll bes. zu *II 3*: Jonathan R. W. Prag (Hg.), *Sicilia nutrix plebis Romanae: rhetoric, law, and taxation in Cicero's Verrines*, London 2007. Ein kleines didaktisches Meisterwerk ist Rüdiger Vischer, »Ciceros ›In C. Verrem actio prima‹ als problembezogene Lektüre«, *Der altsprachliche Unterricht* 17, 2, 1974, 26–49 (mit Vergleich des dt. und röm. Strafverfahrens). Neuere Literatur erschließt Loutsch, *L'exorde* (S. 552), 175–196.

Zu ***De imperio Cn. Pompei*** sind viele nützliche Schulkommentare vorhanden, etwa von Karl Halm und Wilhelm Sternkopf, Berlin (1854) ¹²1910 (mit *S. Rosc.*). Rein historisch ausgerichtet ist E. J. Jonkers, *Social and economic commentary on Cicero's De imperio Cn. Pompei*, Leiden 1959. Zur didaktischen Brauchbarkeit: Werner Jäkel, »Ciceros Pompeiana im Aufbau der lateinischen Schullektüre«, *Gymnasium* 71, 1964, 329–348; verfehlt ist die Behandlung im Standardwerk von Friedrich Maier, *Lateinunterricht zwischen Tradition und Fort-*

*schritt*, Bd. 3, Bamberg (1985) ²1988, 72–75 (Rede sei gehalten zur Rechtfertigung des römischen Imperalismus). Geistreich: Gerhard Fink, »Geld und gloria: Interpretationsgesichtspunkte bei der Lektüre von Ciceros Rede De imperio Cn. Pompei«, *Der altsprachliche Unterricht* 29, 2, 1986, 30–39. Neuere Literatur findet man bei Loutsch, *L'exorde* (S. 552), 197–214; vgl. Classen, *Recht – Rhetorik – Politik* (S. 552), 268–271 (zur Schultradition).

Das in seiner Echtheit umstrittene **Commentariolum petitionis** des Q. Tullius Cicero wurde übersetzt und (nicht immer überzeugend) kommentiert von Günter Laser, Darmstadt 2001; vgl. auch dessen Abhandlung in: *Göttinger Forum für Altertumswissenschaft* 2 (1999), 179–192. Aus heutiger Sicht: Nikolaus Jackob und Stefan Geiß, »Wahlkämpfe in Rom – ein Beitrag zu einer historischen Wahlkampfkommunikationsforschung«, in: N. J. (Hg.), *Wahlkämpfe in Deutschland*, Wiesbaden 2007, 293–316; Wilfried Stroh, *Antikes Politmarketing: Zum Wahlkampf im alten Rom*, unter: www.lrz-muenchen.de/~stroh/vortraege/politmarketing.html.

Ciceros Corpus bzw. Zyklus von 12 **Orationes consulares** wird jetzt als literarische Novität gewürdigt von Robert W. Cape, »Cicero's consular speeches«, in: May, *Companion* (S. 548), 113–158 (ihm entging Wilfried Stroh, »Ciceros demosthenische Redezyklen«, *Museum Helveticum* 40, 1983, 35–50). Er bezweifelt zu Recht auch die herrschende Ansicht, dass die Reden erst im Jahr 60 ediert worden seien (besonders verfehlt: Christoph Helm, *Zur Redaktion der Ciceronischen Konsulatsreden*, Diss. Göttingen 1979; vernünftig schon William C. McDermott, »Cicero's publication of his consular orations«, *Philologus* 116, 1972, 277–284). Vgl. sonst Guy Achard, *Pratique rhétorique et idéologie politique dans les discours ›optimates‹ de Cicéron*, Leiden 1981. Zur Gesamtideologie Ciceros im Consulatsjahr bleibt klassisch Hermann Strasburger, *Concordia ordinum*, Borna 1931 (Ndr. 1956); eigenwillig urteilt Christian Meier, »Ciceros Consulat«, in: Gerhard Radke (Hg.), *Cicero: ein Mensch seiner Zeit*, Berlin 1968, 61–116.

Die (drei erhaltenen) Reden **De lege agraria** wurden überragend erläutert im (lat.) Kommentar von August Wilhelm Zumpt, Berlin 1861. Geradezu cicerofeindlich ist E. J. Jonkers, *Social and economic commentary on Cicero's De lege agraria orationes tres*, Leiden 1963. Neuere Literatur erschließen Classen, *Recht – Rhetorik – Politik* (S. 552), 304–367, und bes. Loutsch, *L'exorde* (S. 552), 215–241. Zum sozialgeschichtlichen Hintergrund: Andrew Lintott, *Judicial reform and land reform in the Roman republic*, Cambridge 1992, 34–58. Die 4. Rede der *Orationes consulares* wird analysiert von W. B. Tyrrell, *A legal and historical commentary to Cicero's* **Oratio pro C. Rabirio perduellionis reo**, Amsterdam 1978, und Adolf Primmer, *Die Überredungsstrategie in Ciceros Rede pro C. Rabirio*, Wien 1985 (instruktiv auch zum Sachlichen). Wertvoll zur ganzen Rede auch Loutsch, *L'exorde* (S. 552), 243–274 (mit Lit.). Die (uns) verlorenen Reden der *Or. cons.* behandelt z. T. Crawford, *Fragmentary Speeches* (S. 548), 201–214, und *Lost orations* (S. 548), 79–84.

Die **Orationes in Catilinam** sind jetzt vorzüglich kommentiert von Andrew R. Dyck, Cambridge 2008 (mit Lit.). Eine (schwer zugängliche) Gesamtdarstellung gibt Robert W. Cape, *On reading Cicero's Catilinarian orations*, Diss. Univ. of California 1991; resümiert von Cape in: May, *Companion* (S. 548), 140–155. Die oben gegebene Interpretation der 1. Rede (deren Situation von Cape m. E. nicht richtig erfasst wird) beruht auf Wilfried Stroh, »Ciceros erste Rede gegen Catilina« (zuerst 1986), in: ders., *Apocrypha*, Stuttgart 2000, 64–78; ähnlich die Darlegungen von Loutsch, *L'exorde* (S. 552), 275–300. Zum Verständnis der 4. Rede (im Verhältnis Sallusts Darstellung) ist bes. wertvoll Andrew Drummond, *Law, politics and power* […], Stuttgart 1995. Eine populäre Darstellung gibt jetzt Jürgen von Ungern-Sternberg, »Das Verfahren gegen die Catilinarier oder: Der vermiedene Prozeß«, in: Manthe/v. U.-St., *Große Prozesse* (S. 552), 85–99. Nützliche zweispr. Dokumentation: Hans Drexler, *Die Catilinarische Verschwörung: ein Quellenheft*, Darmstadt 1976.

Die vier sogenannten **Reden post reditum** (*Dankreden an Volk und Senat, De domo sua, De haruspicum responso*) sind mit zwei weiteren in engl. Übersetzung mit Einl. und (ausgezeichneten) Anmerkungen herausgegeben von D. R. Shackleton Bailey, *Cicero back from exile*, Chicago 1991. Alle 14 Reden von Ciceros Rückkehr bis zur Diktatur Caesars behandelt summarisch (nach Motiven, nicht Reden) Andrew M. Riggsby, »The *post reditum* speeches«, in: May, *Companion* (S. 548), 159–195. Zu den beiden Dankreden: Dietrich Mack, *Senatsreden und Volksreden bei Cicero*, Würzburg 1937, Ndr. 1967 (Stilvergleich). Etwas überholt ist der trotzdem unentbehrliche Kommentar von R. G. Nisbet zu *De domo sua*, Oxford 1939 (Ndr. 1979). Diese wichtige Rede wurde jetzt behandelt von Classen, *Recht* (S. 552), 218–267 (nicht immer glücklich); Claudia Bergemann, *Politik und Religion im spätrepublikanischen Rom*, Stuttgart 1992; Wilfried Stroh, »De domo sua: legal problem and structure«, in: Powell/Paterson, *Cicero the advocate* (S. 552), 313–370 (dt. Fassung: www.lrz-muenchen.de/~stroh/schriften/dedomosua.pdf.html).

Zu **De provinciis consularibus** informiert knapp der Kommentar von H. E. Butler und M. Cary, Oxford 1924; vortrefflich: Julius Bernhard, *Über Ciceros Rede von den Konsularprovinzen*, Dresden 1890. Die Rede **In Pisonem** wurde kommentiert von R. G. M. Nisbet, Oxford 1961; vgl. Severin Koster, *Die Invektive in der griechischen und römischen Literatur*, Meisenheim a. Gl. 1980, 210–281. Zur Einordnung in die Tradition: Süss, *Ethos*, Leipzig/Berlin 1910, 259 f.; allgemeiner: Anthony Corbeill, »Ciceronian invective«, in: May, *Companion* (S. 548), 197–217.

**Pro Marcello** ist zweispr. herausgegeben von Marion Giebel, *Cicero: Drei Reden vor Caesar*, Stuttgart (Reclam) 1999 (mit *Pro Ligario* und *Pro rege Deiotaro*). Schulkommentar zu diesen drei Reden: Friedrich Richter/Alfred Eberhard, Leipzig $^4$1904; vgl. jetzt den Kommentar von Fabio Gasti, *M. T. Cicerone Orazioni Cesariane*, Mailand 1997. Wertvoll zur Erklärung: Gerhard Dobesch, »Politische

Bemerkungen zu Ciceros Rede pro Marcello«, in: Ekkehard Weber/G. Dobesch (Hg.), *Römische Geschichte, Altertumskunde und Epigraphik* (Festschrift Artur Betz), Wien 1985, 153–231. Eine neuartige Interpretation der Rede (als Teil einer von Caesar selbst inszenierten Fiktion) gibt jetzt Harold C. Gotoff, »Cicero's Caesarian orations«, in: May, *Companion* (S. 548), 219–271 (mit Lit.) – vgl. dagegen Cicero, *Ad Familiares* 4,4,3!

## *OMNIUM PATRONUS* – AUS DEN TAGEBÜCHERN EINES STRAFVERTEIDIGERS

Wertvolle Studien zu den **Gerichtsreden** bieten jetzt Jonathan Powell und Jeremy Paterson (Hg.), *Cicero the advocate*, Oxford 2004 (mit vorzüglicher Einleitung); bes. originell darin ein Beitrag von Sir John Law (Richter am *Court of Appeal*), »Cicero and the modern advocate«, 401–416. Zum sachlichen Verständnis (hervorragend): Michael Ch. Alexander, *The case for the prosecution in the Ciceronian era*, Ann Arbor 2002.

**Einzelinterpretationen** geben Wilfried Stroh, *Taxis und Taktik: die advokatische Dispositionskunst in Ciceros Gerichtsreden*, Stuttgart 1975; Carl Joachim Classen, *Recht - Rhetorik – Politik*, Darmstadt 1985; James M. May, *Trials of character: the eloquence of Ciceronian ethos*, Chapel Hill/London 1988; Christopher P. Craig, *Form as argument in Cicero's speeches: a study of dilemma*, Atlanta 1993; Ulrich Manthe/Jürgen von Ungern-Sternberg, *Große Prozesse der römischen Antike*, München 1997 (leider ohne Darstellung des Gerichtsverfahrens). Besonders tiefschürfende Analysen findet man bei Claude Loutsch, *L'exorde dans les discours de Cicéron*, Brüssel 1994 (mit Lit.). Zur Methodik der Interpretation war wichtig Christoff Neumeister, *Grundsätze der forensischen Rhetorik gezeigt an Gerichtsreden Ciceros*, München 1964.

Eine knappe Einführung in den römischen **Zivil- und Strafprozess** bietet jetzt Andrew Lintott, »The legal procedure in Cicero's time«, in: Powell/Paterson (s. o.), 61–78 (mit neuerer Lit.). Standardwerk bleibt Theodor Mommsen, *Römisches Strafrecht*, Leipzig 1899 (Ndr. 1961). Höchst aufschlussreich zur Ergänzung war Wolfgang Kunkel, *Untersuchungen zur Entwicklung des römischen Kriminalverfahrens in vorsullanischer Zeit*, München 1962; vgl. ders., »Quaestio«, in: *Paulys Realencyclopädie der classischen Altertumswissenschaft*, XXIV 1 (1963), 720–786 (zum Strafverfahren), zusammengefasst in: ders., *Römische Rechtsgeschichte*, Köln u. a. $^{14}$2005 (1967). Zur Prozessrhetorik Jean-Michel David: »Die Rolle des Verteidigers in Justiz, Gesellschaft und Politik«, in: Manthe/von Ungern-Sternberg (s. o.), 28–47 (resümiert ein älteres Buch von David, S. 546) und John A. Crook, *Legal advocacy in the Roman world*, London 1995.

Zum **Repetunden**-Prozess einführend Walter Eder, »Strafsachen in Geschworenengerichten: Die Prozesse wegen Erpressung römischer Untertanen und Verbündeter (Repetundenprozesse)«, in: Manthe / von Ungern-Sternberg, *Große Prozesse* (S. 552), 13–27 (wenig Lit.). Zu Ciceros Verrinen s. S. 549. Ciceros Repetundenverteidigungen wurden erstaunlich selten übersetzt und behandelt. Zu **Pro Flacco** gibt es einen wertvollen Schulkommentar von Adolf du Mesnil, Leipzig 1883; eine neuere Behandlung bei Classen (s. o.), 180–217 (Lit.). **Pro Scauro** wurde kommentiert von Alfredo Ghiselli, Bologna 1969. Die schöne Rede *Pro Fonteio* wartet noch auf ihren Entdecker.

Zum **Ambitus**-Verfahren gibt eine Einführung Joachim Adamietz in seinem vorzüglichen Kommentar zu Cicero, *Pro Murena*, Darmstadt 1989; vgl. ders., »Ciceros Verfahren in den Ambitus-Prozessen gegen Murena und Plancius«, *Gymnasium* 93, 1986, 102–117; ferner Peter Nadig, *Ardet ambitus: Untersuchungen zum Phänomen der Wahlbestechungen in der römischen Republik*, Frankfurt a. M. 1997; Margherita Gallo, *Il broglio elettorale nella Roma di Cicerone*, Florenz 2000. Speziell zu **Pro Murena**: Alfons Bürge, *Die Juristenkomik in Ciceros Rede Pro Murena*, Diss. Zürich 1974; Antony D. Leeman, »The technique of persuasion in Cicero's Pro Murena«, in: *Éloquence et rhétorique* (S. 548), 193–228; Classen (s. o.), 120–179. Weiteres bei Loutsch, *L'exorde* (s. o.), 301–326. Einen juristischen Kommentar zu den §§ 26 f. gibt Tamás Nótári, *Law, religion and rhetoric in Cicero's Pro Murena*, Passau 2008. Zu **Pro Plancio** ist die Literatur verzeichnet bei Loutsch, *L'exorde* (s. o.), 373–386; überragend bleibt der (lat.) Kommentar von Eduard Wunder, Leipzig 1830.

Zu den **Mordprozessen** gibt es keine umfassende Darstellung. Zu *Pro S. Roscio* s. S. 548. **Pro Cluentio** wird behandelt von Stroh, *Taxis und Taktik* (s. o.), 194–242, und Classen (s. o.), 15–119 (m. E. unrichtige Beurteilung der Rechtslage; vgl. dazu die wertvolle Einleitung in der zweispr. Ausgabe von Pierre Boyancé, Paris [Budé] 1953 [Ndr. 1974]). Vgl. auch John T. Kirby, *The rhetoric of Cicero's Pro Cluentio*, Amsterdam 1990; zuletzt Christopher Burnand, in: Powell / Paterson (s. o.), 277–289 (zur Rolle des *patronus*; ohne tieferes Eindringen in den Prozess). – Zu **Pro Milone** bleiben neben dem Kommentar von Albert C. Clark, Oxford 1895 (Ndr. 1967), brauchbar ältere Schulkommentare wie der von Karl Halm / Georg Laubmann, Berlin [10]1899; statt eines modernen Kommentars gibt es die zweispr., mit wertvollen Anmerkungen versehene Ausgabe von Paolo Fedeli, Venedig 1990. Zweispr. auch Marion Giebel, Stuttgart (Reclam) 1972 (mit kaiserzeitlichem Kommentar des Asconius). Eigene Wege der Erklärung ging der Jesuit Francis P. Donnelly, *Cicero's Milo, a rhetorical commentary*, New York 1935. – Viel Zustimmung fand die tiefdringende Interpretation von Neumeister, *Grundsätze* (s. o.), 82–129. Zum sachlichen Verständnis besonders wichtig: James S. Ruebel, »The trial of Milo in 52 B. C.: A chronological study«, *Transactions of the American Philological Association*, 109, 1979, 231–249, und Bruce A. Marshall, *A historical commentary on Asconius*, Columbia 1985.

Kurz zusammenfassend: Wolfgang Schuller, »Der Mordprozeß gegen Titus Annius Milo im Jahre 52 v. Chr. oder: Gewalt von oben«, in: Manthe/von Ungern-Sternberg, *Große Prozesse* (s. o.), 115–127 (Lit.). – Zum Vergehen *de vi*: A. W. Lintott, *Violence in republican Rome*, Oxford 1968; Wolfgang Will, *Der römische Mob: Soziale Konflikte in der späten Republik*, Darmstadt 1991 (zum Miloprozess 92–111). – Zu **Pro Caelio** stammt der klassische Kommentar von Roland G. Austin, Oxford (1933) ³1960. Nützlich sind die Anmerkungen in der zweispr. Ausgabe von Alberto Cavarzere, Venedig 1987; zweispr. auch die Ausgabe von Marion Giebel, Stuttgart (Reclam) 1994. Bahnbrechend zum Verständnis war der Aufsatz von Richard Heinze, »Ciceros Rede Pro Caelio«, in: *Hermes*, 60, 1925, 193–258; darauf aufbauend die Analyse von Stroh, *Taxis und Taktik* (s. o.), 243–303. Über die Bedeutung der Rede für die Catullbiographie vgl. daneben Timothy P. Wiseman, *Catullus and his world*, Cambridge/London 1985, 54–91. Neueres diskutiert Loutsch, *L'exorde* (s. o.), 327–348. – **Pro rege Deiotaro** wurde mit den übrigen *Orationes Caesarianae* herausgegeben und kommentiert von Friedrich Richter/Alfred Eberhard, Leipzig ⁴1904; Harold C. Gotoff, *Cicero's Caesarian speeches: a stylistic commentary*, Chapel Hill/London 1993; zweispr. Ausgabe von Marion Giebel, Stuttgart (Reclam) 1999, Ndr. 2005 (Lit.). Zweispr., kommentierte Spezialausgabe nur dieser Rede von Rosalba Dimundo, Venedig 1997; einen neuen Schulkommentar gibt Hans-Joachim Glücklich, 2 Hefte, Göttingen 1988. Die Frage nach der rechtlichen Form des ›Prozesses‹ wurde geklärt von Klaus Bringmann, »Der Diktator Caesar als Richter? Zu Ciceros Reden ›Pro Ligario‹ und ›Pro rege Deiotaro‹«, *Hermes*, 114, 1986, 72–88. Weniger überzeugend sind die Interpretationen von Eckart Olshausen, »Die Zielsetzung der Deiotariana Ciceros«, in: *Monumentum Chiloniense* (Festschr. Erich Burck), Amsterdam 1975, 109–123, und Helga Botermann, »Die Generalabrechnung mit dem Tyrannen: Ciceros Rede für den König Deiotarus«, *Gymnasium* 99, 1992, 320–344 (Ciceros advokatische Absicht wird ignoriert bzw. negiert); hilfreicher zum Verständnis ist Loutsch, *L'exorde* (s. o.), 407–424 (Lit.).

## *ORATOR PERFECTUS* – CICERO SUCHT DIE PLATONISCHE IDEE DES REDNERS

Ciceros **rhetorische Schriften** werden jetzt sehr summarisch gewürdigt von James M. May, »Cicero as rhetorician«, in: Dominik/Hall, *Companion* (S. 546), 250–263, und etwas eindringlicher von Jacob Wisse, »The intellectual background of Cicero's rhetorical works«, in: May, *Companion* (S. 548), 331–374 (mit neuerer Lit.). Dort nicht erwähnt sind die wichtigen Arbeiten von Wilhelm Kroll, *Paulys Realencyclopädie der classischen Altertumswissenschaft* VII, A 1 (1939), 1091–1103 (Artikel »M. T. Cicero: Rhetorische Schriften«), Suppl. VII (1940),

1100–1105 (Artikel »Rhetorik«), und Barwick (s. u.). Wertvoll auch Leeman, *Orationis ratio* (S. 546), 112–167 (Stiltheorie); zum Teil konträr: A. E. Douglas, »The intellectual background of Cicero's rhetorica: a study in method«, in: *Aufstieg und Niedergang der römischen Welt* I, 3 (1973), 95–138; vgl. jetzt auch Arweiler, *Cicero rhetor* (s. u.), 241 ff. Wenig erhellend ist das voluminöse Buch von Alain Michel, *Rhétorique et philosophie chez Cicéron*, Paris 1960, neu bearbeitet unter: *Les rapports de la rhétorique et de la philosophie dans l'œuvre de Cicéron*, Löwen 2003.

Eine zweisprachige Edition von *De inventione* bietet Theodor Nüsslein, Darmstadt (Tusculum)1998. Ein wissenschaftlicher Kommentar fehlt. Zum *»Auctor ad Herennium«* bzw. der *Rhetorica ad Herennium* gibt es einen immer noch wertvollen (lat.) Kommentar von C. L. Kayser, Leipzig 1854; neuere Erläuterungen in den zweispr. Ausgaben von Harry Caplan, Cambridge Mass./London (Loeb) 1968 (vorzüglich); Gualtiero Calboli, Bologna 1969 ($^2$1993); Guy Achard, Paris (Budé) 1989. Fundamental für das Verhältnis der beiden Schriften ist Joachim Adamietz, *Ciceros De inventione und die Rhetorik ad Herennium*, Diss. Marburg 1960, nicht berücksichtigt jetzt in der wertvollen Arbeit von Robert N. Gaines, »Roman rhetorical handbooks«, in: Dominik/Hall, *Companion* (S. 546), 163–180 (bes. 169 ff.; mit neuerer Lit.). Viel diskutiert wurde nicht erst seit der maßgeblichen Ausgabe von Friedrich Marx (*Inc. auct. De ratione dicendi* […], Leipzig 1894 [dort *Prolegomena*, 152 f.]) das Problem einer popularen Tendenz des »Auctor«; für eine solche zuletzt bes. Gualtiero Calboli in: Ludwig, *Éloquence* (S. 548), 89 ff. Der Versuch einer Spätdatierung der Schrift wurde (mit unzureichender Begründung) schon unternommen von A. E. Douglas, *Classical Quarterly*, 10, 1960, 65–78. – Speziell zur *memoria* beim »Auctor« (S. 383) ist wichtig Herwig Blum, *Die antike Mnemotechnik*, Hildesheim/New York 1969; vgl. jetzt Friedhelm L. Müller, *Kritische Gedanken zur antiken Mnemotechnik und zum Auctor ad Herennium*, Stuttgart 1996. Das Thema ist in letzter Zeit auch sonst viel behandelt worden.

*De oratore* ist zweispr. herausgegeben von Harald Merklin, Stuttgart (Reclam) 1976, $^2$2006; eine engl. Übers. von James M. May/Jakob Wisse, New York u. a. 2001. Wertvoll ist der Kommentar von Karl Wilhelm Piderit, Leipzig $^2$1862, ebenso der von Augustus S. Wilkins, Oxford 1892 (Ndr. Hildesheim 1965). Kaum auszuschöpfen ist der Kommentar von Anton D. Leeman/Harm Pinkster u. a., 5 Bde., Heidelberg 1981–2008 (Bd. 5 in engl. Sprache). Die überragende Abhandlung ist Karl Barwick, *Das rednerische Bildungsideal Ciceros*, Leipzig 1963. Vorzüglich zur Einführung: Wolf Steidle, »Einflüsse römischen Lebens und Denkens auf Ciceros Schrift ›De oratore‹«, *Museum Helveticum* 9, 1952, 10–41; thematisch jetzt ähnlich Elaine Fantham, *The Roman world of Cicero's De oratore*, Oxford u. a. 2004. Bes. zu Buch II: Jacob Wisse, *Ethos and pathos: from Aristotle to Cicero*, Amsterdam 1989. Zur Nachahmung Platons: Gallus Zoll, *Cicero Platonis aemulus* […], Zürich 1962. Neue wichtige Literatur erschließt der informative Überblick von Jacob Wisse, »»De oratore«: rhetoric, philosophy, and the making of the ideal orator«, in: May, *Companion* (S. 548), 375–400.

Zum Ursprung des rhetorischen **Attizismus** sind neben der grundlegenden Arbeit von Wilamowitz (S. 254) aufschlussreich besonders zwei Beiträge zu Hellmut Flashar (Hg.), *Le classicisme à Rome* […], Vandœuvres/Genève 1979: Thomas Gelzer, »Klassizismus, Attizismus und Asianismus«, 1–41; G. W. Bowersock, »Historical problems in late republican and Augustan criticism«, 57–75; anschaulich bes. auch Alfons Weische, *Ciceros Nachahmung der attischen Redner*, Heidelberg 1972, 178–182. Gut orientiert der Artikel »Asianismus« von Joachim Adamietz, in: Ueding, *Historisches Wörterbuch der Rhetorik* (S. 522), Bd. 1 (1992), 1114–1120. Besonders zu Calvus und Cicero: Wolfgang Lebek, *Verba prisca* […], Göttingen 1972, 83–97 (tiefdringend). Nützlich ist auch Thomas Hidber (Hg.), *Das klassizistische Manifest des Dionys von Halikarnaß: Die Praefatio zu ›De oratoribus veteribus‹*, Stuttgart/Leipzig 1996 (mit Komm.). Den gegenwärtigen Diskussionsstand skizziert Narducci, in: May, *Companion* (S. 548), 408 f. (vgl. unten).

Eine zweisprachige Ausgabe des ***Brutus*** stammt von Bernhard Kytzler, München (Tusculum) 1970, [4]1990. Den grundlegenden Kommentar schrieb Wilhelm Kroll (nach Otto Jahn), Berlin [5]1908 (bearb. von Bernhard Kytzler, Berlin [7]1964, mit Lit. und Register); wertvoll auch jener von A. E. Douglas, Oxford 1966. Eine umfassende Gesamtinterpretation gibt Clemens Rathofer, *Ciceros ›Brutus‹ als literarisches Paradigma eines Auctoritas-Verhältnisses*, Frankfurt a. M. 1986. Zum Zeitbezug: Hermann Strasburger, *Ciceros philosophisches Spätwerk als Aufruf gegen die Herrschaft Caesars*, Hildesheim u. a. 1990, 29 ff. Zur Darstellung der älteren Redner s. Hinweise zu S. 545 f. Einen Überblick über Werk und neuere Forschung gibt Emanuele Narducci, »›Brutus‹: The history of Roman eloquence«, in: May, *Companion* (S. 548), 401–426.

Zweisprachige Ausgaben des ***Orator*** gibt es von Bernhard Kytzler, München (Tusculum) [3]1988, und Harald Merklin, Stuttgart (Reclam) 2004. Der überragende Kommentar stammt auch hier von Wilhelm Kroll, Berlin 1913 (Ndr. 1961). Zum Verständnis wichtig war A. E. Douglas, »A Ciceronian contribution to rhetorical theory«, *Eranos* 55, 1957, 18–26. Weniges Neuere erschließt Emanuele Narducci, »›Orator‹ and the definition of the ideal orator«, in: May, *Companion* (S. 548), 427–443.

Von Ciceros kleineren rhetorischen Schriften sind die ***Partitiones oratoriae*** zweispr. herausgegeben von Karl und Gertrud Bayer, Zürich (Tusculum) 1994; von Karl Bayer auch die ***Topica***, München (Tusculum) 1993. Den inneren Zusammenhang beider Schriftchen zu erhellen versucht Robert N. Gaines, »Cicero's ›Partitiones oratoriae‹ and ›Topica‹: Rhetorical philosophy and philosophical rhetoric«, in: May, *Companion* (S. 548), 445–480 (viel Lit.). Dazu kommt jetzt das hochgelehrte Buch von Alexander Arweiler, *Cicero rhetor: Die ›Partitiones oratoriae‹ und das Konzept des gelehrten Politikers*, Berlin/New York 2003.

## PHILIPPICAE – CICERO GEGEN DEN FEIND DER FREIHEIT

Sämtliche »**Philippiken**« sind zweispr. herausgegeben von Helmut Kasten, Berlin 1970, lat.-engl. von D. R. Shackleton Bailey, Chapel Hill/London 1986; nur *Phil.* 1/2 von Marion Giebel, Stuttgart (Reclam) 1983. Einen vollständigen Kommentar gab John Richard King, Oxford ²1878. Er ist für *Phil.* 1/2 überholt durch Karl Halm und G. Laubmann, Berlin ⁸1905; J. D. Denniston, Oxford 1926; John T. Ramsey, Cambridge 2003. *Phil.* 2 hat kommentiert W. K. Lacey, Warminster 1986. Sehr brauchbar für *Phil.* 3–10 war der Kommentar von Wilhelm Sternkopf, 2 Bde., Berlin 1912/13; überragend ist jetzt zu *Phil.* 3–9 die (engl.) kommentierte Ausgabe mit Übersetzung von Gesine Manuwald, 2 Bde., Berlin/New York 2007. Zum Verständnis wichtig ist Malcolm M. Willcock (Hg.), *Cicero: The letters of January to April 43 C.*, Warminster 1995 (mit Übers. und Komm.).

Den **historischen Hintergrund** erläutert in fortlaufender Interpretation der Reden der dänische Sozialdemokrat (und zeitweilige Unterrichtsminister) Hartvig Frisch, *Cicero's fight for the republic*, Kopenhagen 1946. Sonst sind heranzuziehen neben den Cicerobiographien und allgemeinen Darstellungen der römischen Geschichte (knapp und gut jetzt Klaus Bringmann, *Geschichte der römischen Republik*, München 2002, 377–394; mit Textproben): Ronald Syme, *Die römische Revolution* (zuerst engl. 1939, dt. 1957), Darmstadt 2003 (epochemachende Darstellung); Andreas Alföldi, *Oktavians Aufstieg zur Macht*, Bonn 1976; Dietmar Kienast, *Augustus: Prinzeps und Monarch*, Darmstadt (zuerst 1982) ³1999 21–42; Ursula Ortmann, *Cicero, Brutus und Octavian* […], Bonn 1988, 167–278 (materialreich); Ulrich Gotter, *Der Diktator ist tot! Politik zwischen den Iden des März und der Begründung des Zweiten Triumvirats*, Stuttgart 1996. Konzentriert auf Cicero: Maria Bellincioni, *Cicerone politico nell' ultimo anno di vita*, Brescia 1974; Emanuele Castorina, *L' ultima oratoria di Cicerone*, Catania 1975.

Das Verhältnis zu **Demosthenes** berührt punktuell Weische, *Ciceros Nachahmung* (S. 556), 100–109, 193 f.; ausführlicher Cecil W. Wooten, *Cicero's Philippics and their Demosthenic model*, Chapel Hill/London 1983. Die oben gegebene Darstellung beruht auf folgenden Arbeiten: Wilfried Stroh, »Die Nachahmung des Demosthenes in Ciceros Philippiken«, in: *Éloquence et rhétorique* (S. 545), 1–31 (Diskussion 32–40); ders., »Ciceros demosthenische Redezyklen«, *Museum Helveticum* 40, 1983, 35–50; vgl. auch ders., »Ciceros Philippische Reden«, in: Martin Hose (Hg.), *Meisterwerke der antiken Literatur*, München 2000, 76–102.

Zur angeblichen Eigenart des **Stils** der »Philippiken«: W. R. Johnson, *Luxuriance and economy: Cicero and the alien style*, Berkeley 1971; vgl. v. Albrecht, *Cicero's style* (S. 547), 112–114 (mit älterer Lit.). Auch dazu einiges in dem insgesamt nicht sehr informativen Forschungsbericht von Jon Hall, »The Philippics«, in: May, *Companion* (S. 548), 273–304.

## *CORRUPTA ELOQUENTIA* – ENDET DIE REDEKUNST MIT CICERO?

Die Redestile der **frühen Kaiserzeit** stellt lebendig dar Leeman, *Orationis ratio* (S. 546), 219–283; temperamentvoll in den Urteilen, aber schematisierend: Norden, *Antike Kunstprosa* (S. 527), 240–343. Die zeitgenössische Beurteilung des »Niedergangs« behandelt eindringlich Heldmann, *Antike Theorien* (S. 526), bes. 146 ff.

Die *Controversiae et Suasoriae* des **älteren Seneca** liest man am bequemsten in der vorzüglichen, knapp kommentierten lat.-engl. Ausgabe von Michael Winterbottom, 2 Bde., Cambridge Mass./London (Loeb) 1974; eine dt. Übersetzung stammt von Otto und Eva Schönberger, Würzburg 2004. Die wohl beste Monographie schrieb Janet Fairweather, *Seneca the elder*, Cambridge u. a. 1981; vgl. Lewis A. Sussman, *The elder Seneca*, Leiden 1978. Bibliographien findet man in *Aufstieg und Niedergang der römischen Welt*, II, 32.1 (1984), 514 ff., 557 ff. Zuletzt ausführlich: Emanuele Berti, *Scholasticorum studia: Seneca il Vecchio e la cultura retorica e letteraria della prima età imperiale*, Pisa 2007.

Der *Dialogus* des **Tacitus** liegt vor in zweispr. Ausgaben von Helmut Gugel und Dietrich Klose, Stuttgart (Reclam) 1981; Hans Volkmer, Düsseldorf/Zürich (Tusculum) $^4$1998 (1967); Dieter Flach, Stuttgart 2005 (textkritisch orientiert). Der wichtigste Kommentar stammt jetzt von Roland Mayer, Cambridge 2001; dt. Kommentar von Rudolf Güngerich, Göttingen 1980. Zur Beurteilung originell und gedankenreich: Michael Winterbottom, »Returning to Tacitus' Dialogus«, in: Cecil W. Wooten (Hg.), *The orator in action and theory in Greece and Rome*, Leiden u. a. 2001, 137–155; vgl. Gesine Manuwald, »Der Dichter Curiatius Maternus in Tacitus' ›Dialogus de oratoribus‹«, *Göttinger Forum für die Altertumswissenschaft*, 4 (2001), 1–20 (mit Lit.). Zu den Personen: Ronald Syme, *Tacitus*, Bd. 1, Oxford 1958, 100–111. Wichtige ältere Arbeiten (Kurt von Fritz u. a.) bei Viktor Pöschl (Hg.), *Tacitus*, Darmstadt 1969, 298–387. Eine zweispr., komm. Ausgabe von **Plinius** *Panegyricus* gibt Werner Kühn, Darmstadt 1985, $^2$2008.

In die Welt der römischen **Deklamationen** führt ein das nicht überholte Werk von Stanley F. Bonner, *Roman declamation in the late republic and early empire*, Liverpool 1949 (wertvoll bes. zum Juristischen); vgl. ders., *Education in ancient Rome*, Cambridge 1977, 250–327. Als kürzere Darstellung zu empfehlen ist Winterbottoms Einleitung zu seiner Ausgabe von Seneca d. Ä. (s. oben); vgl. ferner Robert A. Kaster, »Controlling reason: Declamation in rhetorical education«, in: Yun Lee Too (Hg.), *Education in Greek and Roman antiquity*, Leiden u. a. 2001, 317–338; Nicola Hömke, *Gesetzt den Fall ein Geist erscheint [...]*, Heidelberg 2002 (ausführl. Einleitung); W. Martin Bloomer, »Roman declamation: The elder Seneca and Quintilian«, in: Dominik/Hall, *Companion* (S. 546), 297–306.

Eigenwillig: Erik Gunderson: *Declamation, paternity, and Roman identity: Authority and the rhetorical self*, Cambridge 2003. Schanz/Hosius, *Geschichte der römischen Literatur* (S. 545), Bd. 2 ($^4$1935), 336–356, bietet die bequemste Information über die einzelnen Rhetoren. Eine Einordnung der Deklamation in die Gesamtgeschichte der rhetorischen Erziehung gibt Manfred Kraus, »Exercitatio«, in: Ueding, *Historisches Wörterbuch der Rhetorik* (S. 522), Bd. 3 (1996), 71–123. Bunt gemischte Beiträge zur Deklamation und Ähnlichem bis ins 18. Jahrhundert bieten Bianca-Jeanette und Jens-Peter Schröder (Hg.), *Studium declamatorium*, München/Leipzig 2003 (darin S. 5–34: Wilfried Stroh zur Wortgeschichte von *declamatio*). Vgl. die Literaturhinweise S. 543.

**Quintilians** Urteil über die Deklamationen (II 10) wird jetzt erläutert im Kommentar von Tobias Reinhardt und Michael Winterbottom zur *Institutio oratoria* II, Oxford 2006. Die Quintilian zugeschriebenen *Declamationes minores* wurden kommentiert von Michael Winterbottom, Berlin/New York 1984; vgl. dazu auch Joachim Dingel, *Scholastica materia*, Berlin/New York 1988 (bes. zur Rolle der Statuslehre). Nr. 6 der *Declamationes maiores* kommentierte Thomas Zinsmaier, *Der von Bord geworfene Leichnam*, Frankfurt u. a. 1993; Nr. 10, 14, 15 daraus bei Nicola Hömke (s. o.). Ein weiterer Kommentar: Lewis A. Sussman (Hg.), *The declamations of* **Calpurnius Flaccus**, Leiden u. a. 1994. – Die Deklamationen *(dictiones)* des **Ennodius** werden behandelt in Beiträgen von Bianca-J. Schröder und Michael Winterbottom zu: Schröder, *Studium declamatorium* (s. o.), 251 ff.; vgl. auch B.-J. Schröder, *Bildung und Briefe im 6. Jahrhundert*, Berlin/New York 2007.

Zeugnisse Senecas d. Ä. zu **Ovid** als Rhetoriker behandelt grundlegend T. F. Higham, »Ovid and rhetoric«, in: N. J. Herescu (Hg.), *Ovidiana*, Paris 1958, 32–46. Grundsätzlich wichtig: Hermann Fränkel, *Ovid, a poet between two worlds*, Berkeley/Los Angeles 1945 (dt. Darmstadt 1970), bes. S. 167 ff. Geistreich, aber irreführend R. J. Tarrant, »Ovid and the failure of rhetoric«, in: D. Innes u. a. (Hg.), *Ethics and rhetoric*, Oxford 1995, 63–74. Nichtssagend: Ulrike Auhagen: »Rhetoric and Ovid«, in: Dominik/Hall, *Companion* (S. 546), 413–424. Zu den *Heroiden*: Eberhard Oppel, *Ovids Heroides*, Diss. Erlangen 1968; Howard Jacobson, *Ovid's Heroides*, Princeton N. J. 1974; Wilfried Stroh, »Heroides Ovidianae cur epistulas scribant« (zuerst 1991), in: ders., *Apocrypha*, (S. 548), 144–174. Zur *Ars amatoria*: W. Stroh, »Rhetorik und Erotik [...]«, *Würzburger Jahrbücher für die Altertumswissenschaft* 5 (1979), 117–132. Zum »Waffenstreit«: Franz Bömer (Komm.), *Ovid Metamorphosen XII-XIII*, Heidelberg 1982; Manfred Dippel, *Die Darstellung des trojanischen Krieges in Ovids Metamorphosen (XII 1-XIII 622)*, Frankfurt a. M. u. a.1990; Neil Hopkinson (Hg., Komm.), *Ovid Metamorphoses Book XIII*, Cambridge u. a. 2000.

## INSTITUTIO ORATORIA – EIN SPANIER LEHRT DIE RÖMER REDEN

Den **Text** der *Institutio oratoria* liest der deutsche Leser am bequemsten in der zweispr. Ausgabe von Helmut Rahn, 2 Bde., Darmstadt ³1995 (1972/1975). Der letzte vollständige **Kommentar** (lat.) stammt von Georg Ludwig Spalding und Carl Th. Zumpt, 5 Bde., Leipzig 1798–1829. Zu Gesners Kommentar s. S. 437. Nützliche Anmerkungen bietet die zweispr. Ausgabe von Jean Cousin, 7 Bde., Paris 1975–1980. Wertvolle neuere Kommentare stammen von Francis H. Colson: zu Buch 1, Cambridge 1924 (Ndr. 1973; ergiebig auch zum Nachleben Quintilians); Tobias Reinhardt und Michael Winterbottom: zu Buch 2, Oxford 2006 (S. XXIf. weitere Arbeiten Winterbottoms); Joachim Adamietz: zu Buch 3, München 1966; William Peterson: zu Buch 10, Oxford 1891 (Ndr. 1967); Roland Gregory Austin: zu Buch 12, Oxford ³1965 (1948). Kommentare zu Teilen von Büchern: Francesco Pini, *Quintiliano: Capitoli grammaticali*, Rom 1966 (zu 1,4–8); Giusto Monaco, *Quintiliano: Il capitolo de risu*, Palermo 1967, ²1970 (zu 6,3); Ursula Maier-Eichhorn, *Die Gestikulation in Quintilians Rhetorik*, Frankfurt a. M. u. a. 1989 (zu 11,3,84–124; vgl. Anm. 446).

Die immer noch beste **Gesamtdarstellung** Quintilians gibt George A. Kennedy, *Quintilian*, New York 1969; vgl. ders., *Art of rhetoric* (S. 522), 487–514. Eine gehaltvolle Einführung bietet Michael Winterbottom, »Quintilian and rhetoric«, in: Thomas Alan Dorey (Hg.), *Empire and aftermath: Silver Latin 2*, London u. a. 1975, 79–97 (zu Winterbottoms Aufsatz über den *vir bonus* s. S. 435). Zu dem Buch Otto Seels s. S. 440. Nur für Fachleute bestimmt sind die Quellenuntersuchungen von Jean Cousin, *Études sur Quintilien*, 2 Bde., Paris 1935/36 (Ndr. 1967). Zur Stellung Quintilians in der Geschichte der lateinischen Prosa: Leeman, *Orationis ratio* (S. 546), bes. 290–323. – Ältere Literatur erschließt der kritisch urteilende Forschungsbericht von Joachim Adamietz, in: *Aufstieg und Niedergang der römischen Welt*, II, 32.4 (1986), 2226–2271. Einiges Neuere findet man bei Jorge Fernández López, »Quintilian as rhetorician and teacher«, in: Dominik/Hall, *Companion* (S. 546), 307–322. Einen Überblick über neuere Forschung gibt vor allem das riesige Sammelwerk von Tomás Albaladejo u. a. (Hg.), *Quintiliano: Historia y actualidad de la retórica*, 3 Bde., Logroño 1998. Eine vollständige Bibliographie (mit 857 Einträgen) bietet Thorsten Burkard unter www.klassalt.uni-kiel.de (auffindbar über: Lehre/Sommersemester 2006/Erläuterungen und Materialien/Burkard/Materialien: Oberseminar), der eine neue Monographie vorbereitet.

Zu den oben berührten **Einzelproblemen** sind besonders lesenswert: Benedikt Appel, *Das Bildungs- und Erziehungsideal Quintilians nach der Institutio oratoria*, Diss. München (1913) 1914; Carl Joachim Classen, »Der Aufbau des zwölften Buches der Institutio oratoria Quintilians«, *Museum Helveticum* 22 (1965), 181–190; Thomas Gelzer, »Quintilians Urteil über Seneca«, *Museum Helveticum*

27 (1970), 212–223; Konrad Heldmann, »Dekadenz und literarischer Fortschritt bei Quintilian und Tacitus«, *Poetica* 12 (1980), 1–23.


## *DEUTERA SOPHISTIKE* – NACHSOMMER DER KLASSISCHEN REDEKUNST

Die klassische Darstellung der **zweiten Sophistik** stammt von Nietzsches Freund Erwin Rohde, »Die griechische Sophistik der Kaiserzeit«, in: ders., *Der griechische Roman und seine Vorläufer* (1876), Leipzig ³1914 (Ndr. 1960), 310–387: trotz überholter Gesamtthese noch immer eine packende Lektüre. Wertvoll bleibt neben den neueren Literaturgeschichten auch Schmid/Stählin, *Geschichte der griechischen Literatur* (S. 527), II, 1, ⁶1920, 459–479; II, 2, ⁶1924, 663 ff. Von den modernen Darstellungen ist grundlegend (vor allem im Hinblick auf die Prosopographie der Sophisten) die althistorische Arbeit von Glen W. Bowersock, *Greek sophists in the Roman empire*, Oxford 1969; als philologische Ergänzung dient das witzige Buch von Donald A. Russell, *Greek declamation*, Cambridge u. a. 1983. Der Band *Aufstieg und Niedergang der römischen Welt* II, 33,1 (1989) enthält ausführliche Beiträge zum Thema von V. A. Sirago, G. Anderson und E. L. Bowie (S. 36–258). In die gegenwärtige, vor allem kulturhistorische Diskussion führt ein der Sammelband von Barbara E. Borg (Hg.), *Paideia: the world of the second sophistic*, Berlin/New York 2004. Neueste Literatur erschließt der (sonst zur Einführung weniger geeignete) Beitrag von Graham Anderson, »Rhetoric and the second sophistic«, in: Dominik/Hall, *Companion* (S. 546), 339–353.

Das Ganze der griechischen Kultur und Literatur von 50 bis 250 n. Chr. behandelt Simon Swain, *Hellenism and empire*, Oxford 1996. Dazu kommen jetzt der Sammelband von Simon Goldhill (Hg.), *Being Greek under Rome*, Cambridge 2001, und Tim Whitmarsh, *Greek literature and the Roman empire*, Oxford 2001. Einen oft vernachlässigten Aspekt thematisiert Martin Korenjak, *Publikum und Redner: Ihre Interaktion in der sophistischen Rhetorik der Kaiserzeit*, München 2000. Das Verhältnis von Sophistik bzw. Rhetorik und Philosophie im 2. Jahrhundert behandeln Dimitrios Karadimas, *Sextus Empiricus and Aelius Aristides*, Lund 1996, und dagegen polemisch Christoph Tobias Kasulke, *Fronto, Marc Aurel und kein Konflikt zwischen Rhetorik und Philosophie im 2. Jh. n. Chr.*, München/Leipzig 2005 (lesenswert trotz überzogener Thesen).

Zum sprachlichen **Attizismus** ist grundlegend Wilhelm Schmid, *Der Atticismus in seinen Hauptvertretern*, 5 Bde., Stuttgart 1887–1897. Neuere Forschung auch zum rhetorischen Attizismus erschließt das Buch von Swain, *Hellenism* (s. o.), 17–64 (bes. auch zur *koinē*). Zu Letzterem s. besonders die Literaturangaben S. 555 f. Zum zitierten *Rhetorum praeceptor* Lukians gibt es jetzt eine dt. Übersetzung mit Kommentar von Serena Zweimüller, Göttingen 2008.

**Philostrats** *Leben der Sophisten* liest man am bequemsten (zusammen mit Eunapios) in der zweispr. Ausgabe von Wilmer Cave Wright, Cambridge Mass./London (Loeb) 1921 (Ndr.). Vgl. Graham Anderson, *Philostratus*, London u. a. 1986.

Die *Romrede* von **Aelius Aristides** wurde zweispr. herausgegeben und erläutert von Richard Klein, 2 Bde., Darmstadt 1983. Von der vierbändigen zweispr. Gesamtausgabe des Aristides bei Loeb (London/Cambridge Mass.) von Charles A. Behr ist 1973 erschienen Bd. 1 (mit *Panathenaikos* und den Reden gegen Platon). Zur Gesamtpersönlichkeit und Nachwirkung: William V. Harris (Hg.), *Aelius Aristides between Greece, Rome, and the gods*, Leiden u. a. 2008. Zu vergleichen sind bes. die Bücher von Karadim und Kasulke (s. o.).

Sämtliche Reden des **Dion Chrysostomos** sind übersetzt (und kurz erläutert) von Winfried Elliger, Zürich (Artemis) 1967. Einen sprachlichen Kommentar zur 13. Rede gibt Alfredo Verrengia, Neapel 1999; umfassender wird die 12. Rede kommentiert von Donald A. Russell, Cambridge 1992 (zusammen mit Nr. 7 und 36) und jetzt besonders in der großen zweispr. Ausgabe von Hans-Josef Klauck, Darmstadt 2000. Die grundlegende, immer noch lesenswerte Monographie stammt von Hans von Arnim, *Leben und Werke des Dion von Prusa*, Berlin 1898 (vgl. S. 535); seine Einteilung der Reden in drei inhaltlich unterschiedene Phasen, wobei Exil (mit »Bekehrung«) und Restitution Einschnitte markieren, ist heute nicht mehr unbestritten. Wichtige neuere Arbeiten stammen von Christopher P. Jones, *The Roman world of Dion Chrysostom*, Cambridge Mass./London 1978, Paolo Desideri, *Dione di Prusa*, Florenz 1978, und Anne Gangloff, *Dion Chrysostome et les mythes*, Grenoble 2006 (zu Philosophie und Dichtung). Die Frage der »Bekehrung« wurde zuletzt diskutiert in dem Buch von Kasulke (s. o.) und von Christiane Krause, *Strategie der Selbstinszenierung: Das rhetorische Ich in den Reden Dions von Prusa*, Wiesbaden 2003, 37 ff. Neuere Forschung erschließt besonders der Sammelband von Simon Swain (Hg.), *Dio Chrysostom*, Oxford 2000.

**Lukians** *Sämmtliche Werke* sind klassisch übersetzt (und erläutert) von Christoph Martin Wieland, 6 Bde., Wien u. a. 1797/98 (letzter Ndr. Berlin 1974). Einschlägig zum Thema sind die Kommentare von Heinz-Günther Nesselrath zu *Lukians Parasitendialog*, Berlin u. a. 1985, und von Eugen Braun zu *Lukian: Unter doppelter Anklage*, Frankfurt a. M. 1994. Die sophistische Seite Lukians behandelt Christopher P. Jones, *Culture and society in Lucian*, Cambridge Mass. 1986.

**Frontos** Werke gibt es zweispr. in der Ausgabe von C. R. Haines, 2 Bde., London/Cambridge Mass. (Loeb) $^2$1928 (1919/20). Eine umfassende Monographie schrieb Edward Champlin, *Fronto and Antonine Rome*, Cambridge Mass./London 1980. Neuere Literatur findet man in der Darstellung von Klaus Sallmann, in: *Handbuch der lateinischen Literatur der Antike*, Bd. 4, (S. 545), 281–292. Das Verhältnis zu Marc Aurel (bezüglich dessen Einstellung zur Rhetorik) wird verschieden beurteilt etwa in den Arbeiten von Herwig Görgemanns, »Der Bekehrungsbrief Marc Aurels«, *Rheinisches Museum für Philologie* 134, 1991, 96–109, und Kasulke (s. o.), 188–382.

Die Verteidigungsrede des **Apuleius** *De magia* (mit den *Florida*) hat zweispr. herausgegeben Rudolf Helm, Berlin 1977; dazu kommt jetzt die vorzüglich informative zweispr. Ausgabe von Jürgen Hammerstaedt, Peter Habermehl u. a., Darmstadt 2002, ²2008 (bes. auch zur Magie) und die engl. kommentierte Ausgabe von Vincent Hunink, 2 Bde., Amsterdam 1997. Hunink kommentierte auch die *Florida* (Amsterdam 2001). Alle einschlägigen Werke enthält in engl. Übersetzung mit Kommentar: Stephen J. Harrison u. a. (Hg.), *Apuleius: Rhetorical works*, Oxford 2001. Von Harrison stammt auch die jüngste Monographie *Apuleius: a Latin sophist*, Oxford 2000 (Tb 2004). Frühere Literatur erschließt Benjamin L. Hijmans in dem Forschungsbericht »Apuleius orator«, in: *Aufstieg und Niedergang der römischen Welt*, II, 34,2 (1994), 1708–1784. Mehr bei Sallmann, in: *Handbuch*, Bd. 4 (s. o.), 292–318.

»**Longins**« Schrift *Über das Erhabene* gibt es in zweispr. Ausgaben von Reinhard Brandt, Darmstadt 1966 (Ndr. 1983) und Otto Schönberger, Stuttgart (Reclam) 2002, wo auch die wichtigste Literatur zusammengestellt ist. Ein Kommentar stammt von Donald A. Russell, Oxford 1964. Geeignet zur Einführung ist besonders Manfred Fuhrmann, *Die Dichtungstheorie der Antike*, Düsseldorf/Zürich 2003, 162–202. »Longins« Wirkungsgeschichte vom 17. bis 19. Jahrhundert erschließt Paul Barone, *Schiller und die Tradition des Erhabenen*, Berlin 2004.

### *PNEUMA* – GOTTES GEIST UND DIE RHETORIK

Den meines Wissens einzigen neueren Überblick über die gesamte **jüdisch-christliche Rhetorik** des Altertums gibt George A. Kennedy, *Classical rhetoric and it's Christian and secular traditions from ancient to modern times*, London 1980, 120–160 (trocken und informativ); vgl. ders., *Greek rhetoric under Christian emperors*, Princeton N. J. 1983, 180 ff. Unsystematisch und ebenfalls auf das Griechische beschränkt ist das anspruchsvolle Buch von Averil Cameron, *Christianity and the rhetoric of empire*, Berkeley u. a. 1991 (mit weitem Rhetorikbegriff). Als bibliographische Fundgrube zum Thema empfiehlt sich Wolfram Kinzig, »The Greek Christian writers«, in: Porter, *Handbook of classical rhetoric* (S. 543), 633–670; bescheidener das Pendant Philip E. Satterthwaite, »The Latin church fathers«, a. a. O., 671–694. Als Geheimtipp sei mitgeteilt das kaum auszuschöpfende Werk des Pfarrers Joseph Lutz, *Handbuch der katholischen Kanzelberedsamkeit*, Tübingen 1851, bes. 91–254 (vom Alten Testament bis Salvian).

Öfter behandelt wurde die antike Geschichte und Vorgeschichte der christlichen **Predigt**: Information und Literatur findet man in den Lexikonartikeln von Maurice Sachot, »Homilie«, in: *Reallexikon für Antike und Christentum*, 16 (1994), 148–175; Erhard S. Gerstenberger, Beate Ego, Hans-Theo Wrege und Laurence Brottier, »Predigt II, III, IV, V«, in: *Theologische Realenzyklopädie*, 27 (1997), 231–248; U. Sträter, »Predigt A, B.1«, in: *Historisches Wörterbuch der Rhetorik* (S. 522), Bd. 7 (2005), 45–59. Besonders die jüdischen Elemente untersucht Folker Siegert, »Homily and panegyrical sermon«, in: Porter, *Handbook of classical rhetoric* (S. 543), 421–443 (mit Lit.).

Zur Rhetorik im **Neuen Testament** gilt als klassisch Amos N. Wilder, *The language of the gospels, Early Christian rhetoric*, New York u. a. 1964; dann George A. Kennedy, *New testament interpretation through rhetorical criticism*, Chapel Hill u. a. 1984. Neuere Literatur referiert Richard A. Burridge, »The Gospels and Acts«, in: Porter, *Handbook of classical rhetoric* (S. 543), 507–532 (mit weiteren Arbeiten zum Thema). Vgl. zuletzt bes. den Sammelband von Thomas H. Olbricht und Anders Eriksson (Hg.), *Rhetoric, ethic, and moral persuasion in biblical discourse*, New York 2005.

Zur Auseinandersetzung von **Christentum und antiker Welt** sind immer noch nützlich die Standardwerke von Paul Wendland, *Die hellenistisch-römische Kultur in ihren Beziehungen zu Judentum und Christentum*, Tübingen $^{2/3}$1912, bes. 211 ff. (griechischer Einfluss wohl überbetont), und Carl Schneider, *Geistesgeschichte der christlichen Antike* (zuerst: *Geistesgeschichte des antiken Christentums*, 1954) München 1970 (Tb [dtv] 1978); bes. 428–445, zu Predigt und Apologetik. Zwei bekannte Vortragsreihen: Werner Jaeger, *Das frühe Christentum und die griechische Bildung*, zuerst engl. 1961, Berlin 1963 (bis Gregor von Nyssa, ohne Lat.); Albert Wifstrand, *Die alte Kirche und die christliche Bildung* (zuerst schwed. 1957), Bern/München 1967, bes. 28 ff. (zur Rhetorik kurz und profund). Vgl. auch Olof Gigon, *Die antike Kultur und das Christentum*, Gütersloh 1966, $^{2}$1969; Christian Gnilka (Hg.), *Chrêsis: Die Methode der Kirchenväter im Umgang mit der antiken Kultur*, (Schriftenreihe), Basel 1984 ff. Zu den Lateinern: Harald Hagendahl, *Von Tertullian zu Cassiodor*, Göteborg 1983. – Unersetzt für den Stil auch der christlichen Literatur bleibt das Werk von Eduard Norden, *Antike Kunstprosa* (S. 527), 451–656. Einschlägig zum ganzen Themenbereich sind die Artikel des von Franz Joseph Dölger angeregten *Reallexikons für Antike und Christentum*, Stuttgart 1950 ff. (s. etwa Stichwort »Rhetorik« im Register zu Bd. 1–15).

Die Areopagrede des **Paulus** wurde mit exorbitanter Gelehrsamkeit behandelt von Eduard Norden, *Agnostos theos: Untersuchungen zur Formengeschichte religiöser Rede*, Leipzig/Berlin 1913. Für ihn wie auch für die meisten neueren Theologen (vgl. etwa Jürgen Roloff, *Die Apostelgeschichte*, übersetzt und erklärt, Göttingen 1981, 253–268) war ausgemacht, dass die Rede freie Schöpfung des Lukas sei. Dem widersprach mit geistreicher Interpretation der Althistoriker Eduard Meyer, *Ursprung und Anfänge des Christentums*, Bd. 2, 1923 (Ndr. Stuttgart o. J.), 89–108 (vgl. dort zu Paulus 308 ff., 411 ff.). – Moderne Versuche, eine rhetorische Disposition der Paulusbriefe nachzuweisen, referiert Stanley E. Porter, »Paul of Tarsus and his letters«, in: Porter, *Handbook of classical rhetoric* (S. 543), 533–585. Ein Klassiker ist Rudolf Bultmann, *Der Stil der paulinischen Predigt und die kynisch-stoische Diatribe*, Göttingen 1910, Ndr. 1984.

Deutsche Übersetzungen der **altchristlichen Literatur** bzw. Patristik bietet in reicher Auswahl die *Bibliothek der Kirchenväter*, hg. von Otto Bardenhewer u. a., Kempten / München. Bd. 12 und 14: *Frühchristliche Apologeten und Märtyrerakten*, 1913 (u. a. Justinos, übers. von Gerhard Rauschen; Tatian, übers. von R. C. Kukula; Athenagoras, übers. von Anselm Eberhard); Bd. 7 und 24: *Tertullian*, übers. von K. A. Heinrich Kellner, 1912/1915; Bd. 49: Augustin, *De doctrina Christiana*, übers. von Sigisbert Mitterer, 1925. Zweispr. sind die seit 2002 erscheinenden *Fontes Christiani*, hg. von Marc-Aeilko Aris u. v. a. (bisher über 100 Bde., unter Einbeziehung des Mittelalters). Ebenfalls zweispr. sind die schon seit 1943 erscheinenden *Sources chrétiennes*; dort findet man jetzt die Apologien des Justinos (Titel: *Apologie pour les chrétiens*), hg. von Charles Munier, Paris 2006. – Einen verlässlichen Überblick geben Berthold Altaner und Alfred Stuiber, *Patrologie*, Freiburg (1938) [7]1966; jetzt (vor allem bibliographisch) zu ergänzen durch das *Lexikon der antiken christlichen Literatur*, hg. von Siegmar Döpp und Wilhelm Geerlings, Freiburg u. a. (1998) [3]2002. Zur Einführung (ohne Lit.): Heinrich Kraft, *Einführung in die Patrologie*, Darmstadt 1991. Zu den Apologeten jetzt Michael Fiedrowicz: *Apologie im frühen Christentum*, Paderborn u. a. (2000) [3]2005. – Die gesamte altchristliche griechische Literatur (einschließlich Neues Testament) behandelt Otto Stählin, in: Schmid/Stählin, *Geschichte der griechischen Literatur* (S. 527), II, 2 (1924), 1105–1492. Für die entsprechende lat. Literatur sind einschlägig Bd. 4 (1997), 5 (1989) von Herzog/Schmidt, *Handbuch der lateinischen Literatur* (S. 545); vgl. auch einzelne Kapitel in von Albrecht, *Geschichte der römischen Literatur* (S. 545), Bd. 2. Noch nicht völlig ersetzt ist das Standardwerk von Otto Bardenhewer, *Geschichte der altkirchlichen Litteratur*, 5 Bde., Freiburg/Br. [2]1913–1924, 1932.

**Tertullians** *Apologeticum* gab zweispr. mit vorzüglicher Einleitung heraus Carl Becker, München 1952 (mit älterer Lit.); vgl. auch Kellner (s. o.). Einen philologischen Kommentar gibt Jean Pierre Waltzing, Paris 1931. Wichtig für das rhetorische Verständnis war die Abhandlung von Richard Heinze, *Tertullians Apologeticum*, Leipzig 1910; fortgeführt von Robert Dick Snider, *Ancient rhetoric and the art of Tertullian*, Oxford 1971, und Günter Eckert, *Orator Christianus: Untersuchungen zur Argumentationskunst in Tertullians Apologeticum*, Stuttgart 1993. Umfassend informiert Hermann Tränkle, in: Herzog/Schmidt, *Handbuch der lateinischen Literatur* (S. 545), Bd. 4 (1997), 438–511.

Zu **Laktanz** und der christlichen lat. Literatur nach der konstantinischen Wende informiert man sich bes. bei Antonie Wlosok u. a., in: Herzog/Schmidt, *Handbuch der lateinischen Literatur* (S. 545), Bd. 5 (1989), 363–539. Vgl. auch Manfred Fuhrmann, *Rom in der Spätantike*, 1994, Reinbek (rowohlts Enzyklopädie)

1996. Allgemeiner jetzt: Philip Rousseau (Hg.), *A companion to late antiquity*, Malden, MA u. a. 2009.

Zu den **griechischen Predigern** des 4. Jahrhunderts seien nur beispielhaft zwei neuere Titel genannt (die ältere Lit. erschließen): Ulrike Gantz, *Gregor von Nysssa: Oratio consolatoria in Pulcheriam*, Basel 1999; Aideen M. Hartney, *John Chrysostom and the transformation of the city*, London 2004 (33–42: »The Christian homily and classical rhetoric«).

**Augustin**, *De doctrina Christiana* wurde zuletzt zweispr. mit Kommentar herausgegeben von Madeleine Moreau u. a., Paris 1997; eine dt. Übersetzung von Karla Pollmann ist 2002 (Reclam) erschienen. Das 4. Buch mit Übers. und sieben Abhandlungen liegt jetzt vor in der Ausgabe von Richard Leo Enos, *The rhetoric of St. Augustine of Hippo*, Waco, Tex. 2008. Dt. Übersetzung von Mitterer (s. o.). Die klassische Würdigung stammt von Henri-Irénée Marrou, *Saint Augustin et la fin de la culture antique*, Paris 1938 (Ndr. 1949; 47–83: »La rhétorique«; 505–540: »L'éloquence chrétienne«). Sie wurde partiell korrigiert in dem großartig dokumentierten Werk von Harald Hagendahl, *Augustine and the Latin classics*, 2 Bde., Göteborg 1967, 35–169, 479–588 (bes. 558–568). Jetzt ist zu vergleichen Peter Prestel, *Die Rezeption der ciceronischen Rhetorik durch Augustinus in ›de doctrina Christiana‹*, Frankfurt a. M. u. a. 1992; Christian Tornau, *Zwischen Rhetorik und Philosophie*, Berlin / New York 2006 (13–105: »Augustins Haltung zum zeitgenössischen Bildungssystem«). Die Praxis der Predigt hat zuletzt behandelt Lutz Mechlinsky, *Der modus proferendi in Augustins sermones ad populum*. Paderborn u. a. 2004. Für die Einführung zu Augustin seien empfohlen Peter Brown, *Der Heilige Augustinus* (zuerst engl. 1967), München 1975 (kulturgeschichtlich), und Christoph Horn, *Augustinus*, München 1995 (philosophisch).

## *EPILOGOS* – RHETORISCHE BILDUNG, EINST UND HEUTE

Viel zum **Rhetorikunterricht der Neuzeit** findet man in dem vorzüglichen Artikel »Exercitatio« von Manfred Kraus (S. 559); er widerspricht der Ansicht Manfred Fuhrmanns (*Rhetorik und Öffentlichkeit*, Konstanz 1983, 14–19), dass der Rückgang des Lateinunterrichts am Ende des 18. Jahrhunderts zu einem »Verfall der Rhetorik« geführt habe. Kraus verweist auch auf wichtige Arbeiten zur Geschichte des Deutschunterrichts wie Horst Joachim Frank, *Dichtung, Sprache, Menschenbildung*, 2 Bde., München 1973, Tb (dtv) 1976 (dort bes. 87 ff.: Gottsched, 292 ff.: Deklamieren, 827 ff.: Sprecherziehung im Nationalsozialismus). Für die ältere Zeit bleibt grundlegend die Arbeit des Jensschülers Wilfried Barner, *Barockrhetorik*, Tübingen 1970 (=$^2$2002). Für die im 19. Jahrhundert fortbestehende Tradition war erhellend Dieter Breuer, »Schulrhetorik im 19. Jahrhundert«, in: Helmut Schanze (Hg.), *Rhetorik: Beiträge zu ihrer Geschichte in*

*Deutschland vom 16.–20. Jahrhundert*, Frankfurt a. M. 1974, 145–179; auch sonst wirkte dieser Band, in dem Breuer mit Günther Kopsch alle Rhetoriklehrbücher von 1500 bis 1973 zusammenstellte (S. 217–355), stimulierend auf die Forschung. Zur rhetorischen Tradition des Schulaufsatzes: Otto Ludwig, *Der Schulaufsatz: Seine Geschichte in Deutschland*, Berlin u. a. 1988; Lotti Bahmer, *Antike Rhetorik und kommunikative Aufsatzdidaktik*, Hildesheim u. a. 1991.

Nur wenig über den **aktuellen Rhetorikunterricht** in der Schule erfährt man in den dafür eigentlich einschlägigen neun Artikeln des *Historischen Wörterbuchs der Rhetorik* (S. 522) unter »Rhetorik: Neuzeitliche Institutionengeschichte« (zitiert nach Ueding [Hg.], *Rhetorik* [S. 522], 162–211), was zum Teil daran liegt, dass man sich für Rhetorik weltweit vor allem in Form von Theoriedebatten interessiert (gut Bernd Huss zu Roland Barthes in Frankreich, S. 171). Am informativsten ist der Abschnitt über »Nordamerika«, von Jeffrey-Walker/Chr. H. (S. 207–211, mit Lit). Dazu ist zu vergleichen Alexander Kirchner, »Rhetorik, angewandte«, a. a. O., 211–220. – Die Forderung nach Rhetorik im Deutschunterricht begann in der Nachkriegszeit etwa mit Hellmut Geißner (Hg.), *Rhetorik*, München 1973. Die Redenanalyse im Deutschunterricht (seit 1970) behandelte Bernhard Asmuth, »Politische Rede in der Schule«, *Rhetorik* 11 (1992), 85–97 (mit älterer Lit.). Über ein stärker praktisch orientiertes Unterrichtsprojekt (Sekundarstufe II) berichtete Andrea Merger, »Die Rhetorik der freien Meinungsrede«, *Rhetorik* 17 (1998), 134–147; dieser ganze von ihr herausgegebene Band heißt »Rhetorik in der Schule«.

Dies war auch Thema von fünf Veranstaltungen am Tübinger Seminar für Allgemeine Rhetorik im Wintersemester 2000/01 (www.uni-tuebingen.de/uni/nas/projekte/lehrbuch/einleitung.html). Das Münchner Staatsinstitut für Schulpädagogik usw. hat schon vor einiger Zeit *Handreichungen Praxisorientierte Rhetorik*, Donauwörth 1995, herausgegeben. Einfache Übungen bieten jetzt Wolfgang Endres und Moritz Küffner, *Rhetorik und Präsentation in der Sekundarstufe I*, Weinheim 2008; zu Schülerreferaten: Monika Fellenberg, *Praktische Rhetorik in der Schule*, Augsburg 2008. – Über die sonstige Rhetorikpädagogik informiert knapp und umfassend Susanne Dietz, *Die Optimierung der Redeleistung im Rhetorik- und Kommunikationstraining*, Diss. München 2008, 35–46 (naiv sind ihre Vorstellungen von antiker Rhetorik, die als Teil der Philosophie nach »Wahrheit und Tugendhaftigkeit« [S. 44] strebe). Man vgl. auch hierzu den zitierten Artikel von Kirchner.

Den Wildwuchs der gängigen **praktischen Lehrbücher** sichtete vor einiger Zeit Albert Bremerich-Vos, *Populäre rhetorische Ratgeber*, Tübingen 1991 (vgl. Kirchner, a. a. O., 214–216); die akademischen Rhetoriktheoretiker sprechen von ihnen mit Verachtung, wobei sie im Hinblick auf Honorare »nicht gänzlich frei von Neidgefühlen« zu sein scheinen (zugestanden von Kirchner, a. a. O., 217). Bezeichnend für die Lebensferne der von hoher Warte Urteilenden ist die als Vorwurf gemeinte Feststellung, die Rhetorik werde hier »instrumentalisiert für rhetorische Situationen vor allem in Beruf und Politik« (Kirchner, a. a. O., 214). Als lesbar und gehaltvoll seien hervorgehoben: Ludwig Reiners, *Die Kunst der Rede und des Gesprächs*, München 1955 (gut geschrieben); Maximilian Weller, *Ich bitte ums Wort*, Düsseldorf (1960) [14]1985 (einst deutscher Bestseller, bes. auch zur Versammlungstechnik); Heinz Lemmermann, *Lehrbuch der Rhetorik*, München/Landsberg a. L. (1962) [5]1993 (mit schönen Zitaten); Göran Hägg, *Die Kunst, überzeugend zu reden*, (zuerst schwed. 1998) München [2]2003 (witzig!). Von den Bestsellern Dale Carnegies ist wohl am verbreitetsten *Rede: Die Macht des gesprochenen Worts*, Grünberg (zuerst 1926) [14]1990. Die kürzeste Schnellbleiche verabfolgt Peter Heigl, *30 Minuten für gute Rhetorik*, Offenbach (2001) [13]2009. – Anspruchsvoller waren die älteren, noch immer lesenswerten Klassiker: Adolf Damaschke, *Volkstümliche Redekunst*, Jena (1911) 1930 (christlicher Sozialreformer, schrieb auch eine informative *Geschichte der Redekunst*, Jena 1921); Ewald Geißler, *Rhetorik*, 2 Bde., Berlin/Leipzig (1913) [2]1914 (etwas deutschtümelnder Sprecherzieher); Max Dessoir, *Die Rede als Kunst*, München (1939) [2]1948 (Psychologe und Kunstwissenschaftler). Fast ohne Bezug zur Praxis war die trockene offizielle DDR-Rhetorik von Georg Klaus, *Die Macht des Wortes*, Berlin (1964) [6]1970.

Zumindest einige **Redeanthologien** seien genannt: Anton Kippenberg und Friedrich von der Leyen (Hg.), *Das Buch deutscher Reden und Rufe*, Leipzig 1942 (von 1521–1901; empfehlenswert trotz zeitbedingtem Titel); Wolfgang Müller (Hg.), *Große Reden aus drei Jahrtausenden*, Stuttgart u. a. o. J. (1952; von Sokrates bis Pius XII.); Karl Heinrich Peter (Hg.), *Reden, die die Welt bewegten*, Stuttgart 1959; gekürzt in: *Berühmte politische Reden des 20. Jahrhunderts*, München o. J. (1966; Zola bis Nehru); Kai Brodersen (Hg.), *Große Reden: Von der Antike bis heute*, Darmstadt 2002 (Perikles bis Willy Brandt); Martin Kaufhold (Hg.), *Die großen Reden der Weltgeschichte*, Wiesbaden 2007 (Moses bis Brandt, mit Quellennachweisen und Lit.). – Nicht nur für Schulzwecke geeignet sind die bei Reclam erschienenen, gut kommentierten Bändchen: *Herrschaft durch Sprache: Politische Reden*, 1973 (zuletzt 2005; Perikles bis Nixon); *British political speeches*, 2001 (Churchill bis Blair); *American political speeches*, 2005 (Washington bis George W. Bush).

Zur Geschichte besonders der deutschen **Debattierclubs** (seit 1991) und des Projekts »Jugend debattiert« (seit 1999, unter der Schirmherrschaft des Bundespräsidenten) unterrichten mit gutem historischen Hintergrund Tim-C. Bartsch u. a., *Was ist Debatte – Ein internationaler Überblick*, Göttingen 2005, 26 ff. Der »Verband der Debattierclubs an Hochschulen e. V.« informiert unter www.vdch.de. Zur Rhetorik an amerikanischen Colleges: St. Lucas, »Public speaking«, in: Thomas O. Sloane (Hg.), *Encyclopedia of rhetoric*, Oxford 2001, 640–647.

# NOTULAE – ANMERKUNGEN

## PEITHO – DIE RHETORISCHE KULTUR DER ANTIKE

1 Bei Cicero, *De oratore* 2,187 (*fr.* 177 Ribbeck).
2 Diels/Kranz, *Vorsokratiker* (S. 526), Bd. 2: 82 B 11, § 8; 14 (S. 290, 292 f.).
3 *Kritik der Urteilskraft*, 1. Teil § 53.
4 *Institutio oratoria* 10,7,15.
5 Bern/München $^3$1961, 71–88: »Rhetorik«.
6 A. a. O., Bd. 3, $^2$1971, 433.
7 So resümiert Gadamer in: *Hermeneutik und Ideologiekritik* (S. 523), 63; vgl. *Wahrheit und Methode*, Tübingen $^3$1972, 16–27: »Sensus communis« (zur Begründung der Geisteswissenschaften: S. 20).
8 *Frankfurter Allgemeine Zeitung*, 18. Juni 2009, 1, Untertitel zum Foto »Jürgen Habermas wird achtzig«.
9 In: *Hermeneutik und Ideologiekritik* (S. 523), 123.
10 *Von deutscher Rede*, Tübingen 1969, 45.
11 »Obama in Versen, Hillary in Prosa«, Interview mit B. Garsten von Johan Schloemann, *Süddeutsche Zeitung*, 22. Januar 2008, 13.
12 *Westöstlicher Diwan, Buch des Sängers, Hegire.*
13 *Institutio oratoria* 2,15,4.
14 *Die Welt als Wille und Vorstellung*, Bd. 2, Kap. 11 (»Zur Rhetorik«).
15 Plinius, *Naturalis historia* 7,117.
16 3. Akt, vgl. S. 33.
17 www.uni-tuebingen.de/uni/nas/rede/rede99.htm.
18 Voigt, »Peitho«, *Paulys Realencyclopädie der classischen Altertumswissenschaft* XIX, 1 (1037), 194–217, dort 200 f.
19 *Hekabe* 816; *fr.* 170 Nauck.
20 *fr.* 102 Kassel/Austin; jetzt ausführlichst erläutert von Feruccio C. Bizzarro, *Comici entomologi*, Alessandria 2009, 71–120.
21 Cicero, *Brutus* 59, mit Bezug auf Ennius; der Name blieb allerdings ungewöhnlich (häufiger: *suadela*).
22 *Stoicorum Veterum Fragmenta*, ed. v. Arnim, Bd. II, nr. 292–294.
23 Diogenes Laertius 7,122.

## *MYTHOI* – DIE REDEN BEI HOMER UND HESIOD

1. Homer, *Ilias* 1,1–7.
2. *Institutio oratoria* 10,1,48.
3. Zuerst bei Anaximenes (S. 186), dann bei Cicero, *De inventione* 1,20 und überall.
4. Formuliert nach Cicero, *De inventione* 1,21.
5. *Odyssee* 1, 1–10.
6. *Ilias* 9,225–306.
7. Ebd., 308–429.
8. Ebd., 434–605.
9. Ebd., 443.
10. Ebd., 624–642.
11. Radermacher, *Artium scriptores* (S. 526), A IV, 1–4.
12. *Ilias* 3,208–224.
13. Ebd., 1,249.
14. *Institutio oratoria* 12,10,64; vgl. Radermacher, *Artium scriptores* (S. 526), A III, 2–5, 7.
15. *Ilias* 2,110–141.
16. Ebd., 56–75.
17. *Institutio oratoria* 9,2,65 ff.
18. *Ilias* 24,479.
19. Ebd., 486–506.
20. Ebd., 44.
21. Quintilian, *Institutio oratoria* 10,1,50.
22. Schrott, *Homers Heimat* (S. 524), bes. S. 168.
23. *Theogonie* 81–87.
24. Ebd., 138.
25. Ebd., 77–79, 349–361.

## *EIKOS* – HERMES UND DIE SIZILISCHEN ANFÄNGE DER RHETORIK

1. [Homer], *Hymnus an Hermes* 261–371.
2. Bei Radermacher, *Artium scriptores* (S. 526), A V 8–11.
3. Cicero, *Brutus* 46.
4. Cicero, *De inventione* 2,6.
5. Aristoteles, *Rhetorik* 1402 A 17 (= Radermacher, *Artium scriptores*, [S. 526], B II 20).
6. Platon, *Phaidros* 273 A f. (= Radermacher, *Artium scriptores*, [S. 526], B II 18).

7 Zuerst bei Sextus Empiricus, *Gegen die Mathematiker* 2,96–99, der die Anekdote als weitverbreitet bezeichnet.
8 Radermacher, *Artium scriptores* (S. 526), A V 16.
9 Platon, *Phaidros* 261 B; Aristoteles, *Rhetorik* (1354 B 22 ff.); Isokrates, *Gegen die Sophisten* (or. 13) 19.
10 Drerup, *Aus einer alten Advokatenrepublik* (S. 539).
11 Radermacher, *Artium scriptores* (S. 526), A V 16.
12 Platon, *Phaidros* 266 D-267 A; Aristoteles, *Rhetorik* 1354 B 17 ff.
13 *Hymnus an Hermes* 368–375, 385 f.


## *SCHEMATA* – DER RHETORISCHE HEXENMEISTER GORGIAS

1 Athenaios 12, 548 D.
2 Shakespeare, *Hamlet*, II 2 (Schlussmonolog).
3 Diodor 12,53,2–4.
4 Radermacher, *Artium scriptores* (S. 526), B VII 42.
5 Ebd., B VII 39,7.
6 Leider kann ich die Quelle dieser oft zitierten Äußerung (hier nach Ludwig Reiners, *Die Kunst der Rede* [S. 567] 66) nicht nachweisen.
7 *De sacra poesi Hebraeorum*, Oxford 1753, S. 193 f. vgl. S. 30–32.
8 Psalm 6,2–3; nach der Lutherübersetzung (revid. Text, 1912).
9 *Odyssee* 5, 331 f.
10 Diels/Kranz, *Vorsokratiker*, (S. 526) B 17 (Bd. 1, 315 f.).
11 Radermacher, *Artium scriptores* (S. 526), A V 1–5.
12 Cicero, *Orator* 165.
13 Radermacher, *Artium scriptores* (S. 526), B VII, 39,4.
14 Ebd., B VII 44,37.
15 Belege bei Norden, *Antike Kunstprosa* (S. 527), 68–71.
16 *Panathenaikos* (or. 12) 2.
17 *Rhetorik* 1404 A 24 ff.
18 Norden, *Antike Kunstprosa* (S. 527), 71.
19 Dieses wie die folgenden Zitate nach dem Abdruck der Rede in *Süddeutsche Zeitung*, 13. Oktober 1981.
20 *Lob der Helena* (or. ooo) 14.
21 Ebd., 1–4.
22 *Menon* 95 C.
23 *Sophistische Widerlegungen* 183 B 36 ff.; vgl. Cicero, *Brutus* 47; Quintilian, *Institutio oratoria* 3,1,12.
24 *Brutus* 127; vgl. *An Quintus* 3,1,11.

25 Dionysios v. Halikarnass, *Über die Wortfügung* 67 f., *Opuscula* II p. 45 Usener/ Radermacher; vgl. Radermacher, *Artium scriptores* (S. 526), B VII 23/24.
26 Aristoteles, *Rhetorik* 1419 B 3 ff.; vgl. Radermacher, *Artium scriptores* (S. 526), B VII 21/22.

## *PAIDEIA* – DIE SOPHISTEN ALS PÄDAGOGEN GRIECHENLANDS

1 *Isthmien* 5,28.
2 Guthrie, *History* (S. 527), III 50 (Übers. d. A.).
3 Platon, *Theaitetos* 151 E f.; vgl. Diels/Kranz, *Vorsokratiker* (S. 526), 80 B 1.
4 Diels/Kranz, *Vorsokratiker* (S. 526), 80 B 6 a; Radermacher, *Artium scriptores* (S. 526), B III 19.
5 Diels/Kranz, *Vorsokratiker* (S. 526), 80 B 3.
6 Platon, *Protagoras*, 317 B.
7 Ebd., 310 E.
8 Ebd., 316 C.
9 Radermacher, *Artium scriptores* (S. 526), B III 25/26.
10 Ebd., 21 f.
11 Ebd., 18.
12 Platon, *Protagoras* 338 E.
13 Radermacher, *Artium scriptores* (S. 526), B VIII 7–9.
14 Platon, *Protagoras* 337 C (am Ende einer unwiderstehlich komischen Prodikosparodie).
15 Radermacher, *Artium scriptores* (S. 526), B VIII 12.
16 So paraphrasiert bei Xenophon, *Memorabilien* 2,1,21 ff.
17 *Matthäusevangelium* 7,13.
18 Platon, *Protagoras* 337 D.
19 Andreas Patzer, *Der Sophist Hippias als Philosophiehistoriker*, Freiburg/München 1986 (z. T. etwas spekulativ).
20 *Größerer Hippias* 304 A f.
21 *Phaidros* 267 A.
22 Radermacher, *Artium scriptores* (S. 526), B IX 10.
23 Ebd., 17.
24 Ebd., 10.
25 Ebd., 12–16.
26 Platon, *Politeia* 348 E f.
27 Vgl. Klaus Friedrich Hoffmann, *Das Recht im Denken der Sophistik*, Stuttgart/Leipzig 1997.
28 Platon, *Gorgias* 482 C ff.; Thukydides 5, 85–113.

29 Cicero, *Academica* 1,16; *Lucullus* 2,74; vgl. Georg Büchmann, *Geflügelte Worte*, Berlin [31]1967, 483, Bartels, *Veni vidi vici* (S. 163 Anm.), 23.
30 Platon, *Apologie* 21 D.
31 *Wolken* 882–884.
32 Ebd., 1075–1082; der ganze Redewettstreit: V. 889–1104.
33 Ebd., 331 (mit unbestimmter Bedeutung).
34 Diogenes Laertius 2,40 f.; mehr bei Zeller, *Philosophie*, II 1[5] (S. 529), 194, Anm. 1.

# AGON – REDNER UND GHOSTWRITER IM DEMOKRATISCHEN ATHEN

1 Perikles bei Thukydides 2, 41,1.
2 Ebd., 40,1.
3 Ebd., 35–46.
4 Vgl. Platon, *Phaidros* 257 D.
5 Thukydides 8,68, 1.
6 Ps.-Plutarch, *Leben Antiphons* 4.
7 *Eudemische Ethik* 1232 B 7.
8 Hypothesis zu *Tetralogie* 1,1.
9 *Tetralogie* 1,1,8.
10 Ebd., 1,1,2.
11 Ebd., 1,2,3.11
11a Thür, *Beweisführung* (S. 531), 21 Anm. 42.
12 *Gegen die Stiefmutter* 11.
13 Ebd., 18–20.
14 Diels/Kranz, *Vorsokratiker* (S. 526) 87 B 44 fragm. B col. 2 (S. 352).
15 Pendrick (S. 531), 180 f., 359 f.
16 Ps.-Plutarch, *Leben Antiphons* 18.
17 *De legibus* 2,35 f.
18 *Über die Mysterien* 8.
19 Ebd., 20.
20 Ebd., 51.
21 Philostrat, *Leben der Sophisten* 567.

# *ETHOS* – LYSIAS UND SEINE BIEDERMÄNNER

1 Cicero, *Brutus* 48.
2 Lysias, *Reden* 1,5.

3 Ebd., 1,6.
4 Ebd., 1,11–13.
5 Ebd., 1,21.
6 Ebd., 1,23–25.
7 Ebd., 1,26.
8 Ebd., 1,27.
9 Ebd., 1,32 f.
10 Ebd., 24,3.
11 Ebd., 24,9.
12 Ebd., 24,12.
13 Ebd., 24,13 f.
14 Ebd., 5 f., 19 f.
15 D. H., *Lysias* 10 (*Opuscula* I p. 18 Usener/Radermacher).
16 *Orator* 76 (obschon Lysias hier nicht namentlich genannt ist).
17 D. H., *Isaios* 3 (*Opuscula* I p. 95 Usener/Radermacher).
18 Isaios, *Reden* 2,1.
19 Ebd., 2,5.
20 Ebd., 2,7 f.
21 Ebd., 2,18.
22 Ebd., 2,21.
23 D. H., *Isaios* 16 (*Opuscula* I p. 114 Usener/Radermacher).

## *PHILOSOPHIA* – DIE HUMANISTISCHE RHETORIKSCHULE DES ISOKRATES

1 *Faust* I, 522 ff.; zit. nach *Goethes poetische Werke*, Bd. 5, Stuttgart 1959, 175 f.
2 Ernst Grumach, *Goethe und die Antike*, Berlin 1949, 893–896, 899 f.
3 *Institutio oratoria* 1,11.
4 *De oratore* 3,213.
5 *Institutio oratoria* 10,7,15.
6 *Vorträge über alte Geschichte*, Bd. 2, Berlin 1848, 404.
7 *De oratore* 2,94.
8 *Philippos* 81.
9 Vgl. S. 145 f. zu Alkidamas.
10 *Gegen die Sophisten* 1; 9; 19.
11 Ps.-Plut., *Isokrates*, 837 D.
12 *Gegen die Sophisten* 14.
13 Ebd., 21.
14 *Über den Vermögenstausch* 230 f.
15 *Über den Vermögenstausch* 276–280.

16 Ähnlich *An Nikokles* (or. 2), 38.
17 *Über den Vermögenstausch* 249.
18 *Nikokles* (or. 3), 5–7.
19 *Panegyrikos* 10.
20 *Lob Helenas* 54–57.
21 *Platon* (S. 534 f.), II, 115.
22 *An Nikokles* 43.
23 *Euagoras* 9–11.
24 *Orator* 40–42.
25 Gorgias, bei Diels/Kranz, *Vorsokratiker* (S. 526) 82 A 1 (S. 272), Z. 4–7; B 7–8 a (S. 287).
26 *Olympikos* (or. 33).
27 Dionysios v. Halikarnass, *Isokrates* 1 (p. 56 Usener/Radermacher).
28 Nr. 3 in der Sammlung von Briefen, deren Echtheit umstritten ist.
29 *Epistula Sapphus* (her. 15) 83.
30 *Encomium eloquentiae*, 1523; vgl. W. Stroh, »De origine uocum humanitatis et humanismi«, in: *Gymnasium* 115 (2008), 535–571, dort 558–560.


## *DIALEKTIKE* – PLATONS KRITIK DER RHETORIK

1 Isokrates bei Ps.-Plutarch, *Leben der 10 Redner* 838 E.
2 Platon, *Gorgias* 448 C
3 Wilamowitz, *Platon* (S. 535), I, 214.
4 *Gorgias* 457 B.
5 Ebd., 461 A.
6 Ebd., 515 D ff.
7 Thomas De Quincey, *On murder considered as one of the fine arts* (1827), dt. als Inseltaschenbuch, Frankfurt a. M. 1977.
8 *Gorgias* 465 A.
9 Radermacher, *Artium scriptores* (S. 526), B XII 5, 7–10 (zu Theodoros von Byzanz).
10 *Gorgias* 481 C.
11 Ebd., 492 D.
12 Ebd., 522 E.
13 Ebd., 474 C ff.
14 Ebd., 484 C ff.
15 Ebd., 500 C.
16 *Phaidros* 259 E ff.
17 Ebd., 265 A ff.
18 Ebd., 271 B.

19  Ebd., 279 A.
20  *Politeia* III, 389 B f., 414 D ff.
21  *Politikos* 304 D.


## *PISTEIS* – ARISTOTELES DURCHDENKT DIE RHETORIK

1  *Institutio oratoria* 2,17,14.
2  *Rhetorik* 1354 A 6.
3  Ebd., 1354 A 14.
4  Ebd., 1355 A 7.
5  Ebd., 1355 A 15.
6  Ebd., 1356 A 27.
7  Cicero, *Orator* 46; *De finibus* 5,10; vgl. *De oratore* 3,80.
7a *Rhetorik* 1355 B 10
8  *Rhetorik* 1356 A 6.
9  Ebd., 1356 A 13.
10  Ebd., 1356 B 16.
11  Ebd., 1357 A 19.
12  So bei Quintilian, *Institutio oratoria* 5,10,3; mehr bei Martin, *Antike Rhetorik* (S. 521), 103, wo aber Aristoteles unrichtig referiert wird.
13  *Rhetorik* 1357 B 29.
14  Ebd., 1360 B 4 ff.
15  *Handbuch der literarischen Rhetorik* (S. 520), § 260 (Bd. 1, 146).
16  Cicero, *De oratore* 2,162; Quintilian, *Institutio oratoria* 5,10,20.
17  *Rhetorik* 1397 A 17 (das vorausgegangene Beispiel stammt von einem unbekannten Dichter).
18  Vgl. Vinzenz Buchheit, *Untersuchungen zur Theorie des Genos Epideiktikon von Gorgias bis Aristoteles*, München 1960, bes. 120 ff.
19  *Handbuch* (S. 520), § 239 (Bd. 1, 130).
20  *Rhetorik* 1367 B 28.
21  Instruktiv Quintilian, *Institutio oratoria* 3,4,12 ff.
22  *Rhetorik* 1405 A 18.
23  Ebd., 1406 A 18.
24  Ebd., 1408 B 12.
25  Ebd., 1408 A 23.
26  Ebd., 1409 A 2 ff.
27  Ebd., 1409 A 35.
28  Ebd., 1420 A 6.
29  *Institutio oratoria* 3,4,9.
30  Anaximenes, *Rhetorik* 15,5.

## *ASKESIS* – DEMOSTHENES UND DER TRIUMPH DES WILLENS

1 Cicero, *De oratore* 1,260; *De finibus* 5,5; *De divinatione* 2,96; Quintilian, *Institutio oratoria* 1,11,5; 10,3,25; 10,3,30 usw.
2 Cicero, *De oratore* 3,213 u. ö.; Stellen etwa bei Schaefer, *Demosthenes* (S. 539), I², 330.
3 Jaeger, *Demosthenes* (S. 540), 22.
4 Plutarch, *Alexander* 1,2.
5 Plutarch, *Demosthenes* 5,6.
6 Demosthenes, *Gegen Aphobos I* (or. 27), 1.
7 Ebd., 57.
8 *Gegen Aphobos II* (or. 28), 20.
9 Plutarch, *Demosthenes* 6,1 f.
10 Ebd., 6,3.
11 Lehmann (S. 539), 93.
12 Bei Polybios 8,11,1 (= FrGrHist 115, F 27).
13 *Gegen Philipp I* (or. 4), 1
14 Ebd., 38.
15 Ebd., 40.


## *KAIROS* – DEMOSTHENES UND DAS RECHTE WORT ZUR RECHTEN ZEIT

1 Arthur Henkel / Albrecht Schöne, *Emblemata*, Stuttgart 1967 (viele Ndr.), Sp. 1809–1811.
2 Zeugnisse bei (Hans) Lamer, »Kairos«, *Realencyclopädie der classischen Altertumswissenschaft* X 2 (1919), 1508–1521.
3 Diels/Kranz, *Vorsokratiker* (S. 526), Bd. 1, 64; vgl. Leutsch/Schneidewin, *Corpus Paroemiographorum Graecorum* II, S. 767 (zu Nr. 59).
4 Belege bei Radermacher, *Artium scriptores* (S. 526), B VII 23 f. (S. 47–49).
5 *Olynthische Rede I* 2, 6–8.
6 Ebd., 9.
7 Ebd., 15.
8 *Olynthische Rede II* 10.
9 Aischines, *Truggesandtschaft* 34 f.
10 Demosthenes, *Truggesandtschaft* 44–46.
11 *Friedensrede* 13.
12 *Gegen Timarchos* 130.
13 Ebd., 169.

14 Dem., *Truggesandtschaft* 64–66.
15 Aisch., *Truggesandtschaft* 1.
16 Ebd., 96.
17 Ebd., 118.
18 *Gegen Philipp II* 24 f.
19 *Über die Dinge in der Chersones* 11.
20 Ebd., 48.
21 *Gegen Philipp III* 1 f.
22 Ebd., 30 f.
23 Ebd., 65.
24 Ebd., 70.
25 *Gegen Philipp IV* 33.
26 Ebd., 34.
27 *Philippos* 137.
28 *Kranzrede* 171–173.
29 Ebd., 179.
30 Plutarch, *Demosthenes* 20,3.


## *STEPHANOS* – DEM REDNER FLECHTEN MIT- UND NACHWELT KRÄNZE

1 *Epitaphios* 24.
2 Plutarch, *Agesilaos* 15,6.
3 Horaz, *Oden* 1,1, 3–6.
4 Horaz, *De arte poetica* 324.
5 Nach Aischines, *Gegen Ktesiphon* 49.
6 Ebd.
7 Ebd., 132–134.
8 Cicero, *Orator* 133.
9 Quintilian, *Institutio oratoria* 5,12,14. Dies ist nicht dasselbe wie der *mos Homericus* beim Erzählen (*inst.* 7,10,12), nämlich gegen den Zeitsinn.
10 *Ilias* 4, 297–300.
11 *Kranzrede* 1 f.
12 Ebd., 52.
13 Ebd., 66.
14 Ebd., 69 u. ö.
15 Ebd., 126.
16 Ebd., 159.
17 Ebd., 199.
18 Ebd., 207 f.

19 In: »Resignation« (zuerst 1786), Nationalausgabe, Bd. 21, 301 ff.
20 Plinius, *Epistulae* 2,3,10.
21 Deinarch, *Gegen Demosthenes* 3; Cicero, *Verrinae* I 47.
22 Hermogenes, *Über die Ideen* 2,11, p. 399 Rabe.
23 Einzelnachweise für diesen und die folgenden Sprüche bei Blass, *Attische Beredsamkeit* (S. 527), III $2^2$, 272 ff.
24 Cicero, *Orator* 90.
25 In seinen *Bankettgelehrten (Deipnosphistai)* 13, 590 E.

## *HELLENISMOS* – DIE WELT DEKLAMIERT GRIECHISCH

1 *Apostelgeschichte* 6,1.
2 Septuaginta, *2. Makk.* 4,13.
3 Livius 30,29–32.
4 *Pro Archia* 23.
5 Seneca maior, *Suasoriae* 1; 3.
6 Juvenal 1,15–17.
7 *Rhetorica ad Herennium* 1,11,18.
8 Ebd., 1,11,19.
9 *Antike Kunstprosa* (S. 527), 127.
10 Cicero, *Brutus* 37.
11 Ebd., 37 f.
12 Ebd., 285: »Aus seinen Reden scheint mir Athen selbst zu duften.«
13 Ebd., 51.
14 *Über die alten Redner* 1 (*Opuscula* I p. 3 sq. Usener/Radermacher)
15 Ebd., 3.
16 Agatharchides bei Photios, *Bibliothek* p. 446 b 9, zitiert nach Blass, *Die griechische Beredsamkeit* (S. 543), 28.
17 *Institutio oratoria* 12,10,16 ff.
18 *Grammatici Latini* 4, p. 530 Keil u. ö.
19 Ps.-Demetrios, *Über den Ausdruck* 114.
20 *De arte poetica* 89–92.
21 *Remedia amoris* 371–388.
22 Theophrast bei Dionysios von Halikarnass, *Isokrates* 3 (*Opuscula* I p. 58 Usener/Radermacher).
23 von Arnim, Index zu *Stoicorum Veterum Fragmenta* s. v. rhetor (Bd. 4, 126).
24 Cicero, *De oratore* 1, 229–233.
25 Cicero, *Orator* 113 (die Gleichsetzung mit der Ansicht des Aristoteles beruht auf einem Gedächtnisfehler); vgl. *Stoicorum Veterum Fragmenta* I 75.
26 Cicero, *De oratore* 3,65.

27 Plutarch, *Moralia* p. 1034 e.
28 K. Barwick, *Probleme der stoischen Sprachlehre und Rhetorik*, Berlin 1957, 7.
29 *De finibus* 4,7.
30 Kroll, »Rhetorik« (S. 521), 1094.
31 *Brutus* 263; 271.
32 *De inventione* 2,88.

## *ELOQUENTIA* – AUCH ROM STUDIERT RHETORIK

1 Nach Livius 1,9,14–16.
2 Nach Livius 1,9, 2–5.
3 Ebd., 16.
4 *Das Buch Le Grand*, Kap. 2.
5 Livius 1,58,10.
6 Livius 1,58, 5–1, 59,2.
7 Livius 2,32.
8 Ebd., 2,32,8.
9 Ebd., 2, 32,12.
10 Ennius bei Cicero, *Cato maior* 16.
11 Bei Plutarch, *Pyrrhos* 19,1 (fr. 10 Malcovati).
12 *Cato* 16; *Brutus* 61.
13 Leo, *Geschichte* (S. 545), 43.
14 *Historiae* fr. 1,4.
15 Gellius 10,3,14 (fr. 58 Malcovati).
16 Gellius 6,3,36; 38 (fr. 166; 168 Malcovati).
17 Vergil, *Aeneis* 6,853.
18 Gellius 6,3,48 (fr. 169 Malcovati).
19 Plinius, *Naturalis historia* 29,14; dort auch das folgende Zitat.
20 Plutarch, *Cato* 2,5; Nepos, *Cato* 3,2.
21 Quintilian, *Institutio oratoria* 12,1,1 (fr. 14 Jordan).
22 Fr. 15 Jordan.
23 Cicero, *Brutus* 103.
24 Ebd., 103 f.
25 Cicero, *De re publica* 3,21.
26 *Institutio oratoria* 12,10,39.
27 Cicero, *De oratore* 3,214.
28 *Medea* 502–505.
29 Nach Cicero, *De oratore* 2,197–204.
30 Cicero, *De oratore* 2,124; 195 (Malcovati fr. 20; 21).

31  *De inventione* 2,121–143.
32  Cicero, *De oratore* 2, 24 (fr. 33 Malcovati).
33  *Geschichte der römischen Rechtswissenschaft*, Weimar 1961, 95.


## *HOMO PLATONICUS* – DER JUNGE CICERO

1  Plutarch, *Cicero* 3,7; 4,5–7; vgl. Cicero, *Brutus* 313–316.
2  *Dialogus* 34,1–7.
3  Sueton, *De grammaticis* 26,1.
4  Ebd., 25,1.
5  *Orator* 12 f.
6  *Brutus* 306.
7  *Tusculanae disputationes* 2,9; vgl. Quintilian, *Institutio oratoria* 3,1,14 (zu Aristoteles).
8  *Tusculanae disputationes* 2,9.
9  *Lucullus* 7; vgl. *De re publica* 3,8; *Tusculanae disputationes* 1,8.
10  *De inventione* 2,10.
11  Ebd., 1,1–5.
12  *Politeia* 5, 473 C ff.
13  Q. Cicero, *Commentariolum petitionis* 46.
14  *Pro Quinctio* 55, vgl. bes. 11.
15  *Römische Geschichte*, Bd. 3, Berlin [8]1889, 620.
16  *Pro Murena* 25.
17  Gellius 1,22,7; vgl. Cicero, *De oratore* 1,190.
18  *Dialogus* 37,5.
19  *Pro S. Roscio* 6.
20  Quintilian, *Institutio oratoria* 7,2,23.
21  *Orator* 107 f.
22  *Pro S. Roscio* 72.
23  *Brutus* 316.
24  Ebd., 312; vgl. *De officiis* 2,51.
25  *Pro S. Roscio* 154.
26  Plutarch, *Cicero* 4,3–4.


## *SENATUS POPULUSQUE* – CICEROS POLITISCHE REDNERKARRIERE

1  Nach *Ad familiares* 5,12,1: *Epistula enim non erubescit* (in etwas anderem Zusammenhang).

2   *Actio prima* 2.
3   Ebd., 33–36.
4   *De lege Manilia* 1.
5   *Commentariolum petitionis* 53.
6   *De lege agraria* II 1–6.
7   Ebd., 7–10.
8   Plinius, *Naturalis historia* 7,117.
9   Quintilian, *Institutio oratoria* 2,16,7.
10  Plutarch, *Cicero* 13,2.
11  So referiert in *In Catilinam* II, 12–14.
12  *In Catilinam* I 1.
13  Ebd., 8.
14  Ausdrücklich bezeugt in *Orator* 129.
15  *In Catilinam* I 10.
16  Ebd., 13.
17  Sueton, *Caesar* 14.
18  *In Catilinam* IV 1–4.
19  Richtig urteilt der *Scholiasta Gronovianus D* (p. 287 Stangl).
20  *Ad Atticum* 4,5,3.
21  Ebd., 4,5,1; Deutung nicht unumstritten: s. Crawford, *Lost orations* (S. 548), 158–160.
22  Cicero, *Ad Atticum* 4,4,3 f.
23  *Ad familiares* 4,4,3.
24  *Caesar im Urteil seiner Zeitgenossen* (zuerst 1953), Darmstadt ²1968, 49.

## *OMNIUM PATRONUS* – AUS DEN TAGEBÜCHERN EINES STRAFVERTEIDIGERS

1   Catull 49.
2   Catull 29,24; als bekannter Vers zitiert bei Vergil, *Catalepton* 6,6.
3   *Ad familiares* 6,7,4.
4   *Pro Rabirio perd.* 1.
4a  *De officiis* 2,51
5   Cicero, *De inventione* 1,27; 29; *Rhetorica ad Her.* 1,9,16; Quintilian, *Institutio oratoria* 4,2,34 f.
6   *Institutio oratoria* 2,17,27–29; vgl. 12,1,36–39 und 12,7 (betreffen die Moral des Gerichtsredners).
7   *Pro Cluentio* 139.
8   Überliefert bei Quintilian, *Institutio oratoria* 2,17,21.
9   *Ad Atticum* 9,7,3.

10  Asconius p. 35,9 sqq.; 37,16 sq. (Stangl).
11  Dio Cassius 40,54, bes. 46,7.
12  Asconius p. 37,14–17 (Stangl); Quintilian, *Institutio oratoria* 4,3,17.
13  *Pro Milone* 3.
14  *Caesars Monarchie* (S. 547), 236, Anm. 2.
15  Dio Cassius, a. a. O. (40, 54).
16  Belege bei Drumann / Groebe, *Geschichte Roms* (S. 547), Bd. 6, 548.
17  Sigmund Freud, *Studienausgabe*, hg. von Alexander Mitscherlich u. a., Bd. 1: *Vorlesungen* […], Frankfurt a. M. 1969, 449.
18  Powell / Paterson (S. 552), 54 f.
19  *Pro Milone* 69.
20  *In Catilinam* I 23.
21  Nach anderen Adolf Primmer, *Gymnasium* 84, 1977, 38.
22  *In Catilinam* I 12; 30.
23  *Ad Atticum* 2,1,3; 4,2,2; vgl. Stroh, *Taxis und Taktik* (S. 552), 52 f.
24  *Ad Quintum fr.* 3,1,11.
25  *Aeneis* 6,853.
26  *Pro Fonteio* 17 (mit Rückverweis auf das nicht erhaltene Prooemium).
27  Ebd., 32.
28  *Pro Flacco* 9.
29  *Pro Scauro* 42–45.
30  *Pro Flacco* 9.
31  *Pro Scauro* 42–45.
32  *Pro Flacco* 102.
33  *Pro Scauro* 49.
34  *Pro Fonteio* 44–49.
35  *Pro Murena* 15–53 (11 *in contentione dignitatis*); *Pro Plancio*, 5–28 (6 *contentione* […] *dignitatis*).
36  *Pro Murena* 22.
37  *Pro Plancio* 12.
38  *Pro Cluentio* 173.
39  *Römische Geschichte* (S. 581 Anm. 15), Bd. 3, 528.
40  *Pro Milone* 83–85.
41  *Pro Caelio* 63–65.
42  *Pro Deiotaro* 19.
43  Ebd., 21.
44  Ebd., 15.

## *ORATOR PERFECTUS* – CICERO SUCHT DIE PLATONISCHE IDEE DES REDNERS

1  Cicero, *Brutus* 163; sonstige Zeugnisse bei Suerbaum, *Handbuch* (S. 545), 509.
2  Quintilian, *Institutio oratoria* 3,6,45.
3  *De inventione* 2,4 f.
4  Ebd., 2,6–8.
5  *De oratore* 1,5.
6  *Auctor ad Her.* 1,10; *De oratore* 2,242 ff.
7  *De inventione* 2,7.
8  Ebd., 1,6.
9  Ebd., 1,7 f.
10  Ebd., 1,20–25.
11  Ebd., 12,157–176.
12  *Partitiones oratoriae* 90.
13  *De oratore* 1,5.
14  Ebd., 2,30.
15  Ebd., 2,189–191.
16  Ebd., 2,217–290.
17  *Brutus* 177.
18  *De oratore* 2,255; 260.
19  Ebd., 3,54–90.
20  Ebd., 3,60 f.
21  Ebd., 3,121.
22  Ebd., 3,125.
23  *Ad familiares* 1,9,23.
24  *De oratore* 1,21.
25  *Antike Kunstprosa* (S. 527), 149.
26  *Über die alten Redner* 3 (*Opuscula* I p. 5 Usener/Radermacher).
27  Quintilian, *Institutio oratoria* 12,10,12; Tacitus, *Dialogus* 18, 4 f.
28  *Kranzrede* 159.
29  *Philippica* 2,55.
30  Seneca maior, *Controversiae* 7,4,6–8.
31  Cicero, *Ad familiares* 15,21,4; Tacitus, *Dialogus* 18,5.
32  *De oratore* 3,71; vgl. 1,88 f.
33  *Brutus* 51.
34  Ebd., 283 f.
35  Ebd., 289.
36  Ebd., 316.
37  Ebd., 51.

38 Ebd., 325–327.
39 *Orator* 10.
40 Ebd., 75 ff.
41 Ebd., 69–74, 100–103.
42 Ebd., 175.
43 *Das Clauselgesetz in Ciceros Reden*, Leipzig 1904.
44 *Orator* 168.
45 *De inventione* 1,30; vgl. *De oratore* 2,307.
46 *Auctor ad Her.* 3,19.
47 Ebd., 3,27.
48 Ebd., 3,28–40.


## *PHILIPPICAE* – CICERO GEGEN DEN FEIND DER FREIHEIT

1 Cicero, *Philippicae* 2,28: Cicero zitiert Antonius, widerspricht aber nicht.
2 *Philippicae* 1,33–35.
3 Ebd., 2,30
4 Shakespeare, *Julius Caesar* III 2; vgl. W. Stroh, »Mark Anton ironisch?« (S. 525).
5 *Philippicae* 2,63.
6 Ebd., 2,77.
7 Ebd., 2,118.
8 *Ad Atticum* 16,11,6.
9 Ebd., 16,15,3.
10 *Philippicae* 3,3.
11 Ebd., 3,1.
12 Ebd., 3,12–14.
13 Ebd., 3,29; 36.
14 Ebd., 3,32; 34.
15 Ebd., 3,32; vgl. 28 ff.
16 Ebd., 14,1.
17 *Ad Brutum* 2,3,4.
18 Ebd., 2,4,2.
19 *Institutio oratoria* 8,4,8; 8,6,70.
20 Ebd., 3,8,5; 7,3,18.
21 Juvenal 10,125.
22 *Philippicae* 13,40.
23 Ebd., 5,50 f.
24 *Ad Brutum* 1,18,3.
25 Sueton, *Augustus* 26,1.
26 Appian, *Bürgerkrieg* 3,13,92.

27 Seneca maior, *Suasoriae* 6,17.
28 *Philippicae* 3,35 f.


## *CORRUPTA ELOQUENTIA* – ENDET DIE REDEKUNST MIT CICERO?

1 Seneca maior, *Suasoriae* 6,27.
2 Tacitus, *Dialogus* 19,2 f.
3 *In Catilinam* I 21.
4 Plinius, *Epistulae* 1,5,12.
5 *Consolatio ad Marciam* 1,5.
6 Ebd., 17,5.
7 *Controversiae* 1 praef. 6 f.
8 Schanz/Hosius, *Geschichte der römischen Literatur*, II (S. 545), 342.
9 *Controversiae* 1 praef. 7.
10 *Epistulae morales*, bes. 114.
11 Velleius Pat. 1,17,5 f.
12 *Geschichte der römischen Literatur* (S. 545), II, 75.
13 Tacitus, *Dialogus* 7 f.
14 Petron 1,3–2,2.
15 *Dialogus* 28–32.
16 *Institutio oratoria* 2,10,3 ff.
17 *Controversiae* 3,9; 5,1; vgl. 8,1.
18 Seneca maior., *contr.* 3 *praef.* 7; vgl. *praef.* 18.
19 Ebd., 3, praef. 14.
20 Ebd., 9,2,23.
21 Vgl. bes. Seneca, *Controversiae* 7 *praef.* 6 f.
22 *Controversiae* 7,1,27.
23 Ebd., 9,6,12.
24 Ebd., 2,2,8–12.
25 *Amores* 1,1,24.
26 Ebd., 2,7; 2,8.
27 Ovid, *Ars amatoria* 1,459 ff.
28 *Metamorphoses* 13,5 f.
29 Ebd., 13,17–20.
30 Ebd., 13,97.
31 Ebd., 13,128 ff.
32 Ebd., 13,383.
33 Seneca, *Controversiae* 2,2,8.

## INSTITUTIO ORATORIA – EIN SPANIER LEHRT DIE RÖMER REDEN

1. *Römische Geschichte*, Bd. 5, Berlin [4]1894, 70.
2. *Epistolae familiares* 7 (hg. und übers. von Florian Neumann, Mainz 1999, 108).
3. Colson, Kommentar zu Buch I (S. 560), LXIV (dort viele weitere Nachweise auch zu anderen Humanisten).
4. Belege und Weiteres bei Anna Vind, in: Oswald Bayer/Benjamin Gleede (Hg.), *Creator est creatura*, Berlin 2007, 96 f.
5. *Essay on criticism* 670.
6. Warren und Ursula Kirkendale, *Music and meaning*, Florenz 2007, 33 ff.
7. Otto Seel, *Quintilian oder Die Kunst des Redens und Schweigens*, Stuttgart 1977 (Ndr. München [dtv] 1987).
8. Grumach, *Goethe und die Antike* (S. 574 Anm. 2), 907–910.
9. Volkmann, *Rhetorik*, [2]1885 (S. 521), VI.
10. *Epigramme* 2,90,1 f.
11. *Satiren* 7,197.
12. *Institutio oratoria* 12,11,7.
13. Ebd., 12,1,25 f.
14. *Stoicorum Veterum Fragmenta* III 655 f.
15. »Quintilian and the vir bonus«, *Journal of Roman Studies*, 54 (1964), 90–97.
16. *Dialogus* 8 u. ö.
17. Ebd., 12,2.
18. *Institutio oratoria* 12,7,3.
19. *Panegyricus* 34,1.
20. *Institutio oratoria*, 2,17,26–29; 12,1,36–45 (wo sogar die Stoiker zitiert werden).
21. Ebd., 1,1,4.
22. Ebd., 1,1,12.
23. Ebd., 1,1,20.
24. *Émile*, Buch II, Paris (Garnier Flammarion) 1966, 146.
25. *Institutio oratoria* 1,3,17.
26. Ebd., 2,15,33–38.
27. Ebd., 2,12.
28. Ebd., 2,18,3 f.
29. Ebd., 7,10,10 ff.
30. Ebd., 8,3,56–58.
31. Ebd., 8,6,67–76.
32. Ebd., 8,5.
33. Ebd., 9,4,3.

34  Ebd., 9,4,145 f.
35  Ebd., 10,1,46–131.
36  Ebd., 10,1,93; 99.
37  Ebd., 10,1,105–108.
38  Ebd., 12,1,122.
39  Ebd., 12,1,125–131.
40  *Leben und Briefe Lord Macaulay's,* Jena 1876, 452; hier zit. nach Martin Schanz, *Geschichte der römischen Litteratur,* II, 2, München ³1913, 423 (fehlt in späteren Auflagen).
41  *Institutio oratoria* 11,3,47 f.
42  Ebd., 11,3,92 f.
43  *Hamburgische Dramaturgie,* 4. Stück.
44  *Institutio oratoria* 2,14,5.
45  Eduard Norden, »Die Composition und Litteraturgattung der Horazischen Epistula ad Pisones«, *Hermes* 40 (1905), 481–528.
46  *Institutio oratoria* 12,2,30.
47  Ebd., 12,2,7.
48  Platon, *Staat* 592 B, vgl. 472 C.

## *DEUTERA SOPHISTIKE* – NACHSOMMER DER KLASSISCHEN REDEKUNST

1  Lukian, *Lehrer der Redner* 1.
2  Albin Lesky schreibt diesen »unübertrefflichen Ausdruck« (*Geschichte der griechischen Literatur.*³ [S. 524], 934) Ludwig Radermacher zu, ohne Nachweis (wohl aus einer Vorlesung).
3  Philostrat, *Leben der Sophisten* 488.
4  Plutarch, *Demosthenes* 3,2 (ein Tragikerzitat).
5  *Lehrer der Redner* 17 f.
6  Athenaios, *Deipnosophisten* 1,2.
7  *Leben der Sophisten* 509.
8  Ebd., 512.
9  Ebd., 521.
10  Ebd., 565.
11  Ebd., 582.
12  *Panathenaikos* 403 f.
13  *History of the decline and fall of the Roman Empire* Bd. 1 (zuerst 1776), Kap. 3.
14  *Auf Rom* 101.
15  *Für die Rhetorik (or. 45),* 202.
16  Ebd., 190.

17  Cicero, *De oratore* 1,82–93.
18  *Institutio oratoria* 1, pr. 14 f.
19  *Leben der Sophisten* 484, 486 ff.
20  *Über das Exil* 12 f.
21  Kennedy, *Art of rhetoric* (S. 522), 577.
22  *Olympische Rede* 5.
23  Ebd., 26.
24  Ebd., 48.
25  Ebd., 83.
26  *Der doppelt Angeklagte* 26 ff.
27  Ebd., 32 ff.
28  *An sich selbst* 1,7; 17.
29  Fronto, *Epistulae ad Caesarem* 4,13 (p. 68 sq. v. d. Hout).
30  Fronto, *Epistulae ad Antoninum* (Marc Aurel) 1,2 (p. 89 sq. v. d. Hout).
31  Tilman Krischer, in: Oliver Schütze (Hg.), *Metzler Lexikon antiker Autoren*, Stuttgart/Weimar 1997, 405.
32  Ennodius 288 (S. 220 f. Vogel).
33  Fronto, *Epistulae ad Caesarem* 4,3, 4–6 (p. 57–59 v. d. Hout).
34  *Florida* 20.
35  *De magia* 25,5–7.
36  Ebd., 27,9.
37  Ebd., 11,5.
38  *Über die Ideen* 1,1 (p. 217 Rabe).
39  Ebd.
40  Ebd., 1,6 (p. 248 sq. Rabe).
41  Ebd., 1,1 (p. 216 Rabe).
42  *Vom Erhabenen* 1,4.
43  Ebd., 2,1.
44  Ebd., 7,2.
45  Ebd., 7,4.
46  Ebd., 6.
47  Ebd., 12,4; vgl. 34,4 (über Demosthenes).
48  Ebd., 33–36.
49  Ebd., 36,1.
50  Ebd., 35,4.
51  Ebd., 9,9.
52  *Genesis* 1,3 (in sehr freier Wiedergabe).

## PNEUMA – GOTTES GEIST UND DIE RHETORIK

1  *Genesis* 4,9.
2  Ebd., 39,14–18.
3  *Exodus* 4,10–11.
4  *2. Samuel* 12,1–14.
5  *Matthaeus* 3,7.
6  Ebd. 10,18–20.
7  *Lukas* 4,16–30.
8  *Matthaeus* 5,21–48.
9  Ebd., 7,28 f.
10  *Apostelgeschichte* 1,8.
11  Papias bei Eusebios, *Kirchengeschichte* 3,39,15.
12  *Apostelgeschichte* 7,51 f.
13  Ebd., 7,55; vgl. 6,10.
14  Ebd., 9,3–9.
15  Ebd., 14,12.
16  Ebd., 17,22 ff.
17  Thomas Roddey, *Das Verhältnis der Kirche zu den nichtchristlichen Religionen*, Paderborn 2005, 168.
18  *1. Korintherbrief* 1,18–25.
19  Ebd. 13,1 f.
20  Justinos, *1. Apologie* 2.
21  *Genesis* 6,2.
22  *An die Griechen* 33,7.
23  Ebd., 17,2; 32,3.
24  Ebd., 1,3; 14,1; 35,1.
25  *Gesandtschaftsrede* 11,11; vgl. die Überschrift.
26  Ebd., 7,3; vgl. 23,1; 31,2.
27  Ebd., 37,1.
28  *Apologeticum* 2,13.
29  Ebd., 8,1 f.
30  Laktanz, *Divinae institutiones* 5,1,23.
31  Ebd., 3,1,3.
32  Ebd., 5,1,19.
33  *Homilien zu Matthaeus* 1,1.
34  *2. Korintherbrief* 3,3.
35  *Über das Priestertum* 5,1 f.
36  *De doctrina Christiana* 4,34.
37  Ebd., 4, 40.
38  *Römerbrief* 12,16.

39  Ebd., 13,7 f.
40  *De doctrina Christiana* 4,41.
41  Ebd., 4,32; vgl. 4,63.
42  *Matthaeus* 6,8; *De doctrina Christiana* 4,33.

## *EPILOGOS* – RHETORISCHE BILDUNG, EINST UND HEUTE

1  www.isb-gym8-lehrplan.de/contentserv/3.1.neu/g8.de/index.php?StoryID = 26358.
2  Hier zitiert nach der Website des *UW Oshkosh Debate Team*: www.uwosh.edu/debateteam.
3  www.uni-tuebingen.de/uni/nas/projekte/curriculum/Uebersicht.htm.

# INDEX – REGISTER

## PERSONENREGISTER

Aaron 480
Accius 290
Achilleus 25–31, 34 ff., 62, 145, 260, 369, 424 f., 506
Adam 477 ff.
Aemilius Paullus 279
Afer, Domitius 430
Agamemnon 26–29, 32 ff., 248, 410
Agathon 90
Agis III. v. Sparta 225
Agrippa 420
Aias (Aiax) 28, 30 f., 145, 249, 290, 424 ff., 516
Aischines 89, 191, 208–216, 226–236, 239, 373 f., 389, 454
Akontios 17
Albucius Silus 421
Alexander der Große 130, 142, 165, 185, 198, 220, 222–227, 229, 233, 237 f., 241 f., 244, 248, 251 ff., 315, 318, 509
Alkibiades 159
Alkidamas 145 f., 183
Ambrosius 17, 500, 503
Amor 422 f.
Amos 502
Anaximenes 184 ff., 262 f., 363
Andokides 89, 102–107, 197
Antiochos von Askalon 309
Antipatros 226, 238
Antiphon 71, 89–95, 97–101, 106 f., 247, 507

Antisthenes 131, 138, 145 f.
Antoninus Pius 491
Antonius, Marcus (Redner) 281 ff., 357, 360, 364 ff., 373, 381, 432, 459
Antonius, Marcus (Triumvir) 238, 320, 384–391, 393–400; s. a. Marc Anton
Aper, Marcus 402, 404 f., 408, 410 f., 435
Aphobos 192–195
Aphrodite 22 f., 66, 243
Apollodor von Pergamon 403, 439
Apollon 41 f., 50, 461
Apollonios von Rhodos 475
Appius Claudius Caecus 272 ff.
Apuleius 469–472, 496
Aquilius, Gaius A. Gallus 300
Aquilius, Manius 283
Arat 487
Archias 291
Arellius Fuscus 420
Aretē (Tugend) 77
Aristides, Aelius (Ailios Aristeides) 230, 457 f., 472, 511
Aristippos 155
Ariston (Stoiker) 466 f.
Aristophanes 46, 83 f., 87, 199, 453
Aristoteles 11, 15 f., 20, 23, 43 f., 46 ff., 50, 53, 61, 63, 69, 71, 80, 90, 108, 117, 128 f., 131,
154, 163–186, 191, 198, 212, 232, 240, 247, 255, 257, 259, 261 ff., 276, 282, 295, 331, 357 f., 362 f., 365 f., 368, 371, 378 ff., 409, 429, 433, 441, 493, 507, 509 f., 520
Arnim, Hans von 151
Arruntius, Lucius (Redner) 421
Artemis 17
Asconius (Q. A. Pedianus) 337
Aspasia 159, 241
Athenagoras 493 ff., 511
Athenaios 242 f.
Athene 33, 119
Atreus 25 f., 29
»Auctor« (d. Herennius-Rhetorik) 360 f., 378, 381 ff., 445
Augustin 247, 461, 489, 496, 498, 502–506, 512
Augustus (Octavian) 245, 278, 387, 390, 392, 395, 397 ff., 401, 403, 409, 411, 420, 452, 509

Bach, Johann Sebastian 429, 437 f.
Bakchylides 241
Barwick, Karl 259
Barzel, Rainer 515
Basileios von Caesarea (d. Gr.) 500, 511
Bessarion, Basilius 238
Bieler, Ludwig 410
Bismarck, Otto von 18 f., 107, 276
Blandus 420

## Personenregister

Blass, Friedrich 92, 240
Blumenberg, Hans 18
Boethius 463
Boileau, Nicolas 474, 476
Brandt, Willy 18, 259, 515 ff.
Brecht, Bertolt 271, 367
Britten, Benjamin 271
Bruckner, Anton 107
Brutus, Decimus Iunius (Caesarmörder) 390 f., 393
Brutus, Lucius Iunius (Befreier) 270 f.
Brutus, Marcus Iunius (Caesarmörder, Redner) 33, 374 ff., 384, 387, 394–397
Bueb, Bernhard 144
Burckhardt, Jacob 226
Burke, Edmund 18
Busch, Wilhelm 62
Bush, George W. 17

Caecilius von Kalakte 89 f., 452, 475
Caecilius, Quintus 311 f.
Caelius, Marcus 294, 353
Caepio, Quintus 282 f.
Caesar, Gaius Iulius 21, 33 f., 211, 264, 289, 315, 320, 323, 327–334, 349, 354 ff., 367, 375, 384–388, 390–395, 397 ff., 419, 451
Caligula 408
Callas, Maria 455
Calpurnius Flaccus 415
Calvus, Gaius Licinius 49, 334, 372, 374, 376, 379
Capella, Martianus 464
Carnegie, Dale 518
Cassius Dio 337
Cassius Longinus (Caesarmörder) 397

Cassius Severus 419
Castor (Enkel d. Deiotarus) 354 f.
Catilina 261, 320, 323–327, 336, 339 f., 348, 387, 392
Cato, Marcus Porcius (Censor) 274–280, 297, 328, 357, 369, 402, 433, 469
Cato, Marcus Porcius (Gegner Caesars) 328
Catull 62, 290, 333 f., 352, 372
Catulus, Quintus Lutatius 315, 371
Celsus (Philosoph, Gegner d. Christen) 495
Cestius Pius 421
Cethegus, Cornelius 273
Chopin, Frédéric 91, 416
Christie, Agatha 518
Chrysipp 261
Chrysogonus 303–306
Churchill, Winston 18, 107, 202, 239, 517
Cicero, Marcus Tullius (Redner) 9, 11 f., 15 f., 18, 21, 28, 36, 43 f., 46, 48 f., 57, 61, 69, 75, 77, 80 f., 90, 103, 107, 121, 128 ff., 137, 142, 167, 170, 177, 189 f., 198 f., 211, 213, 223, 231, 238–241, 245 f., 248, 250–254, 256, 258, 261, 263 ff., 273 ff., 279–283, 285, 289–315, 317–364, 366 f., 369–379, 381–399, 401–405, 408, 410, 412, 419, 421, 425 f., 428 f., 431–434, 436 f., 440–449, 451 f., 457, 459, 467, 469, 475, 479 f., 482, 489 f., 495 f., 498 f., 502 f., 508 f., 512, 516, 520
Cicero, Marcus Tullius (Sohn d. Redners) 421
Cicero, Quintus Tullius (Bruder d. Redners) 291, 319 f., 330
Clémenceau, George 239
Clinton, Hillary 15, 516
Clodia 352 f.
Clodius Pulcher, Publius 329, 336 f., 339, 351 f., 387
Cluentius 351
Cole, Thomas 148
Commodus 494 f.
Cornelia (Mutter der Gracchen) 279
Cornificius 360, 381
Coruncanius 369
Cotta, Gaius Aurelius 292, 364
Crassus, Lucius Licinius (Redner) 281, 284–288, 291–294, 364, 368–371
Crassus, Marcus Licinius (Consul 70 v. Chr.) 311, 320, 329 ff.
Crispus (Redner) 411, 435, 499
Crispus (Sohn Kaiser Konstantins) 512
Curius (beansprucht Erbe in *causa Curiana*) 284
Curius Dentatus (Tugendheld) 448
Curtius, Ernst Robert 13, 177
Cyprian 496, 498, 503, 511
Cytheris 388
Czerny, Carl 91

Dareios III. 225, 229
David 481

David, Jacques-Louis 268
De Gaulle, Charles 221
Deinarchos 89, 237, 240, 294, 450
Deiotarus 349, 354 f.
Demades 237, 240 f.
Demeter 103, 241
Demetrios von Phaleron 189, 247 f., 250 f., 257
Demosthenes 18, 48, 88 f., 106 f., 120, 129, 132, 179, 187–241, 252, 257, 273, 290, 294, 340, 357, 369, 372–376, 378 f., 384, 389, 393–396, 400, 404 f., 425 f., 434, 443 f., 452, 454, 464, 473, 475, 480, 489, 500, 503, 507, 514
Derrida, Jacques 18, 417, 520
Diderot, Denis 367
Diels, Hermann 101
Diodor 56, 58, 60, 63
Diodotos (Stoiker) 295
Diogenes (Kyniker) 145, 460 f.
Diogenes Laertius 145
Dion von Prusa (= Dion Chrysostomos) 451, 459–463, 468, 500
Dionysios I. von Syrakus 54, 175, 237
Dionysios II. von Syrakus 407
Dionysios von Halikarnass 120 f., 125, 252 f., 269, 372, 452, 464
Diopeithes 217
Diophanes aus Mytilene 279
Diotima 159
Dolabella, Cornelius 355, 385 f.
Domitian 430 f., 435, 449, 459, 468

Droysen, Johann Gustav 244
Dürrenmatt, Friedrich 99

Eco, Umberto 368
Eichendorff, Joseph von 14
Eisenhut, Werner 172
Empedokles 43, 60 f.
Ena, Sextilius 401
Encolpius 410 f.
Ennius 272, 274
Ennodius 415, 468
Ephialtes 86
Epiktet 466
Epikur 155, 255, 460
Eppler, Erhard 64 f.
Erasmus von Rotterdam 428, 465
Eratosthenes (Mandant d. Lysias) 109 f., 112 f., 115
Ernesti, Johann August 128
Eros 66, 159 f.
Erucius 302 f.
Eubulos 197
Eunomos 196
Euphiletos 105, 109, 111–116
Eupolis 22, 191
Euripides 22, 178, 198, 212, 229, 240, 281, 479
Eva 477 f.

Fabricius (römischer Tugendheld) 369, 448
Fama 212
Faust 126–129, 277
Favorinus 451
Fénélon, François 20
Ficino, Marsilio 158
Fischer, Joschka 21, 516
Flaccus, L. Valerius 336, 341, 344
Fonteius, Marcus 343 ff.
Fontane, Theodor 107

Franz II. 269
Freud, Sigmund 40, 260, 338, 368
Friedrich der Große 318, 429
Fronto, Marcus Cornelius 275, 466 f., 469 f., 496, 509
Fulvia (Gattin d. Antonius) 400

Gabinius 330
Gadamer, Hans-Georg 14, 16, 23, 45 f.
Gaia 39 f.
Galba (Kaiser) 430
Garsten, Bryan 15
Gellius, Aulus 275, 470
Gérôme, Jean-Léon 243
Gesner, Johann Matthias 437 f.
Gibbon, Edward 456
Gladstone, William E. 18
Goebbels, Joseph 14, 18, 433
Goethe, Johann Wolfgang 12, 17 f., 38, 126, 128, 164, 204, 256, 277, 411, 429, 453
Gomperz, Heinrich 66
Gorgias 9 f., 12, 24, 38, 54 ff., 61–71, 73, 80 f., 88 f., 93, 101, 107 f., 130, 132, 136 ff., 142, 145–150, 156, 160, 166, 171 f., 179, 181, 193, 204, 247, 317, 369, 433, 439, 450, 454, 470, 473 f., 489, 506, 512, 518
Gott (d. Juden u. Christen) 223, 476–488, 493, 495, 498–501, 505
Gottsched, Johann Christoph 517
Gracchus, Gaius 280 f.

Gracchus, Tiberius Sempronius 278 ff.
Grass, Günter 271
Gregor von Nazianz 500
Gregor von Nyssa 500, 511

Habermas, Jürgen 15 f., 20, 23
Hadrian 451, 455
Hallbauer, Friedrich Andreas 20
Hamlet 95 f.
Hannibal 245 f.
Harpalos 237, 240
Haydn, Joseph 223
Hegel, Georg Wilhelm Friedrich 148
Hegesias von Magnesia 253 f.
Heine, Heinrich 270, 333
Hektor 28, 31, 34 ff., 424
Helena 10, 16, 29, 55, 58, 61, 65 f., 138, 140, 172, 179, 358
Hellanikos 184
Helvidius Priscus 468
Herakles 77, 138, 225, 315
Heraklit 61
Herder, Johann Gottfried von 12
Herennius 335, 359, 361
Hermagoras von Temnos 261–265, 267, 270, 282, 285 f., 288, 300, 307, 357, 361 f., 381, 403, 429, 441, 473, 478, 507
Hermes 22, 35, 41 f., 44, 49–52, 102, 486
Hermippos 236
Hermogenes von Tarsos 429, 472 ff.
Herodes Atticus 95, 106, 455, 466, 509
Herodot 58, 184

Hesiod 37–40, 55, 73, 139, 212
Hieronymus 359, 430
Hiob 501
Hippias 70 f., 76 ff., 388, 506
Hippokrates 73, 75, 161
Hippolytos 479
Hirtius 397, 419
Hitchcock, Alfred 35, 351
Hitler, Adolf 11, 14, 18, 135, 239, 366, 433, 517
Hobbes, Thomas 15
Höcherl, Hermann 467
Homer 10, 24–27, 31–40, 42, 60, 62, 64, 71, 73 f., 129, 189, 212, 225, 231, 270, 291, 369, 443, 462 f., 475 f., 494, 506
Honecker, Erich 48
Horaz 62, 226, 249, 256, 290, 334, 384, 410, 460
Hortensius, Quintus 49, 292, 298, 301, 312, 314 f., 351, 377 f.
Humbert, Jules 339
Hypereides 89, 212, 237 f., 241 ff., 372, 475

Illich, Ivan 144
Iphigenie 248
Isaios 18, 89, 121, 124 f., 130, 188, 191, 193 f., 507
Isokrates 48, 54, 63, 65, 68 ff., 89, 129–147, 151 f., 154, 157 f., 162, 170, 179, 184, 188 f., 191, 199, 204, 215, 219 f., 230, 239, 247, 252, 254, 297, 317, 338, 361, 369, 371, 375, 439, 454, 456, 507, 510, 518
Iunius Rusticus 468

Jackob, Nikolaus 520
Jaeger, Werner 73 f., 190

Jens, Inge 14
Jens, Walter 13 ff., 23, 63, 138, 519
Jesaja 482
Jesus 43, 77, 245 f., 452, 481 ff., 485, 488, 511
Johannes Chrysostomos 468, 500, 511
Johannes der Täufer 481, 487
Johannes Paul II. 17, 486
Joseph 479
Julia (Tochter Caesars) 333
Juno 352
Justinian I. 158
Justinos 484, 490–493, 497
Juvenal 249, 396, 430

Kain 478
Kairos 204, 206
Kakia (Schlechtigkeit) 77
Kallikles 81, 101, 154 f., 157
Kallistratos 188
Kant, Immanuel 12, 15, 161, 163, 234, 288, 514
Karajan, Herbert von 455
Karl der Große 18, 269
Karl VIII. 239
Karneades 82, 280, 295
Kegel, Gerd 520
Kennedy, George A. 46, 105, 186
Kennedy, John F. 18, 517, 519
Kleist, Heinrich von 62
Kleisthenes 135
Kleobule 190–194
Kleopatra 245
Klytaimnestra 248
Knape, Joachim 519 f.
Konfuzius 10
Konstantin 498, 511 f.

Kopperschmidt, Josef 18
Korax 43 f., 46 f., 49, 132, 148, 160, 296 f., 335
Kranz, Walther 101
Kritias 71
Kroll, Wilhelm 264
Ktesiphon 226 f., 231, 235 f.
Kydippe 17

Labienus, Titus 419
Laelius 280
Lafontaine, Oskar 516
Laktanz 496, 498 f., 512
Lassalle, Ferdinand 18
Laterensis, Iuventius 348 f., 374
Latro, Porcius 416 f., 420, 426 f.
Lausberg, Heinrich 13 f., 177, 179, 341, 429
Lehmann, Gustav A. 188, 197, 225
Lenin, Wladimir Iljitsch 15, 18
Leo, Friedrich 273
Lessing, Gotthold Ephraim 271, 446
Libanios 231, 468, 500, 511
Linné, Carl von 161
Livius Andronicus 62
Livius, Titus 267, 269 ff., 290, 399
»Longin(us)« 128, 473–476
Lortzing, Albert 259
Lowth, Robert 60
Lucan 247, 427
Lucretia 270 f.
Lukas 486
Lukian von Samosata 453, 463 ff.
Lukrez 155
Luther, Martin 428 f., 453, 461, 477, 488, 504
Luxemburg, Rosa 14
Lykurgos 89, 239 f., 369

Lysias 48, 80, 84, 89, 107–112, 114–122, 124 f., 130, 142, 145, 159 f., 193, 254, 274, 300, 369, 372, 375, 378 f., 404, 507
Lysippos 204

Maccoby, Nathan 21
Macrobius 129
Maecenas 289
Manilius (Volkstribun 66 v. Chr.) 315
Manlius 324 ff.
Mann, Thomas 80, 232
Marc Anton (als Dramenfigur) 21, 33 f., 387
Marc Aurel 451, 455 f., 466 ff., 472, 491 f., 494 f., 509
Marcellus, Eprius (kaiserzeitlicher Redner) 411, 435
Marcellus, Marcus Claudius (Gegner Caesars) 331
Marcia 408
Martial 427, 430
Marx, Friedrich 294
Marx, Karl 148
Maternus, Curiatius (Tragödiendichter) 409, 435
Matthäus 482
McCain, John 516
Melanchthon, Philipp 143, 499, 514
Melissos 138
Menander 132, 241, 251, 291, 300
Menelaos 31, 66
Menenius Agrippa 271
Menippos von Gadara 463
Messalla Corvinus 401, 410, 412
Metastasio, Pietro 77
Meyer, Eduard 337

Milo, T. Annius 330, 336–339, 349, 351 f.
Mithridates VI. 315
Molon, Apollonios 289
Mommsen, Theodor 301, 351, 428
Morgenstern, Christian 187 f.
Mose 479 f., 494, 501, 511
Mozart, Wolfgang Amadeus 77, 118
Munatius Plancus 421
Murena, Lucius Licinius 347
Musaios 73

Naevius 299 f., 427
Napoleon 59, 239, 269
Nathan 481
Neander, Joachim 173
Neill, Alexander S. 144
Nero 406, 430, 455, 509
Nerva 455, 459
Nestle, Wilhelm 71
Nestor 31, 231
Niebuhr, Barthold Georg 129
Nietzsche, Friedrich 81, 139, 155 f., 163
Niketes von Smyrna 454 f.
Nikokles 139 f.
Niobe 55, 269
Norbanus, Gaius 281 ff.
Norden, Eduard 60, 63, 250, 254, 372, 411, 447

Obama, Barack 15, 320, 516
Octavian s. Augustus
Odysseus (Ulixes) 26, 28–31, 33, 38, 60, 66, 145, 248 f., 424 ff., 516
Offenbach, Jacques 466
Oidipus 27
Oppianicus 350 f.
Orest 248

Orff, Carl 204
Orpheus 73, 438
Otho, Lucius Roscius (Volkstribun 61 v. Chr.) 322 f.
Ovid 17, 38, 55, 112, 143, 245, 256, 421–424, 426, 443

Pacuvius 9, 11
Palamedes 55, 65 ff.
Panaitios 236, 280, 335, 363
Pansa, Gaius Vibius (Consul 43 v. Chr.) 397, 419
Papirius Fabianus 421
Papsch, Jan 519
Paris 10, 66, 138, 172
Parmenides 68
Patroklos 34
Paulus (Apostel) 247, 461, 482, 484–489, 494, 501–504, 511
Peitho 22 f., 40, 136, 478
Peleus 25, 28 ff., 35, 62
Pendrick, Gerard J. 101
Perikles 22, 48, 74, 86, 88 f., 135, 152, 159, 196 f., 228, 241
Persephone 103
Perses 37
Perseus v. Makedonien 275, 279
Petrarca, Francesco 38, 164, 428
Petron 250, 410 ff.
Petrus 244, 484
Phaidros 160, 295
Phidias 462 f.
Philipp II. v. Makedonien 100, 142, 197 ff., 201 ff., 205–222, 224 f., 228 ff., 233 f., 273, 373, 393
Philippi, Johann Ernst 301
Philodem von Gadara 255, 459

Philokrates 207, 210 ff., 220, 228, 233
Philon von Larissa 294 ff., 298, 306, 309, 362
Philostrat 454 ff., 460
Phoinix 28–31, 35, 369
Phokylides 139
Phryne 241 ff., 283
Picht, Georg 144
Pilatus 245, 482
Pindar 54, 70, 140
Piso, Lucius Calpurnius 330 f., 385
Pittakos von Mytilene 204, 369
Plancius, Gnaeus 336, 348 f., 374
Platon 11 f., 20, 23, 44 f., 48, 50, 54, 68, 70 ff., 74–79, 81 ff., 88, 108, 129, 131, 138, 144–151, 154–159, 161–167, 170–173, 179 ff., 191, 201, 207, 236, 239, 242, 245, 247, 252, 254 f., 280, 294–298, 309, 364 f., 369 f., 384, 386, 407, 436 f., 449 f., 452, 457 f., 471 f., 493, 507, 510, 519 f.
Plautus 251, 469
Plinius d. Ä. 322, 432
Plinius d. J. 404 f., 411, 435, 492
Plotius Gallus 292 ff., 360, 411, 508
Plutarch 189 ff., 195 f., 209, 223, 236, 272 f., 279, 289, 323, 337, 452
Poggio 428
Polemarchos 108
Polemon aus Laodikeia 455
Pollio, Asinius 401, 419
Polos 147 f., 150, 154 ff., 171

Polybios 280
Pompeius 211, 246, 311, 315, 317 f., 324, 329 ff., 333, 337, 339, 354
Pope, Alexander 429
Popper, Karl 163
Pottier, Richard 268 f.
Praxiteles 242
Priamos 34 ff., 67
Prodikos 70, 76 f., 83, 130, 157, 454, 506
Properz 443
Protagoras 46, 70–76, 83, 89, 94, 138, 152, 170, 454, 467, 506
Ps.-Dionysios von Halikarnass 33
Ps.-Plutarch 89 f.
Ptolemaios II. 127
Pyrrhos von Epiros 272 f.
Pyrrhus (in Tragödie Senecas) 27
Pythagoras 72

Quinctius, Publius (Klient Ciceros) 298–301
Quintilian 11, 13, 18, 20, 23, 25 f., 31, 34, 36, 128 f., 136, 166, 177, 185, 254, 259, 261, 280, 306, 318 f., 322, 335, 337 f., 360, 366, 372, 381, 383, 388, 396, 410, 413 ff., 424, 427–449, 452, 457, 459, 465, 469, 472, 475, 509, 512, 520

Rabirius, Gaius (von Cicero verteidigt) 323, 351
Raffael 164
Regius, Raphael 359
Regulus (Tugendheld) 448
Reich-Ranicki, Marcel 14, 84
Reuchlin, Johannes 239

Ritter, Constantin 151
Romulus 19, 266–270, 280, 333, 392
Roscius, Sextus d. Ä. 303–307
Roscius, Sextus d. J. (dessen Sohn) 301–307
Rousseau, Jean-Jacques 15, 144, 436
Rutilius, Publius R. Rufus 258

Salieri, Antonio 324, 337
Sallust 274, 278, 290, 324
Salomo 481, 484
Sappho 443, 493
Satyros (Schauspieler) 196
Scaevola Augur, Quintus Mucius 291
Scaevola Pontifex, Quintus Mucius 284, 286 f., 291
Scaurus, Marcus Aemilius (von Cicero verteidigt) 344 f.
Schanz, Martin 409, 439
Schäuble, Wolfgang 515
Schiappa, Edward 43, 148
Schiller, Ferdinand C. 72
Schiller, Friedrich 27, 54, 58, 100, 236, 260
Schönberg, Arnold 480
Schopenhauer, Arthur 21, 161, 309, 368
Schulz, Fritz (Jurist) 287, 301
Schulz, Werner (Bundestagsabgeordneter) 516
Schwartz, Eduard 205
Schweitzer, Albert 15, 43
Scipio d. Ä. 77, 202, 269, 279 f., 297, 369
Scipio d. J. 77
Scott, Ridley 400
Seel, Otto 440 f., 444
Seneca d. Ä. 248, 401, 408 ff., 414 ff., 419 f., 422, 426 f.
Seneca d. J. 27, 139, 401, 406 ff., 410, 421 f., 427 f., 430, 433, 443, 445, 463, 468 f., 509
Sestius, Publius 336
Sextus Empiricus 23, 457
Shakespeare, William 21, 32 ff., 271, 387, 482
Silanus, Decimus Iunius 327 f.
Silius Italicus 77
Simon (Mandant d. Lysias) 117 f.
Simonides 73
Skopelianos 455
Sokrates 10 f., 21, 73 f., 78, 81–85, 102, 128, 131, 145–157, 159–162, 169, 171, 174, 201, 248, 258, 295, 297, 364, 368–371, 433, 439, 461 f., 467, 472, 482, 485, 492, 506
Solon 135, 230, 369, 451
Sophokles 27, 129, 229, 240
Stalin, Josef 433
Steinbuch, Karl 144
Stephanos (erster christlicher Märtyrer) 484 f., 487, 511
Strabo, Iulius Caesar 367
Strasburger, Hermann 280, 332
Strauß, Franz Josef 201
Strauss, Richard 12
Stroux, Johannes 287 f.
Suada 23
Sueton 384
Sulla (Diktator) 249, 298, 301, 303 ff., 311, 323, 399
Sulla (v. Cicero verteidigt) 336, 342
Sulpicius Rufus, Publius (Redner) 282 f., 292
Sulpicius Rufus, Servius (Jurist) 347 f., 397
Synesios von Kyrene 460
Syrlin, Jörg 428

Tacitus 250, 278, 291, 301, 372, 402, 408–412, 435, 440
Tarquinius Superbus 270
Tarquinius, Sex. 270
Tatian 493 f.
Teiresias 27
Terentia (Gattin Ciceros) 352
Terenz 132, 251, 428
Tertullian 495–498, 511
Teucer 249
Theagenes 176
Themistokles 135, 152, 230
Theodoros von Byzanz 79, 108
Theodoros von Gadara 439
Theognis 139
Theophrast 80, 247, 250 f., 255–258, 300, 369, 382, 442
Theopomp 198, 209
Theseus 138, 479
Thespis 44
Thomas von Aquin 260
Thrasea Paetus 468
Thrasylochos 192
Thrasymachos 71, 79–82, 101, 142, 155, 183, 193, 199, 369
Thukydides 81, 88 ff., 102, 129, 372, 376, 452
Thür, Gerhard 96

Thyest 256
Tiberius 435, 439, 509
Tilly, Johann 315
Timarchos 211 f.
Tiro, M. Tullius 275
Tisias (Teisias) 43–47, 49, 52, 94, 107, 119, 132, 148, 160, 165, 297
Traian 404 f., 436, 451, 490, 492
Triptolemos 456 f.
Trotzki, Leo 433

Ueding, Gert 14, 16, 20, 516
Ulixes s. Odysseus
Uranos 39 f.
Uria 481

Valla, Lorenzo 428
Vallius Syriacus 417
Varro (von Reate) 463
Vatinius 330, 334
Velleius Paterculus 410
Venus 62, 422 f.
Vergil 62, 290, 342, 392, 410, 427 f., 457
Verres, Gaius 310–315
Verus, Lucius 491
Vespasian 402, 430, 468
Vesta 418
Volkmann, Richard 429
Voltaire 444

Wagner, Richard 55, 232
Walser, Martin 84
Weber, Carl Maria von 75
Weizsäcker, Richard von 517
Wiechert, Ernst 460
Wieland, Christoph Martin 465

Wilamowitz-Moellendorff, Ulrich von 139, 254, 476
Wilhelm I. 318
Wilhelm II. 517
Winterbottom, Michael 435
Winterhoff, Michael 144
Wundt, Max 433

Zenon 138, 257 f.
Zeus 25, 32, 37, 41 f., 50 ff., 66, 112, 178, 210, 253, 462 ff., 485, 487
Zeus Ktesios 95
Zeuxis 358
Zieliński, Tadeusz 380
Zinn, Ernst 12
Zumwinkel, Klaus 48, 264

## SACHREGISTER

*a iudice, argumentum* 97
*a loco, argumentum* 424
*a maiori ad minus, argumentum* 178, 275
*a minori ad maius, argumentum* 178, 261 f., 275, 483, 501
*ab actore, argumentum* 97
*ab adversario, argumentum* 97, 193
*actio* (Prozessgang) 302
*actio* (Vortrag) 53, 129, 368
*actio secunda in Verrem* (Cicero) 213, 313
*Ad Marciam* (Seneca) 406 f.
*adcuratio* 382
*advocatus diaboli* 82, 408
*adynaton* 489
*Aeneis* (Vergil) 427
Affekterzeugung 50, 52, 65, 101, 136, 168 f., 173, 181, 183, 186, 258, 366 f., 406, 426, 433, 441, 475; s. a. emotionaler Appell / Mitleid / Rührung
Agnostizismus 76
*agōn* 86–89, 163
Agora 86, 238
Akademie (d. Platon) 158 f., 165, 181, 280, 294 f., 384, 507
*Alētheia* (Antisthenes) 131
Alliteration 342
Altes Testament 386, 479
*ambiguitas* 285, 300
*ambitus* 346 ff.
*Amores* (Ovid) 422

*An Nikokles* (Isokrates) 139
*An sich selbst* (Marc Aurel) 451, 466
Anakoluth 111
Anapher 58 f., 260
Angemessenheit v. Sprache u. Inhalt (als Stiltugend) 133, 255, 369, 442, 445
*Anleitung zur politischen Beredsamkeit* (Hallbauer) 20
*anticategoria* 306, 388
Antiklimax 58
*antimetabolē* 417
Antiphrasis 260
Antithese 14, 56–61, 63 ff., 75, 80, 113, 141, 270, 488 f.
Antonomasie 260
Apologeten 490, 492, 494 ff., 499, 511
*Apologeticum* (Tertullian) 496
*Apologie* (Justinos) 484, 490 f.
*Apologie* (Platon) 88
Aporie 151
*Apostelgeschichte* 244, 482, 486, 490
Apostrophe 431, 482
*aptum* 369, 442, 445, 448
Archaismus 275, 469 f.
*Archidamos* (Isokrates) 199
Areopag 87, 100, 118, 168, 237, 486
*argumentatio* 50, 99, 104, 115 f., 193, 213, 306, 341, 345

*Ars amatoria* (Ovid) 112, 423
*Art of Persuasion* (Kennedy) 46, 186
*artes liberales* 73 f., 512
Asebie 72, 119
Asianismus 253 f., 372, 375–378, 447, 452
Athen, als »Hochburg der Intelligenz« 77, 86
*attentum facere* 482
Attizismus 254, 372–379, 384, 389, 394 f., 443, 447 f., 451–454, 465, 468 f.
*Auctor ad Herennium* s. *Herennius-Rhetorik*
*Auf Rom* (Aristides) 456
Aufklärung 71, 514
Auswendiglernen 69, 84, 154, 222, 338, 340, 421, 428, 453, 506, 518

Beispiel 161, 174 ff., 231, 248, 448, 503; s. a. Induktion
*Bergpredigt* (Matthäus) 17, 88, 482 f.
*brachylogia* 75
*Brutus* (Cicero) 12, 46, 273, 281, 374 f., 378, 389, 443
Buchreden 146, 213, 313, 389, 394, 490, 496

*captatio benevolentiae* 25, 28, 50, 97, 321, 481, 486, 491
*Carmen de moribus* (Appius) 273

*Carmina Burana* (Orff) 204
*Catilina* (Salieri) 324
*causa Curiana* 284, 286, 288
*Charaktēres* (Theophrast) 257
*charis* 120, 130
Christenverfolgung 492, 494, 496, 498
*Cicero, ein grosser Wind-Beutel* (Philippi) 301
*collectio* 285
*colores* 415 f., 418
*Commentariolum petitionis* (Qu. Cicero) 319 f.
*Compendium der Rhetoriken* (Aristoteles) 43
*comparatio* 263, 267, 352
*compositio (verborum)* 442, 475, 503
*Coriolan* (Shakespeare) 271
*concessio* 264, 495
*Consolatio philosophiae* (Boethius) 463
*constitutio generalis* 363
*contentio dignitatis* 346 ff.
*contrarium* 260
*controversia* 248 f., 285, 418, 422, 424, 466, 468, 499, 509
*Controversiae et suasoriae* (Seneca) 401, 414 f., 418, 420
Creticus 232, 373; s. a. Dicreticus
*crimen maiestatis* 283
*Cui bono?* 306

*Das befreite Rom* (Lessing) 271
*De arte poetica* (Horaz) 256
*De causis corruptae eloquentiae* (Quintilian) 431, 441, 444
*De clementia* (Seneca) 139
*De deo Socratis* (Apuleius) 472
*De doctrina Christiana* (Augustin) 498, 502, 512
*De domo sua* (Cicero) 329
*De gloria* (Cicero) 386
*De imperio Cn. Pompei* (Cicero) s. *De lege Manilia*
*De inventione* (Cicero) 43, 263 f., 285, 296, 307, 314, 318, 335, 341, 357, 359 f., 362, 366, 369, 403
*De lege agraria* (Cicero) 321, 323, 363
*De lege Manilia (De imperio Cn. Pompei)* (Cicero) 315, 318, 321, 363, 379, 402
*De magia* (Apuleius) 470
*De officiis* (Cicero) 334, 363
*De optimo genere oratorum* (Cicero) 389
*De oratore* (Cicero) 128 f., 252, 281 f., 297, 359 ff., 363, 370 f., 375, 379, 389, 432 f., 441, 447 f., 459, 508, 520
*De Platone et eius dogmate* (Apuleius) 472
*De provinciis consularibus* (Cicero) 330
*De re publica* (Cicero) 280, 370, 384
*declamatio* (Stimmtraining) 383
*declamationes* (Übungsreden) 246 f., 412, 423, 514
*Declamationes* (Quintilian) 415
*delatores* 435 f.
*Demadeia* 241
Demokratie und Rhetorik 18, 86 f., 162 f., 518 f.
*Démosthène* (Clémenceau) 239
Demosthenes (Plutarch) 189 ff., 236
*deprecatio* 264
*Der doppelt Angeklagte* (Lukian) 463
*Der Wille zur Macht* (Nietzsche) 81
Dialektik 67, 78, 148, 158, 160 ff., 166, 170, 172, 176 f., 181, 258, 307, 364, 470
*Dialogues sur l'éloquence* (Fénélon) 20
*Dialogus de oratoribus* (Tacitus) 402, 409
Dicreticus 374; s. a. Creticus
*Die antike Kunstprosa* (Norden) 60, 63, 379, 411
*Die Plebejer proben den Aufstand* (Grass) 271
*Die Schule von Athen* (Raffael) 164
*diem dicendo eximere* 402
Dihärese 67, 161, 173, 176, 307
dikanische Rede 178, 185; s. a. Gerichtsrede
Dion (Synesios) 460
*dispositio* 53 f., 66, 181 f., 185 f., 231 f., 306, 317, 321, 367, 378, 381, 393, 439, 441, 474, 483, 493 f., 496, 502
*disputatio (disserere) in utramque partem* 75, 82, 170, 247, 280, 295, 467, 507
*dissimulatio artis* 182
*Disticha Catonis* 204
Ditrochäus 373 f.; s. a. Trochäus
*Divinae institutiones* (Laktanz) 499

*divisio* 415 ff.
Doppelperiode 193; s. a. Periode

*e causa, argumentum* 67, 177, 263, 302 f., 306, 355
*e contrario, argumentum* 28, 98, 178, 194, 206, 276, 515
*e facto, argumentum* 67, 263, 307, 355
*e moribus, argumentum* 263, 341, 355, 470
*e persona, argumentum* 67
*e silentio, argumentum* 96
*e vita, argumentum* 341, 470
*egressio* 306, 441, 490
*eikos*/Wahrscheinlichkeitsargument 38 f., 42, 44 ff., 68, 93 f., 104, 116, 119, 160, 166, 168, 173, 178, 193, 295 f., 335, 423, 479, 506
*elementum anceps* 374
*elocutio* 53, 182, 185, 368, 370, 378, 381, 442, 447 f., 502
*eloquentia* 19, 278, 297, 314, 322, 369, 408, 432, 466, 502
emotionaler Appell 28, 64; s. a. Affekterzeugung/Mitleid/Rührung
Enthymem 168, 170, 174 ff., 181, 194, 336, 483; s. a. Syllogismus
*enumeratio* 321
epideiktische Rede 65, 75, 77 f., 142, 147, 179 f., 185, 223, 247, 251, 404, 414, 450, 462; s. a. Prunkrede
Epigramm 427
Epikureismus 155, 255, 295, 459, 487

*epilogos*/Epilog 50 ff., 117, 125, 232, 242, 495
Epipher 58 f.
*Epistulae* (Plinius) 492
*Epistulae heroidum* (Ovid) 17, 423
Epitaph 88, 223, 241, 253, 397
*Epitaphios* (Gorgias) 56
Epitheton 183
Eristiker 131, 134, 145
Ethopoiie 121
*ēthos* 29, 107, 117, 119, 122, 173 f., 183, 282 f., 366, 379, 473, 520
*Euagoras* (Isokrates) 140
*Europäische Literatur und lateinisches Mittelalter* (Curtius) 13, 177
*Euthydemos* (Platon) 131
*evidentia* 131, 497
*exordium* 50, 441

*Faust* (Goethe) 12, 126–129, 256, 277
Festrede 88, 179
*figura adtenuata* 381 f.; s. a. Stilebenen
*figura gravis* 381 f.; s. a. Stilebenen
*figura mediocris* 381; s. a. Stilebenen
*figurae sententiarum* 260
*figurae verborum* 260
Figuren *(figurae)* 56, 58–63, 106, 124 f., 134, 142, 185, 194, 231, 256 f., 260 f., 280, 317, 342, 378, 381 f., 417, 421, 425, 443, 475, 497 f., 502, 509, 512; s. a. gorgianische Figuren
figurierte Rede 33 f., 328, 477
*Florida* (Apuleius) 472
forensische vs. epideiktische Rhetorik 180 ff., 223, 251

Friedensrede (Demosthenes) s. *Über den Frieden*
Fügung der Wörter (Dionysios von Halikarnass) 452
*Für die Rhetorik* (Aristides) 458
*Für die Rhodier* (Cato) 275
Fürstenspiegel 139

*Gegen den Mann, der eine Statue der Minerva im Bordell aufstellte* (Ennodius) 469
*Gegen die Philosophen* (Dion Chrysostomos) 459
*Gegen die Redner* (Sextus Empiricus) 457
*Gegen die Sophisten* (Isokrates) 131, 144
*Gegen Eratosthenes* (Lysias) 108
*Gegen Ktesiphon* (Aischines) 227
*Gegen Leokrates* (Lykurgos) 240
*Gegen Simon* (Lysias) 117
*geminatio* 194
Genesis 223, 476 f.
*genera dicendi* 31, 447
*genus deliberativum* 178 f., 248, 270, 318, 363, 367, 478
*genus demonstrativum* 179 f., 248, 367
*genus iudiciale* 178, 248 f., 270, 478, 482
*genus legale* 265, 285, 300, 381
*genus medium* 378
*genus rationale* 265, 285, 300, 381
*genus tenue* 378
*genus vehemens* 214, 378
Gerichtsrede/Prozessrede/Gerichtsrhetorik

47 ff., 87, 90 ff., 95, 100, 132, 145, 170, 178 ff., 197, 242, 249, 262, 270, 281, 308, 334, 336–339, 341, 379, 411, 423, 441, 462, 466, 470, 490 f.; s. a. dikanische Rede / Mordprozessrede / Verteidigungsrede
*Geschichte der Leben-Jesu-Forschung* (Schweitzer) 43
*Geschichte des Hellenismus* (Droysen) 244
Gestikulation 189, 257, 360
Gilgamesch-Epos 10
*Gladiator* (Scott) 400
Gleichnis 182, 408
gorgianische Figuren 61, 63, 106, 114, 137, 186, 519; s. a. Figuren
*Gorgias* (Platon) 11, 21, 81, 147, 151, 157–160, 162, 166 f., 169, 172, 181, 201, 294, 370, 457, 472, 510
Gracchen 48, 278–281, 293, 297, 321
Grammatik 57, 76, 78, 83, 134, 184, 255, 291, 430 f., 437, 487
*grammatikos* 246, 507
*Gryllos* (Aristoteles) 166

*Handbuch der literarischen Rhetorik* (Lausberg) 13, 429
Hedonismus 155
Hellenismus 142, 244, 246, 248, 250 f., 253 f., 261, 404, 412, 437, 447, 452, 458 f., 485, 507
*Herakliden* (Euripides) 229
*Herennius-Rhetorik (Auctor ad Herennium)* 249, 294, 335, 359 ff., 378, 381
Hermeneutik 45 f.
Hermokopidenskandal 102 f.
Herrenmoral 101, 155, 157; s. a. Recht des Stärkeren
*Hexaēmeron* (Basileios v. Caesarea) 500
Hiat 81, 186
*Hiketiden* (Euripides) 229
*Hippias, Größerer* (Platon) 70, 78
*Hippolytos* (Euripides) 479
*Historisches Wörterbuch der Rhetorik* (Ueding) 10, 14, 18, 20
*Hochzeit der Philologie und des Mercur* (Capella) 464
*homilia* 482
*Homo-mensura*-Satz (Protagoras) 72
Homoioptoton 59
Homoioteleuton 56, 58–61, 64, 194, 317
Humanismus 15, 18, 72, 142, 164, 239, 428, 437
humanistisches Gymnasium 72, 260, 494, 514
*humanitas* / Humanität 12, 15, 36, 143, 275, 280, 308 f., 335 f., 380
Humor 14, 69, 79, 241, 257, 260, 286, 352, 367, 441, 444
Hymnendichtung, frühbyzantinische 60
Hyperbaton 62, 317
*hyperbolai* 442, 489
hypophora 124, 194, 280; s. a. *subiectio*
Hypotaxe 57, 184
*hypothesis* 91, 248, 295, 360, 362

Idealstaat 157, 163, 384, 449
Idee (bei Aristoteles) 176, 181, 261
Idee (bei Platon) 158, 163 f., 231, 378 f.
Ideen (Hermogenes) 473
*Ilias* (Homer) 25 ff., 31, 34, 37, 62, 231, 478
Improvisation 14, 38, 78, 146, 324, 337, 394, 454 ff., 510, 519
*In Antonium* (Cicero) 396
*In Catilinam* / Catilinarien (Cicero) 57, 256, 324, 327 f., 339, 391
*In Pisonem* (Cicero) 330
*In Verrem* / Verrinen (Cicero) 48, 313, 342
*incrementum* 58, 388
*indignatio* 213, 306
Induktion 174 f.; s. a. Beispiel
*insinuatio* 362
*Institutio oratoria* (Quintilian) 306, 318, 338, 360, 366, 381, 388, 427, 429, 431, 433, 437, 439, 449, 465, 472, 509
Intellektualismus, griechischer 433
*inventio* 53 f., 181 f., 185, 296, 358, 365–368, 378, 381, 441, 447, 474, 502, 508
Ironie 14, 32 f., 44, 79, 82, 85, 124, 132, 139, 146, 149, 159, 162, 185, 226, 260, 326, 376, 387, 399, 462, 476, 515
Isokolon 59, 63 f., 80, 148

*Johannesevangelium* 493
»Jugend debattiert« 514, 519
*Julius Caesar* (Shakespeare) 21, 33

*kairos* 69, 204–207, 211 f., 216 f., 219 ff., 224, 247, 394, 439
Kappadokier, Große 500
Katachresis 259
Klarheit (als Stiltugend) 120, 255, 369, 442, 473, 499
Klauseln 81, 373 f., 380, 405, 498, 504
Klimax *(gradatio)* 57, 222
Kolon 57 ff., 64, 80, 304, 317, 373, 489
*kommata* 57, 80, 301
Komödie 10, 83, 87, 95, 117, 132, 191, 199, 241, 251, 256 f., 291, 354, 418, 443, 453, 463 f.
Kompendium der Rhetoriken (Aristoteles) 167
*König Ödipus* (Sophokles) 27
*Korintherbrief* (Paulus) 484
Korrektheit, grammatische (als Stiltugend) 183, 255, 369
*Kranzrede* (Demosthenes) 231, 236 f., 373, 379, 389, 394, 400, 405, 425
Kriegsrede 32, 34, 218, 239, 273, 395
Kunstprosa 81, 363
Kürze (als Stiltugend) 75, 258
Kynismus/Kyniker 145, 460, 463, 471
Kyrenaiker 155

*Laelius* (Cicero) 223
*Latini rhetores* 292
*laudatores* 342
*Leben Antiphons* (Ps.-Plutarch) 90
*Leben der 10 Redner* (Caecilius) 89

*Leben der Sophisten* (Philostrat) 451, 454 f.
*lex accusatoria* 341
*Liebesrede* (Lysias) 108
*Lob der Helena* (Gorgias) 9, 55, 58, 65
*Lob der Helena* (Isokrates) 138
*Lob des Busiris* (Isokrates) 138
*Lob des Busiris* (Polykrates) 139
*loci communes* 69
*locus amoenus* 177
Logik 161, 164, 174, 258, 472
Logograph 88 f., 95, 107 f., 121, 130, 145, 195, 197
*logos* 9, 38, 46, 66, 71, 83, 136, 174, 258, 282, 290, 366, 487, 492 f., 495
Lüge in der Rhetorik 39 f., 163, 335, 436

*Maria Stuart* (Schiller) 27
Marxismus 153, 460
*Matthaeusevangelium* 483
*Medea* (Euripides) 281
*Mein Kampf* (Hitler) 11, 366
Melierdialog (Thukydides) 81
*memoria* 53, 367, 383, 513; s. a. Mnemotechnik
*Menexenos* (Platon) 159
Metalepsis 259
*Metamorphoses* (Apuleius) 470
*Metamorphoses* (Ovid) 424
Metapher 63, 182, 241, 256, 259 f., 373, 378, 382, 406, 473, 489

Metaphysik (Aristoteles) 71, 167
Metonymie 259 f.
Metrik 183, 232
Mimik/Mienenspiel 189, 257, 280, 383
Mitleid, Erregung v. 9, 28, 35 f., 52, 84, 94, 168, 195, 242 f., 258, 306, 366, 444; s. a. Affekterzeugung/emotionaler Appell/Rührung
Mnemotechnik 78, 177; s. a. *memoria*
Moral und Rhetorik 12 f., 23, 47, 82 f., 134 ff., 149 f., 153–159, 167, 169, 181, 334, 370, 417, 432 f., 436, 439, 447
Mordprozessrede 91, 323; s. a. Gerichtsrede
*Moses und Aaron* (Schönberg) 480
Musen 25 f., 37–40, 62, 252, 294, 422
Mythos 27, 29, 39, 55, 67, 71, 84, 160, 163, 423

*narratio* 50, 93, 97, 99 f., 103 f., 110, 122, 186, 193, 213 f., 282, 306, 335, 341, 343, 441, 446, 491
Naturgesetz 155
Neues Testament 246, 452, 488
*new rhetoric* 153
*Nikokles* (Isokrates) 139
*Nikomachische Ethik* (Aristoteles) 163, 167
*Noctes Atticae* (Gellius) 275, 470

*Ödipus auf Kolonos* (Sophokles) 229

*Odyssee* (Homer) 26 f., 38, 42, 62
*Olympische Rede* (Dion Chrysostomos) 462
*Olynthische Reden / Olynthien* (Demosthenes) 206 f., 216, 394; s. a. *Philippische Reden*
onomatopoiia 259
*oratio figurata* s. figurierte Rede
*Orationes consulares* (Cicero) 323, 396
*Orationes Philippicae* (Cicero) 198, 396
*Orator* (Cicero) 61, 128, 375, 378–381, 389, 433, 447, 475, 503, 512
*orator perfectus* 364, 378
*ordo artificialis* 215
*ordo naturalis* 215
*Origines* (Cato) 274
*ornatus* 255, 307, 369, 378, 442, 475

Paian 183
paideia 73 f., 76 f., 83 f., 290, 468, 491
*Paideia* (Jaeger) 74
*Panathenaikos* (Aristides) 456
*Panegyricus* (Plinius) 404
*Panegyrikos* (Isokrates) 138, 140
Paradox 36, 68, 94, 108, 138 f., 150, 154, 200, 218, 235, 258, 273, 406 f., 409, 423, 435, 462, 482 f., 488
*Paradoxe sur le comédien* (Diderot) 367
Parataxe 275
*Parallelbiographien* (Plutarch) 190
*parallelismus membrorum* 60 f., 64
Paralogismus 131
parison 58 f.

Paronomasie 62, 148
*pars absoluta* 263
*pars assumptiva* 263
*pars pro toto* 259
*partitio* 103, 306, 318, 321, 415, 441, 495
*Partitiones oratoriae* (Cicero) 363, 371
pathos 20, 29, 120, 173 f., 183, 274, 283, 366, 409, 475, 520
patronus 258, 316, 333 f., 341, 349
peithō 21 ff., 27, 148 f., 474, 512
Periode 9, 14, 57, 64, 78 ff., 139, 141 f., 151, 184, 187 f., 196, 199, 222, 252, 254, 256, 275, 317, 334, 359, 373, 375, 380, 392, 405, 438, 442, 445 f., 470, 476, 503 f.; s. a. Doppelperiode
Periodizität 59, 110, 228
Peripatetiker 165, 236, 255, 257, 338, 370
peroratio 50, 117, 344, 441, 512
perspicuitas 115, 255, 442
Persuasion 20 ff., 33, 39, 153, 422, 439, 477, 482, 505
*Phaidros* (Platon) 45, 108, 147, 159, 162, 166, 170, 181, 364 f.
Philhellenismus 343, 451
*Philippicae orationes* (Cicero) 396
Philippika, heutiger Begriff von 198, 387, 396
*Philippische Reden* (Demosthenes) 197 ff., 210, 216–220, 239; s. a. *Olynthische Reden / Reden gegen Philipp / Über den Frieden / Über die Dinge auf der Chersones*
*Philippos* (Isokrates) 142
Philosophie, im Ggs. zu Rhetorik 16, 101, 128, 145, 154–157, 457–466, 468, 472
pisteis 170, 173 f., 185
pistis 21, 50 f., 168 f., 182, 488
pneuma 481 f., 500, 504, 511
*Poetik* (Aristoteles) 368
Pointe s. *sententia*
*Politeia* (Platon) 71, 81, 158, 163, 248, 298, 384
*Politikos* (Platon) 163
politische Rede 48 f., 106, 131 f., 134, 142, 170, 185 f., 196 f., 226, 315, 317, 336, 363, 412, 513, 515 ff.
Polyptoton 61, 148
Popularklage 92, 302
*Post reditum in senatu* (Cicero) 338
praemunitio 193, 214, 491, 495, 512
Predigt 481–485, 488 ff., 500–505, 511
principium 362
*Pro Balbo* (Cicero) 490
*Pro Caecina* (Cicero) 379
*Pro Caelio* (Cicero) 352, 355
*Pro Cluentio* (Cicero) 335 f., 350, 490
*Pro Cornelio* (Cicero) 405
*Pro Flacco* (Cicero) 343 f.
*Pro Fonteio* (Cicero) 343
*Pro Ligario* (Caesar) 264
*Pro Marcello* (Cicero) 331, 404
*Pro Milone* (Cicero) 337 ff., 351, 408, 445
*Pro Murena* (Cicero) 346 ff., 405

*Pro Norbano* (Antonius) 366
*Pro Plancio* (Cicero) 346
*Pro Quinctio* (Cicero) 57, 306, 334, 402
*Pro Rabirio perduellionis reo* (Cicero) 323, 349, 351, 379, 405
*Pro rege Deiotaro* (Cicero) 349, 354
*Pro S. Roscio* (Cicero) 48, 349 f., 366, 377
*Pro Scauro* (Cicero) 344, 350
*Pro Sulla* (Cicero) 402
*probatio* 441
*progymnasmata* 246, 248, 269, 432, 438, 472, 508 f., 513
*pronuntiatio* 53, 382, 445, 447
Prooemium 25 f., 50, 93 f., 97, 103, 110, 125, 186, 192, 199, 208, 270 ff., 306, 337, 341, 362, 402, 432, 441, 446, 497, 500, 512
Propheten 202, 290, 386, 479–482, 484, 494, 502, 511
*propositio* 103, 282, 441, 482
Prosarhythmus 80 f., 183, 256, 375, 379, 504; s. a. Rhythmus
Proskription 303 ff., 399
Prosopopoiien 145, 269, 349, 423
*Protagoras* (Platon) 72
Prozessrede s. Gerichtsrede
Prunkrede 65, 88, 472, 510; s. a. Epideixis
Psalmen 60
Psychotherapie durch Rhetorik 101
*public speaking* 16
*Punica* (Silius Italicus) 77

*purgatio* 264, 268

*Quintilian oder die Kunst des Redens und des Schweigens* (Seel) 440

*Reallexikon der deutschen Literaturgeschichte* 14, 23
Recht des Stärkeren 81; s. a. Herrenmoral
*recitatio* 401
*Rede an die Griechen* (Tatian) 493
*Reden gegen Philipp* (Demosthenes) 202, 205, 212, 216, 218 f.; s. a. Philippische Reden
Redegattungen 88, 178, 180, 185 f., 248
Redeschmuck (als Stiltugend) 255 f., 378, 404, 442, 475
Redeteile 49 f., 79, 103, 154, 170, 173, 181 f., 186, 339, 341, 343, 358 f., 362, 366 f., 381, 383, 441
Redewettstreit 83, 159; s. a. *agōn*
*refutatio* 193, 214, 441, 512
Reim 59 f., 65
*relatio criminis* 91, 263, 266, 283, 299, 351, 478
*remotio criminis* 91, 264, 363, 478
Renaissance 12, 18, 63, 127, 137, 158, 164, 246, 318
Repetundenprozess 310 ff., 342 f., 346
*reprehensio vitae* 341
*Res gestae* (Augustus) 392
*retorsio criminis* 299
Rhapsoden 26, 34
*Rhetorik* (Aristoteles)

165 ff., 174, 178, 181, 255
*Rhetorik der Griechen und Römer* (Volkmann) 429
Rhetorik, Definition 18–24
*Rhetorica ad Alexandrum* (Anaximenes) 186
rhetorische Frage 64, 124, 260
Rhythmus 140, 183, 222, 317, 373, 378 ff., 437, 451; s. a. Prosarhythmus
*Römische Altertümer* (Dionysios v. Halikarnass) 269
*Römische Geschichte* (Mommsen) 301
Rührung, Erregung v. 29 ff., 35, 104, 193, 269, 305, 344; s. a. Affekterzeugung / emotionaler Appell / Mitleid

Sabinerinnen, Raub der 267, 269 f.
*sapientia* 297, 369, 432, 502
Satire 208, 249, 402, 430, 443, 453, 463
*Satyrica* (Petron) 410
Satzbau 183
*Saving persuasion* (Garsten) 15
Scherbengericht 87
Schmeichelkunst, Rhetorik als 22, 40, 151 ff., 314, 404 ff., 458, 510
schwächere Rede, Aufwerten der 46 f., 75, 83, 94, 105, 160
Scipionenkreis 280
*Scipios Traum* (Mozart) 77
*scriptum et sententia* 285

Seminar für Allgemeine Rhetorik (Univ. Tübingen)   10 f., 14, 516, 519
*sententia* (Pointe)   285 f., 368, 404–407, 409, 415 ff., 421 f., 424 ff., 442, 444 f., 450, 511
*Septuaginta*   476
*sermo*   415
*sermocinatio*   496
Sieben Weise   70, 204, 297
*similitudo*   260
Sizilien, als Wiege der Rhetorik   43
Skepsis/Skeptizismus   71 f., 75, 151, 231, 296, 457
Sodalizienvergehen   348
*Somnium Scipionis* (Cicero)   77
*Sophistes* (Platon)   161
Sophistik/Sophisten   16, 66, 70–79, 81–86, 100, 108, 130 f., 152 f., 155, 170, 172, 186, 228, 335, 368–371, 420, 423, 450, 453 ff., 457, 459 f., 462–466, 468, 472 f., 499, 506 f., 510 f., 518; s. a. zweite Sophistik
Status (Staseis)   67, 91, 95, 107, 261–265, 282, 285, 288, 300, 307, 342, 350 f., 357, 361 ff., 381, 402, 423, 441, 478, 507, 509
*status coniecturalis*   67, 95, 300, 307, 350, 357, 363, 478
*status definitionis*   282
*status qualitatis*   67, 282, 351, 357, 478
*status translationis*   342
Stichomythie   27
Stilebenen   256, 378, 381, 503

Stilfiguren   s. Figuren
Stilistik   12, 14, 57 ff., 165, 182, 238, 254, 259 f., 308, 317, 342, 375, 420, 443, 489, 504
Stoa/Stoiker/Stoizismus   23, 77, 145, 234, 236, 257–261, 295, 334 f., 358, 363, 407, 433, 435, 439, 460, 463, 465–468, 487, 492
Strukturparallelität   59
*studia humanitatis*   12
*Studiosus* (Plinius)   432
*suasoria*   248, 423 f., 509
*subiectio*   124; s. a. *hypophora*
*Summum ius summa iuiuria* (Stroux)   287
Syllogismus   174 ff.; s. a. Enthymem
symbuleutische Rede   178 f., 185
Symmorien-Rede (Demosthenes)   196
*Symposion* (Platon)   159
Synegorie   242
Synekdoche   259
Synonym/Synonymik   76, 259, 275
Syntax   9, 57, 59, 80, 146, 275

*Technē* (Tisias)   44
*Tetralogien* (Antiphon)   91 f., 95, 247, 507
Theodizee   42
*Theogonie* (Hesiod)   37, 39
*Thesaurus linguae Latinae*   161
*tirocinium fori*   291, 412
*Tod eines Kritikers* (Walser)   84
*Topika* (Aristoteles)   166, 172, 177
Topos   28, 67, 75, 97, 176 ff., 199 f., 261, 263 ff., 268, 282, 285 ff., 318, 367, 397, 402, 441, 495, 500
*traductio*   317
*Traité sur le sublime* (Boileau)   474
Trochäus   317; s. a. Ditrochäus
*Troas/Troades* (Seneca)   27
Tropen   257, 259 f., 378, 443, 475, 509
Trugrede   32 f.

*Über das Erbe des Menekles* (Isaios)   121
*Über das Erhabene* (»Longinus«)   410, 473
*Über das Exil* (Dion Chrysostomos)   461
*Über das Nichtseiende (Über die Natur)* (Gorgias)   67
*Über den Frieden (Friedensrede)* (Demosthenes)   210, 216; s. a. Philippische Reden
*Über den Frieden mit Sparta* (Andokides)   197
*Über den Ölbaumstrunk* (Lysias)   119
*Über den Parasiten* (Lukian)   465
*Über den sprachlichen Ausdruck* (Demetrios)   257
*Über den Trierarchenkranz* (Demosthenes)   196
*Über die Antidosis* (Isokrates)   135, 215
*Über die Dinge auf der Chersones* (Demosthenes)   217, 219; s. a. Philippische Reden
*Über die Eintracht* (Antiphon)   101
*Über die figurierten Reden* (Ps.-Dionysios)   33
*Über die Mysterien* (Andokides)   102

*Über die Pflicht* (Panaitios) 363
*Über die Rente für den Invaliden* (Lysias) 119
*Über die Sophisten* (Alkidamas) 146
*Über die sophistischen Widerlegungen* (Aristoteles) 131
*Über die Staatsverfassung* (Herodes Atticus) 456
*Über die Wahrheit* (Antiphon) 100
*Über seine Rückkehr* (Andokides) 197
Überreden und Überzeugen 20 ff., 24, 171, 173, 505, 509
Überredung, als Zweck der Rhetorik 20 ff., 24, 88, 128 f., 135 f., 148 f., 154, 161, 171, 173 f., 179, 319, 361, 404, 439, 458, 474, 477 ff., 499, 510 f., 520
Übung, in der Rhetorik 55, 75, 90, 127, 133 f., 151, 153, 162, 170, 187 ff., 195 f., 245–249, 251, 289, 291, 293, 295, 412 f., 421, 432, 438, 467, 507 f., 513 f., 520
Unsagbarkeitstopos 177

*vaticinium ex eventu* 156, 339 f.
*Vergleich des Demosthenes und Cicero* (Caecilius) 452
Vers (-maß) 9, 12, 26 f., 30, 40, 47, 52, 60, 81, 204, 228, 256, 334, 347 f., 374, 380, 463, 472, 483
*Verteidigung des Palamedes* (Gorgias) 55, 65, 68
*Verteidigungsrede über die Tötung des Eratosthenes* (Lysias) 109
Verteidigungsrede 42, 55, 65, 91, 213, 484; s. a. Gerichtsrede
*vicinitas* 260
*vita anteacta* 344
Volksrede 47 f., 201, 315, 328, 363, 395, 435
Volkstribunen 272, 278, 280, 282, 310, 321, 323, 329, 349, 391
Volksversammlung 79, 86 f., 107, 146, 179, 196 f., 199, 209 f., 213, 220 f., 227, 238, 246, 293, 315, 380, 411, 450, 467

*Wahre Rede* (Celsus) 495
*Wahrheit und Methode* (Gadamer) 14, 45
Wahrscheinlichkeitsargument s. *eikos*
*Werke und Tage* (Hesiod) 37
*Wespen* (Aristophanes) 87
*Wie die Jugend aus der griechischen Literatur Nutzen ziehen kann* (Basileios v. Caesarea) 500
Wissenschaft, Rhetorik als 23, 151, 153 f., 159 ff., 166 f., 171 f., 181, 365, 439 f., 457 f., 465, 507, 510, 519
*Wolken* (Aristophanes) 46, 83, 87

*Zehn Redner* (Caecilius) 452
Zweite Sophistik 106, 138, 454 f., 466, 470; s. a. Sophistik